# SECRETUM
## MANUAL PRÁTICO DE KABBALA TEÚRGICA

Kabbala & Teurgia

Clavis Secretorum
Religião e Filosofia Oculta

São Paulo - SP
2019

M∴I∴ Helvécio de Resende Urbano Júnior 33°
G∴I∴G∴ do Sup∴ Cons∴ do Gr∴ 33 do R∴E∴A∴A∴

Ali A´l Khan S∴ I∴

# SECRETUM
# MANUAL PRÁTICO
# DE
# KABBALA TEÚRGICA

KABBALA & TEURGIA

CLAVIS SECRETORUM

RELIGIÃO E FILOSOFIA OCULTA

אליאלהן

© Publicado em 2014 pela Editora Isis Ltda.

*Revisão de textos:* Tania Hernandes
*Capa:* Equipe Técnica Tiphereth777
*Diagramação:* Décio Lopes

---
**DADOS DE CATALOGAÇÃO DA PUBLICAÇÃO**
---

A'l Khan S ∴ I ∴, Ali / Resende Urbano Júnior, Helvécio de
Secretum, Manual Prático De Kabbala Teúrgica/Resende Urbano Júnior, Helvécio de | 2ª edição | São Paulo, SP | Editora Isis, 2019.

ISBN: 978-85-8189-049-4

1. Maçonaria  2. Kabbala  3. Teurgia  4. Religião  I. Título.

---

Proibida a reprodução total ou parcial desta obra, de qualquer forma ou por qualquer meio seja eletrônico ou mecânico, inclusive por meio de processos xerográficos, incluindo ainda o uso da internet sem a permissão expressa da Editora Isis, na pessoa de seu editor (Lei nº 9.610, de 19.02.1998).

Direitos exclusivos reservados para Editora Isis

**Outros Livros do Autor:**

*Manual Mágico de Kabbala Prática, 2005.*

*Manual Mágico de Kabbala Prática, 2007.*

*Manual Mágico de Kabbala Prática, 2011.*

*Kabbala – Magia, Religião & Ciência, 2006.*

*Absinto, 2007.*

*Maçonaria – Simbologia e Kabbala, 2010.*

*Templo Maçônico, 2012.*

*Secretum – Manual Prático de Kabbala Teúrgica, 2014.*

*Arsenium – O Simbolismo Maçônico: Kabbala, Gnose e Filosofia, 2016.*

*Hermeticum – Caminhos de Hiram, 2018.*

*Gnosticum – A Chave da Arca – Maçonaria Prática, 2018.*

*Arcanum (Parte I) – A Magia Divina dos Filhos do Sol, 2018*

# Invocação

*Ó Tu, que tudo transcende, que estás mais além de tudo,*
*Acaso me é permitido cantar-te chamando-te de outra maneira?*
*Como celebrar-te, ó Tu, que é transcendente a tudo?*
*Com que palavra dirigir-te louvores?*
*Com nenhuma palavra, efetivamente podes ser nomeado.*
*Sendo o único sem nome, engendras, sem dúvida,*
*Tudo o que pode enunciar o verbo.*
*Como pode contemplar-te a inteligência?*
*Pois Tu não podes ser abarcado por nenhuma inteligência.*
*Sendo o único Desconhecido, Engendras, sem dúvida,*
*tudo o que o espírito pode conhecer.*
*Tudo o que pode dizer a palavra e tudo o que não pode dizer a palavra.*
*Te proclama.*
*Tudo o que pode conceber o espírito e tudo o que não pode conceber.*
*Te glorifica. (...)*
*Abraças tudo não sendo Uno em Tudo.*
*Ó Tu, a quem se invoca sob tão diversos nomes,*
*como poderei chamar-te?*
*Ó Tu, que és o único a quem não pode chamar-se!*
*Que celeste inteligência poderá deslizar-se sob os véus*
*que Te recobrem com deslumbrante luz?*
*Tem piedade de mim, ó Tu, que estás mais além de tudo;*
*Acaso me é permitido cantar-te chamando-lhe de outra maneira?*

Ao D-us[1] Desconhecido ou Inominável.
Himnos Órficos, Madrid, 1987.

---

1 Para não profanar o nome do Eterno e não o pronunciar em vão, a letra (e), sempre será substituída com (-).

# Agradecimentos

VV∴ IIr∴ na Senda da Luz Maior
Pod∴ Ir∴ M∴M∴ Fernandez Portugal Filho 33º
Pod∴ Ir∴ M∴M∴ Gustavo Llanes Caballero
Pod∴ Ir∴ M∴M∴ Joaquim Antônio Tavares 22º
Pod∴ Ir∴M∴M∴ Manoel Pereira 33º
Soror R † Mariha Esthela C. Wentzcovitch
Pod∴ Ir∴ M∴I∴ Ney Ribeiro 33º
Pod∴ Ir∴ M∴I∴ Porfírio José Rodrigues Serra de Castro 33º
Sérgio Felipe de Almeida Ramos
Fr∴ Tiago Cordeiro – Teth Khan 777

*À memória dos meus saudosos Irmãos,*

Fr∴ Antonio Rezende Guedes / | \
Pod∴ Ir∴ M∴M∴ Belmiro Carlos Ciampi
Pod∴ Ir∴ M∴M∴ Carlos Rodrigues da Silva S⋮I⋮
Pod∴ Ir∴ M∴ M∴ Delfin Meriño Martinez 33º - Vasariah
Ir∴ M∴M∴ Euclydes Lacerda de Almeida 18º
Fr∴ R † Jayr Rosa de Miranda
Fr∴ R † Manoel Corrêa Rodrigues S⋮I⋮
M∴M∴ Fr∴ R † Paulo Carlos de Paula 18º - Ir∴Miguel
Soror Wanda Miana

# Índice

Invocação ..................................................................................6
Agradecimentos .........................................................................7
Prefácio ................................................................................... 15
Introdução .............................................................................. 17

## Parte I

I - Religião e Mito ................................................................. 31
    *Técnicas e Práticas para elevação mental e ascensão espiritual, com os aplicativos da Kabbala, Filosofia e da Arte Mágicka.......... 31*
    *O Abismo(Poesia) ............................................................ 31*
    *Do Universo-D-us e seu Culto das relações dos homens entre si e suas extensões diante de D-us e da religião........ 38*
    *Nikolaus Lenau (Poesia) ................................................... 38*
    *Sobre a Religião ............................................................... 39*
    *O que é Religião? ............................................................. 39*

II - Depois da Cristandade ..................................................... 40
    *O significado de fé e razão ................................................ 47*
    *De como D-us não pode ser encontrado pelos sentidos exteriores nem pelo sentido interior Solilóquios – Santo Agostinho ........ 52*

III - O Rito e o Sagrado ......................................................... 59
    *Considerações sobre o Rito Religioso ................................ 59*
    *Três grupos rituais ........................................................... 61*
    *A Egrégora ....................................................................... 63*
    *Religiosidade Ritual ......................................................... 64*
    *Uma Parábola .................................................................. 68*

IV - A Magia .......................................................................... 74
    *A Magia através do tempo ............................................... 76*
    *Sua definição, Suas formas, Seu Objeto ............................. 82*

As diferentes formas de Magia ............................................................................. 95
A Magia evocatória ................................................................................................. 95
Os procedimentos da Magia ................................................................................. 104
§ *. – A Evocação. O chamado do nome. ........................................................... 104
§ ** Os perigos da evocação e as precauções necessárias. .............................. 109
  a. A PURIFICAÇÃO ............................................................................................ 110
  b. O CÍRCULO MÁGICO .................................................................................... 113
§ ***, – As relações do Mágico com o ser sobrenatural ................................... 115
O Ritual Mágico e a decadência da Magia Ocidental ...................................... 117
O problema da razão ............................................................................................ 120
O mito e a ideia geral ........................................................................................... 128

## Parte II

### I - Kabbala ........................................................................................... 135
Dogma, Mística e Prática .................................................................................... 135
Prelegômenos ........................................................................................................ 136
O que é Kabbala? ................................................................................................. 139
O Sagrado Anjo Guardião ................................................................................... 139
O amor de D-us como amor do sumo bem ...................................................... 141
Kabbala e Misticismo ........................................................................................... 143
Ciclos e Ritmos ..................................................................................................... 150
A Alquimia da oração .......................................................................................... 152
Dados historiais, a linha do Tempo ................................................................... 159

### II - O Kabbalismo ............................................................................... 170
O Simbolismo do Gênesis ................................................................................... 174

### III - As Ciências Secretas e os três tipos de Ocultismo .............. 177
Os enigmas da Vida e o aperfeiçoamento do homem ..................................... 181
A Origem do mal .................................................................................................. 183
O Cerimonial do Iniciado .................................................................................... 186

### IV - A Kabbala Dogmática ............................................................... 191
A formação do Universo e dos Mundos ........................................................... 192
Premissas da Manifestação: O Triângulo Latente ............................................ 195
Primeira Fase da Manifestação ........................................................................... 196
A Manifestação da Divindade ............................................................................. 197
Quadro recapitulativo dos atributos das três forças divinas universais ....... 200
Apreensão da Divindade no Universo por Suas criaturas. ............................ 204
A Densificação da Energia .................................................................................. 206
A Árvore da Vida Sistêmica ................................................................................ 212

O Ser Humano e as Forças Universais: a Árvore da Vida Individual .............................. 217
Os Elementos.......................................................................................................... 219

## V - A Kabbala Prática ................................................................................... 228
O Alfabeto Hebraico e suas Correlações................................................................. 229
O Significado Das Letras Hebraicas........................................................................ 234
As cinco letras finais .............................................................................................. 247
A Árvore da Vida e os Quatro Mundos .................................................................. 248
Revelação de São João ........................................................................................... 251
Conclusão............................................................................................................... 252
A Kabbala ............................................................................................................... 252
As Escalas das Cores e a Árvore da Vida nos Quatro Mundos............................... 253
As Cinquenta Portas da Razão (Inteligências) e as Trinta e Duas Vias da Sabedoria... 254
As Cinquenta Portas da Razão ............................................................................... 256
As Cinquenta Portas Da Luz................................................................................... 259
As Trinta e Duas Vias da Sabedoria....................................................................... 266
Prece para facilitar a abertura dos 32 caminhos do conhecimento ....................... 270
Eis as Trinta e Duas Vias (sob figura) ................................................................... 291
Os Trinta e Dois Caminhos .................................................................................... 293
Caminho 11 – (Vincula Kether a Chokmah) .......................................................... 294
Quadro de correspondência da Árvore da Vida..................................................... 298

## VI - As Chaves da Árvore da Vida ............................................................... 299
Sobre o Nome Sagrado, Jehovah, Yod, He, Vau, He .............................................. 302
O Nome ................................................................................................................... 308
Resumo das Chaves da Árvore da Vida e suas relações com nosso dia a dia........ 315
Uma Tabela de correspondências Kabbalísticas .................................................... 316
Sobre os Arquidiabos .............................................................................................. 317
Os dias, horas e virtudes dos Planetas .................................................................. 317
Tabela ..................................................................................................................... 319
Tabela de correspondências práticas e utilitárias ................................................. 322

## VII - Óleos Essenciais, Instrumentos Mágicos............................................ 323
Tabela ..................................................................................................................... 325
Como utilizar na Arte Mágica as Ervas, Flores e Pedras....................................... 327
As pedras e seu uso mágico ................................................................................... 327
O mundo mágico das pedras .................................................................................. 328
Exercícios Práticos, preparação respiratória......................................................... 331
Ritmos no universo e no homem ........................................................................... 332
A respiração e as fases da lua ............................................................................... 336
Pregações para a ativação da Árvore da Vida....................................................... 340

As Sephiroth e suas correspondências planetárias.................................................... 342
Exercícios de pregações da Árvore da Vida, nas consagrações e
práticas espirituais para ascensão consciencial. ........................................................ 343
Exercícios com as Sephiroth ...................................................................................... 344
O Trabalho nas Sephiroth da Kabbalística Árvore da Vida...................................... 344
Praticando com as Sephiroth ..................................................................................... 345
Os Nomes Divinos. As palavras de poder na Árvore da Vida ................................. 346
Os Elementos e os Pontos Cardeais .......................................................................... 350
As Imagens telesmáticas das Sephiroth .................................................................... 350
Exercícios com sons vocálicos ................................................................................... 352
Ginástica Espiritual .................................................................................................... 353

VIII - Os Setenta e Dois Nomes de D-us ......................................................................... 354
Tabela Shem hammephorasch, os 72 Nomes de D-us com seus significados ........ 356
Prática ......................................................................................................................... 358
Os Salmos da Shem hammephorasch ....................................................................... 359

IX - O Rito .......................................................................................................................... 369
O Pentagrama ............................................................................................................. 373
A Coroa do Mago........................................................................................................ 380
Simbolismo – A Esfinge e os Evangelistas ............................................................... 385
A Maçonaria e o Ocultismo ....................................................................................... 388

## Parte III

I - Prática Magia e Teurgia ................................................................................................ 399
Liber Lbræ Svb Figvra XXX ...................................................................................... 402
O que eram as Ciências Secretas .............................................................................. 405
Relato de uma Iniciação nos Grandes Mistérios...................................................... 409
Poesia - A Iniciação - Fernando Pessoa ................................................................... 410

II - Magia ........................................................................................................................... 429
Que se entende por Magia ......................................................................................... 429
O que diferencia a Magia Branca da Negra ............................................................. 431
Uso que faziam na Antiguidade das Magias Branca e Negra.................................. 433
O Véu do Mistério...................................................................................................... 436
A Magia cerimonial e seus efeitos ............................................................................ 441
Resultados da Magia Matemática ............................................................................. 447
A Goécia ...................................................................................................................... 451

III - Preparatórios para Arte Mágica ............................................................................... 453
Os Instrumentos Mágicos ......................................................................................... 458

## IV - A Prática da Teurgia ............ 462
### I. Definição ............ 462
### A Preparação ............ 470
### Oração ao Sagrado Anjo Guardião para Abertura dos Trabalhos de Teurgia ............ 470
### A Semana do Magista ............ 472
### As Sete Orações Misteriosas do Enchiridião ............ 472
### O sétimo dia ............ 477
### Ação de Graças ............ 478

## V - Rituais do Fogo ............ 479
### Ritual para transformar o curso de um destino maleficiado: Distanciamento da desgraça e do fracasso ............ 481
### Salmos para Transformar o curso de um destino maleficiado ............ 485
### Ritual para atrair com urgência dinheiro ............ 489
### Salmos para atrair com urgência o dinheiro ............ 493
### Ritual de Apelo à Prosperidade ............ 495
### Salmos de apelo à prosperidade ............ 497
### Ritual para obter o sucesso ............ 499
### Salmos para obter Sucesso ............ 502
### Ritual para Atrair o Amor ............ 504
### Salmos para atrair o amor ............ 506
### Ritual para Reunir um Casal em Discórdia ............ 509
### Salmos para reunir um casal em discórdia ............ 511
### Ritual para Trazer a Harmonia em um Lar Perturbado ............ 514
### Salmos para trazer a harmonia em um lar perturbado ............ 517
### Ritual para Encontrar uma Habitação ............ 519
### Salmos para encontrar uma habitação ............ 523
### Aplicação do salmo 87 ............ 523
### Ritual de Grande Proteção Contra as Forças do Mal ............ 524
### Salmos de Grande Proteção Contra as Forças do Mal ............ 527

## VI - Rito de Oração e Invocação ............ 529
### Orações e invocações especiais ............ 530
### Técnica para rezar ............ 533
### Coletânea de Orações e Invocações para Diversos Casos ............ 535
### Oração para cura de uma pessoa enferma ............ 535
### Oração da prosperidade ............ 536
### Oração para uma casa ............ 536
### Oração para Benção do lar ............ 537
### Oração de força ............ 537
### Oração para abundância ............ 538

 *Oração de Proteção* .................................................................................. 538
 *Oração ao Grande Poder de D-us* ........................................................ 538
 *Oração a João dos negócios* ................................................................ 538
 *Oração para a felicidade* ..................................................................... 538
 *Oração de graças* ................................................................................. 539
 *Oração ao Poder Supremo* .................................................................. 539
 *Oração do raio de Sol* .......................................................................... 539
 *Oração para desfazer um feitiço* ........................................................ 539
 *Oração abre caminho* .......................................................................... 540
 *Oração de cura* ..................................................................................... 540
 *Oração para limpeza espiritual* .......................................................... 540
 *Oração para saúde* ............................................................................... 540
 *Oração para atrair ganhos e fortuna* ................................................. 540
 *Invocação ao Mestre Guia* .................................................................. 541
 *Oração para incensar o ambiente* ..................................................... 541
 *Uma Oração Iniciática, o Pai Nosso* .................................................. 541
 *Pai Nosso em Latim* ............................................................................. 545
 *Pai Nosso em Aramaico* ...................................................................... 545
 *O Pai Nosso em Hebraico* ................................................................... 545
 *Invocações para abertura dos trabalhos, para todos os dias da semana.* ....... 546
 *Invocação a Michael* ............................................................................ 547
 *Invocação a Gabriel* ............................................................................. 548
 *Invocação a Samael* ............................................................................. 549
 *Invocação a Raphael* ........................................................................... 550
 *Invocação a Sachiel* ............................................................................. 551
 *Invocação a Anael* ................................................................................ 555
 *Invocação a Cassiel* ............................................................................. 556

## CAPÍTULO VII ............................................................................................ 557

## VII - As Sete Orações Místicas de Louis-Claude de Saint-Martin ........ 557
 *O Princípio, o Caminho e o Objetivo da Divindade em cada Ser.* ....... 567
 *O Segredo Consiste em Abrir o Coração!* ......................................... 569

Palavras finais ............................................................................................. 571

Biografia ....................................................................................................... 575

Notas sobre o Autor ................................................................................... 575

Ainda sobre o Autor: .................................................................................. 577

Bibliografia .................................................................................................. 579

# Prefácio

*A Kabbala tem métodos perfeitos para fazer o homem 'despertar'. Deve entender-se por 'despertar' o fato de alcançar um estado de consciência infinitamente superior ao habitual nos seres humanos, em que nem a mente nem as emoções possam alterar a paz e a alegria que se produzem neste bendito estado, no que D-us, sem importar o nome que lhe demos, se expressa com infinita doçura no sacrário do coração daquele, que sendo "bom e perseverante" merece o dom da Shekinah (a percepção da divina presença).*

A.A.K.

Este livro é o corolário gigantesco de anos de trabalho realizado por Ali A'l Khan para trazer aos sinceros buscadores da verdade o fruto de suas pesquisas mais profundas junto às diversas Escolas verdadeiramente Iniciáticas onde pontificaram, com sua sabedoria transcendente, alguns Irmãos Maiores que abrigaram como escopo de vida a conquista unicamente de valores que pudessem levar a humanidade ao seu verdadeiro destino.

Esta obra culmina sua trajetória como autor de preciosos livros, sempre dedicados a revelar o conhecimento mágico da Kabbala, sem receio da afronta dos pseudo-ocultistas que costumam fazer da sabedoria Mágicka um feudo rendoso, porém saturado de iniquidades que visa somente a um palco para exibirem suas compilações muitas vezes sem o correto direcionamento para a conquista de uma consciência superior.

A má fama que hoje envolve as Artes Mágickas em muitos países tem origem exatamente na ausência de um trabalho sério neste assunto para direcionar o pesquisador na formação de uma consciência oniabarcante capaz de lhe proporcionar as ferramentas corretas para sua superação humana. A ignorância e a deturpação intencional de uma minoria têm direcionado o pesquisador sequioso, mas incauto, para terrenos pantanosos e contrários ao propósito maior da magia sacerdotal.

A Kabbala, em sua expressão superior como Arte Magicka, necessitava daquilo que Ali A'l Khan, pacientemente e com toda a prudência que o assunto exige, agora coloca nas mãos daqueles que buscam, com o máximo respeito e a preparação adequada, uma obra capaz de atender plenamente uma lacuna que precisava ser preenchida dentro da Bibliografia voltada para o assunto.

Entretanto, seu trabalho, mesmo sendo extremamente orientador, irá exigir uma contrapartida séria daqueles que estiverem dispostos a percorrer o caminho proposto dentro do livro, que necessitará sempre de firmeza no propósito e a ausência de qualquer tipo de vacilação.

"*Secretum*, Manual Prático de Kabbala Teúrgica" é o resultado de muitos estudos e esforços adunados e dirigidos a um mesmo fim, sendo que o objetivo do livro, é o de disponibilizar a parte mais importante dessa ciência e colocá-la ao alcance daqueles que necessitam de ajuda em suas vidas, tanto no campo material como no espiritual. Ele está constituído de uma ampla gama de informações sobre a história da religião, da filosofia, da Kabbala e da Teurgia propriamente dita, com a finalidade de ensinar seus métodos e usos ao investigador sincero.

Ensina sobre o manejo dos instrumentos naturais utilizados na obra e o daqueles necessários que devem ser criados pelo praticante, tudo sendo exposto aqui com clareza e objetividade. A ênfase a ser dada ao trabalho deverá, entretanto, sempre e acima de tudo, levar em consideração a possibilidade proporcionar um pouco de bálsamo ao sofrimento alheio e, dentro do que for possível, mostrar o caminho da Luz ao beneficiado. O usufruto próprio será redundância de sua atividade bem direcionada.

Tabelas de correspondências sobre indicações, propriedades e funções de plantas, minerais (pedras, rochas), cores, perfumes, planetas, dias, pantáculos, etc. têm o intuito de facilitar ao leitor a realização de seu trabalho dentro de reflexões profícuas e trazer-lhe paz, saúde, prosperidade e evolução real além de redirecioná-lo às Inteligências da Sagrada Árvore da Vida, a fim de que conquiste suas benesses. O livro contém, ainda, orações úteis e uma ampla mostra de trabalhos e aplicações práticas com a finalidade de treiná-lo suficientemente em seus primeiros passos na realização da obra mágicka.

Mesmo considerando a seriedade deste trabalho num campo de grande responsabilidade tanto para o autor como para o leitor, ninguém deve aproximar-se deste livro com temor, porém sempre com o devido respeito e máxima seriedade. Seu conteúdo não é produto de fantasia, mas exige cautela e devoção para aqueles que buscam a magia apenas com o intuito de obter poder.

Sirva-se leitor desta obra como de um amigo, com confiança, com carinho e respeito.

Jayr Rosa de Miranda
Frater Panyatara (In memoriam)
☆Rio de Janeiro 08 de Outubro de 1930
† Niterói RJ 13 Julho de 2015
Rio de Janeiro - Solstício de Verão de 2005

Membro da F.R.A. do Rio de Janeiro, escritor, astrólogo e eminente espiritualista a serviço da Causa Maior.

# Introdução

Existe uma lei na natureza relativamente pouco estudada no decorrer da história da Filosofia e apenas meio considerada pela ciência oficial que não foi capaz ainda de reconstituí-la em todos os seus meandros nem apreciá-la em toda a sua integridade, cuja veracidade universal se impõe por si mesma ao observador atento e sincero. Esta Lei é a da Evolução, que abrange todos os seres naturais, orgânicos e inorgânicos, incluindo nisso também até a estruturação do DNA do corpo humano, estendendo seu domínio ao imponderável que denominamos Espírito, inclusive quando observamos a vida em todos os seus planos de manifestação.

Qualquer um que se concentra em seu próprio princípio como ser humano e toma conhecimento imediato de que seus meios pessoais de ação extrapolam todas as leis físicas começa a abandonar as ideias que lhe foram impostas sem o controle da sua própria razão, tornando-o inconsciente, por fim, de sua própria origem espiritual. Dessa forma, quando se torna um livre-pensador, sem as barreiras impostas pela matéria, verifica-se que aquilo que realmente possui, que é verdadeiramente seu, não está fora de si. Quando isso acontece e se dá conta do fato, inicia uma nova fase de sua evolução, deixando, a partir daí, que ocorram somente os efeitos da evolução natural que lhe interessam e passa a participar ativamente do processo que pressente estar sob a direção do princípio espiritual dentro de si. Tal acontecimento marca o último termo em que as inteligências inferiores conseguem atingir e passam a ceder lugar ao superior existente na natureza da pessoa.

Entretanto, nem sempre a percepção desta realidade é aceita pela raça humana, que, usando seu livre-arbítrio, nega, na maioria das vezes, os apelos espirituais gritantes dentro de si mesma e se mantém na negativa, impedindo que sua realidade mais sutil obtenha qualquer interferência em sua psique, aferrando-se, de todas as formas, em seus vícios e negatividades, impedindo que a Lei cumpra seus desígnios.

Deste fato, provém o sectarismo estreito de alguns livres-pensadores que consideram obrigação negar tudo quanto é espiritual, alimentando um positivismo ateu, constituído de dogmas que muitas vezes se contrapõem até mesmo à razão binária em que ficam acorrentados. É evidente que esses pensadores, livres de tudo aquilo que são incapazes de digerir intelectualmente, considerem-se em um plano superior àquele em que a maioria dos seres humanos se encontra, imputando-lhes a sentença da mediocridade e da ausência de qualquer forma de personalidade liberta, assim procedendo por causa da negatividade pedante e presunçosa em que se comprazem e desconhecerem que essa maioria mal compreendida já retirou o comando de suas vidas da intelectualidade binária em que esses vivem aprisionados e passou a compreender os acontecimentos da existência terrena pela via cardíaca. A aceitação plena das ideias religiosas que lhes chegam não está mais sob o jugo de uma avaliação da lógica discriminativa porque estão se tornando intuitivos e quando praticam seus cultos religiosos, fazem-no com convicção e sem a discussão acadêmica dos positivistas porque "*sabem*", interiormente, sempre de forma intuitiva e sem submissão ao império da razão como se adequar melhor as leis da Natureza.

Enquanto isso, os positivistas não percebem porque continuam aprisionados à negatividade inconsequente da dialética. Todas as informações que lhes chegam sem a possibilidade da comprovação material os confundem sobremaneira e a negação lógica que ostentam em seus diálogos lhes traz o conforto natural da negação sem maiores perquirições as Leis do Universo e principalmente a que lhes fará, em tempo curto, renegarem seus feudos intelectuais em favor de uma nova forma de pensar.

Efetivamente, a lógica desembaraçada de suas ideias pessoais é incapaz de digerir a parte mais sutil de seus próprios pensamentos, fazendo-os comparar o cascalho com o diamante apenas considerando estados minerais naturais, sem compreender que a estrutura atômica do diamante passou por altas temperaturas transformadoras que lhe impuseram um fulgor que o cascalho, neste período de evolução jamais ostentará, embora a vida atômica que o compõe estará fadada, num novo estágio evolutivo, a refulgir provavelmente em lampejos mais belos ao do diamante que agora encanta nossas vistas.

Da mesma forma, acontece com o ser humano. Depois da fase crítica da formação da personalidade realizada pela Divina Presença em seu coração, esta, mediante Seu Propósito Superior, transforma aos poucos essa personalidade que no princípio muitas vezes é rebelde por causa de sua ignorância do propósito de sua Realidade Maior, em um Ser fulgurante, sobrepondo-se, de forma maravilhosa, a todas as etapas medíocres que vivenciou após passar pelas altas temperaturas que a vida social lhe impõe. Evolui de um estado selvagem, próximo ao do animal, até o homem dócil, educado e integrado nos princípios maiores da Mãe Natureza. Torna-se belo, inteligente, criador perfeito nos planos mais sutis da vida sem que tenha ocorrido qualquer privilégio ou quebra das leis naturais de evolução. Transforma-se no filósofo, no arauto dos valores mais elevados do espírito capaz de compreender a perfeição existente nas Leis universais. Sua crença extrapola as convenções mundanas e faz dele um panteísta integrado na compreensão de um universo perfeito da qual participa como criador-criatura, tudo isso acontecendo somente depois de haver tomado conhecimento das performances evolutivas da vida no plano físico e adquirido a consciência do plano de vida universal.

Assim aconteceu com Augusto Comte, tido como louco pelos seus primeiros discípulos, porque havia evoluído naturalmente para o misticismo perquiridor, acolhendo intuitivamente as ideias que antes combatia num ato de profunda humildade saturada de sabedoria.

Verificamos que o misticismo é tratado pelos filósofos críticos que não conseguem lograr alcançar seus ensinamentos como o panteísmo é tratado superficialmente pelos materialistas, ou seja, como uma forma de loucura mansa. Porém, somente os místicos podem compreender a grandeza do *caminho* que percorrem, procurando indicar, por meio das conquistas que lhes embelezam a vida e suas relações com o social, as vias de acesso a um estado de consciência pleno e tranquilo que deveria servir como porto de salvação para aqueles que ainda digladiam com sua própria interioridade.

Quando a Entidade humana consegue o despertar quase completo de seus valores racionais, torna-se consciente da existência de outros órgãos complementares de sua percepção do mundo externo, localizados em seus centros simpáticos e mentais. Seu plexo cardíaco, cujas ramificações chegam até os centros de força mais potentes do cérebro, passam, então, a exercer faculdades bem diversas das meramente cerebrais, cujos efeitos são conhecidos pelo ser humano evoluído e atuam sobrepondo-se visão objetiva e a colocam no reino da intuição quando então passa a não depender somente de sua razão escravizante e, através de *"insights"* constantes, abandona os pressentimentos e passa para a certeza que acompanha o verdadeiro sábio.

O *caminho mental* ou *cerebral* tem seu ponto de desenvolvimento final na magia cerimonial, que necessita de treinamento e conhecimento exclusivamente intelectual e não chega a perceber que existe outro Caminho, denominado Cardíaco, que se concentra e se aprende na Ciência Teurgica. No primeiro Caminho, ou mental, estudam-se a teoria e o manejo das forças ocultas da natureza e do homem, dominando, por atos de comando, as criaturas invisíveis do Reino Elemental que se submetem à vontade poderosa e dominadora do operador.

Diferentemente, a Teurgia vai além do estudo da Natureza e das energias produzidas pelo homem, considerando que a Arte Mística é realizada entre o operador e sua própria Divindade ou Anjo Guardião na medida perfeita do que lhe permitem realizar seus próprios esforços na conquista de outros valores, como a conquista da humildade e o constante sacrifício de si próprio, que o adéquam devidamente para que a própria Divindade passe a operar não só em benefício da personalidade do Operador, mas também da comunidade que participa, tornando-o um curador espontâneo bem como prodigalizador de bênçãos em seu entorno.

Enquanto a Magia desenvolve a vontade pessoal e muitas vezes o orgulho, a Teurgia impede que se desenvolva na personalidade do Mago qualquer atitude que possa enlaçá-lo com o convívio de entidades anormais por causa do desenvolvimento correto de sua personalidade que substitui o comando e as ordens dadas às Inteligências voluntárias do plano astral pela atitude de Oração e invocação de Seres do Plano Divino.

Martinets de Pasquallys foi, sobretudo, um mago que possuía conhecimento dos grandes assuntos divinos e da predominância de Cristo no invisível. Entretanto, seu discípulo Louis-Claude de Saint-Martin, o filósofo Incógnito, com a prática de seus círculos, luzes, nomes divinos e múltiplas cerimônias, preferiu o lado passivo e contemplativo da Arte Teúrgica, que oferece, entre seus mais diversos aspectos, a verdadeira humildade e a oração como maiores consolos.

A Oração, para aquele que se dedica à Teurgia, não significa apenas um exercício labial, mais ou menos audível, mas a atividade operante das potências cerebrais vivas, devendo ser proferida para exercício da caridade física, moral e intelectual e pela paciente submissão às provas que a vida exige para a conquista do poder divino. Todo sofrimento e aflição, todo trabalho, todo martírio e submissão representa uma poderosa e verdadeira aquisição que a Oração carreia para o fraco e o desesperado. Nessa prática, ou seja, na Oração, é que as Potências Invisíveis realizam o pacto de aliança com seu Representante na Terra, guiando-o passo a passo, para que se converta, assim, em um *Iluminado*.

Tanto faz que seja um brahman da Índia, um xamã da Sibéria ou um monge da tibetano; as faculdades postas em jogo serão sempre as mesmas e todos se reconhecerão como irmãos na Divindade, pela verdadeira humildade e caridade.

O leitor não deve confundir o *Iluminado*, que mantém sempre perfeito o controle de todas as suas faculdades cerebrais, podendo, ou não, seguir à vontade as incitações do invisível com o *médium* natural que é instrumento passivo e prisioneiro de suas próprias forças, devendo sempre obedecer, por bem ou por mal, às potências que o mantêm sob sua vontade. Sócrates, por exemplo, em seus contatos com seu "*daimon*" natural, portava-se como um Iluminado e, por causa disto, nenhum espírito sério cometeria o erro de confundi-lo com um médium comum ou um lunático.

Dessa forma se vê com quanta prudência é necessário aproximar-se do mundo do Misticismo e por que os filósofos tiveram dificuldade em apreciá-lo, com clareza, nas suas críticas.

Os meios de comunicação entre o plano visível e o invisível por meio da prática consciente deve ser feito sem a perda do autocontrole. O expediente da mediunidade não faz parte de nossa missão como verdadeiros adeptos do caminho da Luz. O *Iluminado* é, efetivamente, aquele que sabe e não aquele que critica; é um ser capaz de entrar em relação consciente com o mundo invisível fazendo dessa relação o melhor aproveitamento possível. Além de tudo, varia segundo o temperamento psicológico do indivíduo e de acordo com o desenvolvimento mais ou menos intenso de suas faculdades transcendentais o que poderá realizar nos mundos suprassensíveis. O primeiro contato do indivíduo com seu plano astral e com seu plano mental pode acontecer de forma brusca e com visão intensa e direta, como aconteceu nos casos de Jacob Böehme e de Swedenborg, lenta e progressivamente pela audição, ou pela visão e sensações cardíacas sucessivas, como no caso do Filósofo Incógnito Saint-Martim.

O primeiro modo de Iluminação é o mais raro. É aquele determinado quando o invisível opera diretamente sobre o ser de sua seleção sem que este solicite nem esteja esperando. Os casos de Swedenborg e de Joana d'Arc são típicos neste aspecto. Depois de um primeiro choque que estabelece as relações entre ambos os planos, a comunicação se efetua com toda a pureza e naturalidade, porém sempre debaixo do poder invisível e sem que o indivíduo jamais perca, um instante sequer, o controle das suas faculdades.

O segundo modo de Iluminação é mais fácil e se pode consegui-lo sob a direção de algum Mestre vivo ou agindo independentemente, mas obedecendo a certos métodos preconizados neste livro. Quando dizemos mais fácil, devemos juntar as palavras "de acesso", porque, tal como acontece em todo caminho místico, este está semeado de provas (ordálios), de disciplinas, de sacrifícios constantes capazes de desalentar os principiantes empedernidos, zelosos e pouco decididos. A história dos amigos de Johann G. Gichtel é bem reveladora a tal respeito, como vamos narrar abaixo.

Estavam vinte homens decididos a seguir este Caminho e, nas primeiras provas que implicaram ruína moral e perdas financeiras, de saúde e de toda esperança, dezenove afastaram-se voluntariamente do Caminho. Apenas Gichtel permaneceu solitário e triunfou sozinho.

Se alguém consegue vencer este primeiro passo e triunfa das ilusões da serpente astral, é sempre com o concurso e o socorro de uma potência invisível do plano divino. Chamêmo-la de Sagrado Anjo Guardião (SAG), Receptor da Luz, Enviado da Virgem Celeste, ou de qualquer outro nome, pois o que nos interessa é o reconhecimento do fato. A noção de humildade de Gichtel, justificada por sua compreensão exata de que seres não demonializados como nós, sempre impelem o indivíduo a colocar-se, por intermédio da Oração ardente, nos braços do Grande Reparador (*Yeschouah*). Esse entendimento deveria nos preparar para não mais medirmos com nossos critérios os desfavorecidos pela sorte, nem tampouco julgá-los como inferiores e muito menos, condená-los, porque em verdade, somos todos iguais. Quando isso acontece, desenvolve-se, seja pela visão direta do coração, seja pela visão direta da glândula pineal e seus anexos, ou então pelo toque sentido em nosso centro do plexo solar todas estas faculdades até então desconhecidas de nossos fisiólogos "da torrente" (da multidão), como diria Saint-Martin.

Nessa fase do desenvolvimento interno, o regime adotado pouco importa: nascem naturalmente no postulante as forças divinas que irão realizar nele o matrimônio místico do cordeiro, isto é, a união de seu corpo astral iluminado com a do Morador no Corpo Mental Superior. Tal acontecimento elimina os desejos da personalidade e permitem que o Fogo iluminador espiritual e o físico se encontrem no coração, o que basta para queimar toda impureza corporal. Nela, a Oração substitui todo regime assumido, com a condição, bem entendido, de não se enevoarem os sentidos extra físicos com "espíritos materiais", como o álcool e seus anexos, que afastam o discípulo do caminho e o arrojam para o astral inferior. São Paulo colocou nesse lugar os orgulhosos, para os quais o regime seguido passa a ter força de dogma.

O ser, assim desenvolvido, não teme perder sua pureza no meio dos impuros, conforme ensinou o Cristo, vivendo de preferência entre os aflitos e humildes. Assim, o Iluminado cristão se mistura com os enfermos, ombreia-se com os desesperados e os pobres e é, pelo efeito constante da divisão daquilo que lhe foi dado com aqueles que nada têm, que se fortifica suas aspirações, seus méritos e também suas faculdades.

Então, a percepção das personalidades divinas chega a ser mais aguda, os avisos entre os dois planos são constantes, e o indivíduo pode abandonar-se sem temor à direção do Pai que lhe dá a vida, do Filho que lhe dá o processo intelectual por meio do Verbo e do Amor e do Espírito que o ilumina.

Isso é que é indispensável conhecer para compreender os Iluminados e suas escolas.

Além desses caminhos gerais, há muitos outros, caracterizados por outros gêneros de comunicação, como os avisos simbólicos ou os sonhos, corroborados por visões conscientes.

As várias maneiras de conceber a morte e suas consequências derivam diretamente da solução que cada ser humano dá ao problema seguinte: por que estamos vivos na Terra?

A Terra é, efetivamente, um daqueles centros físicos em que, em consequência do que foi considerado a grande falta Adâmica, as forças egoístas e materializantes equilibram a ação das forças altruístas e espiritualizantes.

Esse mistério é proposto por Pitágoras em seu famoso teorema na sua numeração dos lados do triângulo retângulo. A matemática profana nos diz que, em qualquer triângulo retângulo, o quadrado do comprimento da hipotenusa é igual à soma dos quadrados dos comprimentos dos catetos ($c^2 = b^2 + a^2$), onde $c$ representa o comprimento da hipotenusa, e $a$ e $b$ representam os comprimentos dos outros dois lados).

Os filhos do celeste império que já o conheciam para os efeitos de alta iniciação davam a esses lados, respectivamente, os valores dos algarismos, 3, 4 e 5, representando: o 3, a força descendente do Espírito Divino; o 4, a da Terra (matéria) e o 5, a do homem. O quadrado, isto é, a maior atividade no plano de cada um desses três, princípios necessita a união (soma) dos dois lados do triângulo (3 X 3 = 9) (4 X 4 = 16) para equilibrar o quadrado da hipotenusa (5 X 5 = 25), o que é igual a 16 mais 9 = 25.

A representação desse teorema figura na joia de todo Mestre Maçom, que chega a ser Venerável Mestre, e sua demonstração kabbalística deveria ser profundamente conhecida por todos aqueles maçons que pretendessem *"conhecer a Acácia"*.

Se o homem consagrou todos os seus esforços terrenos à aquisição de bens que são do domínio do príncipe deste mundo (o Mammon terrestre), a morte é para ele um espantoso rompimento e nisto sua desgraça é comparada ao do rico financista obrigado a trocar seu palácio e sua magnífica indumentária pela cela presidiaria do galé.

Se, ao contrário, o homem consagrou todos os seus esforços à aquisição de bens que são do domínio dos planos superiores, então a morte é a coroação desejada de um esforço constante e, longe de ser dolorosa, é uma benção e prazer.

Algumas considerações sobre o mecanismo dessas duas tendências entre as quais há numerosas intermediárias vêm esclarecer alguns pontos que ainda poderiam permanecer obscuros a respeito desse importante teorema. Aquilo que os místicos denominam a "Queda" não é um acontecimento tão distante na natureza humana que não permita, a cada Ser humano, a possibilidade de adquirir o conhecimento pessoal e experimental acerca de si mesmo. Com efeito, há duas leis de atividade que realizam exatamente a analogia dos contrários, falando em termos herméticos. Uma é a matéria, que cresce pelo obscurecimento progressivo da Alma, ou seja, a da involução, e a outra é a da Alma que evolui pela iluminação progressiva da matéria colocada à sua disposição e sua elevação à ordem de força ativa dentro do Universo.

O caminho do obscurecimento é consubstanciado pela procura de prazeres materializantes, da cultura do orgulho, da busca da riqueza como fim (e não como simples meio) e o cultivo do egoísmo em seus múltiplos aspectos.

O mito da falta Adâmica ou do *pecado original*, ou o denominado erro primordial, consistiu no fato de se acreditar que, ao dar a vida ao germe da matéria, o homem encontraria um ponto de aspecto sólido do qual o Espírito puro precisava dispor e realizar seu aprendizado na matéria para depois voltar a experimentar as mesmas fases em que conheceu antes de sua origem humana Universal, ou seja, o Adam Kadmon da Kabbala. É assim que Ele simboliza a imagem de uma grande *queda* reproduzida estritamente pela encarnação, ou seja, o revestimento ou o envolvimento do espírito por um corpo carnal. O Espírito humano Universal, o Grande Adam, fez por tomar um corpo físico e materializou-se como homem carnal a fim de manifestar-se. A Bíblia diz, literalmente em sentido oculto, que: sentindo-se nus Adam e Eva, sua esposa, sempre virgem e sempre Mãe, "cobriram-se com peles de animais". Esse mistério está em perfeito acordo com a versão original hebraica, em seu sentido mais esotérico e kabbalístico, mas não está de acordo, naturalmente, com a tradução literal que dela fizeram os Exegetas Agnósticos. Por outro lado, esse mesmo conhecimento está simbolizado nos mistérios maçônicos pelo avental, com o qual se cobrem os "Filhos da Viúva", ou seja, os "Filhos da Terra", para trabalhar, isto é, para realizar a evolução espiritual ascendente que todo espírito que passa pela Terra compete realizar. Mas este espírito, uma vez encarnado e submetido aos efeitos da Lei de gravidade, que o prende à Terra, tem a faculdade de julgar, por si mesmo e por sua própria experiência, o ato de Adão-Kadmon.

Com efeito, sua idade da razão lhe permite tomar conhecimento de duas ordens de forças distintas que nele operam: de um lado, estão as forças egoístas que o inclinam a estimar-se como centro do Universo, dotado do direito absoluto de usar dos valores conquistados para seu próprio prazeres e suas egoístas satisfações de amor próprio, desde que pague algumas missas ou algumas orações ao sacerdócio profissionalizado, encarregado de desembaraçá-lo de seus temores póstumos. Por outro lado, estão as forças abrasadoras do amor e da caridade que o impelem a considerar-se apenas um servidor do Grande Coração Universal, não usando os bens conquistados com seu esforço próprio a não ser para ajudar os menos desafortunados como simples caixa, embora seja possuidor físico de tais bens realizando as dádivas como veículo dos seres do plano invisível superior, estabelecendo contato com os verdadeiros intermediários entre esta vida e a seguinte.

A decisão tomada pelo Ser humano entre esses dois caminhos pode levá-lo para uma *segunda queda* ou então para *"primeira reintegração"*. Sua experiência na matéria, por meio de uma involução de muitas etapas o faz viver quase um aniquilamento e total dissolução nas forças caóticas dos mundos que o cercam que, entretanto, objetivam reerguê-lo para a divinização, mas, se não aproveitada devidamente, como dissemos antes, podem levá-lo para o que constituiria esta *"segunda queda"*, simbolizada pela condenação eterna de que falam as religiões; porém, se o processo for de ascensão espiritualizante, terá alcançado a sua *"primeira reintegração"*.

Entretanto, mesmo naquele que não soube aproveitar totalmente cada etapa da evolução nos mundos inferiores, fica enquistada em sua Alma as revelações mais sagradas que pode obter ou perceber durante seus desvarios, percepções ou conquistas estas que tendem sempre para levá-lo a uma reintegração, sobretudo quando se trata das revelações práticas da Mãe Celeste, ou do Amor.

O Amor tem o poder de afastar e destruir todas as barreiras erigidas pelos pequenos interesses emocionais do ser humano e infelizmente consagradas pelas grandes civilizações e representa o grande chamado do Criador às suas criaturas. Platão fez uma revelação bem profunda ao demonstrar que o amor do homem à mulher, que desperta o sentido da Vida Universal nos corações mais endurecidos, nada mais é que o primeiro despertar do homem para seu D-us. Por isso, todo ser que amou participou da vida superior. Dizia o Mestre Jesus: "Muito lhe será perdoado, porque muito amou" referindo à Madalena, aquela que foi prostituta.

Podemos ainda afirmar que mesmo para o mais repugnante dos egoístas, o amor é o chamado para a vida em comum, que lhe assinala o caminho conducente ao aprendizado do sacrifício próprio em benefício de seus semelhantes; caminho este que sempre é estruturado pelo amor e coroado pelo exercício da Caridade.

Se o Ser humano escolhe o caminho acima citado, todas as chamadas realidades materiais desaparecerão para ele. O dinheiro, a posição social e as honras exercerão apenas fracos atrativos para aquele que aspira à percepção das forças superiores, à união com o Reparador e à visão da Sophia Celeste. Quando assim procede, toma conhecimento, cada vez maior, da vida dos Mundos Invisíveis por meio da *Oração*, sua Alma passa a abandonar constantemente o mundo material e é conduzida pelos guias luminosos até o "outro departamento" e, quando volta para a consciência de vigília o faz como um ator que desempenha um papel para a galeria, pois que sua vida real passa a estar identificada com os propósitos de seu coração.

À medida que as relações entre os dois planos chegam a ser mais frequentes, o espírito se sente mais perto da sua meta, e a morte chega a ser a coisa mais simples do mundo, para não dizer a mais feliz; é a volta definitiva para aquela verdadeira pátria, que vai visitar despido de seus interesses materiais e identificado com o propósito daquele que vive em seu coração e esta volta sabe que sempre se efetua por caminhos muitas vezes já percorridos e já não o amedronta mais. O Iniciado, quando falece de sua vida na Terra, tem, durante alguns instantes, a sensação de uma deliciosa ascensão sobre uma bela corrente de eflúvios, sentindo-se como que transportado por uma graciosa nuvenzinha na qual flutua na imensidão do espaço. Tal é a recompensa daqueles que entraram, embora, por uma só vez, em comunicação com os planos superiores. Para estes é simplesmente a "volta para casa".

Por acaso será necessário descrever a angústia daquele que construiu sua morada no país do Príncipe deste Mundo? Será preciso recordar as vivências desesperadas do Ser humano que desperta sem possuir outra morada além de uma urna funerária no cemitério, que chora suas riquezas terrestres que nada mais representam para ele a não ser fantasmas? Será preciso evocar a intensa dor produzida pela contemplação da decomposição de seu próprio corpo carnal, que ele havia constituído como templo e único centro de auto adoração? Com que fim? Melhor será recordar a infinita bondade do Pai Celestial que jamais julgou alguém e que nos envia aos seus "Receptores Pacíficos" para que nos arranquem de tal estado de aflição até o momento em que a Virgem Celeste estenda novamente sua compaixão sobre nós. A morte é terrível só para aqueles que não a conhecem, para os Filhos da Viúva que não conhecem verdadeiramente a ACÁCIA. Todos os involuídos, todos aqueles que desceram do plano divino para o plano terrestre, como o Buda, Krishna, Maomé, não voltaram a passar pelas portas da morte, porque todos manifestaram a Divindade criando em seu próprio coração um altar digno dela; foram divinos embora fossem homens. Só nosso Mestre, O Cristo, depois de haver destruído os caminhos terrestres, tornou a passar pelas portas de marfim, voltando a tomar aquele corpo sobre o qual as leis da destruição em vão pretenderam exercer seu poder e pode exclamar: "Ó Sepulcro! Onde está tua vitória? Ó Morte! Onde está teu aguilhão?"

E tudo isto não só está escrito no livro terrestre dos evangelhos, tal qual o expressou Papus e também se acha em inefáveis imagens nas páginas do livro eterno e sempre vivo, no qual o Mestre o fez balbuciar dizendo às suas próprias imagens: "fui indigno de ler". Se ao Filósofo Incógnito, bastou levantar um véu para passar de um mundo a outro, graças aos guias proporcionados pelo Reparador que lhe ensinaram o caminho correto, então também podemos exclamar: Ó Sepulcro! Onde está tua vitória? Ó Morte! Onde está teu aguilhão?

Depois de haver percorrido as diversas matérias contidas nestas linhas, uma pergunta pode ser formulada por aquele que deseja ir mais além, a fim de compreender por si mesmo as vantagens, e talvez as inconveniências das ciências ocultas: como penetrar no Templo de que os livros apenas assinalam a antecâmara? Como?

As linhas deste livro estariam incompletas se não puséssemos à disposição do interessado recém-iniciado nestes estudos a experiência adquirida por adeptos mais adiantados. Para isso, começaremos por comentar sobre os Três Caminhos principais, partindo do Umbral do Templo que conduz até o Santuário, por entre perigos e múltiplos labirintos. Estes três caminhos são:

1.º O caminho instintivo, ou experimental; (Yod)

2.º O caminho cerebral, ou mental; (He)

3.º O caminho cardíaco, ou sentimental; (Vau)

    E o caminho Unitivo, síntese dos anteriores (He)

    Antes de tudo, porém, façamos ao interessado a pergunta principal que lhe permitirá aquilatar sobre o caráter de cada um deles:

    Por que tem interesse no ocultismo?

a) Por acaso será para aprofundar-se no conhecimento do ser humano nas suas relações sociais?

Então as artes divinatórias elementares e o estudo dos temperamentos (planetários) apoiados em algumas noções de fisiologia bastarão.

b) Será então para penetrar na existência do plano invisível e aprender sobre a continuação da vida além do túmulo?

O caminho experimental, com seu acompanhamento de terríveis ilusões e emboscadas ser-lhe-ão mais indicados.

c) Será por acaso para adquirir conhecimentos novos acerca da história da humanidade, suas doutrinas religiosas visíveis ou secretas, sobre as filosofias e sistemas que explicam ou pretendem explicar a constituição e a razão de ser de D-us, do homem e da Natureza?

Então pode escolher entre milhares de volumes e documentos acerca do caminho mental, e alguns guias não seriam demais para evitar uma imensa perda de tempo.

d) Será ainda por acaso que deseja aperfeiçoar-se moralmente mais que fisicamente e trabalhar menos para si mesmo do que em benefício dos demais, participando, quando possa com sua débil capacidade e impotência, para a redenção humana?

Para isso não bastam os livros, pois terá que buscar dentro de você mesmo o quarto caminho (Unitivo) e trilhar a via cardíaca (a via do amor), a oração a meditação e o trabalho altruístico. Terá como corolário a iluminação. Neste caminho deverá examinar e apenas acreditar naquilo que você mesmo tem razoavelmente experimentado como consentâneo com o seu bem e o bem dos outros. E nunca esqueça de que o verdadeiro caminho é *pessoal, intransferível e solitário*.

Ali A´l Khan S∴I∴

# Parte I
# Manual Prático de Kabbala Teúrgica

## CAPÍTULO I

# Religião e Mito

### Técnicas e Práticas para elevação mental e ascensão espiritual, com os aplicativos da Kabbala, Filosofia e da Arte Mágicka

*O Abismo*

*Pascal tinha um abismo sem pré em movimento*
*Com ele, ah tudo é abismo: ação, palavra, zelo,*
*Querer! Pela extensão do eriçado cabelo*
*Do Medo muita vez sinto passar o vento.*
*No alto, embaixo, por tudo, o precipício, o apelo*
*Do silêncio e o terror do vasto firmamento,*
*E as unhas deste D-us todo discernimento*
*Desenha um multiforme e eterno pesadelo.*
*Tenho medo do sono e medo da caverna,*
*Que não sabe ninguém por que mundos se interna:*
*Da vidraça eu só vejo o infinito a crescer,*
*E a minha alma que sempre a vertigem invade,*
*Só inveja do Nada a insensibilidade.*
*-Ah! Não sair jamais do Número e do Ser!*

BAUDELAIRE – *As Flores do Mal*

## Do Universo-D-us e seu Culto

*Logo, as pesadas e lentas formas dos séculos escuros e sombrios que cobriram com os suas capas de morcego os olhos do homem, devem se dispersar pelos ventos correntes dos deuses que retornam. Pois o homem implorava e se ajoelhava muito tempo antes dos fantasmas sem sangue em decomposição, a época do glamour não se pode manter viva para o florescimento da aspiração; então os deuses retornavam para trazer uma nova melodia, nova arte e novo entendimento. Através das ondas crescentes e asas emaranhadas da Terra, que rodeiam o firmamento e o infinito horizonte, brilham fracamente no momento, um esplendor crescente, então de repente as penas enevoadas dos pássaros desabam, e ali, na realeza pantanosa, se elevam os suaves cavalos com arreios prateados, arreados às carruagens brilhantes onde estão as jovens e virgens deusas, com elmos dourados e armaduras nas pernas, das quais as armaduras cintilantes não podem ser golpeadas ou sujas.*

*Elas são as dinastias celestiais e crianças etéreas nascidas da divina e eterna mãe, Fogo, cujos seios são as estrelas e amamentaram essas crianças com um leite ígneo. Logo devemos escutar o som agudo dos relinchos dos cavalos e as tempestades em coro de suas crinas agitantes. As carruagens deixam um rastro de esforço no ar, conforme mergulham nas cristas brancas das montanhas. Enquanto os raios dos deuses, soltos, devem ser os emissários das verdades cantando como triunfantes trompetes, mais uma vez acordados conforme eles irrompiam através dos séculos obscuros, para libertar as mentes prisioneiras.*[1]

M.J.

---

[1] JUSTE Michael - *The White Brother, An Occult AutoBiography* – Ed. Ryder & Co. Paternoster House Inc. – London 1927. p. 173

A palavra "*D-us*" parece designada a exprimir a ideia da força universal e eternamente ativa que a toda a natureza imprime movimento, segundo as leis de uma harmonia constante e admirável, que se desenvolve nas diversas formas da matéria organizada, que em tudo se imiscui para tudo animar. Ela parece ser *una* nas suas modificações infinitamente variadas e não poderia pertencer senão a si própria. Tal é a força viva contida no Universo – esse conjunto regular de todos os corpos que uma cadeia eterna liga entre si e que um movimento perpétuo faz girar majestosamente no seio do *espaço* e do *tempo* sem limites. É nesse vasto e maravilhoso conjunto que o homem resolveu raciocinar sobre as causas da sua existência e conservação e sobre as dos vários efeitos que, em torno dele, nascem e se destroem. Deverá em primeiro lugar colocar essa causa soberanamente poderosa, que tudo faz desabrochar e a cujo seio tudo volta de novo para ele tornar a sair por uma sucessão de gerações novas e sob formas diferentes. Sendo essa força a do próprio mundo, foi o mundo considerado D-us ou "*causa suprema e universal, o Grande Arquiteto do Universo*" de todos os efeitos que produz e dos quais o homem faz parte.

Eis o grande D-us, o primeiro, ou antes, o único D-us que ao homem se manifestou através do véu da matéria por ele animada e que forma o imenso corpo da divindade. Tal é o sentido da sublime inscrição do templo de Sais: "*Eu sou tudo o que foi, tudo o que é, tudo o que há de ser, e mortal nenhum conseguiu ainda erguer o véu que me encobre*".

Embora esse D-us estivesse em toda a parte e fosse tudo o que apresenta um caráter de grandeza e perpetuidade neste mundo eterno, o homem procurou-o de preferência nas regiões elevadas onde parece viajar o astro poderoso e radiante que inunda o Universo de ondas de luz, e pelo qual se exerce na Terra a mais bela e benéfica ação da divindade. Na abóboda azulada, semeada de brilhantes luzeiros, parecia ter o Altíssimo estabelecido o seu trono. Do alto dos céus dirigia o mundo e os movimentos do seu vasto corpo e de lá se contemplava a si próprio nas formas tão variadas quanto admiráveis sob as quais constantemente se modificava.

> O mundo, diz Plínio, ou o que chamamos céu, que em si abrange todos os seres, é um D-us eterno, imenso, que nunca foi produzido e jamais se destruirá. Procurar alguma coisa além dele é trabalho inútil para o homem e fora do seu alcance. Eis o Ser verdadeiramente sagrado, o Ser eterno, imenso, que tudo em si contém: ele está todo em tudo, ou melhor, ele é tudo. É ele a obra da natureza e a própria natureza.[2]

---

[2] PLINIO IL VECCHIO (PLINII) - Storia Naturale (Naturalis Historia). Libri I - Published by Giardini, Pisa, 1984, p. 113.

Assim fala o maior filósofo e o mais sábio dos naturalistas antigos. Entende ele dever dar ao mundo e ao céu o nome de causa suprema e de D-us. Segundo ele, o mundo trabalha eternamente em si e sobre si mesmo; é simultaneamente operário e obra, a causa universal de todos os efeitos que encerra. Nada existe fora dele, é tudo o que foi, tudo o que é, tudo o que há de ser, isto é, a própria natureza ou D-us, porquê D-us, entendemos nós o *Ser* eterno, imenso e sagrado que, como causa, contém em si tudo o que é produto. Tal é o caráter que Plínio dá ao mundo, o qual chama-o de Grande D-us, fora do qual outro não se deve procurar.

Esta doutrina remonta, no Egito e na Índia, a mais alta Antiguidade. Tinham os egípcios o seu grande Pan, que reunia todos os caracteres da natureza universal e que, originariamente, era simples expressão simbólica da sua força fecunda. Os hindus tinham o seu deus *Vishnu*, que frequentemente confundem com o próprio mundo, embora, às vezes, considere-o uma fração da tríplice força de que se compõe a força universal.

Eles dizem que o Universo apenas é a forma de *Vishnu*, que o traz no seio, que tudo o que existiu, existe e existirá se encontra nele; que é ele o princípio e o fim de todas as coisas, que ele é tudo – ser único e supremo que aos nossos olhos se produz sob mil formas. É um ser infinito, acrescenta o *Bhāgavatam*,[3] inseparável do Universo, essencialmente *uno* com ele; porque, dizem os hindus, Vishnu é tudo, e tudo está nele – expressão perfeitamente semelhante à que Plínio se serviu para caracterizar o Universo-D-us ou o mundo, causa suprema de todos os efeitos produzidos.

No parecer dos *Brâmanes*, como no de Plínio, o obreiro ou o grande Demiurgo não está separado nem é distinto da sua obra. O mundo não é máquina estranha à divindade, criada e movida por ela e de fora dela É o desenvolvimento da substância divina, é uma das formas sob as quais D-us se produz aos nossos olhos. A essência do mundo é *una* e indivisível com a de Brahma que o organiza. Quem vê o mundo vê D-us, tanto quanto o homem pode vê-lo. Como quem vê o corpo do homem e os seus movimentos, vê o homem tanto quanto pode ser visto, embora o princípio dos seus movimentos, da sua vida e da sua inteligência fique oculto sob o invólucro que a mão toca e os olhos distinguem. Dá-se o mesmo com o corpo

---

3. Uma das partes dos poemas sagrados dos Hindus. Pertencem ao sistema filosófico-religioso dos pantxáratas que, juntamente com os dos djainas, budas, txárvacas e sivistas, constituem a classe heterodoxa dos sistemas filosóficos da Índia.

sagrado da divindade ou do *Universo-D-us*. Quanto existe, existe Nele e por Ele; fora Dele, nada ou abstração.

A sua força é a da própria divindade. Os seus movimentos são os do grande ser, princípio de todos os outros. E a sua ordem admirável, a organização da sua substância visível na parte que, dele próprio, D-us mostra ao homem. Desse magnífico espetáculo que a divindade nos dá de si mesmo, bebemos nós as primeiras ideias de D-us ou da causa suprema. Sobre ele se fixaram as atenções de quantos procuraram as origens da vida de todos os seres. Foram as diversas partes do corpo sagrado do mundo que os primeiros homens adoraram, e não fracos mortais arrastados na torrente dos séculos. Como efeito, poderiam alguns homens, por maiores que fosse, sustentar jamais o paralelo que se pretendeu estabelecer entre ele e a natureza?

Objetam-se que foi a "*Força*" que os primeiros altares se erigiram, perguntarei: E qual foi o homem cuja força incalculável poderia ter sido comparada a essa espalhada em todas as partes do mundo, que nelas se desenvolve sob tantas formas e em tão variados graus, que produz tão maravilhosos efeitos, mantém em equilíbrio o Sol no centro do sistema planetário, impulsiona os planetas e os conserva nas suas órbitas, desencadeia os ventos, levanta as ondas, acalma as tempestades, lança o raio, desloca e subverte as montanhas com as erupções vulcânicas e mantém o Universo interior numa atividade eterna?

Julgamos nós, porventura, que a admiração que essa força em nós hoje produz, não empolgou igualmente os primeiros homens que, em silêncio, contemplaram o espetáculo do mundo e procuraram adivinhar a causa potente que tamanhas energias punham em jogo? Que filho de Alemena (Hércules) haja substituído o *Universo-D-us* e o tenha feito esquecer? Não é então mais simples crer que o homem, não podendo representar a força da natureza senão por imagens tão fracas como ele, procurou na do leão ou na de um homem robusto a expressão figurada que destinava despertar a ideia da força do mundo?

Não foi o homem ou Hércules que se elevou à altura da divindade, mas a divindade que desceu para nivelar-se com o homem que não tinha recursos para pintá-la. Não foi a apoteose dos homens, mas a degradação da divindade pelos símbolos e imagens que parece tudo haver deslocado no culto prestado à causa suprema e suas diversas partes, e nas festas destinadas à celebração das suas maiores operações.

Se é a gratidão dos homens pelos benefícios recebidos que se julga dever atribuir a instituição das cerimônias religiosas e dos mais augustos mistérios da Antiguidade, pode lá imaginar-se qualquer mortal, quer se chame Ceres, quer seja Baco, mais merecedor do reconhecimento humano do que essa terra que do seu fecundo seio faz brotar as searas e os frutos que o céu alimenta com as suas águas e o Sol aquele e amadurece com seus raios? Que a natureza, tão pródiga dos seus bens, haja sido esquecida para só lembrarmos-nos de alguns mortais que desses bens nos tenham ensinado a fazer uso? Pensá-lo é conhecer muito pouco o império que a natureza sempre exerceu no homem, cujas atenções ela ininterruptamente lhe atrai pelo sentimento da sua independência e das suas necessidades.

Houve mortais, é certo, bastante audaciosos para tentarem disputar aos deuses o seu incenso e partilhá-lo com eles, mas esse culto forçado só durou enquanto a lisonja ou o medo teve interesse em o conservar. Domiciano não passava de um monstro no tempo de Trajano. O próprio Augusto foi esquecido depressa. Mas Júpiter ficou de posse do Capitólio. O velho Saturno foi sempre respeitado pelos descendentes das antigas povoações da Itália, que reverenciavam nele o deus do tempo, assim como Jano ou o gênio que lhe mostra a sucessão das estações. Pomona e Flora conservaram os seus altares e os diferentes astros continuaram as festas do calendário sagrado, porque eram as festas da natureza.

A razão dos obstáculos ao estabelecimento e manutenção do culto de um homem entre seus semelhantes, está no próprio homem comparado com o grande ser a que chamamos de Universo. Tudo é fraqueza no homem, no Universo, tudo é grandeza, tudo é força, tudo é poder. O homem nasce, cresce e morre e, durante um momento, apenas toma parte na duração eterna do mundo, no qual ocupa um lugar infinitamente pequeno, saído do pó, inteiramente volta ao pó, enquanto a natureza, e só ela, permanece com as suas formas e com o seu poder e, com os restos dos seres mortais, recompõe novos seres. Não conhece velhice nem alteração nas suas forças. Os nossos pais não a viram nascer, a posteridade não a verá morrer. Descendo ao túmulo, deixá-la-emos tão nova como ao sairmos do seu seio. A mais remota posteridade verá o Sol nascer tão brilhante como nós o vemos e como viram nossos ancestrais. Nascer, crescer, envelhecer e morrer exprimem ideias estranhas à natureza universal e só pertencentes ao homem e aos outros efeitos naturais. "*O Universo*, diz Ocello da Lucânia, *considerado na sua totalidade, nada nos anuncia que descubra uma origem ou pressagie uma destruição: ninguém o viu nascer, nem crescer, nem melhorar-se; é sempre o mesmo, da mesma maneira, sempre igual e semelhante a si próprio.*"[4] Assim falava um dos mais antigos filósofos cujos escritos chegaram até nós, e depois dele as nossas observações não são de molde a

---

4 DA CERRETO, Andrea Mazzarella - *Ocello Lucano filosofo pittagorico Lucania* - Presso Nicola Gervasi al Gigante 23, 1814, p. 33

que tenhamos outra opinião. O Universo parece-nos hoje como então lhe parecia a ele. E não é a perpetuidade inalterável o característico da divindade ou causa suprema? Que seria então D-us se ele não fosse precisamente o que nos parecem ser a natureza e a força interna que a move? Havemos de procurar fora do mundo esse *ser* eterno e improduzido, de cuja essência nada nos dá testemunho? Teremos de colocar na classe dos efeitos produzidos essa imensa causa para além da qual só vemos os fantasmas que a nossa imaginação se compraz em criar?

Sabemos bem que o espírito humano, que nada detém nos seus desvarios, lançou-se para além do que a sua vista alcança e transpôs a barreira sagrada que a natureza havia posto a vedar o ingresso no seu santuário, substituiu a causa que via agir por uma outra que ele não via, estranha e superior a natureza, sem se preocupar com os meios de demonstrar a sua realidade. Perguntou quem fez o mundo, como se houvera sido demonstrado que o mundo tinha sido feito; mas não perguntou que fez o seu D-us, estranho ao mundo, bem convencido de que se podia existir sem ter sido feito, como a respeito do mundo ou da causa universal e visível, os filósofos efetivamente pensaram.

> *Explicar as disposições naturais ou a sua modificação, recorrendo a D-us como autor de todas as coisas, não é certamente uma explicação física, constituindo isso, sempre, uma confissão de que se chegou ao fim de sua filosofia, pois, desse modo, somos obrigados a admitir algo cujo conceito não se tem, para podermos formar conceito da possibilidade daquilo que temos diante dos olhos...*
>
> KANT, IMMANUEL – *Crítica da Razão Pura*
> Martin Claret – São Paulo – 2008

O homem, que não é senão um efeito, pretendeu que igualmente fosse um efeito o mundo e no delírio da sua metafísica, imaginou um ser abstrato chamado D-us, separado do mundo e causa do mundo, colocado superiormente à esfera imensa que circunscreve o sistema do Universo e, como garantia da existência dessa nova causa, se apenas encontrou a si mesmo. E, assim, foi D-us criado pelo homem. Mas tão audaciosa conjectura não foi o primeiro passo da humanidade. O império que sobre o homem exerce a causa visível é demasiadamente grande para que ele desde logo pensasse em subtrair-se-lhe.

Durante muito tempo, acreditou no testemunho dos seus olhos antes de se entregar às ilusões da sua imaginação e de se perder nos desconhecidos atalhos de um mundo invisível. Viu D-us ou a grande causa do Universo, antes de procurá-lo para além dele, e circunscreveu o seu culto à esfera do mundo que via, antes de imaginar um D-us abstrato num mundo que não via. Este abuso do espírito, este requinte da metafísica é de data muito recente na história das opiniões religiosas e pode considerar-se uma exceção à religião universal, que teve por objeto a natureza visível e a força ativa e inteligente que parece espalhada em todas as suas partes. Isso é fácil verificar pelos testemunhos dos historiadores e pelos monumentos políticos e religiosos de todos os povos antigos.

## Das relações dos homens entre si e suas extensões diante de D-us e da religião

*Dupla nostalgia o coração carrega
quando na borda do abismo estamos
e para a noite sepulcral olhamos,
turvos os olhos, o olhar amargo.
Nostalgia da terra e pesar longínquo
por ser tão breve o que aqui gozamos.
E nostalgia do céu que escalamos,
do ar matinal que nos embarga.
Dupla nostalgia na canção do cisne,
que na derradeira lágrima em tisne
nos deixa: aos deuses negros e profundos.
Acaso nosso Eu que nada explora
não é mais que um escuro raio divisor
onde se encerram os mágicos do mundo.*[5]

NIKOLAUS LENAU

Muitas vezes me perguntaram como poderiam empregar seus esforços altruístas no dia a dia. Diante desse desafio de responder algo tão fácil e ao mesmo tempo paradoxalmente complexo, eu sempre me lembrava de um saudoso instrutor, na senda da Luz Maior, que verdadeiramente um grande buscador que me confiou segredos e caminhos. Com o passar dos anos fiquei um pouco agústiado por entender que não estaria fazendo as coisas corretamente, pois eu apenas aprendia e

---

5 DA CERRETO, Andrea Mazzarella - *Ocello Lucano filosofo pittagorico Lucania* - Presso Nicola Gervasi al Gigante 23, 1814, p. 33

não tinha um meio ou mesmo uma prática de aplicar meus conhecimentos. Um dia perguntei ao meu Instrutor quando que eu começaria a fazer algo pelos outros, ou seja, quando que eu iria começar a *Trabalhar na senda da caridade*. Ele olhou-me com muita seriedade e paciência e disse-me: *"Aguarde até que batam à sua Porta"*.

Faço das suas palavras as minhas palavras. Não fiquem preocupados em fazer algo que até mesmo não sabe se estaria correto, ou seja, seguida dos impulsos aleatórios que em vez de ajudar irão atrapalhar as pessoas, e àqueles poderão até mesmo estar necessitando de *cumprir o que chamamos de Carma*.

Através das técnicas da Kabbala e das práticas da *Magick* (A Magick de Crowley nada tem a ver com aquilo que vulgarmente se entende por Magia. Está profundamente baseada em um sistema, firmando-se no Poder Gerativo para atingir a Consecução Espiritual por meio desse Poder. Não é, portanto, de se admirar ter sido ele tão combatido pelos pseudos pudicos. O "K" final da palavra Magick é a décima letra do alfabeto mágico. "K" também é KHz, Khou ou Queue, simbolizando a cauda ou vagina, venerada no Egito Antigo como a fonte do Grande Poder Mágico. Lembre-se de que a Magick é a Arte da Vida, portanto, de causar mudança de acordo com a Vontade; portanto, sua lei é *amor sob vontade*, e todo seu movimento é um ato de amor). Poderemos enfrentar e vencer o grande *"des-a-fio"* de encontrar a resposta para essas indagações para cumprir nossa missão como *homem de desejo* e alavancar nossa reintegração em direção à ascensão espiritual pelo trabalho de lapidação pessoal e humanitário (social).

## Sobre a religião

### *O que é Religião?*

**Religião** (do latim *religare*, significando religação com o divino) é um conjunto de sistemas culturais e de crenças, além de visões de mundo, que estabelece os símbolos que relacionam a humanidade com a espiritualidade e os valores morais. Muitas religiões têm narrativas, símbolos, tradições e histórias sagradas que se destinam a dar sentido à vida ou a explicar a sua origem e do Universo. As religiões tendem a derivar a moralidade, a ética, as leis religiosas ou um estilo de vida preferido de suas ideias sobre o cosmos e a natureza humana.

A palavra *religião* é muitas vezes usada como sinônimo de *fé* ou *sistema de crença*, mas a religião difere da crença privada na medida em que tem um aspecto público. A maioria das religiões têm comportamentos organizados, incluindo hierarquias clericais. Uma definição seria o que constitui a adesão ou filiação, congregações de leigos, reuniões regulares ou serviços para fins de veneração de uma divindade ou para a oração, lugares (naturais ou arquitetônicos) e/ou escrituras sagradas. A prática de uma religião pode também incluir sermões, comemoração das atividades de um deus ou deuses, sacrifícios, festivais, festas, transe, iniciações, serviços funerários, serviços matrimoniais, meditação, música, arte, dança, serviço público ou outros aspectos da cultura humana.

Houve um tempo em que os descrentes, sem amor a D-us e sem religião, eram raros. Todos eram educados para ver e ouvir as coisas do mundo religioso, e a conversa cotidiana confirmava que este é um Universo encantado que esconde e revela um poder espiritual. A exigência de um sentido para a vida trazia às religiões uma certa identidade e lhes dava vida.

Apesar do encanto ter sido quebrado, a religião não desapareceu. Mudou de foco e de moradia. Enquanto no mundo sagrado, a experiência religiosa era parte integrante de cada um, no mundo das ciências fora colocada para fora. No entanto, ela resiste, surge forte quando se esgotam os recursos diante de um coração arrasado pela dor e pela insegurança. A religião surge na vida humana como tentativa de transubstanciar a natureza e dar espaço aos seus desejos em busca dos horizontes. Enquanto o animal é o seu corpo, sempre produzindo a mesma coisa, os homens se recusaram a ser aquilo que o passado lhes propunha. Na sua inquietação e busca, produziram cultura e educaram. Criaram mundos (sistemas) imaginários e passaram de geração em geração através da cultura que se estruturou a partir de seu desejo.

Sendo o desejo sintoma de privação, a cultura cria exatamente o objeto desejado na busca de um mundo que possa ser amado. No entanto, a cultura não é garantia de que o desejo foi alcançado, mas é externalização do desejo em meio à sua ausência. Enquanto o desejo não se realiza, resta cantá-lo, dizê-lo, celebrá-lo.

Nascem, então, os símbolos, testemunhas das coisas ainda ausentes, saudade de coisas que não nasceram, no ponto em que a cultura fracassou como horizontes direcionadores. Nenhum fato, coisa, ou gesto, entretanto, é encontrado já com as marcas do sagrado. Eles se tornam religiosos quando os homens os batizam como tais. A religião nasce quando os homens dão nomes às coisas, atribuindo-lhes valores e dependurando neles o seu destino.

Ela não está preocupada com os fatos, mas com os objetos que a imaginação pode construir em busca do esperado. As organizações religiosas se identificam com as ideias imaginárias que tornam o mundo humano uma realidade. A natureza não depende da vontade humana para existir. Mas a cultura é diferente.

Tudo o que surgiu com a atividade humana (adornos, linguagem, etc.), quando o homem desaparecer, também desaparecerá. As coisas culturais que foram descobertas, no entanto, aparecem aos nossos olhos como se fossem naturais pelo processo de *reificação*, ou, como prefere Rubem Alves, *coisificação*. Isso se aplica de maneira peculiar aos símbolos. De tanto serem repetidos e compartilhados com sucesso, nós os reificamos, passamos a tratá-los como se fossem coisas. Os símbolos que se mantêm vitoriosos recebem o nome de verdade, enquanto os derrotados são ridicularizados como superstições ou perseguidos como heresias.

O Universo religioso encantado não poderia ser manipulado ou controlado pela burguesia, que encontrou na previsibilidade da Matemática, instrumento ideal para a construção de um mundo vazio de mistérios e dominado pela razão. O mundo religioso e seus símbolos foram lançados nas chamas. Alinhada aos interesses da burguesia, a Ciência se apresenta vitoriosa. Determina que o conhecimento só pode ser alcançado através do método científico. E o discurso religioso? Só pode ser classificado como engodo consciente. Estabeleceu-se um quadro simbólico no qual não havia lugar para a religião. D-us ficou confinado aos céus, dividindo-se áreas de influência: aos comerciantes e políticos foram entregues a terra, os mares, as fábricas e até os corpos das pessoas.

A religião foi aquinhoada com a administração do mundo invisível, o cuidado da salvação, a cura das almas aflitas. No entanto, os julgamentos de verdade e de falsidade não podem ser aplicados à religião, pois, no mundo dos homens, podem ser encontrados dois tipos de coisas: as *coisas/símbolo*, aquelas que significam outras e as *coisas* que são elas mesmas, não significam outras. Enquanto os *símbolos* carecem que comprovação, as *coisas,* que são elas mesmas, não precisam passar pelo crivo de falso ou verdadeiro. A religião se apresenta como coisa e sua realidade não pode ser negada. As religiões se estabelecem e subsistem a partir da divisão bipartida do Universo entre o sagrado e o profano. Sagrado e profano não são propriedades das coisas. Eles se estabelecem pelas atitudes dos homens perante coisas, espaços, tempos, pessoas, ações. Enquanto o mundo profano se resume ao círculo do utilitário, o sagrado avança para o ideal. Se o homem é senhor do mundo utilitário, no sagrado ele é servo. O sagrado é apresentado como centro do mundo, a origem da ordem, a fonte das normas, a garantia da harmonia que se manifesta na sociedade e pela sociedade.

A religião como fato social não está completamente à mercê da análise sociológica, pois os sentimentos religiosos se encontram numa esfera de experiência indiferente à análise sociológica, por ser íntima, subjetiva e existencial.

A religião é o clamor daqueles que sofrem e sonham para acalentar a alma, definindo o mundo sagrado como um grito que ecoa a essência humana. A religião tem um caráter ambivalente: ela pode prestar a objetivos opostos, tudo dependendo daqueles que manipulam os símbolos sagrados. Ela pode ser usada para iluminar ou para cegar. Mas, na figura dos mártires, tem sido expressão das dores e das esperanças dos que não têm poder, apresenta um D-us que é o protesto e o poder dos oprimidos, dando o toque e o sentido para a vida, declarando que vale a pena viver.

# CAPÍTULO II

# Depois da Cristandade

Desde o início dos tempos, o homem busca ligar sua existência pela face da terra ao transcendental; o homem é, portanto, um ser religioso por excelência. Seus raciocínios são associações de ideias. Suas ideias provêm de suas imagens, de seus sonhos. Suas imagens são espécies de pontos ligados mecanicamente entre si como um grande quebra-cabeça, conforme as leis da semelhança, do contraste, desejos e interesses. Quem sabe aplicar corretamente essas leis sabe ao mesmo tempo "decifrar o homem", ou melhor, sabe decifrar a si próprio.

Na Grécia antiga, no frontão do Templo de Apolo, em Delfos (650 a.C.-550 a.C.), estava inscrito uma frase, atribuída aos Sete Sábios: "*Ó homem, conhece-te a ti mesmo e conhecerás os deuses e o Universo*". Para isso basta que o homem megulhe em si mesmo, para conhecer-se ontologicamente, trilhar a *via cardíaca* e reconhecer o outro como parte real desse descobrimento.

Não é mais que difícil "ler o pensamento" ou tentar transcender o pensamento de Gianni Vattimo, na obra *Depois da Cristandade*[6], em especial no Capítulo V, *O Ocidente ou a Cristandade*. Na visão do filósofo italiano, o que está em jogo *a priori* é o Cristianismo secularizado no Ocidente, uma profunda análise provoca reflexões sobre a tese de que o Ocidente é essencialmente cristão. Na medida em que uma objetividade, que a modernidade trouxe consigo, desencadeada por Nietzsche no anúncio da morte de D-us, e posteriormente com a superação da metafísica proposta por Heidegger, o autor pondera com suas análises, bem tabuladas e objetivas, a partir da mudança do comportamento e visão desse Cristianismo e em corolário à geometrização de um novo esquema religioso.

---

6 VATTIMO, Gianni - *Depois da Cristandade* - Editora: Record, 2004.

A partir desse ponto, Vattimo reconhece um notável parentesco entre a questão[7], *O Ocidente ou a Cristandade*, não devendo ser vista como fenômeno de abandono da religião e sim como atuação de sua vocação, mesmo que isso possa parecer paradoxal. Vattimo analisa as reações da secularização, citando vários outros autores, como aspecto constitutivo da história do ser (na proposta da salvação) para um modo de viver este experienciar no retorno ao sagrado em suas variadas maneiras de ser.

Se a civilização moderna do Ocidente se secularizou é um fato real da história da religiosidade marcada num sentido forte e responde positivamente à tradição religiosa, o que para o autor significa que a experiência religiosa, da forma que se dá na cultura do Ocidente, reagiu de maneira positiva alegando que o Cristianismo saiu desta "matança" mais forte e resistente.

Pensamos que a raiz interpretativa assinalada pelo autor de que um "pensamento fraco" se torna mais visível ao que as categorias fortes da razão excluíam ou uniam pela força, seria menos violento e mais respeitoso à diversidade de costumes e estilos de pensamentos. Como um pensamento cristão fraco é um pensamento menos dogmático, é, portanto, mais estético e livre a interpretações segundo sua perspectiva.

Na visão de Vattimo, enfraquecer o Cristianismo não é reduzi-lo ou mutilá-lo; é restituir sua autenticidade acolhendo sua mensagem autêntica da encarnação, pela qual D-us "desce do céu da transcendência onde a mentalidade primitiva o confinava".

Objetivamente, poderíamos concluir que a intenção do autor é restituir vida à mensagem cristã, esvaziando-a de toda religiosidade e esperando crer por uma fé laica. Em linhas gerais, assinalamos que se trata de uma boa obra do autor sobre o horizonte religioso no cenário pós-moderno, como também um tema já amplamente abordado pelos mais brilhantes intelectuais da atualidade!

Um ponto a se destacar, depois da turbulenta questão acima desenvolvida, é a questão da ética, pois, com a secularização, esta ciência passa ser o ponto de equilíbrio e de sobriedade da herança da fé. Por outro lado, dentro do âmbito de religiosidade, esta ciência (ética) sempre pautou na essência dos tratados religiosos e principalmente no teor dos Evangelhos; portanto, podemos inferir que grosso modo nada mudou em essência, apenas mudou a maneira de misturar as matizes de uma mesma cor chamada Cristianismo.

---

7 VATTIMO, Gianni - *Depois da Cristandade* - Editora: Record, 2004.

Gianni Vattimo encontra em Gioacchino da Fiore a tese "*Idade do Espírito*"[8], a interpretação que satisfaz a *mensagem cristã* e a *dissolução da Metafísica*. Nisso a fraternidade estará em consonância com a realidade cristã fundamentada na amizade dos povos. Nossa única possibilidade de sobrevivência humana está depositada no preceito cristão de caridade.

O Cristianismo, segundo Vattimo, é a condição que prepara a dissolução da Metafísica, pois, como vimos, tem em seu cerne na característica do historicizar-se do Ser. O seu caráter interpretativo, como história e interpretação de sua "verdade", não se poderia pretender eterna, pois o Cristo se revela também além da história, e ele mesmo é interpretação (*Logos*) da lei e da vontade divina. O anúncio cristão como um evento histórico não é revelação, por parte de Cristo, de uma verdade eterna, ontológica; é muito além disso, é construção de uma única fraternidade justa e eterna.

A mensagem cristã supera questões menores, como argumentação metafísica e a própria objetividade em tentativas históricas de descrições realistas com uma verdade objetiva e absoluta; o Cristianismo está acima de tudo isso. Se há por um lado, a morte de um deus moral de Nietzsche e, pelo outro, o fim da metafísica em Heidegger, e o Cristianismo sobrevive, podemos inferir que deste renascimento surge um novo conceito de religião sem adornos e véus; em essência propriamente dito, deixa-se de lado a fé irracional e busca através da fraternidade, amizade e razões na via cardíaca um conhecimento que resgata o homem da ilusão e do mito cristão.

A perda da crença (no mito), ou seja, numa verdade objetiva, leva a função da essência cristã a levantar-se numa proposta substancialmente humanística e com certeza de que não houve nenhum abalo ou desgaste real naquilo que propunha o Cristianismo desde o início, ou seja, uma fraternidade mais transparente, mais pragmática que se realiza através do Outro.

Em outras palavras, a verdade com Cristo tendo o poder de nos libertar é porque em realidade esta não é outra coisa senão um caminho de reintegração e de certezas gnósticas, e não mais uma questão de fé estritamente dogmática.

Com esses argumentos, pretendo refletir, com base no pensamento de Gianni Vattimo, a problemática do retorno da Religião, visto que adquire relevância no cenário filosófico contemporâneo: o fim da Metafísica na experiência da pós-modernidade. Para tanto, busca-se investigar o que possibilitou tal retorno da Religião, mesmo em tempos de secularização. A ciência, que tinha por pretensão desfundar a Religião, também encontra o seu limite: algo que conferiu ao pensamento moderno

---

[8] VATTIMO, Gianni - *Depois da Cristandade* - Editora: Record, 2004.

certa desilusão, instaurando uma busca de identidade do pensamento ocidental (particularmente o Europeu).

Este "caminho de retorno" feito pelo pensamento ocidental deparou-se com o encontro de suas raízes originariamente cristãs. Desse modo, a ausência de fundamentos torna-se característica do pensamento pós-moderno, uma vez que a Modernidade caracterizava-se pela constante superação e pela categoria do "novo", ou seja, a presença de uma concepção linear da história. Com a pós-modernidade, essa categoria não mais se sustenta, e a história pode ser compreendida como interpretação.

Este caráter hermenêutico identificado neste momento pós-moderno da história compreende, pois, que os "fatos" agora são reduzidos à mensagem. Tal concepção implica em outro modo ou proposta de um agir moral e ético, que abrange desde as relações mais simples, passando pela real possibilidade de um debate ecumênico e inter-religioso, assim como outro modelo de experienciar a ética cristã, em especial, no que concerne à sua moral sexual.

Serão expostos textos desta obra, do pensador italiano, como o conceito do *pensiero debole* (ou o pensamento fraco) alcançou tal conclusão e como a filosofia pode, uma vez mais, discutir a questão de D-us, do ser, do ente, sem incorrer em um discurso meramente religioso, mas, ao contrário, compreender que semelhante debate exige um diálogo dotado de racionalidade, criticidade e verdadeiramente filosófico.

Para entender o Cristianismo, é necessário separá-lo da Igreja Católica Apostólica Romana. Meditemos sobre o fragmento 62[9] de Friedrich Nietzsche, da obra *O Anticristo*: "*A igreja cristã não poupou nada em sua corrupção, de todo valor fez um não-valor, de toda verdade fez uma mentira, de toda integridade uma vilania da alma. Que se atrevam ainda a me falar de seus benefícios "humanitários"! Suprimir uma miséria qualquer ia ao encontro de seu interesse mais profundo; ela viveu de misérias, ela criou misérias para se perpetuar... Por exemplo, o verme do pecado: é com essa miséria que a igreja para começar presenteou a humanidade! A igualdade das almas perante D-us, essa hipocrisia, esse pretexto para o rancor de todas as almas vis, essa noção explosiva que terminou por se converter em revolução, em ideia moderna e princípio de decadência de toda ordem social – é a dinamite cristã... Benefícios "humanitários" do Cristianismo! Fazer da humanitas (humanidade, caráter) uma autocontradição, uma arte da ignomínia de si, uma vontade de mentira a todo custo, um desprezo por todos os instintos bons e honestos.*"

---

9  NIETZSCHE, Friedrich - *O Anticristo* - Edições 70, Portugal 1989.

## O significado de fé e razão

Para o homem moderno, a fé é assunto de difícil compreensão; mais raro ainda é o homem vivenciá-la. Hoje o homem dificilmente se encontra só e está sempre entretido com alguma atividade que dificulta sua possibilidade de introspecção, além de estar mergulhado num ambiente ruidoso e ao mesmo tempo artificial. Absorto em distrações, distancia-se de sua realidade interior; faltando-lhe a paz, na qual, unicamente, poderá expressar-se a voz silênciosa da fé.

Muitas pessoas, ao tentarem analisar o significado da fé, encontram uma dificuldade principalmente intelectual, em que os reclamos dela parecem contradizer as descobertas da razão, e sentem que não poderão aceitar suas proposições sem renunciar à sua integridade intelectual. O conflito entre a fé e a razão há muito vem sendo objeto de vastas discussões desde que emergiu na Idade Média, sob a influência da filosofia grega. As três religiões monoteístas foram unânimes ao definir a fé como uma origem especial da verdade, como uma fonte de conhecimento objetivo a complementar a razão humana, mantendo-se, porém, distinta desta e independente da mesma. A fé e o raciocínio foram concebidos como fontes separadas da verdade e do conhecimento. Porém, essa definição provocava mais perguntas do que as resolvia.

O que é a verdade e quais são suas origens? É a razão *a priori* que Hume diz existir um único meio para resolver: "*...De sermos libertos da obscuridade: investigar seriamente a natureza do entendimento humano e mostrar, mediante uma análise exata de seus poderes e capacidade, de que ele não se ajusta de modo algum a assuntos tão abstrusos e remotos. O raciocínio exato e justo é o único antídoto da humanidade, apropriado a todas as pessoas, e só ele pode modificar essa filosofia abstrusa difícil.*"[10] A razão é impotente para descobrir a verdade revelada pela fé? Ou será demonstrável esta verdade – passível de verificação através da razão? Logicamente, poderá algo ser considerado verdadeiro, a menos que seja demonstrado e verificado pela razão? Cada uma das respostas gerava novas perguntas.

Somente poderemos compreender a verdadeira natureza da fé – em se tratando de fé bíblica – se reconhecermos o fato fundamental de que qualquer definição que a considere como fonte especial de verdade será inadequada. Podemos inferir que a fé não é uma fonte especial de verdade, independente da razão, ou contrária a esta. O termo fé, delimitado dentro do âmbito bíblico, designa uma atitude de

---

10 HUME, David - *Investigação Sobre o Entendimento Humano; Série Filosofar* – Ed. Escala Educacional, São Paulo, 2006.

confiança entre o homem e D-us. Ter fé não é afirmar que uma certa proposição seja logicamente verdadeira, porém, antes, é confiar-se a D-us, sentido-se seguro nessa confiança. Aquele que crê, ou que acredita que crê, não necessariamente acredita em D-us; mas dá crédito a D-us. Martin Buber expressa o mesmo pensamento ao afirmar que o homem bíblico nunca duvida da existência de D-us. Ao professar a sua fé, simplesmente expressa a sua confiança em que o D-us vivo está tão próximo como estivera de Abraão, e a Ele confiantemente se entrega.

René Descartes, no famoso argumento ontológico sobre D-us: *"D-us é um ente perfeitíssimo (isto é, contém todas as perfeições); ora, a existência é uma perfeição; logo D-us existe."* Todavia, muitos argumentos – talvez a maior parte desses – apresentam infinitas premissas axiomáticas tão simples e ao mesmo tempo complexas, como é o caso do *argumento da aposta*, do filósofo Blaise Pascal: *"Ou há um D-us cristão ou não há um D-us cristão. Suponha que você acredita na existência Dele e que observa uma vida cristã. Então, se Ele realmente existir, você gozará da felicidade eterna. Se Ele não existir, você perderá muito pouco. Mas suponha que você não acredite na existência d'Ele e que não observa uma vida cristã. Se Ele não existir, você não perderá nada; mas, se Ele existir, você será condenado por toda a eternidade! Então é racional e prudente acreditar na existência de D-us e observar uma vida cristã"*[11].

Essa certeza imediata não se limita ao terreno da fé religiosa. Cada um de nós possui certeza imediata da existência do seu próximo. Um encontro com alguma outra pessoa, um discurso ou aperto de mão me assegura, com imediata segurança, de que não estou sozinho no mundo. Poderá constituir problema filosófico imediato se indagar se posso provar a existência de alguém, além de mim mesmo.

Certamente, na história da filosofia, podem ser mencionados os *solipsistas*, aqueles pensadores que, com toda sinceridade, colocaram em dúvida ou negaram a existência do Tu, afirmando ser o Eu o único ser existente, apenas capaz de conhecer suas próprias modificações e estados. A celeuma pode apresentar interesse filosófico e provavelmente não será solucionável. O busílis, no entanto, é que, quando tomo a mão que o amigo me oferece, não me relaciono com ele no plano da discussão filosófica ou análise objetiva abstrata; entro numa relação de certeza, confiança e fé imediatas.

A fé é uma relação de caráter imediato ao que existe entre o Eu e o Tu. Aquele que acredita buscar a D-us o encontra. Sabe que D-us tem para ele a mão estendida. Fala a D-us e receba uma resposta. Ora a D-us, com tanta certeza da sua existência,

---

11 PASCAL, Blaise - *Pensées sur l'Homme et Dieu*. – Chez Jacques Klein - Editions de la Cigogne, Marrocos, 1950. p. 275.

como da sua própria, ou a do próximo. Não exige provas para essa certeza suprema; porém, se alguém solicitasse provas, não poderia apresentar. Não pode fornecer evidência objetiva para o que, em seu coração, conhece como absolutamente verdadeiro e real. Gandhi definia a fé como um encontro, do mesmo modo, quando mencionava a íntima voz silênciosa que o acompanhara pela existência e a qual, por meio de exercícios mentais e físicos, se adestrava a ouvir: *"Não disponho de meios para convencer os céticos da existência desta voz; ele poderá afirmar tratar-se de uma ilusão ou alucinação. Pode ser assim. Não me é possível provar a sua existência. Porém, o que posso declarar é que a contradição do mundo inteiro não enfraquecerá a minha fé em que ouço a voz de D-us. Para mim esta voz é mais real do que a minha própria existência."*[12]

O ato de fé baseia-se na experiência direta e na certeza do crente em que tenha sido D-us quem lhe haja falado. No entanto, o crente deverá enfrentar dificuldades. Os outros podem exigir prova objetiva para sua afirmação de que é uma experiência real e que o encontro existira. Ele próprio poderá, momentos depois, vir a duvidar da realidade daquele encontro – pois a graça do momento abençoado não se prolonga além daquele momento. A vida da fé é intermitente. Raros são os momentos dessa iluminação direta, como indicava Maimonides na introdução do seu *Guia para o Perplexo*[13]:

> *Às vezes a verdade brilha com fulgor tão intenso que a percebemos clara como o dia. A seguir, a nossa natureza e hábitos descem um véu, sobre a nossa percepção, e nos vemos novamente numa escuridão quase tão densa quanto a de momentos antes. Somos como os que, diante da luz de frequentes relâmpagos, ainda se encontram nas mais densas trevas. Em alguns, a luz brilha rapidamente, em momentos sucessivos, de modo a aparecer que se encontram continuamente iluminados... a sua noite é clara como o dia. Em outros, apenas uma vez, durante a noite inteira, é percebido um clarão. E existem também aqueles para os quais a iluminação brilha em intervalos variáveis.*

Reconhece Maimonides que essa qualidade direta de percepção religiosa pode ser intermitente. Porém, a vida da fé não pode fundamentar-se apenas em experiências religiosas intermitentes. Deve existir algo a manter a validade da fé,

---

12 FISCHER, Louis – *Gandhi – Círculo do Livro*, São Paulo, 1982. p. 180.
13 Maimônides - *Guia dos Perplexos – Coletânea* – Sefer - São Paulo, 2003.

na ausência daqueles momentos; algo menos subjetivo e pessoal, portanto mais objetivo e racional capaz de preencher aqueles lapsos. Neste ponto, a razão e o conhecimento possuem um lugar no domínio da fé. Consideremos, por exemplo, o papel desempenhado pela Bíblia na vida religiosa. A própria Bíblia não poderá ser uma fonte de fé: a leitura do texto bíblico não pode substituir a experiência imediata, na qual o ato de fé se baseia. Porém, a Bíblia se refere à fé em outros indivíduos. Descreve o encontro com D-us e nos confronta com a herança secular de fé – Bíblia é a visão que o homem tem de D-us; quando lemos a Bíblia sempre estamos diante de um rosto.

Dificilmente poderemos entender a Bíblia plenamente, sem termos tido, nós próprios, alguma espécie de experiência religiosa, por muito fraca e inadequada que esta possa ter sido. Neste caso, no entanto, a Bíblia poderá fortalecer a fé, expondo-nos ao exemplo de outros; o relato das suas lutas e experiências, o exemplo das suas descobertas e frustrações poderão aprofundar a nossa compreensão da natureza e significado da fé. O conhecimento daquilo que a fé tenha representado e represente para outros poderá clarificar e fortalecer a nossa própria fé.

Evidentemente, esse conhecimento não é da espécie que prova serem verdadeiros os reclamos da fé e nem cobra esta condição, pois ela somente tem validade para aqueles que a vivenciaram (experienciaram) e não há motivação lógica para transmiti-la a outros, uma vez que é por excelência *pessoal, intransferível e solitária*. Constituirá, quando muito, o conhecimento da fé de outros indivíduos – que tiveram uma fé idêntica ou similar àquela a que nós próprios aspiramos.

Apesar das distintas essências próprias entre a razão e a fé, ainda resta o ideal de uma visão do mundo que, abrangendo os pontos de vista da razão, sejam fundados na fé. Se a ciência e a religião tentarem ignorar-se mutuamente, apesar de possuírem conhecimento uma da outra, ambas permanecerão sobre um terreno incerto. Existe apenas uma verdade. Nenhum homem poderá com honestidade orar a um D-us que ele haja negado como cientista. E aquele que ora não poderá negar a existência de D-us.

Isso não significa ser possível ao cientista encontrar D-us num tubo de ensaio ou em um documento histórico. Porém, o conteúdo do tubo de ensaio ou do documento histórico não existem sem D-us. O objetivo da ciência não é D-us, mas o mundo. Porque D-us criou o mundo e, desse modo, o objeto da ciência. D-us é transcendente, porém também é transcendental com relação à ciência, isto é, torna-a possível. A ciência não possui D-us para si, mas não poderia existir sem Ele. D-us não é um assunto de ciência: a ciência é um assunto de D-us.

> D-us criou todas as coisas com número, medida e peso; por isso dizem os kabbalistas que cada número contém um mistério e um atributo que se refere a uma divindade ou a alguma inteligência. Tudo que existe na natureza forma uma unidade pelo encadeamento de causas e efeitos, que se multiplicam ao infinito; e cada uma dessas causas referem-se a número[14].
>
> F. Valdomiro Lorenz

Não existe uma fórmula de simplificação, pela qual esta síntese entre a fé e a razão possa realizar-se. Não pode existir distinção entre um cientista que crê e um que não creia, porque, como cientistas, ambos devem aceitar as regras da objetividade científica, isto é, da verificação e controle. Quando um homem tenta reunir e harmonizar os dois grandes polos da existência humana, ou seja, a certeza da sua confiança em D-us, derivada da sua fé, e a certeza da pesquisa e indagação desprendida com que, como pensador responsável, deve sujeitar as suas próprias hipóteses a escrutínio constantemente renovado. A possibilidade de nós, sejamos judeus ou cristãos, harmonizarmos a fé e a razão, pode ser melhor ilustrada pelo pensamento e experiências de alguns homens de notáveis inteligências, como pensadores e homens de fé.

---

14  LORENZ, Francisco Valdomiro - *Cabala* - Editora Pensamento, São Paulo, 1952.

## De como D-us não pode ser encontrado pelos sentidos exteriores nem pelo sentido interior

*Solilóquios* – Santo Agostinho

1. Logo errei como uma ovelha tresmalhada, andando a procurar-vos fora de mim quando estais dentro de mim. Cansei em fazê-lo, ao passo que Vós habitais em mim, uma vez que a Vós aspire.
   Vaguei através dos bairros e das ruas deste mundo, a ver se vos achava e não o consegui, porque vos procurava mal.
   Enviei adiante os emissários destes meus sentimentos exteriores, para o mesmo fim e com o mesmo resultado. Não sabia procurar-vos.
   Agora vejo, ó D-us, minha luz, que brilhastes enfim aos meus olhos, quão mal vos pretendia descobrir pelos meus sentidos, porque é dentro de mim que residis, e, todavia nem eles deram por isso quando em mim penetrastes.
2. Porquanto disseram os olhos: "Se não tem cor, não entrou por meio de nós".
   Os ouvidos disseram: "Se não é sonoro, não passou por nós".
   O olfato disse: "Se não tem cheiro, não o percebi".
   Disse o paladar: "Se não tem sabor, não dei fé que passasse por mim".
   E acrescentou o tato: "Se não é maciço, não me interroguem a tal respeito".
   Por conseguinte, nenhuma destas propriedades imperfeitas existem em Vós, ó meu D-us.
   Procurando-vos, não é a natureza corpórea que devo procurar, nem o que está sujeito ao tempo, nem o esplendor da luz, nem a formosura das cores, nem a suave melodia do canto, ou de qualquer outra espécie, nem o perfume das flores ou dos unguentos, nem o mel ou os manjares mais deliciosos ao paladar, nem as coisas mais deleitáveis ao contato do homem, nem qualquer outro objeto dependente dos sentidos grosseiros e exteriores.
   Não permita D-us que eu tome jamais pelo Ser Supremo o que pode ser percebido e abrangido pelo sensório dos animais irracionais.
3. Quando procuro o meu D-us procuro a luz, porém, uma luz que sobreleva a toda a luz, e a todo o alcance da visão; procuro uma voz superior a toda a voz, inacessível ao ouvido material; um aroma superior a todos os aromas, que o olfato não atinge, um sabor mais grato do que todos os sabores deleitosos, que o paladar é demasiado grosseiro para perceber; um abraço mais doce do que todos os abraços, que o tato é capaz de gozar.

Fulge esta luz sem recinto que a receba, soa esta voz sem vento que a dissipe, recende este aroma sem aragem que o propague, deleita este sabor sem intemperança que o produza, cinge este abraço sem perigo de separação violenta. Este é meu D-us, que para mim está acima de toda a estimação e de todo o paralelo. É a este Ser que procuro quando procuro D-us: é a este que amo quando amo o meu Criador.

4. Tarde vos amei, beleza sempre antiga e sempre nova, tarde vos amei...
Vós estáveis em mim, e eu rebuscava-vos por fora de mim.
Meu pobre coração, disforme nos seus afetos, encontrava ocasião de queda naquelas mesmas formosuras que criastes por minha causa. Estáveis comigo sem eu estar convosco e conservavam-me longe de Vós aquelas mesmas coisas que só em Vós possuíam o fundamento da sua existência. Dirigia-me a todas elas em busca de Vós e por elas abandonava-vos.
Perguntei à terra se era o meu D-us, e respondeu-me que não, e no mesmo sentido me respondeu quanto ela encerra. Perguntei ao mar e aos seus abismos e aos peixes que neles se contêm se eram eles o meu D-us, e responderam-me: *"Não o somos. Procura-o acima de nós"*
Interroguei o ar sutil com todos os habitantes aéreos que o povoam: Sois vós o meu D-us? Responderam-me que não, e que Anaxímenes (Filósofo grego da escola jônica, que opinava ser o ar o princípio dos seres) se enganara a tal respeito.
Interroguei o Céu, o Sol, a Lua e as estrelas: *"Não, não somos nós o teu D-us"*, tornaram-me.

5. E disse a todas estas criaturas, que me são exteriores: respondestes-me que não sois o meu D-us; mas dai-me ao menos alguma notícia dele; e clamaram todas gritando: *"Foi ele quem nos fez"*.
Interroguei a mole imensa do nosso globo: *"Dize-me se és ou não o meu D-us"*. E replicou-me com voz forte: *"Não; não o sou, porém sou (ou existo) por Aquele que em mim procuras. Foi ele que me criou. Procura acima de mim esse Senhor supremo que me rege"*.
Interrogar as criaturas já é estudá-las e a sua resposta um atestado fidedigno pelo qual confessam e bradam ser D-us o seu autor. Observa com razão o Apóstolo São Paulo que as coisas invisíveis de D-us nos são conhecidas pelas suas obras visíveis.

6. E dobrei-me sobre mim mesmo e entrei em mim, e disse comigo: Quem és tu? E respondi-me que sou um homem mortal e racional. E pus-me a deslindar o

que isto queria dizer: donde me proveio ser eu um animal racional, ó D-us? Não foi de Vós? Fostes Vós que me criastes e não eu a mim mesmo.

Quem sois? Por quem é que vivo? Quem sois, Senhor, por quem todas as coisas vivem?

Sois o meu D-us, o verdadeiro D-us, único onipotente e eterno, incompreensível e imenso, que sempre viveis, não havendo nada em Vós, que pague tributo à morte: ente imortal, que sois inenarrável, imperscrutável, inominável: D-us vivo e verdadeiro, terrível e forte, sem princípio nem fim, e que sois o princípio e o fim de tudo o que é; que existem antes que existissem os séculos e as origens dos séculos.

Sim, Vós só sois o meu D-us e o Senhor de todas as criaturas. Em Vós permanece a causa primeira de tudo que tem estabilidade; em Vós assenta a origem imutável de tudo quanto é mutável, e em Vós vivem as razões eternas de tudo o que é racional, irracional e temporal.

7. Dizei, Senhor, ao vosso servo suplicante, dizei, ó misericordioso, ao mísero, donde é que proveio o meu ser animal e racional senão de Vós? Pois pode dinamar de alguém a não ser de Vós o existir e o viver? Não sereis Vós, acaso, a entidade soberana donde deriva toda a existência? Nada existiria sem Vós. Não sereis Vós a fonte da vida donde desliza toda a vida? Por Vós vive tudo que vive. Tudo criastes, ó D-us!

Ainda examinarei quem foi que me criou? Vós fostes por certo! Sou obra de vossas mãos.

Graças vos dou, ó meu Criador, por semelhante benefício; graças vos dou, porque foram as vossas mãos que me fizeram e me fabricaram; graças vos dou porque me iluminastes e porque, achando-vos, me achei.

Lá onde vos conheci e achei, aí me achei e me conheci. E lá onde vos conheci, aí me iluminastes.

Graças por vos terdes dignado iluminar-me, ó minha luz.

8. Mas como é que ouso dizer que cheguei a conhecer-vos, se sois incompreensível e imenso, como Rei dos reis e Senhor dos senhores? Se só Vós possuís a imortalidade e habitais uma luz inacessível, que nenhum homem, portanto, jamais viu nem pode ver? Se só Vós sois o D-us escondido e a Majestade imperscrutável, único conhecedor e contemplador de Vós mesmo?

Quem pode conhecer o que nunca viu?

Dissestes um dia, na verdade da vossa palavra: *"Nenhum homem me verá e poderá continuar a viver"*.

Disse também um dos vossos arautos, por Vós inspirado: *"Ninguém, até hoje, viu a D-us".*

Outrossim, dissestes na vossa veracidade infalível: *"Ninguém conhece o Filho senão o Pai, e ninguém conhece o Pai senão o Filho".*

A só augusta Trindade, que excede todo o conhecimento, é perfeitamente conhecida de si própria.

9. Como é, pois, que eu, homem não néscio, afirmei que vos conhecia? Quem vos conhecerá senão Vós a Vós só? Porquanto, só Vós sois cognominado o D-us todo-poderoso, sobre-louvável, e sobreglorioso, sobre-exaltado e altíssimo, e sobre-essencial, nos elóquios santíssimos dos espíritos celestes.

    Sois considerado, Senhor, assim no século presente como no futuro, por superior a toda a essência inteligível, intelectual e sensível, porque nesse vosso Ser divino, oculto e sobranceiro a toda a essência criada, além de toda razão, de todo o entendimento, inacessivelmente e inadiavelmente habitais em Vós, onde cremos existir, como no seu foco, a luz incompreensível, inenarrável, incontemplável, absolutamente fora da própria visão angélica, quanto mais da humana!

    E este é o vosso céu, o céu que vela o esplendor dessa vossa luz misteriosa, sobreinteligível, sobrerracional e sobre-essencial, da qual está escrito: *"O céu do céu pertence ao Senhor".* (Em face destas noções da Divindade, tão verdadeiras, profundas e sublimes, tão precisas, filosóficas e dignas da Divindade na sua mais alta e ideal concepção, a que prodigiosa distância não fica de tudo o que disseram de D-us os maiores sábios do paganismo, desde Patandjali até Pitágoras e desde Platão até Sêneca!).

10. Para este céu do céu, o resto do mesmo céu é como se fora a terra, porque admiravelmente paira acima de todo o céu. Este é propriamente o céu de D-us, pois a ninguém é conhecido senão a D-us; ao qual ninguém subiu senão o que de lá desceu, o Filho de D-us. Porquanto ninguém conhece o Pai senão o Filho e o Espírito de ambos, assim como ninguém conhece o Filho senão o Pai e o Espírito de ambos.

    Só a Vós, ó D-us, é conhecido este altíssimo mistério da Trindade, Trindade santa, admirável, inenarrável, imperscrutável, inacessível, incompreensível, sobre-inteligível, sobressencial, que sobreleva infinitamente a todo o conhecimento, a toda a razão, a todo o intelecto, a toda a essência dos espírito celestes, e que a ninguém é possível exprimir, nem simplesmente conceber, nem contemplar, mesmo aos olhos dos anjos, que de contínuo veem a D-us.

11. Como foi, pois, que vos conheci, altíssimo Senhor, que nem os querubins nem os serafins conhecem perfeitamente, cobrindo-se com suas asas, por não poderem comportar o candor da luz divina d'Aquele que está assentado sobre o sólio excelso, e que clamam e proclamam: *"Santo, santo, santo, é o Senhor D-us dos exércitos; toda a terra está cheia da vossa glória?"*
Temeu o profeta e disse: *"Ai de mim, porque calei, e porque sou um homem de lábios manchados".* E também o meu coração se sentiu transido de pavor e disse: *"Ai de mim, porque não calei, porque sou um homem de lábios impuros e ousei proferir esta palavra – conheci-vos, – Todavia, ai dos que se calam a vosso respeito, ó D-us, porque até os loquazes emudecem sem Vós".*
Não me calarei, pois, Senhor, que me formastes e me iluminastes e me achastes, quando eu andava perdido; e, se cheguei a conhecer-vos, foi porque me abristes os olhos e me inundastes de luz.

12. Porém, de que modo foi que vos conheci? Conheci-vos em Vós, não como sois em relação a Vós próprio, mas como sois em relação a mim, e não sem Vós, mas em Vós e convosco; pois como sois em relação a Vós, só Vós o sabeis; e, como sois em relação a mim também eu o sei, mediante a vossa graça.
Mas que sois Vós para mim? Dizei-o ao vosso servo miserável, dizei-me pela vossa misericórdia indizível.
Dizei à minha alma: *"Sou a tua salvação".* Não me escondais a vossa face, que seria para mim a morte.
Permite que vos fale, embora seja terra e cinza; permiti que me dirija à vossa misericórdia, já que em mim repousam as grandes manifestações da vossa misericórdia. Falarei, pois ao meu D-us, como terra e cinza. Pela vossa infinita clemência, dignai-vos ensinar ao vosso servo suplicante quem sois para mim.
Eis que fizestes soar a vossa voz altíloqua ao ouvido interno do meu coração, e quebrastes a minha surdez, e entrei a ouvir-vos a voz suavíssima, e alumiastes-me esta cegueira, e vi a vossa luz, e conheci, enfim, que sois o meu D-us. Por isso, disse que vos conheço.

13. Conheço, sim, que sois D-us, único verdadeiro D-us, e a Jesus Cristo, que enviastes à Terra.
Tempo houve em que vos não conhecia. Ai desse tempo em que vos não conhecia! Ai da cegueira que não me deixava ver-vos! Ai da surdez que não me deixava ouvir-vos!
Ah! Cego e surdo, que cai na deformidade moral, pelas belas formas que criastes na vossa bondade e não para minha ruína. Estáveis já então comigo, mas

eu é que não estava convosco, e conservavam-me longe de Vós essas mesmas coisas que não existiam se não existissem em Vós.
Raiou sobre mim o vosso esplendor, ó luz do mundo, e vi-vos e vendo-vos, amei-vos. E só vos pode amar ver-vos o que vos ama.
Tarde vos amei, formosura tão antiga e tão nova, tarde vos amei.
Mal haja o tempo em que não vos amei!

> *Neste mundo em que esquecemos*
> *Somos sombras de quem somos,*
> *E os gestos reais que temos*
> *No outro em que, almas, vivemos,*
> *São aqui esgares e assomos.*[15]
>
> FERNANDO PESSOA

Essa reflexão ou confissão de amor de Agostinho é de clara submissão que vai além de todos os sentimentos naturais de dependência e é, ao mesmo tempo algo qualitativamente inusitado. Ao tentar encontrar um nome para isso, encontro com sentimento de criatura – o sentimento da criatura que submerge e desvanece em sua total nulidade perante o que está acima de toda criatura. Isso também nos arremete a Abraão, quando em Gênesis 18:27 diz: "*Tomei a liberdade de falar contigo, eu que sou poeira e cinza*". O que está em jogo neste texto é a forma com a qual a criatura desenvolve para se dirigir a D-us. Na *Arte Mágicka*, também devemos começar nossas abordagens teúrgicas dessa forma, ou seja, como suplicante, com um sentimento de criatura, sincero e amoroso, mas após esta atitude de submissão da alma, o adepto deve ir mais além, deve buscar um diálogo franco, sincero e objetivo, no qual deverá expor seu entendimento de necessidade, ou de Vontade Verdadeira, dentro de uma moral e ética que condiz com a realidade da verdadeira luz e finalmente o adepto irá decretar suas aspirações diante do sagrado, que neste instante se torna uno com o Criador.

Para concluir estas etapas, o adepto terá que ter autoridade e autorização, de si mesmo e do Cosmos, como dizia Platão: conhecer é recordar; o verdadeiro conhecimento não vem da percepção, mas da reminiscência; da experiência sensível, as suas impressões permitem acordar somente o que já estava na alma: tudo se processa como num lapso de *flashback* daquilo que já se encontrava na alma; tudo se

---

15  PESSOA, Fernando, *Poesia Inédita - 1919-1930* – Editora Ática, Belo Horizonte, MG, 1956.

processa como num culto do templo: *"mas o ritual a que assisto é sempre um ritual de relembrar."* A alma é imortal, pois contém nela, tira do seu fundo, as verdades que conheceu na eternidade; a vida presente é uma queda neste mundo. Abismo de que quem sou em D-us, do meu Ser anterior a mim... Isso, de certa forma, nos remete a uma visão do *Mito da Caverna* de Platão.

CAPÍTULO III

# O Rito e o Sagrado

## Considerações sobre o Rito Religioso

*Na manhã do sétimo dia, apenas erguido o homem, bloqueado numa caverna pelos elementos e pelas feras, acaso por necessidade de amparo ou esperança, surge de sua incipiente celebração a ideia da Criação, da Vida e da Morte. Nasce, pois, daí, quase com ele, a religião.*

A.A.K

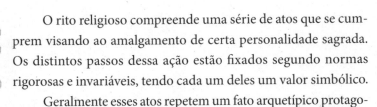

O rito religioso compreende uma série de atos que se cumprem visando ao amalgamento de certa personalidade sagrada. Os distintos passos dessa ação estão fixados segundo normas rigorosas e invariáveis, tendo cada um deles um valor simbólico.

Geralmente esses atos repetem um fato arquetípico protagonizado por um D-us em um tempo mítico ou divino. Em alguns casos, considera-se que o rito pode abrigar certa margem de improvisação, porém este não é seu traço mais importante. Em troca se atribuiu grande significação pelo ato repetitivo e sistemático.

Um ato ritual representa o primeiro momento de toda religião, justamente porque o rito traduz a tendência dos seres vivos a repetir suas ações. O rito se origina na repetição e não na necessidade de possuir certo conteúdo religioso. Em virtude desta capacidade repetitiva, traço que o homem tem em comum com os animais, o rito é o nível mais baixo da religião. Isso não quer dizer que as ações ritualísticas não sejam desinteressadas ou que não possam estar profundamente arraigadas a uma intencionalidade.

O ritual é a descarga Elemental da energia supérflua que não tenha sido utilizada. Porém, sobretudo, ademais de desinteressada, a virtude repetitiva do rito tem por objeto provocar certas emoções; este seria o caso da emoção religiosa. Nos extratos mais elementais de uma cultura, a emoção é suscitada artificialmente pelo rito. Daí sua eficácia operativa. É uma técnica espiritual, uma pedagogia rudimentar ao nível de uma religiosidade simples.

Nas formas mais evoluídas da religião, encontramos o momento de racionalização. Nesta etapa o rito perde todo significado porque a religião assume um caráter individual. A relação do homem com o sagrado não está fixada pelas pautas fortemente socializadas do rito. Trata-se de um comportamento que o homem decide em sua intimidade, no mais recôndito do seu ser. Neste ponto entendemos que o indivíduo faz a religião com sua própria solidão.

O movimento repetitivo do rito religioso não pode ser isolado, no sentido de que transcende os estreitos limites entre o indivíduo e o ato ritualístico propriamente dito. Creio que as formas religiosas superiores ao valor do rito subsiste. Pela repetição ritual se quer atualizar um conteúdo divino, encontramos nelas um elaborado e rico cerimonial, cujo valor simbólico transcende a materialidade de uma mecânica repetitiva de gestos.

Não somente se trata aqui de permanecer fiéis às regras e de cumprir atos de acordo com uma sucessão fixada de antemão, no sentido genuíno de o ritual se manifestar somente quando estas ações criam o âmbito no qual tem lugar uma experiência religiosa. Creio que a similaridade com a ação teatral é útil para entender essa relação.

O rito quer ser uma representação dramática e dentro de cujo espaço acontece realmente aquilo que há sido disposto formalmente. Ou também podemos ter esta similaridade com a dança. O rito tem por objeto criar uma atmosfera na qual devemos nos entregar para sermos conquistados pelo seu ritmo interior. Provoca um modo de inebriamento circular que nos atrai para o centro do sagrado.

Se, ao entregarmo-nos à dança, perdermo-nos nela com o objetivo de dançar bem, assim ocorre com o rito religioso. Nós nunca poderemos compreendê-lo sem tomar parte dele. O rito aqui é compreendido como um conjunto de movimentos, gestos, sons, fórmulas verbais, distribuídos todos dentro de uma estrutura rítmica global. Fundidos nele, o partícipe não pode deixar de senti-lo como algo mais que um hábito, como outra coisa que uma rotina escrupulosamente executada.

O parentesco do rito com o teatro ou a dança pode ser aceito ou não. Porém, é certo que em seu exercício repetitivo tudo parece novidade, toda referência subjetiva deve ser desejada como um elemento profano. Também é certo que o mistério da ação ritual – o encontro do homem com o sagrado – não se produzirá quando o participante se tenha incorporado ao coração do rito e que tenha sido arrebatado por ele. Desde fora somente observamos uma ação carente de sentido. O rito, ao nosso juízo, justifica-se em uma prática que em algum instante pode transformar-se em emoção. Em resumo, uma repetição que intensificada deixaria de ser para converter-se nela mesma, na realidade da experiência religiosa.

## Três grupos rituais

Podemos classificar os ritos em três classes, e é preciso distingui-los cuidadosamente. Consideramos que não é possível uma análise global dos ritos, tampouco sua referência a um denominador comum.

O primeiro destes três grupos ritualísticos caracteriza-se pela primazia da experiência social; o segundo grupo está constituído por ritos nos quais as forças mágicas prevalecem sobre ele; o terceiro compreende ritos nos quais é a experiência do sagrado como fator central.

O sentido de cada um dos grupos ritualísticos se constitui naquele momento em que o homem se desliga do mundo animal e ordena um mundo humano autônomo. Nesse momento crucial de salto a uma ordem superior, no qual a condição humana se assume como liberdade e consciência, nesse exato momento, sua experiência mais aproximada é a angústia. Admitimos que a liberdade e a consciência individual, que separam a humanidade da animalidade, sejam, ao mesmo tempo, uma fonte de angústia. Já liberado da segurança animal e lançando na precariedade da consciência, o homem sente angústia ante o incondicionado. É a angústia de sua insegurança, da liberdade, do terror ante o novo; o insólito, o anormal, o estranho.

A forma que o homem assume, enfrenta e resolve esta angústia é decisiva. Aqui se encontra a origem das três atitudes ritualísticas. Protege-se contra ela mediante uma resistência (rechaço) de tudo que seja estranho e insólito, criando uma estrutura social estável, um mundo humano no qual se encontra amparo e proteção. Nós encontramos no nascimento do primeiro grupo de ritos; estes são os ritos de purificação, os ritos que implicam proibições, os tabus.

A experiência que sustenta tais ritos é social. O homem se defende do novo e do desconhecido, consolidando um mundo humano de regras fixas que assegurem uma ordem estática. Neste repúdio ao estranho vai incluído o rebote das potências sobre-humanas, as quais sempre serão imaginadas e concebidas como monstruosas. O rito religioso aqui cumpre uma função neutralizante do sobre-humano. O bem, o sagrado, será posto em relação com tudo o que contribui para a coesão social. O rito é uma regra de convivência, é garantia de proteção. Trata-se de resguardar a pureza do clã, porém se quer, ademais, condenar como impuro tudo o que ameaça sua continuidade.

Mediante o rito, deseja-se impedir a incorporação de todo componente que não pertença ao clã. O estranho, o imprevisível, o que não há sido consagrado pelo ritual, ameaça arrojá-los ao mundo da impureza. Por isso é que todas as ações são fixadas ritualmente: ser criança, adolescente, pai; como se come, se vive, se morre. No fundo de tais ritos, subjaz uma forte experiência social. Esses ritos resguardam a sociedade contra o absolutamente Outro, contra o numinoso mesmo (estado religioso da alma inspirado pelas qualidades transcendentais da divindade).

Apesar de executarem o ritual em função do sagrado, ele tem por objetivo guardar o homem do assalto da transcendência, do golpe do *"misterium tremendum"*, do incondicionado. Em suma, são ritos cuja função última é expulsar tudo aquilo – humano ou divino – que programa fora dos limites conhecidos do clã, fora desse pequeno mundo tribal e contíguo que se aceita como pauta fundadora da condição humana.

O segundo grupo compreende os ritos mágicos. Na magia, o homem primitivo toma partido pela potência sobre-humana, pelas forças que se afirmam como opostas a sua condição, e mais longe dela. O magista quebra a ordem comunitária, desgarra sua natureza, comercializa com o monstruoso, frequenta o incesto e a aberração sexual, violenta as normas de preservação comunitária, porque persegue o manejo e domínio do numinoso. Tem uma vontade de poder que se exercita através de tais ritos e a custa da estabilidade e normalidade da tribo. O proibido vem a caminho para a potência; o deforme é um modo de facilitar o ascendimento do incondicionado. Em tais ritos se observa que a pauta social foi cumprida. O feiticeiro e o mago querem purgar, em uma espécie de mística sombria e Elemental, sua condição. Através dessas vias destrutivas e destoantes, querem intimar com as forças sobrenaturais e conseguir uma utilização e manipulação do numinoso. Os ritos homeopáticos, imitativos, os ritos por contágio, a conjuração e o encantamento, a invocação goética, são formas de exercer este domínio do extraordinário.

O terceiro grupo de ritos tem uma significação religiosa; trata-se dos ritos sacrificiais e sacramentais. Podem-se reconhecer traços com os ritos pertencentes às religiões superiores. Estes ritos estabelecem um nexo, um *religatio* entre a condição humana e o numinoso transcendente, entre o homem e a divindade. Distingue-se dos ritos anteriores porque não sacrifica nenhum dos termos. Afirmam, por sua vez, a condição humana e a transcendência numinosa. Reconhecem nesta última a realidade suprema e na qual o humano se fundamenta e encontra raiz e destino.

Esses ritos não se preservam do numinoso declarando-o impuro (como nos ritos sociais), nem sacrificam o humano para deixar subsistente nas potências (como nos ritos mágicos). Este terceiro grupo de ritos supera os dois anteriores e constitui uma síntese.

Um testemunho submetido a comprovações empíricas confirma a existência de ritos que marcam o momento em que se origina a verdadeira religiosidade ritual. Ademais, acreditamos entrever que os passos que vão de um grupo a outro grupo implicam um desenvolvimento rigoroso e por isso chega a falar de uma dialética do rito. Na primeira solução, o numinoso deveria ser eliminado como uma impureza; na segunda deveria ser manejado como um princípio de potência mágica, e na terceira, finalmente, se apresenta com o caráter supra-humano no qual é sagrado, daquele que está no coração das religiões.

## A Egrégora

Algumas definições são bastante enfáticas: *"Palavra que se tornou popular entre os espiritualistas, significa a aura de um local onde há reuniões de grupo, e também a aura de um grupo de trabalho".*

Outras definições são mais exóticas: *"Egrégoras são entidades autônomas, semelhantes a uma classe de "devas" que se formam pela persistência e a intensidade das correntes mentais realizadas nos centros verdadeiramente espiritualistas; pois nos falsos, tais criações psicomentais se transformam em autênticos monstros, que passam a perseguir seus próprios criadores, bem como os frequentadores desses centros".*

Entretanto, temos uma definição um pouco mais clássica: *"Egrégora provém do grego egrégoro e designa a força gerada pelo somatório de energias físicas, emocionais e mentais de duas ou mais pessoas, quando se reúnem com qualquer finalidade. A egrégora acumula a energia de várias frequências. Assim, quanto mais poderoso for o indivíduo, mais força estará emprestando a egrégora para que ela incorpore às dos demais".*

Na média temos que: Egrégora é a somatória de energias mentais, criadas por grupos ou agrupamentos, que se concentram em virtude da força vibratória gerada ser harmônica.

Se considerarmos esta como sendo uma definição mais ou menos válida, podemos tecer algumas conclusões.

Se a Egrégora é a somatória de energias, não há limites para que nível de frequência seja a sua fonte criadora, assim pode existir em potêncialidade Egrégoras com frequências elevadas e egrégoras com frequências vibratórias menos elevadas ou, se preferirem, negativas.

A existência de diferentes frequências reforça a antiga lei da dualidade entre o positivo e o negativo, ou ainda entre o claro e o escuro e o bem e o mal, embora esta última definição careça de uma análise mais profunda.

Se for então verdadeiro que a somatória de forças vibratórias ressonantes se soma no Éter, é provável que esta força criada seja capaz de prover seus geradores de potêncialidades. Esta hipótese se confirma pela manifestação material do que pode se chamar de energia construtiva (ou destrutiva) dos diversos grupos religiosos, esotéricos ou metafísicos.

Parece-me que o mais correto seria considerarmos a hipótese de que realmente possa existir uma Egrégora positiva construtiva, assim como pode haver uma egrégora negativa ou destruidora. Até porque, se existe como conhecemos uma árvore da vida cuja existência representa o caminho da queda e da reintegração em ultima análise, também devemos considerar que para, que essa árvore exista e permaneça ereta, é necessário raízes ou uma outra árvore imersa na escuridão da terra.

Em última análise, o bem e o mal competem para o equilíbrio das forças. Aliás, o equilíbrio é o objetivo e não o caminho entre os extremos.

Talvez a pergunta mais enfática seja: Qual é exatamente a fonte geradora desta energia potêncial que anima e mantém uma Egrégora? Como fisicamente isso ocorre? Como as energias vibram em ressonância?

A resposta talvez esteja na Constância, na geração uniforme e linear da mesma e única energia. Como isso pode acontecer?

Possa aí estar depositada a tradição do ritual e das cerimônias Templárias das diferentes tradições. Tal qual um gerador ou dínamo, a permanência do eixo girando sempre no mesmo sentido, velocidade e harmonia é garantia da geração da energia elétrica que é o seu resultado.

O trabalho templário regular, constante, harmônico, somado aos interesses superiores de seus praticantes, é a fonte geradora de um nível vibratório elevado, alimentador constante de uma Egrégora capaz de gerar paz, evolução espiritual e conhecimento aos que dela usufruem.

## Religiosidade Ritual

Sabemos que os ritos, como o sacrifício, a oração e a comida sacramental, têm uma significação que ultrapassa a mera função cultural, a coletividade e a neurastenia. Eles falam de um puro comportamento do indivíduo e a comunicação ante os deuses. Esses ritos estabelecem a autêntica comunicação entre o condicionado e o incondicionado, entre o mundo do tempo e o da eternidade. Em mais de uma oportunidade, o divino já é entrevisto sob a forma de um arquétipo de perfeição que se propõe à existência do homem. Porém, este paradigma não tem imagens monstruosas, não é um demônio (daqueles criado pela Igreja Católica), não é um totem animal ou vegetal. Começa por ter figura humana (como na religião dos mistérios) é concebido como um D-us que morre e ressuscita para redimir aos homens: Ísis-Osíris no Egito, Deméter em Elêusis, Adônis na Síria, Mitra na Pérsia, Astaré na Fenícia, Ishtar na Babilônia. Não é difícil advertir a riqueza e a profundidade desses laboriosos ritos.

É certo que não podemos concordar facilmente com a linguagem dialética a que se sente inclinado. Uma dialética do rito resulta em farta dúvida, porquanto estes três grupos rituais, longe de seguirem uma sucessão temporal e histórica, se dão simultaneamente. Sua coexistência dentro de uma mesma religião, dentro de uma mesma ordem cultural, põe-nos frente a três atitudes cuja sequência nem sempre é rigorosamente linear. Não creio que se possa falar de um processo necessário de superações. Uma disposição dos ritos segundo a ordem de teses–antíteses–sínteses pode parecer demasiadamente simplista. Este anacronismo pode circular impunemente na filosofia da história, porém não creio que ocorra o mesmo na antropologia cultural ou na história das religiões. Por outro lado, também resulta um pouco forçado o emprego de algumas categorias existenciais em sua figuração do homem primitivo. Malinowski Bronisław Kasper Malinowski (Cracóvia, 7 de Abril de 1884 – New Haven, 16 de Maio de 1942) foi um antropólogo polaco. Ele é considerado um dos fundadores da antropologia social. Fundou a escola funcionalista. Suas grandes influências incluíam James Frazer e Ernst Mach., criticou Freud dizendo que este havia imaginado o homem primitivo sobre a base da psicologia do burguês europeu de classe média, lançado em plena selva e com suas paixões desatadas, mas sabemos que este assunto não pode ser resolvido nesta dimensão. Reconhecer que a agústia aparece como componente fundamental na origem dos ritos, falar deles como formas diversas em que o homem tenha enfrentado e enfrentado a agústia originária, parece-nos um pouco forçado, uma imagem demasiadamente construída do homem primitivo ainda que não menos incitante. Na origem da experiência religiosa que culmina nos ritos, podem advertir outros componentes. Entendo que o silencioso, fundo e exigente movimento da alma humana abrindo-se ao sagrado, pode ter outros nomes, acaso mais completos que o da angústia. Porém, não é este o momento de abordar este tema.

Digamos que há ritos que o homem cumpre não para resguardar mesquinhamente sua fortaleza, o cerco de sua condição humana. Tais ritos exaltam sua audácia e põe o homem em posse de uma aventura que é de proclamar o sagrado, compactuar com Ele, outorgar-lhe um rosto pessoal, penetrar no mistério.

Mediante esses ritos, o homem coloniza a terra incógnita do divino. Mediante esses mesmos ritos, transformados já em experiência pessoal, em vivência íntima, o homem regressa modestamente da aventura prodigiosa, sem orgulho; se reconhece a si mesmo um nada, apenas pó e cinza, e não obstante rende tributo, transborda gratidão, dá a oferenda de seus frutos, de seus pertences, de si mesmo. Isso é o que chamamos de rito do sacrifício [Do lat. *sacrificiu*]. O sacrifício tem, aqui, os caracteres próprios da magia, aparecendo como uma fase da fisiologia da energia sagrada, como um momento da circulação da energia sobrenatural. O sacrifício é uma operação mágica: este é seu sentido originário. Logo, quando o homem separou o sagrado do profano, o sacrifício aparece como uma tentativa de retorno à unidade perdida. Ou seja, nesta segunda acepção, o sacrifício quer ser uma reatualização daquela estrutura indiferenciada na qual o homem sentia a proximidade das forças cósmicas e podia gravitar magicamente sobre elas. Em suma, o sacrifício religioso aparece valorizado como um recurso mágico, como a possibilidade do retorno a um mundo mítico, mais que religioso, como uma recuperação da aliança perdida. Resulta fundamentalmente em duas vertentes, a primeira uma visão religiosa e a segunda numa interpretação mítica.

No próprio centro da atividade perceptiva, descubro um substrato de funções anônimas e pré-pessoais, que constituem a minha naturalidade e facticidade. Um núcleo irredutível de generalidade ainda me envia de volta aos momentos mais pessoais e mais específicos da existência individual: a partir do nascimento eu me encontro no mundo com certa constituição psicofísica, com um conjunto de funções perceptivas, de atitudes e de montagens que eu não constituí, nem escolhi, mas que simplesmente me são dados e continuam a formar o terreno natural e anônimo sob o qual se fundamentará toda a construção pessoal.

Correlativamente, no entanto, aponta-se para o movimento intencional da subjetividade, que impregna de significados antropológicos o mundo natural e que, portanto, permite a constituição de um mundo cultural. Cada ato mágico se sedimenta na exterioridade, isto é, de dentro para fora, institui-se e, como tal, começa a fazer parte de um patrimônio comum em que a presença do outro se oferece sob um véu de anonimato, de modo que o ego é minimizado e o Eu exaltado. E é nesse ponto que se entra no problema da intersubjetividade.

*"Enquanto percebo, e mesmo sem nenhum conhecimento das condições orgânicas de minha percepção, tenho consciência de integrar consciências sonhadoras e dispersas".* Assim é que a visão, a audição, o tato, com seus campos que são anteriores, permanecem estranhos à minha vida pessoal. O objeto natural é o traço dessa existência generalizada. E todo objeto será, primeiramente, de alguma forma, um objeto natural. Será feito de cores, odores, sabores, de qualidades táteis e sonoras, para que ele possa entrar em minha vida. Fazendo com que os créditos obtidos numa operação mágica, repercutirá no meio em que vivo e transformará, de acordo com minha Vontade Verdadeira, minha condição de limitado a ilimitado.

Nessa troca intencional de verificar corpo-mundo através da fenomenologia[16], o homem vai transcendendo o natural, o imediato, com a sua capacidade de atribuir significados às coisas e, sobretudo, pela comunicação intersubjetiva. Um fundo cultural vai sendo construído, do qual a linguagem do mundo mágico faz parte, abrindo novos modos de busca e trazendo preenchimentos que passam a desencadear procuras diversas. Uma das maiores riquezas do homem consiste na sua capacidade de criar, compreender, transcender, comportar-se, e é claro que essas riquezas são acrescidas e desenvolvidas nas relações intersubjetivas. Assim, o homem constrói estruturas econômicas, políticas, linguísticas, relacionais, além de poder sempre ultrapassá-las ou modificá-las.

*"O mundo"*, afirma Paul Ricoeur, *"não é mais a unidade de um objetivo abstrato, de uma forma da razão, mas o horizonte mais concreto de nossa existência. Pode-se tornar isso sensível de maneira muito elementar: é ao nível da percepção que se destaca esse horizonte único de nossa vida de homem. A percepção é a matriz comum de todas as atitudes. É no mundo percebido, no mundo que envolve minha existência carnal, que se erguem os laboratórios e se realizam os cálculos do sábio, as casas, as bibliotecas, os museus,e ás igrejas. Os objetos da ciência estão nas 'coisas' do mundo: os átomos e os elétrons são estruturas que dão conta deste mundo-vivido-por-mim-carne-e-espírito. O próprio sábio só lhes determina a situação pelos instrumentos que vê, toca,*

---

16 Fenomenologia (do grego phainesthai, aquilo que se apresenta ou que se mostra, e logos, explicação, estudo) afirma a importância dos fenômenos da consciência os quais devem ser estudados em si mesmos – tudo que podemos saber do mundo resume-se a esses fenômenos, a esses objetos ideais que existem na mente, cada um designado por uma palavra que representa a sua essência, sua "significação". Os objetos da Fenomenologia são dados absolutos apreendidos em intuição pura, com o propósito de descobrir estruturas essenciais dos atos *noesis* e as entidades objetivas que correspondem a elas *noema*. A Fenomenologia representou uma reação à pretensão dos cientistas de eliminar a metafísica.

*ouve, como vê o Sol erguer-se e deitar-se; como ouve uma explosão, como toca uma flor ou um fruto. Tudo se realiza neste mundo. A doutrina da criação que os judeus elaboraram partindo de sua fé no Senhor da História, partindo de sua experiência da Aliança, é um prosseguimento do mundo da percepção e não do mundo da ciência; é o mundo onde o Sol se ergue e se põe, onde os animais suspiram pela água das fontes; é esse mundo primordial que se transfigura em Palavra criadora. É nesse sentido que o mundo-de-minha-vida é o húmus de todos os meus atos, o solo de todas as minhas atitudes, a camada primordial, anterior, a toda multiplicidade cultural*"[17].

Isso significa que essa unidade também não a posso aprender, dominar, entendê-la e expressá-la em um discurso coerente, pois essa camada primordial de toda experiência é a realidade prévia de todas as circunstâncias; ela é sempre-já-antes e chego tarde demais para exprimir. O mundo é a palavra que tenho na ponta da língua e que jamais pronunciarei; está presente, mas apenas começo a proferi-la, já se tornou mundo do cientista, mundo do artista e mundo de tal artista: mundo de Van Gogh, de Cézanne, de Matice, de Picasso. A unidade do mundo é por demais preliminar para poder ser possuída, por demais vivida para ser sabida. Desaparece, mal é reconhecida. É talvez por isso que uma fenomenologia da percepção, que aspirasse a dar-nos a filosofia de nosso-estar-no-mundo, é algo tão difícil quanto a busca do paraíso. A unidade do mundo a partir da qual se desdobrará todas as atitudes é apenas um horizonte de todas essas atitudes.

## Uma Parábola

Era uma vez um Cristão devoto que acreditou ter ouvido o Cristo mencionar certa palavra e após ter viajado durante toda a vida, recorreu aos irmãos de uma igreja para que o ajudassem a encontrar sua resposta. Eles lhe responderam que o Salvador tinha querido dizer o contrário do que ele entendeu. No princípio foram complacentes nos argumentos e o trataram educadamente, a fim de que as pessoas de bem nunca discutam. Porém, depois, porque esse bom irmão ainda acreditava que o Cristo teria mencionado aquela palavra, eles se desesperaram por sua alma e o viram possuído de muita maldade – embora ele fosse um Cristão.

---

17 RICOEUR, Paul - *Conflito das Interpretações* – Editora Imago, Rio de Janeiro, 1978.

Viram também que seu pensamento necessitava de ajuste. Perceberam, então, pequenas chamas vermelhas que ardiam em seu interior e concluíram que o Diabo tinha feito morada naquele irmão. Verdadeiramente aborrecidos e com grande pesar nos corações, principalmente porque ele se encontrava desacompanhado de qualquer seguidor, resolveram exorcizar o Demônio, colocando-o sob tortura.

Depois dos rituais preliminares e de longas tentativas realizadas com muita compaixão e também orações, começaram cuidadosa cerimônia de aplicação de diversos métodos de tortura.

Primeiramente torceram-lhe os membros – não para matá-lo, mas fazê-lo admitir que tinham razão e ele estava errado. Porém o devoto não admitiu isso e, ao contrário, estava exultante e com a mente fixa em Cristo, achou-se glorificado, considerando que deveria sofrer da mesma forma como seu Redentor já havia sofrido.

Depois, os acólitos incensaram-no com um magnífico turíbulo, do qual exalava adocicado incenso e cantaram orações rítmicas, enquanto aplicavam numerosas ranhuras em seu corpo nu até que o cheiro de sangue salgado tocou-lhe as narinas e sua transpiração, provocada pelo sofrimento, diluiu seu fluxo de sangue. Mesmo assim, apesar de alguns gemidos lancinantes, o devoto ainda exultou imensamente, pois mantinha a mente em seu D-us: o divino Jesus Cristo.

Deste modo, seus oponentes ficaram intensamente aflitos, porque perceberam que ele era teimoso e não admitiria sua iniquidade. Naquela tempestuosa câmara de tormento, com os corações confrangidos e os olhos cheios de piedade, prepararam um terceiro castigo.

Então, colocaram seu corpo com os membros torcidos e muitas feridas num catre rústico, em forma de berço, cheio de pregos pontiagudos, e, com amoroso cuidado, balançaram-na suavemente para lá e para cá. Esse castigo doeu extremamente; porém, não chegou a atingir seus ossos. Ainda assim, ele se apresentava triunfante; sua mente e coração permaneciam fixos na visão do Salvador que, anteriormente, tinha morrido por ele. E seus atormentadores ouviram fracos gritos que saíam de sua boca e porque estes eram débeis e desfalecidos, abaixaram-se para ouvir melhor e, surpresos, constaram que ele não se retratava da heresia cometida, mas cantava hinos em louvor de seu Senhor.

A uma só voz gritaram: "Ai! Ele ainda está possesso do Demônio que deve ser enxotado para longe".

Mais tarde, sob as sombras da abóbada escura, iluminada apenas por archotes, eles o ergueram do catre e o colocaram suavemente na laje fria. Tinham deliberado que sua mente estava doente e seu corpo tristemente combalido. Com as mãos cheias de amor, eles colocaram o crucifixo sobre as ruínas do que tinha sido sua face, pois muito dela tinha sido destruído pelos pregos pontiagudos e no meio de um pungente choro, os corações dos encapuzados irmãos se apresentavam cheios de angústias, porque o diabo tinha entrado e causado extravio da mente e da alma daquele irmão; por isso, prepararam a quarta prova para salvação de sua Alma.

Então eles o levantaram numa engenhosa construção: um instrumento de rodas, cordas e nós fortes, e dentro do confuso ouvido deste amante extático de Cristo fez-se ouvir o clangor imponente de metal e hinos adicionais do melancólico coro desta outra igreja.

Em seguida, com muito trabalho e ofegantes, eles enlaçaram as cordas sobre as maltratadas carnes do devoto, num esforço determinado para contrariar o fixo propósito do demônio, que espreitava obstinadamente dentro das brechas de sua Alma.

Esticaram as cordas com tanto empenho que chegaram a gemer; porém, o esforço para retirar o astuto fantasma que morava dentro da vítima foi em vão. Os arcos escuros das abóbadas chegaram a ranger sob os sons das rodas com a tensão das cordas, contudo vejam! Quando eles colocaram seus ouvidos na boca chamuscada e lábios contraídos do devoto, ouviram débeis gritos de Aleluia!.

Então os religiosos se desesperaram, pois a alma dele ainda não tinha vindo para o reino divino. Na mesma hora deixaram de girar as rodas e esticar as cordas, e sentaram-se para conferenciar. Ato contínuo moveram aquele corpo incomodo de seu lugar, e, com grande cuidado, começaram a preparar o quinto tormento, quando, um grito de Hosanas, se fez ouvir e o devoto expirou.

Porém, os laços do arrebatado ser desprenderam-se com facilidade, e as vestes membranosas de sua alma transformaram-se em asas nas quais ele dirigiu-se, com grande regozijo, em direção aos céus.

Agora desfrutava de um mar de luz; sua imaginação havia se expandido assemelhando-se a uma árvore com muitas frutas; sua visão engalanada preenchia todo o espaço, porém, não tinha ele morrido por seu Senhor? Não tinha ele passado por quatro tormentos terríveis que chegaram ao requinte dos detalhes para causar lhe sofrimento? Não tinha resistido a tais agressões por causa de seu Redentor?

Assim, seu espírito estava embevecido, e os elementos mais sutis de seu corpo rodopiavam com profunda alegria sobre os limites de sua percepção sensorial. E imaginou o trono adornado com joias no qual se sentaria; ouviu os anjos baterem palmas e o órgão formado pelas estrelas lhe darem boas-vindas com uma nova canção, em elogio ao seu martírio. Arremessado dentro das profundezas do Universo, imaginou os dedos delicados do Senhor que apertavam os seus e sua fulgurante face dando-lhe boas-vindas com imenso carinho; porém ele não tinha despedaçado seu corpo para manter a luz chamejante das palavras do Senhor? Não tinha ele se deixado cativar por ele? Por que deste ônix, desta prata, deste ouro e deste marfim não poderia receber uma mansão de coisas preciosas?

Desta forma ele se regozijou com sua substância intangível mergulhada nas muitas camadas de vida celestial; porém, sua mente continuava fortemente fixa no Senhor e nem os jardins do Universo conseguiram atraí-lo a divagações com o fito de descansar no meio do Paraiso Eterno. Foi nessas condições que ele chegou ao lugar de habitação do Cristo.

Diante dos enfeitados portões do Paraíso, deteve-se, pois estes estavam fechados. Fugazmente vislumbrou entre as barras graciosamente recurvadas do portão, os semblantes de uma multidão de querubins, que, com suas asas de penas reluzentes, flutuavam, cantando com maviosas vozes que enchiam o ar de suaves chamas. Então contemplou com grande orgulho a delicada beleza que estampavam e pensou: não eram Eles os servos do Senhor, e não iria Ele comandá-los?

Nesse momento, através das finas varas de cristal e lápis lazúli e metais preciosos percebeu um homem vestido simplesmente que caminhava com grande dignidade para os portões; reconheceu-o como São Pedro, pois segurava uma chave que resplandecia como cetro e estava ricamente incrustada com pedras preciosas. E São Pedro acenou gravemente e seriamente com a cabeça para ele, deslizando a chave nas misteriosas custódias da fechadura, pois eram de concepção Divina, e as menores coisas feitas no Céu não são possuídas de beleza e admiração?

São Pedro cumprimentou a triunfante figura em um tom de voz muito baixo e com palavras frias, de tal forma que o peregrino sentiu que um frio intenso tinha penetrado no Paraíso, soprando friamente no êxtase dos seus desejos. Olhou para cima e viu que os olhos São Pedro pareciam duas estrelas severas de desagradável aspecto cinzento. A surpresa e o desânimo fizeram desmoronar de forma desalentadora as essências espirituais do Peregrino, que esperou humildemente enquanto o portão deslizava calmamente para trás, dando-lhe liberdade para entrar. Foi assim que ele entrou no Paraíso, extremamente confuso e com a exaltação em queda, como se fosse uma estrela cadente.

Agora sim, ele estava andando no chão encantado de Céu – um chão de superfícies estranhas que eram como um fluxo de águas calmas que cantavam suave música. Embora ainda estivesse deprimido e amedrontado, novamente sentiu benignos raios solares que se refletiam em sua alma como se fossem o brilho do crepúsculo. Imediatamente a química de seu corpo parecia ter eliminado o peso dentro de seus membros; voltava a se mover lentamente, atemorizado, porque infelizmente ele sentia medo.

Ele nem observou às árvores de esmeralda e rubi e crisópraso plantadas pelas sementes das orações que subiam ao céu, sobre as quais os anjos e querubins descansavam. Em favor disso não é conhecido que os rebanhos sagrados de D-us não têm, nem precisam das contrapartes físicas de homem? Seus olhos permaneciam humildemente fixados no chão e um perplexo pressentimento passou em sua mente estupidificada. Ele não tinha sido transladado violentamente por interveniência de seu Mestre? Contudo, o clangor alegre dos clarins não soou saudando-o. Nem os anfitriões do Senhor aureolaram-no com qualquer música audível. E ainda, aquela disposição de frio silêncio como um selo em todo o Céu.

Ele então suspirou e caminhou humildemente, seguindo a figura de São Pedro, de quem, por trás, deixou clara sua desaprovação. Deste modo, ele caminhou para a casa mesma do Senhor: uma habitação nobre de onde saíam dolentes harmonias e às vezes um lamento silêncioso. E foi aqui que São Pedro partiu.

Diante dos portais de estilo emaranhado da casa do Senhor, ergueu-se. As Hosanas que tinha entoado agora estavam silênciosas em seu coração; as ricas visões de sua mente secaram. Seu espírito tinha voado como uma águia orgulhosa; sua alma tinha trazido consigo asas. Agora ambos os poderes tinham falecido. Nessa condição, permaneceu de pé e esperou.

Então, no momento em que ele ficou de frente para a brilhante porta envidraçada e ornada com esmaltes engenhosamente lavrados na forma de duas asas que se encaixavam uma na outra, elas se abriram, e uma voz, macia como um sino ouvido entre colinas no crepúsculo, fez-se ouvir: *"Mande-o entrar"*. E, entre o temor, o medo e a alegria, ele caminhou sobre o limiar entrelaçado de escassas flores. Enfim, o doloroso mistério que tanto aguardara de sua volta ao lar estava próximo de lhe ser revelado.

Agora diante dele estendia-se um comprido corredor de tal forma iluminado para que não pudesse ver as maravilhas inscritas em suas paredes, e em seus ouvidos suspirou uma voz sagrada, indicando-lhe o lugar que lhe estava destinado. Entretanto, caminhava com passos hesitantes que ouviu um delicado sussurro: *"Olhem! Ele veio. É ele, é ele"*. Então seu medo cresceu e anuviou-se seu temor e alegria, pois ele não compreendia o que se passava, e as amplas cortinas de seus sentidos se fecharam. Assim, era um espírito intimidado quando entrou na câmara sagrada de Nosso Senhor.

Nequele instante uma visão dolorosa deparou-se-lhe: viu, de pé, dentro daquele nobre lugar, uma cama em vez de um maravilhoso trono, e, quiescente, enquanto repousava sobre a cama, estava deitado um Homem muito doente. Suas sobrancelhas estavam umedecidas com o empuxe de alguma agonia interior; os dedos de suas brilhantes mãos eram nodosos como se tivessem passando por grande sofrimento; as cavidades onde repousavam seus olhos estavam inflamadas devido a algum açoite profundamente infligido.

Em torno d'Ele estavam arcanjos austeros que entoavam palavras mágicas que caíam como flores refrescantes sobre a cama; no ar pequenos querubins flutuavam desditosamente e proferiam gritos estridentes e aflitos. E os arcanjos abriram caminho para o modesto espírito que tinha entrado, retirando-se, em seguida, com desdém quando ele se aproximou do lado da cama. Um querubim arremeteu-se abaixo e assobiou furiosamente em seus ouvidos quando ele adorou o Senhor Jesus Cristo que novamente parecia crucificado numa cruz não percebida.

Esse momento encerrava o maior mistério de tudo; um mistério acima de todos os mistérios; um fato nunca registrado pelos sábios e santos da Igreja. Destemidamente ele aventurou-se dentro do círculo do halo do Senhor, pois ouviu sons ofegantes de lábios ressequidos como se o Senhor tivesse entrado num divino delírio. Ainda agora os lamentos lhe eram familiares. Tanto prestou atenção nos mesmos que lembrou-se dos sons, lembrou-se... Eles eram os mesmos sons, estes gritos..., como os gritos que ele mesmo tinha proferido, quando infligiu os mesmos tormentos em diversas pessoas na face da terra.[18]

M.

*Cruelties of the Inquisitors.*

---

18  JUSTE, Michael - *The Occult Observer* - Published by London, 1950.

# CAPÍTULO IV

# A Magia

*Ao vencedor darei de comer (do fruto) da árvore da vida, que se acha no paraíso de D-us.*

Apocalipses II,7

Uma força que fascina os homens mesmo antes de terem o desejo de descobrir a verdade, mesmo antes do Tempo ter espalhado seus flocos de neve ou chamado as horas, esta força é a magia.

A magia, na Mitologia, nos estranhos encantamentos dos contos do Oriente, até nas fantasias modernas de hoje, sempre evocou uma excitação e um desejo nos corações jovens por anéis mágicos, pelo poder para comandar gênios, pela capa da invisibilidade, pela bota de sete léguas, na qual alguém poderia quase voar para salvar a dama capturada pelo ogro; pelos cavalos alados e tapetes mágicos, pela beleza escondida e terror das florestas glamourosas, pelas aventuras em palácios secretos, nas profundezas das florestas das bruxas perseguidas. Todos esses desejos por romance cantam aos corações daqueles que possuem coração infantil. Pois há uma juventude galante vivendo no coração da humanidade, que possui o coração imaculado e está vestida em armaduras douradas e prateadas.

Quem, montado em um cavalo alado, viaja através de terras perigosas, matando ogros e dragões com sua espada mágica? Geralmente é um moço pobre que busca sua fortuna e resgata a bela princesa do castelo do gigante com o auxílio da capa da invisibilidade e de sua astúcia.

E é de se notar que, entre esses contos mágicos, o plano consiste em uma batalha entre o bem e o mal; a fada vence a bruxa e o cavaleiro vence o mago. Nenhum conto em que a magia negra tenha conquistado a branca sobreviveu aos séculos, e aqui fica a prova do bem inerente que habita entre os homens, apesar de seus vícios e fraquezas. E ainda a crença naquele mágico cósmico que vigia nossos sofrimentos e vem resgatar as vítimas que caíram no redemoinho do mal e da dor, nesse momento psicológico, tem dado ao homem força para lutar contra problemas aparentemente insolúveis. Isso porque muitos até hoje acreditam em magia, na magia das orações e na crença de que o Mago Supremo tem as respostas para seus clamores desesperados. E se estudarmos cuidadosamente os dons e a ajuda que vêm repentinamente àqueles que estão afundando pela última vez nas águas da derrota, ficaremos surpresos ao descobrir o quão numerosos são estes resgates. Eu investiguei este assunto muito atentamente e descobri que é quase uma lei, e, embora seja inexplicável de qualquer ponto de vista científico, ainda sim diria que esta é uma forma de magia que possivelmente ocorre diariamente.

A priori eu não definiria a magia como sendo a ação de leis sobrenaturais, mas como a ação de leis naturais de outros planos afetando nosso mundo, e o romance é o resultado para o indivíduo que é pego pelas redes coloridas dessas leis que entrelaçam sua beleza e maravilha em muitas pessoas hoje em dia, ou, devo dizer, em todas elas. Nós vivemos em um mundo de efeitos e, desse modo, podemos verdadeiramente constatar que tudo é magia; pois nós desconhecemos o espírito e o poder que protege, auxilia, e até algumas vezes fala conosco destes reinos invisíveis. Mas estamos absortos demais nas nebulosas loucuras de hoje que derretem quando são encontradas, para observar estas linhas brilhantes de encantamento que se espalham em nossas almas e ações. Esses clamores e leis de outros mundos são aceitos como coisas naturais e passadas desapercebidas, embora, quando um indivíduo lê um conto de fadas, deseja que tais acontecimentos, resgates e encantamentos sejam verdade.

Há magos que caminham entre nós hoje em dia, que conhecem as causas do mundo e caminham por esses reinos com tanta familiaridade como se caminhassem por entre as ruas e campos deste planeta. Essas pessoas são anônimas, ainda que possuam poderes para fazerem de si mesmos os governadores deste mundo; homens e mulheres que possivelmente levam vidas pacatas, mas que ainda assim veem seus irmãos de consciência de outros planetas, ajudam a levar adiante o plano e propósito de seu trabalho nesta encarnação e se opõem às forças sombrias que tentam enganar e impedi-los de continuar com seus trabalhos particulares nesta vida.

Ainda, poderíamos receber a resposta de que a magia dos contos de fada não existe. Onde está o tapete mágico, a capa da invisibilidade, o gênio e as fadas, os gigantes e os deuses, as ilhas encantadas? Nas minhas palavras a seguir, tentarei ilustrar a maneira com que essas coisas existem.

O homem é um capitão que fechou seus olhos. Eles não estão vendados, mas ele não fará esforço algum para abri-los. E vai lentamente boiando, seu corpo sendo seu navio, cujas velas ora são sopradas por uma miríade de inteligências perversas e noutros momentos por turbilhões de fluídos positivos, de modo que vaga por regiões estranhas e desconhecidas. Algumas governadas por monarquias destrutivas e proibidoras que se deleitam em mandar tempestades, em levar o navio na direção de pedras submergidas e contra despenhadeiros encouraçados de granito; e outras governadas por gentis e humildes príncipes de D-us, que buscam conduzir o navio à baías plácidas e enseadas dos imensos continentes da Verdade e da Beleza. E, de acordo com os desejos do capitão, seguem as brisas ou os furacões. E é somente quando o capitão se encontra perto das pedras ou do porto é que abre seus olhos repentinamente e vê por qual tipo de região andou viajando. Ele também descobre que toda a sua carga era de tesouros inimagináveis, dentre os quais havia dons que poderiam tê-lo ajudado a ter tornado sua jornada mais rápida e muito mais interessante.

## A Magia através do tempo

*A supremacia do espírito sobre os sentidos, em seu paralelismo constante, conduz a identificação. A vida dos Indivíduos é ascendência e decadência; movimento circular, o qual é o Imutável, ou seja, a Ordem Natural que encerra na Essência da Vida. O homem deve esforçar-se para chegar ao último grau da incorporeidade para conservar-se inalterável quanto mais possível. Os seres se juntam na vida e cumprem seus destinos; nós contemplamos neles as sucessivas renovações. Cada um deles retorna a sua origem, e voltar a sua origem significa por-se em repouso. Por-se em repouso equivale a restituir seu mandato que é o mesmo que chegar a ser eterno. Aquele que sabe fazer-se eterno é iluminado; e aquele que não é capaz se encontra emperrado no erro e envolvido em todas as calamidades.*

A.A.K

Desde o começo dos tempos, pode ser observado um considerável grupo de fenômenos religiosos com um duplo caráter, social e sagrado, dos ritos e das crenças. Estamos nos referindo à magia. Generalizando os resultados de nosso trabalho, anteriormente explicado, sobre rito e sacrifício, podemos deduzir que a magia também não constitui uma exceção, isto é, um lado social e outro sacramental, ou em outros parâmetros, de estrutura dialética. A magia nos apresenta um conjunto de ritos tão eficazes como o sacrifício, porém que carecem da adesão formal da sociedade; praticam-se fora desta, e a sociedade se separa deles. Por outro lado, para os sacrílegos, ímpios, ou simplesmente laicos e técnicos, esses ritos não têm *a priori* o caráter sagrado do sacrifício. Na magia há também representações, desde os deuses e os espíritos até as propriedades e as causas, que estão investidas de uma certeza igual à certeza nas representações dentro da religião. Estão também incluídos os mitos cujo simples recitamento atua como um feitiço e noções de substância, natureza, força, cujo fundamento foi tão pouco questionado que vem sendo admitido desde os primórdios dos tempos pelas ciências e as técnicas. Sem dúvida, nem esses mitos e muito menos as representações abstratas, cujo valor prático é tão elevado, vem sendo explicitamente objeto do acordo unânime e necessário de uma sociedade. Enfim, os ritos, essas noções e esses mitos não parecem ter por princípio a noção do sagrado. A eficácia das práticas era, pois, do mesmo gênero que as das técnicas, a certeza das noções e dos mitos do mesmo gênero que das ciências?

No momento em que formulamos essas perguntas, as operações mentais de onde deriva a magia eram consideradas como sofismas naturais do espírito humano. Associações de ideias, razoamentos analógicos, aplicações falsas dos princípios de causalidade, para James Frazer e Jevons, isso constituía todo mecanismo. Deste modo, a escola antropológica inglesa chegava a resultados completamente opostos àqueles para os quais nos conduziam nossas investigações sobre a religião. Por esta razão nos vimos movidos a analisar seus trabalhos.

Entendemos, grosso modo, que todos os elementos da magia – feiticeiros, ritos, representações mágicas – que têm sido qualificados pela sociedade para ingressar na magia prova o que concerne a consciência do feiticeiro: o feiticeiro é um funcionário da sociedade, com frequência instituído por esta, e que nunca encontra em si mesmo a fonte de seu próprio poder. É provável que pensem que estou exagerando indevidamente o que tenho dito sobre essas considerações, porém, em realidade, os feiticeiros solitários estão vinculados pelas tradições mágicas e formam associações por meio de egrégoras universais.

O feiticeiro não inventa caprichosamente os ritos e as representações, essas técnicas e procedimentos mágicos que dão a eficácia pelos gestos e pela autoridade das ideias vêm de um inconsciente que transcende o tempo e o espaço. Pois bem, quem diz tradição diz sociedade. Em segundo lugar, se a magia não é pública como os sacrifícios, a sociedade não está menos presente nela. Se o feiticeiro se retira, oculta-se, é por causa da sociedade; e se esta o rechaça é porque ele não lhe é indiferente. Somente teme aos feiticeiros em razão dos poderes que lhe designa, e estes só atuam contra alguém quando armados por estes.

Enfim, esses poderes, essas qualidades têm um mesmo caráter, procedendo todos de uma mesma ideia geral. Temos dado a esta noção o nome de *mana*, tomado dos idiomas malayo-polinésios, porém com o qual aparece designado na magia melanésia, onde Codrington (Codrington, *The Melanesians,* 1890) revelou sua existência. Esta noção é, por sua vez, de um poder, de uma causa, uma força, uma qualidade, uma substância e um meio. A palavra *mana* é, ao mesmo tempo, substantivo, adjetivo e verbo, designa atributos, ações, natureza e coisas; aplica-se aos ritos, aos atores, às matérias, aos espíritos da magia assim como àqueles da religião.

A partir dessas ponderações de que os ritos e as representações mágicas têm o mesmo caráter social que o sacrifício e que dependem de uma noção idêntica ou análoga a noção de sagrado. Além disso, demonstramos também que há cerimônias mágicas às quais produzem fenômenos de fundo psicológico coletivo dos quais desprende esta noção de *mana*.

Como não temos dissimulado, não conhecíamos mais que uns poucos exemplares autênticos dessa noção. Jevons (F.B. Jevons, *The Definition of Magic*, extraído de *Sociological Review*, abril 1908, pág. 6. Cf. *Rev. de Mét. Et de Morale*, 1908, C.R. *Année Soc.,* VIII.) nos critica por haver baseado toda a magia sobre um princípio cuja existência explícita, segundo nossa própria confissão, não era absolutamente universal. Nossas investigações posteriores nos permitem afirmar que esta noção está muito estendida. O número das sociedades as quais não se constata expressamente se restringe cada vez mais. Na África, os bantos, quer dizer, a maior e mais densa família africana, possuem a noção totalmente idêntica de *hikisi*, de *noquisie*, como dizem os velhos autores. Os *ewhé*, que é uma boa parte dos *nigricios*, têm a noção de *dzo*. Deste fato extraímos a conclusão de que é necessário reconsiderar para toda a África a noção de fetiche pela noção de *mana*. Na América já havíamos sinalado a *orenda* iroquesa, o *manitú* algonquino, o *wakan* sioux, o *xube* pueblo, *o maual* do México central. Temos ainda que agregar a estes a *nauala* dos kwakiutl. Nossa hipótese sobre o parentesco que une a noção de *brahman*, na Índia védica, com a *mana* foi admitida por Strauss (Strauss, *Brahmanaspati*, Kiel, 1906), enquanto as linguagens em que a mesma noção foi fragmentada em muitas expressões, seu número é indefinido. Desde os pré-socráticos, a natureza da substância foi motivo de surpreendentes ilações. Ora, não há nenhuma coisa da qual conheçamos tantos atributos como de nosso espírito, porque tanto quanto conhecemos nas outras coisas, tanto podemos contar no espírito daquele que as conhece. E, portanto, sua natureza é mais conhecida do que aquela de todas as outras coisas, apesar de pouco de falar nelas.

Porém, temos outras réplicas à crítica de Jevons. Não é indispensável que um fenômeno social alcance expressão verbal para sê-lo. O que um idioma diz em uma palavra, outros nos dizem em muitas. Tampouco é necessário que estes os expressem: a noção de causa não é transitivo explicito no verbo em que indubitavelmente se encontra. Para que seja inquestionável a existência de um certo princípio de operações mentais, é preciso e basta que essas operações somente possam explicar-se por meio dele. Não se acredita prudente controverter a universalidade de noção de sagrado, e sem dúvida, seria muito difícil citar em sânscrito ou em grego uma palavra que corresponda ao *saber* dos latinos. Dir-se-á: aqui, puro (*medhya*), sacrifical (*yajñiya*), divino (*devya*), terrível (*ghora*), allá, santo, venerável, justo, respeitável. Por acaso os gregos e os hindus não têm tido uma consciência muito justa e penetrante do sagrado?

Não se tem esperado este suplemento de provas para dar crédito ao que temos dito sobre a noção de *mana*. Sidney Hartland, Frazer, Marrett e até mesmo autores mais modernos aderiram a ela. Provavelmente nos contentamos ao ler esses autores e convencidos passamos esta ideia quase integralmente.

Não temos publicado mais que alguns fragmentos sobre este assunto em nossas obras anteriores (*Manual Mágico de Kabbala Prática* e *Maçonaria, Simbologia e Kabbala*) sobre a magia, o que nos importa terminar para prosseguir nossas investigações. Sem dúvida, nos bastava haver demonstrado que os fenômenos da magia se explicam como os da religião. Como temos exposto, todavia, na parte de nossa teoria que se refere às relações entre a magia e a religião, esta circunstância tem dado lugar a alguns mal-entendidos, mas vamos costurando e remendando para clarear esses conceitos e práticas.

Formulamos uma distinção de ritos positivos e negativos, pegamos essa ideia de Durkheim. "Émile Durkheim" (Épinal, 15 de abril de 1858 – Paris, 15 de novembro de 1917) é considerado um dos pais da sociologia moderna. Ele foi o fundador da escola francesa de sociologia, posterior a Marx, que combinava a pesquisa empírica com a teoria sociológica. É amplamente reconhecido como um dos melhores teóricos do conceito da coesão social. Podemos também encontrar essa mesma distinção em James Frazer[19], porém considerando a todos os tabus como ritos negativos, os quais chamamos de magia simpática. Não podemos aceitar uma generalização para as duas possibilidades de magia, pois entendemos ser um equívoco aceder uma só via, senão uma via de mão dupla. Temos dividido a magia em positiva e negativa, abraçando esta última aos tabus e em particular aos tabus simpáticos. Porém não temos dito que todos os tabus pertenceriam à magia negativa, sem dúvida, nas interdições da magia porque pelo mesmo fato da proibição, elas levam melhor que as regras positivas, a marca da intervenção social. Porém, de nenhum modo, temos negado que houvera tabus religiosos nem que esses pertenceriam a outra ordem.

Por não haver delimitado as relações entre magia e religião nós entraremos, provavelmente, em divergências, com inúmeros autores, um destes, Huvelin (P. Huvelin, *Magie et droit individuel, Année sociologique*, E.B. Tylor, 1907, págs. 220 e seguintes), que atribui uma origem mágica aos vínculos de direito primitivos. Em sua opinião, a magia tem contribuído poderosamente na constituição daquilo que chama o direito individual. O que a magia põe à disposição dos indivíduos são as forças religiosas e sociais. Porém se preocupa ante uma contradição que percebe nos termos de que nos servimos. Como sendo a magia social, quer dizer, segundo Huvelin, obrigatória, pode ser ilícita? Como, sendo religiosa, já que ela encontra seu lugar no direito, fenômeno da vida pública, pode ser antireligiosa ao mesmo tempo?

Aqui precisamos de uma explicação. Uma boa parte dos ritos e sobretudo, sanções que, segundo Huvelin, provêm da magia, vinculam-se para nós com a religião. Não mais que deuses infernais, as imprecações, os άραί não são mágicos por definição nem estão fora da religião. Por outro lado, em um bom número dos casos citados, a sanção mágica é só facultativa. Assim pois, a religião como a magia, anula os vínculos do direito individual e ele com um formalismo da mesma natureza.

Em suma, o mal-entendido deriva unicamente do emprego abusivo que Huvelin faz, todavia, do termo mágico. Entre os feitos do sistema mágico e os feitos do sistema religioso, não existe a antinomia que ele supõe e a cujo contexto fundamental teremos discondância. Em todo rito, como temos dito, há elementos de magia, como de religião, uma mesma força mística que antes se incorria no erro de chamar mágica. Huvelin não repudiou esse vício de nomenclatura e é por isso que faz da magia a fonte única de contratos.

---

19 FRAZER, Sir James George - *Lectures on the early history of the kingship* – Ed. MacMillan, Londres - 1905, p. 26.

Não se devem opor os fenômenos mágicos aos fenômenos religiosos. Nos fenômenos religiosos se encontram diversos sistemas, naqueles da religião e nos outros da magia e muito menos em outros mais; por exemplo, na adivinhação e no que se denomina folclore formam sistemas de feitos religiosos comparáveis aos anteriores. Esta classificação corresponde melhor à complexidade dos feitos e da variabilidade das relações históricas entre a magia e a religião. Porém, nossa definição do sistema de magia segue sendo a mesma e continuaremos considerando que somente o integra, descontando o folclore, aquele que não participa dos cultos organizados. Em virtude desta definição, o *dhâna*, por exemplo, o suicídio jurídico de P. Huvelin com o objeto de alcançar a execução de um merecedor, de que fala Huvelin, instituição que figurando em códigos diferentes, no de Manú em particular, não aparece em nenhum manual religioso e que depende do culto funerário, participa da religião e não da magia.

Enfim, sem ser obrigatórios, os ritos da magia, não obstantes, são sociais. A obrigação propriamente dita não tem para nós o caráter distintivo das coisas, dos atos e dos sentimentos sociais. O ato mágico ilícito segue sendo social para nós, sem que com isso exista uma contradição. O ato é social porque a sociedade lhe dá sua forma e somente tem razão de ser em relação à ela. Tal é o caso que cita Huvelin do sacrificador que efetua um sacrifício para matar seu inimigo. Por demais, a magia não é necessariamente ilícita e, no direito, na realidade, serve tanto ao direito público quanto ao direito individual. Assim, nas tribos australianas, as ameaças de feitiço representam para os anciãos um meio de fazer respeitar a disciplina. Não sem razão, Frazer relaciona os poderes do feiticeiro aos poderes do rei.

Claro que Huvelin tem razão ao sinalar que a magia contribuiu na formação da técnica do direito, como supomos também no respeito a outras técnicas. Estamos de acordo com ele quando alega que no direito a magia facilitou a ação individual. Com efeito, a magia proporcionou ao indivíduo os meios de fazer-se valer os seus próprios olhos e os olhos dos demais, ou bem de evitar a multidão, de escapar da pressão social e da rotina. Ao abrigo da magia, não só foram possíveis as audácias jurídicas senão também as iniciativas experimentais. Os homens de ciência são filhos dos feiticeiros.

Temos feito frequentes alusões ao papel que o indivíduo joga na magia e ao lugar que esta o concede. Tem-se considerado como concessões prudentes, destinadas a compensar o rigor excessivo de uma teoria sociológica que parecia negar na magia a autonomia dos feiticeiros. Não havia neles nem concessão nem contradição. Precisamente, nosso trabalho tinha por objeto determinar o lugar do indivíduo na magia com respeito à sociedade. O começo de nossos estudos foi sobre os fundamentos de ritos e instituições, quer dizer, as regras públicas de ação e de pensamento. No sacrifício, o caráter público da instituição e coletivo do ato e das representações é muito claro. A magia, cujos atos são o menos público possível, deu-nos a ocasião de levar mais longe nossa análise sociológica. Importava ante tudo saber em que medida e de que modo esses fatos eram sociais. Dito de outra maneira: qual é a atitude do indivíduo no fenômeno social? Qual é a parte da sociedade na consciência do indivíduo? Quando os indivíduos se agrupam, quando conformam seus gestos a um ritual, suas ideais a um dogma, são movidos por motivação puramente individuais ou por motivações cuja presença em suas consciências só se explica pela presença da sociedade? Dado que a sociedade se compõe de indivíduos organicamente agrupados, devíamos buscar o que aportam eles mesmos e o que recebem da sociedade e o modo com que recebem. Cremos haver desentranhado esse processo e haver mostrado que, na magia, o indivíduo não pensa nem atua mais que dirigido pela tradição, ou senão impulsionado por uma sugestão coletiva ou ao menos por uma sugestão que se dá a si mesmo sob a pressão da coletividade.

Verificada assim nossa teoria, ainda para o difícil caso da magia, no qual os atos do indivíduo são muito mais laicos e pessoais, estamos seguros da bondade de nossos princípios no concernente ao sacrifício, a oração e aos mitos. Por isso não se deve colocar em contradição com nós mesmos se, às vezes, falamos de feiticeiros de renome que põe de moda suas práticas ou de fortes personalidades religiosas que fundam seitas e religiões. Com efeito, é sempre a sociedade que fala por suas bocas e se eles têm algum interesse histórico, é porque sua atividade se exerce sobre as sociedades.

## Ainda sobre sua Definição, Suas Formas, Seu Objeto.

É difícil definir exatamente o que se compreende pela palavra "Magia". A dificuldade resulta da variedade dos atos mágicos e das diferentes concepções que as diversas sociedades humanas deles possuem. Eles parecem confundir-se com os atos religiosos nas civilizações primitivas e se separaram do progresso das ideias e dos costumes. A magia da Odisseia não é a do Canto VI da Eneida, nem a de Lucano, do asno de Luciano ou do asno de ouro de Apuleio. É impossível, aparentemente, encontrar semelhanças entre a Magia da Caldeia e a dos australianos, dos zulus ou dos peles vermelhas.

Essa diversidade nos dá uma primeira indicação: a Magia é um fenômeno de ordem social, pois varia de acordo com o estado social. Este não corresponde a funções fisiológicas, que se assemelham em todos os homens, mas a funções psicológicas coletivas, que, por serem comuns a agrupamentos particulares, não o são a toda humanidade.

Existe, contudo, um caráter geral nas diversas magias. Estas se distinguem por seus objetos principais, seus ritos, sua técnica, mas elas repousam sobre um fundo de ideias comuns difundidas no conjunto da humanidade. Se o meio social exerce uma influência sobre as modalidades da magia, esta tem uma base maior que o simples fato social, na medida em que podemos distinguir o ser humano dos agrupamentos formados por ele. Somos, assim, levados a inquirir se a magia não possui sua origem primordial em uma função psicológica individual e não somente coletiva.

É levando em conta esse duplo aspecto que devemos tentar definir a Magia, circunscrevendo seu domínio e encontrando seu fundamento.

Ela possui, em todas as civilizações primitivas, relações estreitas com a religião; é frequentemente impossível distingui-las claramente uma da outra; contudo, um exame atento revela no ato mágico uma característica que o ato religioso propriamente dito não possui. Este pode não ser mais que uma oração ou uma invocação; aquele é sempre uma operação, comportando uma série de ações determinadas.

Tal diferença é essencial e revela a natureza particular da magia; suas manifestações não são dirigidas para seres cuja vontade pode ser dobrada por súplicas e oferendas, mas não pode ser obrigada; elas se dirigem a seres ou a forças que podem ser submissas à vontade humana sob certas condições.

O ato religioso é uma oração, o ato mágico é a expressão de uma vontade; um é humilde, o outro não o é. É curioso constatar que essa característica não escapou ao místico alemão Jacob Böehme, que assim define a magia[20]:

> *Ela não é em si nada mais que uma vontade, e esta vontade é o grande mistério de qualquer maravilha e de qualquer segredo; ela opera pelo apetite do desejo no ser.*

---

20 *Sex puncta mystica*, cap. V, von der Magia, ed. Scheible, Leipzig 1846, 7 vol. In-8°, t. VI, p. 407.

Tal é o caráter essencial da magia; ela é a expressão de uma vontade, e ela imprime esta marca distintiva em todos os detalhes da operação mágica.

Ela pode aplicar essa vontade à sujeição seja dos seres sobrenaturais, gênios, demônios, ou espíritos, seja de forças naturais. Em um caso, é a magia propriamente dita, no outro, é a ciência oculta. Essa distinção parece não ter sido identificada por Tylor[21], que confunde a magia e a ciência oculta em geral. Westermark[22] compreendeu a diferença entre a religião e a magia, ainda que ele se perca em suas considerações, no fundo estrangeiras à questão, analisando as práticas de compulsão usadas em relação a santos muçulmanos no Marrocos. As mesmas práticas são observadas nos países católicos: a Espanha, a Itália e a França meridionais; pune-se ali a estátua do santo que não satisfaz uma oração; esses usos são o resultado de uma perversão do sentimento religioso, mas não são atos religiosos, nem mágicos.

Hubert e Mauss, em seu erudito estudo[23], definem o rito mágico. Para eles, é "qualquer rito que não faça parte de um culto organizado, rito privado, secreto, misterioso, e que tenda ao limite do rito proibido". Essa definição não é satisfatória, como o demonstra o estudo de certas magias (xamãs, feiticeiros, peles vermelhas, australianos, africanos, etc.); nelas, o rito não é sempre misterioso, nem privado, ainda que seja mágico.

As características assinaladas por Hubert e Mauss existem em certas magias, mas são secundárias e se aplicam a uma magia particular que os antigos gregos chamavam de Goetia, encantamento, sortilégio, bruxaria, charlatanice, artifício. A Goetia era a magia negra; a magia era, pelo contrário, segundo Platão, uma ciência divina; é a Teurgia dos Neoplatônicos.

Assim, não se pode considerar suficiente a limitação imposta pelos autores da *Teoria geral da magia* à definição do rito mágico. O canto XI da Odisseia descreve uma evocação mágica ritual dos mortos, acompanhada de orações às divindades infernais; mas Ulisses impõe sua vontade às sombras que se amontoam em torno da fossa regada de vinho, de farinha e de sangue fresco, ele as afasta com a ponta de sua espada temida pelo próprio Tirésias; à sombra do adivinho pede a permissão para beber o sangue e promete dizer a verdade. Este rito mágico é cumprido com o conselho de Circe, deusa e mágica. Poderíamos citar outros exemplos aos quais a definição de Hubert e de Mauss convém pouco; o rito mágico é a expressão de

---

21 *Primitive culture*, Londres, 1903, t. I, p. 112 e ss.
22 *Origin and growth of the Moral Ideas*, Londres, 1908, t. II, p. 584.
23 *Théorie générale de la Magie*, Année Sociologique, Paris, t. VII. 1902-1903, p. 19.

uma vontade forte, afirmada em cada detalhe do ritual, tendendo à subjugação de seres sobrenaturais, ordinariamente subtraídos ao império do homem.

Tal será para mim a definição da magia.

Qual é sua origem? É difícil sabê-lo. Plínio[24] afirma: "Ninguém duvida que a magia tenha nascido da medicina". Essa opinião é ainda admissível hoje em dia. Nas sociedades primitivas, o mágico é, sobretudo, um médico. Seu papel principal é de curar as doenças cuja causa parece ordinariamente sobrenatural; também é habitualmente chamado de homem-medicina.

A busca obstinada das causas é um dos traços mais marcantes da inteligência humana; ela conduz à verdade, por um caminho longo e tortuoso, pois ela confunde tranquilamente a causa e o antecedente fortuito. Uma longa experiência é necessária para distingui-los. O erro é fácil; o primitivo atribui os fenômenos exteriores a uma causa voluntária, pela extensão do sentimento que possui da causa de suas próprias ações: sua vontade. Ele considera como sobrenatural a doença, cuja causa é desconhecida e cujos efeitos se fazem sentir sem que o corpo carregue um traço de uma lesão aparente; é um espírito que a determina.

Essa crença não é exclusiva aos povos selvagens; ela possui raízes tão profundas no espírito humano que os adivinhos e os clarividentes, dos quais nossa civilização não diminuiu o número nem a prosperidade, exploram-na com proveito. Sua especialidade é curar o *mal dado*. Ele é frequentemente dado por um espírito mau. A terapêutica desses charlatães é tão surpreendente quanto a dos feiticeiros australianos ou africanos. Ela conduz, por vezes, ao crime.

Tal superstição é antiga e dura ainda; ela não basta, contudo, para explicar a origem da magia, pois o exercício da medicina mágica supõe a existência de seres sobrenaturais ou espíritos invisíveis, anjos, demônios, gênios ou almas dos mortos.

A crença parece geral. De onde provém? Os antropologistas admitem geralmente que o germe está escondido no sonho ou na alucinação. É o que ensinam Tylor[25] e Frazer[26]. O primeiro afasta o conhecimento intuitivo da vida futura e não admite senão a experiência interior: o sonho; ou exterior: por exemplo, a semelhança das crianças com os pais.

Sua teoria deve ser rejeitada; ela é contrária aos fatos. Não encontramos sociedades que confundem o sonho e a alucinação em estado desperto; os homens

---

24 *Hist. Nat.*, livro XXX, cap. I.
25 *Prim. Cult.*, II, 24, 49.
26 *The Belief in immortality*, Londres, 1913, I, 26 e ss.

primitivos distinguem muito claramente os dois fenômenos e não dão importância senão a certos sonhos. Já os antigos gregos separavam os sonhos em verdadeiros e falsos, que saíam do palácio do sonho por duas diferentes portas, uma de corno, outra de marfim.

Frazer se contenta com essa hipótese muito simples; ele não parece ter pesquisado se os primitivos cujas crenças ele estuda faziam a mesma distinção entre os sonhos verdadeiros e os outros. Os exemplos que ele cita deveriam, contudo, ter chamado sua atenção. Os narrinyeri, que querem descobrir o autor da morte de um dos seus, a doença sendo para eles de origem mágica, fazem com que adormeça o mais próximo parente do morto, na noite seguinte ao falecimento, a cabeça apoiada sobre o cadáver[27].

As pesquisas instituídas pelo governo dos Estados Unidos sobre as crenças dos peles vermelhas e dos esquimós da América do Norte revelam detalhes do mesmo gênero; os indígenas acreditam nos sonhos: o profeta Smohalla, chefe do Wanapam[28], recebe sua missão de um sonho, mas esse sonho sobrevém em um sono provocado "após um rito místico". Esse profeta dizia aos agentes americanos: "a sabedoria vem nos sonhos", mas o sono que levava a esses sonhos era provocado por práticas de hipnogênese: era um transe. Todas as vezes que encontramos o sonho na base de uma crença coletiva, esse sonho possui características especiais ou demanda a interpretação de um adivinho. É a prática dos esquimós da baía de Hudson: entre eles o intérprete é colocado em estado de transe através do som do tambor[29].

Os primitivos não confundem o sonho com a realidade a ponto de estabelecer suas crenças sobre sonhos cuja experiência cotidiana mais elementar lhes demonstra a vaidade habitual. A hipótese da escola antropológica repousa sobre uma generalização injustificada; ela não se aplica a todos os sonhos, mas a alguns dentre eles. É fácil determinar sua natureza. Os sonhos considerados como verdadeiros são aqueles que se produzem em estados particulares, que a ciência moderna chama hipnoides, sonambúlicos, transes, êxtases. Eles se assemelham às visões e às alucinações e favorecem certas percepções de ordem intuitiva ou supranormal, para empregar a linguagem técnica moderna. A origem das crenças religiosas e metafísicas é talvez devida a esses fenômenos; é inútil procurá-la no sonho comum.

---

27 Smiths. Instit. Annual. Report of the Bureau of Ethnology, 1896, p. 663.
28 *Ibid,* 1894, p. 272.
29 *Op. cit.,* I, 136.

Eu não posso analisar em detalhe os trabalhos modernos sobre a telepatia, a alucinação verídica, o sonho premonitório e a *precognição*. Há, sobre esse tema, uma literatura abundante cujas conclusões gerais devem ser conhecidas para aplicá-las ao estudo da magia como fenômeno social. Podemos resumir essas conclusões da seguinte maneira:

1º Em alguns casos, em condições ainda pouco conhecidas, algumas pessoas podem ter conhecimento de eventos sobrevindos à distância e cuja percepção não pode ser atribuída à intervenção dos órgãos dos sentidos funcionando normalmente;

2º Eventos passados podem ser percebidos da mesma maneira;

3º A demonstração da percepção dos eventos futuros não é feita; no estado atual das pesquisas, somos levados a pensar que o futuro se apresenta sob duas formas: uma determinada, no sentido de que o evento futuro é a consequência necessária de eventos atualmente realizados, e outra indeterminada, no sentido de que a existência dos eventos, desempenhando o papel de causa em relação àquele que está a vir, não é observada. Há razões para admitir que o futuro atualmente determinado pode ser percebido nas mesmas condições que o presente ou o passado.

Se considerarmos como uma hipótese aceitável, ao menos provisoriamente, as conclusões que acabo de resumir, a resposta à questão colocada no início desta análise é fácil de dar.

Entendemos que o primitivo, constatando um sonho ou uma alucinação verídica, seja levado a crer, de duas, uma:

(1º) que a pessoa que é vista possui uma alma ou um espírito semelhante a seu corpo, ordinariamente invisível, capaz de se transportar instantaneamente a grandes distâncias;

(2º) que o sujeito do sonho ou da visão é ele próprio transportado à distância, sob uma forma invisível, para recolher a informação dada. Tanto em um caso como em outro, o primitivo é, logicamente, levado a pensar que o homem tem uma alma, e que esta pode se manifestar após a morte ou se separar do corpo durante a vida.

Aí está o princípio sólido da crença na imortalidade da alma e na sobrevivência do espírito humano após a morte do corpo, aí está o germe comum da religião e da magia.

A hipótese possui um valor tamanho que ela dá conta da maior parte dos costumes primitivos: estes, aliás, são ainda comumente praticados mesmo nas sociedades civilizadas. Sua antiguidade não diminuiu sua força em certos lugares. O selvagem provoca o sono ou a visão por meio de procedimentos semelhantes àqueles de nossos psiquiatras ou de nossos magnetizadores: movimentos simples, levando a uma pronta fadiga física (dança dos sioux, dos dervixes, dos shakers, etc.), passes, sons repetidos (tambor), a imposição das mãos, a fixação de um objeto brilhante, a sugestão sob todas as suas formas. Esses procedimentos são inexplicáveis se o sonho comum é simplesmente buscado; eles são inteligíveis se seu emprego tem por objetivo provocar os estados psicológicos particulares à hipnose ou ao sonambulismo.

A hipótese proposta satisfaz mesmo os antropologistas da escola de Tylor, que veem na magia as primeiras manifestações da ciência. Os procedimentos, indutores do estado de transe, são o resultado de uma observação exata: alguns preconceitos não permitiram reconhecer sua justeza senão nesses últimos anos, constatação que frequentemente teremos de fazer.

As sociedades primitivas observam e corrigem suas observações pela experiência; a habilidade dos selvagens em seguir uma pista, em reconhecer e em identificar os menores detalhes é bastante conhecida; a etnologia nos ensina o valor da inteligência, da atenção, da memória, do julgamento dos povoados mesmo os menos civilizados; essas qualidades se manifestam no limite das necessidades materiais de sua vida. A existência entre eles das superstições mais grosseiras demonstra somente que eles não podem reconhecer seu erro já que são vítimas de sua imaginação; ela os transporta para um mundo onde a verificação é quase sempre impossível. A imaginação procura a explicação de fatos reais; a mais simples é atribuir esses fatos a uma causa semelhante àquela que determina a atividade individual dos homens, isto é, a uma vontade. Essa vontade supõe uma inteligência, sentimentos, paixões parecidas àquelas dos homens. O primitivo admite naturalmente que os animais, as plantas, os próprios seres inanimados, têm uma alma parecida com a alma humana. A chuva, o trovão, o vento são as manifestações de uma vontade, que lhes é própria, ou que é aquela de um deus ou de um gênio especial, esta última forma da personificação dos fenômenos naturais é a mais difundida.

O primitivo não se espanta por não ver esses seres sobrenaturais; são espíritos da mesma natureza que aqueles dos mortos. Ora, ele sabe que a faculdade de ver os espíritos não é dada a todo o mundo, que ela depende da natureza ou da educação, que ela é congênita ou adquirida. Essa opinião é comum a todos os povos selvagens e a muitas pessoas experientes.

Chegamos a uma nova constatação que não é menos importante que a última. Ela torna inteligível um grande número de fatos que permaneceriam inexplicáveis sem ela, notadamente a persistência das crenças aparentemente as menos racionais.

Os primitivos creem que a faculdade de ter sonhos verídicos, alucinações telepáticas, o dom de curar as doenças, de predizer o futuro encontram-se em certos indivíduos. Eles querem reconhecê-los em diferentes sinais. Os arunta australianos[30] atribuem a faculdade de ver os *Iruntarinia* (espíritos) ou *Arumburinga* (duplos, corpos astrais protetores), seja a seus mágicos, seja às crianças *Akna Buma*, isto é, nascidas com os olhos abertos.

A associação dos poderes mágicos com certas manchas da íris do olho é objeto de uma crença que remonta a mais alta antiguidade. Plínio[31], Bacon[32], Leonard Vair[33], de Lancre[34], Bodin, Boguet, etc. indicam-no com precisão. Essa opinião persiste na África do Norte, nas Landes da Gironda, na Itália (o olho ruim).

Eu constatei sua probabilidade; as pessoas sujeitas ao pressentimento, aos sonhos premonitórios têm frequentemente uma mancha na íris do olho, sobretudo, esquerdo[35].

Seria imprudente generalizar, sem provas suficientes, e fazer desta crença muito difundida uma crença universal. Todavia, é preciso reter o fato de que as pessoas aptas a ver os "espíritos" são sonâmbulas ou visionárias, como entre os peles vermelhas, ou possuem sinais oculares particulares como entre os australianos, os marroquinos, os feiticeiros do século XVI e muitos dos nossos sensitivos modernos.

Os dois fatos que destacamos explicam a origem da crença nos espíritos, da religião e da magia e dão conta de suas perversões. Com efeito, basta que, em certo número de casos, os primitivos tenham constatado a verdade de uma alucinação telepática para que sua crença estabeleça-se e se mantenha. Eles não tinham o meio de controlar sua exatidão, pois a observação não era possível senão em certas pessoas

---

30 Spencer e Gillen, *Native Tribes of Australia,* Londres, 1899, 515.
31 *Hist. Nat.* VII, 2.
32 *Ency.*, IX, p. 78.
33 *De Fascino,* Paris, 1583, pp. 13, 16, 54, 164, etc.
34 *Tableau de l'Inconstance des mauvais anges et démons,* Paris, N. Buon, 16.
35 Ver meu artigo em *Light*, Londres, 1904, pp. 509, 619.

dotadas de uma faculdade particular. Esses privilegiados, por sua vez, foram, quer seja as vítimas de sua imaginação, quer seja os joguetes de suas paixões, cupidez, ambição, vaidade. A fraude e a charlatanice dão resultados mais constantes que a incerta faculdade da intuição ou da clarividência. Qual é o selvagem que resistiria à tentação? As práticas mágicas assim se desenvolveram no sentido da superstição mais grosseira; a árvore tinha raízes na verdade, mas desabrochava na mentira.

É a ação de uma lei geral da psicologia humana, individual ou social. Há erros de observação; eles são a exceção. Há erros de interpretação; eles são a regra.

A experiência, nos limites indicados, ensina que certos indivíduos, em sonhos particularmente impressionantes, ou em estado desperto, veem o que eles creem serem espíritos. Essa visão é um fato observado. Ela foi universalmente admitida.

O erro intervém na interpretação. Os primitivos são naturalmente levados a procurar a explicação mais simples, a mais adequada à sua experiência cotidiana. A interpretação mais simples é aquela que os espíritas admitem ainda hoje: o espírito imaterial e invisível aos olhos do homem comum sobrevive à morte. A ação das leis psicológicas de generalização e de causalidade estende a todos os seres vivos ou animados a divisão entre um corpo visível e um espírito invisível; ela lhes concede uma individualidade, uma inteligência, sentimentos, uma vontade. Ela hierarquiza esses espíritos; uns são todo poderosos, comandam as forças da natureza. São os espíritos do sol, da lua, dos astros, da chuva, do vento, da luz, das trevas, da tempestade, do mar, dos rios, de todos os grandes fenômenos naturais. Os astros são relativamente fracos, são os espíritos dos rochedos isolados, das fontes, dos animais e das plantas.

Sua existência é certa, pois que os "videntes" os distinguem. O feiticeiro pele-vermelha vê o deus do Trovão, conversa com ele e dele recebe a iniciação. Os homens primitivos não sabem que as visões dos sensitivos são comandadas pelos hábitos de sua imaginação. Os camponeses de Livran não se surpreendiam com os relatos de seu vidente, que percebia a Santa Trindade sob a forma de três seres sentados nos galhos de uma árvore frutífera. Como se surpreender com o fato de os primitivos não terem mais discernimento? Eles são obrigados a se reportar às descrições de seus "videntes", e estes veem os seres espirituais sob as formas admitidas pela opinião, condicionadas pelos hábitos da vida real.

Não surpreende, se levamos em conta esta lei psicológica, constatar que a noção da vida futura é feita à imagem da vida terrestre. Os Paraísos são a obra dos homens; o céu dos peles-vermelhas é um encontro de caça; o Walhalla germânico é uma grande sala onde se bebe; os Campos Elísios da Grécia são pradarias recobertas de asfódelos onde se caminha conversando sobre e lamentando a vida; distrai-se de outra maneira no céu de Allah; se as concepções humanas da vida futura são muito diversas, elas têm um traço em comum: são inspiradas pelos costumes de cada sociedade.

Aliás, os homens de um dado lugar não compreenderiam uma vida futura muito diferente de sua vida ordinária. Há uma harmonia completa entre as visões de seus videntes e seus próprios hábitos, o que é feito para lhes dar confiança; eles não têm nenhum meio de controlar os relatos que lhes são feitos.

O outro mundo é parecido com este; seus habitantes são semelhantes aos homens. As sombras dos mortos conservam seus gostos, suas paixões, seus sentimentos; os gênios, os demônios, os próprios deuses são homens e se assemelham aos poderosos da terra. Eles são, como eles, ciumentos de sua autoridade, prontos à cólera, sensíveis às homenagens e aos presentes. Eles possuem a força divina e a fraqueza humana; o princípio da religião está na arte de utilizar esta para assegurar aquela.

Os deuses, sobretudo, são poderosos. O homem está à sua mercê e não pode exigir nada deles. Ele deve suplicar-lhes, ganhar sua benevolência ou acalmá-los se estiverem irritados. Essas necessidades imprimem aos atos religiosos seu duplo caráter fundamental; eles são propiciatórios ou expiatórios; eles são sempre uma oração, uma súplica.

A humildade é o sentimento comum a toda operação religiosa, ainda que o fiel procure ganhar a benevolência do D-us por meio de oferendas. Ao lado da humildade está o temor, que é ainda um dos elementos primordiais do sentimento religioso. Um e outro são penosos para o orgulho humano; a magia lhe oferece o meio de ter sua revanche. Sem dúvida não são os Deuses que o homem busca submeter a sua vontade; mas há, no universo, espíritos com os quais os vivos podem lutar com armas iguais, são os mortos.

Segundo as ideias primitivas, há no outro mundo uma hierarquia, como sobre a terra. Existem mestres e escravos, chefes e subordinados, esposos e mulheres; quando um chefe morria, sacrificava-se sobre sua tumba e enterravam-se escravos com ele, suas mulheres, seus cavalos, outros animais domésticos. Montava-se, assim, sua casa póstuma. Esse costume era muito difundido; ele existia ainda recentemente na Oceania, na África; encontramos seus traços nas sepulturas da Idade da Pedra na Europa. Tal princípio recebeu outras aplicações; os dayaks, por exemplo, são persuadidos de que as pessoas que têm suas cabeças cortadas são na vida póstuma escravas de seu assassino.

Um costume mais próximo da magia é observado entre os esquimós do Estreito de Bering. Quando se pode matar ou fazer com que uma criança morra, roubar seu cadáver sem que as pessoas se deem conta, defumá-lo, dissecá-lo e conservá-lo em um saco, o espírito da pequena vítima é um servidor, uma espécie de gênio familiar de seu assassino. Ele o conduz aos terrenos de caças frutuosas, aos locais onde a pesca será abundante, ele guia suas flechas, sua lança, ou arpão de maneira a assegurar sua precisão. Enfim, o ato mágico puro tem por efeito fazer um espírito auxiliar do mágico. A evocação dos mortos foi um rito muito difundido.

Do espírito dos falecidos aos outros espíritos, a distância não é grande, e o homem a ultrapassou muito rapidamente. Assim, sem dúvida, constituiu-se a magia, sem que pudéssemos, contudo, afirmar que a evolução cronológica dos ritos tenha seguido o movimento lógico que esbocei.

O rascunho está incompleto e não traça senão as grandes linhas do desenvolvimento de uma das formas da magia. Esta se mostra à observação como uma exaltação da vontade e da personalidade humana, como uma embriaguez do orgulho humano, impaciente da sujeição às forças da Natureza; os primitivos estão à mercê de seus caprichos, dos quais dependem sua subsistência e vida. O homem se revolta contra a aparente dureza da Natureza e empenha-se na luta contra seu temível adversário. Luta diplomática, feita de transações e negociações com os Deuses, mestres da natureza: é a Religião, ela suplica aos Deuses e lhes paga tributo. Luta aberta, combate verdadeiro da força humana contra a da Natureza: é a magia.

Nascidas do mesmo sentimento, suas semelhanças são grandes na origem; a distinção que a análise pode fazer escapava a nossos ancestrais que viviam na época em que se formavam essas ideias. A linguagem desses tempos longínquos era semelhante às linguagens faladas pelos selvagens, línguas pobres, exprimindo, sobretudo, ideias concretas; os gestos completavam as falas, precisando ou acentuando o sentido[36]. A atitude, os movimentos, a expressão do rosto, a posição das mãos, o tom e as modulações da voz são modos de expressão que revelam os sentimentos com tanto mais força quanto menos apta é a linguagem verbal em fazê-lo. Sofremos ainda as exigências desse hábito ancestral e conformamos nossas atitudes e nossos gestos a nossas falas. É um dos procedimentos mais poderosos da arte oratória; as multidões têm uma psicologia que lembra a dos primitivos: desenvolvem-se entre elas sentimentos comuns, uma espécie de consciência coletiva, cujos elementos são tomados de empréstimo àqueles que se encontram ao mesmo tempo em todos os

---

36 Ver sobre este tema Tylor, *Op. cit.*, p. 160 e ss.

indivíduos. Esses elementos são naturalmente os mais antigos, os menos evoluídos, os mais próximos do estado primitivo.

A importância da atitude e do gesto está relacionada à inferioridade da civilização e à simplicidade da linguagem. Ela nos faz compreender não somente as severas regras da etiqueta frequentemente constatadas entre os primitivos, mas também a razão de ser do rito religioso ou mágico. A atitude e o movimento são modos complementares da expressão das ideias e, sobretudo, dos sentimentos; os detalhes do ritual são análogos àqueles do "cerimonial". Eles desempenham a mesma função.

A persistência do ritual formalista é um dos fenômenos mais curiosos da história das sociedades; temos a prova viva disso diante de nossos olhos. Os grandes cultos religiosos conservaram o cerimonial antigo. As vestimentas de nossos padres católicos, quando eles celebram a missa, são semelhantes àquelas que seus predecessores portavam há quinze séculos; as atitudes, as invocações, os detalhes da cerimônia não variaram muito. Esse pio conservadorismo observa-se mesmo na música. Ouvimos, nas cerimônias católicas, cantos que remontam aos séculos V ou VI, como o *Te Deum*, e outros que são talvez mais antigos ainda como o canto do Salmo *In Exitu Israël de Egypto* ou do *Laudate Dominum*. O *Dies Iræ* data do século XIII.

Um fato análogo pode ser observado na magia cerimonial. Os documentos são naturalmente menos precisos, mas os escritores cabalistas judeus, os autores dos tratados mágicos da Idade Média, Lulle, Bacon, Arnaud de Villeneuve, os astrólogos árabes, os filósofos da escola neoplatônica são ainda autoridades. O mágico evocador se fecha em um círculo traçado segundo regras imutáveis, ele ali coloca inscrições hebraicas, arma-se como Ulisses de um gládio nu. O ritual mágico é tão resistente quanto a liturgia religiosa[37].

Ele sobrevive ao desaparecimento da linguagem; encontramos a prova disso no ritual mágico da Biblioteca de Assurbanipal escrito em acádio, por volta do século VII a. C., enquanto que essa língua havia deixado de ser falada há vários séculos.

Em resumo, a magia é o produto de um sentimento natural; aquele da resistência do homem às ações desfavoráveis do meio exterior. Ela nasce com a religião, confunde-se talvez com ela na origem; ela é a forma ativa do sentimento religioso do qual a religião propriamente dita é a forma passiva: isso explica seu caráter de generalidade. Ela pertence às funções humanas e não é uma função social senão em suas realizações particulares.

---

[37] Le Normant. *La Magie chaldéenne,* 1 p. ed. Inglesa, Chaldean, Magie, Londres.

Contudo, ela é observada por todo lugar sob dois aspectos diferentes. Há uma primeira classificação geral a fazer, segundo que a ação mágica tem por objeto a subjugação de um ser sobrenatural, ou a dominação direta das forças naturais. É possível que o segundo desses dois gêneros de magia derive do primeiro. Primeiramente, o homem dirigiu-se a seres sobrenaturais para provocar, ou para afastar, os fenômenos naturais que ele desejava ou que ele temia. Antes de curar a si próprio, ele teve de se dirigir a um espírito para obter a cura; antes de conjurar o tempo, a chuva, o trovão, antes de enfeitiçar sua caça, seu inimigo ou a mulher desejada, ele teve de confiar esse cuidado a um espírito submisso. Em seguida, ele não mais precisou de seu intermediário, substituiu-o e tentou governar diretamente as forças da natureza.

Essa forma da magia está na origem da ciência; esta foi, primeiro, secreta e, parcimoniosamente, transmitida; ela era oculta. Os progressos da humanidade tiveram como resultado reduzir continuadamente o domínio da ciência oculta e aumentar o da ciência pura e simples[38].

A forma primitiva da ciência é a *magia natural*. A outra é *a magia sobrenatural ou evocatória*, assim chamada porque seu princípio de ação está na invocação de um espírito, de um gênio ou de um demônio.

Esses dois gêneros de magia, tendo uma origem comum, confundem-se no início; a força natural, sendo considerada como uma entidade espiritual, é, inicialmente, conjurada enquanto ser sobrenatural. A distinção entre a força propriamente dita e a entidade que a dirige é um trabalho de análise que supõe a elaboração intelectual de uma longa série de observações. Os estados desta evolução são, em primeiro lugar, o animismo simples: o objeto material possui uma alma, da qual ele é o corpo visível. Em seguida, esta alma, concebida segundo a forma material que reveste a alma humana, é dotada de um corpo etéreo parecido com aquele dos mortos; seu poder lhe permite materializar-se, e ela o faz sob diversas formas; mas para se relacionar com os homens, ela toma a forma humana, que é a mais elevada em dignidade. A figura última do espírito se fixa na aparência de um ser semelhante ao homem. É o antropomorfismo, estado evolutivo que a humanidade parece ter atingido, mas não ultrapassado.

Os dois gêneros de magia que distinguimos na origem diferenciam-se pelo *objeto imediato* da ação mágica; na magia evocatória, apela-se a um ser sobrenatural; na magia natural, o homem age diretamente sobre as forças cósmicas.

---

38 Ver Tylor, *Op. cit.*, 1. 112, 132.

## As diferentes formas de Magia

### *A Magia evocatória*

Seu princípio é a evocação, isto é, a ação de "expulsar ao chamar"; o ser sobrenatural é chamado para fora de seu meio e convocado para o dos homens. Esta palavra, inicialmente religiosa[39], tornou-se mais tarde quase que exclusivamente mágica, por oposição à invocação, termo que permaneceu religioso.

A evocação é o chamado; ele possui equivalentes: a conjuração, a citação, termos que, sem serem idênticos, designam um ato análogo. O chamado evocatório é, por definição, dirigido ao habitante de um outro mundo; este ser é uma criação secundária, e ele varia de acordo com as ideias do meio e do tempo. Há, contudo, uma categoria de seres sobrenaturais que é evocada por todo lugar: a alma dos mortos. A universalidade desse costume indica sua antiguidade e a solidez aparente de seu fundamento. É a necromancia.

Os outros seres sobrenaturais estão em número infinito. Podemos, contudo, classificá-los sob algumas rubricas gerais; reconhecemos:

1º as almas dos animais;

2º as almas dos objetos materiais, qual seja sua importância, ferramentas, armas, seixos, rochedos, árvores, florestas, fontes, riachos, rios, lagoa, lagos, mar, colinas, montanhas, etc.;

3º as almas dos fenômenos naturais: as mais temíveis são espíritos poderosos, Deuses; a luz, as trevas, o fogo, o vento, a chuva, o trovão, a inundação, as doenças, etc.;

4º os corpos celestes, divinizados em quase todos os lugares; o sol, a lua, os planetas, etc.;

5º enfim, sob a influência do progresso das religiões, das filosofias primitivas e da análise, primeiro esses espíritos foram hierarquizados segundo a importância de seu corpo material, depois de seu hábito. Espíritos das árvores, das fontes, dos rios, do mar, do céu, dos grandes luminares. Os mais elevados foram

---

39 P. ex. Tito Lívio, 5, 21.

promovidos à categoria de Deuses e o mais poderoso foi o D-us Supremo, geralmente, o do céu ou da atmosfera. As diferentes civilizações possuem concepções diversas dessas divindades e estão em estados desiguais de evolução; a tendência dos últimos séculos, no mundo ocidental, marcou-se no sentido do monoteísmo do qual os israelitas foram os protagonistas.

A purificação do sentimento religioso e o conflito das religiões positivas tiveram consequências importantes para as relações da religião e da magia. Esta dividiu-se em ritos permitidos e ritos proibidos, em magia divina e diabólica, ou magia negra; em teurgia e goetia.

Não empreenderei a descrição das inúmeras entidades sobrenaturais que os homens imaginaram; os mitos, concernindo-as, fazem o objeto de uma ciência especial. Importa somente reter as características gerais desses seres sobrenaturais, cuja psicologia não difere daquela dos humanos.

Seu poder é variável; os seres sobrenaturais evocados possuem geralmente um poder limitado, um tipo de especialidade. As ideias relativas a essa especialização são governadas por dois princípios gerais:

1º O poder do ser é limitado a certas coisas. Por exemplo, o gênio ou o espírito da chuva não será evocado senão para cerimônias que pretendem fazer chover.

2º Esse poder pode receber outra limitação; o espírito ou o ser sobrenatural está ligado a um determinado mágico e lhe presta serviços como um doméstico. São os espíritos familiares, tais como o demônio de Sócrates, ou o duende Orton do qual Frossart nos contou a história[40].

A magia evocatória revestiu sua forma definitiva muito tardiamente, pois as cerimônias mágicas dos povos primitivos não possuem a clareza dos ritos que se fixam ulteriormente. Contudo, a assistência de um espírito está implicada no cerimonial, frequentemente muito complicado, dos povos mais bárbaros. Analisando tanto sua magia como sua religião, não se pode esquecer a falta de informações precisas de que sofre toda nossa documentação. Os selvagens não compartilham voluntariamente seus ritos secretos, nem o fundo de suas crenças. Eles não as transmitem aos próprios membros de suas sociedades senão sob certas condições, após

---

40 *Chronique*, livro III, cap. I.

uma iniciação em geral longa, muitas vezes penosa ou mesmo cruel. As informações que possuímos não estão, logo, de todo certas, nem completas. Ressalte-se o próprio fato de a evocação poder escapar aos observadores insuficientemente informados. Suspeitamos disso ao ler o consciencioso estudo de Spencer e de Gillen[41]; esses autores falam da iniciação, dos espíritos dos mortos sujeitos à reencarnação (Iruntarinia) ou não submetidos a esta lei (Oruncha, maus espíritos) e das cerimônias, eles citam espírito não humanos, como o grande espírito Twanyikira, sem nos informar em relação a esse assunto.

Outra fonte de incertezas está na emergência do simbolismo na magia evocatória. O simbolismo, princípio da magia simbólica, é um modo de expressão do pensamento muito usado entre os primitivos. O símbolo é talvez mesmo a fonte da linguagem escrita. Os anais dos peles-vermelhas são escritos em símbolos; a escrita ideográfica – hieróglifos egípcios, por exemplo – é próxima do simbolismo. A impressão do signo escrito é comparável a do signo verbal; os ritos simbólicos são em sua origem como que uma linguagem de gestos. Na iniciação australiana[42], uma grande parte dos atos executados são pantomimas que lembram a história dos primeiros ancestrais, homens, animais ou plantas, do clã dos quais eles são o "Totem".

O estudo das cerimônias mágicas primitivas tende a estabelecer que elas são evocações mascaradas pelo emprego de gestos, atitudes, movimentos cuja significação é simbólica. A evocação do espírito, totêmico entre os australianos, por exemplo, em meio a mímicas, é ainda uma constatação importante. Ela nos permite levantar hipóteses interessantes sobre a origem da magia simbólica, cujo desenvolvimento ulterior tomou uma grande extensão.

Essa origem parece ser a do rito; o símbolo é a expressão de um pensamento, de um desejo, de uma volição[43]. É neste aspecto essencial que reside sua ação mágica, como a da palavra e do gesto.

Chegamos, assim, a reconhecer o princípio comum da religião, da magia e do rito e o elo que une primitivamente as diferentes formas de magia: a magia evocatória, a magia natural, a magia cerimonial ou operatória e a magia simbólica. Seu

---

41 *Op. cit.*, p. 222.
42 *Les Arunta*, Spencer e Gillen. *Op. cit.*, cap. VII, p. 212.
43 Cf. Paracelso. Obras. Ed. De Tournes, Genebra, 1638, 3 vol. In-f°. "Sabes o suficiente o que pode e faz uma forte imaginação: é o princípio de toda ação mágica... A imaginação é o apetite (o desejo, a vontade)" de Peste, I, p. 405, 427.

parentesco compreende-se, sua mistura explica-se, e seu desenvolvimento aparece como uma evolução lógica em sua irracionalidade.

A evocação é o fundamento sobre o qual o edifício da magia elevou-se pouco a pouco. Ela pode ser expressa e direta ou implícita e indireta; encontramos, sempre, traços, exceto na magia natural, em que o intermediário do espírito evocado não é necessário, o operador fazendo sua função.

O objetivo das operações de magia evocatória sendo a realização de um desejo, o domínio desta arte não tem limites senão os do próprio desejo humano. Podemos pedir a lua à magia; ela não tem razões para recusar: *Carmina vel cœlo possunt deducere lunam* (Virgílio Éclogas VIII, 69). Ela provê a necessidades gerais: o sucesso das expedições para a caça ou a pesca, a abundância das colheitas, a chuva, o bom tempo; ela permite ter informações sobre a situação dos inimigos, de conhecer o futuro; ela concede o meio de assegurar a estabilidade dos monumentos, a solidez das pontes, etc. Ela não é indiferente aos desejos individuais; a seus clientes, ela anuncia o destino, dá o segredo para agradar, para vencer a resistência de uma mulher, para se vingar de um inimigo, para realizar benefícios, para descobrir tesouros. A moralidade do ato solicitado não a preocupa. Ela faz tanto o bem como o mal, e essa ausência de sentido moral sugere que ela é anterior ao nascimento das concepções éticas nos meios sociais ou ela conserva ainda sua força aparente. O progresso dos costumes não tem como efeito destruí-la: ele a divide em magia lícita e ilícita. Está aí uma característica secundária.

A magia natural se distingue da precedente pela ação direta do mágico. Ela é o resultado das primeiras observações do homem. Não é possível descobrir hoje as condições nas quais ela nasceu; podemos apenas imaginar as circunstâncias prováveis, guiando-se por meio de informações que possuímos sobre a questão dos povos selvagens.

Esta análise confirma a opinião de Plínio sobre a origem da magia; ela teria nascido da medicina. Com efeito, a função principal dos mágicos nas sociedades menos civilizadas é o exercício da medicina. Toda doença é a obra de um espírito ruim, ou bem de um encantamento mágico. A cura é a tarefa de um feiticeiro, sua ocupação ordinária.

Vemos, contudo, mesmo entre os australianos[44], o fator individual, isto é, o valor de algum modo profissional do mágico-médico. Uns são melhores que os outros. Na opinião dos selvagens, esse valor é medido em função da ciência mágica:

---

44 Spencer e Gillen. *Op. cit.*, p. 531.

a magia de tal médico é mais forte que a de outro. Isso deve corresponder a um fato, que pode ser o acaso ou a sorte, mas que pode ser também uma autoridade maior, ou mais habilidade nas charlatanices, ou mais experiência, ou, enfim, mesmo uma dessas curiosas ações de presença cuja realidade parece certa.

Eu indico as charlatanices, pois a magia natural é a porta de entrada da prestidigitação e da fraude. Esta arte e esta mentira são necessárias aos mágicos; não direi para todas as suas operações, mas para a maior parte delas. O mágico primitivo conhece talvez a ação terapêutica de certas substâncias, principalmente das plantas. Isso não basta, e o tratamento puramente médico não satisfaz à opinião, que crê na origem mágica do mal. O australiano atribui a doença, ou a dor que a revela, à ação de um espírito, de um Iruntarinia. O espírito colocou no corpo do doente uma pedrinha, um pedaço de madeira, um pequeno arpão farpado sobre o qual ele atira, por meio de um fio invisível, para provocar as dores. O mágico, para curar, deve extrair o corpo estranho, cortar o fio visível apenas para ele próprio. Ele suga a pele no local onde o doente sofre, e cospe pedaços de pedra, de madeira ou de osso. A imaginação deve, às vezes, curar o paciente. Na realidade, as charlatanices do médico são um procedimento de psicoterapia[45].

Os poderes do mágico não se limitam a curar a doença; ele a provoca, ele pode causar secretamente a morte. Ele sabe descobrir o assassino mágico de um homem morto de doença; ele pode se transportar rapidamente por grandes distâncias, seja se transformando em pássaro (australianos), seja viajando em espírito (peles-vermelhas). Ele conhece assim o que ele precisa saber. Ele pode levar o bom tempo, a chuva, a tempestade; encontrar os objetos roubados e os ladrões (África Equatorial).

O poder da magia natural é tão grande quanto o da magia evocatória; aquela não repousa sobre uma base mística como esta, mas se desenvolve da mesma maneira, desejando chegar aos mesmos resultados.

Se seu ponto de partida é real, seu caminho é imaginário. Os primitivos, sem dúvida, descobriram as virtudes terapêuticas das plantas, eles conheceram, em certos casos, o hipnotismo, praticaram a "clarividência" do sonambulismo. Eles não colocaram limites à sua pretensa ciência, e não podiam colocá-los; ela era a obra de uma experiência fraca e de uma imaginação forte. Se eles tinham êxito em provocar estados hipnóticos ou sonambúlicos entre certos sujeitos, eles podiam mostrar-lhes tudo o que queriam. A alucinação provocada não tinha outros limites senão aqueles da imaginação, por um lado, e da sugestão, por outro. Como podiam

---

45 Spencer e Gillen. *Op. cit.*, p. 530.

distinguir, nessa confusão, o que era erro e o que era verdade? Nós mesmos não estamos em condições de fazê-lo.

A essa causa de perversão ajuntava-se outra, menos desculpável e cuja consequência era de atrapalhar a fonte mesmo da magia natural, de poluir a parte de verdade que ela continha. É a fraude, que alimentava o interesse sob sua forma dupla, individual e coletiva. Admitindo que os mágicos possuíssem certas faculdades, do gênero daquelas que chamamos hoje de psíquicas, seu exercício não apresentava nenhuma garantia de regularidade; o mágico não podia repousar-se inteiramente sobre elas, sendo levado a substituir sua destreza por suas faculdades. É a razão que conduz ainda hoje os *médiuns* espíritas à fraude. O mágico tinha que salvaguardar sua reputação, às vezes sua vida dependia disso; ele tinha também que mediar os interesses de sua profissão, de sua casta, de sua ordem. Na maior parte dos casos não lhe era permitido exercer sua arte senão após uma iniciação e um tempo de provação em geral prolongado. Ensinavam-lhe os artifícios do ofício, inspiravam-lhe o espírito de coletividade; os mágicos chegavam a formar uma espécie de clérigo irregular.

Isso era tanto mais fácil de realizar quanto a ciência primitiva era envolta de mistério e se velava com cuidado; ela dissimulava a essência natural de seus procedimentos sob a massa de práticas inúteis cujo único objeto era de chocar a imaginação.

Essas causas contribuíram para a má direção seguida pela evolução da magia natural, que desejou os mesmos efeitos da outra; contudo, seus adeptos se distinguiam, em certas sociedades mais avançadas, por duas características principais: eles operavam para os particulares mais do que para as coletividades, salvo nos seguintes casos: obtenção do bom tempo ou da chuva, descoberta dos criminosos, busca de informações, predição do futuro. Em segundo lugar, seus ritos tendiam a se tornar clandestinos e a satisfazer desejos culpados.

A magia natural tinha, como a magia evocatória, seu cerimonial, mas ele era menos solene, menos complicado. Ela fazia uso da magia simbólica, mas tinha quase o monopólio da magia simpática cujo princípio não está no valor imaginário ou convencional de um símbolo, mas na existência de uma ligação oculta entre os seres vivos e mesmo entre os objetos inanimados. Essa ligação, da qual os princípios de Mesmer estabeleceram a ligação magnética, exprimia para os antigos as atrações e as repulsões, as simpatias e as antipatias; a filosofia hermética dela fez o axioma fundamental de sua doutrina. Vemos ainda atualmente a magia natural desabrochar nos meios civilizados menos esclarecidos. Ela é praticada inconscientemente por muitos curandeiros, pelos sonâmbulos, pelos espíritas.

Da magia natural dependem, ao menos parcialmente, duas espécies de magia: a magia divinatória e a magia analógica.

A magia divinatória não é mais que uma variedade da magia evocatória, quando a revelação do futuro é demandada pelo intermediário de um ser sobrenatural. Ela toma, pelo contrário, uma fisionomia particular quando ela demanda esta revelação a procedimentos que têm a aparência de técnicas.

Uns repousam sobre uma ideia que talvez não seja inteiramente falsa: a Astrologia, por exemplo. A atração universal supõe uma relação entre todos os corpos materiais do universo, relação mecânica cuja formula é dada nesses termos: os corpos se atraem proporcionalmente à sua massa em razão inversa do quadrado de sua distância. Os homens, tendo divinizado os corpos celestes, atribuíram-lhes uma influência de uma natureza particular, sobre os indivíduos, as sociedades e os eventos de toda ordem. Uma ciência complicada, combinada a uma técnica difícil, desenvolveu-se sobre uma verdade fundamental. Os homens primitivos não conheceram as leis de Newton, mas eles as intuíram e as conceberam de uma maneira que não estava de acordo com a verdade. Eles fizeram das influências astrais os reguladores do destino dos homens e das coisas, enquanto que essas influências são talvez simplesmente mecânicas.

Essa crença não desapareceu; o século XX tem seus astrólogos: ele tem até suas publicações astrológicas, das quais algumas são redigidas por homens instruídos e inteligentes.

Ao lado da astrologia, impregnadas de suas doutrinas, encontramos a fisionomia e a quiromancia. A primeira oferece o meio de conhecer o caráter das pessoas e de adivinhar seu destino pelos traços do rosto; a segunda, pelas linhas e pela forma das mãos. Essas artes possuem inúmeros adeptos; a fisionomia ou fisiognomonia tem uma base inteligível, ao menos no que concernem as indicações dadas sobre o caráter e o temperamento.

Os procedimentos divinatórios são inumeráveis. Aqueles que acabo de assinalar, a título de exemplo, repousam sobre princípios compreensíveis; há outros cujo fundamento é menos aparente. Um dos mais difundidos é a cartomancia, ou adivinhação pelas cartas do baralho. Sua origem é talvez antiga, mas os autores não a mencionam antes do final do século XVI. Torreblanca não fala dela em 1677[46]. Paracelso não diz nada sobre.

---

46 *De Magia*, Lugduni, 1678, in-4º.

É necessário chegar a Court de Gebelin, a Eteilla, a Lenormad, isto é, ao final do século XVIII para encontrar verdadeiras obras de cartomancia.

Esse modo de adivinhação é praticado seja por meio de cartas comuns, seja por meio de cartas especiais chamadas Tarôs, cuja composição varia segundo as edições. Conta-se com 76 ou 78 cartas. A única edição correta parece ser o Tarô dito de Marselha, na qual a II e a V figuras são a Papisa e o Papa. Essa edição está abrogada e a casa Grimaud a substituiu por uma edição na qual ao Papa e à Papisa foram substituídos Júpiter e Juno; o simbolismo muito complicado do Tarô de Marselha está completamente desfigurado na edição corrente.

As cartas podem ser substituídas por outros objetos. A clara do ovo, a borra do café permitem aos adivinhos de predizer o futuro; eles também o fazem projetando cera ou chumbo fundidos em uma bacia de água fria.

A Geomancia é um procedimento que comporta uma técnica mais especializada; ela consiste na projeção de certo número de pedras sobre um quadrado dividido em duas ou quatro partes, traçado sobre uma tabuinha recoberta de areia. A posição das pedras determina uma figura da qual existem cerca de doze tipos gerais; o geomancista interpreta essas figuras. O procedimento é familiar aos Orientais, particularmente aos árabes.

Ele é praticado na Europa de uma maneira mais simples, que leva esse procedimento àqueles do automatismo psíquico. O adivinho traça um certo número de traços seguidos uns aos outros e repete a operação sobre um número determinado de linhas. Acontece, assim, ao ter linhas contando traços em número par ou ímpar, o que forma figuras semelhantes à do caso precedente.

A adivinhação pelos alfinetes é um procedimento vizinho da geomancia, mas muito mais simples. O consultante joga um punhado de alfinetes sobre o chão ou sobre um tapete e a figura formada é interpretada.

Tais são os principais procedimentos de adivinhação atualmente ainda empregados. A antiguidade conheceu outros, a adivinhação pelo voo dos pássaros, pelo exame das entranhas das vítimas (augures, auspícios), etc. Ela, enfim, praticou os *oráculos*, nos quais a intervenção direta de um deus era implicada. Os oráculos, dos quais o mais célebre era o oráculo de Apolo em Delfos, ligam-se na realidade à magia natural, pois eram prestados ordinariamente por mulheres em estado de sonambulismo. Era o caso de Pítia de Delfos, que tinha crises verdadeiras.

O estudo dos procedimentos adivinhatórios nos permite uma conclusão geral, aplicável aos oráculos dos antigos, aos sonâmbulos lúcidos de nossos dias, aos adivinhos de qualquer categoria. A adivinhação é sempre associada a um estado psicológico particular, determinado seja por exalações do chão com em Pítia de Delfos ou a Pelíade de Dodone, seja por cantos, inalações, sons ritmados (peles-vermelhas, xamanismo em geral), danças (dança dos espíritos dos sioux, shakers), passes (peles-vermelhas, magnetizadores modernos), a fixação de um objeto brilhante, etc. São estados hipnoides ou sonambúlicos.

Esses estados têm por efeito restringir ou abolir a atividade da consciência pessoal e substituí-la pelo "subconsciente". Os recursos do subconsciente que são certamente superiores aos da consciência normal no ponto de vista da memória, o são provavelmente também em todos os outros pontos de vista e permitem induções, ou previsões, fundadas sobre lembranças mais completas, sobre associações de ideias mais ricas, mais isentas de partido e consequentemente mais prováveis.

Os outros procedimentos, da astrologia à borra de café, não determinam esses estados hipnoides de uma maneira tão clara; seu emprego, todavia, chega indiretamente ao mesmo resultado. A consciência normal fixa sua atenção sobre figuras que são símbolos, suscetíveis de numerosas interpretações; assim imobilizada pela fixação da atenção, a atividade da consciência pessoal deixa o campo livre ao raciocínio subconsciente.

Essa hipótese tem a vantagem de permitir uma teoria geral de todos os gêneros de adivinhação: ela os faz entrar no domínio da magia natural. Eu reconheço, contudo, que ela não dá conta de todos os casos; mas as exceções são raras e sua autenticidade pode ser contestada.

A magia analógica não tem as mesmas características; não encontramos nela um princípio natural ao qual possamos ligar as diferentes formas. Seu fundamento esta na seguinte concepção *a priori*, tomada de empréstimo dos dogmas de Hermes, notadamente à "Tábua de Esmeralda". O mundo é ternário, material, espiritual, intermediário ou astral. "O que está em baixo é como o que está no alto, e o que está no alto é como o que está em baixo, para operar o milagre de uma só coisa".

Basta, consequentemente, realizar um dispositivo material para que haja seu análogo nos mundos superiores. Esses mundos são aqueles das causas; em consequência, o efeito esperado será realizado. Na maior parte dos casos, a magia analógica se confunde com a simbólica.

Para resumir o que acabo de expor, proporei a seguinte classificação geral da magia:

1º Magia evocatória:  Magia lícita, Teurgia,
Magia ilícita, Magia negra;
Goetia, Necromancia,
Magia simbólica,
Magia cerimonial.
2º Magia natural:  Magia divinatória,
Magia simpática,
Magia analógica.

# Os procedimentos da Magia

### § *. – A Evocação. O chamado do nome.

A Magia evocatória tinha por objetivo o chamado de um ser sobrenatural, que podia ser um deus, seres sobrenaturais intermediários entre os homens e os deuses, ou as almas dos mortos. Dos Deuses da Grécia e de Roma, Hécate era a mais evocada[47].

Os demônios ou gênios eram igualmente evocados; enfim, os mortos eram por todo o lado chamados. A evocação implica, primeiramente, o chamado do ser evocado; donde a necessidade de conhecer seu nome.

O nome possui, então, uma extrema importância, não somente nas relações sociais do indivíduo, mas também nas relações com a Magia; não podemos compreender o papel que representa o nome nas crenças e nos costumes primitivos se não conhecemos as ligações ocultas que existem entre o ser e o nome.

---

47 Virgílio. *Eneida*, VI, 247. – Horácio. *Satyres*, I, VIII.

Parece que podemos encontrar a origem psicológica dessas crenças no fato de que o nome designa o indivíduo, serve para identificar e se torna, consequentemente o elemento mais estreitamente ligado a sua personalidade. Os primitivos têm dificuldade em conceber as coisas abstratas: suas ideias se formam e se exprimem no modo secreto. Essa lei foi em todo lugar observada. Os australianos materializam seu espírito em seu Churinga, assim como os fetichistas materializam seu deus no objeto fetiche. O efeito dessa lei de concretização é de dar uma realidade material à ligação puramente abstrata entre as individualidades e seu nome. Este se torna uma parte integrante de seu ser, e o conhecimento do nome é a condição primordial de qualquer ação sobre elas. O espírito ouve o chamado de seu nome como o homem o ouve, sua atenção é desperta. Ele vem ao chamado, como o homem e como o animal doméstico. Chamar, pelo nome, é como atrair para a ligação oculta que levará aquele que é chamado na presença daquele que chama.

Vemos em todas as civilizações antigas os efeitos de tal crença. Os australianos não revelam o nome de seu deus Daramouloun senão aos jovens Iniciados. As mulheres apenas o conhecem sob o nome de "o pai". Eles empregam perífrases ou o pronome "Ele", "O homem", para designá-lo nas raras ocasiões em que se fala dele. Spencer e Gillen parecem não tê-lo ouvido pronunciar entre os aborígenes do Centro da Austrália. Eles têm, para os iniciados, um nome secreto, que é apenas pronunciado em voz baixa[48].

Encontramos crenças semelhantes entre os esquimós, os peles-vermelhas, os malaios, os antigos egípcios, os árabes; existem traços em nossas sociedades: não é prudente falar das fadas na Bretanha, nem dos leprechauns na Irlanda. Pronunciar o nome equivale a chamar, e tanto os gênios como as assombrações não gostam de ser perturbados. Os grupos espíritas professam as mesmas ideias, encontramo-las nas comunicações dos "espíritos" obtidas nos grupos mais inteligentes e mais cultos.

Eis por exemplo algumas reclamações formuladas por um comunicados dizendo-se F. W. H. Myers[49]:

"Eles não param de me chamar. Precisam de mim em todo lugar. Peçam a eles para não me fatigarem desse jeito."

O comunicador Edward Gurney, falando de Myers:

---

48 Ver Westermarck. *Orig. of Mor. Id.* II, 640. Spencer e Gillen, 139.
49 Sir O. Lodge, *The Survival of Man,* Londres, 1909, p. 301.

"Eu vim avisá-los, em nome de meu amigo, para implorar que parem de chamá-lo. Ele não tem descanso nem dia nem noite. A toda sessão, foi: 'chamem Myers..., levem Myers...' Ele não tem nenhum descanso."

Os primitivos que temem os mortos não pronunciam seu nome; o vivo protege-se tendo um nome sagrado, que é, ao mesmo tempo, secreto. A cidade antiga por vezes escondia o nome verdadeiro de seu deus, de maneira a evitar sua evocação e... sua traição. Temos um exemplo: os romanos corromperam os Deuses de Véies, prometendo-lhes um décimo do butim.

Não evocamos, não chamamos aquele cujo nome não conhecemos. Isso é verdade tanto na magia quanto na vida social cotidiana. Nesta, *nomeamos* as pessoas que apresentamos: na magia, era necessário primeiro aprender a conhecer o nome das entidades que se queria evocar. Era uma ciência difícil, inacessível ao profano, apenas transmitida com a iniciação. Esta se apresenta sob uma forma dupla, geral e especial, nas sociedades primitivas. A primeira tem por objetivo constituir o cidadão, o homem feito, o guerreiro. Ela confere uma personalidade nova ao iniciado, a qual corresponde um nome novo e misterioso. É o que observamos entre os australianos dos entornos de Alice Springs. Mas há uma segunda espécie de iniciação, reservada a indivíduos escolhidos pelos espíritos e iniciados por eles (Ituntarinia e Oruncha entre os australianos) ou iniciados pelos próprios mágicos. Esta última forma é a iniciação propriamente dita; as outras são "vocações".

A iniciação especial confere a ciência e os poderes mágicos. Temos poucas informações sobre as condições secretas dessas iniciações especiais nas civilizações primitivas para saber se seu ensinamento comporta aquele dos *nomes*. Podemos supor, por exemplo, para os australianos, se levamos em conta os fatos lembrados acima.

O estado da magia na época greco-romana, na Idade Média e nas épocas seguintes leva-nos a crer que a ciência dos nomes deveria ser um dos ramos importantes da magia, um de seus rudimentos. Isso aparece manifestadamente nos escritos mágicos da antiguidade.

Fílon o Judeu nos ensina este fato dos hebreus. Havia em torno da mitra do grande sacerdote "uma folha de ouro arranjada em forma de coroa na qual estavam gravadas as quatro letras do nome que não é permitido a outros pronunciar e ouvir, nem em outro lugar, senão àqueles que purgaram e limparam suas orelhas e sua língua pela sabedoria, e no local do santuário. O teólogo o chama de o nome de quatro letras (Tetragrama)"[50].

Na Caldeia, o nome supremo da Divindade é tão poderoso por si mesmo que basta para subjugar o Céu e o Inferno; mas o grande Héa é o único a conhecê-lo[51]. Os egípcios não concediam essa virtude ao nome em si mesmo, mas acreditavam que existia entre o deus e seu nome uma relação tamanha que o chamado do nome obrigava o deus a obedecer[52]. Doutté[53] nos ensina que é ainda a crença dos árabes da África do Norte. Os gênios são os servidores dos nomes mágicos.

Uma opinião idêntica era professada pelos renovadores da magia no século XVI. Se Paracelso não fala nada sobre isso, Agrippa explica longamente[54]. "Ainda que Deus seja Um, ela possui diversos nomes, não exprimindo diversas essências ou divindades, mas algumas virtudes que dele emanam. Por esses nomes, difundem--se benefícios e vantagens sobre nós e sobre as coisas criadas como por canais". O nome Tetragrama é particularmente poderoso. Ele ensina que o verdadeiro nome dos anjos e dos demônios é apenas conhecido por Deus, mas ele indica os meios de os descobrir[55].

Eles foram, no mais, publicados: Agrippa revela um grande número, pois o conhecimento do nome é o princípio da evocação ou conjuração do espírito. Ora, não é o mesmo espírito que preside todas as horas nem todos os dias. É preciso saber a quem se dirigir. Mágicos e Cabalistas têm um grande cuidado em nos esclarecer sobre os nomes divinos, angélicos ou demoníacos.

É pela evocação do nome que chamamos o ser sobrenatural de que necessitamos.

Quão antigo e quanta energia tem a crença, tem o poder intrínseco do nome! É, sem dúvida, à sua persistência, à sua força conservadora, que devemos atribuir a manutenção das línguas extintas nos rituais religiosos ou mágicos. O acadiano, por muito tempo, sobreviveu na Assíria e na Caldeia nos livros mágicos. As conjurações árabes continham palavras estrangeiras a esta língua. Os mágicos do século XVI e seus continuadores contemporâneos permaneceram fieis à língua hebraica. Agrippa

---

50 *Œvres*, tr. Pierre Bellier, Paris, 1575, p. 134.
51 Lenormant. *Op. cit.*, p. 142.
52 *Ibid.*, p. 104.
53 *Magie et religion dans l'Afrique du Nord*, 1909, p. 130.
54 Opera. L. Hugduni, Beringo s. d. in-12, 2 vol. I, p. 272.
55 *Ibid. Occult. Philos.*, livro III; cap. XXIV e ss.

acredita que é a linguagem dos anjos, pois é a mais antiga e emana do céu. É em caracteres hebraicos que os nomes angélicos ou outros são escritos nos pantáculos clássicos, nos talismãs, nos amuletos, ou figurados no círculo mágico.

O mesmo efeito conservador é observado na evolução religiosa. O catolicismo conservou o latim: não se pode negar o valor da Bíblia, do Corão, dos Vedas como agentes de preservação linguística.

Invocamos hoje em nossas preces católicas o nome de Deus; o sinal da cruz é uma invocação desse nome. Na língua civil, nossos julgamentos são proferidos em nome do povo francês e nossos atos públicos são colocados sob a salvaguarda do nome da lei.

As religiões circundam cerimônias em que se dão nomes; elas tomam precauções, para que o indivíduo seja purificado antes de receber seu nome. A instituição do patrão espiritual e dos padrinhos tem, nas civilizações primitivas, um caráter mágico tanto quanto religioso. Os malaios são tão persuadidos da influência do nome sobre a vida e a saúde da criança, que se ela adoece imediatamente após ter recebido seu nome, uma família vizinha o adota temporariamente e lhe dá um outro nome[56].

Uma observação interessante pode ainda ser feita em relação ao nome. Muitos nomes e palavras empregadas na linguagem mágica, escrita ou falada, não têm nenhum sentido, em nenhuma língua, e são mesmo impossíveis de pronunciar. Essa observação foi feita há já muito tempo. Jâmblico declara que "mais o nome é ininteligível, mais ele é respeitável; ... perguntas por que, nas apelações divinas, preferimos os bárbaros aos nossos? Eis a razão deste fato místico: são os Deuses que revelaram a linguagem sagrada de algumas nações santas como os egípcios e os assírios. Também acreditamos dever falar aos deuses em uma língua com a qual eles estejam familiarizados[57]". Psellos (Miguel Psellos Nicomedia - 1018 - 1078) recusa aos nomes gregos qualquer virtude.

A introdução e a persistência de palavras, estrangeiras ou inexistentes, na linguagem técnica da magia explicam-se seja pela permanência de vocábulos sagrados (línguas estrangeiras antigas), seja pelo procedimento empregado para obter o nome. Agrippa nos revela alguns[58], que têm como resultado uma reunião heteróclita de letras. "Esses nomes obtidos por números apropriados ao cálculo

---

56 Skeat, *Malay Magie*, Londres, 1900, p. 341.
57 Sect. *De Mysteriis,* Lugduni, 1577, p. 149.
58 *Op. cit.*, liv. III, cap. XXVI.

dos astros, formados de letras derivando umas das outras, ainda que seu som e seu sentido sejam desconhecidos, possuem mais poder na obra mágica que os nomes que possuem um sentido."

Enfim, uma terceira forte de palavras incompreensíveis é, sem dúvida, a improvisação de conjurações pelos sujeitos em estado de sonambulismo. Nesses estados, a linguagem apresenta particularidades bastante conhecidas: ênfase, megalomania, aliterações e associações puramente fonéticas, sem significação. Basta que o texto da conjuração seja recolhido por adeptos ou admiradores para que haja possibilidade de ser admitido na liturgia mágica. É, indubitavelmente, essa fonte que remonta a conjuração seguinte em que encontramos: "...*unus Deus Messias Soter Emanuel Sabaoth Adonay coteration ysion son lon con sono siam salus*", etc., em que as palavras gregas e hebraicas são misturadas a aliterações sem significação[59].

## § ** *Os perigos da evocação e as precauções necessárias.*

A evocação de um ser sobrenatural oferece perigos, que variam segundo as concepções comumente admitidas, e a natureza do ser evocado. A imaginação humana se faz de imagens diferentes desses seres, de seu poder, de sua benevolência ou de sua malignidade; mas, na diversidade das crenças, distinguimos uma ideia geral comum: a evocação é uma prática perigosa.

Os espíritos são fáceis de se ofenderem, prontos à cólera, hábeis na arte de prejudicar. As mulheres australianas não ousam se afastar de seu campo durante a noite, por medo que um Iruntarinia as carregue, medo salutar, reconfortante para os maridos. Estes, aliás, são prudentes também quando a noite cai; é o momento em que os espíritos saem e passeiam. Eles podem ser tentados a alguma brincadeira perversa com os vivos.

Os povos menos selvagens que os australianos possuem crenças mais complicadas. Sua fauna espiritual é mais rica, conta com divindades de diversas ordens, anjos, gênios, duendes e diabos, além das almas dos falecidos. O mágico que quisesse evocar algum desses seres sobrenaturais não saberia tomar tantas precauções.

Em relação ao D-us supremo – quando existe um – essas precauções são supérfluas, por duas razões, uma derivando da outra. O D-us supremo, muito po-

---

59 Enchiridion Leonis Papa, Ancone 1667, p. 10.

deroso, não é malévolo; as civilizações primitivas o consideram mesmo bom, mas indiferente. Ele é por demais poderoso e bondoso para não estar contente com sua própria sorte. Não o tememos. Para que serve, então, dirigir-lhe preces? A essência da prece primitiva é a oferta de uma gratificação, de uma remuneração ao D-us. O D-us supremo é incorruptível, pois ele não precisa de nada. Esta opinião é a dos povos selvagens que deixam o bom D-us tranquilo e não se ocupam senão dos Deuses maldosos, ou daqueles cuja benevolência é duvidosa.

O D-us supremo não se torna ávido de oferendas senão mais tarde, quando a religião se organiza, disciplina-se, tem seus funcionários, seu clero. A divindade experimenta as necessidades que os seus padres possuem; ela se torna exigente e reclama orações e sacrifícios. Então, a ideia mágica se torna a inimiga da ideia religiosa *clerical*. O sacrifício é piedoso; a evocação e a conjuração são ímpias, pois oramos a D-us e não o pressionamos. A magia se torna neste momento um crime punido de penas severas. Ela toma as características que servem de critério a Hubert e Mauss.

Essa evolução é lenta; nem todas as civilizações chegaram ao fim rumo ao qual ela tende, fim que dá ao rito mágico sua fisionomia clássica. A magia reveste-se, então, de uma forma definitiva; ela cessa de se dirigir exclusivamente ao Deus supremo ou aos grandes Deuses para se consagrar à evocação dos deuses inferiores, dos gênios, dos demônios ou das almas dos mortos. Ela conserva, contudo, traços de seu parentesco primitivo com a religião e sustenta suas conjurações sobre a invocação dos nomes e da potência das divindades antigas e mesmo das novas. É uma garantia de sucesso e é a mais sábia precaução.

Contudo, não se pode "usar o nome de D-us em vão". Invocar o D-us, é chamá-lo, é, de algum modo, levar a mão até ele. Há, logo, uma contradição. Donde a necessidade de se colocar em "estado de graça" de se purificar, de ser agradável ao D-us ou ao gênio.

## *a.* A PURIFICAÇÃO

Esta ideia é o princípio das cerimônias cujo objetivo é o de limpar o corpo e as vestimentas: os banhos, as lustrações, as lavagens, uma vestimenta especial, particularmente com tecidos brancos. No Egito, os sacerdotes vestiam-se de linho, e não de tecidos de origem animal como a lã. Encontramos esses costumes sob diferentes formas em todas as civilizações; os esquimós do Estreito de Behring, cujas concepções religiosas não atingiram, asseguramos, o estado em que a divindade é conhecida, celebram festas em honra de seus mortos. Eles colocam suas mais belas vestes para as danças cerimoniais e, após terem dançado fazem o gesto de enxugar-se, exprimindo simbolicamente a ideia "de retirar toda impureza que poderia ir de encontro às sombras dos mortos"[60].

A limpeza, a pureza, é a condição fundamental da evocação.

As regras mais precisas foram estabelecidas sobre esta questão pelos filósofos alexandrinos da escola Teúrgica. Talvez eles tenham se inspirado nos costumes observados pelos sacerdotes egípcios cuja limpeza nos é indicada por Heródoto[61].

Primitivamente, a pureza do corpo, das vestimentas e do local do sacrifício bastava. O costume geral era, para o corpo, de banhá-lo, de prodigar as abluções; para as vestimentas, de escolhê-las em tecido branco, sem manchas; para o local do sacrifício, de lavá-lo e de perfumá-lo.

Na época da Teurgia neoplatônica, as exigências eram mais severas. A pureza do corpo não bastava; ela era necessária e era obtida pela água, pelo ar, pelo fogo, isto é, pelas abluções e pelo banho, pela ventilação, pela tocha e pelo enxofre[62].

Ventilava-se o operador soprando sobre ele com um instrumento apropriado; purificavam-no pelo fogo carregando-se em torno dele uma tocha acesa, tocando seus lábios com um carvão ardente, expondo seu corpo aos vapores do enxofre. "O fogo, diz Jâmblico[63] nos libera... das correntes da geração, cria-nos outras, torna-nos dignos da amizade dos Deuses e eleva nossa natureza material em direção à imaterial". O mago não deveria comer da carne dos animais, pois toda mistura de contrários é uma impureza, e a carne de um cadáver não deve ser introduzida em seu corpo.

Enfim, a castidade lhe era ordenada.

Ele purificava assim seu corpo; mas ele deveria, na doutrina de Jâmblico e de sua escola, purificar, sobretudo, sua alma, não a parte divina que não poderia ser maculada, mas as partes inferior e média, a psique e o espírito. Porfírio recomendava a filosofia para esta purificação, cujo objetivo verdadeiro era de separar o corpo da alma e de conceder a esta sua liberdade e sua espiritualidade.

Este objetivo final da purificação não concerne à magia evocatória propriamente dita; ela se aplica mais especialmente ao êxtase, à união da alma humana e da

---

60 Nelson. *The Eskimo about Bering strait.* Ann. Report of Bureau of Ethnology 1896-1897, p. 371. Ver também Fawkes. *The Tusayan snake ceremonies, ibid.*, 1894-1895, pp. 284-305.
61 II, 37.
62 Ver Flœrcke. *Commentatio de crimine conjurations, spirituum,* JEna 1721, p. 242.
63 *De Mysteriis Aegyptiorum,* v. XII.

divina unidade. O mágico ordinário não tinha pretensões tão altas. Ele se purificava corporalmente, ritualmente: mas, muito frequentemente, o objetivo da operação projetada não comportava nem a pureza da alma nem a virtude da intenção.

Esses ritos purificatórios não são exclusivamente de origem religiosa. Há uma razão mais geral para seu estabelecimento, pois o rito varia segundo os climas. A ideia de uma pureza corporal, depois moral, completa, como condição do comércio com os seres de natureza divina ou sobrenatural, parece anterior à evolução cultual do sentimento religioso. Ela existe entre os primitivos, por exemplo, os esquimós que citei agora há pouco. Encontramos traços entre os australianos para os ritos da defloração conjugal. É necessário buscar a origem na própria natureza do fenômeno psicofísico buscado? É um ponto interessante; não me parece insensato assimilar as evocações modernas aos antigos pois que seu objetivo é o mesmo e demandar àquelas que podemos observar, a explicação dos ritos, cuja existência parece anterior aos fenômenos psicológicos e sociais que gostaríamos de lhes dar como fundamento.

Os ritos purificatórios, mesmo reduzidos a simulacros, determinam um estado de espírito, uma base de associações mentais de ordem relativamente superior, na medida em que a limpeza está acima de seu contrário. Esta base é inútil na mística; eu compreendo por esta palavra a preparação religiosa à união da alma humana e de D-us, o que os teólogos chamam de a reza unitiva. Os místicos cristãos ali chegam através da tripla via purgativa (ascese), iluminativa (contemplação), unitiva (êxtase). É o sobrenatural divino, causa dos milagres dos santos. A mística é um desenvolvimento, mágico sob certos pontos de vista, do sentimento religioso. Ela é, essencialmente, uma renúncia, um abandono do ser humano que mergulha no ser divino, ali se abisma. Também não vemos regras relativas à limpeza do corpo na mística. Apenas a alma importa. Os grandes santos, em sua maior parte, não tiveram a preocupação da ablução; a concepção cristã da divindade não a comporta. A mesma observação pode ser feita na mística hindu.

Preparado pelos banhos, ou pelas outras purificações elementares (ar, fogo), pela continência, a dieta ou mesmo o jejum, o mágico podia invocar a divindade sem temer sua cólera, com uma condição, contudo, de que ele observasse rigorosamente os ritos. Plínio[64] conta-nos uma história de Tullus Hostilius que quis evocar Júpiter segundo os livros deixados por Numa. Ele cometeu um erro na operação e foi fulminado.

---

64 Hist. Nat. Liv. XXVIII, cap. IV.

Os seres ordinariamente evocados não são os grandes Deuses; o mágico não os evoca, mas os invoca. Ele conjura os espíritos por meio dos grandes nomes divinos. Mas, mesmo sendo menos poderosos, os "demônios e os heróis" não são menos temíveis. Agrippa[65] adverte-nos: "Aquele que se aproxima sem ser purificado, expõe-se a ser condenado e é entregue ao espírito ruim para ser devorado". Ele risca, então, a morte, as feridas, a doença, a loucura. Em todo caso, ele não deve esperar ser mais que um joguete dos demônios, eles lhe dirão apenas mentiras.

O mago não se expõe a nenhuma negligência, ele purifica e perfuma o local escolhido para a evocação, os acessórios da cerimônia; o ritual é complicado, minucioso e as formalidades são inumeráveis. Uma das mais rigorosas é o segredo: não devemos revelar a ninguém, exceto ao mestre, ao coadjutor ou ao assistente, o local, a data, a hora, o objetivo da evocação.

## b. O CÍRCULO MÁGICO

O ritual comportava, em seguida, uma operação muito importante: o traçado do círculo mágico. O emprego do círculo, entre os antigos, não parece ter sido resolvido como encontramos em Pierre d'Aban, Arbatel e Agrippa. Crendo nos autores antigos, Pselo e Porfírio, por exemplo, ele era utilizado sob a forma de um instrumento de ouro, enriquecido de pedrarias e de figuras mágicas, que o mágico agitava gritando e batendo o ar a golpes de chicote. O uso do círculo pode ser explicado pelo simbolismo, como o afirma Agrippa; o papel da mística geométrica e numérica na magia antiga é considerável; todos os místicos antigos da escola grega, de Pitágoras a Platão (ex. o Timeu) falam de números de uma maneira misteriosa.

Seria necessário um grande volume, com a dimensão semelhante a do livro publicado em 1598 em Bolonha pelo jesuíta Bongus, *De Mysteriis Numerorum*, para esboçar os desenhos das concepções místicas fundadas sobre os números; é simbolismo, e do mais rico que possamos imaginar; ele inspirou Platão, Fílon e sua escola, Plotino, Apuleio, Santo Agostinho e vários outros.

As figuras geométricas não tiveram menos importância; veremos que a estrela de 6 pontas (selo de Salomão) ou a de 5 (pentáculo de Agrippa, por exemplo) são

---

[65] *Op. cit.*, liv. III, cap. VI, *in fine*, (p. 262). Ver também cap. III; Jâmblico. De Myster. s., cap. XXXI; Boissardus. De Divinat., p. 27. Bodin. Démonologie, 1, 3; I. Wier. De Prestigiis Dœmonum, liv. II, cap. IV.

figuras plenas de virtudes. O mesmo era para o círculo, cujas forma e propriedades evocam o símbolo da força de resistência e da proteção. Todas essas concepções místicas são aluviões que recobrem um terreno mais antigo, que ainda não descobrimos.

O círculo mágico é uma proteção: ele é triplo e encerra figuras que exprimem o triângulo, o quadrado, o pentágono, o hexágono, etc. Nos dois espaços que separam as três circunferências, o mago inscreve nomes angélicos ou divinos; ele dispõe nos quatro pontos cardeais figuras especiais e, no centro, escreve palavras ou traça sinais cujo simbolismo está em harmonia com a potência evocada.

As palavras da zona exterior são os nomes dos gênios do dia, da hora e da estação; eles variam segundo o espírito a evocar. Não é fácil conhecer isso tudo. Os leitores curiosos deverão consultar Pierre d'Aban, Agrippa, Jean Trithème, o arquiduque Jean d'Autriche, etc., para ter indicações. Eles aprenderão que o espírito Nero preside a 9ª hora do dia e o espírito Salam a 12ª da noite.

O círculo é uma fortificação que resiste aos espíritos malignos; estes não podem nada contra o mago, mas são terríveis para seus assistentes. É o que assegura Pierre d'Aban, mas esta opinião não é admitida por todos os autores, que recomendam aos operadores nunca, e sob nenhum pretexto, sairem do círculo mágico antes do fim da operação.

O evocador pronuncia conjurações, uma espada nua à mão; essas orações e conjurações, na forma última da magia ocidental, são uma mistura de palavras, dentre as quais algumas não possuem sentido algum, e preces cristãs. Há casos em que os espíritos evocados apresentam-se imediatamente; há outros em que é necessário empregar conjurações cada vez mais fortes. Há outras, enfim, que não chegam a nenhuma "Epifania", termo que designa a aparição evocada.

É, ao menos, o que declara Reuchlin[66]: "*Eu me ocupei por muito tempo desses prestígios, ainda que em vão. Eu não me arrependo disso, pois eu posso dar as melhores razões para desviar os outros mortais de um tão grande mal*".

Agrippa é de uma outra opinião em sua filosofia oculta[67]: "*Aquele que, por causa de sua incredulidade e da fraqueza de sua inteligência não realiza seu desejo, deverá imputar seu insucesso à sua ignorância, não a mim. Que ele não me acuse de erro, ou de inexatidão voluntária, ou de mentira; que ele culpe a si mesmo por não ter compreendido meus escritos. Eles são obscuros e envoltos em mistério. Acontece a muitos de se enganarem e não compreenderem o sentido*".

---

66 *De verbo mirifico*, liv. II cap. I.
67 *Op. cit.*, p. 404.

Agrippa indica um meio mais simples de consultar os bons espíritos. Ele dá detalhes sobre a construção do círculo mágico que deve ser iluminado por quatro chamas consagradas colocadas no círculo nos quatro pontos cardeais. Após prolongadas abluções, jejuns, orações, fumigações e unções, o evocador penetra no circulo e gira, indo do Orienta ao Ocidente, até que ele tenha uma vertigem e caia no círculo: ele estará encantado em êxtase e o espírito aparecerá, pronto para lhe responder sobre qualquer coisa.

Talvez este modo, este "rito", mais simples, explique a Epifania. Neste último caso, o rito essencial é o movimento giratório que determina uma perda de consciência, acompanhada de estado sonambúlico. Percebemos, claramente, a emergência deste estado, e o procedimento empregado lembra aquele que utilizam certas seitas, dervixes, aissaouas, shakers, etc.

Podemos ir mais longe e ver o mesmo efeito, no rito evocatório do qual indiquei, resumindo-as, as principais operações; eu estaria muito inclinado a pensar nele. A prece, o jejum, a abstinência são procedimentos familiares à mística. Eles predispõem à alucinação. A encenação teatral da evocação impressiona as imaginações sensíveis; não há apenas as palavras bárbaras sob as quais D-us e os anjos são evocados que servem para dramatizar a cena, torná-la mais impressionante. São condições nas quais a autossugestão pode determinar as percepções ilusórias.

## § \*\*\*, – As relações do Mágico com o ser sobrenatural.

### O Ritual Mágico e a decadência da Magia Ocidental

Eu envio o leitor aos livros especiais naquilo que concerne a atitude dos espíritos evocados ou que se apresentam ao longo da evocação. A leitura dessas obras confere uma singular ideia do mundo espiritual, que seria bastante misturado. A aparição de um anjo de luz evocado pode ser precedida pela de uma legião de diabos que vêm sem serem convidados.

Os espíritos têm formas particulares. Aqueles de Saturno são bifrontes, como Janus, e têm um bico; a suas duas faces da cabeça ajuntam-se duas outras, uma sobre cada joelho. Aqueles de Marte são cornudos e rugem como touros loucos. Aqueles de Vênus são agradáveis e são acompanhados de um enxame de moças que se colocam em torno do círculo e convidam os operadores a vir se distrair com sua companhia. Por vezes, esses mesmos espíritos se apresentam sob a forma de camelos, como a Bettina do conde de Cazotte. Aqueles de Saturno apresentam também o aspecto de um porco, etc. Eles podem se dissimular, como o Orton do Sire de Coarraze em objetos inanimados; uma veste preta, uma foice, um zimbro são Saturno; um gládio, uma veste azul: é Júpiter; um leão, uma veste açafrão: é o Sol. Vênus é um vestido branco, uma flor.

Em verdade, a imaginação dos autores de livros de magia não é rica; percebemos em suas fantasias um medíocre trabalho de associações de palavras, de ideias ou de imagens que revela, desde o século XIII, uma decadência profunda na literatura mágica. O novo florescimento do século XVI foi uma fase efêmera, talvez um símbolo. A linguagem de Agrippa permite supô-lo.

Do ponto de vista psicológico, contudo, há algumas indicações úteis a tirar do estudo dessas imaginações. Elas nos oferecem a imagem da decrepitude de uma instituição primitiva na qual o formalismo sufocou progressivamente o pensamento livre. A evolução regressiva continuou no sentido originário: a ideia de vontade que está na base da magia não se atenuou. O mago não roga aos espíritos que ele evoca, ele os obriga, mas o rito o sobrecarrega com seu peso, como uma carga por demais pesada.

A leitura do quarto livro da filosofia oculta de Agrippa, livro muito inferior aos três primeiros, e que aparece apócrifo, esclarece-nos sobre a significação íntima do rito cerimonial da evocação. Se o ser sobrenatural evocado tarda a se mostrar, é necessário renovar três vezes com uma força crescente a conjuração nova. Não aparece? É preciso então insultá-lo, maldizê-lo, ameaçá-lo de ser suspenso de seu grau e de sua função. Se o mágico não chega a nenhum resultado, que ele não fique desencorajado. Que ele recomece a operação, com maior cuidado ainda, e velando em não omitir nenhum rito, ou mesmo, caso seja possível, em modificá-lo convenientemente. A repetição aumenta a autoridade do evocador, inspira temor aos espíritos. Chegará, então, um momento em que algum espírito se mostrará. Será preciso acolhê-lo com benevolência, perguntar-lhe seu nome, assegurar-se de sua sinceridade. Aí está uma dificuldade, que os livros de magia resolviam ingenuamente. O mágico prestava sermão sobre o gládio, após ter forçado o espírito a entrar em um triângulo traçado fora do círculo com o gládio. O espírito deveria jurar "com a mão colocada sobre a lâmina da espada". Era uma garantia bem precária, pois todos os livros de magia e todos os livros de magia não deixam de alertar sobre a má fé dos espíritos, que mentem com impudicícia.

Havia, enfim, uma última complicação. O espírito vinha, mas recusava-se em ir embora. O mago podia ser aprisionado no círculo mágico e ali sofrer horrores de um cerco. Para evitar esse perigo, fortes conjurações eram necessárias, e os espíritos teimosos deveriam ser "exorcizados até o extermínio" e esfumaçados por fumigações desagradáveis. Eles terminavam por ir-se, por vezes levando o mágico, coisa que ocorreu com alguns dentre eles. Também os livros de magia recomendam não sair do círculo muito rapidamente, esperar algum tempo e fazer orações de ações de graça.

Este resumo é instrutivo. Em seu estado final, a magia cerimonial evocatória permanece fiel ao princípio da vontade, mas sua fidelidade é relativa. Assim que o insucesso mostrou sua insuficiência, ela apoia a vontade humana sobre a potência divina e se faz então a servidora da religião; ela se torna uma cópia ruim. As razões desta regressão são interessantes e não impossível determinar algumas delas. Elas têm, provavelmente, uma ação sobre a evolução das religiões e dos rituais, ação independente, em certa medida, da realidade dos fatos fundamentais da magia ou da verdade dos dogmas.

Houve aparições; é provável que elas não tenham sido mais que alucinações subjetivas, mas a psicologia das massas nos ensina que existem alucinações coletivas, cuja realidade parece evidente quando a natureza dessas alucinações não é conhecida. A pluralidade dos testemunhos basta para estabelecer esta realidade.

Todos os procedimentos da magia evocatória tendem a provocar estados favoráveis à alucinação. É um caráter comum a todas as magias, mas no ramo particular do qual acabo de fornecer uma breve descrição, essas alucinações são dirigidas em um sentido determinado pela tradição. A magia evocatória ocidental, no momento em que ela tende a desaparecer enquanto rito, é a herdeira de todas as religiões mediterrâneas, concede asilo a todos os anjos, a todos os gênios, a todas as espécies de demônios dos paganismos grego, romano, sírio, egípcio, persa. A influência predominante é, todavia, a da magia hebraica; o hebraico é a língua dos anjos, e seus nomes verdadeiros, como aqueles dos demônios principais, são hebraicos.

A preponderância da influência judaico-cristã explica-se pela reação da religião sobre a magia. As operações desta não davam geralmente resultados. Se era relativamente fácil a alguns mágicos, mais sujeitos às alucinações que outros, ver os espíritos que eles evocavam, era difícil que eles obtivessem as indicações úteis ou respostas verídicas.

Esse fato foi observado correntemente, e ele determinou duas consequências. A primeira foi a de descreditar a magia. Os espíritos iluminados da grande época greco-romana não lhe davam nenhum crédito. A expansão do cristianismo teve por efeito tornar a gerar a crença na magia, que se tornou uma ciência diabólica e um crime. A religião do Cristo se desenvolveu em um meio social particular, cujo estudo seria muito interessante para a compreensão do nosso. O movimento positivista do qual o fim da república romana marcou o apogeu, transformou-se nos primeiros séculos do império. Houve grandes filósofos, mesmo sobre o trono; sua filosofia, contudo, não era religiosa, mas ética e racional. Sua ação sobre a massa era nula. Lucano traduzia sem dúvida a opinião da elite quando ele escrevia:

> D-us possui outra morada que não a terra, o ar, o mar, o céu, a virtude? Por que procurar Deuses no além? Júpiter é tudo aquilo que vês, e por todo lugar em que vais. Que os hesitantes, e que aqueles que estão sempre incertos do futuro, recorram aos adivinhos. Não é o oráculo, mas a certeza da morte que eu peço que me atenha. O bravo e o covarde devem morrer. Júpiter o diz é basta[68].

Tal pessimismo panteísta explica a indiferença religiosa das classes dirigentes do Império, seu gosto para os prazeres materiais, seus excessos. O povo precisava de outro alimento espiritual, ele a demandava às religiões que ensinavam a imortalidade da alma, e a felicidade após a morte. Era colocar o fracasso de suas promessas e uma data em que sua realidade não será mais verificável. Um dos elementos do triunfo do cristianismo foi sua forte concepção da vida futura, sem desprezo da vida terrestre, sua rude condenação do materialismo grosseiro de seus mestres. Sua simplicidade democrática lhe dava uma força que não podiam ter doutrinas refinadas como aquelas de Apuleio, de Porfírio, de Jâmblico, de Plotino; o próprio Apolônio não realizou senão milagres inúteis.

O povo, nos primeiros séculos do Império, estava entregue às superstições mais grosseiras. Lucano, cujo ceticismo aponta nos discursos que ele faz a seu herói Catão, sacrifica aos gostos do tempo falando dos oráculos e dos mágicos de Tessália. Os generais têm aparições; Sextus Pompeu consulta um mágico, Labiénus quer parar para interrogar o oráculo de Júpiter Ammon.

A decadência do espírito público desde o século III favoreceu a imaginação em detrimento da razão; esta representa um papel muito fraco na evolução social. Ela não possui ações sobre as massas, e é esquecer todas as lições da história querer emprestar-lhe uma. Sua influência não é sentida senão indiretamente, quando ela apela a sentimentos. Diríamos que a razão é uma força potencial cuja energia social não se torna atual senão pelo canal da emoção. É por isso que as filosofias jamais balançaram o mundo, enquanto que as religiões o sacudiram.

---

68 *Pharsale*, cap. IX.

O cristianismo se desenvolveu, em sua origem, na parte da população menos esclarecida; ele conquistou a elite intelectual tardiamente. Ele atribuía ao Diabo os efeitos da magia, que ele admitia sem espírito crítico. Ele favorecia sem o querer o crescimento da clientela dos mágicos, e a legislação imperial, sob sua influência, redobrou a severidade.

O Código de Justino nos dá algumas informações sobre seu último estado; a reputação dos mágicos era a de envenenadores.

Diocleciano e Maximiano proibiram formalmente a astrologia (*Ars mathematica*). Constantino proscreveu os aruspícios. O sacerdote desse rito deveria ser queimado vivo, o consultante deportado em uma ilha após confisco de seus bens.

Mais tarde, a pena de morte foi pronunciada contra qualquer pessoa praticante da magia.

Exceção é feita, contudo, para as práticas admitidas em medicina e em agricultura; essas práticas não comprometiam a salvação e tendem à conservação dos dons de D-us e do trabalho dos homens. Singular exceção, que nos mostra a superstição do tempo, e o mal preciso que o legislador queria extirpar. Esse mal era a magia empregada para fins individuais, o encantamento de morte (*contra salutem hominum moliri*); o legislador punia a magia dos envenenadores e dos alcoviteiros.

Valentiniano e Valente (ano 368) puniram com a mesma pena o mestre e o discípulo em artes mágicas; em 389, Valentiniano, Teodósio e Arcádio renovaram a obrigação de denunciar todo mágico; seu rescrito nomeia especialmente os cocheiros de circo como dados a essas práticas criminosas punidas de morte.

Devia haver magos suspeitos até na Corte; não se compreendia sem isso o rescrito de, 358 que declara destituídos de seus privilégios as pessoas do séquito do Imperador que praticassem alguma das artes proibidas. Esse texto (livro 9, título XVIII, lei 9 código de Just.) não existiria se fatos concretos não a tivessem tornado necessária.

Eu resumi os textos do Código, porque eles nos mostram a extensão do mal; pois que os adeptos da magia podem ser pessoas do séquito do Imperador, a crença nos efeitos da magia se autoriza, na verdade, para a medicina e a agricultura, o meio em que se desenvolvia mais particularmente: aquele dos ambiciosos, dos ociosos, dos devassos, dos brincalhões e dos esportistas do tempo. E esse tempo se assemelha bastante ao nosso.

Está-se longe daquele de Ulpiano que classificava, sob o ponto de vista da redescoberta de honorários, a medicina entre as artes liberais. As vantagens reservadas às profissões liberais não eram acordadas aos impostores que curavam por encantamentos ou conjurações. Não são ramos da medicina.

O ponto de vista havia se deslocado. Antes do advento do Cristianismo, a repressão da magia era uma questão de polícia; ela se tornou, em seguida, uma questão de religião. Ao exílio e à expulsão sucedeu a pena de morte, atingindo indistintamente a mágico e seus clientes. Foi assim que se acentuou a necessidade do segredo e da clandestinidade.

Os rigores da lei civil, a mais terrível da lei religiosa, explicam-se pela degenerescência da magia. Abandonada pela elite intelectual, ela foi explorada pelos charlatães e pelos escroques que encontram sua renda e seus arrendamentos na credulidade pública. Estes possuem mais ousadia que saber, eles carregam a maior parte da responsabilidade na degradação das cerimônias mágicas. Eles complicaram, multiplicaram os detalhes rituais, o que era uma desculpa a dar em caso de insucesso. Ignorando os princípios da magia, incapazes de adivinhar a parte de verdade que continha a massa de seus erros, eles misturaram os ritos religiosos e mágicos; eles terminaram por evocar o diabo em nome de D-us.

O Rito se tornou, sob essas influências maléficas, uma regra de forma, não um princípio espiritual. Ele servia primitivamente a exprimir uma vontade; a expressão terminou por se substituir à coisa que ela exprimia. As palavras e os gestos sufocaram a ideia, a magia se tornou um corpo ao qual faltava a alma.

Tais são as conclusões que o estudo da evolução do Rito Mágico permite formular. Este estudo estaria incompleto se não fosse seguido da análise da força empregada pelo magista para realizar suas operações reais ou imaginárias. Esta análise tem por objeto a natureza da ligação que encadeava o ser evocado ao operador que o chamava.

## O problema da razão

*Existem muitas pétalas numa rosa, porém poucas exalam o perfume de seu coração. Buscai, pois, no Íntimo, para que sua fragrância possa adoçar e purificar a mente.*

Sabedoria Rosa † Cruz

Não precisamos nos esforçar muito para aceitar que dois mais dois são quatro, pois desde criança fomos acostumados a respeitar os resultados das cifras matemáticas sem questionar. Mas, por outro lado, quando se trata de metafísica ou sabedoria ontológica, tudo passa a ser questionado e dificilmente temos argumentos suficientes para explicar aquilo que está claro dentro de cada um de nós, mesmo que nada seja dito; talvez pela forma habitual e cartesiana de compreendermos o mundo moderno nos impede de ir além do literal e com perguntas, às vezes pueris, somos interpelados, até com indignação, por expornos os produtos de nossas reflexões mais íntimas; mas, que por conveniência, ou preguiça, de pensar vemos nossas verdades, que é imanente a todo ser humano, serem refutadas sem a mínima tolerância; porém, no fundo de cada ser humano, se colocarem a cabeça para pensar corretamente não se decepcionarão, e certamente irão chegar ao mesmo ponto de entendimento. Ou seja, depois de lerem ou ouvirem comedidamente essas reflexões e meditarem sobre tudo isso ontologicamente, provavelmente verificarão que não estamos enganados. Por outro lado, se continuarem enganando a si mesmos (de fora para fora), ou seja, da boca para fora, talvez nunca entenderão o que são em realidade.

> *Agora uma maldição sobre Porque e sua parentela! Possa Porque ser amaldiçoado para sempre! Se Vontade para e grita Por Que, invocando Porque, então Vontade pára e nada faz. Se Poder pergunta por que, então Poder é fraqueza. Também razão é uma mentira; pois há um fator infinito e desconhecido; e todas as suas palavras são intrigas. Basta de Porque! Seja ele danado para um cão!*
>
> Aleister Crowley

A verdadeira fonte da expressão individual verdadeira procede da "*luminária central da mente*"; essa é a inteligência soberana que move e dirige todos os corpos mentais dentro de sua órbita. A questão da inteligência não é puramente linear, mas , sim holográfica; existem vários níveis de inteligência – até um cão pode manifestar certos níveis de compreensão, mas somente o ser humano alcança plenamente os melhores níveis de percepção e geometriza a partir de um metabolismo mental equações evoluídas de possibilidades infinitas. Os porquês irrefletidos, ou puramente infundados, somente limitam os diálogos e impendem avanços reais aos níveis mais exaltados de compreensão. Agora, que haja um velar deste santuário: agora, que a luz devore homens menores e os consuma com suas cegueiras! Pois "*o pior cego é aquele que não quer enxergar*"; e ele cairá na cova chamada "*Porque*", e lá ele perecerá com os cães da Razão.

Deslocamos o foco de nossas investigações para as questões sociológicas. Passando da consideração dos fenômenos religiosos, estes que desenvolvem fora da análise das formas e tomam consciência. Vimos ter a ocasião de prosseguir os estudos que já havíamos começado com Durkheim sobre as origens do entendimento. As operações mentais da magia não se reduzem ao razoamento analógico nem a aplicações confusas do princípio de causalidade. Comportam juízos verdadeiros e razoamentos conscientes. Esses juízos são daqueles que chamamos juízos de valor, quer dizer, que são afetivos. Estão dominados por desejos, temores, esperanças, etc., em uma palavra, por sentimentos. Do mesmo modo, os razoamentos se desenvolvem sobre uma trama de sentimentos transferidos, contrastados, etc., e não, como o queira os antropólogos ingleses, imbuídos de associacionismo, segundo as leis da contiguidade e da semelhança.

Os psicólogos dissociam habitualmente os juízos de valor, que relacionam com a sensibilidade, dos juízos propriamente ditos, que relacionam com a inteligência ou se limitam a sinalar entre ambos os vínculos acidentais. Deste modo, a lógica racional se encontra radicalmente oposta aos do sentimento. Pelo contrário, quando se estudam essas duas lógicas, intimamente ligadas, na consciência dos indivíduos, que vivem em grupos, encontram-nas naturalmente. Sem dúvida, os juízos e os razoamentos da magia e da religião são aqueles sobre os quais se põem de acordo sociedades inteiras. Esse acordo deve ter outras razões, além dos encontros fortuitos de sentimentos caprichosos. Explica-se por este fato que, desde o começo, é preciso que tais juízos e razoamentos de valor sejam, por sua vez, empíricos e racionais.

O sentimento individual pode ligar-se a quimeras. O sentimento coletivo só pode ligar-se ao sensível, ao visível e ao tangível. A magia e a religião se referem a seres, a corpos, nascem de necessidades vitais e vivem de efeitos seguros; expõem-se ao controle da experiência. A ação local do *mana* nas coisas é suscetível de verificações para o místico. Este se inquieta sem cessar por sua presença fugaz. É indiscutível que as conclusões dos devotos são sempre afirmativas porque o desejo é todo-poderoso. Porém, há provas e confirmações dessas conclusões.

Esses juízos e esses razoamentos de valor devem, por sua parte, ter um caráter racional. Há limites aos seus absurdos. Ribot dizia que a lógica dos sentimentos admitia a contradição; isso está correto, inclusive para os sentimentos coletivos. Porém a lógica que reina no pensamento coletivo é mais exigente do que aquela que governa o pensamento do homem isolado. É mais fácil mentir-se a si mesmo que mentirem-se uns aos outros. As necessidades reais, médias, comuns e constantes que alcançam satisfação na magia e na religião não podem ser enganadas tão facilmente como a sensibilidade instável de um indivíduo. Este não tem necessidade de coordenar seus sentimentos e suas noções com a mesma força com que os grupos devem fazê-lo. Acomoda-se às alternativas. Pelo contrário, os indivíduos associados que desejam conservar a unanimidade extraem deles mesmos termos médios e constantes. A verdade é que estas decisões e estas ideias dos grupos são constituídos de elementos contraditórios, porém elas os conciliam. É o que se adverte em todos os partidos e em todas as igrejas. As contradições são tão inevitáveis quanto úteis. Por exemplo, para poder conceber ao encantamento, como atuando por sua vez a distância e por contato, há necessidade de constituir a ideia de um *mana* estendido e contraído por sua vez.

O morto se encontra ao mesmo tempo em outro mundo e em sua tumba, onde se lhe rende culto. Noções semelhantes, viciosas para nós, são sínteses indispensáveis nas quais se equilibram sentimentos e sensações igualmente naturais ainda que contraditórias. As contradições provêm da riqueza do conteúdo dessas noções e não impedem aos místicos os caracteres do empírico e do racional.

É por isso que as religiões e as magias têm subsistido e vêm se desenvolvendo sem cessar, seja em ciências, filosofias e técnicas por uma parte, seja em leis e mitos por outro lado. Deste modo, vêm contribuído poderosamente na formação e no amadurecimento do espírito humano.

Para que os juízos e razoamentos da magia sejam válidos, é preciso que tenham um princípio submetido ao exame. Pode-se discutir sobre a presença do *mana* em um ou outro lugar, porém não sobre sua existência. Pois bem, os princípios de juízos e os razoamentos, sem os quais não se acredita possível, constituem aquilo que em filosofia se denominam categorias. Constantemente presentes na linguagem, sem que sejam necessariamente explícitas, essas categorias existem de ordinário e com preferência sob a forma de costumes regentes da consciência, inconscientes nelas mesmas. A noção de *mana* é um desses princípios: aparece na linguagem; está implícita em toda uma série de juízos e razoamentos que ostentam atributos que são aqueles do próprio *mana*. Por isso dizemos que o *mana* é uma categoria. Porém, o *mana* não é somente uma categoria especial da mentalidade primitiva e da atualidade, em vias de redução; é, todavia, a forma primeira que tem revestido outras categorias que funcionam sempre em nossas consciências: as de substância e de causa. O que sabemos delas nos permite conceber como se apresentam as categorias no espírito dos povos primitivos.

Outra categoria, a de gênero, havia sido submetida a análises sociológica por Marcel Mauss e Émile Durkheim num escopo intitulado *Classificações primitivas*. Esse estudo de classificações das noções em algumas sociedades demonstrou que o gênero tem por modelo a família humana. Do mesmo modo que se organiza em suas sociedades é como os homens ordenam e classificam as coisas em gênero e espécies mais ou menos gerais. As classes em que se repartem as imagens e os conceitos são as mesmas que as classes sociais. É um exemplo típico da maneira em que a vida em sociedade tem contribuído na formação do pensamento racional, subministrando marcos já feitos, que são seus clãs, fratrias, tribos, campos, templos, regiões, etc.

Para aquele que se ocupa da magia e da religião, as categorias que mais se impõem na intenção são as de tempo e espaço. Os ritos se cumprem no espaço e no tempo de acordo com regras: direita e esquerda, norte e sul, antes e depois, fasto e nefasto, etc., sendo considerações essenciais nos atos da religião e da magia. Não são menos essenciais que os mitos porque esses, por intermédio dos ritos que são suas descrições e comemorações, situam-se no espaço e se produzem no tempo. Porém, os tempos e os espaços sagrados nos quais se realizam os ritos e os mitos estão qualificados para recebê-los. Os espaços são sempre verdadeiros templos. Os tempos são as festividades. A representação do tempo na religião e na magia tem por objeto analisar algumas formas primitivas, estranhas, contraditórias, que representa a noção de tempo quando está na relação com o sagrado. Essa noção surgiu das investigações sobre as festas e permite compreender como as festas se sucedem, se opõem, se reproduzem no tempo e, por mais que todos os mitos que representam ocorrem necessariamente na eternidade, como os mitos que estão, por sua natureza, fora do tempo, podem periodicamente realizar-se no tempo.

Enfim, como a regra das festas é o calendário e como o calendário tem servido para formar, senão a noção concreta de duração, ao menos a noção abstrata de tempo, pode ver-se de que modo o sistema de festas e a noção de tempo são elaborados simultaneamente graças ao trabalho coletivo das gerações e das sociedades. A noção de tempo, que preside a formação dos primeiros calendários mágicos e religiosos, não é a de quantidade e, sim, de qualidades. Compreende essencialmente a representação de partes, que não são alíquotas (proporcionais), que se opõem umas as outras, que são tomadas umas das outras e cada uma por todas as outras, em razão de suas qualidades específicas. As harmonias e as discordâncias qualitativas das partes do tempo são da mesma natureza que as das festas. Todo fragmento de calendário, toda porção de tempo, seja qual for, é uma verdadeira festa; cada dia é uma *féria*, cada dia tem seu santo, cada hora sua oração. Em sínteses as qualidades do tempo não são outra coisa que graus ou modalidades do sagrado: religiosidade torpe ou reta, forte ou débil, geral ou especial. Advertimos, pois, das relações muito estreitas que existem entre essas noções do sagrado e do tempo, tão intimamente unidas e entremescladas e que se corroboram umas a outras. Desse modo, temos podido conceber como a noção de sagrado deve ser aquela em função da qual as outras se classificam, porém produzindo-se também por segmentações e oposições sucessivas, quer dizer, que é, em suma, a mãe e a geradora das representações religiosas.

O problema do tempo que desenvolvemos em nenhum momento poderia desvincular-se do problema do Ser. Desde si mesmo, o tempo só pode dar testemunho de seu desalentado fluir na qual pareceria como se ele não estivesse sempre se inaugurando. O *não-ser* é próprio do tempo, porém é justamente este *não-ser* aquele que nos dá ocasião de que podemos orientar-nos na busca de seu sentido. Unicamente o Ser, do qual o tempo seria um *não*, pode oferecer-nos o horizonte de compreensão buscado. O Ser não permanece na *in-determinação* de sua *mesmidade*, senão que sai dela e ao fazê-lo põe respeito nesta *mesmidade* uma determinação. Esta já não permanece *con-fundida* no Ser, não se *con-funde* com sua *mesmidade* senão que se *di-funde* em virtude do intrínseco caráter extático do Ser. Pela difusão, que acontece graças à própria plenitude do Ser, este se projeta ad-extra *enteficando-se* e *finitando-se* em algo determinado. Este algo é o Outro – *alter* – respeito a *mesmidade* do Ser, o estranho dela, *alienus*. Por isso, ao projetar-se, o Ser funda um âmbito de alteridade e alienação. Ao alienar-se, ao despregar – *tendere* – sua *mesmidade*, ao estender – *extendere* – determinações que nele estavam indeterminadas, o Ser instaura a *extensão*. Na extensão, o Ser se faz *pré-sente* em um ente. Por isso aquela é a condição de possibilidade do *ente-tativo* e do temporal. O tempo surge, pois, com o âmbito de alteridade que o Ser põe frente a sua *mesmidade* e este âmbito é o Outro do Ser no qual este se faz *finito*, se faz *não-ser*. Em contraposição a este *finito* o Ser seria o *In-finito*. Porém, resultaria então que este *In-finito*, por sua vez, seria o oposto *finito* e por este estaria limitado. Definitivamente, não se trata em tal concepção senão fazer *finito* o *In-finito*; somente se trata, pois, dos dois modos de considerar o finito e a isto se referia Hegel, quando falava da má infinitude. A dificuldade já estava plantada por Platão no *Sofista*, onde adverte que se o Ser põe ante ele o Outro, aquele já não seria o Todo. Se o Ser não é o Todo, ao Ser falta-lhe algo, o Todo que existe fora de si, revelando aquele, deste modo, uma radical contingência e autoinsuficiência (*precariedade*). Ante esta dicotomia, a tarefa do buscador, semelhante às crianças que todos a querem, é aceitar por sua vez o Ser e o Todo. Ambos encontram uma unidade em que Platão chama o Ser Absoluto ou Ser Total τὸ παντελῶς ὄν (*Sofista*, 245-249).

    Chegou o momento e o lugar para que voltemos a formular uma pergunta que havíamos deixado sem resposta no nosso texto. A pergunta era: não será a essência a atualidade de uma negatividade imanente ao Ser? A resposta não pode ser senão afirmativa. A essência, que é a condição e o meio que permitem que o Ser salte para fora de si, midiatiza-se e se determina, testemunhando essa negatividade e *precariedade*. Daí a necessidade da alienação, que, como viu Hegel, não tem só uma significação negativa – enquanto ociosidade limitada – e sim fundamentalmente positiva. O Ser é carente do ente e, tem razão Heidegger quando afirma que: *"a verdade do Ser é que nunca é sem o ente, que nunca é um ente sem o Ser"* (*zur Wahrrheit des Seins gehört, dass Sein nie west ohne Seiende, dass niemals ein Seiendes ist ohne dass Sein*. (*Was ist Metaphysik*, pág. 46.)

Porém, sem o ente – que é finito – limitando o Ser, não estaríamos senão frente a dois modos de finitude. A única forma de superar esta aporia é pensando o caráter extático do Ser, quer dizer, o projetar suas mesmices *ad-extra*, como um movimento no qual o fim é imanente. Pensar, pois, um movimento que não caminha para outra coisa, senão que é fim de si mesmo e que em si mesmo tem sua plenitude. Um movimento no qual não há limites porque dentro dele o começo coincide com o fim e o fim com o começo, onde nada fica fora senão que Tudo é imanente. Por isso a figura do Absoluto é a circularidade. O Absoluto não é o começo, porque o começo carece no Todo, senão no fim; porém, no movimento circular, o começo coincide com o fim. Cada ponto dentro desse movimento é uma posição finita dentro da Totalidade, porém assumir esta finitude não é abandonar a Infinitude e sim afirmá-la e apoiar-se nela como seu próprio fundamento. É no infinito movimento circular onde cada ponto é um limite negado pelo mesmo movimento para dar passo a um novo limite que, a causa de sua finitude, seguirá ao mesmo destino. Porém, dentro da Totalidade do processo, a negação será conservada, e o finito fica dentro do infinito como elemento constitutivo do mesmo sem que isto signifique, certamente, que o Infinito seja resultante de uma indefinida essência do finito. A verdadeira imagem do Absoluto é a de uma linha que se busca e se alcança a si mesma, donde seu fim coincide com seu princípio e onde cada um de seus pontos finitos está nela sempre presentes. O Absoluto é então a eternidade. Porém, por ele mesmo, a eternidade não pode ser o contrário do tempo. Se fosse o Todo do tempo, estaria fora dela, em vez de ser ela simultaneamente possessão desse Todo.

O Absoluto, o Ser, vai participando da finitude de um recorrente processo circular. E o tempo é o modo de ir-se revelando, de ir-se medindo, de ir-se pensando o Ser a si mesmo. Em cada movimento de finitude, em cada *ente*, o Ser está *pres-ente*. Porém, em cada um destes momentos a Totalidade do Ser não pode estar totalmente presente; daí que esse estar *pres-ente* supõem, simultaneamente, um estar *aus-ente* no Ser como Totalidade. O presente se explica desde um horizonte de ausência. Esta é a dificuldade de colocar no presente a essência do tempo. No movimento circular que vai recapitulando e repetindo o percorrido, cada coisa já foi o que atualmente é. Sem dúvida a este *sido* já não é possível pensá-lo como simples *passado*, porque ele também está no futuro. Neste retorno de um movimento cuja origem coincide com sua meta, o *sido* é presente, porém não somente presente; é passado, porém não somente passado; é futuro, porém não somente futuro. No *sido* não se anulam e sim que se reúnem os três êxtases do tempo e naquele se encontra sua essência. Compreende-se, então, que Heidegger pode dizer que no *sido* mora a essência do tempo e do Ser.

> *A natureza não nos permite explorar todos os seus santuários ao mesmo tempo. Julgamos estar nos seus mistérios, entretanto, estamos apenas no limiar do tempo.*
>
> Sêneca

A eternidade que, segundo vimos, não pode ser pensada como contrário do tempo, está no *sido,* que é onde mora a essência daquele. Este estar em – *instare* – da eternidade em cada momento do tempo, ou seja, no *sido,* faz deste ente *sido* um *instante* da eternidade. A eternidade *insiste* em cada *instante* em ser eternidade.

Pensar é certamente pensar o Ser. Sem dúvida, a este já não é possível concebê-lo sem ir-se entificando temporalmente, quer dizer, sem sua íntima e essencial vinculação com o tempo. E, por esta vinculação com o tempo, pensar é um modo de espera. Porém, a espera do que virá e o que virá não é senão o *sido*. Pensar este advir do *sido* é pensar a relação de tempo e eternidade. É então quando o pensamento desemboca numa inevitável, iniludível e insuperável aporia: Pode afirmar-se que este sido há sido já faticamente e, ainda, que infinitamente se tenha repetido em um eterno retorno?

Enfrentar este pensamento não é resultado de nenhum artifício do dele mesmo, nem de nenhuma premeditada vontade de querer chegar a ele. É simplesmente a resultante de chegar a suas últimas consequências o qual desde si mesmo exige. Haver assumido esta iniludível situação limite, haver ascendido a este ápice de meditação, é a importância que tem para o Ocidente a presença de Nietzsche.

Frente ao eterno retorno, o pensamento não pode deixar de perguntar-se pelo sentido, ou melhor, pela *niilidade* de sentido e de finalidade deste eterno repetir-se. Porém, aceitar o eterno retorno supõe, ademais, não só testemunhar que o Ser vai entificando-se e temporalizando-se, como também admitir que um coerente sistema de essências – a essência é o *sido* – pode esgotar a infinitude do Ser. É uma forma de fazer deste um Ente.

O pensamento não deve retroceder ante estas dificuldades que ele não tenha buscado senão que tenha vindo ao seu encontro. Deve-se, pelo contrário, assumi-las e dar testemunho dessas. Porém, ao fazê-lo, dá testemunho de algo mais grave: do inevitável e essencial fracasso do pensar. Pensar é pensar que *é*, já há *sido*; porém, saber se este *sido* se tenha repetido eternamente suas possibilidades. Pensar não é saber.

O nome da filosofia não é tão extravagante como, às vezes, tenha-se dito. Filosofia é desejar e amar um saber que, devido a sua própria finitude, o homem reconhece que não lhe pertence.

Podemos voltar agora aos caracteres desses juízos de valor que se encontram na origem do entendimento humano. Temos reconhecido com os empiristas que os juízos não eram possíveis mais que depois de alcançado um mínimo de experiências sobre as coisas, sobre os objetos materiais ou concebidos como materiais. Reconhecemos com os nominalistas a onipotência da palavra, também esta de origem social. Com os racionalistas, reconhecemos que estes juízos de valor estão coordenados de acordo com regras constantes e incessantemente aperfeiçoados. Porém, no entanto, que para eles a que dita essas regras é uma entidade, a razão, para nós são as forças sociais, a tradição, a linguagem, as que as impõem ao indivíduo. Para tanto, admitimos a teoria do juízo de valor que haja inventado os teólogos pietistas. Porém, enquanto que os filósofos, discípulos desses teólogos, não veem nesses juízos mais que os produtos da razão prática, da liberdade monumental ou do sentido religioso ou estético do indivíduo. Para nós, tais juízos se fundamentam em valores primários, que não são nem individuais nem exclusivamente voluntários, muito menos puramente sentimentais, mas, sim valores sociais detrás dos quais tem sensações, necessidades coletivas, movimentos dos grupos humanos.

## O mito e a ideia geral

O estudo das ideias gerais deve empreender-se conjuntamente com o das representações na história das religiões. Para alguns é alarmante que o fato de se produzir o pensamento religioso a partir das ideias impessoais. Geralmente se coloca na origem religiosa a noção de alma e espírito, isto se o autor é animista, e os mitos fundamentam as religiões naturistas. Considera-se a primeira como dada imediatamente na experiência e nos sonhos do indivíduo. Para Max Muller e seus discípulos, o mito nasceu imediatamente da necessidade de animar as coisas representadas na linguagem por meio dos símbolos. Como não nos tem chegado nenhuma objeção do lado da escola naturista, não discutimos seu ponto de vista, ao que concedemos grande importância. Porém, os animistas já nos têm combatido defendendo contra nós o caráter Elemental e primitivo da noção de alma. Para eles, o *mana* não é mais que um extrato desta.

O animismo, renovado por Wundt, explica a ação e a distância do rito mágico mediante a ideia da exalação (emanação) da alma do feiticeiro. Nossa opinião é que isso é um grave erro. Entre estas representações, alma e *mana*, consideramos a de *mana* como primitiva por que é a mais comum. Na realidade, todo rito mágico, toda coisa mágica tem seu *mana*; é pequeno o número de ritos em que se vê sair a alma do feiticeiro, inclusive uma de suas almas corporais. Algumas investigações comprovaram que, com muita frequência, são os sopros emitidos pelas aberturas do corpo que transportam a força mágica. Os sopros são emanações das almas. Não são simplesmente sopros. A voz, um sinal de fogo, uma *chamada* (canto), um ponto podem também servir de veículo. Este tampouco estará sempre representado com nitidez. Entre as imagens que se prestam na representação da força mágica, da alma, tão mal definida como se queira, não são as mais frequentes. Em todo caso, nunca é outra coisa senão uma imagem entre outras.

Além disso, longe de ser a noção de alma mais Elemental que a noção de *mana*, é uma das mais complicadas aquelas que hajam chegado das religiões. Uma fácil análise distingue seus antecedentes mais simples, seus elementos dispersos e informes, almas orgânicas, almas exteriores, totens, gênios. Não se trata bem de conceber seu conteúdo, não advertimos em dita noção mais que as múltiplas representações das relações múltiplas do indivíduo com seus semelhantes, passadas, presentes e futuras, e com as coisas. São *manas* especializados que a sociedade atribui ao indivíduo em razão de seus parentescos, suas iniciações, suas associações com os mortos, os meteoros, os cristais, as árvores, os astros, os animais, etc.

Admitamos que, mediante uma milagrosa *percepção* primitiva, a noção de alma se dê imediatamente na consciência e seja objetivada imediatamente para o exterior: fica por explicar que as almas possam e devam ser os únicos agentes dos ritos e que sua representação seja a razão de ser dos ritos. Os animistas nos fazem dar um novo salto ao passar da noção de alma a noção de alma potente. Admitamos em rigor que a experiência proporciona a noção de alma, que experiência proporciona a noção de potência? Se nos dizem que a alma é concebida naturalmente como ativa, responderemos que também é concebida como passiva. A noção de alma não se dá, por sua vez, nas qualidades de espiritualidade e de potência; em troca, por uma síntese natural, se dão juntas pela noção de *mana*. Pois bem, para ter a noção de uma alma ativa, era preciso ter a noção de potência unida à de espiritualidade. É necessário ter a ideia de uma qualidade para fazer dela um atributo (H. Höffding, *La relativité philosophique. Totalité et relation*, vol. l., pág. 172. O conceito de D-us, a categoria de religião estão submetidos a mesma regra que os demais conceitos e categorias; devem servir de predicado antes de figurar como sujeito). Por conseguinte, temos boas razões para colocar a noção de *mana* antes do espírito.

Porém, se nos dirá, pondo assim o predicado antes do sujeito, o *mana* antes da alma, vocês invertem a ordem psicológica dos fatos. Vocês colocam ao impessoal antes que o pessoal. Sem dúvida. Em primeiro lugar, se deve abrir entre a ideia geral e a ideia de uma pessoa uma espécie de abismo. O pessoal só se concebe em relação com o impessoal. O indivíduo não se distingue mais que um clã. Está representado como uma parte do sangue que corre por todo o clã, incluindo aos animais de seu totem. Não tem linguagem nem pensamento sem uma certa porção de generalização e de abstração. Supor que o espírito humano só esteve provado em seus começos por noções puramente individuais é uma hipótese gratuita, inverossímil e inverificável.

Por outro lado, as noções primitivas cujo tipo é a de *mana* não são tão abstratas como se diz, pois seu conteúdo concreto é muito abundante. Coordenam múltiplas representações, qualidades, objetos, sensações, emoções, desejos, necessidades, volições. Sua elaboração não exigia um grande trabalho intelectual. São sínteses efetuadas quase espontaneamente por espíritos brumosos. Entretanto, não é que houve um momento em que a magia e a religião só haviam comportado a ideia impessoal de *mana* e mais adiante noutro momento em que havia nascido das ideias pessoais de deus, espírito, espectro, duplo. Pensamento simplesmente que a ideia geral é a condição lógica e cronológica das ideias míticas, do mesmo modo que os tempos marcados de um ritmo são as condições de ritmo, o qual comporta os tempos débeis. Em alguns casos a noção geral de *mana* se apresenta sob sua forma impessoal integral; em outros se especializa, porém fica algo em geral: potência do querer, perigo do mal olhado, eficácia da voz; em outros casos, enfim, para entrar na prática, o *mana* se reveste imediatamente de formas concretas e individuais: se converte em totem, astro, sopro, erva, homem, feiticeiro, coisa, espírito. No fundo segue sendo idêntico, porém, não por isso a metamorfose é menos natural e fatal. Da premissa maior, que é o *mana*, deduz-se por uma necessidade lógica e psicológica na conclusão, que são a alma e o mito.

Nestes três estados de representação o equilíbrio é sempre instável. Oscila sem cessar a noção de um fenômeno ou de uma coisa a do agente impessoal ou pessoal que coloca por detrás. Zeus é, por sua vez, um homem e o céu, sem contar a diversos animais. A justaposição é contraditória, porém a razão de ser de uma noção como a de deus consiste precisamente em reconciliar no espírito do crente ideias e sentimentos que se entrechocam e nos quais este não quer abandonar nada. Assim, pois, para nós, desde o começo as representações coletivas se desenvolveram em mitos, assim como a ideia geral, no espírito individual, não pode ser pensada sem imagens concretas.

# Parte II
# Manual Prático de Kabbala Teúrgica

## CAPÍTULO I

# Kabbala

### Dogma, Mística e Prática

"*Procurando na caixa de talentos escondida no escaninho das reminiscências de minha mente genética, a única dádiva que meus antepassados me deixaram e que tinha desaparecido há muito tempo, achei, entre um sortimento estranho de velhos presentes, enferrujados e quebrados, uma inocente e brilhantemente colorida caneta de pena. Meditei sobre meu achado e ponderei: 'Para que me servirá isto?' Pensei, 'como posso servir-me disto?' 'Meus sapatos ainda não juntaram o pó das estradas, nem viajei por regiões tropicais ou frias onde intrépidas aventuras e panoramas fantásticos aguardam o viajante para serem descritos. Nunca participei de banquetes intelectuais nem da dura aprendizagem acadêmica. Então que uso posso fazer com este instrumento?'*

*Murmurado silenciosamente, escutei: 'E suas viagens mentais, você as esqueceu? Se escrever sobre suas aventuras mentais internas, colaborarei também e lhe darei alguns novos ensinamentos que, acredito, interessarão sobremaneira ao místico e ao estudante de Teosofia. Escreva e tenho certeza que muitas mentes e corações darão boas vindas a estes escritos'.*

*Assim, aceitando a oferta de meu instrutor, incorporei com grande alegria esta oportunidade, porque sou apenas um aluno daquele que teceu minuciosamente em meu pensamento, uma estrutura modelada nos mais grandiosos e possíveis ideais, e que tem sido, para mim, como uma ponte entre dois mundos, esta pequeníssima esfera em que vivemos é o admirável e maravilhoso mundo do espírito.*

*Portanto, esta é a crônica de um estudante que buscou e tornou-se o discípulo de alguém profundamente versado no conhecimento da Ciência Divina. Este livro foi escrito como um documento e na esperança de que aqueles que o leiam, fiquem sabendo que sobre este Planeta moram Irmãos que estão desejosos e ansiosos para ajudar aqueles que procuram um conhecimento das coisas divinas."*

M.J.

# Prolegômenos

*O conhecimento sempre se apresenta como uma caminhada rumo à unidade, seja para a aparição, no seio de uma multiplicidade de seres, de um sistema racional onde esses seres seriam apenas objetos e nos quais eles encontrariam seu ser, seja para a conquista brutal dos seres, fora de todo sistema, pela violência. Quer seja no pensamento científico ou no objeto da ciência, quer seja, finalmente, na História, entendida como manifestação da razão e onde a violência se revela a ela mesma como razão, a filosofia se apresenta como uma realização do ser, isto é, como sua libertação por meio da supressão da multiplicidade. O conhecimento seria a supressão do outro pela apreensão ou pela visão que apreende antes da apreensão.*

E. Lévinas, *Totalité et Infini*

O homem está condenado a desvendar os mistérios da vida. Vivemos em função do oculto ou de uma eterna interrogação sobre aquilo que está além das aparências. Se o mistério desaparecesse, não haveria futuro algum para a aventura da existência.

O que sustenta nossa existência não está naquilo que não podemos apreender com a razão simples, ou seja, com nossa consciência formal. Pode parecer que temos um destino natural, que é ir em busca do desconhecido, rasgar véus, anelar o infinito, este é o motor que move a essência do ser humano, naquilo que se encontra no insólito, no suprassensível, no invisível; é neste sentido que o jogo começa a se geometrizar e o homem (o pequeno deus) passa a aspirar a união mística.

O conhecimento (gnose), tal como o amor, se nutre de ausências e nostalgias, na reminiscência da infância humana está a possibilidade da exaltação consciencial que lhe resgatará do vale das ilusões. Este conhecimento é o combustível que conduzirá o homem no caminho da verdade; na ascensão da Árvore da Vida, cujo destino é o reencontro e a reintegração com o Eterno.

Em busca da verdade. Os gregos inventaram a palavra *Alétheia* (em grego antigo, ἀλήθεια: verdade, no sentido de desvelamento: de a-, negação, e *lethe* esquecimento), que para os antigos gregos, designava verdade e realidade, simultaneamente. "*E conhecereis a Verdade, e a Verdade vos libertará*" (Jo 8:32).

*A-létheia*: negação do esquecido, do encoberto, do escondido. Dizer, descobrir, desvelar, estas não são as verdades para o mecanismo básico da vida, que nunca se satisfaz com aquilo que já foi conquistado, com o imediato que traz à mão. Aspiramos ao além do imaginário, do conhecido, da superfície dos sentidos; queremos encontrar o sentido primevo do ser do mundo e do ser no mundo.

A sina do homem é o saber total. A Ciência responde a muitas de suas interrogações, descreve a realidade sensível, analisa e concatena dados, liga causas com consequências. Mas o homem quer saber mais; quer saber o porquê e para quê existe. Pergunta pelo significado de sua presença que transcorre entre um nascimento não escolhido e uma morte indiferente.

A Filosofia procura estabelecer seu reino, por meio da metafísica, com suas teses, mas suas asas sobem até certa altura, a certas conclusões gerais e aí se detém. Já a postura religiosa postula uma fé, um círculo de crenças, um conglomerado de suposições, que de nenhuma maneira aspiram a ser racionais, pois dependem de uma experiência que não pode confirmada pelo senso comum. Provocamos então o leitor a examinar e analisar esses momentos e estados psíquicos de solene devoção e arrebatamento, a observar atentamente o que eles não têm em comum com estados de embevecimento moral ao contemplar uma boa ação, mas os sentimentos que os antecedem e que lhes são específicos. Como descendentes da tradição judaico-cristã, sem dúvida nos deparamos inicialmente com sentimentos que de forma atenuada também conhecemos em outras áreas: sentimentos de gratidão, de confiança, de amor, de esperança, de humilde sujeição e submissão. Só que isso não esgota o momento de devoção, nem apresenta os traços muito específicos e exclusivos do solene, que caracteriza o singular arrebatamento a ocorrer somente então. Nesta reflexão de comparação e contraposição, podemos encontrar em nós mesmo aquilo a que me refiro, mas que não posso exprimir de outra forma justamente por se tratar de um dado fundamental e original da psique, que somente pode ser definido por si mesmo?

Aqui surge um questionamento, o que pretende superar toda Ciência e toda limitação: saber o mistério sobre o que sustenta toda a realidade. Saber é ato de reflexão e contemplação, mas é, também, saborear, degustar, palpar, vivenciar dentro de uma condição que demanda autoridade e autorização para experienciar aquilo que é de proporção pessoal, intransferível e solitária.

Na antiga Grécia, os filósofos já tinham uma clara ideia de que a felicidade consistiria na sabedoria, para a qual a virtude seria o caminho que se realizaria na forma de conduzir a vida dentro dos princípios morais e éticos. Repreende-se o tema da felicidade, que consiste no conhecer D-us e verdadeiramente amá-lo. Acrescenta-se a reciprocidade dos atos de amor e do conhecimento de D-us e finalmente num possível discurso sobre a união com D-us como ato copulativo e última felicidade.

Em hebraico, o verbo *iada* significa tanto saber quanto amar. O mistério tem um nome: D-us. Quem penetre nos complexos meandros da essência divina já não pode conservar o frio e sossegado raciocínio. O conhecimento se envolta numa paixão ascendida; a sabedoria, convulsão emotiva. Qualificadamente de afã cognoscitivo se desenvolve na história com o nome de gnose e esoterismo. Quando predomina o elemento amoroso-passional, a tendência a uma fusão pessoal com o metafísico merece chamar-se misticismo. Sobre estes pilares se assenta a fenômeno espiritual e histórico da Kabbala. Daí as relações entre Macrocosmo e Microcosmo. Teorias pitagóricas e aristotélicas. As correspondências entre céus e terra. Os simulacros do Universo. As harmonias entre os corpos. Enfim, a teoria pitagórica da música celeste, uma apoteose ao Eterno. Por isso entendemos que a tradição da Sagrada Kabbala se perde na noite dos tempos...

# O que é Kabbala?

## O Sagrado Anjo Guardião

*Tu que és eu mesmo, além de tudo meu;*
*Sem natureza, inominado, ateu;*
*Que quando o mais se esfuma, ficas no crisol;*
*Tu que és o segredo e o coração do Sol;*
*Tu que és a escondida fonte do Universo;*
*Tu solitário, real fogo no bastão imerso;*
*Sempre abrasando; tu que és a só semente;*
*De liberdade, vida, amor e luz eternamente;*
*Tu, além da visão e da palavra;*
*Tu eu invoco; e assim meu fogo lavra!*
*Tu eu invoco, minha vida, meu farol;*
*Tu que és o segredo e o coração do Sol;*
*E aquele arcano dos arcanos santo;*
*Do qual eu sou veículo e sou manto;*
*Demonstra teu terrível, doce brilho:*
*Aparece, como é lei, neste teu filho!*

Aleister Crowley

Todos os caminhos são circulares! Para cada um o seu caminho, que é uma senda de enganos em permanente construção. Todos os caminhos convergem no ponto ALFA e no ponto ÓMEGA e os percursos fazem-se na equidistância do centro. Caminhar é um enigma, e todos os enigmas são invenções da labiríntica mente humana. Segredo é sentar-se o caminhante à sombra da Árvore Baniana. Abandonar as sandálias. Abandonar o labirinto. Pôr fim aos processos ilusórios. Mistério é a atração do Centro. Morte é acreditar-se na caminhada, na periferia e no fim do caminho, sem cuidar de que a busca é desejar o centro e merecer a alma, enquanto caminhar é apenas cansaço e pés doridos. Encontra a tua figueira e colhe a tua serenidade.

A.A.K.

A Kabbala é uma ferramenta que lega ao homem no exilio a possibilidade do resgate de sua complexa estrutura que está além do nível racional e convencional que este entende sobre sua condição limitada e precária. A Sagrada Kabbala pretende desprender o homem desta consciência primária e elevá-lo a outra condição, de maneira que possa comunicar-se com suas partes encobertas pelo sono da queda e dar-lhe asas para alçar ao voo em direção ao Castelo de Salomão, onde se encontra a essência de toda a criação, desde um ângulo esotérico-místico.

Não se pode dizer que esta resposta possa se dar em um dia nem num século, faz-se como uma gestação e, quando a criança estiver pronta, terá então o nascimento. Isso quer dizer que o tempo e o espaço não conta na linearidade conforme entendemos de dentro para fora e, sim, num movimento onde o tempo e o espaço se detêm, uma vez que se manifesta de dentro para dentro, na experiência mística e única, em que somente o recipiendário é senhor de sua natural completude formal, isto é, saber sua real condição dentro dos arquétipos ascensionais da Árvore da Vida.

O místico das distintas religiões busca D-us para falar a si mesmo. D-us é seu problema mais premente. De D-us depende sua salvação. Este misticismo é absolutamente individualista: suprime o mundo e a história para ficar só e a sós com D-us. A obsessão do místico é a sua própria salvação.

No caminho do kabbalista esta faceta se dá, mas completamente integrada numa dialética que transcende o indivíduo e que procura a salvação do Todo, da História, do Homem.

Este é o projeto supremo da Kabbala. Este projeto deriva da inacabada arte da Kabbala que visualiza o processo histórico como progresso para a sua realização, aquilo que Martin Buber chamaria de definitivo diálogo entre o céu e a terra. Aqui reside a autenticidade e a originalidade do movimento Kabbalístico.

Kabbala é uma postura, um movimento do qual se ramificam escolas, concepções, teorias, práticas, crenças não totalmente convergente entre si. Mas essa não convergência tão pouco acidental surge das diferentes expressões que se usa para exteriorizar, em conceitos e palavras, a vivência do inefável, do misterioso, do *tremendum mysterium.*

O saber místico, ou melhor, o conhecimento (gnose) místico não admite senão uma expressão metafórica, poética, pessoal, na qual as linguagens da Kabbala são envolturas de um conteúdo poderoso e sublime que vem da eternidade e se dirige para a eternidade. Cada Kabbalista utilizou de livros que chegaram às suas mãos, tanto israelitas quanto de outros povos, e deles tomou emprestada formulações para poder transmitir ao leitor algo de mistério desvelado.

Se algum autor kabbalista utilizou livros de origem platônica ou de origem aristotélica, não significa que a Kabbala, em si, seja platônica ou aristotélica, mas, sim, que cada um se vestiu de uma roupagem conceitual específica para comunicar sua intuição pessoal, ou certezas subjetivas provocadas pelas instruções dos mestres passados.

A Kabbala não pode ser reduzida a um sistema nem a um corpo de ideias, senão a um conjunto de visões esotéricas com um fundo comum – o Judaísmo – mais um anseio comum consequente com aquele fundo: descobrir o mistério divino para saber como e para que viver, e mais, dar ao homem no exílio as chaves para o trabalho que lhe reintegrará ao estado mágicko de consciência, isto é: a consciência cósmica.

### *O amor de D-us como amor do sumo bem.*

*É a sabedoria do profeta que faz a grandeza de um D-us*

Albert Lantoine

As reflexões básicas deste tema mostram a amizade humana e o amor de D-us. O Eterno surge como princípio, meio e fim do bem supremo, fonte de toda vida espiritual, providência real diante do mundo moral; em suma, é a soma de todos os atos humanos. Ato contínuo, temos a similaridade entre conhecer e amar a D-us, consideradas as limitações da imensidão divina na compreensão humana. Enfim, encontramos a natureza do amor divino na beatitude humana; teoria da virtude dianóica-dianoética.

Diversas são as opiniões sobre a felicidade (utilitarismo, hedonismo: sua identidade com o justo e os hábitos da vida intelectiva). Além das virtudes intelectivas. Amplia-se a proposta da a felicidade consistir na sabedoria, para a qual a virtude é o caminho, e se critica a teoria segundo a qual a beatitude se realiza na onisciência. Reconhece-se a impossibilidade prática da onisciência, quer do lado empírico, quer do lado científico, estabelecendo-se os limites da cognição intelectual. Aspiramos à possibilidade de alcançar a beatitude pelo aperfeiçoamento em todas as ciências, embora se saiba que a beatitude na perfeição consiste no aperfeiçoamento da cognição de D-us. Passa-se ao supremo conhecer e como se realizam, juntas, unidade e totalidade. Aí temos que o intelecto que produz ou conduz a beatitude é o intelecto *in atto*, em cuja cognição consiste a beatitude. Há, porém, que discernir o intelecto divino do humano. Repreender-se o tema da felicidade, que consiste no conhecer D-us e verdadeiramente amá-lo. A Kabbala acrescenta que a reciprocidade dos atos de amor e do conhecimento de D-us é um processo de união mística, como ato copulativo e última felicidade; este é o jogo do acerto, o *grand finale* da ascensão máxima dentro da Árvore da Vida.

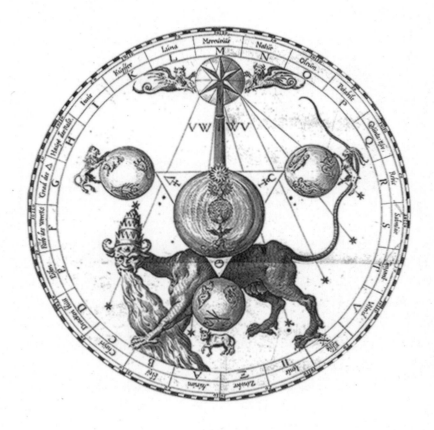

# Kabbala e Misticismo

Se buscarmos a palavra Misticismo num dicionário, encontraremos: do grego μυστικός, transliterado *mystikos*, um iniciado em uma religião de mistérios é a busca da comunhão com uma derradeira realidade, divindade, verdade espiritual ou D-us por meio da experiência direta ou intuitiva. No livro de Jacob Böehme, "*O Príncipe dos Filósofos Divinos*", o misticismo se define como um tipo de religião que enfatiza a atenção imediata da relação direta e íntima com D-us, ou com a espiritualidade, com a consciência da Divina Presença. É a religião em seu mais apurado e intenso estágio de vida.

O iniciado que alcançou o segredo é chamado místico. Os antigos cristãos empregavam a palavra contemplação para designar a experiência mística. O místico é aquele que aspira a uma união pessoal ou à unidade com o Absoluto, que ele pode chamar de D-us, Cósmico, Mente Universal, Ser Supremo, etc.

Neste sentido, uma das práticas mais remotas está na senda da Kabbala, que brevemente podemos expor da seguinte maneira: conforme a tradição possui uma origem divina, já que se diz que D-us no Sinai comunicou a Moisés, junto à Lei outra sabedoria oral que só era transmitida aos iniciados, o que agora é a filosofia esotérica dos hebreus. Mas, não obstante que sua teosofia comunica através de chaves e doutrinas judaicas, seus ensinamentos evidenciam que algumas delas são obra dos primeiros patriarcas e outras eram patrimônio dos babilônicos e egípcios dedicados à Astrologia e à magia. A Kabbala, a alma do Talmud, segundo se afirma, busca um conhecimento secreto e simbólico além das palavras do antigo testamento. Por isso mesmo, para os kabbalistas, a escritura é a expressão das forças divinas, sob cujas figuras o céu se revela na terra. De tal modo que cada termo da lei possui uma significação e contém um mistério que são como uma vestimenta, e seria um erro interpretar as roupagens da lei, como a lei em si.

> *A alma humana é como a água: do céu vem, ao céu sobe,*
> *e novamente desce a Terra, em troca eterna.*
> Goethe, *Canto dos espíritos sobre as águas.*

Antigamente noções e muitas indicações dos arcanos da Kabbala eram passadas de lábios a ouvidos e somente muito mais tarde foram redigidas em livros; o *Sepher Yetzirah*, livro da criação, e o *Zohar*, o livro da luz e esplendor, dedicado principalmente à natureza das relações entre D-us e o homem. Os iniciados nestes estudos lhes chamavam *"Mekuhalim"* cujas doutrinas estão rigorosamente reservadas para círculos de sete pessoas, os que sabem que a *Mishnah* diz: Está proibido explicar a história da criação a duas pessoas e sobre o carro celeste, nem a uma pessoa, a menos que se trate de um homem sábio que possa compreender por si mesmo. A Kabbala literal compreende três espécies de operações e que são as seguintes:

1) **Gematria**, que se refere ao método kabbalístico consistente principalmente em buscar a expressão das palavras, bem ponteados nas consoantes, diferentes em hebraico das vogais, para obter termos distintos ou bem trocando às vezes em números. Uma vez que a escritura hebraica tem, em cada número, uma letra correspondente, cada palavra possui uma ideia numérica, somando o número obtido de um termo pode manifestar uma cifra idêntica para dicção de uma distinta significação, que inclusive pode ser variável.

2) **Notarikón** é um método que consiste em considerar cada letra de uma expressão como inicial de outra e assim cada voz de origem a uma proposição.

3) **Temurá**, por sua vez significa intercambiar várias letras segundo uma tábua na qual cada letra corresponde a outra, para descobrir o sentido de um termo.

A filosofia kabbalística que se pode distinguir em prática e em contemplação e ensina que a *Mercabah* revela a metafísica elevada aplicada a conhecer as perfeições de D-us e das inteligências superiores. *Bereshit*, do hebraico בואשית, *Bereshít*, no início, no princípio, primeira palavra do texto é o nome da primeira parte da Torá. *Bereshit* é chamado comumente de Gênesis pela tradição ocidental e trata-se praticamente do mesmo livro apesar de algumas diferenças, principalmente no que lida com interpretações religiosas com outras religiões que aceitam o livro de Gênesis. Destas coisas comenta o Zohar, D-us é uma abstração que representa o Oculto no oculto, o infinito e ilimitado.

*Ain Soph* é o inexistente e é o mistério da Divina sabedoria, enquanto está inativo em *"Olam"* (período de repouso), mas que se manifesta no Oceano de luz, quando no começar da criação atualiza a energia latente no seu ser, segundo a lei na qual Ele mesmo é letra e espírito. Divindade que a Kabbala oriental sinala sob o símbolo de três círculos envoltos em um, com uma névoa de exalação, que se transmuta em três cabeças circundadas por uma aura incolor sinalando a essência desconhecida, que o finito intelecto humano não consegue entender. A suprema Essência divina cuja luz para o homem ainda é uma obscuridade, diz a Kabbala em seu período de atividade se elaborou numa inteligente entidade espiritual; a Coroa, primeira *Sephirah*, que contém outras nove, ou seja, Coroa de onde surgiu *Chokmah* (Sabedoria), princípio ativo masculino, e *Binah* (Inteligência), princípio feminino. Dessa primeira tríade em continuação procede *Hesed* (Misericórdia), *Geburah* (Justiça), de cuja união nasce *Tiphereth* (Beleza). Da segunda tríade, coletivamente se origina *Nestzah* (Firmeza), *Hod* (Esplendor) e *Yesod* (Fundação). Das citadas tríades, a primeira simboliza o mundo mental; a segunda o mundo perceptivo; e a terceira o mundo material.

Em outras palavras, as três *Sephiroth* são metafisicamente intelectuais que expressam o pensamento; o segundo grupo sinala o bem, a sabedoria e a beleza da Criação. A terceira categoria de emanações identifica o Supremo Artífice, com a beleza que gera em sua essência o mundo natural. Isso efetivamente supõe uma circulação universal no mundo, quer dizer, uma radiação em todo espaço com o auxílio de infinito número de canais, da substância primitiva, que, por sua vez, desenvolvem em seus imensos circuitos todos os mundos possíveis, suas propriedades, suas simpatias, atributos e faculdades de produzir em uma unidade ilimitada.

A Kabbala ,cujas especulações esotéricas não cabem num só livro, continuamos para sua melhor compreensão com as seguintes explicações: o homem é composto de sete elementos, a saber:

1) O corpo tangível material.
2) O fluido vital corporal.
3) A alma inferior, instintiva, *Nephesch*.
4) A alma intermediária, moral, *Ruach*.
5) A alma superior, divina, *Neschamah*.
6) A vida de D-us vertida na alma, *Chaya*.
7) A união suprema da alma com D-us, *Yechidah*.

Todas as almas que terão de reencarnar na Terra preexistem no mundo das Emanações. Cada uma delas possui dez potências e está formada por uma parte masculina e outra feminina unida em um só ser. Estes, ao chegarem ao nosso mundo, ficam separados e tratam de reunir-se de novo. Assim, quando as almas em espera hajam completado sua peregrinação terrestre e habitado um corpo humano, passando por provas e penas cobrindo-se com o luminoso manto para permitir olhar o espelho que reflete a luz dimanante do Senhor, retornarão ao seio infinito de onde provêm e será então que o Messias, inaugurando um período de felicidade perfeita sem pecado, nem dor num verdadeiro Shabat, e que não terá fim...

Segundo a doutrina kabbalista, houve Universos anteriores e tudo quanto constitui nosso corpo tanto espiritual como material voltará ao seio de onde procedeu, porque existe a indestrutividade e a criação eterna. Cada mundo tem pois, por modelo a seu predecessor, criações que é a *"Shekinah"*, quer dizer, a vestimenta ou véu de D-us. E, para finalizar, agregamos que os Arcanos Maiores da Kabbala equivale às 22 letras e seus números das quais, aqui, dizemos somente o seguinte:

- *Aleph* (A) número 1, primeiro som e primeira letra do alfabeto, expressa unidade, o ser, espírito, o homem ou D-us.
- *Beth* (B,V) número 2, designa o interior e ativo, a casa de D-us, do homem, a lei, santuário, gnoses, poder plasmante, etc.
- *Guimel* (G,Gh) número 3, sinala o verbo, gerações nos três mundos, símbolo do organismo e suas funções, a natureza, etc.
- *Daleth* (D,Dh) número 4, representa a iniciação, poder, tetragrama, nutrição.
- *He* (H) número 5, manifesta indicação, ensinamento, ideia abstrata, alma e espírito, etc.
- *Vau* (V,U) número 6, comunica encadeamento, antagonismo, combinação, palavra interior, luz do intelecto, etc.
- *Zayin* (Z) número 7, expressa arma, tendência, causa final e esforço dirigido, etc.
- *Cheth* (Ch) número 8, figura balança, vida, tração e repulsão protoplasmática, calor, legislatura, etc.
- *Teth* (T) número 9, indica o bem moral, sabedoria, proteção, conservação, etc.
- *Yod* (Y,I,J) número 10, sinala princípio, durador, espiritualidade, manifestação e eternidade, etc.
- *Kaph* (K,Kh) número 20, notifica símbolo de coesão, matriz cosmogónica, vida passageira, molde, etc.
- *Lamed* (L) número 30, ideia, instrução, ocupação, extensão, possessão.
- *Mem* (M) número 40, simboliza renascimento, água, criação e destruição, passividade, etc.
- *Nun* (N) número 50, figura mutação, filho, geração, movimento, fruto, etc.
- *Samekh* (S,Ç) número 60, representa comércio, mistério, moral, Universo, eloquência, etc.
- *Ayin* (O) número 70, traça alterações, relações físicas, subversões, o desarmônico vazio, etc.
- *Pe* (P,Ph, F) número 80, significa palavra, imortalidade, pensamento, beleza, cúpula, etc.

- **Tzaddi** (Tz) número 90, manifesta luz refletida, elementos, sugestão, término, formas materiais, vontade, etc.
- **Qoph** (Q) número 100, expressa compreensão, cabeça, dano, voz, lei, letra, os mistos, etc.
- **Resh** (R) número 200, designa unidade psíquica, o ternário da vida humana, sentir, pensar repetir etc.
- **Shin** (Sh) número 300, expressa renovação das coisas, o sensitivo, a carne, vida material, existência, transformação, vegetação, etc.
- **Tau** (T,Th) número 400, simboliza a cruz, perfeição, Microcosmo, abundância, resistência, proteção e reciprocidade, etc.

Ainda podemos dizer que a Kabbala, em suas doutrinas, segundo o *Zohar*, D-us, segue um processo de evolução assumindo as formas sucessivas das dez *Sephiroth*, ou esferas, que é a Árvore Kabbalística indicando as qualidades atribuídas a D-us, que conjuntamente encarna no ser humano, ideal e também divino. Por outro lado, essas noções esotéricas reconhecem três planos misteriosos: 1) *Ain* (Negatividade); 2) *Ain-Soph* (o Ilimitado); e 3) *Ain Soph Aur* (a Luz Ilimitada). Ademais, traçam quatro estradas de manifestação, ou substância universal, a saber: a) **Atziluth**: Região Divina Arquetípica das Emanações, esfera natural das *Sephiroth* e atributos divinos, que é o mundo das ideias; b) **Briah**: Plano da Criação, ou dos tronos, (*Khorsia*). Esfera dos espíritos superiores iluminados pelas faculdades de D-us, é onde Ele mesmo atua por intermédio dos arcanjos; c) **Yetzirah**: Senda da formação (região astral), mundo angelical, das potências fluídicas, onde ao Altíssimo trabalha por intermédio das hostes angelicais; e d) **Assiah**: Campo da ação, plano material, dos corpos, e elementos inferiores, onde o Feitor opera por meio dos planetas e do zodíaco.

A Kabbala também estabelece o seguinte sobre os números: Número 1 é a Natureza Naturante, seu centro se chama Coroa, representa o Verbo Divino, animando nossa unidade. Expressa-se por meio de todos os centros (números) com quais continuamos. Contém o plano arquetípico e angélico.

Número 2. É a Natureza Naturante. Seu centro se chama sabedoria. Possui 32 caminhos e, em cada um, 50 portas que os fecham. Contém a Lei Eterna.

Número 3. É o Espírito manifestado. Possui 50 portas de acesso e 50 luzes. Contém a Lei de Moisés.

Número 4. É a realidade palpável e inteligível. Seu centro se chama Magnificência. Possui 72 pontos, para impor justiça, administrado por 35 princípios de misericórdia.

Número 5. É o fogo vivente que se infunde e difunde. Seu centro se chama Fortaleza. Contém 72 pontos que são guardados por 35 princípios de severidade.

Número 6. É a causa operante, ideia e ato em manifestação. Seu centro se chama Ornamento. Tem 72 portas em cada lado e mais 72 intermediando aquelas.

Número 7. É o esforço do ânimo e ato reflexo a que dá lugar. Seu centro se denomina Vitória, que está guardado por 248 preceitos de afirmações.

Número 8. É a água primordial. Seu centro se chama Glória, que se acha guardado por 365 regras negativas.

Número 9. É a causa unida a seu efeito. Seu centro se intitula Glória. Contém o mundo dos elementos.

Número 10. Representa o espírito plasmante e é a raiz de todas as leis. Seu centro se chama Reino e contém o Verbo, em sua tríplice função, de poder criador, conservador e renovador.

A Kabbala com seus cálculos, combinações e especulações analíticas como se diz, relaciona-se particularmente com a profecia e evocação, o que varia segundo as épocas como se nota do exposto. Surge da estrutura religiosa, de cujos conceitos secretos os esoteristas utilizaram símbolos, letras e palavras, estabelecendo interpretações como meio de defesa, por diferentes caminhos visíveis e invisíveis...

Sobre os três métodos ou aspectos do *Tsiruf* que são: a *Gematria*, o *Notarikón* e a *Temurá*, contemplam o valor numérico de cada letra, pois sabemos que esta linguagem kabbalística, conforme explicamos anteriormente, tem correspondências em numerações, valores e que somados entre si, nos dão a cifra do nome ou de uma palavra em questão. Na relação numérica que assim pode estabelecer entre nomes e palavras distintas ou desconectadas aparentemente, ressalta-se uma identidade entre elas antes inacessível e oculta, ampliando enormemente o campo das analogias simbólicas, e por onde a consciência das ideias pode ser perscrutada. Por exemplo, a contagem numérica do nome do anjo *Metatrom* (chamado o Anjo da Face) soma 314, como o nome divino *Shadday*, o Todo-poderoso ou Onipotente. A palavra *Shilo*, o pacífico, de *Shalom* (Paz), correspondem numericamente com *Mashiah*, o Messias. Também filho, que em hebraico é *ben*, soma 702 como a palavra joelho que é *berekh*, etc.

No *Notarikón*, tomam-se as letras iniciais, as médias ou as finais (quer dizer, as raízes consonantais, pois o hebraico não tem vogais e sim pontos diacríticos que sinalam a vocalização correta da palavra); tomam-se, dizíamos, para formar palavras distintas que as contêm. Por exemplo, o nome Adam contém as letras D, ou *daleth*, e M, ou *mem*, iniciais de David (amor de D-us) e Messias (O ungido, o sinalado). A palavra *melah*, o sal, está formada pelas mesmas letras que *lehem*, pão. Também, e fora do judaísmo, o Cristianismo primitivo via na palavra *Icthis*, Peixe, o anagrama do Messias, ademais de ser a figura um de seus símbolos mais conhecidos; cada inicial constrói em grego a frase: "*J(I)esus Cristo F(H)ilho de D-us Salvador*" (vale lembrar que as letras J, I e Y têm o mesmo valor numérico).

A *Temurá* é um ramo do *Tsiruf* que combina ambas as possibilidades literais e numéricas, sem limitar-se a seguir uma ordem lógica nas permutações. Inverte, substitui e separa letras de palavras para formar outras distintas. Substituindo, por exemplo, a vau (letra V) do nome *avir*, éter, fica *aor*, a luz. Também inverter a leitura normal para encontrar um novo significado na palavra é uma forma de *Temurá*, como ocorre em português com Roma, que lida ao revés é Amor; ou na língua hebraica em exemplo poderia ser osso, *etsem*, que ao revés nos dá o verbo *matso*, que significa estar no meio.

À luz destas poucas premissas já se pode advertir que há inesgotáveis possibilidades dentro desta ciência simbólica, ainda que tenhamos que fazer um inciso. Muitos eruditos da Kabbala sustentam que, para aprofundar nesta ciência (Kabbalística) é imprescindível conhecer a língua e a gramática hebraica, isto é, falar e ler corretamente, o que nos parece um exagero, sobretudo se temos em conta o valor eminentemente simbólico das letras. Sem dúvida, há que se admitir que pouco longe se pode ir com estes métodos que citamos sem um conhecimento básico do alfabeto hebreu, mas isso não pode nos privar da possibilidade de utilizar as letras como suporte de mediação, pois, de fato, são ideogramas, como podemos observar. Na verdade da Kabbala rabínica estritamente judaica pouco poderíamos falar, já que não somos judeus. Porém, temos que lembrar que há cinco séculos do êxodo da Espanha, se no Ocidente a Kabbala não se tivesse cristianizado por meio do importante movimento esotérico e hermético chamado Kabbala Cristã (o qual se perpetuou a nível iniciático, até nossos dias, integrando as diferentes cosmologias dessas duas tradições), nada ou quase nada saberíamos dela atualmente. Para aqueles mestres, como também para nós, não existe ruptura tampouco entre o Cristianismo e o Judaísmo. Como o próprio Jesus Cristo nos disse que ele não veio para abolir a lei mosáica, senão a cumpri-la, o qual lhe outorga uma dimensão ao judaísmo que, como sempre, os mais literalistas não podem compreender, apegados como estão nas formas fixas.

Os modelos simbólicos da Kabbala são, na verdade, universais; as mesmas vinte e duas letras do alfabeto não servem unicamente para falar e comunicar-se entre as pessoas, senão, sobretudo, para meditar seu simbolismo, o qual dificilmente poderia permitindo-o uma língua não sagrada, isto é, profana. Além disso, no Ocidente não temos outra língua sagrada, além da hebraica, exceto, talvez, o árabe, língua que foi majoritariamente falada e escrita na península ibérica durante grande parte da Idade Média, e com a qual o hebreu tem profundas relações em muitos níveis. Efetivamente, ainda que o latim tenha servido como língua religiosa na liturgia católica, não significa que seja uma língua sagrada, como tampouco é o grego, utilizado majoritariamente no Cristianismo ortodoxo.

Por outro lado, vimos que a rotação das letras, articulando e gerando tecidos simbólicos de nomes, ideias e números, é uma imagem da própria rotação do mundo e dos seres, um símbolo da vida interna dos arquétipos do Verbo, e um modelo de nossas mais íntimas realidades. Os *32 Caminhos da Sabedoria* são, nesta tradição, as 22 letras mais as 10 *sephiroth*, nomes, aspectos ou atributos da Unidade. E, segundo esses caminhos, diz o *Sepher Yetsirah*: "*que o Senhor dos exércitos (D-us vivo e Rei do Universo, D-us de Misericórdia e de Graça, D-us sublime residindo na eternidade), tem formado e criado o Universo*".

Nem todas sem dúvida, mas se algumas possibilidades desta ciência combinatória as encontrariam também em outras línguas como a nossa, se, por exemplo, tivéssemos em conta o significado etimológico das palavras e dos nomes, seu sentido mais original e verdadeiro, pois tal e como o pensamento, a linguagem se degrada também quando cai na pura literalidade vulgar e utilitária, perdendo-se sua frescura original e seus significados mais profundos.

Sem dúvida, toda verdadeira linguagem encerra uma metalinguagem. O mesmo que na Kabbala, no Hinduísmo nos encontramos também com a ciência das letras, o *Nirukta*, muito parecido com o *Tsiruf*. O *Nirukta* contempla também algo que não temos falado e que nesta relação e assimilação fonética das palavras, inclusive entre línguas diferentes, a qual nos amplia muito o panorama das analogias.

## Ciclos e Ritmos

A parte da ciência das permutações, a Kabbala possui outros métodos espirituais não menos importantes e eficazes na hora de fomentar a unificação total do ser, métodos que não estão inteiramente desligados uns dos outros, por isso dizemos que a ciência tem ciclos e ritmos em seu fundamento. Temos visto que esta unificação ou reintegração na Unidade é possível pela relação constante entre o cósmico e o humano, entre o Ser universal e o ser particular, quer dizer, entre os grandes ciclos de existência e os pequenos, pois uma mesma pauta os move e os sinalam. E isso é válido tanto para os ciclos e os ritmos da natureza (sejam genéticos, atômicos e siderais), como para os cósmicos, os quais estão incluídos os da própria psique humana, como diferentes camadas de uma cebola, ou rodas dentro de rodas. Isso mesmo faz do homem uma espécie de instrumento musical em que ressoam, ainda que de modo desigual, todas as vibrações cósmicas e que ele mesmo sintetiza em sua qualidade de Microcosmo. Esta mesma ideia está contida na teoria platónica da Harmonia das Esferas, cuja aplicação esotérica e iniciática revela a necessidade de um ordenamento das potências internas do homem com base nas pautas desta Harmonia universal que em Kabbala recebe também o nome de Beleza, *Tiphereth*, sendo uma das *Sephiroth* axiais da Árvore da Vida.

Se cada ideia (plasmada no símbolo) corresponder com um estado especial de compreensão, assim como um nível de realidade cósmica, a vivência deste símbolo fará ressoar ou reviver esta mesma ideia em nós, nos fecundará a consciência com sua energia e a fará vibrar numa mesma sintonia. Tal correspondência simbólica, musical ou rítmica entre o espiritual, o anímico e o corporal está também na base de toda a medicina sagrada. Temos dito que referir-se às técnicas espirituais da Kabbala é desenvolver alguns aspectos da ciência das correspondências simbólicas, dos ciclos e dos ritmos universais, na qual estão fundamentadas todas as normas e métodos de meditação como de práxis científica e artística. Expressão direta e imediata disso é a ciência da invocação ou encantação, uma forma de teurgia espiritual e cosmológica, ligada à memória espiritual. Também inclui as técnicas de respiração e a poesia, que é palavra ritmada, e a caligrafia é a ciência das letras, que é a palavra escrita de forma visível. E muitas outras ciências que não necessitamos referir neste momento. Naturalmente, a própria ideia de ciclo dá uma noção de pauta do tempo e na natureza distinta da qual estamos acostumados.

A ciência moderna nos fez conceber o tempo e aos ritmos temporais como uma sucessão linear, uniforme, monótona e quantitativa, como uma linha indefinida, como uma continuidade homogênea e horizontal. Porém não é esta a imagem que o tempo tem na tradição, que o considera como algo vivo e orgânico, circular, heterogêneo e marcado com diferentes qualidades ou estados dele mesmo. Falar de um tempo vivo é falar também de uma sincronicidade fundamental e universal, que é a que permite a possibilidade de predizer o futuro ou o destino temporal das coisas, e interpretar o passado à luz do presente, ou seja, a função oracular dos próprios módulos simbólicos. Esta organização do tempo também nos dá uma perspectiva vertical e não exclusivamente horizontal dele mesmo, quer dizer, a ideia de diferentes modalidades não somente da sucessão ou duração (como está claro nas quatro estações do ano, ou do ciclo diário, ou da vida humana), mas, sim uma simultaneidade, pois, na verdade, o tempo, segundo a visão tradicional, é uma repetição de um começo sempre atual, um presente simultâneo expressando-se a diferentes escalas de realidade, algo sempre aberto e não fechado sobre si mesmo como uma espiral que se expande e se contrai perpetuamente, regenerando-se a si mesmo no presente, tal como qualquer ser vivo. Ademais, o binômio tempo-espaço é uma unidade cosmológica indivisível, a mútua ação e reação do céu e da terra, o superior e o inferior, e cujo comum intermediário é o homem verdadeiro.

## A Alquimia da oração

*O propósito essencial do ritual mágico é a união do Macrocosmo com o Microcosmo, a qual não se realiza senão por meio do Eu superior. Ao invocar uma deidade ou energia superior, o Mago deverá ter um perfeito conhecimento do Universo e de si mesmo, pois ele não é mais que um reflexo desse Macrocosmo. Na invocação, O Mago se torna uno com D-us: o Eu superior, chispa divida, se converte no que é: um pequeno deus, com todas as qualidades e poderes possíveis, pois de certa maneira é onipotente e onisciente...*

A.A.K.

A ciência da invocação é uma forma de alquimia por meio da oração. E nos referimos à alquimia como ciência espiritual das transmutações, isto é o que sempre está em jogo dentro do contexto tradicional e iniciático.

De todos os ritos, dizem os mestres, o da invocação do Nome ou os sagrados Nomes é o maior. Isso implica não numa frase mecânica e estéril de fórmulas mágicas ou pregações, mas, sim num arrebatamento da reminiscência, a recordação ou a sensação da omnipresença do Único, do Mistério, pois sempre se disse que ainda que tu não vejas, Ele te vê. Por outro lado, o mundo, diz o *Zohar*, em acordo com o Antigo e o Novo Testamento, foi criado pela Palavra, pelo Logos, que é a Voz e o Nome Supremo. Portanto, é a primeira e a maior invocação, análoga no interno da vibração cósmica original, que, segundo esta e muitas outras doutrinas, inaugura a Criação, orquestrando todos os ritmos cósmicos, o bem como uma luz, iluminando as trevas do caos. Se o pensamento, ou o Verbo, nomeia, cria, forma e faz o Mundo, conforme o Nome divino (YHVH), também o redime, o salva e o libera ao revelar e dar continuamente a conhecer seu Ser eterno através dele mesmo, quer dizer, ao revelar por sua Sabedoria ao homem o próprio sentido do mundo e a existência. Para a alma ignorante, o mundo não é uma revelação da eternidade, nem uma obra da vontade divina, senão um círculo vicioso e sem saída possível. Mas só é para a mente caída e dualista que esse paradoxo aparece, como o maniqueísmo de ver o mal e o bem como termos de uma dualidade insolúvel.

Por meio da relembrança do santo Nome, e por meio da concentração de forças no coração que se faz presente no espaço interior, a Criação se torna consciente do Criador através do homem. O de cima desceu, e o que está embaixo se elevou até coincidir; é aquilo que em alquimia designa como as bodas alquímicas entre a alma e o espírito. Este princípio se fundamenta na realidade unitária e ontológica daquele que invoca o invocado e a invocação ou ato de invocar. Segundo a metafísica Kabbalística, como também em São Paulo, somente Ele se recorda de si mesmo, e esta *"re-cordação"* (aquilo que passa pelo coração mais de uma vez) pressupõe uma intuição pura e imediata do Ser, que não é mental nem sucessiva. A oração do coração é, pois, mais uma expectativa interior, um estado de alma, muito mais que um simples movimento de lábios.

Sendo o ser, dentro deste viés, tudo o que ele mesmo conhece, tem também como advertia Aristóteles, o poder de converter-se em tudo que conhece. A força do pensamento ou logos humano tem também poder de assimilar e converter-se naquilo que assimila, no objeto de sua atenção, seja para o bem ou para o mal; quer dizer, para elevar-se ao suprarracional, ou para descer ao infrarracional. Isso, por um lado, supõe uma continuidade essencial entre os diferentes estados do ser, hierarquizados e articulados pela lei universal de correspondência. E, por outro lado, estabelece uma possibilidade de que certas vibrações rítmicas repercutam por simpatia nestes estados, instaurando uma harmonia e, portanto, uma identidade comum entre eles. Esta doutrina abarca todas as modalidades do som e da encantação dos Nomes, que, em tantas vibrações concretas, estimulam por simpatia os diferentes centros sutis do ser, cada um determinado também por uma qualidade vibratória específica, como é o caso dos chacras no hinduísmo, igualmente implícitos no desenho do esquema *sephirótico*. A música sagrada não seria senão uma aplicação dela mesma, mas, se deter-se aí, os sons e as vozes tomam forma visual e se convertem em imagens, ideogramas e gestos, os ritmos tomam corpo, e os corpos, como fenômenos materiais, reduzem-se a proporções ou ritmos espaciais, estando essa mútua relação na mesma base do simbolismo numérico.

A Ciência Sagrada dos ciclos dá ideia de repetição e circularidade e tem uma especial importância, pois se sabe que toda vibração (harmônica ou desarmônica) ou ritmo, se expande em forma circular, em forma de redemoinhos que giram ao redor de um centro, ponto ou vórtice de energia. Esse movimento é universal, determinando em sua dupla possibilidade centrífuga e centrípeta, expansiva e contrativa, todos os ciclos vitais e formas de existência sujeitos ao tempo e a sucessão. Uma manifestação direta disso mesmo é o ritmo respiratório, a circulação do alento vital, chamado *Ruach* na linguagem Kabbalística, e a circulação sanguínea. Esse alento vital do qual se fala nas diferentes técnicas sagradas de respiração, refere-se ao *pneuma* grego, ao *prana* hindu, ao *ki* do taoísmo ou ao *azoth* dos alquimistas, quer dizer, na respiração universal da qual todos nós participamos, aspirando-a e sendo por ela aspirado a cada instante, fundamento, origem e meio de toda possibilidade vital e veículo por excelência da consciência. Esta respiração é sutil e não deve confundir-se com o puro ato mecânico de absorver oxigênio. Efetivamente, o ar que respiramos é a substância sensível de algo que mantém unido e em perene circulação o conjunto da existência, esta inseparável da consciência e da sensibilidade. Desde a perspectiva cosmológica sagrada, o binário consciência-vida forma uma unidade indissolúvel, até o ponto de ser a segunda o veículo e o instrumento da primeira. Como tal, a energia de vida se manifesta nos seres vivos através dos fenômenos principais da luz e do calor, os quais determinam no organismo o sistema nervoso e o sanguíneo. Luz e calor se difundem também por um movimento circular, espiral, e por isso formam precisamente os sistemas circulatórios mais importantes. Ritmar a respiração não supõe, pois, unicamente modificar os ritmos vitais, lentificá-los ou acelerá-los, senão tem, como objetivo principal, veicular a consciência articulando-a a outros estados de si mesma, imprimindo-lhe certos ritmos, acordes com seus diferentes estados, perfeitamente desenhados e conhecidos pela tradição sagrada. O mapa mais característico destes estados e seus diferentes pontos de conexão entre si é de novo o esquema *sephirótico* da *Árvore da Vida*, o qual toma por sua vez diferentes desenhos, abarcando em sua sínteses metafísica e cosmológica todas as correspondências entre o microcósmico e o macrocósmico, e entre o cósmico e o metafísico.

> *A energia derivada da respiração harmoniza as condições da pessoa e dá a ela uma energia singular que está além dos conceitos normais da mente humana. Pois, respirando, estimulamos alguns princípios ativos no interior de nosso ser e obtemos energia de seu equivalente mental. O ato da respiração ocultista se compara a um homem jogando uma corda a um centro de energia sutil, e essa energia se une a ele para harmonizá-lo com a natureza de suas essências.*
>
> A.A.K

A invocação dos Nomes divinos, efetuada segundo determinadas pautas rítmicas respiratórias e seguindo cosmografias precisas do ser, fomenta a recordação ou a reminiscência do nomeado, a presença do invocado, assim como um estado de especial disposição de espírito capaz de provocar, tal como sinalávamos, uma ruptura de nível na consciência, ajudando-a a transcender a dualidade. Em qualquer dos casos, as diferentes metodologias promovem a concentração e a unificação de todos os conteúdos da psique, mundo intermediário que vincula espírito e corpo, harmonizando-os entre si, métodos que adquirem um papel terapêutico e salutar em mais de um sentido, pois estão na base de toda possibilidade de regeneração ou *palingenesia* do ser.

Sobre a caligrafia ou a confecção de selos ou Pantáculos, poderíamos dizer o mesmo, já que são a tradução espacial e visual de um mesmo código de ritmos, contidos nas letras e nos números sagrados. Se o número expressa a ideia de um ritmo, de uma qualidade vibratória, a geometria é o corpo desse ritmo operando no espaço. Estes códigos se dirigem na inteligência visual, que provém do olho do coração, despertando outra percepção do espaço interno e do externo. A caligrafia tradicional reproduz, em sua prática, as indefinidas flexões e matizes do Verbo, as qualidades da linguagem, idênticas aos movimentos da inteligência. A escritura fixa a intensidade dos timbres, a articulação dos sons, a unidade perfeita de suas melodias, quer dizer, reproduz com traços visíveis os signos da Harmonia, ideogramas e hieróglifos do Verbo. No nosso caso, a própria forma de cada letra hebraica é um espelho mágico, uma *mandala*, uma ideia-força e uma imagem ou suporte visual de meditação. Como o eram as figuras geométricas para os Pitagóricos, as runas para as tradições nórdicas arcaicas, ou os glifos calendáricos para os Maias da América Central. Na tradição hindu, como também na tradição Kabbalística encontramos muitas coisas em comum (às vezes este método *Tsiruf* é chamado na Kabbala de Yoga ocidental). As diferentes formas sensíveis das quais principalmente se reveste o símbolo, são os *mantras*, a ciência da invocação dos Nomes divinos; os *yantras* ou esquemas visuais, aos quais podemos somar também a caligrafia sagrada e a iconografia; e, por último, os *mudras* ou gestos rituais, aos que podemos incluir a dança e as diferentes posições e toques simbólicos.

Outra forma simbólica notável que se relaciona intimamente com a Kabbala dentro do esquema da Árvore da Vida *sephirótica* é o jogo de naipes conhecido como Tarô, acróstico de ROTA: é origem de todos os jogos de cartas conhecidas no Ocidente, dando seu nome a ideia de rotação e circulação de todos os elementos, neste mesmo sentido que tem a rotação de todo os signos, as letras e as ideias dos métodos combinatórios do *Tsiruf*. Este jogo aparentemente ingênuo de imagens simbólicas encerra todo um profundo ensinamento esotérico e iniciático. Basicamente é um livro de imagens, uma cosmologia completa expressada por meio de todas suas figuras, números, varas, cores e sua íntima relação. Sua misteriosa origem levou a emitir várias opiniões e muitas vezes dispersas e muito fantasiosas. Sem dúvida, sabe-se com certeza que o que conhecemos hoje em dia sob este nome e esta forma é uma síntese magistral do conhecimento hermético, alquímico e kabbalístico, herança dos iniciados e mestres medievais. Certamente são diferentes módulos simbólicos os que coincidem e se complementam no jogo do Tarô. Por isso encerra dentro de uma leitura alquímica, astrológica, numérica e Kabbalística, seguramente entre muitas outras coisas. E esta coincidência não revela para nós uma forma de sincretismo díspar de elementos simbólicos, mas, sim, como temos dito, uma verdadeira síntese magistral do conhecimento esotérico e cosmológico. Aqui vamos tratar naturalmente, ainda que de forma mais breve, de sua relação com a Kabbala e a Árvore da Vida. O *Tarô* consta de um jogo de 78 cartas ou naipes, palavra de origem árabe que designa a ideia de uma substituição, de algo que substitui e representa outra coisa, a qual nos induz a pensar em sucessivas modificações de um modelo talvez muito mais sintético e abstrato, como podem ser os hexagramas do *I Ching*, um dos livros sagrados oraculares mais antigos do mundo, e cujo nome significa precisamente Livro das mutações ou permutações. Esses 78 naipes estão repartidos em dois grandes maços chamados Arcanos Maiores e Arcanos Menores, o primeiro consta de 22 cartas e o segundo de 56. Estes últimos, os Arcanos Menores, dividem-se, por sua vez, em dois maços de 16 e 40 naipes, formados por diferentes figuras e naipes, quer dizer, um conjunto de 16 naipes formados pela multiplicação de quatro figuras: Rei, Rainha, Cavalo e Dama, por quatro naipes, Paus, Espadas, Copas e Ouros, nesta mesma ordem respectiva. E outra de 40 naipes formado pela divisão em dez numerações para cada símbolo, também respectivamente.

    A primeira correspondência a observar entre a Kabbala e o *Tarô* a teremos sinalada entre os 22 Arcanos Maiores, as 22 letras hebraicas e os 22 canais que unem entre si as 10 *sephiroth* da Árvore da Vida. Como seu próprio nome indica, estes canais são linhas ou passagens de comunicação entre as esferas cósmicas simbolizadas pelas *sephiroth*, e por onde entre os diferentes estados de consciência que integram a totalidade do ser macro e microcósmico. Neste sentido, cada lâmina do *Tarô* nos oferece um hieróglifo, uma mandala ou uma chave, desta porta de acesso a outro nível que representa cada canal. No Yoga tântrico, estes mesmos canais, chamados de *nadis*, são os encarregados de conectar entre si todos os diferentes chacras alojados ao longo da linha da coluna vertebral, sendo o principal o *Shusumna*, idêntico ao pilar do Equilíbrio do esquema *sephirótico*, quer dizer, ao pilar axial que se encontra entre a direita, ou da Misericórdia, e o da esquerda, chamado do Rigor, correspondendo-se com as respectivas partes do corpo humano. Mais além desta relação, os 22 arcanos também se correspondem diretamente com as dez *sephiroth* ou numerações da Árvore Kabbalística, chamadas, como já dissemos, *Kether*, a Coroa, a 1ª; *Chokmah*, a Sabedoria, a 2ª; *Binah*, a Inteligência, a 3ª; *Hesed*, a Graça, a 4ª; *Geburah*, o Rigor, a 5ª; *Tiphereth*, a Beleza, a 6ª; *Netzah*, a Vitória, a 7ª; *Hod*, a Glória, a 8ª; *Yesod*, o Fundamento, a 9ª; e por último *Malkuth*, o Reino, a 10ª. Visualizadas nesta ordem sequencial, que é dos números naturais, e começando pela carta número 1, o mago do Tarô, podemos relacionar a cada *sephirah* um naipe até chegar a décima. As outras doze restantes, seguindo pela carta 11, a Força, situada em *Malkuth*, a última *sephirah*, ocupam igualmente cada um uma *sephirah*, mas seguindo a ordem invertida da sequencia anterior. Quer dizer, a 12ª correspondendo a *Yesod*, a 13ª a *Hod* a 14ª a *Netzah*, e assim sucessivamente. As lâminas 21, O Mundo, e a 22, O Louco (que não vem numerada e equivale também ao zero), ficam fora da estrutura da Árvore Kabbalística, tal como *Ain* e *Ain Soph* (Nomes negativos do Absoluto, Nada e Infinito, respectivamente) se encontram no mesmo esquema mais além de *Kether*, e, portanto, de toda determinação inteligível, referindo-se ao incriado, supracósmico e metafísico.

Os Arcanos Menores e seus dois maços de 16 e 40 naipes, estruturam-se seguindo o modelo kabbalístico que estamos estudando, remetendo-se, cada um a seu modo, ao despregar quadripartida do denário ou década sephirótica, quer dizer, nos quatro Mundos ou planos cósmicos, chamados na Kabbala: *Olam ha Atziluth*, *Olam ha Briah*, *Olam ha Yetzirah* e *Olam ha Assiah*. O primeiro, de 16 naipes, está dividido, temos dito, em quatro figuras e quatro naipes, representativos de cada um dos Mundos: o rei de *Atziluth*, a Rainha de *Briah*, o Cavaleiro de *Yetzirah*, e a Dama de *Assiah*. Do mesmo modo se correspondem com eles os Paus, as Espadas, as Copas e os Ouros, respectivamente. O maço de 16 naipes representará o conjunto destes quatro planos interconectados íntimamente entre si: 4 X 4, quer dizer, cada naipe nos indica a relação de um plano com outro. Por exemplo, o rei de espadas nos está falando de *Atziluth* (O Rei, a figura mais alta) em *Briah* (Espadas). Mas, ao relacionar a cada plano um elemento acorde com sua natureza, o Fogo para *Atziluth*, o Ar para *Briah*, a Água para *Yetzirah* e a Terra para *Assiah*, este maço também nos dá notícia sobre o jogo de relações que se estabelece entre os distintos elementos simbólicos da alquimia.

O maço de 40 naipes (10 X 4) nos fala da ação das dez *Sephiroth* em cada um dos quatro mundos. Assim, por exemplo, o 3 de Espadas nos remete a *sephirah* nº 3, *Binah*, em *Briah*. O cinco de Ouros a *Geburah* em *Assiah*, e assim sucessivamente.

Portanto, o baralho do Tarô sintetiza todo o jogo interno de relações da Árvore da Vida, esquema fundamental da Kabbala e Mapa Mundi do Universo e do homem. E os jogos chamados de azar, como este que estamos vendo, escondem uma sabedoria universal da qual são veículos mágicos, códigos do conhecimento esotérico e do despertar espiritual, o que não quer dizer que a maioria dos que os utilizam, que são legiões, sejam conscientes disto, pois muitas são também, como temos visto, as leituras que contêm. O riquíssimo tecido de relações e contrastes que propõe o Tarô, vistas suas indefinidas correspondências e possibilidades, dilata nossa compreensão da realidade e de nós mesmos, dando-nos as pautas da ordem cósmica e as relações precisas entre a existência individual e a universal, quer dizer, uma compreensão orgânica e unitária da totalidade, desse Todo que em realidade não tem partes. A estrutura da vida se assemelha, com efeito, mais num jogo versátil, aberto e inteligente que a um mecanismo monótono, cego e fechado sobre si mesmo.

Alertamos também que as técnicas kabbalísticas que disporemos nesta obra foram escolhidas dentro de um critério em que, em primeiro lugar tiveram que ser testadas por nós e por alguns Irmãos que se dispuseram a colaborar trazendo informações de suas experiências e resultados que corroboraram nestas seleções. Em segundo lugar, estas práticas foram escolhidas dentro de um marco sagrado tradicional, que nunca puderam separar-se de um processo espiritual donde prima sempre o conhecimento e a contemplação acima da ação e do interesse por benefícios particulares. Qualquer método espiritual está sempre arraigado à função de uma doutrina e de sua correta assimilação, e não tem como outro objetivo senão o despertar espiritual. Do mesmo modo, na realidade não se trata simplesmente técnicas, pois este objetivo descarta qualquer tipo de receita infalível, ou o que é o mesmo, que a ignorância interna pudesse dissipar-se simplesmente executando uma série de ações puramente mecânicas. A importância do método radicaliza, em seu íntimo parentesco com seu princípio, a ideia e seu fim, a atualização na constância de seus conteúdos, quer dizer, a realização das possibilidades mais elevadas do ser, ou seja, o trabalho sempre com o fundo altruísta e nunca com fins egoístas. Além das técnicas está o rito, já que o rito ou o gesto ritual consciente não é, como poderemos observar, senão uma dinâmica do símbolo (do ideograma), do Conhecimento, sua plasmação e recreação correta. Arte e rito são a mesma coisa no contexto sagrado:

tudo o que se efetua segundo a Norma universal, a lei perene pela qual tudo entra sempre na harmonia com tudo.

Tendo a Kabbala um modelo cosmológico e metafísico sagrado e universal, como são os números e a geometria em todas as tradições, não seria correto limitá-lo no tempo e no espaço, nem vê-lo como uma propriedade exclusiva do povo judeu, ou como o produto historial e particular do pensamento de uma etnia. Os ensinamentos que contém são redundantemente atuais e invariáveis em todos os tempos e lugares, assim como seus métodos, artes e ciências, estão na mesma medida que seu objeto intrínseco; o D-us eterno e infinito que, como ela, revelam todas as tradições autênticas, quer dizer, a Sabedoria unânime e perene. São certamente nossas próprias limitações os véus que criam obstáculos à claridade das ideias propostas pelos modelos de conhecimento. A obscuridade e a complexidade não residem neles, muito pelo contrário, em nossa própria mente carregada por um sem fim de tópicos, a maioria dos quais nem sequer temos revisado conscientemente, como exemplo o progressismo ou o evolucionismo histórico, entre muitos outros. Sem dúvidas, tampouco são ideias comuns nem familiares à linguagem corrente. Necessitamos conhecer a linguagem dos símbolos, ou seja, o sentido dos símbolos fundamentais, os quais são acessíveis a qualquer mente desperta e bem intencionada. Em suma, se a decadência dos tempos é algo inexorável, produzido por uma progressiva fossilização do pensamento e do ser, também podemos afirmar que a persistência da memória espiritual, ritos e mitos das tradições ainda vivas, como a hermética-cristã-kabbalística, cumprindo como elas uma função regeneradora, libertadora e orientadora das possibilidades mais elevadas e universais do ser humano, templo do Espírito Santo. Segundo a Kabbala, o Cristianismo e todas as tradições sagradas da humanidade são expressões históricas de um único Conhecimento e Sabedoria, àqueles que amam contemplam e os que buscam encontram. Então busquemos com determinação este tesouro que nos espera, tornemos nossas vidas um pátio de *luz, paz e amor*, e nunca se esqueçamos da máxima do Ocultismo: *Saber, Querer, Ousar e Calar.*

## Dados historiais, a linha do Tempo

Diante de tantos estudos críticos da Kabbala, um tem sido testemunho de Gershom Scholem: *Las grande corrientes de la mística judaica* consagrou a ortografia da Kabbala para designar, segundo a expressão farta e densa de G. Vajda, *"um produto que compreende, ademais do antigo esoterismo judaico, o corpus íntegro dos escritos talmúdicos e midráshicos, assim como a quase totalidade das especulações teológico-filosóficas do período judeu-árabe".* Desta forma, ficou felizmente claro um termo, cuja denominação semântica com a forma de Kabbala lhe havia predisposto a significar tudo quanto, segundo a experiência popular, subsistia no hebreu, pese a que, por sua relação com os espíritos popularizados com o *Conde de Gabbalis* ou com seu reflexo literário *La Rôtisserie de la Reine Pédauque*, evocava um Ocultismo da pior qualidade.

Ainda, a difusão desse termo começava no Renascimento, época em que fez sua aparição nas línguas modernas, contudo, a corrente de ideias que se designa mediante a expressão de Kabbala Cristã apresentou durante muito tempo uma imagem menos infiel dessa *gnose* judaica. Uma tradição erudita, das que ficam como monumentos *La Gaule orientale de P. Colomiès*, na *Biblioteca Hebraica* de J.C. Wolf, *La grand Biblioteca hebraica* de Bartolocci, a *História dos judeus de Basnage*, a *Introducción a la filosofia de los hebreos* de J.F. Buddée, ou a *História de la filosofia, de Brucker*, que consultara Goethe, e manteve, posteriormente, estes estudos no marco da história das ideias. Se excetuássemos a *Historia* de Basnage, Adolphe Franck, que publicou em 1843 *La Kabbale ou la philosophie religieuse des Hébreux*, propôs-se ressuscitar esta literatura latina agregando ao seu trabalho um apêndice sobre a Kabbala Cristã. Porém, não chegou a realizar seu projeto. Sua obra, que suscitou no mundo científico importantes trabalhos, também estimulou a imaginação de Wronski, Eliphas Lévi, Papus, e outros doutores em Kabbala aos que Franck não terminou por apresentar, na segunda edição de seu livro, em 1889, como a espécimes enojados pelas doutrinas positivistas, evolucionistas ou brutalmente ateias dominantes hoje em todo o ocidente.

Este Ocultismo, que ao menos nos foi deixado na bibliografia de Caillet (A.L. Caillet, *Manuel bibliographique des sciences psychiques et occultes*, 3 vols., Paris, 1913), provocou, de certa forma, reações em espíritos que, por não haver exorcizado a maléfica influência do ambiente que lhes rodeava, produziram obras dignas em parte de louvor: as de A.E. Waite, na Inglaterra, e de Paul Vulliaud, na França, o qual naquele tempo anelava um estudo da Kabbala Cristã, levaram-no a traçar suas linhas mestras.

J.L. Blau foi o primeiro que consagrou um trabalho em conjunto a *La interpretación Cristiana de la kabbala em el Renacimiento*. Ainda que fosse somente por isso, esse livro publicado em Nova York em 1944, mereceu ser traduzido, porém ignorava demasiados estudiosos anteriores. Respondia ao projeto de L. Febvre: apresentar (expor) a grande questão, a questão da mística judaica..., capital, tratando-se de uma época em que esta mística e os grandes livros em que se expressava – o *Zohar*, a Kabbala – conhecem o êxito que todos sabem, desde a Alemanha de Reuchlin à

Itália de Pico della Mirandola. A grande questão certamente: que é a kabbala para os cristãos que se interessam pela kabbala? E quem são, para maior precisão, os cristãos que se interessam pela kabbala? Questão esta que desborda amplamente o marco do Renascimento: A. Franck haveria levado o estudo até Francisco-Mercúrio Van Helmont, Blau o havia conduzido até a publicação, em 1677, por Christian Knorr de Rosenroth (1631-1689), autor da famosa *Kabbale Dévoilé*, que se prolongou sendo traduzida e publicada até nossos dias. A tradução francesa do *Zohar*, feita pelo curioso Jean de Pauly, data de 1911. Assim, pois, antes de tratar de abarcar um território tão vasto, intentaremos responder a esta questão fundamental.

Dos diferentes trabalhos e especialmente a publicação das obras de kabbala Cristã, que ficaram manuscritas, foi do cardeal Egidio de Viterbo, personagem central do Renascimento, tem sinalado a necessidade de pacientes estudos monográficos. De nossa parte, vemos a necessidade de buscar nessas obras fontes e manuscritos, para melhor entendermos a *Arte* e geometrizar uma possível perspectiva de trabalho mais próximo da excelência. Prioritariamente, limitamos nosso interesse nas obras cujo período vai da Idade Média, em que faz sua aparição, até o final da primeira parte do século XVII. Trata-se de um recorte evidentemente artificial, e puramente aspectado em interesse pessoal, porém, ao período que nós fixamos, dá-lhe um selo de unidade a publicação das Poliglotas de Alcalá do começo do séc. XVI, de Amberes, em 1572, e de Paris, em 1645.

A Kabbala desenvolveu-se, efetivamente, no século das Poliglotas nos colégios *trílingues,* daqueles que o *ex-libris,* desenhado por A. Durer para o humanista Willibald Pirkheimer é um feliz sinal de que esses temos seriam profícuos. O versículo 10 do Salmo CX, escolhido como divisa: "*O temor de D-us é o princípio da sabedoria*", está escrito em hebraico, no grego e no latim, segundo a ordem do "*títulus*" da Cruz, e representa o ideal que deixou na herança de São Jerônimo, onde o hebraico, a "*língua santa*", língua da criação e da revelação, ocupa o primeiro e principal lugar. Sabe-se muito bem que isso não foi o ideal de todos os humanistas, e que Erasmo, que também formula, ainda que alentou a cultura do hebreu, sem dúvida, jamais fez esforço para aprendê-la. Por outro lado, Michelet, que havia lido com entusiasmo o livro de Franck, agregou a um de seus capítulos sobre a Renascimento: "*Com o italiano Pico della Mirandola, o alemão Reuchlin, o francês Guilherme Postel (tradutor do Libro de la creación e del Zohar), aponta a primeira hora da alvorada...*" Seja qual fosse a intenção de Michelet, essa bateu na tecla certa. A. Humbert definiu com mais precisão o lugar que ocupa a Kabbala Cristã, com Pico della Mirandola e Reuchlin, no primeiro marco da "*ciência nova*", segundo a expressão empregada por Leão X para designar o estudo, a partir dos originais, do Antigo e do Novo Testamento, no Renascimento. O estudo do texto original da Bíblia instigava à literatura hebraica, que é e quanto as suas intenções últimas, inteiramente religiosas. E o filho de Lourenço, o Magnífico, patrocinou, entre outros, a primeira edição completa do *Talmud* da Babilônia, impressa por Daniel Bomberg, seu editor cristão, em Veneza, entre 1520 e 1523.

O catálogo dos livros hebreus, especialmente os da imprensa de Bomberg, realizado pelo bibliógrafo de Basiléia Conrad Gesner, em 1547, dá-nos uma ideia do novo mundo que lhes abriria se lhes abrisse aos cristãos. Ademais, a Bíblia com o *Targum*, a *Massorah* e diversos comentários rabínicos, como os de Salomón ben Isaac, de Tróia (†1105), chamado também, segundo as iniciais de seu título, Rabbi Salomon..., Raschi ou Yarchi, de Abraham ibn Ezra (1092-1167), de David Kimhi (1160-1232), não menos célebre por sua gramática, o *Sepher Michlol* e seus *Sorasim* ou raízes, os de Rabbi Moisés ben Nahaman (1200-1272), chamado também Ramban ou Gerundí, pelo nome de sua cidade natal, os de Ralbag ou Rabbi ben Gerson (1288-1344), filósofos como Saadia (882-942), autor das *Emunoth we Deoth*), crenças e opiniões, Maimonides (1135-1204), autor do *Guía de los Descarriados*, o Hasdai Crescas (cerca de 1340-1410), podiam-se também encontrar obras litúrgicas, tratados filosóficos e morais, e os inumeráveis tratados de *Misnah* e os *Midrashin*, os *Rabboth*, intitulados segundo os correspondentes livros bíblicos. *Beresith rabba*, sobre o Gênesis; *Semoth Rabba*, sobre o Êxodo, etc.

É também conhecido o posto que teve, dentro dessa literatura, a Kabbala no século XII, no qual este terminou, por muito tempo havia designado a tradição em geral, veio significar de uma maneira mais especial a tradição esotérica. Recordemos como em uma primeira fase, a mais longa, desde o século I até o X, desenvolveram-se especulações sobre o problema da criação, chamado, segundo o capítulo primeiro do Gênesis, Ma'aseh Berêsîth, e sobre àqueles intermediários possíveis entre a transcendência de D-us e o mundo, chamado, segundo o capítulo primeiro de Ezequiel, *Ma'ase Merkhaba* (o carro). Os tratados mais célebres foram os de *Hekhalot* ou palácios celestiais, do *Sepher Yezirah*, o livro da criação, o *Raziel*, que é o nome do anjo que revelou a Adam os segredos perdidos depois da queda, os *Pirke* de Rabbi Eliezer. Estas especulações que se propagaram pela Alemanha, sul da França e Espanha, com características muito particularizadas – Hassidismo em torno do grande nome de Eleazar de Worms, Kabbala profética com Abraham Abuláfia (1240-1292), que foi a Roma para discutir com o papa em nome dos judeus – prepararam a publicação do *Zohar*, em aramaico, sob o nome do prestigioso Rabbi Simeón bar Yochai, discípulo de Akibaben Joseph. Os monumentos mais célebres desta corrente de ideias são o Bahir, livro do esplendor; o *Ginnet Egoz, Jardim de nogal*, intitulado a partir do *Cantar dos Cantares*; os *As'are Ora*, as portas de luz, de Joseph Gikatilia; os comentários sobre a Bíblia de Bahya ben Ascher, chamado Bechai no Renascimento; os de Moisés ben Nahaman ou Nachamanida, e de Menachem de Recanati (1290-1350).

É natural que a Kabbala Cristã, que no Renascimento revelasse a literatura apologética da Idade Média, cujo grande monumento segue sendo o *Punhal da Fé* que evidencie esta evolução e que a expulsão dos judeus da Espanha levou inclusive mais adiante. É natural também que os cristãos preguem esta tradição simbólica segundo a sua fé, seu temperamento, sua cultura, e que reencontrem nesta complexa corrente de pensamentos, que é uma meditação constante da Bíblia e da tradição, os elementos de diversas origens que se lhe haviam aderido no curso de uma longa história em países de cultura grega, árabe ou cristã.

Os nomes associados e frequentes a esta Kabbala Cristã evocam, por outro lado, as principais correntes de ideias da época em que se desenvolveu, na mesma época em que eram restituídos o neoplatonismo ou um aristotelismo limpo de influência escolástica. Pico della Mirandola nos traz à memória a academia platônica, cujo mestre, Marsilio Ficino, autor da *Teología platónica* e da *Concordia de Moisés y Platon*, que editou a Porfírio, ao pseudo-Yámblico, a Proclo, a Hermes Trismegistos e que comentou Platão valendo-se desses infiéis interpretes. Reuchlin, aquele que era chamado de Pythagoras redivivus, reivindicava, na dedicatória de sua *Arte de la Kabbala* dirigida a León X, em honra de haver feito por Pitágoras o que Jacques Lefèvre d'Etaples havia feito por Aristóteles. Agrippa representa aqueles espíritos curiosos que descobriram a harmonia do mundo – título de uma célebre obra do Renascimento, devida ao kabbalista cristão Francisco George de Veneza – em uma magia *"em que tudo o que está abaixo é como o que está acima"*.

Pico della Mirandola (1463-1494), o menino prodígio da Renascença, (com quatorze anos já estudava direito canônico na Universidade de Bolonha), foi o primeiro pensador exterior ao judaísmo que introduziu a Kabbala nos estudos filosóficos. Em 1486, com a idade de 23 anos, o jovem humanista de Florença, depois de tentar roubar, em Arezzo, a mulher de um primo de Lourenço de Médicis, recolheu-se a Perúsia para curar as feridas sofridas na quente refrega durante a qual perdeu dezoito homens; ali encontrou um judeu siciliano convertido, Raimundo Guglielmo Moncada, conhecido por Flavius Mitridates, ao qual tomou como seu servidor para estudar com ele o hebraico. Moncada iniciou-o na Kabbala e persuadiu de que ela estava contida nos setenta livros que Esdras tinha escrito no seu tempo, com receio que o ensino secreto confiado a Moisés a setenta eleitos se perdesse com a dispersão do povo judeu; traduziu-lhe os textos que extraia do Zohar pretendendo que eram excertos desses livros. Pico della Mirandola trabalhava tão intensamente que, no mesmo ano, escreveu a Marsílio Ficino: *"Depois de um mês inteiro consagrado dia e noite ao hebraico, entreguei-me inteiramente ao estudo do árabe e do caldaico. Não tenho dúvidas de que faço nestes tantos progressos como no hebraico, no qual posso ditar uma carta, se não na perfeição, pelo menos sem cometer erros."* (Citado por François Secret em *Les Kabbalistes Chrétiens de la Renaissaince* (Paris, Dunod, 1964).

Inspirando-se em diversos manuscritos hebreus ou armênios, como o comentário de Menahem Recanati sobre o Pentateuco, Pico della Mirandola redigiu as suas *Conclusiones philosophicae, cabalistae e theologicae,* que apareceram em Dezembro de 1486, compreendendo uma série de quarenta e sete conclusões sobre a Kabbala segundo o que dela diziam os israelitas, e uma série de setenta e uma conclusões sobre o que ele mesmo pensava. A sua tese era a de que a Kabbala permitia esclarecer alguns mistérios do Cristianismo; a encarnação do Verbo, a Trindade, a divindade do Messias, a Jerusalém Celeste, as hierarquias angélicas, o pecado original, e, ao mesmo tempo, compreender que os filósofos de Pitágoras a Platão, com os quais ela tinha as maiores afinidades, eram compatíveis com a fé cristã.

Querendo provar que possuía um saber universal, Pico della Mirandola dirigiu-se a Roma e desafiou os sábios, propondo-se a defender publicamente novecentas proposições das suas *Conclusiones*; ofereceu-se para pagar a viagem de especialistas que habitavam longe e para suportar os custos da sua estada na cidade. Mas treze proposições foram denunciadas como heréticas ao papa Inocêncio VIII, especialmente a que declarava que a magia e a Kabbala são meios de provar a divindade de Cristo, e Pico della Mirandola teve de assinar uma retratação a 31 de Março de 1487. Redigiu imediatamente a sua *Apologia*; terminada em 31 de Maio, para se justificar: nela contava que um dos juízes, a quem perguntaram em que consistia a Kabbala, tinha respondido que era um homem, chefe de uma seita diabólica, dessa forma, era ignorada no mundo cristão a filosofia dos hebreus. O papa, tendo sabido da *Apologia*, desencadeou contra o seu autor um processo por heresia e condenou-o numa pastoral de 4 de agosto. Pico della Mirandola, que se refugiara na França, foi preso em Lyon em Janeiro de 1488; conseguiu regressar a Florença em virtude de Médicis ter ficado como seu fiador perante o papa. Vê-se bem como era perigoso ser judaizante nessa época.

Pico della Mirandola continuou a estudar a Kabbala comprando permanentemente manuscritos e correspondendo-se com eruditos judeus. O seu tratado sobre a dignidade do homem, *De Hominis dignitate,* enunciou os princípios que serviram de regra aos primeiros kabbalistas cristãos. Permanentemente, invoca na sua obra o argumento, muitas vezes retomado por outros, mais tarde, de que há duas magias, a *goécia*, arte das mais enganadoras (*artium fraudulentissima*), que torna o homem escravo das potências do mal, e a verdadeira magia, a mais elevada das filosofias e também a mais santa (*altior santiorque philosophia*), que permite dominar essas mesmas potências. A palavra mago, dizia ele, significava intérprete das coisas divinas e padre; e só as palavras sagradas em hebraico tinha o poder mágico. A Kabbala, uma vez que ensinava essa verdadeira magia, era a perfeita e suprema sabedoria. Para separar a verdadeira magia da falsa (desta vez sob a influência do monge Savonarola, do qual era protetor), Pico della Mirandola escreveu o livro contra a astrologia. Depois da sua morte prematura, as suas obras foram publicadas, em 1498, juntamente com a sua biografia pelo seu sobrinho, e tiveram uma influência decisiva na opinião pública sobre a Kabbala dali para frente.

Foi o fato de ter encontrado o conde della Mirandola, em Florença, que levou Johann Reuchlin (1455-1522) a tornar-se o iniciador dos estudos hebraicos na Alemanha. Nascido em Pforzheim, inicialmente helenista, filósofo e jurista. Reuchlin fez os seus estudos de Grego em Paris, em 1473, e obteve o seu doutoramento de Filosofia em Basiléia, em 1477, e a sua licenciatura de Direito em Poitiers em 1481. No ano seguinte, como secretário do conde de Wurtemberg, foi a Roma e visitou uma parte da Itália. No regresso, estabeleceu-se em Estugarda e tomou o pseudônimo de Capnion (ou fumo, como o seu próprio nome derivado de *rauch*). Em 1492, começou a aprender hebraico com o médico judeu Jacó Jechiel Loans, o que lhe permitiu estudar os textos da Kabbala e redigir de acordo com uma doutrina de documentação séria *De Verbo Mirifico* (1494), que teve um sucesso internacional. Trata-se de um diálogo entre um filósofo epicurista, Sidonius, e o judeu Baruchias e o cristão Capnion, que se encontraram em Pforzheim e discutem o poder das palavras e das letras. Acabam por concordar com a superioridade do hebraico em relação a todas as outras línguas, e Capnion confirma: *"é através da língua hebraica que D-us desejou dizer os seus segredos aos homens"*[69]. Não se pode explicar o Antigo Testamento sem a conhecer, como provam inúmeros exemplos sobre os quais o autor disserta antes de revelar a verdadeira ortografia do nome de Jesus, que se escrevia então IHS, mas que apenas é correta em pentagrama. Cornelius Agrippa, amigo de

---

69 SECRET, François – *Les Kabbalistes Chrétiens de la Renaissance* – Dunod, Êditeur, Paris, França, 1963.

Reuchlin, comentou *De Verbo Mirifico* no seu curso em Dôle, o que causou a sua expulsão da cidade: tratava-se de um livro essencialmente escandaloso, apesar do seu cuidado em esclarecer o Cristianismo.

Por alturas de uma nova estada em Roma, Johann Reuchlin comprou uma Bíblia hebraica e aperfeiçoou-se em filosofia com o rabino Obadia Sporno. Pôde, assim, publicar a primeira gramática hebraica feita por um cristão, de Rudimentis Hebraicis (1506). Tendo-se uma autoridade como jurista hebraizante, Reuchlin foi chamado a arbitrar quando o imperador Maximiliano, a pedido do judeu convertido Pfefferkorn, publicou um édito, em 19 de Agosto de 1509, no qual decidia fazer queimar todas as obras em hebraico contrárias à religião cristã. Quando perguntaram a Reuchlin se era justo tirar dos judeus todos os seus livros, excetuando a Bíblia, ele opôs-se a isso em nome dos direitos de propriedade, no seu parecer de 6 de Outubro de 1510. Logo em seguida, Reuchlin foi censurado pelos teólogos de Colônia, o caso azedou-se e o grande Inquisidor de Mogúncia, o dominicano Hoogstraten, notificou-o sumariamente para que comparecesse perante o tribunal da Inquisição. Reuchlin publicou a sua defesa contra as acusações, *Defensio contra calumniatores* (1513), mas foi preciso que cinquenta e três cidades da Suábia interviessem a seu favor para que escapasse da prisão. A comunidade judaica de Pforzheim, reconhecida, facilitou-lhe as suas pesquisas sobre o judaísmo e, graças aos documentos rabínicos fornecidos, Reuchlin escreveu *De Arte Cabalistica* (1616), que um historiador apelidou de "*Bíblia da Cabala Cristã*", por ter sido a principal referência dos kabbalistas dos séculos XVI e XVII.

Para se proteger dos seus inimigos, Reuchlin dedicou esse livro ao papa Leão X, filho de Lourenço de Médicis, lembrando-lhe que este se interessava por Pitágoras ao ponto de ter feito reunir fragmentos pitagóricos na Academia Laurentina. Ora, Pitágoras tinha-se inspirado na Kabbala, e, se quisesse reconstituir o seu ensinamento perdido, era necessário procurar entre as obras dos kabbalistas. Reuchlin utilizou tal postulado por precaução, talvez sem nele acreditar verdadeiramente; mas, pretendendo que o estudo da Kabbala conduzia à filosofia pitagórica, ele saía do plano religioso e entrava, enfim, no domínio filosófico das ideias comparadas.

A *De Arte Cabalistica* é mais um diálogo, desta vez em Frankfurt, no qual o pitagórico Filolaus e o maometano Marrano procuraram o judeu Simeon Ben Eliezer, a fim de que este lhes explique a Kabbala. Depois de lhes ter dito que era preciso distinguir entre os *Cabalici* (os primeiros a receber a Tradição), e os *Cabalaei* (os seus discípulos), e os *Cabalistae* (os seus imitadores), ensina-lhes que "*a Kabbala não deve ser procurada nem por meio do contato grosseiro dos sentidos nem com os argumentos da lógica. O seu fundamento encontra-se na terceira região dos conhecimentos*"[70]. Dá-lhes, então, a lista mais completa que havia até essa data dos livros a consultar, e se, por um lado, diz o *Zohar* foi escrito por Simeon Bar Yochai, o qual para o escrever teve de habitar numa grande e obscura caverna durante vinte e quatro anos completos, nota também que o *Sepher Raziel* é uma ficção mágica e recomenda os melhores autores hebreus, caracterizando-os com precisão.

No dia seguinte, Filolaus e Marrano encontram-se apenas os dois, porque Simeon, respeita o Shabat, e expõem, um ao outro, o pitagorismo e a filosofia árabe, maravilhando-se por constatarem que a Kabbala as concilia, em virtude de ser uma teologia simbólica não só as letras e os nomes são signos das coisas, mas também as coisas das coisas. Simeon volta a encontrá-los no dia seguinte e completa a sua explicação com informações sobre os números símbolos, como as cinquenta portas da Inteligência, sendo a primeira porta a de acesso a D-us, e a última ao homem: todas foram abertas por Moisés exceto uma, a porta da Criação. Ele perscrutou a Lei apenas através de quarenta e nove portas, depois da sua morte foi fechada mais uma a Josué, nem Salomão a conseguiu reabrir; depois disso, o espírito humano ficou limitado a quarenta e oito portas (ou possibilidades de conhecimento). Simeon terminou o seu discurso pelo adágio dos kabbalistas: *"O sábio compreenderá"*. O mais admirável na *De Arte Cabalistica* é ver nela um pagão, um muçulmano e um judeu discutindo afavelmente em conjunto e manifestando uma estima recíproca. Reuchlin dá uma lição de tolerância aos seus conteporâneos, tão violentamente sectários, e mostra-lhes que o humanismo coloca a verdade acima dos dogmas.

Johann Reuchlin, ultrapassando Pico della Mirandola, foi o mestre incontestado de todos os filósofos kabbalistas do Renascimento. Foi sob a sua influência que Francisco Georgi, em Veneza, redigiu *De Harmonia Mundi* (1525) e Paulus, depois de numerosos opúsculos, escreveu a sua grande obra *De Celaesti Agricultura* (1541). Na primeira fase da Kabbala filosófica, tratava-se somente de apresentar aos humanistas o esoterismo judaico, de provar que ele punha de acordo de maneira ideal as filosofias da Antiguidade grega e as doutrinas dos padres da Igreja; a segunda fase, que começou a manifestar-se em meados do séculos XVI, englobava pensadores que, não se contentando já a serem comentadores da Kabbala rabínica, extraíam dela princípios de contemplação ou de ação aos quais deram uma aplicação original.

---

[70] SECRET, François – *Les Kabbalistes Chrétiens de la Renaissance* – Dunod, Êditeur, Paris, França, 1963.

Ainda sobre Pico della Mirandola, este evocou ademais uma atmosfera de reforma e profecia, cuja grande figura foi Savonarola, e Reuchlin, o herói da disputa dos homens escuros, abre a Reforma. Enquanto Guilherme Postel, cuja vida cobre o século (1510-1581), apresenta, no seu mesmo iluminismo, o espelho deste complexo século. Mais que um espécime daqueles iluminados menores "*a qual a Kabbala acabou de perder*", segundo a fórmula de Bayle, e que não faltaram certamente, ou daqueles iluminados e espiritualistas, que pululavam tanto na Itália como na Espanha ou em países do Norte, Postel, no mito que constituiu e viveu do Renascimento, traduz a profunda necessidade que seus tempos sentiam de uma "*Restitutio*" e de uma "*Renovatio*".

Este personagem de primeira magnitude, que foi um dos primeiros leitores reais e favorito de Francisco I, pai das letras, que foi um dos primeiros a unir-se à nascente Companhia de Jesus, colaborador da primeira edição do *Novo Testamento*, da Poliglota de Amberes, que escreveu tanto a Mélanchton como aos cardeais do Concilio de Trento, tanto aos diferentes reis da França como ao imperador Fernando, que se fez leitor da Universidade de Viena, que foi defensor de Servet, amigo de S. Castellion – um de seus discípulos escreveu que havia circundado a orbe do mundo. É o mundo do Renascimento, aquele que em os descobrimentos geográficos agregam terras e civilizações novas num momento em que a Europa, em pleno desenvolvimento político e econômico, intelectual e espiritual, debate-se com os turcos. Ao território humanista que se enriqueceu com os pensamentos gregos, judeus e árabes, Postel, cosmógrafo, matemático, helenista, hebraísta, que publicará em Paris, em Basiléia, em Veneza, em francês, em latim, em italiano, em hebraico e ainda em árabe, aporta sua contribuição: o alfabeto de doze línguas, a primeira gramática árabe, uma antologia do *Corão*, as traduções do *Livro de la Creación* e do *Zohar*, e uma inumerável quantidade de manuscritos gregos e sobretudo árabes que versam sobre geografia, matemáticas, medicina e botânica.

O descobrimento do mundo do Islã, que cobre, segundo uma fórmula incessantemente repetida, as 10/12 partes do mundo, induz-lhe a tomar consciência do estado religioso da cristandade, onde se enfrentam com intolerância católicos e reformados. Sensível a reforma de Lutero, assim como na vida em pobreza, desprezo e dor, dos primeiros jesuítas, que estendem as missões aos confins do mundo, válido do valor da razão, que os ateus voltam-se contra a autoridade da revelação, assim como do valor da tradição judaica. Postel acreditou no primogênito das restituições que restaurariam na humanidade em seu estado anterior a queda. Herdeiro do sonho unitário da Idade Média e da perspectiva escatológica sustentada pelas correntes *joaquinistas*, o apóstolo da concórdia universal acreditou que era o papa angélico dos últimos tempos encarregado de reformar a Igreja e de congregar, em um só redil sob um só pastor, turcos, judeus e cristãos.

Nesta visão panorâmica, temos seguido uma ordem histórica e temática, adaptando o projeto de itinerário de um Valéry Larbaud, que se propunha classificar suas datas de tal sorte que todos os fatos concernentes à matéria nos apresentasse de uma maneira clara e de acordo com a ordem dos tempos e com as relações de causa e efeito um primeiro capítulo consagrado aos ancestrais, aqueles que reclamou Pico della Mirandola nos conduz, em uma nova mirada, à Espanha, onde a literatura apologética se enriquece, antes do final do século XV, com os primeiros elementos da Kabbala. Um terceiro sítio situa-se aos flancos da Fênix de seu tempo a Flavius Mithridates e a Pablo de Heredia. Da Itália seguimos para Alemanha, para encontramos com Johann Reuchlin, o primeiro e mais ilustre discípulo de Pico della Mirandola, e retornamos à Itália, que conheceu o século de ouro da Kabbala Cristã com os Pablo e Agustín Rici, os Agustín Guistianiani, Pedro Galatino, Teseo Ambrogio, Francisco Georgio de Venecia, o cardeal Egidio de Viterbo, para citar os mais eminentes. A continuação recorremos, de acordo com a importância desta corrente na continuação do século XVI, os países alemães, que produziram aos Conrado Pelicano, Paulo Fagius, Juan Pistorio, autor da primeira biblioteca de Kabbala Cristã, a França que deu junto a Guilherme Postel os irmãos Guy e Nicolás Lefèvre de la Boderie e Blas de Vigère, a Espanha em que subsistiu a Kabbala Cristã, e, enfim, Inglaterra, onde se desenvolveu ao final do século.

Agrupando, nesta ocasião, os temas mais importantes e os autores nesses países, cuja língua segue sendo pelo geral em latim, em seguida saem a luz, em prosseguimento e completando este panorama, algumas grandes perspectivas: as reações suscitadas tanto entre os católicos, como entre aqueles que se separaram, e a influência que teve esta Kabbala Cristã, convertida em moda, sobre os espíritos preocupados em filosofia oculta ou no simbolismo. Por outro lado, deixa-nos entrever, no marco da primeira metade do século XVIII, as prolongações desta borbulhante corrente de ideias. Panorama este que novas explorações deverão precisar e completar, a respeito da desenganada observação que traz uma visão de conjunto da Kabbala Cristã do Renascimento, a que se faz necessário refazer seu percurso, mesmo que superficialmente; a tão sonhada bibliografia das obras que se ocuparam dessa matéria disporei no final desse capítulo, *"degustatio"* dos grandes textos da Kabbala Cristã.

## CAPÍTULO II

# O Kabbalismo

As ciências chamadas *secretas* apresentam-se sob duas modalidades: *kabbalistas* ou *ocultistas*, isto é, partidários da tradição ocidental ou hebraica; e teósofos, isto é, partidários da tradição oriental ou sânscrita. Em outros termos: o sânscrito é a língua empregada por estes últimos para definir seu ensino, como o hebraico é a língua empregada pelos primeiros. Mas, se as duas correntes da tradição tiveram como origem comum a *Inspiração do Além* e quase não distinguem nas teorias, tomaram depois um caráter distinto nos modos de ação. O Ocultismo procura, com a expressão ou forma, deduzir o Invisível; pela harmonia na forma, faz a harmonia no espírito; e, portanto, caminhando da análise para a síntese, dá um apreço muito especial às fórmulas, às cerimônias, às tradições e às imagens.

A Teosofia procura com a ideia fazer a forma ou fórmula segundo a qual a Humanidade viverá feliz; e, portanto, vindo da síntese para análise, dá menos apreço às fórmulas que a ação direta da ideia ou comunhão do pensamento. O Ocultismo era outrora interditado às mulheres o acesso aos primeiros graus; neste sentido, pode-se dizer que o Ocultismo representava o elemento masculino. A teosofia, ao contrário, pelo fato das mulheres tomarem nela uma parte preponderante parece representar a sensibilidade do coração, do mesmo modo que o Ocultismo representa a ciência ou razão, ainda mais por estar entregue a experimentados cientistas.

Partindo-se do princípio de que o visível guarda uma relação constante com o invisível, chegaram os ocultistas à determinação do invisível pelo visível, do nômeno pelo fenômeno, da ideia pela forma: mas, para do patente chegarem ao conhecimento do oculto, lançaram mão de um método especial – o da analogia, – que cumpre não confundir com semelhança. Isso não quer dizer que desprezem o método indutivo, que parte do fato para a lei, do fenômeno para o axioma, método tão exclusivamente empregado pelos físicos, – nem o método dedutivo, que parte do axioma para o fato, método tão especialmente querido dos metafísicos e teólogos.

Mas os ocultistas, completando o método do físico com o do metafísico, chegam ao analógico, que dá a real expressão da síntese antiga, e verificam a existência desta tripla gradação:

1º-domínio infinito dos fatos;
2º-domínio mais restrito das leis, ou das causas secundárias;
3º-domínio ainda mais restrito dos princípios, ou das causas primeiras.

Na natureza inteira o método analógico vai descobrir três termos. É assim que se encontram as mesmas partes componentes, quer no Homem, quer no Universo, quer em D-us; e é por isso que, assim como chamam o Universo de Macrocosmo, isto é, grande mundo, chamam o homem de Microcosmo, isto é, pequeno mundo.

O Ocultismo ensina que tudo vive, desde a matéria mais sólida até D-us. Uma troca perpétua fazendo-se entre todos os seres, a matéria envolve através dos reinos da Natureza e das raças humanas para o espírito; e, reciprocamente, o espírito envolve para a matéria em condições determinadas.

Esta evolução nunca se dá sobre o mesmo planeta numa mesma idade; assim, pois, o animal é um vegetal envoluído, porém nunca se poderá ver sobre a Terra um vegetal tornar-se animal, porque esta transformação se opera no mundo invisível, entre os grandes ciclos, não sobre o próprio corpo, mas sobre o que fabricará o novo corpo material.

Assim como o homem, cada sistema solar nasce, vive, pensa e morre, completando as idades que estão matematicamente determinadas pelos brahmanes Hindus De acordo com a lei da analogia, vai o Ocultismo descobrir a lei dos ternários. Os seres, quaisquer que sejam, são formados de três partes que se podem analogicamente chamar o corpo, a vida (ou alma) e o espírito. E, como na Natureza tudo é reprodução, isto é, a ínfima célula não é mais que um Universo pequeno, a cada uma das partes ao seu turno pode-se aplicar a lei do ternário. Daí a existência de três mundos no Universo, penetrando-se reciprocamente, unidos, mas, ao mesmo tempo, distintos: o mundo físico ou dos fatos, o mundo astral ou das leis e o mundo espiritual ou dos princípios. O homem que tem a noção dos três mundos e os sente em si é um Iniciado; aquele cuja noção não passa da sua astralidade é um Mago; o que tem apenas uma noção do mundo físico, não pode ser mais que um Sábio. Portanto, o Iniciado é senhor dos fatos, das leis e dos princípios; o Mago só conhece os fatos e as leis; o Sábio limita-se aos fatos.

Seja-nos permitido intercalar aqui um conhecimento de Jules Lermina: *"O homem pode elevar-se ao plano astral, subtraindo-lhe alguns segredos; mas, se não tiver consciência das forças que se acham ao seu alcance, será apenas instintivo, não chegará a ser sábio"*[71].

Um cão atormentado por espancamento, e junto a ele se achando um revolver que há pouco farejou, não cuidará nunca em se utilizar a arma em sua defesa. Há homens que assim farejam o astral. Em resumo, o mundo físico é o dos fenômenos; o astral é o das forças; e o espiritual é o mundo das causas. Para atingir às alturas hipernaturais, é necessário antes de tudo que cada qual saiba em si distinguir o que pertence aos três mundos. O que acabamos de expor é um pálido resumo das generalidades sobre o Macrocosmo.

Quanto ao Microcosmo, ensina a Kabbala que ele é composto de três princípios:

1º-Um elemento inferior, princípio determinante de forma material – *Nephesh*;
2º-Um elemento superior, alma dos espiritualistas, espírito dos ocultistas – *Neschamah*;
3º-Um elemento mediador, vida segundo os sábios, alma segundo os ocultistas – *Ruach*. Esta é uma interpretação superficial, pois aprofundando encontraremos outras leituras mais extensas, que noutra oportunidade detalhamos em nossa obra *Maçonaria, Simbologia e Kabbala*.

O homem vem de D-us e para ele volta, devendo-se considerar nesta evolução três fases:

1º-Partida;
2º-Chegada;
3º-Fase intermediária entre uma e outra.

A Kabbala ensina a doutrina de emanação. O homem emanou de D-us no estado de espírito puro, à sua imagem, isto é, constituído em princípios negativo e

---

71 LERMINA, Jules - *La Science Occulte Magie Pratique: Révélation des Mysteres de la Vie et de la Mort* - Ernest Kolb, Paris, França, 1890.

positivo, em força e inteligência (Chokmah e Binah), em macho e fêmea (Adão-Eva), formando na origem um só ser.

Sob a influência da queda, dois fenômenos se produziram:

1º-divisão do ser único em uma série de seres andróginos, Adão-Evas;
2º-materialização e subdivisão de cada um desses seres andróginos em dois seres materiais e de sexo separado, um homem e uma mulher.

É o estado terrestre. Na fase intermediária o homem, submetido às paixões e sob a influência ao livre arbítrio, deve readquirir voluntária e livremente sua pureza primitiva, criando de novo sua imortalidade perdida, para o que se reencarnará quantas vezes forem necessárias até que seja resgatado pelo amor.

Na fase da chegada, o homem deve constituir seu androginato primitivo, sintetizando os dois seres que provieram da divisão do grande Adão-Eva, para se confundir em D-us, sua origem primitiva. É o Nirvana dos teósofos, em que o ser não perde, como erradamente se pensa, a sua individualidade. O Nirvana é o estado em que o ser atingiu tal grau de pureza que a sua vontade se confunde com o da Pureza Absoluta.

D-us em si mesmo é incognoscível para o homem: é o que os teósofos chamam de *Parabrahman*. Entretanto, pode ser compreendido em suas manifestações, da qual a mais importante é a Trindade. Quer dizer: em D-us há o elemento ativo – a Inteligência; e o elemento passivo – a Força; equilibrados pelo elemento neutral – a Providência. A Kabbala designa esta trindade pelos nomes de Chokmah, Binah e Kether. É a mesma trindade que se nota em todas as religiões, e que só é compreendida esotericamente, isto é, no sentido secreto: Sol, Lua Terra; Brahma, Vishnu, Shiva; Osíris, Ísis e Hórus; Júpiter, Juno, Vulcano; Pai, Filho e Espírito Santo.

A palavra Kabbala em hebraico (קבלה QBLH), literalmente, significa "receber/ tradição"; também romanizada como Cabala, Cabbalah, Cabalah, Kabala, Kabbala, Kabbalah, Qabbāla, Qabbalah etc. Foi ela, com efeito, o meio de se perpetuar a tradição sobre o sentido dos livros do Velho Testamento. A *Massorah* dá a explicação literal, no entanto a Kabbala dá a explicação esotérica e real da escritura sagrada. Moisés ensinou-a oralmente a certos discípulos escolhidos, que a transmitiram de geração em geração. Mas, em certa época, o receio de que a transmissão oral e oculta não bastasse para perpetuar a tradição, fez com que a escrevessem o mais simbolicamente possível; daí os dois livros fundamentais da Kabbala: *Sepher Yetzirah* e o *Zohar*. O sentido literal ou esotérico dos chamados livros sagrados oculta um sentido figurado, cuja interpretação só a Kabbala é capaz de fornecer. Efetivamente, cada versículo, cada palavra, cada letra, contêm ao menos duas acepções: a direta e a figurada. Por três modos a Kabbala interpreta uma palavra: 1º) conforme o valor numeral ou aritmético das letras que a compõem; 2º) conforme a significação de cada letra, constituindo neste caso a palavra uma sentença inteira; 3º) conforme certas transposições de letras. O primeiro processo chama-se *Gematria*; o segundo, *Notarikon*, que no latim é *Notaricum*; o terceiro, o mais antigo, recebeu o nome de *Temurá*, que em hebraico significa permutação. Assim, pois, o conhecimento da língua hebraica é indispensável para o estudo da Kabbala; em nossa obra *Manual Mágico de Kabbala Prática* dedicamos um capítulo a essas práticas.

## O Simbolismo do Gênesis

O *Sepher* (livro) de Moisés constitui uma parte de suma importância e mais original da Bíblia, essa vasta compilação dos livros "*sagrados*". O *Sepher* é o Gênesis propriamente dito, a Cosmogonia, cujo principal autor foi Moisés, sacerdote judeu iniciado nos mistérios egípcios, que lhe adaptou ao seu gênio semita.

O *Sepher* ou Cosmogonia de Moisés, tratado profundo, misterioso, dos Princípios, possui um sentido teúrgico, metafísico e científico, conforme a tríplice chave hieroglífica da linguagem egípcia pura, idioma em que foi escrito o *Sepher Bereshith*. É um Gênesis simbólico admirável, inspirado na tradição atlante-egípcia (chamada raça vermelha). Mas, para compreendê-la, cumpre saber decifrar o sentido oculto, *único, verdadeiro*, da língua egípcia, da qual cada letra tem significado tríplice na sua expressão literal da *Vulgata*, e ficareis desgostosos pelo que vos revela; não há coisa mais errônea, mais retrógrada e mais antirreligiosa.

Felizmente, isso é um simples tecido de fábulas imaginadas por tradutores infiéis, ignorantes ou suspeitos, que assim personificaram os princípios cósmicos, as ideias e os fenômenos, atribuindo-lhes uma história humana. Se aprofundas neste invólucro, ficarás admirado com as luzes que daí se desprendem.

O *Sepher Bereshith*, isto é, o *Livro dos Princípios*, a Cosmogonia ou Gênesis (o único importante, sob o ponto de vista científico, de todo Pentateuco, porque os outros contam simplesmente a história mais ou menos fabulosa do povo de Israel), foi composto 1500 anos a.C., em grande parte por Moisés, inspirado pelos livros sagrados egípcios, e escrito em *hebraico primitivo*, também chamado de *Hebraico puro* (o *hebraico puro* era a linguagem dos Iniciados nos templos de Tebas e Memphis); com três sentidos em cada letra e em cada palavra. Esse livro se perdeu, do mesmo modo que desapareceu pouco a pouco o idioma *hebraico puro*, durante as vicissitudes que se conhece do povo judeu. Por acaso encontrou-se cinco séculos mais tarde, um exemplar do *Sepher* num velho cofre, coberto de poeira, mas conservado. O sacerdote judeu *Esdras*, pressentindo a renovação possível do seu povo, apoderou-se desse *Sepher*, mudou-lhe os caracteres e publicou-o em *hebraico popular*, porque os hebreus desse tempo já não entendiam o *hebraico arcaico*.

Os samaritanos tinham o *Sepher* também, mas simplesmente o *Sepher*, no entanto Esdras passou aos judeus uma espécie de tradução já semipopular, aumentada com suas próprias elucubrações e adições (livros suplementares, ditos do Pentateuco; *Hexateuco*, seria mais apropriado). A datar do sexto século a.C o hebraico puro já não era mais compreendido pelos judeus.

O *Sepher* era para eles letra morta, exceto para os *essênios*, que conservaram a lei oral e secreta de Moisés (*Sepher hebraico*). Os samaritanos tinham um *Sepher* em língua vulgar aproximando-se do hebraico. A *versão dos setenta*, feita em grego, foi ordenada no Egito, onde se achavam os judeus, por Ptolomeu de Alexandria, que recorreu à intervenção do pontífice Eleazer (247 a.C). Os essênios incumbiram-se dessa tradução. Obedeceram ao Princípio, sem desobedecerem à sua consciência nem ao seu pensamento de iniciados, que os impedia de divulgar o sentido superior do Livro Sagrado. Deram, portanto, a tradução *verbal* do *Sepher*, o sentido literal, corporal, e não o sentido do espírito. Além disso, serviram-se da tradução samaritana, muito mais que da hebraica, para aumentar a obscuridade.

Só foram traduzidos os cinco livros ditos de Moisés, abandonando-se às adições de Esdras. Essa tradução foi feita por cinco essênios. O nome de *Versão dos Setenta*, justifica-se por ter sido aprovada em conjunto (como os livros de Esdras, traduzidos depois para o grego), pelo *Sanhedrin* (Sinédrio) dos judeus da Grécia e do Egito, formando uma assembleia de setenta membros. A Bíblia é portanto uma cópia, em língua grega, das escrituras hebraicas, onde somente foram bem conservadas as formas materiais do Sepher de Moisés. E não esqueçamos que naquela época o povo judeu não entendia a língua hebraica primitiva, *mesmo na sua acepção mais restrita*.

São Jerônimo (ano 631 da Era Cristã) procurou em vão compreender o texto hebraico primitivo. Os judeus o ignoram totalmente, e os essênios não o queriam revelar. Reconheceu que só lhe podia servir a tradução grega, que ele naquele momento desejava! Portanto, São Jerônimo refez uma tradução *latina*, menos grosseira que as precedentes, baseando-se no texto grego, comparado, confrontado com o texto hebraico. (O texto grego era falso e, quanto ao hebraico, *absolutamente incompreensível*). Esta tradução grega dos Setenta e a de São Jerônimo, em latim, foram decretadas, pela Igreja Romana, como inspiração divina.

Nos tempos modernos, o insigne ocultista, Fabre d'Olivet, iniciado na tradição hermetista e linguística de primeira ordem, tentou encontrar o sentido perdido da língua hebraica e dar-lhe assim o sentido essênio do *Sepher*. Sua obra, encerrada em dois volumes, sob o título de *Língua hebraica restituída* (*La Langue Hebraïque réstituée, et le véritable sens des mots hébreux rétabli et prouvé par leur analyse radicale* – Auteur, Barrois, Eberhart – 1815-16, Paris, 1815) – Cosmologia de Moisés, é admirável, ainda que incompleta e, às vezes, um pouco equivocada. Mas abre o caminho que devem seguir todos os buscadores sinceros, ensaiando uma tradução dos primeiros capítulos do Gênesis, que mostra o esplendor da Ideia Antiga. É uma reconstituição racional da Bíblia e do vasto simbolismo egípcio-semita.

Os trabalhos de Burnouf, de Champollion, de Renan, de Ledrain, dos Reuss, dos Graff, e de Welkausen, são bem insignificantes ao lado do monumento que Fabre d'Olivet ergueu à Verdade. Eis algumas linhas de Fabre d'Olivet, definindo o justo valor do *Sepher Bereshith*:

> *Filho do passado e senhor do futuro, este livro, herdeiro de toda ciência dos egípcios, traz o também o germe das ciências, futuras. Fruto de uma inspiração divina, encerra em algumas páginas os elementos do que foi os elementos e os elementos do que deve ser. Todos os segredos da Natureza lhe são confiados. Reúne-os, e possui assim mais coisas que todos os livros das bibliotecas do mundo.*
>
> *O que a Natureza tem de mais profundo, de mais misterioso, o que o espírito pode conceber das maravilhas, o que a inteligência tem de mais sublime, ele o possui...*

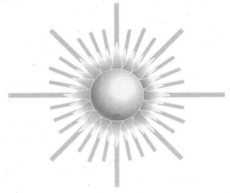

## CAPÍTULO III

# As Ciências Secretas e os três tipos de Ocultismo

*As improbabilidades fantásticas de hoje se tornaram as coisas óbvias e comuns de amanhã. Hoje, muitos pesquisadores estão tentando desvendar alguns dos segredos estranhos e poderes guardados ciumentamente pela mente. O que a mente guarda? O que a mente esconde? As respostas cruas de ontem não serão suficientes; as respostas e os tubos de ensaio não são delicados o suficiente ou não tão discretos para resolver estes mistérios.*

M.J.

As ciências secretas resultam das seguintes modalidades:

1º- *scientia occultans*, ou ciência que oculta;
2º- *scientia occultata*, ou ciência que se oculta;
3º- *scientia occulta*, ou a ciência do que está oculto. Em suma, chamam-se *ciências secretas* às ciências dos conhecimentos que estão naturalmente ocultos; porque não são, sob todos os aspectos, constatáveis materialmente como as ciências vulgares.

Não estando, portanto, acessíveis ao vulgo senão por meio de um adestramento psíquico e de uma iniciação tendo por objetivo o desenvolvimento dos sentidos, com os quais se poderá então compreendê-los em exatidão matemática e racionalidade lógica, essas ciências são verdadeiramente ocultas, exceto para aqueles que, embora não sendo ocultistas, compreendem-lhes de relance toda Verdade, sinal de que, pela sua luta na vida, já estavam preparados ou iniciados em espírito. Assim também se compreenderá que o complemento da instrução em ciências ocultas, recebe-se, não por livros ou escritos, e sim por influência totalmente espiritual, cuja assimilação, é, todavia, proporcional à receptividade do Adepto, ao seu adiantamento moral.

O Ocultismo, isto é, o conjunto das *ciências secretas*, sendo a consubstanciação das regras da Natureza, astral, espiritual e divinal, não poderia deixar de ter o aspecto trinitário. Há, portanto, três espécies de Ocultismo: prático, filosófico e esotérico, isto é, Ocultismo propriamente dito.

O *Ocultismo Prático* compreende, para os leigos, a feitiçaria (magia branca e negra), o magnetismo, o hipnotismo, a sugestão, a psicurgia (a que se dá vulgarmente o nome de espiritismo prático), a Alquimia, a Astrologia, a Cartomancia, a Fisiognomia, etc.

O *Ocultismo Filosófico* compreende a moral (ética), a sociologia, e todas as instruções metafísicas ou teológicas que motivam as religiões.

O *Ocultismo Esotérico* é também chamado Ocultismo propriamente dito, porque se mantém sempre oculto, por mais livros e explicações que se estudem a seu respeito, exceto para os INICIADOS, isto é, para os indivíduos que criaram em si um sexto sentido pelo qual podem compreender, mas nunca definir aos profanos, seus arcanos.

O profano, em relação ao INICIADO, é como um cego de nascença ao qual se procura explicar o que é luz. Compreende-se que, assim como ao cego só se pode explicar com um objeto material cônico o que é o feixe luminoso, também ao profano só se pode explicar a VERDADE por meio de símbolos ou imagens materiais *em que se deve crer por mais absurdas que pareçam*, a fim de poder sem hostilidade mental, *ou humildemente apenas concentrado*, receber as sugestões mentais com que o mestre procura abrir-lhe o espírito. O esoterismo é, portanto, um conjunto de fórmulas, figuras, cerimônias, palavras e letras kabbalistas ou enigmáticas, cujo sentido o discípulo não precisa compreender desde o começo para que elas tenham efeito. A eficácia dessas palavras ou fórmulas sacramentais depende da fé que o discípulo nelas tem, pois a fé é resultado da vontade ou intuição interna e não do esclarecimento.

Um exemplo clássico desse assunto era quando antigamente o padre, ao dizer sua missa em latim que os assistentes não entendem, faz, às vezes, concentrar melhor o pensamento numa só coisa, do que se os assistentes alternassem o pensamento nas diversas coisas despertadas pelos significados das palavras. É bastante para que ele (o padre) entendesse o latim para vitalizar as ideias do seu significado, e que os ouvintes unificassem essas ideias na concentração firme sobre aquilo que não compreendessem.

O *crer no absurdo* tem assim muito mais valor, mesmo porque o Cristo, ao referir-se a Tomé, disse que *"felizes serão aqueles que crêem sem terem visto"*. Para compreender o significado das palavras e fórmulas ocultistas, seria necessária a completa iniciação no Ocultismo, e com isso se compreende que não é possível esperar da parte de discípulos principiantes, nem mesmo é necessário, pois são sempre eficazes se o discípulo tem fé nelas, como prova de humildade para com seu mestre; esta prova de humildade, a que muitos não se sujeitam, sendo um meio de afastar os elementos que, exatamente pela falta de humildade, só poderiam vir a ser maus no futuro, para o Ocultismo, e *perniciosos para eles próprios*.

O Ocultismo propriamente dito, sendo a Verdade, é como D-us: não pode ser definido nem revelado senão aos eleitos, aos Iniciados. Tal revelação só se perpetua pela tradição, chamada contágio ou *palavra sagrada*, do Iniciador para o Iniciado, – e nesta transmissão o Iniciador *morre*, isto é, perde sua futura razão de ser, – tal como se quis significar com a lenda maçônica de Hiram, da Francomaçonaria.

O doutorado pelas academias profanas muito dificilmente poderá admitir as verdades do Ocultismo, porque está como um hipnotizado, sob o efeito sugestivo das teorias contrárias em que foi educado; e por isso não é de admirar que a iniciação se torne mais fácil para os simples e ignorantes, isto é, para aqueles que não se acham sob a influência de sugestão ou educação constituindo ideias pré-concebidas ou atos antagônicos às verdades em que pretendem iniciar-se.

O *Swedenborgismo*, o Catolicismo, o Islamismo, o Budismo, o Brahmanismo, o Espiritismo, o Paganismo ou Mitologia, etc., são modalidades do Ocultismo, diversificando-se conforme os meios, as civilizações, os conhecimentos e os caracteres daqueles que criaram ou desenvolveram essas doutrinas. Quanto à Teosofia, esta distingui-se do Ocultismo quase somente no método.

O Ocultismo ou Esoterismo produz a *Análise*, isto é, organiza a multiplicidade, para o poder, pela analogia, atingir a *Síntese*, tudo ou harmonia nos contrários. Hierarquiza pelas aptidões, distingue pelo mérito, firma os direitos da nobreza para o prestígio que faz a Ordem e para o estímulo que faz o Progresso, em suma, diferenciando as peças do mecanismo social conforme os méritos, faz com que todos se necessitem mutuamente e atinge o objetivo da fraternidade pela necessidade que uns têm dos outros. O método teosófico é diferente, pois vai da *Síntese* para a *Análise*, tendo como preliminar, ou *a priori*, a crença na *sabedoria dos deuses*, isto é, que a organização social existe em consequência da harmonia, da fraternidade, da socialização, do liberalismo, do republicanismo, ou ao menos a *comunhão mental*; e, destruindo assim as formas, é incompatível com fórmulas e títulos que não sejam os que caracterizam os próprios meios teosóficos.

Sendo o método mais suscetível de avassalar rapidamente, é o método que tem sido empregado pelas religiões nos seus começos; mas, como estas religiões não podem subsistir sem ordem hierárquica, todas elas, depois de fortes, adaptam, do mesmo modo que as repúblicas, várias distinções, ou o método esotérico. A maneira dos dois polos essenciais à vida, esses dois métodos revezam-se assim em todas as coisas desde épocas remotas, quando a Evolução, os faz necessários, em vez do outro. A ciência oculta, ensinada nos santuários antigos, dividia-se em quatro sessões:

- o estudo e manejo dos seres e das forças elementares, ou A*lquimia*;
- o estudo e manejo das forças astrais, ou M*agia*;
- o estudo e manejo das forças ocultas do homem, ou P*sicurgia*; e,
- o estudo das forças do empíreo (lugar reservado aos santos e bem-aventurados; o céu) e das suas relações, ou *Teurgia*.

# Os enigmas da Vida
# e o aperfeiçoamento do homem

*Doce é o nascer*
*Da mais doce Terra;*
*Limpa, acalma e gela os céus.*
*Para maiores poderes*
*Mande-lhes as suas flores*
*As quais o perfume purifica.*
*A alma do homem*
*Move para um plano,*
*Guiado por D-us e deuses,*
*Que certamente lideram*
*Cada cavaleiro cansado*
*De períodos escuros.*
*Imutáveis,*
*Cravadas,*
*Onde todas as estradas do velho,*
*Agora todo sinal*
*É cristalino,*
*E todo caminho é ouro.*

A.A.K.

Múltiplos são os problemas que agitam a humanidade. Cada ser, cada homem, tem ante si um ou muitos desafios a cumprir. A vida humana se complica à medida que o homem aspira a conquistar novos estados, novas posições na escala dos seres e das coisas. Na mesma proporção em que aumenta o número das aspirações, aumentam também os incômodos e os sofrimentos.

A luta é inevitável, dadas as circunstâncias de cada época e o crescente poder das aspirações. – Há alguma maneira de escapar do sofrimento? – Sim, claro que tem. E isto é algo que todos deveríamos saber. Antes de tudo, devemos ter em conta que a causa única do sofrimento se deve a nossa ignorância a respeito do que é em si a Vida. Nós nos identificamos demasiadamente com as circunstâncias e por isso elas adquirem poder sobre nós e nos abatem. O homem, para ser feliz, deve trabalhar dia a dia pela conquista de sua independência moral (ética) e de seu progresso espiritual. Antes de tudo, há que saber que a felicidade não depende, de maneira alguma, das circunstâncias, nem das coisas relativas, que por todas as partes nos rodeiam. A verdadeira felicidade consiste no equilíbrio potencial das energias que nos servem como meios condutores de expressão no mundo sensível das formas.

Tem-se uma ideia incerta e imprecisa do que é em si o homem. O homem não é este ser de forma que se faça sensível para nós neste mundo de relatividade, como um animal qualquer. O homem verdadeiro é o ser de consciência de pensamento e razão, que atua atrás desta forma transitória que chamamos homem. Em muitos idiomas, a palavra homem entranha em si o verdadeiro sentido de pensador. Em alemão teremos a palavra *Mann*, em inglês, a palavra *Man*, em sânscrito se chama *Manu*, ao que poderíamos considerar como o regente no mundo do pensamento, ou seja, ao desenvolvimento mental que em uma época alcança a raça; e Manas, entre outras coisas, chama-se a mente nesse mesmo idioma. Platão chama ao homem de *alma pensante*.

O homem, pois, o pensador, é o ser de consciência que se desenvolve e evolui constante e permanentemente, por meio das experiências relativas que a vida humana lhe propõe. No frontispício dos antigos templos de iniciação nos mistérios da vida, encontrava-se sempre uma frase característica, que era como o fundamento sólido daquelas instituições, "*Conhece-te a ti mesmo*". Este é o verdadeiro princípio que nos deveria reger a vida; porém, devido às circunstâncias da época em que vivemos, o homem não se preocupa já senão unicamente no aspecto material da vida; conjuga-se muito o verbo *ter* e raramente o verbo *ser*, havendo abandonado por completo a parte ideal ou espiritual da mesma. E, ainda, muitos declaram com ênfase que a eles não interessa nada além do material, das honrarias, da vaidade, do luxo e da luxuria. Há que advertir que essa declaração é superficial e em nenhum caso é sincera. Na vida de cada um e na de todos os homens, há momentos de abstração, de sentimento, de intuição que nos chama desde o interno a buscar a razão e do porque desta vida.

Neste mundo de agitações múltiplas, há almas sensitivas que levam em si uma aspiração ideal que os coloca em estado intermediário entre o mundo da forma e o mundo supra-sensível, ou espiritual. Essas almas que buscam o oriente da verdadeira luz costumam encontra-se em seu caminho com seres de maior elevação, os quais lhes ajuda a resolver os problemas que lhes afligem ou que agitam em sua alma. Esses superseres são homens como nós mesmos, porém se encontram num estado de maior compreensão dos transcendentais problemas que agitam o espírito humano.

Em todas as cidades se costuma colocar um ponto ideal de aspiração onde se faz ou constrói um templo material, que serve de incentivo e é motivo de fé para os muitos que, ainda, não tenham despertado para tratar de compreender por si mesmo os mistérios da vida e do ser. Induvidavelmente àqueles mistérios são os primeiros passos, porém mais tarde, quando a alma desperta pelos golpes que a lei da consciência lhe prepara, já não pode estar mais satisfeito da forma que mata, senão que se vê impelido a buscar o espírito, que é o que vivifica.

Na antiga tradição vemos relatos de muitos homens subindo montanhas para falar com D-us, e isso deu ao imaginário de outros homens em muitas civilizações a mesma atitude, na Espanha a montanha de *Monserrat,* assim como em Bogotá se batizou com o mesmo nome um pico da cordilheira que domina a cidade. Muitos sobem ao cume da dita montanha para cumprir uma aspiração e dar maior expansão a sua alma. Outros sobem também ao cume na montanha ideal para buscar em sua cúspide uma força conscientizada que lhes faça ver de uma maneira mais clara os enigmas da vida.

Assim, sobre aquela montanha sacrossanta se encontra a residência do Mestre, que todos sabem; os erros que possam surgir se devem à insuficiência do discípulo para compreendê-lo, e em nenhum caso no Mestre. Nesta pequena reflexão se encontrará um ponto de verdade; a verdade pura pertence ao sábio conhecimento do Mestre, e o erro circunstancial ao discípulo. O verdadeiro discípulo (adepto) deve dedicar seu trabalho a todas as almas sedentas de luz e de verdade, sendo ele uma alma do mesmo anelo que a do Mestre. Paz, luz e amor fraternal a todos os Irmãos na humanidade.

## A Origem do mal

Os problemas do mal, de sua origem e seu fim, da *queda* e da *reintegração* da alma humana, da distinção dos atributos divinos e das relações de D-us com a Natureza, foram o objeto quase exclusivo das pesquisas dos grandes místicos da escola ocultista: Jacob Böehme, Martinez de Pasqually, Louis-Claude de Saint-Martin (o filósofo desconhecido), e, na transcrição das ideias de Moisés a este respeito, Fabre d'Olivet. Eis o resumo das ideias desses autores.

A origem do mal deve ser procurada no ser humano e não fora. Hoëne Wronski, no seu *messianismo*, dá os maiores detalhes sobre este ponto. A causa do mal é a queda, e o fim do mal pela reintegração do homem em D-us, sem o primeiro perder sua personalidade. Tais são os pontos que vamos tratar de desenvolver.

Para os ocultistas, Adam não representa um homem individual, senão o conjunto de todos os homens e de todas as mulheres ulteriormente diferenciadas (parece racional que Adam seja uma alegoria personificando as primeiras idades do mundo. Segundo Pasqually, parece que os Noachitas *Sem, Cam e Jafet* estiveram senhores das terras que tomaram os seus nomes: *Sião, China e Japão*, ficando a 1º ao Oeste, a 2º ao Sul e a 3º ao Norte, de acordo com a polaridade da Terra nessa época. Quanto à discordância do calendário dessas nações orientais, motiva-se por causas diversas).

Esse homem universal ocupava todo espaço infra, ou melhor, inter-zodiacal, sobre o qual reinava como soberano. Assim era por ocasião da queda e punição do anjo rebelde, transformando em princípio animador da matéria, que ainda não se mostrava como realização, pois só existia em germe como o fruto no grão ou o filho no ovo materno.

A imaginação de Adam, a qual Moisés chamou *Aisha*, incitada pelo anjo rebelde (o anjo rebelde é o raciocínio nas trevas ou a luz (*lúcifer*) percebida pelo afastamento para a *sombra* ou *nada* imaginário de tudo quanto a vaidade do espírito humano o obrigue conceber como não sendo obra do Criador ou como podendo dirigir melhor; e que só serve para salientar as belezas dessa obra, como as sombras ou tons de um quadro que as necessite ver de longe; – é o espírito dos considerados sobre o *não-ser*, ideia que implica logicamente a imersão ou *extensão* na matéria. Poder-se-ia ainda dizer: a V*erdade* (D-us), tendo no *Bem* (Filho, Verbo, Som) o *Belo* (Espírito Santo Luz, Amor), e pela sua ação ou *involuir positivo*, tirou do corolário (Sombra, Nada, Negativo) do Belo a *Matéria* (4º princípio representado pelo cone sem rotação ou pirâmide de 4 cantos, resultando disso o espírito *diferenciado* ou multiplicado (o ser humano tem cinco sentidos espirituais correspondendo aos 5 da matéria, para evoluir (nº 6), gozar da perfeição ou nirvana (nº 7). A *sombra* sendo produto humano, não tem um número; mas é corporificada pela matéria, assim com o Espírito-Santo é corporificado pelo espírito do humano.

Como está na natureza da matéria, só pode realizar-se por uma *forma* seja qual for, segue-se que a essa forma devia ter preexistido sua concepção ou ideia, e portanto um espírito indistinto, – consistindo nisto o *homem universal* ou *Adam*), apresentou ao Espírito do homem universal um raciocínio que provocou quase todas as quedas, não só universais, porém mesmo individuais e em todas as épocas.

Segundo este raciocínio, o que resiste e que se quer imediatamente e materialmente é mais poderoso que o ideal, invisível e perceptível somente pelo Espírito. Adam, seduzido por esta ideia, supôs que, fornecendo ao princípio da matéria o meio de passar do estado de germe ao estado de realidade, uniria o poder espiritual de D-us ao poder material ainda desconhecido em suas consequências, e que subordinaria, assim, seu Criador.

Essa ideia, uma vez concebida, foi executada pela vontade livre de Adam, dando deste modo a matéria, pela sua aliança com ela, o princípio de existência que lhe faltava. Foi, portanto, desde logo envolvido, em todos os seus órgãos espirituais, por essa matéria a qual acreditava poder dirigir a sua vontade, – e o princípio de egoísmo, revolta e ódio, esforçou-se em atrair todas as aspirações de Adam. A Bíblia, traduzida exotericamente (cumpre não confundir *esoterismo* com *exoterismo*; o primeiro significa *oculto* e o segundo *ostensivo*), diz a este propósito que o ser adâmico foi coberto de uma pele de animal, alegoria simbólica da história real da *queda*. Foi, portanto, pelo exercício de sua livre vontade, que se operou a materialização do homem universal, e sobre este ponto todos os místicos são unânimes (A doutrina espírita de Roustaing dá a este respeito outra explicação, porém, que, na essência, pode harmonizar-se perfeitamente com a do Ocultismo. Os anjos decaídos não eram Espíritos chegados à perfeição, mas sim que não tinham *diferenciado* ou encarnado, pela razão bem simples de que a forma ainda não existia como matéria. O mundo adiantado em que os Espíritos-adâmicos foram exaltados, segundo Roustaing, é considerado em Ocultismo como mundo ou reino do espírito (Adam universal). D-us só tinha de intervir para atenuar as consequências dessa catástrofe, que tinha materializado, ao mesmo tempo em que Adam, toda Natureza constituindo seu domínio, e que devia participar de sua reabilitação. Para atenuar o ato da criatura, o Criador, unindo o tempo e o espaço que *são corolários do plano físico*, criou a diferenciação do Ser coletivo; cada célula de Adam tornou-se um ser humano individual, e *Aisha* tornou-se o princípio da vida universal e da forma plástica: *Eva*. Cumpria ao homem depurar desde então os princípios inferiores que unira à sua natureza, por meio do sofrimento, da resignação às provas, e do abandono da sua vontade entre as mãos do Criador. As reencarnações são o princípio de um mesmo ser, a salvação individual só será finalizada e completa quando se efetuar a salvação coletiva. Para auxiliar essa salvação, o Verbo divino veio participar da encarnação e suas consequências, domar a morte física e os terrores no seu próprio domínio.

Vê-se que os ocultistas, nas suas concepções místicas, são essencialmente cristãos, e os teósofos, como Jacó Boehme e Louis-Claude de Saint-Martin, são característicos neste ponto de vista. O homem deve trabalhar, não só pela sua própria salvação ou reintegração, como diz Martinez, mas também pela reintegração dos outros seres criados. Para alcançarem este objetivo, os teósofos formaram associações, algumas das quais ainda existem. Esta história da *queda* e da *reintegração* é permanente e recomeça em suas linhas gerais para cada alma humana. A encarnação no corpo físico representa, de fato, a primeira *queda*, e a resistência ou submissão da alma humana às atrações apaixonantes do plano físico destrói ou constitui a segunda *queda*.

## O Cerimonial do Iniciado

*Que meus servidores sejam poucos e secretos:*
*eles regerão os muitos e os conhecidos*
AL I § 10

A Ciência se conserva pelo silêncio e se perpetua pela iniciação. A lei do silêncio só é, portanto, absoluta e inviolável relativamente à multidão não iniciada. A ciência pode transmitir-se pela palavra. Os sábios devem, portanto, falar algumas vezes.

Sim, os sábios devem falar, não para dizer, mas para ajudar os outros a achar, por via da maiêutica (método *socrático* que consiste na multiplicação de perguntas, induzindo o interlocutor na descoberta de suas próprias verdades e na conceituação geral de um objeto). *Noli ire fac venire*[72] era a divisa de Rabelais (*François Rabelais*, 1494 – 1553), que, possuindo o conhecimento de todas as ciências do seu tempo, não podia ignorar a magia.

*Vamos aqui levantar um pouco o véu dos mistérios da iniciação.*

O destino do homem é fazer ou criar a si mesmo; é e será filho de suas obras para o tempo e para a eternidade. Todos os homens são chamados a concorrer; mas o número dos eleitos, isto é, dos que alcançam bom êxito, é sempre pequeno. Por

---

72. A mente do homem é fraca. Pode atingir pelo passo a passo a verdade, assimilar, um por um, um número x de fases. Forçar seu movimento natural, a fim de torná-lo o progresso não é o melhor caminho. Os resultados são obtidos, agindo discretamente, sob nenhuma circunstância, de uma forma significativa, como declaração de Rabelais: *"ire noli, fac venire"*. Não empurre para cima os últimos para obrigá-los ir contra o seu próprio desejo; é o suficiente para estar um passo à frente deles para incentivá-los: eles certamente vão segui-lo.

outro lado, os homens desejosos de ser alguma coisa são em grande número, e os homens de elite; são sempre raros. Ora, o governo do mundo pertence de direito aos homens de elite; quando um mecanismo ou usurpação impede que lhe pertença de fato, opera-se um cataclisma político ou social. Os homens que são senhores de si próprios tornam-se facilmente senhores dos outros; mas podem mutuamente se importunar, se não reconhecerem as leis de uma disciplina e de uma hierarquia universal. Para se ficar submetido à mesma disciplina, cumpre estar em harmonia de ideias e desejos, e só pode alcançar esta concordância por uma religião comum fundada sobre as próprias bases da inteligência e da razão.

Essa religião existiu no mundo e é a única que pode ser chamada una, infalível, indefectível e verdadeiramente católica, isto é, universal. Tal religião, da qual todas as outras têm sido sucessivamente véus e sombras é a que demonstra o ser pelo ser, a verdade pela razão, a razão pela evidência e o sentido comum. É ela que prova pelas realidades a razão de ser das hipóteses independentemente e fora das realidades. É ela que tem por base o dogma das analogias universais, porém, que nunca confunde as coisas da ciência com as da fé. Não pode haver fé de que dois e um façam mais ou menos que três; que, em física, o conteúdo seja maior que aquilo que o contém; que um corpo sólido possa comportar-se como fluídico ou gasoso; que um corpo humano, por exemplo, possa passar através de uma porta fechada sem operar solução nem abertura. Dizer que se crê em tal coisa é falar como criança ou louco; mas não é menos insensato definir o desconhecido e raciocinar hipóteses, até negar a priori a evidência para afirmar suposições temerárias. O sábio afirma o que sabe e não crê no que ignora senão segundo a natureza das necessidades racionais e conhecidas da hipótese.

Mas essa religião não poderia ser a da multidão, a qual se tornam necessárias fábulas, mistérios, esperanças definidas e terrores materialmente motivados. É por isso que o sacerdócio se estabeleceu no mundo. Ora, o sacerdócio se recruta pela iniciação. As fórmulas religiosas morrem quando a iniciação cessa no santuário, seja pela negligência e/ou pelo esquecimento dos mistérios sagrados. As divulgações gnósticas, por exemplo, afastaram a Igreja Cristã das altas verdades da Kabbala, que contém todos os arcanos da teologia transcendental. Assim, os cegos tornaram-se condutores de outros cegos, produziram-se grandes obscuridades, grandes quedas e deploráveis escândalos; depois os livros sagrados, cujas chaves são todas kabbalísticas, desde o Gênesis ao Apocalipses, tornaram-se tão pouco inteligíveis aos cristãos, que os padres julgaram, com razão, interdizer (privar) sua leitura aos simples fiéis. Tomados ao *pé da letra* e compreendidos materialmente, esses livros não mais seriam, como o diz a escola de Voltaire, que um inconcebível tecido de absurdos e escândalos.

Acontece o mesmo a todos os dogmas antigos, com suas brilhantes teorias e suas poéticas lendas. A inteligência dos símbolos é sempre caluniada. Eis porque não convém escarnecer daquilo que não se conhece; seria isso tão insensato como admiti-los sem discussão e sem exame. As antigas associações mágicas eram seminários de sacerdotes e reis; e só se conseguia ser nelas admitido por obras verdadeiramente sacerdotais e reais, isto é, pondo-se acima das fraquezas da Natureza.

A fim de se compreender o mister do cerimonial nas operações mágicas, transcreveremos a seguir um fragmento de uma obra do ilustre psicólogo Th. Ribot (*Théodule-Armand Ribot*, França, 1839 – 1916), e damos adiante outras apreciações segundo outros autores:

> *O trabalho da imaginação de que se originaram os mitos, as concepções religiosas, os primeiros ensaios de explicação científica, podem parecer desinteressadas e estranhas à prática. É um erro. O homem, em face dos poderes superiores da Natureza, cujo mistério não penetra, tem necessidade de agir sobre ela; procura conciliá-los, e mesmo dominá-los por meio de ritos e processos mágicos. Sua curiosidade não é teórica; ela não visa saber para saber, mas para agir sobre o mundo exterior e tirar proveito disto. As numerosas questões que a necessidade lhe impõe só responde sua imaginação, visto ser vacilante a razão e nula a cultura científica. Aqui ainda a invenção resulta de necessidades urgentes.* (Essai sur l'Imagination Créatrice, Th.Ribot, Ed. Félix Alcan 1921, Paris, p. 38).

As esquisitices ou excentricidades dos inventores são muitas vezes os meios que o instinto lhes inspira para auxiliá-los nos seus trabalhos de ideação. É o mesmo que se dá com as fórmulas e práticas estranhas da feitiçaria, variáveis como a moda ou conforme a inteligência da época, para que o princípio – a ação da vontade ou do pensamento – possa ser eficaz. São meios de concentração, adequados à constituição dos indivíduos, ao seu grau de instrução, e provavelmente dependentes de alguns acontecimentos cuja lembrança se perdeu. O alemão Schiller (*Johann Christoph Friedrich* von *Schiller* – 1759 —1805) tinha a esquisitice de guardar maçãs podres na sua mesa de trabalho. Rousseau meditava com a cabeça descoberta em pleno Sol. Bossuet trabalhava num aposento frio, com a cabeça envolvida em peles. Outros mergulhavam os pés em água gelada (Gretry, Schiller), ou meditavam deitados, isto é, estendidos horizontalmente (Newton, Descartes, Leibniz, Rossini, etc.). Alguns só acharam inspiração no caminhar, ou preludiavam o trabalho pelo exercício físico (Mozart). Outros tinham necessidade de pôr-se em cena pessoalmente (Maquiavel, Buffon, Guido Reni), ou precisavam do ruído das ruas, das multidões, das conversações, das festas. Ainda outros, necessitavam do recolhimento, da clausura, do silêncio, e mesmo das trevas, como Lamentais. Nesta categoria se encontram sobretudo os sábios e pensadores: Tycho Brahe, que durante 21 anos saíra raras vezes do seu observatório; Leibniz, que podia ficar três dias numa cadeira quase sem mexer-se. Muitos encontram alta inspiração nas bebidas, nos narcóticos, nas leituras ordinárias, nos sofrimentos físicos ou morais, etc.

Alguns escritores trabalham em horas certas; outros, depois de terem-se inspirado fazendo longos passeios no campo; uns precisam que um raio de Sol ilumine seu quarto; outros, pelo contrário, preferem a obscuridade. Molière tinha o costume de ler as suas comédias para sua criada ouvir. Voltaire escrevia sempre diversas obras ao mesmo tempo; interrompia um capítulo de um livro, para continuar uma novela principiada ou terminar um estudo filosófico. Rousseau costumava recolher-se à floresta de Montmorency, e nessa solidão inspirava-se. O poeta Delille só escrevia quando se fechava a chave no seu gabinete. Balzac levava uma vida muito regular. Às 8 horas da noite costumava desenhar, depois deitava-se a dormir até meia noite, a essa hora levantava-se, tomava uma grande xícara de café e escrevia até pela manhã. Flaubert trabalhava todo o ano, esquecendo-se de tudo e de todos e passava dias inteiros escrevendo. George Sand trabalhava com extraordinária facilidade fazendo frequente uso do tabaco.

Théophile Gautier era também dotado de grande facilidade para escrever; mas enquanto George Sand apreciava a solidão e o silêncio, Gautier gostava do rumor monótono e ensurdecedor das máquinas tipográficas.

Musset trabalhava no seu quarto, à luz de uma vela mesmo durante o dia, porque tinha o hábito de fechar as venezianas para escrever. Igual sistema era adotado mais tarde por Crebillon, pois gostava também de escrever durante o dia à luz de velas. Dumas Filho, escrevendo, gostava de inspirar-se ao som de um instrumento; seu pai, pelo contrário, queria o silêncio. Nerval compunha seus trabalhos peregrinando de café em café, de botequim em botequim, e às mesas dos diversos lugares eram suas mesas de estudo. Villier de l'Isle Adam tinha uma vida desordenada; passeava em companhia de amigas, vagando pelas ruas até o amanhecer. Deitava-se então, dormia até meio dia; e a essa hora, sentado sobre o leito, escrevia ininterruptamente até a noite. Verlaine abusava do anis, e o bebia até a noite; quando mudo e silênciosos, punha-se a trabalhar sobre as mesas das espeluncas parisienses.

Hoffmann bebia desmesuradamente toda espécie de vinhos e licores; e, devido a estes excessos, morreu jovem e paralítico. Buffon, pelo contrário, tinha uma vida exemplar; saía raramente de casa e distribuía seu trabalho quotidiano com muito método. Goethe trabalhava somente de manhã. Victor Hugo também trabalhava com muito método e esse salutar sistema foi adotado durante toda sua vida. Gostava de interromper seus trabalhos para conversar um pouco com seus amigos e fazê-los ouvir seus escritos.

*Nas práticas da Kabbala e Arte Mágicka, que veremos a seguir, teremos que nos ater aos conceitos que ficam na fronteira do racional com o místico, filosoficamente um paradoxo, mas, para o buscador sincero e resoluto, um lugar comum de pura intersubjetividade, onde os adeptos, poucos e secretos, encontrarão o perfume da acácia.*

## CAPÍTULO IV

# A Kabbala Dogmática

*Para ser um vencedor, o homem deve aceitar que sempre existe algo mais além que nossos sentidos possam perceber, ou que nossa inteligência humana seja capaz de compreender. Em outras palavras, o homem está limitado por sua própria existência física, limitação que paradoxalmente ele pode superar quando assume seus próprios limites. Então se abre ante seus olhos um mundo desconhecido, um mundo sem igual, através do qual pode vislumbrar o sentido da existência.*

A.A.K

# I. A formação do Universo e dos Mundos
## A existência única: a divindade eterna

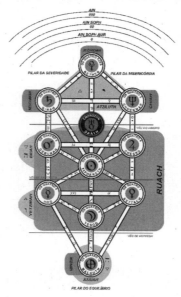

A EXISTÊNCIA ÚNICA é aquilo que a linguagem humana chama de maneira desajeitada e distorcida de D-us; contudo, nenhuma personificação deve ser feita, também fala-se da Divindade Eterna, da Existência-Una.

Esta é *"um estado"*, *"um modo de Ser"* que ninguém pôde descrever senão por aquilo que este estado manifestou de Si Mesmo. É por isso que se diz que a *Existência-Una, a Divindade*, não pode ser conhecida senão por aquilo que Ela manifesta d'Ela Mesma.[73]

Em termos humanos, dizemos que Ela é, ora:

- **A Eternidade,** porque Ela não tem nem começo nem fim e, em consequência, Ela não conhece a duração;[74]

---

73. A palavra *"manifestação"* recebe aqui seu sentido habitual: manifestar, mostrar algo de si mesmo. "Antes da Manifestação" é, assim, uma expressão que significa um momento, ou um "estado" – a linguagem humana está inapta a veicular estes conceitos – em que a Divindade Eterna não exprime nada ainda d'Ela mesma.

74 Esta Existência Única de "antes da Manifestação" não é o nada. Ela parece a nós, seres criados, ser o nada mas Ela não o é. Esta Eternidade carrega tudo latente n'Ela. Isso é muito importante, pois crer que se trata do nada equivale a dar a este (o nada) a capacidade de se exprimir e de mostrar algo de si mesmo. É a Existência Una, Pura e Absoluta, um Ponto Que não é ainda um, segundo nossa representação mental... **o Inconcebível em Seu Absoluto.**

- ***O Espaço Absoluto***[75], porque Ela recobre uma globalidade[76] inconcebível;
- ***O Movimento Perpétuo,*** porque *ele é a Essência da Vida* e, enquanto tal, Ele é também *o Grande Sopro.*

*Este Triplo Absoluto, ou "Ternário Absoluto Não Manifestado", que poderíamos resumir em termos de* **Eternidade, Globalidade e Vida** *"caracterizando" a Divindade, a Existência Única, vai Se manifestar na Criação se tornando a Raiz de seus Três Grandes Princípios Governadores. E é também esta Universidade Divina, já Tripla n'Ela Mesma, Que vibrará em cada criatura.*

Em outros termos, e para culminar neste processo chamado "a Criação", estabeleceremos o seguinte desenvolvimento mental:

1º A Existência Única (o Um Absoluto-Não Manifestado) é Três em Si Mesma; o *"Um" Absoluto carrega o "Ternário" Absoluto;*

2º Este Um Absoluto (a Existência Única, Não manifestada) *exterioriza de Si Mesmo outro Ternário Que permanece, para nós, Não manifestado* (é a eclosão dos *"Três Véus"* da Kabbala);[77]

3º Este novo Ternário, assim exteriorizado[78], *torna-se a Fonte de outro Ternário* (isto é, o Um que se tornará Três: a face Passiva do que a Kabbala chama Kether, o ponto da Luz Imersa);

4º Este Ponto, que representa para nós a Divindade Suprema, torna-se ativo e dá início a uma Manifestação (Kether, em sua face Criadora); aí está a Origem de nossa Tríade Superior, de nossa Santa Trindade, etc.

5º Este Ponto de Luz, a Divindade Suprema, não Se manifestará por isto: Ela se cercará imediatamente de sua Trindade, isto é, daquilo que Ela exprimirá d'Ela-mesma (estes serão, em termos kabbalísticos, as duas Sephiroth Superiores, depois de Kether: Chokmah e Binah; estes A velarão eternamente, sem, contudo, impedir Sua Luz de atingir toda a Criação);

6º A Tríade Suprema assim manifestada, nosso D-us Um em Três, será a Manifestação Divina; passado este estado, Ela não Se manifesta mais antes, porém,

---

75 *Chamado também "Matéria Primordial", "Mãe Eterna", "as Águas primordiais".*
76 *A palavra "espaço" é enganadora, pois a atribuição de seu significado habitual é feita a partir da Ilusão, a partir de um modo de ser, do nosso, se manifestando na Ilusão.*
77 *Que não é ainda o Primeiro Ternário tal como o definimos no capítulo precedente. O Primeiro Ternário é Aquele da Manifestação enquanto o Ternário Absoluto tenta definir os Princípios-Germes do Primeiro Ternário.*
78 *Mas não manifestado; atenção às palavras empregadas aqui.*

no meio do que Ela emanou d'Ela-Mesma (as duas Sephiroth que nomeamos), e se fará o que é, a bem dizer, *"a Criação"*; é somente neste estado que podemos verdadeiramente falar de criação; antes desta, não existe ainda senão a Manifestação, *isto é, a aplicação das Energias diante do criar.*

Todavia, mesmo o termo Manifestação (que implica uma Revelação da parte da Divindade, mostrando aquilo que Ela é) deve ser moderado quanto ao seu sentido: *com efeito, o Ponto de Luz, "D-us", Kether, guarda uma face virada em direção ao Nome Manifestado*; é por isso que A chamamos *"a Luz Imersa"*, e o que Ela aceita manifestar (Sua Luz reluzente, a face Não Imersa), mesmo assim, Ela cobrirá, assim que acabarmos de precisá-lo.

Este véu somente será atravessado quando a Consciência da criatura, fazendo Um com Seu Criador, for absorvida n'Ele. Aí então, há verdadeiramente Conhecimento da Divindade, pois é *retorno à Centralidade da Origem.* Mas ninguém, que Lá foi absorvido, voltou para dizer...

Contudo, aqueles que se aproximaram[79], são Aqueles Dos Quais nós detemos os Ensinamentos, reveladores do Caminho a seguir para conhecermos, nós mesmos, esta Luz que ninguém pôde descrever.

---

79 *Tratando-se de nossa evolução terrestre, a Luz aproximada, é, então, Aquela que irradia nosso Logos Planetário, e depois nosso Logos Solar... Quanto ao Esplendor restante e que banha o Universo... Ela releva de uma Vastidão que nossa estrutura atual não permite mesmo imaginar...*

## II – Premissas da Manifestação: O Triângulo Latente

A Existência-Una, a Divindade Eterna, *exterioriza* Sua Tripla Natureza gerando outra Triplicidade que a Kabbala chama *"os Três Véus"* da Divindade Não Manifestada:

- *A Sabedoria Absoluta, Consciência Absoluta: expressão* da Eternidade. É o *"Ain"* da Kabbala *cujo conceito é mal tomado pelo* nada *habitualmente relacionado a esta palavra.*
- *A Sabedoria sem Limites:* expressão do Espaço ou Globalidade Eterna. É *"Ain Soph"* da Kabbala.
- *A Sabedoria Sem Limites Iluminada:* expressão do Movimento Eterno, Sopro Primordial em si mesmo e Essência da Vida. É *"Ain Soph Aur"* da Kabbala.

Estes Três Véus ou outra Expressão Trinitária da Divindade Eterna são a *Raiz* do que aqui *se tornará* – mas atenção, isto não o é ainda – a Manifestação Divina, *"O Primeiro Ternário ou Ternário manifestado"* dos Pitagóricos, *"a Tríade Superior"* dos Kabbalistas, *"a Trimúrti"* dos Hinduístas e *"a Santa Trindade"* dos Cristãos.

## III – Primeira Fase da Manifestação

Assim, *"A Sabedoria sem Limites Iluminada"*, *"o Terceiro Véu"*, (Ain Soph Aur), torna-se, por Sua vez, geradora de outra Trindade. Ela engendrará um Ponto, o Um, novamente: um Ponto brilhante de Luz, esta não sendo ainda a Luz *"branca"* que nós apreendemos na Criação. Ela é, comparada a esta última, *"uma Luz Obscura"*, ligada à Noite do Espírito.[80]

É este *Ponto, esta unidade reluzente de Luz* e portadora das potêncialidades da Existência Única Não Manifestada, *Que se torna o Um Criador, o Um de onde emergirá a verdadeira Manifestação da Divindade*. É a revelação deste Ponto em Ternário que dará nascimento ao que a Kabbala chama *"a Tríade Superior"*, o Primeiro Ternário.

A emergência deste Ponto de Luz é chamada pela Kabbala de "Sephirah", o que significa o Número, o Um, **Ponto que se "velará" também, naquilo que ele vai gerar.**[81]

Assim, mesmo manifestada, a Divindade Eterna permanece sempre recoberta de véus, estes serão Sua Manifestação Mesma e Sua Criação.

---

[80] *Simbolizada pelo azul noturno, o azul escuro atribuído à Akasha. Nenhuma conotação maléfica deve ser relacionada a este conceito de Luz Obscura... É a Luz não ainda manifestada e diferindo daquela que "nós" concebemos. Fazer a relação com o signo zodiacal do Capricórnio, signo que é a Porta em torno desta Dissolução no Espírito e que domina o céu no inverno, enquanto que o sol físico, portador da vida carnal, torna-se impotente. Este está ligado ao Solstício de Inverno em que as Forças Espirituais penetram em nossa Esfera Terrestre e que simboliza o nascimento do Espírito (o nascimento dos Deuses Solares neste Solstício, retomado pelo Cristianismo para representar o nascimento do Cristo).*

[81] *E não será, então, inteiramente manifestado. É por isso que é dito que Sephirah é representada por um Rosto do qual não podemos apreender senão uma Face, aquela que está orientada em direção à Manifestação (Face que irradia a Luz Branca), a outra Face dá em direção ao Não Manifestado (a Luz Obscura). É o* **I° Logos**, *a Força Destruidora, porque ela engendra a Vida e absorve aquela em Si. "Shiva" na terminologia hindu; "o Pai" na terminologia cristã.*

# IV – A Manifestação da Divindade

## 1 – *A Árvore da Vida Universal*: um glifo pedagógico.

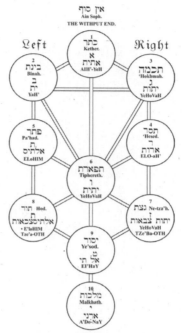

Diagram II. The Divine Names and the Sephiroth

A Kabbala representa o Universo *Manifestado* por meio de um Esquema que tem aproximativamente o aspecto de uma árvore, chamada *"Árvore da Vida"*.[82]

Esse Esquema é um glifo pedagógico que permite apreender as Leis do Universo – palavra que implicará doravante o adjetivo manifestado –, e então do nosso Sistema Solar, e as utilizar a fim de melhor compreender:

- nossa Esfera de existência: a Terra;
- nossa situação física, psíquica, mental e espiritual;
- como nos desprender de nossa condição humana acedendo a um estado de consciência do ser, qualificado de "divino".

---

82 **"Etz chiim"** em Hebraico. A concepção do Universo em Dez Emanações e em Vinte e Duas Sendas emergiu lentamente, nas Escolas Rabínicas, a partir do século III d. C. na Palestina, mas foi necessário esperar o século XII para que ela chegasse à Europa, no Sul da França e da Espanha, sempre nos meios israelitas.

O esquema permite, então, compreender:

- Os Princípios criadores do Universo.
- A circulação da Energia Divina neste Universo.
- A diferenciação desta Energia em vários tipos de Energias.
- A hierarquização destas Energias entre elas.

Em consequência, se compreendemos bem todo o processo da circulação da Energia Divina Única no Universo Manifestado... sabemos como agir por nossa conta sobre a Terra a fim de mudar as circunstâncias de nossa vida, *pois as Leis que regem o Universo são aquelas que regem nosso Sistema Solar ("nosso" Universo), nosso Sistema Terrestre e nossa individualidade.* **"O que está no alto é como aquilo que está em baixo..."**[83]

Para facilitar a compreensão da Organização das Forças Universais, situamos, segundo a Kabbala, no Cimo desta Árvore Simbólica, Kether, a Energia Divina Pura, não ainda diferenciada, isto é, que não exprime ainda Suas múltiplas Qualidades (Sabedoria, Compreensão, Misericórdia, Rigor, Amor, etc.)

Ao pé dessa árvore, colocamos a Terra e todos os mundos de matéria densa, tais como podem ser percebidos pelos telescópios.

Entre o cimo e o pé, sobre o conjunto da folhagem desta Árvore, imaginamos as diferentes Qualidades Divinas que cria cada uma, na medida em que Elas se exprimem sobre os galhos, um Mundo cada vez mais denso. Os mais sutis são aqueles que se aproximam do Cimo da Árvore, e o mais denso é aquele que toca os Pés.

Tal é o simbolismo sintético da Árvore da Vida Kabbalística.

## 2 – A Tríade Superior

A – *"Sephirah"* Kether כֶּתֶר

Este Ponto, este Um irradiante, é o que a Kabbala chama Kether (*"a Coroa"*, em hebraico). **Kether é** כֶּתֶר

- ***O Movimento em latência*** que se manifestará de maneira iminente... Kether é a Raiz manifestada do Movimento (a Raiz não manifestada é o Movimento Perpétuo inerente à Existência Única não Manifestada), pois o Movimento,

---

[83] *Corpus hermeticum.*

enquanto tal, só se manifestará sobre Chokmah. Kether carrega *"os Primeiros Turbilhões do Movimento"*.

- **O Sopro Manifestado** (Expressão do Grande Sopro inerente ao Movimento Perpétuo da Existência Uma Não Manifestada), que está na origem do sopro que animará todos os seres.
- **A Essência da Vida.** A presença do Movimento e do Sopro[84] revela – e isto, cada um de nós pode imediatamente compreender – a Vida: pois se um ser se mexe e respira, não dizemos que ele vive? Kether carrega também em Si todos os Números, em consequência, detém *"o ritmo da Respiração Universal"* ou *"a Raiz do Tempo"*, que organizará o Universo criado elaborando as *"Leis dos Ciclos"* ou *"Leis da Vida"*.

Este Sopro é indiretamente representado pelo Som *"A"* (o ***"Aleph"*** dos Kabbalistas) que rege, por correspondência, *o Elemento Ar, veículo do Sopro sagrado.*

- **A Luz Suprema.** Esta é engendrada pelo Sopro inerente a Kether; é a Luz radiante, que revela o *Desenho Divino*, *o Plano Divino;* Kether revela qual é *o Pensamento Divino*, o qual será plenamente ativo no Primeiro Ternário, isto é, desde que Chokmah e Binah tenham sido manifestados.[85]

---

84 *Sopro e Movimento sendo a mesmo coisa, cada um é a expressão do outro.*
85 *Na Teogonia egípcia, Kether foi representada tardiamente pelo deus* **Ptah**, *que antes foi o deus da Morte (o Fogo Elétrico Espiritual imerso na Substância Cósmica e se tornando o Fogo por Fricção), depois mais tarde por* **Osíris**, *"o deus Negro" e igualmente por* **Thoth**, *"o Sopro de Sabedoria de Cura". As Divindades Egípcias têm uma classificação complexa pois Elas são concebidas na realidade das Forças que Elas evocam, isto é, não imóveis, mas "mutantes", que irradiam os diversos Centros Cósmicos se diferenciando. Assim, Elas se referem ora à Fonte Emissora da Força, ora à Manifestação mais diferenciada desta mesma força. Exemplo: Ptah, se Ele é o Fogo Elétrico Puro (Kether), age também no mais profundo da matéria(Fogo por Fricção) e Ele "se transfere" neste caso para o III° Logos. Outro exemplo: Thoth: Kether, mas também Chokmah, e mesmo Binah (o Thoth-Escriba). A Prática Teúrgica mostra que a Luz de Kether age pela Evocação de Thoth, mas Este Se manifesta de maneira mais densa sobre outra Emanação. Acontece o mesmo para Osíris, Que, manifestando a Polaridade elétrica da Matéria Cósmica (III° Logos), torna-se o "deus Verde".*

## Quadro recapitulativo dos atributos das três forças divinas universais

| | Kabbala | Doutrina Oriental (Índia) | | | Simbolismo Ocidental | Simbolismo Hermético | Simbolismo Egípcio* |
|---|---|---|---|---|---|---|---|
| **MANIFESTAÇÃO** | KETHER | Força Destruidora e Regeneradora | Irradiação do I° Logos Vontade | SHIVA | Fogo Elétrico Espiritual | O PAI Supremo | Pai e Mãe Eletricidade, Magnetismo, Sopro Divino | PTAH*/THOTH OSÍRIS* |
| | CHOKMAH | + Força Construtora | III° Logos Inteligência Ativa | BRAHMA | Fogo por fricção | A MÃE Cósmica (ou Santo Espírito) | Pai Divino Eletricidade Cósmica | OSÍRIS*/ THOTH |
| | BINAH | - | | | | | Mãe Divina Magnetismo Cósmico | ÍSIS |
| **CRIAÇÃO** | DAATH | Círculo Intransponível | | | | Fim do Primeiro Quaternário | | |
| | As 7 Emanações inferiores orquestradas por Tiphereth | Força Conservadora | II° Logos Amor Consciência Sabedoria | VISHNU | Fogo Solar | O Filho | O Filho | HÓRUS |

*\* Não esquecer a complexidade da classificação dos Deuses Egípcios.*

Então o Pensamento Divino, contido em Kether, engendrará o Verbo, o Som Único que será verdadeiramente Criador. **Este Verbo será a Segunda Expressão Divina, Chokmah,**[86] a qual exprimirá a outra polaridade que continha, em latência, Kether: **Binah**.[87]

Este Ternário, assim engendrado, é a *"Tríade Superior"*, *"D-us Um em Três"* manifestado.

**B – Chokmah: *"a Sabedoria"*.**[88]

Esta Segunda Expressão da Energia Divina em hebraico é חָכְמָה

- ***O Verbo Verdadeiramente Criador,*** o Som Único do qual procederão todos os sons, dos Sons de poder à voz humana, até os menores ruídos da natureza. Este Verbo, assim como todos os sons, é a primeira expressão da Vida;
- **A Fonte da Eletricidade Universal**[89] chamada Fogo pelos Hermetistas;
- O Som de Poder ***"Ch"***, o ***"Shin"*** dos Kabbalistas, que coloca em prática *o Fogo Universal ou eletricidade*;
- O ***"Yang"*** dos Taoístas;
- Simbolizada pelo Pai Divino e pela Roda do Zodíaco;
- Portadora do Germe daquilo que se tornará o Amor, na Criação.[90]

**C – Binah: *"A compreensão"*.**[91]

Esta Terceira Expressão da Energia Divina em hebraico é בִּינָה

- A **Fonte do Magnetismo Universal,** chamada *"Água"* pelos Hermetistas.
- O Som de poder ***"M"***, o ***"Mem"*** dos Kabbalistas, que colocam em prática o Magnetismo Universal.

---

86 *No Ocidente, escreve-se tradicionalmente esta palavra com a inicial "ch". Todavia, esta não se pronuncia com o som sibilante que encontramos na palavra "chat"[gato, em francês], por exemplo, mas como um sopro rude que ouvimos no momento de uma expiração forte.*
87 *O "h" final deve ser ouvido na pronunciação com um sopro rude.*
88 *Seu significado em português.*
89 *Não esquecer que se trata do Universo "manifestado".*
90 *O II° Logos.* **"O Verbo se fez carne..."** *segundo o Prólogo do Apóstolo João; isto significa que o Verbo (Chokmah) Se exprime pelo Universo que ele vai criar, o qual será Tiphereth e sua Sêxtupla Manifestação.*
91 *Seu significado em português.*

- O *"Yin"* dos Taoístas.
- Considerada como a Mãe Divina pois Ela é a Matriz da qual emergirão os Mundos e todos os seres criados, isto é, a Fonte da Substância[92] na Criação, a Mãe que engendrará os corpos, todos os corpos ou formas com as quais se revestirá tudo aquilo que evoluirá na Criação: nós, seres humanos, por exemplo, que evoluímos em um corpo físico, um corpo astral, um corpo mental, etc., ou então, nosso planeta que é o corpo físico de um Ser que evolui igualmente em meio a outros corpos: um corpo astral, um corpo mental (ditos planetários então), etc.
- A plena expressão da **Inteligência Divina;** também carrega inscritas em Si as *"condições necessárias" para a eclosão da Vida no Universo. Isto significa que n'Ela reside, como que gravados, "os circuitos"* que devem ser ineluctavelmente seguidos por tudo o que existe na Criação para que esta possa permanecer como tal e realizar o Programa Divino. Esta Organização das Forças forma o conjunto das *"Leis Universais"*. É por isso que se diz que **Binah é "a Guardiã da Lei"** e, que sob este título, *Ela reajusta as Energias que se exprimem na Criação em ações e reações, em causas e em efeitos; o que chamamos* **"o Carma"**.

### D – As *"Trevas": a ausência da Luz.*

Quanto ao que chamamos *"as Trevas"*, em toda a conotação de malefício e de terror que esta palavra recebe, estas não devem ser confundidas com a Luz Divina, o Ponto da Luz Imersa que é Kether em latência de manifestação, *a Luz "Obscura" ainda Não Manifestada* que evocamos no início deste estudo. Na verdade, esta Luz Divina Sombria é simbolizada pelo azul noite, que representa a Luz Espiritual.

Com efeito, *a Primeira e a Última Expressão da Divindade é esta Luz Única – na qual se inscreve o curso de nossa evolução e de nossas inumeráveis vidas – e nada existe fora d'Ela. Tudo que não se refira a esta Única Luz* – qualquer que seja o Aspecto d'Esta – *não tem, então, nem existência nem poder reais.*

Consequentemente, as Trevas não são senão a ausência da Luz Divina (expressa em Brilho/Clarão de Brancura irradiante ou interiorizada no Azul escuro da Noite Espiritual); elas também não têm existência real, e aqueles que se prendem a elas se consagram à sua própria destruição. *E na verdade, como poderia verdadeiramente "estar" no Universo aquele que recusa se incluir ou que não se inclui na Vontade Única de Ser?*

---

[92] *A qual, em sua gradação que vai do mais sutil ao mais denso, é a expressão de diversos estados da Consciência.*

**E – Esta Trindade é a única Manifestação, embora velada, da Divindade**

Chokmah e Binah são as Duas Polaridades da Força Construtora do Universo que vão tecer este último e permitir a emergência de outras Qualidades Divinas.

Sobre o glifo que é a Árvore simbólica, situamos Kether sobre o Cimo e de um lado e do outro, um pouco mais baixo, Chokmah e Binah.[93]

### 3 – A Misteriosa Daath, em hebraico דַעַת, o Abismo da Luz.

A ação recíproca das Energias da Tríade Superior engendrará uma Força eletromagnética: **Daath** *"a Profundeza".*

A Kabbala diz que em Daath se unem pela primeira vez os Quatro Elementos: o Ar de Kether, o Fogo de Chokmah e a Água de Binah, mas que aí também se forma o Elemento Terra.

Para este último é necessário compreender que não é a terra tal qual a conhecemos neste mundo, mas o conceito que esta palavra veicula: a palavra "Terra", enquanto Elemento, implica a presença do Número Quatro, isto é, *o Quaternário*, expressão do que antes se tinha manifestado em *"Três"* (a Tríade Superior), o Primeiro Ternário. *Daath forma com a Tríade Superior o Primeiro Quaternário, um Quaternário essencialmente espiritual,* pois deste emanará o conjunto das Forças que se manifestam em seguida na Criação (os três outros Quaternários).

Daath é *"um Abismo de Luz"*[94] entre a Tríade Superior, e a multiplicação desta em Forças ou Emanações que constituirão a Criação na qual terão existência todos os Mundos e todos os seres que a povoam.

***Daath constitui a fratura pela qual se realiza o fenômeno da "Separatividade", engendrando a Ilusão do Espaço e do Tempo.*** *É esta Separatividade, suscetível de provocar* ***"o retorno da Luz da Inteligência sobre ela mesma e não em direção à Kether",*** *(a Única Fonte de Verdade), que, se não é vencida, gera provisoriamente o fenômeno do "mal".*

---

93 *Osíris representa a polaridade elétrica (Chokmah em dominante elétrica), e Ísis representa a polaridade magnética (Binah, em dominante magnética) as quais agem na Força Construtiva. Se, em um dado momento Osíris foi assimilado, como "deus negro", pela Força Destruidora (I° Logos), a prática teúrgica mostra que Ele está bem ligado ao III° Logos. Fazer também a relação entre a cor "verde", que representa a matéria saída do precedente Sistema Solar (o precedente ciclo de evolução de nosso Logos Solar em que o III° Logos estava em atividade dominante) e Osíris, o deus Verde; o verde, unido ao azul de Isis, dá o azul turquesa (a pedra do mesmo nome era constantemente utilizada, e com razão, em Magia pelos Egípcios).*

94 *Chamado igualmente de "Círculo Intransponível".*

### 4 – Apreensão da Divindade no Universo por Suas criaturas.

Em Binah está a Primeira verdadeira Manifestação da Divindade, Kether restando velada e Chokmah participando na expressão de Binah. Também tradicionalmente se diz que somente podemos captar a Divindade, Aquela na Qual temos a Vida e o Ser, Tal qual Ela Se manifesta em Binah (o Ternário) via Daath, isto é, via seu Primeiro Quaternário.

Isso explica igualmente por que, na Prática Teúrgica que estudaremos mais tarde, *não se faz Hexagrama de Kether ou de Chokmah para evocar a Divindade Suprema* (a Luz e o Sopro de Kether, o Fogo Cósmico de Chokmah), *pois Ela Está perfeitamente veiculada em Binah e não pode ser apreendida a não ser por Binah (via Daath)*. (O Um não pode ser apreendido senão no Três.)[95]

Ao final desta primeira aproximação da formação do Universo, podemos constatar que o Um em Três, o Ternário Imutável, é único ao se manifestar, mas que o Um não Se manifesta nunca verdadeiramente. Todavia, Sua Tripla Essência nos permite – fazendo um retorno resumido – dizer que:

- Ele é a Existência Única Não Manifestada;
- Ele é os Três Véus, Premissas de Sua Manifestação;
- Ele é a Tríade Superior Manifestada;
- Ele está nos Três Princípios Que governam a Criação (as Três Forças: Regeneradora, Construtora, Conservadora);
- Ele é o Núcleo da Consciência em cada criatura, a Trindade Individual, que a Doutrina Oriental chama **"Atma-Buddhi-Manas"**.

# V – A Criação: Expressão desta Manifestação

## 1 – *O Amor, manifestação da Consciência*

A explosão (que é a Criação) do Único Número, da Sephirah-Kether,[96] será percebida, em consequência, como uma eclosão sucessiva dos Aspectos ou Qualidades Que constituem Sua própria Natureza **mas, na realidade, a Criação em Si mesma** – que abordaremos – **não será senão a Expressão desta Manifestação** –

---

[95] *Lembrai-vos da Lição do Pai Egípcio: quando vemos a folha de papiro, podemos separá-la de suas duas faces? Vemos tudo ao mesmo tempo, isto é, Três. O Um permanece, então, um conceito, o conceito da folha, por exemplo, mas uma folha vista imediatamente como Três.*

[96] *É por isso que a Shekinah, a Criação, é também a única Sephirah, Kether.*

em seu Ternário, na Tríade Superior, assim como o vimos – *da Divindade*[97] e esta Criação mesma será ainda o Véu que A cobrirá.

*A Criação*, o que o Pensamento Divino gerará via Chokmah-Binah reunidas, **é aquilo que chamamos "o Filho", isto é, a emergência da Consciência, nesta Criação, pela expressão do Amor.**[98] Este florescimento será representado, assim como o veremos, por uma Emanação Central, *"Tiphereth"*.[99] Em outros termos, o encontro do **Pai Único** (Kether) com a **Mãe Única** (a Força Construtora que é Chokmah e Binah reunidas) engendra o **Filho**.[100]

A Consciência, em sua elaboração, manifesta aquilo que ela é: um *"Centro"* que atrai tudo a si e mantém tudo em equilibro; ela é tanto o Centro como a Criação que ela preenche. Sendo tal, ela é a Força que permite *"conservar"*, *"preservar"* a existência. Ela também é chamada *"a Força Conservadora da Criação"*.[101] Ela é simbolizada por um Sol que, por seus raios brilhantes, atrai tudo para si.

## 2 – *A Consciência: portadora da Eternidade.*

A centralidade dá à Consciência a penetração em qualquer coisa, o Conhecimento último e verdadeiro de tudo o que é; então ela é, ao mesmo tempo, Sabedoria (isto é, o conhecimento a partir do Centro) e *representa*, na Criação, *"o Ponto Único"* Kether, que Esta absorverá, conduzindo-o no Não Manifestado, isto é, na Exitência Única, a única portadora da Eternidade. Então, *"o Filho e o Pai se tornarão Um"*: a Separatividade de Daath será vencida e a criatura, ultrapassando Daath, se unirá ao seu Criador, a Criação mesma se reintegrando ao seio da Divindade Eterna, Não Manifestada.

**Sendo tal, a Consciência é a única, então, que conhece "a Vida Eterna"**.[102] E quando a Criação, – isto é, toda a matéria que forma os Mundos, as galáxias, as milhares estrelas e os diferentes corpos sutis ou densos de todos os seres – for absorvida

---

97 Mesmo esta Manifestação pela Tríade Superior permanece velada, pois a Luz Branca de Kether após Chokmah e Binah constituem já um Triplo Véu.
98 *Cujo Germe está em Chokmah.*
99 *A Emanação do Filho, a Consciência de Tiphereth, resulta do Ternário ativo, Daath, Chesed, Geburah, que governa o segundo Quaternário, Daath, Chesed, Geburah, Tiphereth.*
100 *Quando o Fogo inerente ao I° Logos se une ao Fogo latente no III° Logos, nasce a Consciência, o II° Logos.*
101 *II° Logos. "Vishnu" na terminologia hindu; o Filho, na terminologia cristã.*
102 *É por isso que o II° e o III° Logos são absorvidos pelo Primeiro. O Um, Que Se exprimiu em Três, o qual se multiplicou em seguida para gerar a Criação, se tornou novamente Um.*

pela Vontade Divina, *somente a Consciência* – desenvolvida e adquirida por cada um de nós[103] – *penetrará neste Não Manifestado, nesta Existência Única, a Eternidade*.

Esta aí o essencial a se reter, todas as explicações anexas só servem à *conquista desse Objetivo*.

## VI – A Densificação da Energia

### 1 – Processo

A Criação, tal como a Inteligência Divina a construiu, segundo a Vontade de Ser Inicial, emitindo o Verbo Criador, exprime ou manifesta o Desenho Divino.

Este último é a emergência, na Criação, da Consciência,[104] necessidade à qual são submetidos todos os seres criados e tudo aquilo que existe na criação. *Compreender isto é fundamental*.

De Binah – Que sintetiza a Energia Divina – emanará outra manifestação Divina chamada a Quarta Emanação e assim irão jorrar sucessivamente um do outro ainda Seis outros Reservatórios; Sete ao todo depois de Binah. Cada um d'Eles manifesta uma Qualidade Divina particular e tem uma frequência vibratória própria. As atribuições das Emanações serão estudadas com a *Árvore da Vida* sistêmica a seguir.

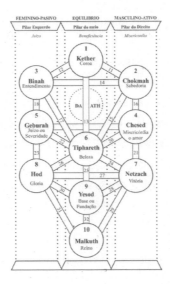

---

103 *No curso de éons, de bilhares de anos, inumeráveis... Trata-se da Consciência verdadeira e não de nossa consciência atual.*

104 *O Filho, o II° Logos.*

Ao total, dez Reservatórios (Vasos, Esferas) se assentam assim sobre esta Árvore (a Tríade Superior – Kether, Chokmah e Binah) e os Sete outros, depois de Binah; Chesed, Geburah, Tiphereth, Netzah, Hod, Yesod e Malkuth.

As Emanações ou Reservatórios de Energia Divina recebem uma numeração de Um a Dez – exceto a Emanação misteriosa *Daath* – seguindo o sentido de cima para baixo.

Cada Emanação Divina, da primeira à Décima, é chamada *"Sephirah"*, o que, como vimos, significa em Hebraico *"Número"*, **os Números ou *"Sephiroth"*** (o plural hebraico) **que descrevem, então, o encadeamento do conjunto das Forças Universais.** Isso explica porque as Matemáticas e a Filosofia Esotérica são somente uma expressão dupla da mesma Realidade Universal.

Essas Qualidades não se exprimem em qualquer ordem; ao contrário, todo o circuito é perfeitamente organizado. Ele constitui aquilo que chamamos *"as Leis do Universo"*: ele não pode ser transtornado. Tudo obedece e tudo o que ali existe tem seu lugar exato.

A primeira visão geral do circuito da Energia Divina pode ser figurada por um relâmpago, descendo em ziguezague em um sentido preciso. Considere o desenho da página número 208; ele mostra bem o sentido desta descida, o qual deve ser bem observado em todo Ritual de Teurgia.

À medida que a Energia Divina se exprime no Universo, Ela se densifica quanto à Sua Expressão, pois Ela cria, nesta descida, condições circunvizinhas cada vez mais densas. É preciso sempre ter em mente a noção de energia. *Tudo é energia em um estado maior ou menor de densificação, esta energia que irradia em uma frequência vibratória cada vez mais densa à medida que Ela se distancia da Fonte Primeira.*

Um exemplo pode fazer com que compreendamos o processo da densidade crescente dos Planos: considere o gelo; ele é, pela ação do frio, a mais forte densificação da água. Quando esta, pela ação do calor, evapora-se, ela perde sua consistência de água e se torna ar; contudo, gelo, água, ar, nos diversos graus de densificação, são para nós, na verdade, a expressão tripla de uma mesma substância. É assim com a energia. Quando esta se condensa ao mais alto ponto, ela se manifesta em *matéria* (esta palavra tem aqui o sentido de matéria percebida pelos nossos cinco sentidos físicos), mas a matéria não é menos, em essência, *uma energia*.

Se então, no cimo desta Árvore simbólica, situa-se o primeiro Centro de Energia, a Força Divina por excelência, os Nove outros Centros ou Emanações serão de uma densidade cada vez maior até a última, a Décima, chamada *"Malkuth"* (*o Reino* em Hebraico) na qual se assenta não somente a matéria densa de nossa Terra, mas também, assim como explicitamos, toda a matéria densa perceptível no espaço com nossos sentidos físicos (ou com ajuda de nossos telescópios).

## 2 – Os circuitos de ligação entre as Dez Emanações Divinas.

As relações que se estabelecem de uma Emanação à outra, isto é, de um Centro de Energia a Outro, mostram como, por suas combinações, o Universo se move. Estas ligações são chamadas **"Sendas"** (*"Cineroth"* em Hebraico). Elas estão em número de vinte e duas, cada uma deles correspondendo a uma das Vinte e Duas Letras do alfabeto Hebraico.

Cada uma destas representa uma Expressão do *"Verbo Criador"* – isto é, da Sua Primeira emissão pela Divindade Eterna quando da primeira fase de Sua Manifestação – e é *"criadora"* em si mesma.

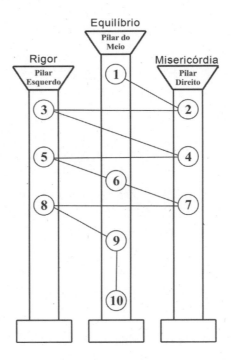

Saber combinar estas Vinte e Duas Letras, que são, na verdade, Vinte e Dois Sons de Poder, equivale a conhecer a manipulação das Energias Cósmicas. Está aí o segredo e a realidade da Verdadeira Kabbala.[105]

---

[105] *As Letras hebraicas ou Sons que elas emitem são correspondentes e, às vezes, simbióticos com os Sons Universais (os Sons verdadeiramente Criadores). Estes – com suas diferentes*

## 3 – As Emanações representadas em Três Pilares.

A Árvore da Vida ou *"Circuito das Forças Universais"* pode ser igualmente representada por três colunas habitualmente chamadas: *"Pilares"*.

Este esquema não deve,contudo, levar à confusão. Estes três Pilares representam simbolicamente o Circuito da Força Divina e mostram como a Energia, diferenciando-se, desce abruptamente guardando a dominante de uma mesma polaridade: Pilar da direita, dominante elétrica, Pilar da esquerda, dominante magnética; ao meio reside o equilíbrio dos pares opostos.

### A – O Pilar da Direita.

- Ele é chamado **"Pilar da Misericórdia"** e canaliza a Eletricidade Universal (a Polaridade Masculina da Força Divina).
- Ele é governado, segundo a Kabbala, pela Letra **"Shin"**.
- Ele é o **"Yang"** dos Taoístas.
- Esta Polaridade tem manifestações diferentes, segundo o plano de condensação: a primeira expressão se faz em Chokmah, depois em Chesed e, enfim, em

---

modalidades de emissão, de pronunciação e de encadeamento – constituem "a Verdadeira Kabbala". Ver "A Chave da Verdadeira Kabbala" [*La Clé de la Véritable Kabbale*] de Frans Bardon.

Netzah, observando sempre uma alternância quanto às notas específicas de cada Emanação que eclode sobre o pilar (Chesed, por exemplo, vibra fundamentalmente na Polaridade Masculina, mas sua nota específica é magnética; ver desenho abaixo).

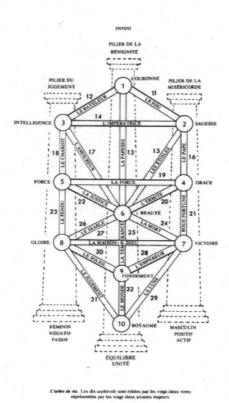

*L'arbre de vie. Les dix sephiroth sont reliées par les vingt-deux voies représentées par les vingt-deux arcanes majeurs.*

### B – O Pilar da Esquerda.

- Ele é chamado **"Pilar do Rigor"** e canaliza o Magnetismo Universal (a polaridade Feminina da Força Divina).
- Ele é governado, segundo a Kabbala, pela Letra **"Mem"**.
- Ele é o **"Yin"** dos Taoístas.
- Esta Polaridade tem manifestações diferentes segundo o plano de condensação: sua primeira expressão no Universo se faz em Binah; densificando-se, esta Força Magnética se exprime em Geburah, depois, enfim, em Hod, tendo nesta expressão, todavia, notas que jorram em subdominantes (por exemplo, Geburah assenta-se sobre o pilar Magnético, mas é uma Esfera Elétrica.

**C – O Pilar do Meio.**
- Ele veicula *a Força Divina Equilibrada e Equilibrante, assim como é o Sopro Divino, expresso pelo Elemento Ar.* Nenhum excesso reside aí, o jogo do eletromagnetismo Universal é perfeito. Ele constitui, então, a Via perfeita para aceder ao Divino.
- Ele é governado, segundo a Kabbala, pela Letra *"Aleph"*.
- A Força Divina Suprema (Kether) se manifesta em Daath, depois em Tiphereth, em seguida em Yesod e, por fim, em Sua globalidade, em Malkuth.

Todas essas explicações se justificam pela prática mágica; veremos, com efeito, como fazer descer corretamente essas Forças durante um Ritual de Teurgia.

Esta visão geral sobre a Organização das Forças que emanam da Única Força Divina tem um alcance Universal e por esta razão concerne a formação do Universo, o qual inclui os milhares de Mundos existentes: Estrelas, Galáxias, Sistemas solares... Mas já que *"O que está no Alto é como o que está em Baixo"*, nosso Sistema Solar, nosso sistema terrestre e nossa própria estrutura individual de ser humano são regidos, assim como veremos, por este Esquema Cósmico.

## VII – A Árvore da Vida Sistêmica

Nosso Sistema Solar tem sua Kether, – sua Fonte de Luz e de Vida –, sua Chokmah – seu Centro de Energia Elétrica –, sua Binah – seu Centro de Energia Magnética –, etc. Em uma palavra, nosso Sistema Solar tem sua Árvore da Vida, que chamamos *"Árvore da Vida Sistêmica"*.

### 1 – A Divindade e "Sua" Consciência: nosso Logos Solar.

Tratando-se de nosso Sistema Solar, a Divindade que chamamos, assim, Logos Solar é Toda Consciência e Plenitude. Ela é uma Entidade, um ser Sublime cuja Evolução através dos bilhões de anos... que ultrapassa a compreensão humana, é imensa!... Neste Ser reside tudo o que existe em nosso Sistema Solar, pois tudo jorra d'Ele se estendendo no Espaço atribuído a este Sistema. Neste Espaço, ele é Aquele no qual temos a Vida e o ser. Responsável por este Sistema, Ele é o D-us deste, Ele é nosso D-us; mas, em nossa escala de apreensão, a Divindade é percebida como uma Energia que rege todas as coisas. É por isso que falamos igualmente de Energia Divina.

Todavia, não é preciso limitar o campo de expansão atribuído ao nosso Logos Solar ao sistema solar físico (que escrevemos com "s" minúsculo). Na realidade, a Expressão de nosso Logos Solar se manifesta sobre Planos Cósmicos muito sutis,[106] bem além de nosso mundo físico e etéreo que constitui o corpo físico de nosso Sistema Solar, com os planetas... É por isso que, quando falamos de Sistema Solar na Kabbala, não designamos o sistema físico, mas o conjunto das Energias que compõem o Ser *Logóico*, nosso Logos Solar. É a Ele que a Árvore dita sistêmica se refere.

---

[106] Não confundir **Planos Cósmicos** *(aqueles onde nosso Sistema Solar evolui)* com **Planos Universais** *(os Planos de todo o Universo criado... bem além do que pode ser concebido já que os planos Cósmicos são inconcebíveis para nós...). Nosso Sistema Solar (ou Logos Solar) evolui sobre o último Plano Universal, o Plano mais denso, o mais material (o etéreo-físico universal), subdividido em 7 graus de densidade; estas subdivisões são, para Ele, Seus Planos Cósmicos, os planos de Sua Evolução; entre estes, "os três mais elevados são somente atingidos pelos Grandes Adeptos em Samadhi" [...]. "O Grande Adepto começa seu Samadhi sobre o 4º plano do Sistema Solar e não pode ultrapassar os limites deste Sistema..." (H. P. Blavatsky, Coll. Wr. T.XII, p. 657,659)*

## 2 – Atribuições das Dez Emanações

Do mesmo modo que um Sistema Solar, uma Constelação e uma Galáxia são parte integrante do grande Espaço Cósmico e formam o Universo, nosso Logos Solar, nosso D-us, que é parte integrante do Vasto Universo, da Única Divindade. Em consequência, cada Reservatório Universal terá uma "correspondência", em Qualidade, na Árvore Sistêmica (ou Sistema Solar) mas a uma frequência vibratória muito mais baixa. Será o mesmo com as Energias – tornadas solares – que terão todas uma correspondência nos Centros da Árvore Terrestre (o Sistema Terrestre).[107]

As Energias, tornadas agora planetárias, irrigarão tudo aquilo que existe sobre a Terra e, então, todos os seres humanos: elas modelarão toda a estrutura humana, da mais sutil (os corpos sutis) à mais densa (o corpo físico).

*Isso nos permite compreender que a menor das criaturas está ligada à Fonte de Luz Única, à Divindade Eterna expressa na Manifestação.*

Também, as atribuições de cada Emanação Divina no seio do Universo terão sua correspondência em nosso Sistema Solar e em nosso Sistema Terrestre (via sua expressão densa, nosso planeta).

- ***A Primeira Emanação, Kether, "a Coroa"***: É preciso se referir às explicações dadas sobre a Kether Universal.[108]
- ***A Segunda Emanação, Chokmah, "a Sabedoria"***. É igualmente necessário se referir às explicações dadas sobre a Chokmah Universal. Em Nosso Sistema Solar, Chokmah é representada de maneira densa pelo *Zodíaco*.
- ***A Terceira Emanação, Binah, "a Compreensão"***. É necessário se referir às explicações dadas sobre a Binah Universal. Expressão densa em nosso Sistema Solar: *Saturno*.
- ***A Quarta Emanação, Chesed,***[109] ***"a Misericórdia"***: Ela é o germe do Amor manifestado, o dom a outrem, a generosidade e a bondade; Ela é dilatação, grandeza, realeza e magnanimidade. Sua textura dominante é **Água ou Magnetismo**.[110] Sua expressão densa é o planeta ***Júpiter***.

---

107 *Mas também outros Sistemas planetários que dependem de nosso Logos Solar.*
108 *É dito que Ela canaliza a Energia "do Coração" de um Ser Maior que o nosso Logos Solar, Energia Que estrutura todo nosso sistema.*
109 *O "ch" inicial de "Chesed" não se pronuncia como na palavra francesa "chemin"(caminho), mas como um sopro rude.*
110 *Cada Emanação é, na verdade, bipolar, eletromagnética, mas, por comparação às outras Emanações, ela está ora em dominante magnética, ora em dominante elétrica.*

- **A Quinta Emanação, Geburah,**[111] **"o Rigor":** Ela é a Fonte de todo Poder combativo, de luta para afirmar o ser, da severidade e da Força. N'Ela se enraíza o que se tornará o instinto de sobrevivência e da reprodução via sexual. Geburah veicula a Energia Mental saída de Binah (ver a Árvore da Vida). Esta Energia se marca em Geburah de pulsões que se manifestarão pela via sexual. *Isto é o início do desvio da Força Mental que, no lugar de criar nos Mundos espirituais, cria na matéria densa aqui em baixo. É esta Energia, assim mutada em força sexual, que é representada como a Serpente do Mal. A Serpente que é esmagada pelos calcanhares da Mãe, Ísis, a Fonte da Inteligência autêntica, não é o próprio Mental, mas o mental tornado energia da reprodução.*[112] Sua textura dominante é **Fogo ou Eletricidade.** Sua expressão densa é o planeta **Marte.**
- **A Sexta Emanação, Tiphereth, "a Beleza"**[113]: Ela exprime a plenitude de manifestação da Energia de Amor que dá o tom ao nosso sistema Solar e é, então, a Fonte do que chamamos Amor, no sentido mais nobre do termo, assim como do altruísmo e dos ideais elevados.
- Sua textura dominante é **Ar.** O eletromagnetismo é ali perfeitamente equilibrado; é por isso que Tiphereth é também a Fonte de toda Cura: ela engendra o equilíbrio entre a Eletricidade e o Magnetismo (a doença resultando de um desequilíbrio entre essas duas Forças).
- Na Tiphereth de nosso Sistema Solar, Entidades de alta Consciência encontram Sua Expressão mais densa... É assim que, via Tiphereth, o Cristo Se manifestou, enquanto Tal (enquanto *"Bodhisatwa"*, segundo a terminologia oriental)[114] e que Ele se manifestará ainda em um futuro não datável;[115] Ele voltará também

---

111 Pronuncia-se *"Guebourah"*, o *"h"* final sendo ouvido em um sopro rude.
112 Fazer a relação entre o Centro da Garganta, que veicula a Energia do III° logos (a Inteligência Criadora) e o Centro Sexual cuja força deve ser transferida no Centro da Garganta. Fazer a relação também entre esta Quinta Emanação, e o Pentagrama, (figura geométrica de 5 pontas), ponta para o alto: a Consciência tendo vencido a densidade, isto é, a atração sobre a matéria.
113 O *"ph"* de *"Tiphereth"* se pronuncia quase como um *"f"*. O *"th"* final como um *"t"*.
114 Esta terminologia Lhe atribui, com este título, o Nome de "Visvapani". Ver notadamente "Cartas de H. P. Blavatsky para A. P. Sinnett", *(Theosophical University press, Pasadena, California, 1973, Carta n.° CXV, p. 243).*
115 Porque todas as datas dadas são deliberadamente "veladas", *o desconto dos Ciclos é secreto.*

com o Título de Buddha e é neste momento que Ele será chamado Maitreya. Todavia, por antecipação, Ele já é chamado *"o Senhor Maitreya"*.
- Em Tiphereth se encerra o segundo Quaternário cujo Número-Chave é Oito.
- Sua expressão densa é simbolizada pelo **Sol**.
- *A Sétima Emanação, Netzah, "a Vitória":* Ela é uma expressão muito mais densa da Energia de Geburah (um Fogo de Essência mental, pois vem de Binah); também é "o Intelecto". Mas este é marcado do desejo de organizar os mundos mais densos; é por isso que Ela é *"a intelectualização do desejo"*.
- Ela organiza as Energias dos Mundos que vêm vibratoriamente depois d'Ela. É por isso que n'Ela reside a organização dos Quatro Elementos, tais como eles se expressarão abaixo d'Ela e, logo, sobre Malkuth.
- N'Ela, o Eletromagnetismo, portador da Vida, densifica-se; isso explica o fato de esta Emanação presidir às trocas energéticas entre os seres de polaridades opostas (sobre Terra, de sexos opostos) e, logo, a todas as relações afetivas ou amorosas. Aí, a forma é mantida, mas se desenha com precisão; a luz branca, que desce dos Centros Superiores, ali se subdivide. Um cintilhamento de sons, de cores e de sentimentos constitui o mundo fascinante de Netzah.
- Esta densificação do eletromagnetismo que tende a favorecer as trocas de ordem mais material entre os seres incita à *"descida na matéria"* que o intelecto, carregado por esta Emanação, está em condições de justificar por diversos argumentos enganadores. Não é sem razão que Netzah é chamado A Vitória...
- Sua textura dominante é **Fogo ou Eletricidade** e sua expressão densa é o planeta **Vênus**.
- *A Oitava Emanação, Hod, "A Glória":* Ela recebe de Chesed o magnetismo do Amor, mas Ela o deforma em emoção, partidário e separatista. De Geburah, Ela adquire uma Energia mental que, envolvida à emoção, amplifica *"o espírito da separatividade"*. Ela individualiza, analisa e determina as categorias; Ela classifica e dá a forma a tudo o que se manifestará sobre Planos mais densos. Sua textura está em dominante **Água ou Magnetismo** e sua expressão densa é o planeta **Mercúrio**.
- *A Nona Emanação, Yesod,*[116] *"O Fundamento"*: Aqui está o ponto de encontro da Vida, da Emoção e do Intelecto, gerados pelas Emanações precedentes. É a matriz da qual nasce a existência material. Sua textura dominante é **Ar** e

---

116 O "y" inicial se pronuncia como a palavra "ya" e o "s" é aquele de "saber" **e não um "z"** *(Tal como sua posição entre duas vogais poderia sugerir).*

sua expressão densa é simbolizada pela **Lua**. Em Yesod se encerra o Terceiro Quaternário cujo Número-Chave é Dezesseis.[117]

- *A Décima Emanação, Malkuth,*[118] *"o Reino":* n'Ela, a Divindade Suprema expressa por Kether faz sua Morada e, neste sentido, esta Décima Emanação é a Esposa Divina, Kether se enterra na densidade. Sobre Malkuth reinam todas as Emanações, a Árvore inteira se reflete e os Quatro Elementos se densificam a um grau máximo.
- Ela é a manifestação do quarto Quaternário mais denso, de natureza material e, logo, feminina. Esta noção de Quaternário faz com que atribuamos à Malkuth o Elemento Terra.
- Sua densidade é dupla: ela é às vezes etérea, logo sutil, e materializada: toda a matéria que pode ser percebida por nossos cinco sentidos, nosso planeta **Terra, assim como a matéria visível, constituindo o corpo dos astros e vista pelo telescópio.**[119]
- Esta posição revela certa submersão na matéria densa, a qual não é senão o montão residual das forças desordenadas, provindo das Esferas Superiores. É isto que implica dizer que *"Malkuth está em parte acorrentado..."*

Uma última precisão revela-se importante: quando se trata, para nós, de evocar uma Emanação Divina, por exemplo, "Tiphereth" (palavra hebraica que significa Beleza em português), isto não será a Tiphereth Universal a ser contatada,[120] mas o Reservatório Energético (ou Sephirah) – de uma frequência infinitamente mais baixa – que lhe corresponde na Árvore Terrestre, isto é, a densidade extrema de

---

117  *Mais Um.*

118  *Pronuncia-se "Malkout".[o som "ou" do francês equivale ao "u" no português]*

119  *As Energias de Malkuth são conceitualizadas em Netzah e dirigidas a partir de Netzah. Tratando-se de nosso Sistema Solar, não podemos nos estender aqui sobre o papel representado por Netzah quanto à organização dos Elementos sobre Malkuth e, logo, sobre a Terra, mas lembremos que Auriel, o Arcanjo que governa o Elemento Terra, isto é, o Eletromagnetismo Quadripolar, o faz a partir da Esfera de Netzah e o Arcanjo Sandalphon age em seu Nome. Na Teurgia, veneramo-Lo ao Norte – dito pólo do Elemento Terra, mas aquilo que chamamos "Terra" é, na verdade, "a porta de entrada" do Fogo, tal como o projeta Netzah. Isso explica certa Teurgia que trabalha face ao Norte (depois de ter reverenciado o Leste, onde penetra o Sopro da Vida) para estar em ligação direta com o Fogo. Advertimos àquele que gostaria "tentar para ver o que isto faz" efetuando certos Rituais, sem explicações precisas nem diretivas, face ao Norte e trocando a posição dos Elementos.*

120  *Isso é literalmente inconcebível... no estado atual da evolução não somente humana mas daquela de nossos Adeptos Maiores...*

nosso Sistema Solar (Energia que passará antes por esta mesma correspondência na Árvore Sistêmica).

## VIII – O Ser Humano e as Forças Universais: a Árvore da Vida Individual

*Para compreender as premissas intelectuais da Kabbala, ou do esoterismo judaico, que são as do esoterismo ou da metafísica em geral, é necessário estar imbuído da ideia de que suas doutrinas têm como ponto de partida a contemplação espiritual, a inspiração pura ou a "intuição intelectual", e não a atividade autocrática da razão.*

A.A.K

No Universo, é preciso repetir, *"Tudo o que está No Alto é como o que está Em Baixo"*. Isso significa que a menor das criaturas funciona sobre o mesmo Esquema que aquele que constitui a trama do Universo.

O ser humano é, logo, a réplica exata do Esquema Cósmico, *"D-us fez o homem à Sua Imagem..."*. No ser humano circulam, então, as mesmas energias que riscam o Espaço Cósmico, mas em uma taxa vibratória infinitamente menos elevada.

Estas energias devem seguir, no homem, o mesmo percurso que aquele que delas tomam emprestado no Universo e, quando o circuito humano não está em harmonia com o Esquema Universal, resultam para o homem, então, no sofrimento, na doença, na pobreza, na solidão e em toda espécie de aflição.

Qual é, no ser humano, o sítio das Dez Emanações? Um esquema será mais explícito que toda descrição. (Ver a ilustração na página 218).

Todas as Energias Cósmicas captadas pelos seres humanos regem esferas de atividade sobre nosso Planeta. Lembremos que cada Planeta não é senão a manifestação densa de uma Emanação, mas utilizaremos o nome desta para fazer a repartição por Esfera (Emanação) destas atividades.

- **Saturno:** O Tempo. A esclerose. A destruição por seca. A velhice. A retribuição de todos os atos efetuados por todos os seres que pertencem a todo o Sistema Solar (logo a Terra está incluída). Ali se assentam os Senhores do Karma, estes Grandes seres que exercem a função de Juízes em nosso Sistema Solar. O castigo ou a recompensa atribuídos segundo os atos cumpridos nas vidas, presente ou passadas.

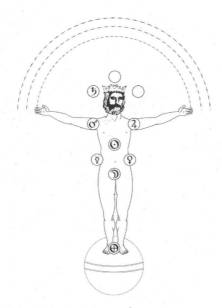

- **Júpiter:** A bondade. A misericórdia. A magnanimidade. A grandeza. Organiza o poder, o governo. O sucesso social. O dinheiro. Os bancos. A prosperidade material. A grande burguesia.
- **Marte:** O combate. A guerra. A severidade. O rigor. A força. O controle da força sexual.
- **O Sol:** A Vida. O Amor perfeito. O altruísmo. A saúde. A cura. Os ideais elevados. A aristocracia.
- **Vênus:** A intelectualização do desejo. A Beleza na Forma. O atrativo que ela suscita. Os sentimentos. A sentimentalidade. A atração mútua das duas Polaridades Universais, masculina e feminina. As artes. A doçura de viver. Os prazeres e a sensualidade em seus aspectos estéticos. A mulher enquanto inspiradora.
- **Mercúrio:** O conhecimento concreto. A faculdade de classificar, de ordenar por categorias. A inteligência concreta. O ensino. A energia mental expressa. Os livros. As livrarias. Os estudos. A fala. A comunicação. A adaptabilidade.
- **A Lua:** Sítio do inconsciente. A maturação. A concepção. A gravidez. O parto. O aleitamento. O lar. A mulher enquanto mãe. As forças de coagulação: a multidão, a democracia.
- **A Terra:** Ela é a manifestação mais densa de todas as Energias existentes. É também o reflexo da mais alta Esfera, Kether, que contém igualmente em potêncialidade todas as energias, mas ainda não diferenciadas. Sobre Malkuth, todas as Energias são expressas.

# IX – Os Elementos

A palavra elemento foi diversas vezes mencionada. Contudo, não é necessário crer que os Elementos (Fogo-Ar-Água-Terra) só existem sobre a Terra com a aparência sob a qual os conhecemos. Na realidade, os Quatro Elementos circulam no Universo inteiro, eles constituindo a sua textura, mesmo se sua manifestação é muito mais sutil e, logo, invisível para nós.

Assim o Elemento Fogo, que se manifesta por nossa flama terrestre ou o fogo de nossas chaminés, é, em um grau menos denso, a Eletricidade. Esta é sempre o Elemento Fogo, mas em um estado vibratório mais elevado.

Remontando assim os Planos Cósmicos, consideramos, então, a Essência mesmo do Fogo que, para nós, é inconcebível. Dá-se o mesmo para o Ar, que é a manifestação do Sopro Divino em nosso Universo, e para a Água, que exprime o Magnetismo Cósmico.

Quanto à Terra, é preciso saber que ela não é um Elemento no sentido próprio do termo. Ela é, na verdade, a expressão unificada dos três outros.

Foi indicado que os Quatro Elementos, unidos ao Espírito, constituem a Textura Sistêmica.

Até o momento, reportamos somente quatro Elementos. Na realidade, Sete Elementos regem o Universo, os Três primeiros dentre eles (os mais sutis) constituem o Akasha (subdividido em três fases vibratórias) e os Quatro outros, aqueles que mencionamos sempre, sendo a expressão diferenciada, sobre planos progressivamente mais densos, potencialidades (ou ideações) contidas no Akasha. *Em outros termos, o Ternário* (as três fases do Akasha) *engendra o Quaternário* (os quatro Elementos).

## 1 – O Akasha[121], Reflexo do Espírito Supremo

A Natureza Essencial do Akasha, quaisquer que sejam as diferenciações internas que ali se produzem, é de Fogo, *um Fogo "para além do Fogo"*. É por isso que é dito que o Fogo é a Primeira Expressão da Divindade ou que o Fogo é o Primeiro Elemento. Todavia, não se trata ainda, neste estado de nosso estudo, do Fogo tal

---

121 O Akasha é o princípio original, espaço cósmico, o éter dos antigos, o quinto elemento cósmico (quintessência), a quinta ponta do pentagrama. É o substrato espiritual primordial, aquele que pode se diferenciar. Segundo a teosofia, relaciona-se com uma força chamada *Kundalini*. Eliphas Levi o chamou de luz astral. No paganismo, o *Akasha*, também chamado de Princípio Etérico, corresponde ao espírito, à força dos Deuses. É representado no Hermetismo, segundo Franz Bardon, pelo Ovo negro, sendo um dos cinco Tattwas constituintes do Universo.

qual ele se distinguirá sobre Esferas mais densas, mesmo se estas são, para nós humanos, de uma textura muito sutil.

O Akasha recepta, em consequência, tudo o que sustenta a vida de todos os seres: *sua Vontade "de ser" que se exprime em Amor* – que é Vida e Consciência – na organização "Inteligente" do mundo.[122] Todo Poder neste mundo, e em todos os mundos, reside, logo reside em *Akasha*.

Levando em conta os Quatro Elementos, *Akasha* é igualmente chamado na Tradição Ocidental *"Quintessência"*, a Quinta Essência, ou *"Espírito"*, sem distinção de sua tripla estrutura. É por isso que falamos de Cinco Elementos: os Quatro (Fogo, Ar, Água, Terra, que são somente diferenciações de *Akasha*) e o Espírito (palavra que sintetiza a tripla estrutura *akashica*).

## 2 – O Fogo

O Fogo, no sentido absoluto, é a Energia Divina Manifestada e, enquanto tal, é inerente a todas as coisas, visíveis ou invisíveis, pois ele constitui a trama de *Akasha*. Também podemos dizer com justeza que *"tudo é Fogo"* mesmo se este Fogo se revestir, para se manifestar de maneira mais densa, de expressões aparentemente opostas entre elas ou que diferem das características que atribuímos ao fogo. E na verdade, quem pensaria que a Água é, sob uma forma extrema, Fogo?

O Fogo, ou Eletricidade que jorra de *Akasha*, enquanto tal, não tem ainda o aspecto denso da flama tangível que conhecemos, mas ele existe em uma frequencia vibratória inconcebível e infinitamente elevada. A forma mais sutil do Fogo (enquanto Elemento) que podemos identificar sobre a Terra é a eletricidade. *(A* **Energia mental é "Fogo"** *também, então um aspecto da eletricidade).*

Também é preciso fixar isto: **a Eletricidade é, na Terra, o poder manifestado do Elemento Fogo.**

## 3 – O Ar

Somente o Sopro Divino, portador do equilíbrio organizador entre os dois Elementos opostos, o Fogo e a Água, permite a interação destes. O Ar surge de Akasha depois do Fogo *(akáshico)* e antes da Água (se, repetimos, uma temporalidade pode ser concebida...). Em consequência, o Ar porta a Segunda Letra do Nome Divino, *"He"* (e não a Água) e a Água porta a Terceira Letra, *"Vau"*.

---

122 *Os Três Aspectos Maiores da Expressão Divina: Vontade, Amor, Inteligência.*

O Ar representa, então, o Sopro Divino aqui e logo que ele se ausenta, a união entre o Fogo e a Água se torna impossível: é a morte; e é bem aquilo que é observado na cessação da respiração.

**O Ar constitui também o veículo da liberdade, da agilidade, o motor do "Movimento", da Vida...**

## 4 – A Água

Quando o Fogo surge do Espírito Divino, ele chama imediatamente o seu oposto, a Água. A água de nossas torneiras, de nossos rios e de nossos oceanos é a forma mais densa do Elemento Água sobre nossa Terra. Na escala mais elevada de vibrações a Água é, à semelhança do Fogo, inconcebível para nós. A forma mais sutil da Água que podemos apreender é o Magnetismo (*os sentimentos, ligados ao Elemento Água,* são também *um aspecto do magnetismo*).

Devemos, então, fixar: **o Magentismo é, na Terra, o mais alto poder manifestado do Elemento Água.**

Esta ligação entre o Fogo e a Água parece tão evidente que, ao longo dos séculos, certos Kabbalistas atribuíram à Água a posição imediata de sucessão ao Fogo e a Segunda Letra Hebraica do nome de D-us, "He". Isso é inexato.

Se é verdade, com efeito, que o Fogo chama a Água e que a Água chama o Fogo, estes dois Elementos não podem se comunicar juntos. Sua antinomia é tal que um Mediador é necessário para que sua interação recíproco possa se exercer e produzir tudo o que existe no Universo, em um Plano que seja. Esse mediador é o Ar, manifestação do Sopro Divino, presente em todas as coisas.

## 5 – A Terra: o Ímã Quadripolar

À semelhança do Ar, a Terra não é um verdadeiro Elemento. Ela é um Recipiente de dois Elementos reais, o Fogo e a Água, ligados pelo Ar e se, sobre nossa esfera terrestre, damos-lhe o nome da crosta sólida de nosso globo sobre a qual andamos, ele é, na realidade, um suporte da condensação de três outros: a carne, os músculos, os ossos, a casca das árvores e tudo o que tocamos com nossas mãos é este suporte que permite aos três outros de se combinar com um certo grau de densidade. Também, sobre Planos mais elevados, o Elemento Terra tem outro "aspecto"; é um recipiente. *Esta combinação elemental completa neste "recipiente" é o Quaternário, a concretização do Pensamento Divino na Criação.*

Sendo o Quaternário, a Terra simboliza, enquanto Elemento, um jogo Quadripolar das Forças, jogo que se dobra de Quaternário em Quaternário.

Foi atribuída à Terra a Quarta Letra Hebraica do Nome de D-us, o último *"He"*.

Os Quatro Elementos são, então, Aspectos da Divindade; eles constituem todas as Qualidades que existem no Universo.

*Em resumo:*

- Duas forças ou dois Elementos ou dois Aspectos da Divindade, cuja interação é permitida pela presença do Sopro Divino ou Ar, formam todas as coisas, visíveis ou invisíveis: o Elemento "Terra": o Quaternário.
- O Fogo, de polaridade positiva, masculina, o YANG do Tao, a Eletricidade Universal.
- A Água, de polaridade negativa, feminina, o YIN do Tao, o Magnetismo Universal.

Também podemos afirmar com razão que o Universo é um vasto Eletro-Ímã.

## 6 – Os *"Elementais"* evocados na Teurgia.

Os Elementos – sobre todos os Planos e não somente sobre a maior densidade de nossa terra – são, notadamente, constituídos por infinidades de "pequenas" vidas que chamamos "Elementais".

Os Elementos, sem seu aspecto mais denso, constituem o que em Kabbala chamamos "o Assiah de Malkuth": é toda a matéria perceptível por nossos cinco sentidos físicos (e nossos telescópios, tratando-se de corpos celestes). *Não são estes Elementais de uma extrema densidade que são evocados no momento de um Ritual de Teurgia, mas aqueles que "tecem" os planos sutis e que agem, guiados por sua respectiva Hierarquia.*

## 7 – A ativação dos Elementos

*A ciência esotérica ensina que todo som do mundo visível desperta seu som correspondente nos reinos invisíveis, e põe em ação alguma força oculta da natureza. E mais, cada som corresponde-se com uma cor, um número e uma sensação em um ou outro plano. Todos os sons têm seu eco nos elementos superiores e, ainda no plano físico, põem em ação as vidas que formigueiam na atmosfera terrestre.*

H.P. Blavatsky

Cada Elemento é a manifestação de uma Vibração Suprema: um Som, o Verbo. Lembrai-vos, *"No início era o Verbo e o Verbo era D-us..."*. Assim, Cinco Sons

Supremos criam o Universo,[123] os Quatro Sons respectivos dos Quatro Elementos e um Quinto, o Akasha ou "Espírito".

A Akasha Movimenta os Quatro Elementos a fim de permitir sua Manifestação sobre algum plano qualquer. Esta ação se opera com a ajuda de Cinco Sons:

- SCH... (o Shin Hebraico ש ) coloca em ação o Espírito Vivo;
- YY... (o Yod Hebraico י ) coloca em ação o Fogo;
- HE...˙ (o He Hebraico ה ) coloca em ação o Ar (e não a Água, assim como pensam certas Escolas Esotéricas);
- OUVA... (o Vau Hebraico ו ) coloca em ação a Água;
- HE...(o He Hebraico ה )– que difere do precedente quanto à pronunciação) coloca em ação a Terra, o Recipiente.

Também, quando pronunciamos *"Yeheve"*,[124] mesmo de uma maneira incompleta como aquela que é dada aqui, evocamos realmente os quatro Elementos. Quando acrescentamos o Som SCH... permitimos àqueles que se manifestem de uma certa maneira.

A união dos Cinco Sons se faz assim: *"Yihéschouvhé"* seja Yod-Hé-Shin-Vau-He (יהשוה) pronunciado "Yeschouah", foi transcrita "Yeschouah", o nome de Jesus em Hebraico.

Quanto ao Yod-He-Vau-H, é YHWH, (ou JEHOVAH) o Nome impronunciável de D-us na Bíblia. Este Nome Sagrado é também chamado o Tetragrama, o que significa em grego: *"Que tem quatro letras"*, isto é, **"Aquele cujo Nome tem Quatro Letras"**. Em consequência, quando pronunciamos esses Quatro Sons, com o maior respeito, quando de um Ritual de Teurgia, colocamo-nos em ressonância com o

---

123 *Trata-se dos Cinco Sons que elaboraram o precedente Sistema Solar, regido pelo III° Logos.*
124 *Ou "Yéhéouvé" segundo os Kabbalistas.*

Universo inteiro, com a Divindade que Se manifesta pelos Elementos estudados. É nisso que jazia o Mistério do Nome de D-us.[125]

## 8 – Os Elementos e a Árvore da Vida Kabbalística

### A – A Circulação Elemental

Se então, sobre nosso planeta, os Quatro Elementos se manifestam por uma densidade extrema, convém conhecer seu ponto de emergência – sua Essência Primeira – e como "eles descem" até nós. O desenho mostra o Processo da circulação dos Quatro Elementos no Universo e, logo, em nosso Sistema Solar.

A Primeira Emanação contém, em potência, "em germe", os Quatro Elementos; aqueles não são, então, expressos. Em Chokmah, Segunda Emanação, manifesta-se o Fogo – ou Eletricidade – em sua Essência mais sutil. Em Binah, Terceira Emanação, manifesta-se a Água – ou Magnetismo – em sua essência mais sutil. Contudo, a manifestação do Fogo e da Água não é possível senão pela existência, em Kether, a Primeira Emanação, de outro Elemento que liga os dois outros: O Ar.

O Fogo, o Ar e a Água se encontram em um Centro que não é geralmente mencionado sobre a Árvore da Vida, mas cuja importância é capital: Daath, a Profundeza, o Abismo da Luz.

Em Daath "surge a Terra" diz a Kabbala. Em outros termos – e como já havíamos visto – em Daath nasce o primeiro Quaternário: o "Reflexo do Ternário em uma densidade subsequente. Em Daath se "cruzam" os Quatro Elementos, e continuam assim seu percurso. De cruzamento em cruzamento, assim como o mostra o desenho n.° 6, os Elementos se densificam, até nossa Esfera Terrestre, Malkuth, o Reino.

Este "jogo em cruzada" das Forças Cósmicas assim como sua reflexão densificada sobre cada Pilar são evidenciadas pelo Caduceu de Hermes, símbolo da Medicina e, logo, da Cura.

Com efeito, para curar, tanto sobre o plano físico *quanto sobre planos sutis – e aí se define, então, a Evolução da Consciência* – é preciso conhecer a interação das Forças entre elas, seguir bem o circuito de seu fluxo. Porém, o Caduceu e a Árvore Kabbalística nos revelam o Cumprimento da Lei dos números:

---

125 Ver **"O Caminho da Verdadeira Iniciação Mágica"** [*Le Chemim de la Véritable Initiation Magique*] de Franz Bardon.

- Cada Número – isto é, o estado de uma Força sobre um plano dado – é bipolar, mas possui uma polaridade dominante.
- Quando a polaridade dominante se exprime, ela desperta, por reação, a ação da polaridade em subdominante. Esta faz, então, transferir o Número (ou a expressão da Força) que gera o Número seguinte.
- O Ímpar é criativo, ele engendra "a impulsão" da ação, a qual se reduz e gera o Par seguinte.
- O Par recebe a impulsão criadora do Ímpar e a estabiliza se tornando o suporte da manifestação. Mas essa estabilização mesmo incita, enfim, por reação, a subdominante ativa inerente ao Par que se coloca em movimento, o processo engendra, então, o Ímpar seguinte.
- Este amplia, nesta manifestação cada vez mais densa, a impulsão inicial – inerente ao Ímpar superior – e o jogo prossegue assim: o *Ímpar* se renovará no *Ímpar* seguinte e o *Par* veiculará e estabilizará o fluxo.

O conhecimento da circulação dos Elementos em nosso Universo permite, então, ver como, idealmente, aqueles devem se encaminhar em nosso ser humano. Foi indicado que o homem é a réplica do Universo e basta considerar a estatura humana e comparar esta ao Esquema das Forças Cósmicas (Árvore da Vida) para melhor identificar o caráter não arbitrário deste último: não é sem motivo que Kether está colocado no topo do crânio, que Chesed está no ombro esquerdo, etc. Para compreender esse Esquema, é necessário considerar o homem de costas para a Árvore da Vida, e não de face a esta, pois ele mesmo é esta Árvore, réplica, assim como acabou de ser dito, do Esquema Universal.

Reportando-se, logo, ao desenho na página 218, que figura o homem e os Dez Centros de Energia nele, compreendemos igualmente a Circulação ideal dos Quatro Elementos.

*Em resumo:*
- As energias aferentes às atividades humanas (saúde, amor, riqueza...) e às faculdades humanas (inteligência, sensibilidade, criatividade...) são aquelas mesmas que circulam em nosso Universo, mas em um grau vibratório muito menos elevado;
- As energias devem seguir no homem um esquema que é a réplica do Esquema Cósmico;

- Quando no homem essas energias não estão em harmonia com o Esquema Cósmico, produz-se na vida e na pessoa mesmo uma manifestação inquietante de sua natureza: doença, estupidez, rudeza do coração, etc.

## B – A Teurgia e a circulação dos Elementos.

Também, e é aí que a Prática Teúrgica se esclarece, quando queremos agir para transformar uma dada situação, consideramos o Centro Cósmico que corresponde ao objetivo procurado (por exemplo, a cura → Sexta Emanação, Tiphereth) e o colocamos em atividade pela técnica mágica. Fixamo-nos igualmente em estudar atentamente a origem da desarmonia a fim de agir sobre o Centro concernido. Alguns exemplos ilustrarão este propósito:

Se desejamos a transformação de uma situação profissional e social, trabalharemos com a Energia da Quarta Emanação, Chesed. Se se trata de vencer a timidez, de ser corajoso, chamamos a Energia da Quinta Emanação, Geburah.[126] Se desejamos uma vida sentimental harmoniosa, evocamos a Energia da sétima Emanação, Netzah.

Contudo, é necessário prestar bastante atenção às linhas que seguem. *Um Aspecto Divino* (aquele representado por uma Emanação) *não pode ser evocado diretamente... É preciso anteriormente evocar o Cimo da Árvore da Vida, isto é, Kether, e fazer descer a Energia Divina sobre o centro Cósmico concernido pelo problema.*

Com efeito, quando começamos a evocar forças invisíveis, mas bem reais, estas são acionadas. Elas despertam as energias erráticas que constituem nossa própria estrutura e nosso ambiente etéreo-físico, psíquico e mental, ativadas para ser purificadas e domesticadas. Porém, somente a Força Divina, devidamente chamada, tem o Poder de realizar este controle, esta *"Catarse"...* Todas as instruções serão dadas a fim de realizar esta purificação tão essencial, fundamento de todo progresso espiritual real e de toda melhoria sensível na vida aqui.

Estas instruções são, na verdade, o "bê-á-bá" da Teurgia e segui-las será tão simples quanto aprender o funcionamento de um aparelho elétrico. Bastará seguir bem as explicações, **sem mudar nada no que foi proposto**, para que este aparelho cumpra sua missão: ajudar-vos e não vos eletrocutar.

---

126 *Não esquecer que se trata da Correspondência destas Emanações em Malkuth, nossa Esfera de existência.*

Esta visão geral mais que restrita sobre a Kabbala permitirá compreender como se opera um verdadeiro Ritual de Teurgia: *o oficiante age como a Divindade age em Seu Universo; isso significa que ele chama as Energias Cósmicas em sua própria esfera de existência (na Terra, em seu quarto ou em um dado lugar) reproduzindo exatamente o Esquema Cósmico no meio do Ritual.* Assim será para cada Cerimônia Teúrgica explicada neste livro.

Aqui termina esta rápida exposição sobre a Formação do Universo e dos Mundos explicada pela Kabbala. Uma apresentação mais exaustiva nos teria conduzido em direção a uma abstração que poderia indispor o leitor que descobre a Teurgia. Porém, tratava-se somente de mostrar o fundamento desta sobre a Organização das Forças Universais a fim de incitar todos aqueles e aquelas que queiram verdadeiramente mudar sua vida abordando este "aspecto essencial" do Ensino Tradicional.

# CAPÍTULO V
# A Kabbala Prática

*"Se quiseres saber se a minha doutrina é verdadeira, pratique-a."*
Jesus

*Ninguém acredita mais firmemente que eu, que tudo que nossos sentidos conhecem como "nosso mundo" não é senão uma parte que nos circunda e forma o objeto de nossa mente. Mas, como constitui a parte primeira, é a condição sine qua non de todo o resto. Se consegues abarcar fortemente todos os fatos desta porção mais próxima, podereis elevar-se comodamente as regiões mais elevadas. Mas, como queirais que temos de passar pouco tempo juntos, prefiro não passar de elemental e resultar completo, e por isso eu proponho que os atenhais estritamente ao ponto de vista mais sensível. As funções verdadeiramente mentais que não se referem diretamente ao ambiente deste mundo, as utopias éticas, as visões estéticas, os olhares dirigidos aos campos da verdade eterna e as fantásticas combinações lógicas não poderiam, seguramente, ser concebidas e desenvolvidas por um indivíduo humano cuja mente fosse incapaz de dar produtos praticamente mais úteis. Estes últimos são, portanto, os resultados mais essenciais ou, pelo menos, os mais primordiais.*

*Nenhuma verdade, ainda que seja abstrata, pode ser percebida de tal maneira que alguma vez não influa em ações terrenas. Não falar, não mover-se, é, em certas contingências práticas da existência, um dos deveres mais importantes. Deves refrear-te, renunciar, abster-te! Isso reclama sempre um grande esforço que, considerado psicologicamente, é uma função nervosa tão positiva como o movimento.*

A.A.K

## O Alfabeto Hebraico e suas Correlações

A *Kabbala Prática*, com sua coleção de rituais e cerimônias mágicas poderá ser conhecida, lendo o nosso livro *Manual Mágico de Kabbala Prática*. Nessa obra tratamos de forma pragmática a *Kabbala Prática*, dando ênfase à *teurgia* e à *confecção dos Pantáculos*. Já nesta obra limitaremos a uma declinação geral sobre os aspectos mágicos da doutrina Kabbalística e como poderão ser compreendida pelos estudantes, para alcançar resultados no campo material.

O alfabeto hebraico possui várias analogias que são susceptíveis de propiciar revelações normalmente ocultas no íntimo dos caracteres das letras que o compõem. Relaciona-se com tudo aquilo que representa nos quatro mundos kabbalísticos, ou seja, nos Mundos de *Atziluth, Briah, Yetzirah e Assiah* e o próprio ser criado logicamente, uma vez que foi emanado do Princípio Único Universal. A Escritura hebraica afirma ter sido composta sob a influência direta do Eterno, ou sob a inspiração das grandes hierarquias Celestiais, que colocaram nesse alfabeto todos os Mistérios do Universo e as relações Homem-Divindade em todos seus aspectos.

Nas letras hebraicas nota-se a correspondência entre o micro e o Macrocosmo e o próprio simbolismo da Unidade Cósmica que o plano superior e a esfera inferior revelam. As letras hebraicas fundamentam-se e representam, com seu simbolismo, os reflexos de todos os princípios imutáveis, na multiplicação de suas formas e na presença das ideias divinas contidas nas inumeráveis variedades da criação.

Desta forma, meditar sobre seus aspectos equivale a procurar seu verdadeiro significado, alargando a compreensão das forças e das Leis Cósmicas, que regem os seres e os Mundos. Os símbolos desse antigo alfabeto contêm, na sua origem, os mistérios do Gênesis e os segredos do Apocalipse; a *Queda* e a *Reintegração* do homem; as chaves, enfim, da definitiva regeneração deste, com a natureza envolvente e com o próprio *Senhor do Mundo*.

Entretanto, não é muito fácil compreender os mistérios que esta reflexão, encerra, mais difícil ainda é tentar revelá-los através de palavras que não são originais, uma vez que toda expressão é originária de um processo interior de preparação e desobstrução dos canais receptivos, que tem por sua vez, por origem a vontade de compreender e o irresistível desejo de partilhar da harmonia celestial em toda sua extensão.

O entendimento destes aspectos mais profundos representa um dos Grandes Arcanos do Hermetismo e seria equivalente à tentativa de reproduzir o perfume de uma flor que deleitou o apreciador, mas que por meio das simples palavras do narrador poderá igualmente impressionar àqueles que não sentiram o aroma e a fragrância.

> *A palavra não é o «signo» do pensamento, se compreendermos como tal um fenômeno que anuncia outro, como o fumo anuncia o fogo. A palavra e o pensamento só admitiriam essa relação exterior se uma e outro fossem dados tematicamente; na realidade estão envolvidos um no outro, o sentido está preso na palavra, e a palavra é a existência exterior do sentido.*
>
> E. Husserl

A Análise das coisas é uma atitude necessária para o exercício da Inteligência, mas uma vez adquirida a percepção individual torna-se premente observar que as coisas se fundem e se identificam num Todo. É a técnica, ciência de rigor, que foi criada por Edmund Husserl, a fenomenologia, pelo exercício da visão *eidética* (outras ideias para formar a *essência* de cada coisa; "*redução eidética*" (ideia, imagem, forma) e de fazer *"epoché"* (que nada mais é do que deixar de lado o racional, os julgamentos e os pré-conceitos). Assim, o conhecimento verdadeiro consiste na distinção ou análise no centro, no núcleo das coisas, o segredo reside em sua interioridade e em sua unidade.

O alfabeto hebraico deve ser estudado, primeiramente letra por letra, procurando a compreensão de sua individualidade no plano da forma, (*Eidos,* Eidos também é o nome dado por Aristóteles ao que mais tarde viria a ser descoberto como o código genético, os blocos de construção da vida), da imagem. Posteriormente, seus caracteres devem ser relacionados com as correspondências existentes no plano moral, correspondências estas reveladas através da Ciência Mãe do Esoterismo Tradicional, a Astrologia Hermética. Depois disso, concluindo-se o procedimento analítico na procura de uma visão mais elevada da espiritualidade que esse alfabeto retém, deve-se procurar o entendimento abstrato de seu significado, pela análise numérica de cada letra, obtendo-se como resultado a compreensão do verdadeiro valor e a real importância das coisas que nos rodeiam.

Tais passos conduzirão finalmente a necessidade da síntese, do Retorno à Unidade. O estudante, a caminho da Luz, poderá então agrupar os conjuntos de letras pela sua simplicidade, pela sua duplicidade e pela sua origem, relacionando esses grupos com os estágios da Queda e da Reintegração, obtendo a Suprema Compreensão dos Mistérios da Criação e das suas consequências Universais.

Os três conjuntos de letras expressarão as formas mais sutis e ao mesmo tempo as mais densas, numa consequente representação de todos os planos da natureza. Esses planos, partindo das extremidades inferior e superior, unir-se-ão como os degraus simbólicos, que os homens e o Eterno, através de suas hierarquias, eternamente constroem para ascender e descender um em direção ao outro, completando assim a Obra da Criação. Podemos afirmar que, para compreender o significado mais profundo desse alfabeto, é necessário caminhar com liberdade e responsabilidade e aprender a viver com as 12 letras simples, o constante e contínuo girar da *Roda* de seis eixos, passando por cada um deles de forma consciente e equilibrada, apesar do movimento rotativo que tende a perturbar o caminho do peregrino. Será também necessário assumir, com as sete letras duplas, a consciência das forças astrais que envolvem o Universo Planetário, e saber beber da fonte das energias que delas emanam, a seiva vivificadora que inunda a terra e inclina as ações dos reinos da natureza. Será necessário absorver, expandir e repousar em harmonia com o eterno respirar da natureza, para conceber e ascender em busca da fonte pura de luz e da verdade.

Relacionamentos com as origens dos grupos dos quais cada letra faz parte nos remetem aos diversos Mundos da Criação. As analogias que de passagem sugerimos com outras ciências, como a Astrologia Hermética, a Ciências dos Tattwas, a Kabbala Judaica e ao próprio Tarô, sem esquecer do Yoga, tudo isso significa que há uma interdependência entre essas disciplinas com todos os Conhecimentos Tradicionais, em que há sabedorias ocultas em suas escolas e obras, à espera dos buscadores da Verdade.

A Kabbala Prática | 233

| As Letras Hebraicas em Ordem Crescente | Valor | Pronúncia em Hebraico | Letra/ Pronúncia em Português | As Letras Hebraicas e os Arcanos Maiores do Tarô | Planeta/ ou Signo | Simbolismo | Arcanjos |
|---|---|---|---|---|---|---|---|
| א | 1 | Aleph | A- (e,i,o,u) | 0.-O Louco/ O Bobo | Urano | Touro/ Boi | Metatron |
| ב | 2 | Beth | B, V | I-O Mago | Mercúrio | Casa | Michael |
| ג | 3 | Guimel | G, Gh- (gutural, gue) | II-A Sacerdotisa | A Lua | Camelo | Gabriel |
| ד | 4 | Daleth | D, Dh | III-A Imperatriz | Vênus | Porta | Haniel |
| ה | 5 | He | H (aspirado) | IV-O Imperador | Áries | Janela | Malchidiel |
| ו | 6 | Vau | V, U | V-O Hierofante | Touro | Cravo/ Prego | Asmodel |
| ז | 7 | Zayin | Z | VI-Os Amantes | Gêmeos | Espada | Ambriel |
| ח | 8 | Cheth | Ch alemão ou J espanhol | VII-O Carro | Câncer | Cerca/ Cercado | Muriel |
| ט | 9 | Teth | T | XI-A Força | Leão | Serpente/ Cobra | Verchel |
| י | 10 | Yod | Y, I, J | IX-O Eremita | Virgem | Mão | Hamaliel |
| כ | 20 | Kaph | K, Kh aspirado | X-A Roda da Fortuna | Júpiter | Palma da mão | Tzadquiel |
| ל | 30 | Lamed | L | VIII-A Justiça | Libra | Aguilhão | Zuriel |
| מ | 40 | Mem | M | XII-O Enforcado | Netuno | Água/ Onda | Gabriel |
| נ | 50 | Nun | N | XIII-A Morte | Escorpião | Peixe | Barbiel |
| ס | 60 | Samekh | S, Ç | XIV-A Temperança | Sagitário | Esteio/ Apoio | Annachiel |
| ע | 70 | Ayin | O | XV-O Diabo | Capricórnio | Olho | Hanael |
| פ | 80 | Pe | P, Ph ou F no meio da frase | XVI-A Torre | Marte | Boca | Khamael |
| צ | 90 | Tzaddi | Tz | XVII-A Estrela | Aquário | Anzol | Ambriel |
| ק | 100 | Qoph | Q | XVIII-A Lua | Peixes | Nuca/ Orelha | Barchiel |
| ר | 200 | Resh | R | XIX-O Sol | Sol | Cabeça | Raphael |
| ש | 300 | Shin | Sh | XX-O Julgamento | Plutão | Dente | Gabriel |
| ת | 400 | Tau | T, Th aspirado | XXI-O Mundo | Saturno | Tau | Tzafquiel |

| No fim das frases 5 letras assumem outra forma |||
|---|---|---|
| ך | Kaph | 500 |
| ם | Mem | 600 |
| ן | Nun | 700 |
| ף | Pe | 800 |
| ץ | Tzaddi | 900 |

Nota: Segundo Aleister Crowley, na Obra *Tarô de Thoth*, O Imperador equivale a צ (Tzaddi) e A Estrela a ה (He). Ele afirma no *Liber Al Vel Legis* (O Livro da Lei): *"Todas estas letras antigas do meu livro estão certas, mas Tzaddi não é a estrela."* Crowley atribui a carta XVII, a Estrela, à letra hebraica *He*, baseado nesta sugestão, e atribui a *Tzaddi* à carta IV, o Imperador.

## O Significado Das Letras Hebraicas

*A Kabbala tem métodos perfeitos para fazer o homem "despertar". Deve entender-se por "despertar" o fato de alcançar um estado de consciência infinitamente superior ao habitual nos seres humanos, em que nem a mente nem as emoções possam alterar a paz e a alegria que se produzem neste bendito estado, no que D-us, sem importar o nome que lhe demos, se expressa com infinita doçura no sacrário do coração daquele, que sendo "bom e perseverante" merece o dom da Shekinah (a percepção da divina presença).*

A.A.K.

Podem-se fazer várias correlações com o alfabeto hebraico, desde ideias morais, até mesmo conexões com as *Sephiroth* da *Árvore da Vida*. Os nomes das letras indicam vagamente o glifo pictórico sugerido nos corpos das letras e ao mesmo tempo, escondem um significado secundário detrás do valor numérico e das cartas do Tarô, que corresponde a cada uma. O valor do nome de cada letra modifica o que significa. Por exemplo: enquanto *Aleph* significa principalmente a Zero e a Unidade, explica-se a mesma pelo número 111, o valor das letras ALP. Isso quer dizer que uma análise do número 111 implica num estudo do número 1, que indica, por exemplo, a equação trina de 1=3.

**Aleph** – A letra mãe corresponde ao Mundo Divino e ao princípio da vida do homem. Segundo alguns autores, é a aspiração rápida. É a primeira letra de quase todas as línguas conhecidas. Esta letra simboliza ao homem universal, ao gênero humano, Adão, o ser denominador da Terra. Hieroglificamente representa o princípio abstrato das coisas, a Unidade. É o Ancião dos dias, o *Ain Soph*, que contém em si o princípio e o desenvolvimento definitivo e potêncial de Alfa a Ômega, desde o começo até o fim.

O nome Divino que corresponde é *Ehieh*, a essência de D-us. "*Aquele a quem nenhum olho humano jamais viu*", segundo a Kabbala. É a unidade-princípio da numeração, unidade que contém em potência todos os números, até o infinito. A *Sephirah* que lhe corresponde é *Kether*, a Coroa suprema. É o símbolo da razão (*mens*) e a qualidade que lhe corresponde é a Castidade. O domínio em que desenvolve sua ação é o da Fé (Fides). O arcano maior apropriado para esta letra é o *Mago*.

Os anjos que descendem desse nome são os *Serafins, Haiochto* e no Cristianismo pelos quatro animais que acompanham aos Evangelistas.

- Descobrir D-us face a face sem morrer, e falar familiarmente com as Inteligências celeste.

**Beth** – Segunda letra do alfabeto, dupla, corresponde à Lua, no mundo, e ao olho direito no homem. Reina sobre a sabedoria do homem. É o signo paternal e viril (AB-pai). É o momento do primeiro desdobramento da Unidade em forças expansivas e coagulante, ambas em gérmen da Unidade-princípio.

O nome Divino que lhe corresponde é *Bachur*, juventude, claridade. A letra corresponde a segunda Sephirah, cujo nome é *Chokmah* (*benignitas*) e o domínio onde desenvolve sua ação é do pensamento (*meditatatio*). Os anjos que executaram as ordens dessa inteligência se chamam *Ophanim* ou "*Rodas Celestes*". São os *Querubins* dos cristãos. Foi por meio dessas rodas celestes que o Criador transformou o Caos em movimento harmonioso. É o momento em que a máquina universal se pôs em marcha, o qual está claramente indicado pela letra Beth, primeira letra do Gênesis, livro da Criação (*Bereschith*: no começo, no princípio).

Tal como sabemos, o primeiro ato do Criador, ao que se refere ao Gênesis e nos documentos egípcios foi o desdobramento. Assim, mais uma vez, vemos que a letra Beth, que representa a cifra dois, ocupa o lugar que lhe corresponde como inicial do livro da Criação e demonstra o primeiro ato dessa ideia, ato de desdobramento.

O arcano maior que corresponde a esta letra é o da *Porta do Templo*, onde o Templo simboliza a Sabedoria Universal. Aquele que se encontra no umbral da porta do Templo está pronto para contemplar a sabedoria Suprema.

- Estar acima de todas as aflições.

**Guimel** – é a terceira letra do alfabeto – dupla – cuja cifra é três e que corresponde a Vênus no mundo dos astros e a orelha direita no homem. Esta letra expressa a envoltura orgânica de onde deriva todas as ideias relacionadas com os órgãos corporais e com seu papel fisiológico. Como se sabe, o hieróglifo desta letra é moderno e foi criado para diferenciar os sons G e C. Antigamente, esses dois sonidos eram representados por meio de uma só letra.

O nome Divino que correspondente á o de *Gadol*, que atua por meio das forças *Aralin*, correspondente aos *Tronos* dos cristãos. Essas forças permitem a D-us – Tetragrammaton – conservar a forma material da Natureza criada.

O nome da *Sephirah* da qual depende está letra é Binah, que significa compreensão (*ratio*). Sua qualidade é a prudência e sua ação se desenvolve no domínio do conhecimento (*cognitio*). É o terceiro ângulo superior Sephirótico, do Iev, equilibrado em seu nascimento por *Kether*, o qual se distingue de todos os ternários ulteriores que se equilibram segundo as manifestações resultantes dos encontros recíprocos. O arcano maior correspondente é o de *Ísis, Urânia*, a *Mãe Universal*.

- Reinar no mundo espiritual e fazer-se servir em qualquer plano.

**Daleth** – É a quarta letra do alfabeto, dupla, cuja cifra é quatro, e que corresponde no mundo dos astros a Júpiter; no homem universal esta corresponde à fossa nasal direita. Esta letra é o emblema do quaternário universal, quer dizer, da fonte de toda existência física. Por isso, expressa o abandono nascido da divisão. "Eu sou dois, eu sou quatro". É o símbolo da natureza dividida e divisível. Tal como a vida do Universo criado, resultava da divisão progressiva da Unidade-princípio.

O nome Divino que corresponde é *Dagul*, o mais elevado, o glorioso. As forças pelas quais se produz a penetração desse nome são chamadas *Chochmalim*, *Dominações* do Cristianismo. Tem por função formar as imagens dos corpos nas diversas manifestações da matéria. A *Sephirah* correspondente se chama *Chesed*, bondade. Seu atributo é *Gedulah*, a qualidade do juízo superior (*judico superius*). Sua ação se desenvolve na região de amor. Amor ideal, derivado da união sagrada dos sexos. A manifestação Divina é da Misericórdia. O arcano que corresponde é de uma *Pedra Cúbica*, a realização dos princípios pelas formas no mundo físico. Pertencente ao domínio da segunda He no nome *Tetragrammaton*. É o fruto que leva *Ísis-Urânia* engendrado pelo princípio vital. O filho do homem, idealmente representado por Jesus Cristo.

- Saber dispor da sua vida e da dos outros.

**He** – A quinta letra do alfabeto, simples e cuja cifra é cinco, corresponde no Universo a Áries e no homem universal à perna direita. Governa a palavra. Simboliza a *vida universal* e representa o alento do homem, o ar, a alma, tudo o que é animador e vivificante. Expressa a ideia da vida abstrata do ser. No nome Tetragrammaton, as duas He têm dois significados distintos: a primeira é o símbolo da vida abstrata, o espírito, enquanto que a segunda representa a vida manifestada pela respiração. As forças pelas quais se manifestam esse nome, os Serafins, correspondem às *Potências* do Cristianismo.

Os elementos da Natureza são criados por eles. A *Sephirah* que corresponde a esta letra é *Geburah*, força, potência. Sua qualidade é a do juízo inferior (*judicio inferius*), e sua ação se desenvolve no domínio da esperança (spes). O arcano correspondente é do *Senhor dos Arcanos*.

- Não ser surpreendido por infortúnio, nem acabrunhado por desgostos, nem vencido por inimigos.

**Vau** – É a sexta letra do alfabeto, simples, cuja correspondência no Macrocosmo é Touro e no Microcosmo a narina direita. Governa o pensamento. Esse caráter nos dois significados opostos; por um lado um ó que reúne, por outro lado o ponto que separa o nada do ser. Considera-se como o laço de toda coisa. No Tetragrammaton, a letra Vau serve de solda e de centro de equilíbrio entre Yod Princípio supremo e He – Vida. Por outra parte, nesse mesmo nome, Vau cria também uma união entre o ternário Espiritual, que é Iev, e sua manifestação do quaternário Ieve. Por este fato, pertence por sua vez ao ternário, cujo equilíbrio estabelece, e ao quaternário a quem vivifica pela mesma essência do ternário espiritual que sintetiza. Nesse nome, sua dupla qualidade de laço e de ponto de separação se manifesta com uma claridade certa: por um lado, reúne os elementos do ternário espiritual e ao mesmo tempo separa esse ternário do quaternário. Porém, ainda há mais, ao encarar o quaternário como um derivado do ternário, Vau, converte-se no laço desses dois elementos, a passagem de um para o outro, a ponte que os une.

O nome Divino que corresponde é o *Vezio* que quer dizer "com esplendor". Por meio das forças nomeadas – *Malachim*, *Potências* dos cristãos – manifesta-se no nome do Criador e na vida universal e se produzem nos minerais e nos metais. A *Sephirah* dessa letra se chama *Tiphereth*: resplendor, Sol. Esta sexta *Sephirah* é o ponto de equilíbrio do segundo ternário *sephirótico* (a saber: *Chesed, Geburah* e *Tiphereth*). Constitui, por sua vez, no laço desse segundo ternário manifestado com o primeiro, o dos princípios (a saber: *Kether, Chokmah* e *Binah*).

Além do mais, esta mesma *Sephirah* é o laço de união com o ternário seguinte. De penetração mais profunda, que é o das três *Sephiroth* inferiores *Netzah, Hod, Yesod*.

Estes dois ternários *sephiróticos* formam, como sabemos, as seis Sephiroth chamadas de construção e seu laço, o nó que os reúne, é o que corresponde a letra Vau.

A manifestação desta Sephirah (*Tiphereth*) é a palavra (*oratio*) e sua qualidade é a paciência. O arcano que lhe corresponde é o das *Duas Estradas*. Este último expressa muito bem às qualidades opostas da letra, que tanto pode elevar ao sujeito para o ternário supremo, como enterrá-lo numa penetração mais profunda da matéria (evolução ou involução).

- Saber a razão do Passado, do Presente e do Futuro.

**Zayn** – A sétima letra do alfabeto, simples; sua cifra é sete. Corresponde ao signo de Gêmeos no Macrocosmo e à perna esquerda no Microcosmo. Governa a caminhada do homem. Como caráter, representa a imagem abstrata do laço que une as coisas, como Vau, porém, sem possuir a dupla significação abstrata deste.

O nome que lhe corresponde é *Zakai*, "puro". Sua manifestação na natureza se produz por meio dos *Elohins* ou os "começos" do Cristianismo. Governa a vida vegetal e as plantas. A *Sephirah* desta letra é *Netzah*, vitória; sua qualidade é a justiça que se manifesta pelo sentido interior (*sensus interior*).

O arcano maior relacionado com esta letra é o "*Carro de Osíris*", que simboliza a vitória da Justiça.

- Ter o segredo da ressurreição e a chave da imortalidade.

**Cheth** – A oitava letra do alfabeto, simples, tem por valor o número oito. Corresponde a Câncer no Macrocosmo e ao braço direito no Microcosmo. Governa a vista. O caráter desta letra tem o mesmo sentido que o de He, porém, num plano inferior. Deste ponto de vista, representa o signo da aspiração vital, da existência Elemental. Por outro lado, esta mesma letra expressa o trabalho do homem, aquele que demanda um esforço de parte deste. Simboliza a vida fisiológica com suas manifestações e seu dinamismo.

O nome Divino que corresponde é *Chesed*, misericórdia. Este nome se manifesta na vida pelas forças *Ben-Elohim*, que significa os "Filhos de D-us", os Arcanjos dos cristãos. Os animais foram criados por eles. A *Sephirah* que lhe corresponde é *Hod*, glorificação. Sua qualidade é a da humildade (*humilitas*) e sua ação se desenvolve na multiplicação (*frequentia*). No homem, essas forças provocam os sentidos exteriores (*sensus externus*). O arcano correspondente a Cheth é Themis, a *Justiça*.

- Achar a pedra filosofal.

**Teth** – Nona letra do alfabeto, simples, e tem o nove como cifra. Corresponde a Leão no Macrocosmo e a narina esquerda no Microcosmo. Governa a audição. Simboliza tudo o que serve de proteção ao homem (por exemplo, um teto). Serve de laço entre as letras *Daleth* e *Tau*, cujas propriedades compartilha, porém, num grau inferior. O nome Divino relacionado com esta letra é *Tehor* (*mudus Purus*), que se manifesta pelos Anjos da nona categoria. Esses Anjos presidem o nascimento dos humanos (Anjos Guardiães dos cristãos).

A *Sephirah* desta letra é *Yesod*, o fundamento. A qualidade desta *Sephirah* é a temperança (*temperentia*). É a estabilização em equilíbrio de toda Criação manifestada em seus dias e expressada pelas seis *Sephiroth* de construção. É o final da penetração, o fim criador e numérico, seu desenvolvimento máximo expressado pela cifra nove. O arcano desta letra é de uma "*Lamparina velada*".

- Ter a medicina universal.

**Yod** – É a décima letra, simples, cujo número é dez. Corresponde no Macrocosmo à Virgem e no Microcosmo ao braço esquerdo. Governa a ação do homem. Tivemos a oportunidade de comentar sobre esta letra em diversos momentos neste livro e sabemos que simboliza, entre tantas outras coisas, a eternidade, a vida renovável encerrada num grão morto em aparência, porém, que contém em si o elemento vital da futura planta. Temos dito que apresenta analogia com o Yin-Yang dos chineses, esse duplo gérmen entrelaçado. O nome Divino que lhe corresponde é o de *Iach*. Os homens recebem a compreensão, a indústria e a ciência sagrada por meio dos deuses míticos e dos heróis. O nome da *Sephirah* é *Malkuth* – reino, templo de D-us -. É pela similitude das coisas (*similitudo*) "*quod inferius, tot superius*" que o homem possui a faculdade de compreender o mundo que o rodeia, qualidade expressada pela palavra "*objectum*". É igualmente assim como percebe o dedo do Criador e aprende o "*Timor Dei*". O arcano de *Yod* é a *Esfinge* ou *Roda da Fortuna*, que pode elevar ao homem para os céus, assim como precipitá-lo no abismo.

- Conhecer as leis do movimento perpétuo e poder demonstrar a quadratura do círculo.

**Kaph** – É a décima primeira letra, dupla, cujo número é vinte. Corresponde no Macrocosmo a Marte e ao olho esquerdo no Microcosmo. É o signo da vida refletida e passageira. É uma espécie de molde que recebe e reproduz indiferentemente todas as formas. Por outra parte, esse caráter deriva de *Cheth*, que como sabemos, deriva por sua vez do princípio vital He. No entanto, no hieróglifo pode originar-se do Ka egípcio, cujo hieróglifo representa os dois braços, despregados, grafismo que se aproxima sensivelmente a *Kaph*. A significação do Ka, o duplo misterioso do vivente, responde bem a esta hipóteses. Este duplo não é em absoluto a alma ou espírito do homem, senão que, apesar de pertencer a uma ordem astral, refletia as qualidades e defeitos do homem. Devido a isso, é como um espelho onde aparece a imagem exata do homem. Uma vez este último morto, seu Ka o sobreviveria e continuaria existindo e conservando a aparência exata do defunto. Muitas vezes, o Ka era representado por meio de um pássaro que se encontrava perto da múmia. A presença de dois pássaros explica e completa o que acabamos de dizer: um representa o Ka e o outro o Espírito-alma, a identidade espiritual do ser.

O nome relacionado com a letra *Kaph* é *Kabir-potens*. Este nome expressão primeiro motor e neste sentido corresponde a *Yod*, causa primeira do movimento criador e vivificante. É o primeiro céu dos hebreus. Segundo suas crenças, a Divindade que governa esse céu de chama *Metatrom*. Segundo os Kabbalistas, D-us tomou esta forma para falar com Moisés, já que é por meio desse nome que o Princípio Divino se comunica às forças que regem o mundo em suas manifestações físicas. Tem sob suas ordens o anjo *Orphiel*.

No mundo, a inteligência da letra *Kaph* governa os doze signos do Zodíaco por dois nomes de D-us, *El* e *Yach*. Os seres que cumprem essas funções se denominam, em hebraico, *Galghal Hammazeloth*, e sua região é a do segundo ciclo, que representa o "sorriso de D-us".

Esta letra se relaciona com a segunda *Sephirah*, porém, numa ordem de penetração mais profunda.

O arcano correspondente é do *Leão domado*.

- Transmutar em ouro todos os outros metais.

**Lamed** – A décima segunda letra do alfabeto, simples, cujo número é trinta. Corresponde no Macrocosmo ao signo de Libra, e no Macrocosmo a bílis. É o sinal do braço que se estende, da asa do pássaro. Expressa, além distso, a ideia de extensão, de possessão.

O nome que corresponde é o de *Lumined*, sábio que corresponde ao nome Divino *Shadday*.

Reside no terceiro céu e governa os seres da esfera de Saturno cujo anjo de chama *Cassiel*.

A Sephirah correspondente é a terceira, porém, em sua penetração é da segunda ordem.

O arcano que se relaciona com esta letra é do *Enforcado*, cuja significação é sacrifício, prova suprema.

- Saber domar todos os animais, e saber dizer as palavras que entorpecem e encantam as serpentes.

**Mem** – A décima terceira letra do alfabeto, mãe, cujo número é quarenta. Corresponde no Macrocosmo ao mundo astral, à água na Natureza física e ao abdome do homem universal. Representa simbolicamente a mulher, companheira do Homem, a mãe (*Ma*), tudo quanto é fecundo e formador. É o signo da ação exterior e passiva. Esta letra expressa tanto a mãe quanto o mar.

*Mem* responde a *Meborah*, que significa "bendito", e pertence ao quarto ciclo, e ao quarto nome Divino, o de *Jehovah*.

A esfera onde se desenvolve sua ação é a de Júpiter, cuja inteligência é *Zadkiel*.

A letra *Mem* terminal reina no quinto céu na esfera de Marte, cujo nome Divino é de *Eloh*, sua inteligência, *Samael*. Este último recebe diretivas por meio de *Zadkiel* para transmiti-las aos seres da sexta ordem.

O arcano correspondente é o da *Morte*; renovação.

- Possuir a chave da ciência universal.

**Nun** – Décima quarta letra, simples: número cinquenta. Corresponde no Macrocosmo ao Escorpião e no Microcosmo aos intestinos. Rege o olfato no homem. É o signo da existência individual e produzida, que pode estender-se ou restringir-se segundo o lugar que ocupe.

O nome que lhe corresponde é *Nora*, e está regido pelo nome Divino de Emmanuel, "D-us está conosco".

Sua ação se desenvolve na região do sexto céu, cujo anjo é *Michael*.

*Nun* terminal corresponde ao nome das sete letras: *Ararita*, "D-us imóvel" Sua região é do sétimo céu, assim como a esfera de Vênus cujo anjo se chama *Hanael*, "O amor de D-us, sua justiça". Esta letra pertence à quinta *Sephirah* em sua segunda ordem de penetração. O arcano *Nun* é o do *Gênio* do homem.

- Falar sabiamente sobre todas as coisas, sem preparos ou sem estudos.

**Samekh** – Décima quinta letra do alfabeto, simples, cujo número é sessenta. Corresponde no Macrocosmo a Sagitário, e no Microcosmo ao estômago: *Keva*. Rege o sono. É o signo do movimento circular. Também simboliza o movimento do fogo astral, cuja impressão sonora, o zumbido, oferece. É o mesmo zumbido que produz a serpente e é por isso que os egípcios a representavam por meio de um réptil enroscado sobre si mesmo. Simboliza a serpente do Gênesis, o *Nahasch*, ou, dito de outra forma, as forças instintivas do homem que o atraem para a matéria.

O nome que corresponde é *Samek*, o que sustém, fortifica (*Falciens, firmans*). A esfera de onde se desenvolve sua ação é a de Mercúrio, cuja inteligência é *Raphael*. Relaciona-se com a sexta *Sephirah* em sua ordem secundária.

O arcano que lhe corresponde é o de *Typhon*, o Diabo, a serpente do Gênesis.

- Conhecer, à primeira vista, o fundo da alma humana e os mistérios do coração feminino.

**Ayin** – É a décima sexta letra do alfabeto, simples, cujo número é setenta. Corresponde a Capricórnio no Macrocosmo e ao fígado no Microcosmo. Rege a cólera no homem. É o signo do sentido material e a imagem do vazio ou do nada. No domínio dos defeitos, significa tudo o que é falso, perverso e malvado.

O nome que se lhe atribui é *Azaz*, forte. Este nome rege o nono céu e a esfera da Lua, cuja inteligência é Gabriel. A *Sephirah* de *Ayin* é a sétima em sua segunda ordem de manifestação.

O arcano correspondente é a "*Torre* fulminada", que simboliza as traições do destino de um homem, que se crê superior e tem uma confiança cega em suas próprias forças.

- Forçar, quando convier, a Natureza a obedecer.

**Pe** – Décima sétima letra, dupla, cujo número é oitenta. Corresponde no Macrocosmo a Mercúrio e no Microcosmo à orelha esquerda do homem universal. Seu reino é da dominação. Como sonido que possui a característica da letra P, esta letra deriva de *Beth*, porém, por outro lado, como sonoridade análoga a F, provém de *Vau*. Assim, pois, seus traços fundamentais provém dessas duas letras. Certos autores consideram seu hieróglifo similar a uma boca, cuja imagem lhe cai bem.

O nome correspondente é *Phodé*, redentor, "a alma sábia" de Kircher. A região na qual se desenvolve sua ação é do ar, que está governada pelos *Silfos*.

Está relacionada a oitava *Sephirah* da Kabbalística Árvore da Vida, em sua segunda ordem. O arcano correspondente a esta letra é a "*Estrela dos Magos*".

- Prever os acontecimentos futuros que não dependem de livre arbítrio superior ou de causas inabordáveis.

**Tzaddi** – Décima oitava letra, simples, número: noventa. Correspondente a Aquário no Macrocosmo e, no Microcosmo, ao estômago *Kerkovak*. Rege a nutrição do homem. Descreve o final, a solução, a finalidade, e expressa o movimento que conduz até a esta finalidade.

O nome que está ligado a esta letra é *Tzadek*, "justo". Esse nome rege a água, domínio das Ninfas. Athanasius Kircher, o S.J. Kabbalista, disse que esta letra governa a matéria universal. *Tzaddi* terminal, segundo o mesmo autor, rege os elementos (ar, fogo, água, terra). Atribui-lhe a nona *Sephirah* da segundo ordem, e o Arcano "O *Crepúsculo*".

- Dar a todo o mundo consolação eficazes e conselhos salutares.

**Qoph** – Décima nona letra, simples; número cem. Corresponde ao signo de Peixes, e no Macrocosmo e ao baço no Microcosmo. Rege o sorriso do homem. Segundo Fabre d'Olivet, representa simbolicamente uma ferramenta cortante, por exemplo: um machado: tudo o que serve de proteção para o homem, o que faz um esforço por ele, seu instrumento. Na maioria dos idiomas, as palavras que representam esta consoante designam a força e o constrangimento.

Nome correspondente: *Lodesch* – Santo – É o signo da criação da terra, domínio dos gnomos. A Inteligência, *Ariel*, que segundo Kircher, "*no inverno reina no norte e forma os minerais e as coisas inanimadas*".

A *Sephirah* relacionada com esta letra é *Malkuth* em sua penetração mais profunda. O arcano correspondente é a "*Luz*".

- Ser justo na medida certa quando fordes interpelados.

**Resh** – Vigésima letra, dupla, número: duzentos. Corresponde a Saturno no Macrocosmo e à fossa nasal esquerda no Microcosmo. Esta letra reina no mundo (mundo manifestado, o Saturno, ao que pertencemos por nossa natureza inferior enquanto seres físicos). Simboliza a cabeça do homem, seu movimento determinante, sua marcha. Segundo Jacó Boheme, *Resh* extrai sua origem da faculdade ígnea da natureza e, por isso, é o emblema do fogo.

É o signo de um movimento bom ou mau, a imagem da renovação das coisas. O nome que lhe corresponde é *Rodech*, que significa "Organizador", que, segundo Kircher, é o "formador das plantas".

O nome pertence ao primeiro princípio de D-us que emana a vida vegetal e animal.

A *Sephirah* correspondente é aquela dos dois que passa pelo vinte e desde finalmente até o duzentos. É o máximo desdobramento da natureza para criar todos seus fenômenos.

Seu arcano é a *"Renovação"*.

- Domar o amor e o ódio.

**Shin** – Vigésima primeira letra, mãe, número, trezentos. Corresponde no Macrocosmo, ao fogo, e, no Microcosmo, à cabeça do homem universal. Seu domínio é do mundo físico, da penetração do Princípio até o mais profundo da matéria desde onde deve resplandecer definitivamente. Como imagem simbólica, representa o arco desde o qual parte sibilando a flecha.

O nome que corresponde a esta letra é *Shadday*, "Todo-poderoso". É o segundo princípio de D-us, que, segundo Kircher, rege a "Vida animal", a alma vivente do Gênesis. É neste princípio que se dá o nascimento da semente na vida animal.

A Sephirah correspondente que a governa é a terceira em sua penetração da terceira ordem, que dá a cifra definitiva e cúbica de nove (3 x 3).

O arcano correspondente é o Crocodilo ou o Cego. Representa o homem inconsciente que caminha sem se preocupar com os perigos que lhe aguardam.

- Possuir os segredos das riquezas. Ser delas senhor, mas nunca escravo. Saber gozar na pobreza. Nunca cair na objeção nem na miséria.

**Tau** – Vigésima segunda e última letra, dupla; número: quatrocentos ou zero. No Macrocosmo corresponde ao Sol e no Microcosmo à boca do homem, ao seu verbo. Reina sobre a beleza, que é a harmonia universal e, por isso, está ligada a *Sephirah Malkuth*, "fundação". *Tau* é o fundamento sobre o qual está construído todo o Universo, assim como o alfabeto sagrado que o simboliza. Os egípcios consagraram esta letra a *Thoth* e a consideravam como o símbolo da alma universal.

O nome Divino que lhe corresponde é de *Techinah*, belo. Segundo Athanasius Kircher, representa o "Microcosmo em sua totalidade"; assim, esta letra é um símbolo do homem, último desenvolvimento da Criação sobre a terra tal como *Tau* é a última do alfabeto. A *Sephirah* que a governa é a quarta em sua penetração até o mais profundo da terceira ordem (3 x 4 = 12).

O arcano é a *Coroa do Mago*, reflexo da Coroa suprema de *Kether*.

- Governar os elementos. Acalmar as tempestades. Curar, pelo contato, os doentes.

## As cinco letras finais

| | |
|---|---|
| ך | CAPH final – A realização cósmica final da existência do homem. |
| ם | MEM final – É o Estado cósmico da fecundidade do homem, na mente e no corpo. |
| ן | NUN final – É o símbolo da interação das energias cósmicas. |
| ף | PE final – O mesmo que Pe e Cheth. |
| ץ | TZADDI final – é o arquétipo da feminilidade, no sentido mítico. |

# A Árvore da Vida e os Quatro Mundos

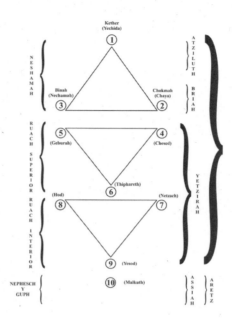

Como temos visto, as dez *Sephiroth*, que forma a Árvore da Vida, emanaram de uma Luz Infinita ao Mundo Primordial de Adam Kadmon e daí os Quatro Mundos dos kabbalistas. A Sephirah Reino (Malkuth), que é a mais densa de todas as Sephiroth e na qual a Luz Divina está mais restringida, é a fonte de cada um dos mundos que a seguem. Assim, vemos que a Sephirah Reino de Adam Kadmon emanou das dez Sephiroth do Mundo da Emanação e a Sephirah Reino do Mundo da Emanação, emitiu as dez Sephiroth do Mundo da Criação, etc., até que emanara o Mundo da Ação. No Mundo da Emanação, D-us atua diretamente; no Mundo da Criação Ele atua através dos arcanjos, e no Mundo da Formação atua através dos anjos e no Mundo da Ação atua através das forças elementais da Natureza.

Os Quatro Mundos, por conseguinte, formam um vasto sistema de classificação que expressa todos os aspectos da Essência Cósmica em qualquer nível.

As mais importantes divisões classificadas nos "Quatro Mundos" são os quatro elementos dos alquimistas, as quatro estações e as quatro triplicidades astrológicas. Também existe uma escala de cores (onde veremos num quadro a seguir), atribuída a cada Sephirah em cada um dos Quatro

| As Sephiroth com seus números correspondentes | Atributos das Sephiroth | Nome em Hebraico das Sephiroth | Nome de D-us | Membros Místicos | Arcanjos | Ordem dos Anjos |
|---|---|---|---|---|---|---|
| 1- Kether | A Coroa | כתר | Aeïe – O Ser | Serafins | Metatron | Haioth Hakadosch |
| 2- Chokmah | A Sabedoria | חכמה | Iah – Iah | Querubins | Ratziel | Ophanim |
| 3- Binah | A Inteligência | בינה | Ihoah – Jehovah, O Eterno | Tronos | Tzaphkiel | Aralim |
| 4- Chesed | A Misericórdia | חסד | El – El | Dominações | Tzadkiel | Hasmalim |
| 5- Geburah | A Justiça | נבורה | Elohim Ghibbor | Virtudes | Khamael | Seraphim |
| 6- Tiphereth | A Beleza | תפארת | Eloha | Potências | Raphael | Malachim |
| 7- Netzah | A Vitória | נצה | Ihoah Zebaoth – Jehovah Sabaoth | Principados | Haniel | Elohim |
| 8- Hod | A Eternidade | הוד | Elohim Zebaoth – Elohim Sabaoth | Arcanjos | Michael | Beni-Elohim |
| 9- Yesod | O Fundamento | יסד | Shaddai – O Todo Poderoso | Anjos | Gabriel | Cherubim |
| 10- Malkuth | O Reino | מלכות | Adonay Meleck – O Senhor Rei | Almas | Sandalphon | Ischim |

Mundos, o que tem um grande significado para a Kabbala Prática. Cada mundo está sob a supervisão de uma das letras do Tetragrammaton, YHVH, da seguinte maneira: a primeira letra I, é o Mundo da Emanação; a segunda letra H, é o Mundo da Criação; V representa o Mundo da Formação e a última letra H, é o Mundo da Ação. O Tetragrammaton, também conhecido sob o nome Divino de Jehovah, é o nome Divino assinado na segunda esfera, Chokmah. A primeira Sephirah está presidida por outro nome de quatro letras: EHEIEH (AHIH). Graças ao simbolismo dos nomes vemos de que maneira AHYH, é o aspecto da Força latente de D-us, todavia não manifestada. Transmuta em YHVH trocando Sua primeira e Sua terceira letra de A (Aleph) em I (Yod), e de I (Yod) em V (Vau). Como já temos visto na análise das vinte e duas letras do alfabeto hebreu, Aleph é o princípio duplo que representa a vida e a morte, a existência; e efetivamente, existência é a significação do nome AHIH. Yod, por outro lado, é o oposto de Aleph; é continuidade, a manifestação da existência. Assim, nesta primeira transmutação, a Energia Cósmica se transforma de pura existência em uma existência contínua, um estado estável. A segunda transmutação concerne a troca de Yod (Y) em Vau (V). Como temos visto, Vau é o arquétipo de todas as substâncias fecundadoras, é a substância plástica da qual surgiu o Universo.

Através desta transmutação, AHYH, puro ser, transforma-se em YHVH, no veículo da existência. Nesta transformação radica a essência dos ensinamentos kabbalísticos.

Portanto, o Tetragrammaton é a pulsação contínua (Y) da energia cósmica (H) evolutiva (V) no Universo criado (H). Segundo os astrofísicos, estas eram condições existentes no tempo do "big-bang".

O Tetragrammaton e os Quatro Mundos são também associados aos Quatro Querubins da visão de Ezequiel e a revelação bíblica de São João o Divino. Uma vez mais, existe uma correlação com os quatro elementos e as triplicidades astrológicas, da seguinte maneira:

| Letras | Anjos | Querubins | Elemento | Ponto Cardeal | Mundo |
|---|---|---|---|---|---|
| י | Michael | Leão | Fogo △ | Sul | Criação |
| ה | Gabriel | Águia | Ar △ | Oeste | Formação |
| ו | Raphael | Homem | Água ▽ | Leste | Emanação |
| ה | Uriel | Touro | Terra ▽ | Norte | Ação |

# Revelação de São João

Depois destas coisas, olhei, e eis que estava uma porta aberta no céu; e a primeira voz que, como de trombeta, ouvira falar comigo, disse: Sobe aqui, e mostrar-te-ei as coisas que depois destas devem acontecer.

E logo fui arrebatado no Espírito, e eis que um trono estava posto no céu, e um assentado sobre o trono. E o que estava assentado era, na aparência, semelhante à pedra jaspe e sardônica; e o arco celeste estava ao redor do trono, e parecia semelhante à esmeralda. E ao redor do trono havia vinte e quatro tronos; e vi assentados sobre os tronos vinte e quatro anciãos vestidos de vestes brancas; e tinham sobre suas cabeças coroas de ouro.

E do trono saíam relâmpagos, e trovões, e vozes; e diante do trono ardiam sete lâmpadas de fogo, as quais são os sete espíritos de D-us.

E havia diante do trono um mar de vidro, semelhante ao cristal. E, no meio do trono, e ao redor do trono, quatro animais cheios de olhos, por diante e por detrás. E o primeiro animal era semelhante a um leão, e o segundo animal semelhante a um bezerro, e tinha o terceiro animal o rosto como de homem, e o quarto animal era semelhante a uma águia voando.

E os quatro animais tinham, cada um *"de per si"*, seis asas, e ao redor, e por dentro, estavam cheios de olhos; e não descansam nem de dia nem de noite, dizendo: *Santo, Santo, Santo, é o Senhor D-us, o Todo-Poderoso, que era, e que é, e que há de vir.* E, quando os animais davam glória, e honra, e ações de graças ao que estava assentado sobre o trono, ao que vive para todo o sempre, os vinte e quatro anciãos prostravam-se diante do que estava assentado sobre o trono, e adoravam o que vive para todo o sempre; e lançavam as suas coroas diante do trono, dizendo: *Digno és, Senhor, de receber glória, e honra, e poder; porque tu criaste todas as coisas, e por tua vontade são e foram criadas.* (Apocalipse 4:1-11)

## Conclusão

Em São João como em Ezequiel, esses quatro animais, ou seja, estas quatro "criaturas viventes" são o epítome da criação, porque de todas as criaturas são as mais nobres. Devemos ver, a seguir, como o Homem, o Leão, o Boi (ou Touro) e a Águia foram levadas a representar simbolicamente o Cristo e como as artes cristãs os dispuseram ao seu redor para representar os quatro evangelistas que nos transmitiram sua história e seu ensinamento.

## A Kabbala

Para Eliphas Levi, os tetramorfos sãos as quatro formas hieroglíficas da Esfinge. Em sua Oração Kabbalística, ele associa essas figuras ao *Chaiot Ha-Quodesh*, *ChIVTh HQDSh*, sagradas criaturas vivas, representadas pelos quatro signos: Touro, Leão, Águia e Homem, correspondentes a Touro, Leão, Escorpião e Aquário. Os animais também são associados ao nome sagrado e aos evangelistas:

יהוה

**Yod** (י) – Pai – Fogo – Leão – São Marcos

**He** (ה) – Mãe – Água – Touro– São Lucas

**Vau** (ו) – Filho – Ar – Águia –São João

**He** (ה) – Filha – Terra –Homem –São Mateus

Do que precede, vemos que para conhecer as qualidades de qualquer *Sephirah* da Árvore da Vida, é necessário aprender suas correspondências nos *Quatro Mundos*. Não é uma tarefa fácil considerando a imensidão do sistema de classificação da qual os kabbalistas utilizam a Escala *Briática* ou a Escala da Rainha em seus rituais mágicos. Por exemplo, se o mago está fazendo um ritual de amor, tem que trabalhar com a esfera de Netzah, cuja cor é o verde na escala *Briática*. Isso significa que o mago tem que se rodear de verde durante este ritual e visualizará vibração desta cor ao seu redor enquanto trabalha.

# As Escalas das Cores e a Árvore da Vida nos Quatro Mundos

| Sephiroth | Atziluth (Escala do Rei) | Briah (Escala da Rainha) | Yetzirah (Escala do Imperador) | Assiah (Escala da Imperatriz) |
|---|---|---|---|---|
| 1- Kether | Luminosidade | Luminosidade branca | Luminosidade | Branco, ouro desbotado |
| 2- Chokmah | Azul claro | Cinzento | Cinzento grave | Branco, chamuscado de vermelho, azul, amarelo |
| 3- Binah | Carmesim | Negro | Marrom escuro | Cinzento, chamuscado de rosa |
| 4- Chesed | Violeta | Azul | Púrpura | Azul celeste, com tons de amarelo |
| 5- Geburah | Laranja | Vermelho | Escarlate | Vermelho, com tons de negro |
| 6- Tiphereth | Cor de Rosa | Amarelo | Rosa salmão | Âmbar |
| 7- Netzah | Âmbar | Verde | Verde amarelo | Oliva com tons de ouro |
| 8- Hod | Violeta | Laranja | Vermelho ladrilho | Negro amarelado com tons de branco |
| 9- Yesod | Índigo | Violeta | Roxo escuro | Citrino com tons de azul celeste, negro, raiado de amarelo |
| 10- Malkuth | Amarelo | Citrino, oliva, pardo, negro | Citrino, oliva, pardo, negro, ouro desbotado | Citrino com tons de azul celeste, negro, raiado de amarelo |

## As Cinquenta Portas da Razão (Inteligências) e as Trinta e Duas Vias da Sabedoria

*O número de degraus não pode ser conhecido, mas a tradição diz que Jacó viu 50 Anjos que desciam a escada (as 50 Portas da Luz) e 32 Anjos que subiam (as 32 Vias da Sabedoria). É evidente que esta interpretação data do segundo período do Kabbalismo. Outra tradição diz ainda que a escada de Jacó não chegará a seu ápice resplandecente antes da vinda do Messias, mas que a vida de cada homem justo acrescenta-lhe um degrau e faz aproximar a Escada cada vez mais perto do Trono de D-us.*

Etude sur les origines et la nature du Zohar.<br/>
Précédée d'une étude sur l'histoire de la Kabbale.<br/>
Karppe S. Paris, Alcan, 1901.

O caro leitor, que já se encontra no *caminho*, deve ter observado que todas as leis que regem o Universo estão expressas na estrutura do *"alfabeto sagrado"*. Uma noção desenvolvida dentro de uma trilogia que se resume em Unidade, sua divisão primordial; o "sim e o não", equilibrados, que representam o ternário; a escala universal, lei dos setênios; quadro em que se desenvolve a vida de toda criação, lei das doze; e finalmente, a lei decimal, das *Sephiroth*.

Tudo isso está contido nas 22 letras do alfabeto; mas, se tomarmos a numeração como elemento separadamente, obtém-se o número 32 (22 mais 10) que representa as 32 vias da sabedoria. Para compreender como se as obtêm, recordemos o *Sepher Yetzirah*, capítulo IV, 15, 16: *"As sete duplas: Beth, Guimel, Daleth, Kaph, Pe, Resh e Tau. Gravados nelas estão os sete mundos, firmamentos, terras e mares, sete rios, desertos, dias e semanas, sete anos, períodos de sete anos, períodos de cinquenta anos e a Câmara Central do Templo. Sete é então amado sob todos os céus."*. Mishnáh 16: *"Duas pedras constroem duas casas, três pedras constroem seis casas, quatro constroem 24 casas, cinco constroem 120 casas, seis constroem 720 casas, e sete constroem 5040 casas. A partir daí, anda e calcula aquilo que a boca não pode dizer e o ouvido não pode escutar."* Este texto define a regra das transposições de letras segundo o sistema *Tsiruf* (veja Moisés Cordovero, *Pardés Rimonim*).

Assim, as duas letras dão duas transposições, três dão seis, quatro dão vinte e quatro e assim sucessivamente. As 231 fileiras que menciona o *Sepher Yetzirah* (capítulo II, 5) segundo Guillaume Postel, da seguinte maneira: se multiplicar as 22 letras por onze (as dez Sephiroth e o indefinido Ain-Soph), obtém-se 242, e essa se lhes subtrai o mesmo número 11 para obter finalmente 231.

Muito bem, o sistema analítico do *Sepher Yetzirah*, que parte da ideia de D-us, que aquele sistema que desenvolve na criação servindo-se das combinações das letras-forças é chamado pelos kabbalistas "As trinta e duas vias da sabedoria". A este sistema se opõe a outro, dedutivo, que parte do estudo dos fenômenos naturais para chegar, por analogia, à compreensão de D-us. Se chama "Cinquenta Portas da Razão". O primeiro sistema, baseado sobre a fé, desenvolve a evolução religiosa, enquanto que o segundo se apoia sobre a observação, por parte dos homens, dos fenômenos da natureza, e representa uma evolução que se apóia sobre a ciência. Essas duas vias completam-se entre si. Assim, define o ponto de vista dos Antigos, que confundiam o Sábio e o Sacerdote. Segundo a Kabbala, esses dois sistemas se relacionam com duas *Sephiroth* do triângulo superior: as trinta e duas vias emanam da Sephirah Chokmah, e as cinquenta da Sabedoria sem, contudo, haver atravessado as "portas da razão".

Antes de abordar o estudo das 32 vias, exporemos o sistema das "Cinquenta Portas da Razão". Essas cinquenta portas estão divididas em seis grupos correspondendo as seis *Sephiroth* de construção, aos seis dias da criação, e aos seis desdobramentos da unidade, segundo o ensinamento tradicional (veja em nossa obra *Maçonaria, Simbologia e Kabbala*, Parte II, capítulos III e IV).

## As Cinquenta Portas da Razão

### *Primeiro Grupo*

*Os Princípios dos Elementos.*

1. Matéria prima, é caos, o *lesch* (palavra obtida pela transposição das letras da palavra *Bereshit* e que significa matéria primeira que deu início a toda criação):
2. O vazio, o que não tem vida, nem forma, o frio.
3. A atração, o abismo, acima do qual discernia o espírito de D-us (Gênesis).
4. Primeira divisão, princípio dos elementos. *"Vem para mim"*, disse Atum a si mesmo (veja Sepher Yetzirah). A Balança que estava no antigo dos dias (Zohar). Primeiro dia da criação Yod – Yin-Yang.
5. Princípio da água (hieróglifo Mem, mãe), segundo dia da criação.
6. Princípio do ar, evaporação da água, He, princípio passivo.
7. Princípio do fogo, regido por Shin, senhor do terceiro septenário (quente, vivificante), ação do princípio ativo Yod sobre o princípio passivo He, expressado hieroglificamente pela letra Aleph.
8. Princípio da terra "árida e sem vida", o Geb egípcio, começo do terceiro dia. Separação entre o seco e o úmido.
9. Princípio das qualidades de diferenciação desses elementos.
10. Princípio de suas mutações (mescla).

### *Segundo Grupo*

*As Dez Mutações (mesclas)*

11. Diferenciações dos minerais pela divisão do princípio da terra, regido pela letra Qoph.
12. As cores e os elementos necessários para a produção dos metais, regido pela letra Vau.
13. As fontes e as veias que se encontram nas células da terra.
14. Nascimento da vida vegetativa. Fim do terceiro dia regido por Zayn.
15. As forças vivificantes e reprodutoras da vida vegetal cujos signos estão escritos no firmamento. Quarto dia. Criação de *Nephesh* no Cosmos.

16. Primeira individualização do princípio vital nas diferentes espécies, cada uma das quais possuem suas qualidades definidas e diferenciadas "segundo sua espécie" (Gênesis).
17. Os répteis e os insetos. Quinto dia regido por Cheth.
18. Os peixes. Quinto dia, regido por Cheth.
19. Os pássaros. Quinto dia regido por Cheth.
20. Criação da vida animal, "alma vivente" do Gênesis. O Ruach do Cosmos, regido pela letra Shin. Começo do sexto dia. Individualização e mutação dos elementos até o máximo desenvolvimento.

## *Terceiro Grupo*

*A Década do Homem*

O indefinido *Ain-Soph*, o Uno refletido em Adão, o "nove" que reúne em sua pessoa todos os elementos da criação prévia.

21. Criação do homem Adão, sexto dia, símbolo do homem, letra Tau. Seu desenvolvimento consecutivo.
22. Substância adâmica, matéria que o identifica com toda criação dos elementos que acabamos de mencionar. Esta substância deve ser considerada como um extrato.
23. O sopro divino. *Nephesh*.
24. Adam-Eva. *Aish-Aisha*. Razão, livre arbítrio.
25. O homem universal que representa o Microcosmos, reflexo do Macrocosmo do qual é imagem.
26. As cinco potências exteriores que, reunidas com a razão e o livre arbítrio, representam, no homem, a escala das sete letras duplas.
27. As cinco forças interiores, os cinco sentidos do homem.
28. O homem, reflexo do céu (correspondências astrológicas).
29. O homem ideal, reflexo das qualidades angélicas.
30. O homem terminado; imagem de D-us, fim do sexto dia.

Fim da manifestação geradora expressada pela letra Tau.

## Quarto Grupo

*A Ordem do Desenvolvimento do Céu em Relação com a Terra*
As Esferas – Esse grupo se relaciona com a criação do quarto dia.

31. A Luz, Beth e sua esfera regida pela letra Ayin.
32. Mercúrio, Pe e sua esfera regida pela letra Samekh.
33. Vênus, Guimel e sua esfera regida pela letra Nun (final).
34. O Sol, Tau e sua esfera regida pela letra Nun.
35. Marte, Kaph e sua esfera regida pela letra Mem (final).
36. Júpiter, Daleth e sua esfera regida pela letra Mem.
37. Saturno. Resh e sua esfera regida pela letra Lamed.
38. O conjunto do Firmamento, sínteses dos 12 signos e dos 7 planetas.
39. O primeiro motor relacionado com a letra Kaph. O movimento das sete no quadro das doze.
40. O mundo empírico regido pela letra Yod e que representa o "Tempo de D-us".

## Quinto Grupo

*O Mundo das forças superiores, chamado: Mundo das nove Dignidades dos Anjos.*

41. Querubins relacionado com a letra Teth e que preside o nascimento do homem.
42. Ben Elohim ou os filhos de D-us, relacionados com a letra Cheth e produtores da vida animal.
43. Elohins, relacionados com a letra Zayn e criadores da vida vegetal.
44. Malachins, relacionados com a letra Vau, presidem a formação dos metais.
45. Serafins, relacionados com a letra He e são governadores dos quatro elementos.
46. Chochmalins, regidos pela letra Daleth, presidem a diferenciação das formas da matéria.
47. Aralins ou anjos poderosos e grandes regidos pela letra Guimel. Governam o princípio das forma material.
48. Ophanins ou as "rodas celestiais" regidos pela letra Beth.
49. Haioth Ha Kadosch ou os "Santos animais", regidos pela letra Aleph.

## Sexto Grupo

*Ain-Soph – O Indefinido*

50. A nenhum homem é dado o poder de ver ou compreender a D-us. O homem só pode ter uma vaga ideia d'Ele através das manifestações do Ser na natureza. Quanto mais elevado é o homem, mais profundamente percebe esses reflexos. O homem primitivo deifica os elementos cujos efeitos aprecia: o fogo, a água, o vento, etc. Segundo a tradição, Moisés, esse grande iniciado, recebeu revelações que serviram de base para religião que instituiu: religião de Metatrom, reflexo de D-us na letra Kaph. O cristão, na base de cuja religião se encontra a Santa Trindade, expressada no ensinamento sagrado pelas três primeiras Sephiroth, acredita, mas não pode compreendê-la. O que precede define as cinquenta portas pelas quais deve passar o Sábio para compreender a estrada que passa pelas "*Trinta e duas Vias da Sabedoria*". O estudo dessas Vias, como o expressa Athanasius Kircher S.J., demanda um considerável esforço e longos anos de meditação. Então, podemos deduzir que somente os homens reputadamente santos, marcados por D-us, são iluminados pela Luz emanada do centro.

# As Cinquenta Portas Da Luz

A Kabbala nos diz, repetidas vezes, que as *Cinquenta Portas Luz* são atribuídas a Binah, e que somente por elas podemos chegar a uma compreensão da Divina Sabedoria que se encontra em Chokmah. Mas é necessário também dar-se conta que nós temos trabalho com as Portas, e uma porta permite sair, não somente entrar. Por conseguinte, diz-se no Zohar (a tese se desenvolve detalhadamente pelo Rabbi J. Gekatilla Ben Abraham no seu tratado *As Portas da Luz*). que todas as coisas criadas são saídas dessas Portas, todo ser criado não pode compreender as Vias de D-us (*As Trinta e Duas Vias da Sabedoria*) sem entrar por estas Portas.

2. Acontece, frequentemente na Kabbala, que uma explicação difícil pode ser resolvida pela Gematria (o sistema de interpretar uma palavra segundo o valor das letras que a compõem). Temos aqui uma ocasião de dar um exemplo da Gematria. As Portas da Luz estão indicadas pela palavra K L Koll, que pode ser traduzida por Tudo. K ou Kaph, a décima primeira letra do alfabeto, possui um valor de vinte em Gematria; L ou Lamedh, a décima segunda letra possui um valor de trinta K L (ou 20 + 30) = 50. As Cinquenta Portas da Luz sendo 50 indicam, portanto Koll ou o Todo. Continuemos nossa Gematria. A palavra

Luz, que é empregada nesta frase, possui um valor de 55. Aqui há, por conseguinte, uma segunda chave nessa palavra. O He final (do Tetragrammaton) troca o Trigrammaton dando-lhe a significação de Filha do Rei – A Esposa, que são os títulos de Malkuth. A palavra *KLH* nos dá, portanto não somente 55 em Gematria, mas também a palavra jovem casada. Muitos capítulos do Eccleslastes e da Sabedoria de Salomão falam sobre este duplo valor da jovem casada e a Luz da sabedoria. Devemos, portanto, partir de 55 para chegar a 49 + 1, uma frase do Zohar completamente obscura, se não se começa com a chave da Gematria, mas que indica que pelas Portas da Luz pode se entrar na compreensão da Sabedoria Divina.

3. Diz-se ainda: Pelas Portas de Binah, o Messias entrará na Glória de D-us. Temos ainda relação com a Gematria. O Messias quer dizer Tiphereth (6 – a sexta Sephirah) seja VAU (6 – sexta letra do alfabeto). As 50 Portas da Luz nos dão 50 + 6 ou 50 x 6. Vemos facilmente que é este último cálculo que está indicado, porque Shin a letra Messiânica, também chamada A Glória de D-us (a primeira letra da Shekinah) possui um valor de 300 (50 x 6). Mas Binah é também He (5) e multiplicado por Yod (10) (a origem da forma, ou a arquitetônica do Alfabeto) nos dá ainda para BINAH o valor de 50, em relação com as 50 Portas da Luz. Não é necessário levar mais longe estas relações com a Gematria. Achamos oportuno dar um exemplo em que o emprego deste sistema Kabbalístico é não somente útil, mas obrigatório.

4. Tendo terminado o elemento teórico nas Emanações dos Sephiroth, será útil permitir ao aluno de se dar conta de que alguns métodos de aplicação práticas do sistema Sephirótica. Será mais lógico começar com as Cinquenta Portas da Luz, não somente porque o Zohar diz que elas formam uma chave a toda compreensão das Sephiroth, mas também porque elas foram – desde numerosos séculos – umas introduções escolásticas às Trinta e Duas Vias da Sabedoria.

5. As Cinquenta Portas (estritamente as 49 Portas mais Uma) são as seguintes:

6. Porta 1. A Matéria Primordial. Um *Midrasch* do Talmud (Beresch Rab. 12) nos informa que a Criação teve lugar por um processo duplo. A citação que damos é tomada de Karppe:
*"Os seis dias da Criação foram um desenvolvimento, como uma maneira de fazer a colheita dos figos maduros. Cada fruto maduro na sua hora, isto é, toda substância das coisas foi criada num só lance, depois em seguida cada coisa veio a seu todo".*

7. Porta 2. O Vazio. O Zohar não considera o Vazio como um nada: Nahash, o Dragão do Vazio, é a prova. O trabalho psicológico pertence a esta Porta de fazer realizar a verdade que o Eterno pode transmutar o imaterial em material.
8. Porta 3. A Abstração. O trabalho desta Porta se faz por um aprofundamento da significação da letra Beth, que é ao mesmo tempo a primeira letra da Torah e a indicação da natureza das polaridades que existem em toda espécie criada.
9. Porta 4. A Separação dos Firmamentos. O Zohar indica a primeira divisão entre o Mundo Invisível e o Mundo Visível (os dois corações do Mundo) como também os Sete Firmamentos do Alto e os Sete Firmamentos em Baixo. Uma interpretação esotérica se relaciona cada firmamento.
10. Porta 5. A Terra Árida. O trabalho de preparação interior que se relaciona à passagem desta Porta pelo aspirante é de poder distinguir entre o que é o que na obra da Criação.
11. Porta 6. A Água. Esta Porta significa a natureza ilimitada dos Poderes do Eterno. Meu Manto cobre a Terra como a Água cobre (os leitos) os oceanos. Esta é a Doutrina da Imanência.
12. Porta 7. O Ar. O Espírito de D-us se movia por cima das Águas. A exaltação da Presença Divina se encontra em toda sua Criação. Esta é a Doutrina da Transcendência.
13. Porta 8. O Fogo. O Zohar nos diz: "O rio de fogo rodeia o Palácio Celeste... O Santo dos Santos... O Coração do Mundo no Alto". O Amor de D-us pela Natureza é anterior a Criação. O trabalho psicológico sobre esta Porta é sutil; ele toca a subjetividade do Eterno.
14. Porta 9. Os Protótipos. O Zohar nos diz: "Tudo o que está sobre a Terra está formado segundo o modelo do Mundo do Alto, e não existe um mínimo objeto neste baixo Mundo que não tenha seu equivalente no Mundo do Alto que o rege". Isso é o princípio da prática da Magia.
15. Porta 10. A Harmonia. A Luz é a Força Unificante. "Nosso Mundo, diz o Zohar" é o centro do Mundo Celeste, como o Mundo Celeste é o centro de nosso Mundo e cada um tem portas que se abrem sobre a outra. A Interpenetração material e espiritual.
16. Porta 11. Os Minerais. No centro da Terra, nos diz o Zohar, encontra-se uma pedra fundamental, da qual, os minerais próximo da superfície da Terra são formas degeneradas e misturadas.

17. Porta 12. Os Metais. A palavra "flores", aplicadas aos metais, indica o elemento do crescimento. O Zohar: "Os Quatro Elementos são o mistério primeiro de toda coisa e deles são saídos o ouro (fogo e terra); a prata (água e terra), o bronze (água e terra); a terra só pela mistura do seco e frio, produz o ferro. Quando a terra é em seguida misturada com os outros metais, produz metais de outras misturas". Isso nos conduz à Alquimia do Zohar.

18. Porta 13. As Águas e as Plantas Aquáticas. A ciência no nosso sentido da palavra, não entra no sistema da Kabbala, que é antiaristotélica. Segundo a base mística: "A vida sai das Águas". O que a ciência confirma.

19. Porta 14. As Ervas e as Árvores. A Botânica do Zohar é sumária. Mas estas Portas da Luz exigem que o Filho da Doutrina aprenda tudo o que é possível sobre a Natureza, mesmo pelos estudos materiais. Todavia, é dito: "Se um ser vive assim, é essa a Vontade do Eterno. Não percas a Lei na coisa".

20. Porta 15. As Sementes. Sem outro conhecimento da botânica científica, data de após a invenção do microscópio, o Zohar se contentava em ensinar que todo grão continha em minúsculo a forma que germinaria; "embora invisível para nós, esta forma já existe no Alto" (protótipo). Os frutos tendo suas sementes (como as maçãs e as Romãs) despertam sempre em Israel um fervor místico.

21. Porta 16. A Natureza. A Criação é uma Obra da Divina Sabedoria; a Natureza é sua manifestação. O perfume de uma flor simboliza o perfume de D-us que exala a Natureza. Não devemos comer uma noz ou um fruto sem agradecer a D-us "Por seu pensamento". É útil lembrar que o judeu piedoso pensa em D-us em todo o momento do dia; cada ato de sua vida é uma lembrança.

22. Porta 17. Os Insetos e os Répteis. As observações da Kabbala sobre os insetos seguem a maneira fabulista. A indústria da abelha e da formiga, a maldade do escorpião, "a pele da salamandra feita de vestimenta não inflamáveis". A serpente é frequentemente interpretada de maneira mitológica.

23. Porta 18. Os Peixes. Como o povo pouco marítimo, os Hebreus ignoravam a maioria das espécies de peixes. Seus comentários discorrem sobre os monstros marinhos principalmente o Leviatã. O "peixe de Jonas" é "Sheol" ou o inferno.

24. Porta 19. Os Pássaros. Podemos julgar a ornitologia do Zohar lembrando que ele ensina que certos pássaros nascem das árvores, entre eles, os gansos. (Isso é do "folclore" medieval). Os conhecimentos do Zohar sobre os Querubins são muito mais exatos, e o galo do Messias, um cinzel celeste, é descrito em grande detalhe.

25. Porta 20. Os Quadrúpedes. Segundo o Zohar, os animais existiam em estado latente antes da criação de Adão. Quando o primeiro homem lhe deu seus nomes, eles começaram a viver uma vida. A procriação dos animais não foi permitida antes da união conjugal entre Adam e Eva.

26. Porta 21. A Criação do Homem. A finalidade desta criação é dita em todas as letras: "Quando o Santo Bendito criou o Mundo, fez o homem à sua imagem a fim de que ele se consagrasse ao estudo da Lei e caminhasse na Via". A obrigação primordial e principal a todo filho de Israel é o estudo da Lei (mosaica).

27. Porta 22. O Limo da Terra. O pó do qual Adam foi tirado é também imaginado de uma maneira mística. O Zohar diz: "Adão havia sido criado da Terra sobre a qual se elevava o santuário daqui de baixo". O problema dos "santuários" pede um estudo à parte.

28. Porta 23. O Sopro da Vida. Aqui o melhor que podemos fazer é citar o Antigo Testamento (Gen. II, 7): "O Eterno D-us soprou nas narinas do homem um sopro de vida, e o homem tornou-se um ser vivo". Esse versículo contém um mistério da alma e do espírito.

29. Porta 24. Adam e Eva. Uma grande parte do ensinamento Kabbalístico tendo relação com esta Porta se ocupa das condições místicas da procriação em todos os tempos primitivos. O sacramento de união era tido em alta estima e reverência entre os Hebreus.

30. Porta 25. O Microcosmo. O homem é o Microcosmo dos dois Mundos, o visível e o invisível. O Zohar diz: "O corpo aqui em baixo é composto de elementos dos quatro pontos cardeais; a alma é formada no Paraíso dos quatro ventos que sopram no Paraíso".

31. Porta 26. Os Poderes Externos. Há muitas divisões desses Poderes. Aquele em quatro é o mais antigo; o homem com rosto de homem e passo equilibrado; o homem com rosto de leão e passo arrogante, o homem com rosto de touro e passo desagradável; o homem com rosto de águia e passo incerto.

32. Porta 27. Os Poderes internos. O primeiro (rosto do homem) é a letra VAU, o virtuoso; o segundo (rosto de leão) é a letra QOPH, aquele que retorna a via após ter cometido uma falta; o terceiro (rosto de touro) a letra KAPH, o vicioso; o quarto (rosto de águia) é a letra TAU, é "a de um homem voltado pela segunda vez neste mundo para reparar as faltas cometidas durante sua vida precedente". (Uma das raras referências à reencarnação que se encontra no Zohar, 74 a – 75 a).

33. Porta 28. Adam – Adão. Esta Porta se ocupa da natureza de Adam no Paraíso Terrestre, sua vida, sua sabedoria e seu pecado.
34. Porta 29. Adam Microposopus. O mesmo que Adam – Adam pertence ao Mundo de Assiah, Adam Microposopus é do Mundo de Yetzirah, ele é, às vezes, chamado – o Homem Anjo. É necessário ter conhecimento do Mundo de Yetzirah.
35. Porta 30. Adam – Kadmon. Chegamos aqui ao Mundo de Briah. Este é o Homem Celeste, "a vestimenta reflexa", ou "o Homem à imagem e semelhança de D-us". Este estudo necessita de todas as correspondências entre os Sephiroth e o Homem.
36. Porta 31. A Lua. O Calendário Hebraico das festas é parcialmente lunar. A Lua "guarda os palácios onde as preces são recebidas durante a noite. Num sentido místico a Lua reflete a piedade, e Abn Ezra coloca as almas dos Ishim, os santos (ver YESOD) na esfera da Lua. Astrologicamente, aquele que nasce na hora da Lua, hora planetária, será um parasita".
37. Porta 32. Mercúrio. A Astrologia da Kabbala é baseada sobre as horas planetárias. Assim se diz: "Aquele que nasce na hora de Mercúrio será um homem de memória e de ciência, porque este astro é o escriba do Sol".
38. Porta 33. Vênus. O Talmud diz: "Aquele que nasce na hora de Vênus será um homem rico e voluptuoso, porque com este astro nasce a luz". Há uma referência aqui à crença que a pré-existência das almas se faz sobre Vênus.
39. Porta 34. O Sol. Aquele que nasce na hora do Sol será um homem do qual todos os desejos estarão a descoberto e que viverá de seus próprios bens. O Sol guarda os Sete Palácios da Prece durante o dia.
40. Porta 35. Marte. Aquele que nasce na hora de Marte será um homem de fibra, terrível à vista, entregue sem descanso à guerra e à pilhagem. Todavia, o guerreiro não está desprezado, mas tido em separado.
41. Porta 36. Júpiter. "Aqui habitarão os justos, que guardarão suas mãos longe de todas as corrupções e seus olhos longe do mal". Esta frase não indica que após a morte, as almas viverão nos planetas, mas nas esferas prototípicas.
42. Porta 37. Saturno. Aquele que nasce na hora de Saturno será um homem do qual os planos serão frustrados, embora seja astucioso e pareça frustrar os planos dos outros. A astúcia é duramente atacada por todos os sábios doutores da Kabbala.
43. Porta 38. Os Céus. O Talmud e o Zohar falam correntemente do Zodíaco. Segundo o Talmud: Sião diz: "D-us me abandonou". "Minha filha, lhe respondeu

D-us." "Como podes tu falar assim, visto que doze signos do Zodíaco foram lançados por mim no Universo! A cada um dei trinta chefes (graus) – Teu destino está regulado pela influência dos astros inumeráveis e o Céu vela sobre ti". A Astrologia Adivinhatória dos Hebreus consiste na leitura das letras hebraicas formadas pelas estrelas.

44. Porta 39. As Regiões Celestes. O Zohar diz: "Há sete regiões situadas uma por cima da outra, nas quais permanecem os Anjos Superiores. Estas Sete Regiões estão unidas à nossa Terra e só subsistem por ela". Ligada a esta Porta vem o estudo da aura da Terra.

45. Porta 40. A Permanência da Shekinah. Esta região é o Empireo, quer dizer, o que está por cima de todas as coisas criadas sem estar no Absoluto nem no infinito; ela está aberta pelas asas da Shekinah. "Este estudo está além dos poderes do homem. "Nenhum homem" diz o Zohar: Pode vencer quarenta, mas a Glória de D-us (Shekinah) lhe dará a vitória se ele a pede.".

46. Porta 41. Os Querubins. Ver nosso estudo sobre Yesod.

47. Porta 42. Os Beni Elohins. Ver nosso estudo sobre Hod.

48. Porta 43. Os Elohins. Ver nosso estudo sobre Netzah.

49. Porta 44. Os Melachins. Ver nosso estudo sobre Tiphereth.

50. Porta 45. Os Seraphins. Ver nosso estudo sobre Geburah.

51. Porta 46. Os Hashmalins. Ver nosso estudo sobre Chesed.

52. Porta 47. Os Aralins. Ver nosso estudo sobre Binah.

53. Porta 48. Os Ophanins. Ver nosso estudo Chokmah.

54. Porta 49. Os Hayyoth ha Kadosh. Ver nosso estudo sobre Kether.

55. Porta 50. "Aquela que foi fechada a Moisés". Esta porta conduz ao mistério de *Ain Soph Aur*, de *Ain Soph* e de *Ain*. Ver nossos estudos sobre o assunto das Três Essências das Trindades Kabbalísticas. Lembramos que Moisés morreu sobre o Monte Nevo. Foi-lhe proibido entrar na Terra prometida.

É evidente, mesmo percorrendo algumas palavras consagradas a cada uma dessas Portas, que cada Porta pode dar sobre uma vasta extensão de estudos, carregado de árduos problemas. É muito errado negligenciar as cinquenta Portas da Luz, como se tratando de uma ciência ultrapassada. Segundo comentadores modernos, muitos desses assuntos possuem uma literatura particular, todos têm sua exegese simbólica, esotérica e mística. Aquele que ganhou o direito de passar por estas 49 Portas (a 50 será fechada durante a sua vida) está verdadeiramente pronto a empreender o estudo das 32 Vias da Sabedoria.

## As Trinta e Duas Vias da Sabedoria

*Nós não sentimos quando nossos humores subiram acima da trama da carne, a sagrada e gelada chama do D-us que mora dentro de nós, banhando nossas almas, e ascendendo conosco em uma suave e tranquila maneira para as calmas alturas do espírito, onde a imensa lembrança de uma existência imortal revelou-se como uma flor perfeita. Por um momento, a paixão que nos ancorou na Terra é afrouxada, e os desejos negros da vida são apagados, e acima dos palimpsestos estão inscritas as palavras eternas da Verdade para iluminar nossos corações quando nós descermos de novo, trazendo a nós, por um curto momento, uma alegria quieta, que se esvai muito cedo quando nós nos transformamos em escravos de novo para nossos arrependimentos e humores mais baixos. E isso é apenas quando nós podemos nos treinar para viajar para o altar da contemplação sempre que quisermos, que nós podemos criar uma consciência perpétua dessas alturas mais altas, e desses brilhantes mundos, ver o oceano de ouro que envolve todo o globo e a humanidade, nos transformando em um. Tudo isso é para que o homem redescubra essas regiões perdidas e sua herança anciã, a sua própria casa de tesouros, que esse trabalho foi escrito. Para que, através das eras, esses irmãos que acharam a paz chamem também os outros para procurar o bálsamo soberano.*

A.A.K

Os autores Kabbalistas são unânimes em conceder às *Trinta e Duas Vias da Sabedoria* um lugar de destaque, o mais alto no trabalho espiritual e místico sobre a *Árvore do Conhecimento do Bem e do* Mal e sobre a *Árvore da Vida*. Tais vias confirmam e comprovam a linha iniciática das Sephiroth, indicando os modos de estudos e abordagens nestes arcanos.

No *Sepher Yetzirah*, no seu primeiro versículo, entre os fundamentos da Sabedoria, numerosas alusões se encontram também no *Zohar* e em quase toda literatura Kabbalística, indicam as atribuições e indicações teúrgicas para interagir nestas paragens.

As *Trinta e Duas Vias* revelam um ensinamento muito notável, as indicações dos kabbalistas nos legou esse conhecimento para nos livrar da alienação mundana e nos provoca aos níveis conscienciais superiores. As atribuições e as correspondências com as Sephiroth, as Grandes Letras, ou Instrumentos da Criação nos Quatro Mundos, as personificações; os símbolos, as vias místicas e intelectuais a seguir, e a ascensão do materialismo da *Trigésima Segunda Via* à espiritualidade sublime das *Dez Primeiras Vias*, marcam os processos da verdadeira iniciação.

Uma compreensão do lugar das 32 Vias da Sabedoria no esquema iniciático da Árvore Sephirótica necessita de alguns ensinamentos do Kabbalismo Esotérico. Nós começamos pela Tríplice Descida: de Atzluth em Briah, de Briah em Atziluth, e de Yetzirah em Assiah; etapas que indicam nos nossos estudos sobre a queda dos Três Adãos e os Dois Paraísos.

Segundo a tradição, há uma colocação das Sephiroth que serve como gráfico para cada etapa. No mundo da Manifestação em Atziluth, que é o estado da Divina Intenção, sem exteorização, podemos representar as Sephiroth como um Novenário, sob forma de três triângulos, um esquema que representa as 22 Grandes Letras.

Após a descida de Atziluth em Briah (da Emanação à Criação), salvo para o Triângulo Supremo (que não muda em nenhum gráfico), os triângulos são invertidos, dando assim quatro triângulos (o começo da descida para a matéria) em forma de decenário, quer dizer, um ciclo, indicando a Expiração e Inspiração Divina, o retorno da Manifestação à sua Origem.

Após a descida de Briah em Yetzirah (da Criação à Formação), o esquema pode ser indicado colocando as Sephiroth sob a forma de uma elipse, tendo dois centros, um em Tiphereth o outro em Daath, o vértice e a base da elipse estando respectivamente em Kether e Yesod (porque Malkuth não existia antes da Terceira Queda). Aqui encontramos as 32 Vias da Sabedoria, num equilíbrio geometricamente perfeito, não no desequilíbrio parcial que segue a Ruptura dos Vasos. Podemos constatar, na ilustração da página 233, que as duas Vias que vemos no gráfico demonstrado, vão de Chokmah e Binah à Geburah; de Binah à Daath e Daath à Chesed, formam assim quatro Vias em lugar de duas. Igualmente, a Via que, no gráfico, vai diretamente de Kether à Tiphereth, na Árvore Elíptica vai Kether à Daath e Daath à Tiphereth, duas Vias em vez de uma, estas três Vias a mais compensam exatamente as três vias de menos, que provêm da ausência de Malkuth, (Netzah à Malkuth, Yesod à Malkuth e Hod à Malkuth).

Após a descida de Yetzirah em Assiah (da Formação à Materialização), o gráfico toma a forma usada, porque, pela Ruptura dos Vasos, o Abismo substitui

Daath, e Malkuth, o mundo da Matéria Densa, se materializa. Pela projeção das Vias vindo de Chokmah (*Abba,* pai cósmico) e de Binah (*Amma,* mãe cósmica) à Tiphereth, esta última Sephirah se torna o ponto equilibrante dos Três Pilares das Duas Árvores. O equilíbrio perfeito, tal como se encontra na Árvore Elíptica, será restabelecido após a Restituição dos Vasos, quando o Messias será unido à Shekinah.

Tendo assim indicado o ponto de equilíbrio (o centro superior) ocupado por Daath na Árvore antes da Queda, estamos em posição de indicar o lugar das Trinta e Duas Vias da Sabedoria no esquema de Iniciação Sephirótica, seguindo, muito exatamente, as indicações dadas pelo Zohar e as outras obras da literatura Kabbalística. A chave se encontra nas significações especiais e nas atribuições particulares que são dadas a Daath, Binah, Chokmah e Kether, o losango da Árvore em Briah

Segundo a iniciação Kabbalística, o dever do homem é o de suportar as influências das Sephiroth, de fazer suas experiências sobre cada esfera e de passar as provas que pertencem a cada esfera e de passar as provas que pertencem a cada Sephirah da Criação, quer dizer, de Malkuth a Chesed. A iniciação dos Altos Planos começa com Daath.

Vimos na tradição kabbalística que a Daath (associada à Ruach no Mundo antes da Queda) é atribuída à Razão Razoável, à Ciência, à observação da Criação e das coisas criadas, acrescentando-lhe a intenção e a operação da Criação e das coisas criadas. Isso está por cima das Sephiroth e da Criação, estando equilibrado e sintético.

Subindo um degrau, até Binah, que possui o título da Compreensão da Sabedoria, ultrapassamos o Abismo e entramos no domínio dos princípios da metafísica. É a Binah que as Cinquenta Portas da Luz são atribuídas; segundo a Kabbala iniciática, é necessário saber abrir todas as portas antes de poder entrever as Trinta e Duas Vias da Sabedoria. O trabalho de Binah e das 50 Portas da Luz é o de compreender a Obra do Eterno em Sua Criação e de tomar sua parte nela.

Tomando a Via Recíproca, que conduz de Binah a Chokmah, passamos do domínio da Compreensão da Sabedoria ao domínio da própria Sabedoria; do estado receptivo ao estado ativo. É a Chokmah que as *Trinta e Duas Vias da Sabedoria* são atribuídas, elas nos permitem entrar no Pensamento do Eterno.

Finalmente, é dito que a Compreensão do Eterno em si mesmo tanto quanto isso é possível a um Ser criado, só se pode realizar entrando no Paraíso Celeste em Atziluth, quer dizer, em Kether. Aquele que é eleito para alcançar estas alturas – o que não se faz no corpo físico Terrestre, mas somente quando o espírito está separado do corpo – não voltará jamais.

# A Kabbala Prática | 269

Notemos o contraste entre as 50 Portas da Luz (também chamadas de 50 Portas da Razão) e as 32 Vias da Sabedoria. Esse contraste está naturalmente em correspondência com a diferença entre Binah e Chokmah. Nós dissemos que Binah é receptiva e que Chokmah é ativa, mas a diferença entre as duas Sephiroth é maior ainda. Raciocinando, o modo de Binah é *a posteriori* o modo de Chokmah é *a priori* em sabedoria, Binah nos mostra a Forma, Chokmah nos revela a Força. As 50 Portas da Luz nos abrem alguns conhecimentos das atividades do Eterno, que podemos adquirir estudando a Criação aqui em baixo à luz da Divina Manifestação; as 32 Vias da Sabedoria são esclarecimentos às Operações da Divina Imanência e às Iluminações que podem ser comunicadas ao Homem pelas influências do poder do alto. Há o ato humano em subir pelas Vias, porque a Graça Divina só é dada à alma que está pronta a recebê-la; as vias vêm do alto, da Transcendência Divina em Kether.

A definição dada por Athanasius Kircher S.J., em sua magnífica obra 1652–1655, *Oedipus Aegyptiacus* onde esclarece a operação deste esquema em poucas palavras:

> As Trinta e Duas Vias da Sabedoria são os caminhos luminosos pelos quais os santos homens de D-us podem, por um grande uso, uma grande experiência das coisas Divinas e uma grande meditação sobre elas, chegar aos centros ocultos.

Nós começamos nosso estudo das 32 Vias da Sabedoria com as 10 Vias que estão associadas às Dez Sephiroth. As 22 vias que seguem, e que estão associadas com as vinte e duas letras do alfabeto, nós já vimos anteriormente.

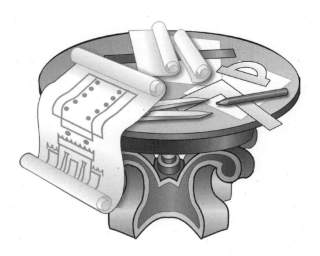

## *Prece para facilitar a abertura dos 32 caminhos do conhecimento*

*Grande Arquiteto do Universo*, Criador do céu e da Terra e de todas as coisas visíveis e invisíveis. Eu, ................, criatura suplicante, ouso invocar-Te, segundo a Tua ordem e pelo nome de Teu amantíssimo Filho e Senhor *Yeschouah* e, com humildade, peço à Tua infinita misericórdia que me envie o Teu Espírito Santo para que me dirija no caminho da Verdade e da Luz, para a perfeição e o bem absoluto.

Ó Pai Amantíssimo, desejo, com toda a minha Alma, conhecer a verdadeira ciência desta vida, o conhecimento perfeito de tudo o que me é necessário para o meu progresso e o de todos aqueles que, como eu, esforçam-se neste campo árido e espinhoso.

Atende à minha súplica, Senhor, porque a ciência deste mundo está submersa em profundas trevas e carregada de um sem número de opiniões humanas e se Tu não me diriges, jamais poderei alcançar a Verdade.

Envia-me, ó Senhor, um de Teus espíritos de Luz, um de Teus Instrutores, para guiar-me nas leis e doutrinas indispensáveis à minha perfeição, podendo desse modo mitigar as necessidades de meus irmãos, louvando e venerando Teu Santo Nome.

Pai, torna meu coração dócil, carinhoso e aberto aos ensinamentos de Teus Iluminados, para divulgá-los quando chegue a hora, como pérolas de Teus inesgotáveis tesouros.

Concede-me a Graça de usar Tuas Divinas Dádivas com o mais humilde respeito e veneração por Nosso Senhor, o *Cristo* em nosso Coração. Amém!

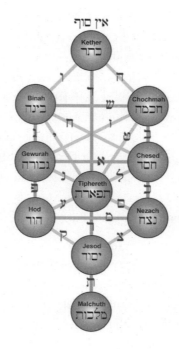

**A Primeira Via.** O Nome desta Via é A Inteligência Admirável, ou a Inteligência do Misticismo Perfeito (também chamada: A Razão Maravilhosa), tendo por título: A Coroa Suprema. Falando dela, o Tratado das 32 Vias nos diz: *"Esta é a luz que faz compreender o princípio sem princípio e é a glória primeira; nenhuma criatura pode atingir sua essência"*. Ela participa na Emanação de Kether. O Nome de Invocação para a prece é Eheieh, *"A Existência Suprema, Única, Absoluta e sem origem"*. Seu simbolismo está aliado com o Um, nos quatro mundos de Atziluth, Briah, Yetzirah e Assiah. Sua atribuição cósmica é o infinito, irradiando a Luz Incompreensível da Luz Ilimitada da Trindade Kabbalística. Sua personificação é Adam Kadmon. Sua Operação em Imanência é a irradiação do Alto de A Luz que faz compreender o Princípio dos Princípios. Seu símbolo geométrico é o Ponto no Círculo. Sua Experiência Espiritual é O Êxtase. Seu Impulso Místico é A União com a Divindade. O Pensamento se dirige para o Conselho da Unidade. Na Ordem Moral, é a Religião. Na Ordem Física, é o Espírito que anima a Natureza. Na Ordem Humana, é o *Tsaddlik* (o Santo) Luminoso.

**A Segunda Via.** O Nome desta Via é A Inteligência Iluminadora. (Também chamada a Razão que Ilumina), tendo por título a Segunda Glória. *"Esta é a Coroa da Criação e o Esplendor da Unidade Suprema da qual ela se aproxima ao máximo"*.

Ela participa na Emanação de Chokmah O Nome da Invocação para a prece é *Yah*, *"o Ser dos Seres em Si mesmo"*. Seu simbolismo está aliado com o DOIS nos quatro mundos de Atziluth, Briah, Yetzirah e Assiah. Sua atribuição cósmica é o Espaço, refletindo o Cosmos, ou A Manifestação Completa. Sua personificação é *Abba*, o Pai Cósmico. Sua operação em Imanência é a irradiação do Alto do Esplendor Unidade Suprema que Liga o Manifestado ao não Manifestado. Seu simbolismo geométrico é as Duas Linhas Paralelas que ficam sempre separadas no finito, mas que se juntam no infinito. Sua Experiência Espiritual é a Realização da Sabedoria Divina. Seu Impulso Místico é Vibrar com a finalidade da Manifestação. O Pensamento se dirige para a Concepção da Ideia. Na Ordem Moral, é a Direção. Na Ordem Física, é a Força. Na Ordem Humana, é o Tsaddlik Mago.

**A Terceira Via.** O Nome desta Via é A Inteligência Santificadora. (Também chamada a Razão Razoável), tendo por título a Fonte da Sabedoria Primordial. *"Ela é à base da Sabedoria Primordial, chamada Criadora da Fé. Ela é próxima da Fé, que emana dela"*. Ela participa à Emanação de Binah. O Nome da Invocação para a prece é YHVH, ou Jehovah, D-us dos deuses. Seu simbolismo está aliado com três nos quatro mundos de Atziluth, Briah, Yetzirah e Assiah. Sua atribuição cósmica é o Tempo, ou A Manifestação em sua Durabilidade. Sua personificação é *Amma*, a Mãe Cósmica. Sua operação em Imanência é a Irradiação do Alto de A Compreensão do Esplendor e da Sabedoria da Unidade Suprema, pela qual o Mistério da Fé nasceu nos seres criados. Vemos, assim, que esta Via acentua a importância do estudo da Lei escrita (atribuída a Binah) para que possamos compreender o esplendor a sabedoria da Lei Oral (atribuída a Chokmah). Seu símbolo é o Triângulo Equilátero, que irradia nas Sephiroth a Trindade Kabbalística de Ain, Ain-Soph e Ain-Soph-Aur. Sua Experiência Espiritual é A Possessão pela Fé. Seu impulso Místico é de Se Unir com a finalidade da Manifestação, ou, em termos modernos, participar conscientemente à Evocação Espiritual. O Pensamento se dirige para a Concepção da Fé. Na Ordem Moral, é A Tríplice Essência da Divindade. Na Ordem Física, é a Forma. Na Ordem Humana, é o *Tsaddlik* versado na Lei, ou o Mestre do Templo.

**A Quarta Via.** O Nome desta Via é A Inteligência Receptiva (também chamada A Razão de Aceitação), tendo por título: A Medida da Bondade Celeste. É evidente que a esta via (após a Queda) são atribuídas funções pertencentes também a Daath; assim, ela serve como Um Muro (o Abismo) entre as Sephiroth Supremas e as Sephiroth da Criação. "Ela recebe do Alto as iluminações das Inteligências Superiores que lhe são enviadas. É por esta Via Sutil que descem as Virtudes Espirituais".

Ela participa a Emanação de Chesed. O Nome de Invocação para a prece é El. O Princípio Criador (dos quais os Elohim, o plural de El, são os agentes da Criação). Seu simbolismo está aliado com o quatro, nos quatro mundos de Atziluth, Briah, Yetzirah e Assiah. Sua atribuição cósmica é A Proteção da Manifestação pela Misericórdia Divina. A Personificação é *Tsadkiel*.

A Justiça Majestosa de D-us. Sua Operação em Imanência é o reflexo do Alto das Virtudes Espirituais que foram transformadas de sua natureza Divina e Inacessível ao Homem em natureza acessível. Seu simbolismo geométrico é o Tetraedro, o primeiro cristal, a primeira forma que pode tomar a matéria exteriorizada. Sua Experiência Espiritual á A Posse de nossa Alma por uma consciência da Justiça Perfeita do Eterno atuando sobre todas as coisas. Seu impulso Místico é A Confiança que resulta da Compreensão de que tudo se faz pelo melhor. O Pensamento se dirige para A Concepção da Percepção Evolutiva nas relações entre o Eterno e Sua Criação. Na Ordem Moral, é a Providência. Na Ordem Física, é O Princípio da Matéria (às vezes chamada A Poeira Cósmica). Na Ordem Humana, é o *Baal Schem Tov* Luminoso no Sétimo Palácio, ou O Adepto Isento contemplativo.

**A Quinta Via.** O Nome desta Via é A Inteligência Fundamental (Também chamada A Razão Radical), tendo por título O Espelho da Unidade Suprema. É dito que, por causa de seu reflexo de Chokmah (esta frase lança sobre as Vias na Árvore Elíptica, antes da Queda), esta Via é especialmente reveladora das profundezas da Sabedoria e da Justiça Eterna. Ela participa na Emanação de Geburah. O Nome da Invocação para a prece Elohim Gibor, os agentes da Criação exteriorizando o poder do Principio Criador. Seu simbolismo está aliado com o cinco nos quatro mundos de Atziluth, Briah, Yetzirah e Assiah. Sua atribuição cósmica é O Castigo do que é injusto na Manifestação pela Severidade Divina. A personificação é Samael, que representa o princípio do castigo abstrato. (Devemos notar que Samael – quase o mesmo – age como o tentador ele é também um agente da justiça do Eterno, numa outra ordem de ideias). Sua Operação em Imanência é a irradiação do Alto de A Correção infligida pelo Eterno a todo aquele que se separa da Via Reta para Ele. (Notamos que há aqui cinco graus de Rigor, que o Zohar associa com as cinco formas finais das letras Kaph, Mem, Nun, Pe e Tzaddi; isso nos permite uma interpretação das letras tendo os valores 500, 600, 700, 800 e 900, cujas significações não se encontram nos quadros alfabéticos). Seu Símbolo Geométrico é o Pentagrama ou a Estrela de Cinco Pontas, um símbolo da vida. Sua experiência Espiritual é a Regeneração sem revolta do castigo que pode ser resultado justificável e inevitável de nossas ações. Seu Impulso Místico é a Vontade de suportar as Provações. O pensamento se dirige para o Conceito do inevitável de causas e efeito. (Isso pode tomar a forma simples que se só se colhe o que se semeia – quer seja trigo, quer ervilha; ou a forma mais profunda que os pecados de omissão são tão graves como os de comissão, e que as causas e os efeitos não estão necessariamente limitados a uma só encarnação). Na Ordem Moral, é D-us Vivente. Na Ordem Física, é o Princípio da Vida. Na Ordem Humana, é o *Baal Shem Tov*, Mago no Sexto Palácio, ou o *Adepto Responsável Ativo*.

**A Sexta Via.** O Nome desta Via é a *Inteligência Difusa* ou a Inteligência intermediária (Mediana) (chamada também A Razão da influência coletiva), tendo por título a Emanação Direta. "Ela age como uma lente nas duas direções, recebendo e multiplicando as iluminações que vêm do Alto e lançado-as sobre a coletividade dos justos que se unem em prece ou para estudos". Ela participa à Emanação de Tiphereth. O Nome de Invocação para a prece é Eloah, D-us que se Irradia em tudo, mas o Tetragrammaton pode ser empregado, às vezes com o Shin como letra central. Seu simbolismo está aliado com o seis nos quatro mundos de Atziluth, Briah, Yetzirah e Assiah. Sua atribuição cósmica é a Harmonia pelas quais todas as coisas criadas vibram em uníssono com o Eterno. A Personificação é Michael, aquele que é semelhante a D-us, mas isso deve ser tomado em uma maneira mais abstrata; a personificação da Sexta Via é mais frequentemente o Messias. Sua Operação em Imanência é a irradiação do Alto de a Concentração e a Difusão da Beleza Divina. Seu simbolismo geométrico é o Selo de Salomão, ou a Estrela de Seis Pontas, símbolo da reciprocidade e da solidariedade, o traço de união do Céu e da Terra. Sua Experiência Espiritual é a Recepção das Bênçãos concedidas àqueles que a solicitam. Seu Impulso Místico é o Esforço Unido para adquirir um progresso espiritual. (O Selo de Salomão simboliza todo Israel). O Pensamento se dirige para a Concepção do Atendimento da Prece. Na Ordem Moral, é o Messias. Na Ordem Física, é o Princípio do Equilíbrio. Na Ordem Humana, é o *Baal Shem Tov*, o Mestre do Nome e no Quinto Palácio ou, simplesmente, o Mestre.

**A Sétima Via.** O Nome desta Via é A Inteligência Oculta (também chamada A Paixão Oculta), tendo por título O Palácio da Sublimação. *"Ela faz jorrar um esplendor brilhante sobre as virtudes intelectuais e emotivas, que são contempladas pelos olhos do Espírito, ou sentidas no êxtase da Fé"*. Ela participa de Netzah. O Nome de Invocação para prece é ARARITA, o Imutável, e significa, numa forma de escrita erudita da Kabbala, (*Notarikon*), o seguinte: "**Um** é somente o princípio, **Um** é só individualidade, **Um** é sua transformação."

Em hebraico אחד אחד : תמורתו ייחודותו : אחדותו ראש : אחד ראש"; o Nome *Jehovah Sabaoth*, *"o Senhor das Armas"* está também ligado a esta Via. Seu simbolismo está aliado com o Sete nos quatro mundos de Atziluth, Briah, Yetzirah e Assiah. Sua atribuição cósmica é A Sede da Manifestação para seu retorno à origem. A Personificação é Haniel, *"A Graça de D-us, mas também tem uma irradiação de Matrona".* Sua operação em Imanência é a vibração do Alto do Poder da Sublimação, o que implica o poder de sublevar as emoções e os pensamentos a um plano acima do plano terrestre. Seu simbolismo é o Selo de Salomão com o ponto no centro, a plenitude do ciclo, com o controle ou o repouso (o sétimo dia da Criação). Sua Experiência Espiritual é o Dom da Harmonia interior quando as Emoções e os Pensamentos são sublimados ao ponto que eles agem sobre um plano superior, o Plano Causal. Seu Impulso Místico é a Elevação dos Pensamentos e das Emoções. O Pensamento se dirige para a Concepção dos Pensamentos e das Emoções super terrestres. Na Ordem Moral, é o Criador que sustém. Na Ordem Física, é a Criação Contínua pela Vitória da Vida sobre a Morte. Na Ordem Humana, é o Hassid no Terceiro Palácio, ou, em termos modernos, um iniciado (uma linha iniciática emprega o termo *Philosophus*).

**A Oitava Via.** O Nome desta Via é a Inteligência Perfeita e Absoluta (também chamada a Razão Absoluta), tendo por título as Salas do Ensinamento. É dela que emana a preparação dos princípios vindos das profundezas da Esfera da Magnificência; dito de outro modo, a observação penetrante do Mundo Mental, porque a percepção das causas (como acabamos de dizer) pertence à Sétima Via. Ela participa à Emanação de Hod. O Nome da Invocação para a prece é *Elohim Tzabaoth*, os oficiais das armadas divinas, aqueles que executam a vontade e a palavra Divina. Seu simbolismo está aliado com o Oito, nos quatro mundos de Atziluth, Briah, Yetzirah e Assiah. Sua atribuição cósmica é a Participação Consciente na Obra do Eterno. A Personificação é Raphael, o físico de D-us, o Arcanjo da memória, mas também se invoca os *Beni-Elohim* ou os Anjos Pensamentos; também há aí uma irradiação de Metatron, como com a Sétima Via, as vias se equilibram como as Sephiroth. Sua Operação em Imanência é a irradiação do Alto do Poder de agir conscientemente segundo a vontade de D-us, podendo compreender as raízes do Pensamento Divino que constituem a razão de ser do Universo. Seu símbolo geométrico é o Losango no Quadrado, dois quadriláteros em equilíbrio perfeito. Sua Experiência Espiritual é o Bom Julgamento, que permite ao homem ver o material e o espiritual de modo imparcial. Seu impulso místico é o *Desejo de conhecer as*

*Razões de D-us*. O pensamento se dirige para a Concepção das Observações Justas e das Comparações Lógicas. Na Ordem Moral, é o Pensamento Divino. Na Ordem Física, é a Necessidade. Na Ordem Humana, é o Hassid no Segundo Palácio, ou, em termos modernos o Instrutor (Uma linha iniciática emprega o termo *Practicus*).

**A Nona Via.** O Nome desta Via á a Inteligência Purificadora (também chamada a Razão Purificada), tendo por título O Rolo das Imagens. "Ela purifica nossas compreensões das Numerações (Sephiroth), ela corrige os falsos conceitos, impede e detém a quebra de suas imagens, guardando sua unidade em combinação sem diminuição ou divisão". Ela participa à Emanação de Yesod. O Nome de Invocação para a prece é Shadday, o Todo Poderoso. Seu simbolismo está aliado com o Nove, nos quatro mundos de Atziluth, Briah, Yetzirah e Assiah. Sua atribuição cósmica é a Estabilidade na Mudança, o que será explicado nos termos científicos pela frase "Heterogeneidade progressiva dos órgãos com homogeneidade de função". A Personificação é Gabriel, o homem em D-us e D-us no homem, invoca-se a ajuda dos Anjos Mensageiros. Sua Operação em Imanência é a Inspiração das Intuições e das Imaginações nas Criaturas da Manifestação, o povoamento do Mundo Astral com figuras e visões do bem. Seu símbolo geométrico é a Trindade das Trindades uma Estrela de Nove Pontas, composta de triângulos equilaterais. Sua Experiência Espiritual é o Poder da Visão. O Impulso Místico é a Intuição desperta. O Pensamento se dirige para a Imaginação Elevada. Na Ordem Moral, é a Inspiração Divina. Na Ordem Física, é a Vida Inconsciente e subconsciente, incluindo o mundo dos sonhos. Na Ordem Humana, é o Hassid no Primeiro Palácio, ou, em termos modernos o Neófito aceito (uma linha iniciática emprega o termo zelador).

**A Décima Via.** O Nome desta Via é A Inteligência Resplandecente (também chamada A Razão Brilhante), tendo por título O Sol dos Altos Céus. É dito: "Ela está exaltada por cima de toda a cabeça e tem seu assento em Binah; ela ilumina o fogo de todos os luminares e faz emanar a forma dos princípios das formas". Devemos notar que o laço entre Binah e Malkuth se faz por Shekinah, porque o Zohar diz que Shekinah em Malkuth é a filha, Shekinah em Binah é a mãe. Ela participa na Emanação em Assiah, mas Malkuth em Yetzirah; é por esta razão que se diz que ela emana a forma dos princípios das formas, o Mundo de Yetzirah sendo o Mundo da Formação. Neste sentido, somente, ela participa à Emanação de Malkuth (porque as Vias da Sabedoria, em suas operações práticas, são interpretadas como atuando em nossos dias após a queda). O Nome da Invocação para a prece é Adonay, (o Senhor do Mundo Visível). Seu simbolismo está aliado com o Dez, nos quatro mundos de

Atziluth, Briah, Yetzirah e Assiah. Sua atribuição cósmica são os Mundos Físicos e Materiais, ou a Matéria Densa, que seria despida de alma, se não fosse pela presença de Shekinah, e privada de vida não fosse pelo poder de Adonay. A personificação é Sandalphon, um segundo aspecto de Metatron, é permitido pedir ajuda e o apoio dos Ischlim, as almas dos justos, não no sentido do espiritismo – que é proibido no Kabbalismo – nem no sentido da Tesouraria dos Santos – ideia também estranha ao Kabbalismo – mas no sentido da união de Israel visível e invisível. Sua Operação em Imanência é o Sopro da Vida que Jehovah deu a Adam e a todos seus descendentes, também o *Olho do Grande Rosto* que jamais se fecha, porque uma doutrina do Kabbalismo diz que só o Sopro de D-us permite que a vida continue, e que se o Olhar de D-us fosse retirado durante uma fração de segundo, toda a Manifestação cairia em desagregação imediata, contendo as Dez Emanações vindas de Ain-Soph. Sua Experiência Espiritual é a Aproximação do Homem para D-us pelo Trabalho e a Obediência à Lei; isso exige as oferendas e os holocaustos, ou no Judaísmo (tal como se desenvolveu após a destruição do Templo), os sacrifícios pessoais. O Elo Místico é O Desejo de Consagrar a Vida ao Estudo das Coisas Divinas. O Pensamento se dirige para a Atividade Terrestre segundo o Exemplo dos Justos. Na Ordem Moral, é a Bondade Divina. Na Ordem Física, é a Perpetuação pela Reprodução. Na Ordem Humana, é o Justo, ou, em termos modernos, o Postulante ou o Aspirante (uma linha iniciática emprega a palavra "*Neófito*").

**A Décima Primeira Via.** O Nome desta Via é A Inteligência Brilhante ou A Inteligência Cintilante (também chamada A Razão do Fogo), tendo por título O Véu da Causa das Causas. "Ela está colocada diante da revelação da ordem dispositiva das sementes superiores e inferiores. Ela possui a dignidade de se encontrarem em pé diante da Causa das Causas". Seu ponto de partida é a Sephirah Kether, seu ponto de chegada é a Sephirah Chokmah; olhando-a no sentido ascendente da Escada da Prece, é dito: "*Pela Sabedoria de Chokmah chega-se a Coroa de Kether*". O Nome de Invocação é a Yah (o D-us do Infinito). Esta Via é atribuída a Grande Letra ou Letra Celeste (Instrumento da Criação) Aleph, sobre os dois planos (Celeste e Terrestre), cuja aplicação á: A Vida Prototípica (universalmente conhecida pelo axioma Hermético: Em cima como em baixo, em baixo como em cima). O simbolismo desta Via está aliado com o Onze, no Mundo de Atziluth, cuja significação é a intenção Divina; no Mundo de Briah, cuja significação é o Caminho da Luz; no Mundo de Yetzirah, cuja significação é a Transmutação da Matéria; e no Mundo de Assiah, cuja significação é A Força Moral. A personificação é Adão, com quem o Eterno fez aliança com toda a humanidade. Sua operação em Imanência é a vibração do alto de A Compreensão da Causa das Causas. Notemos que, desde a Décima Primeira Via, as operações se relacionam com o Mundo Manifestado. Seu símbolo geométrico é a Pirâmide Estrelada, que é construída por um losango inscrito perpendicularmente no hexágono de uma estrela de cinco pontas. Sua experiência Espiritual é A Visão do Véu. Seu Impulso Místico é de Ver o Eterno na Criação. O pensamento se dirige para A Causalidade. Na Ordem Moral, é a Causa das Causas. Na Ordem Física, é a Causa. Na Ordem Humana, é o Teólogo. No Alfabeto Criptográfico de Ain Becar, é a Posição I com um ponto.

L, U, I, C etc. sem pontos; Malkuth por um quadrado (como Geburah), com um pequeno quadrado no centro. As letras estão representadas pelos mesmos quadrados, mas com um, dois ou três pontos aqui indicados, segundo a letra.

A Tabela de Ain Becar forma um alfabeto oculto das *Trinta e Duas Vias da Sabedoria*. Esta Tabela consiste de uma grade de nove espaços formados de duas linhas paralelas horizontais que cruzam duas linhas verticais de modo que as quatro linhas sejam divididas em três partes iguais. As Posições I a IX vão de esquerda à direita horizontalmente, começando pela linha do alto. Sem ponto, estas nove posições indicam as nove primeiras Sephiroth. Malkuth está indicado por um pequeno quadrado no meio do quadrado central. As letras Aleph a Teth ocupam as nove posições com um ponto, as letras Yod a Tzaddi, as nove posições com dois pontos, as letras Qoph a Tau, as Posições I, II, III e IV com três pontos; as últimas cinco posições com três pontos são ocupadas pelas cinco letras finais.

**A Décima Segunda Via.** O Nome desta Via é A Inteligência Luminosa, ou A Inteligência Transparente (também chamada A Razão da Luz); tendo por título A Bruma das Aparições. Ela é "A Imagem da Magnificência". Seu ponto de partida é Kether, seu ponto de chagada é Binah; subindo a Escada da Prece, se diz: "A Compreensão de Binah é uma janela que dá sobre o esplendor de Kether. O Nome de Invocação é Yah, D-us da Sabedoria". Esta Via é atribuída à letra Beth, (sobre os dois planos, cuja aplicação é A Criação, porque é dito que ("o Eterno escolheu Beth com a qual Ele criou o Mundo"). Seu simbolismo é aliado com o doze, em Atziluth: a Perfeição; em Briah, a Ordem; em Yetzirah, o Ciclo; em Assiah, o fim. A Personificação é Seth, com quem o Eterno fez aliança para proteger a posteridade até o fim dos dias. Sua operação em Imanência é a irradiação do alto de a Compreensão do Invisível. Seu símbolo geométrico é a Estrela da Manifestação, estrela com doze pontas de ângulos iguais, formando as doze divisões zodiacais. Sua Experiência

Pessoal é A Visão Interior. Seu Impulso Místico é o Olhar da Alma (Lembramos que o Terceiro Olho, o Olho de Shiva, a glândula pineal, está associada com o Número Doze). O Pensamento se dirige para O Mistério Oculto na Aparência. Na Ordem Moral, este é o Despertar do Ancião dos Anciões. Na Ordem Física, este é o Universo. Na Ordem Humana, é o Filósofo. No Alfabeto Criptográfico de Ain Becar, é a Posição II com um ponto.

**A Décima Terceira Via.** O Nome desta Via é A Inteligência Reveladora ou A Inteligência Indutiva da Unidade, (também chamada A Razão Indutiva) tendo por título A Revelação da Verdade. "Ela é a Substância da Glória, ela faz conhecer a verdade a cada um dos espíritos". Seu ponto de partida é Kether, seu ponto de chegada é Tiphereth, e assim ela atravessa o Abismo: (Na Árvore Elíptica de antes da Queda, esta Via forma duas Vias ao passar por Daath); subindo a escada da Prece é dito: "A Beleza de Tiphereth é a irradiação da Glória de Kether". O Nome da Invocação é Ghiah "D-us da Retribuição". Esta Via é atribuída à letra Ghimel sobre os dois planos, cuja aplicação é O Que é Grande. Seu simbolismo está aliado com o Treze, em Atziluth, cuja significação A Eternidade: em Briah. A Continuidade: em Yetzirah, a Renovação: em Assiah, a Ressureição. A Personificação é Enoch, o único homem (salvo Elias) que chegou à Imortalidade sem passar pela morte, um símbolo da Imortalidade da Alma e da Ressurreição. Sua Operação em Imanência é a irradiação do alto de A Imortalidade da Alma. Seu símbolo geométrico é o Sol do Zodíaco, ou Jacó rodeado dos seus Doze Filhos, um círculo com pontas equidistantes sobre a circunferência, e um ponto no centro, sua Experiência Espiritual é O Conhecimento da Continuidade da Personalidade. Seu Impulso Místico é O Desejo para a Vida Espiritual. O Pensamento se dirige para a Lei da Indestrutibilidade da Matéria. Na Ordem Moral, é o Macroposopus (mais exatamente, e para seguir o Sepher Zeniutha, é "a Barba do Macroposopus, que se divide em treze partes"). Na Ordem Física, é o Nascimento das Gerações. Na Ordem Humana, é o Cronologista, e por derivação o Historiador. No alfabeto criptográfico de Ain Becar, é a Posição III com um ponto.

**A Décima Quarta Via.** O Nome desta Via é A Inteligência Santa (também chamada A Razão Esclarecedora), tendo por título o Mestre dos Mistérios. "É a Instrutora dos Arcanos, o fundamento da Santidade". Seu ponto de partida é Chokmah, seu ponto de chegada é Binah, assim no domínio do Triângulo Supremo, ela une o Pai Cósmico à Mãe Cósmica, subindo a escada da prece (portanto de Binah à Chokmah) é dito: "As 50 Portas da Luz abrem as 32 Vias da Sabedoria". O Nome da Invocação é Diah,

"D-us das Portas da Luz". Esta Via é atribuída à letra Daleth, sobre os dois planos, cuja aplicação é uma Porta ou A Matriz. Seu simbolismo está aliado com o Quatorze em Atziluth. O Infinito; em Briah, o Incomensurável; em Yetzirah, a Transformação, em Assiah, a Experiência. A Personificação é Noé, durante a vida do qual patriarca a Terra foi transformada pelo Dilúvio. Sua Operação em Imanência é a relação Recíproca entre a Divindade e a Humanidade. Seu simbolismo geométrico é o Equilíbrio *Solis-Lunae*, composto de uma dupla série de sete círculos emaranhados, os dois menores se tocando, os dois maiores tocam a circunferência oposta do círculo oposto. Sua Experiência Espiritual é a Aceitação sobre o Plano Espiritual das Provas Sofridas sobre a Terra. Seu Impulso Místico é a Oferenda da Experiência. O Pensamento se dirige para a Lei da Conservação da Energia. Na Ordem Moral, é Matrona, a senhora dos Nascimentos. Na Ordem Física, é o Nascimento Individual. Na Ordem Humana, é o Pai. No alfabeto criptográfico de Ain Becar, é a Posição IV com um ponto.

**A Décima Quinta Via.** O Nome desta Via é A Inteligência Determinada, ou A Inteligência Construtiva (ela é também chamada A Razão Equilibrante), tendo por título O Criador do Calor. É desta Via que falou o Eterno a Jacó: Onde está o caminho que conduz a Morada da Luz? (Job. XXXVIII, 19), "*quando Eu fiz da nuvem sua vestimenta e da obscuridade suas fraldas*" (Job. XXXVIII, 9). Esta Via é ao mesmo tempo as trevas que foram à vestimenta, e o Calor que fez na Criação. Seu ponto de partida é Chokmah seu ponto de chegada é Tiphereth, subindo a escada da prece, é dito: "*Pela Beleza de Tiphereth chega-se à Sabedoria de Chokmah*". O Nome da Invocação é He'iah, "*D-us do D-us Manifestante*". Esta Via é atribuída à Letra He sobre os dois planos, cuja aplicação é o Verbo, ou a Palavra Divina. Seu simbolismo está com o Quinze, em Atziluth, o Bem Absoluto; em Briah, o Calor Criativo Latente; em Yetzirah, o Caos Matriz; Em Assiah, a Luz nas Trevas. A Personificação é com Abraham, com quem o Eterno fez a promessa de guarda a ele e toda sua progenitura como seus filhos, logo que eles observaram a lei da circuncisão. A operação em Imanência desta Via é a Determinação do Bem Verdadeiro no Mal Aparente. Seu símbolo geométrico consiste de A Luz no Caos, composto de doze pequenos círculos tendo sua circunferência que se toca formando um círculo, com um triângulo equilátero no meio. Quando só as trevas são indicadas, o símbolo toma a forma de dois triângulos invertidos um no outro, formados por uma sucessão de linhas, horizontais, a linha superior tendo 5 pontos; a segunda 4 pontos, a terceira 3 pontos, a quarta 2 pontos e a quinta 1 ponto. As três linhas exteriores (de cinco pontos cada uma) são juntas por uma linha para formar um triângulo exterior; as três do meio são juntas para formar o triângulo interior. Sua Experiência Espiritual é a Utilização dos Obstáculos para o progresso. Seu Impulso Místico é o Arrependimento. O Pensamento se dirige para A Reparação. Na Ordem Moral é o Espírito Divino que vence as trevas. Na Ordem Física, é a Eliminação. Na Ordem Humana é a Penitência. No alfabeto criptográfico de Ain Becar, é a Posição V com um ponto.

**A Décima Sexta Via.** O Nome desta Via é a Inteligência Triunfante (chamada também A Razão Beatífica). Tendo por título "A Contemplação da Glória". Ela é indicada como a Delícia da Glória, o paraíso de alegria preparado para os justos. Seu ponto de partida é Chokmah, e seu ponto de chegada é Chesed, segundo Pilar da Misericórdia; subindo a Escada da Prece, é dito Pela Justiça de Chesed pode-se alcançar a Sabedoria de Chokmah. O Nome da Inteligência é Yauiah, D-us Fundador. Esta Via é atribuída à letra Vau, sobre os dois planos, cuja aplicação é a Expressão ou o Som. Seu simbolismo está aliado com o Dezesseis, em Atziluth, O Poder; em Briah, o Comando; em Yetzirah, a Compulsão; em Assiah, esta força pode tornar-se a Tirania ou o Orgulho. É a notar que os orgulhosos pesam frequentemente terem sido escolhidos para receber a visão beatífica, uma verdadeira armadilha no domínio do orgulho espiritual. A Personificação é com Isaac, que aceitou ser oferecido em sacrifício por seu pai, mas que foi salvo pelo Eterno. O casamento de Isaac com Rebeca é símbolo dos Esponsais perfeitos. A operação em Imanência desta Via é o Direito dos Justos de escutar a Voz de D-us. Seu simbolismo geométrico consiste de Rios da Glória, composto de um disco de luz enviando quatro raios de calor (curvos, pretos), quatro raios de luz (direitos, cinza), quatro raios de benção (curvos, brancos) e quatro raios de glória (diretos brancos). A Experiência Espiritual é a Aceitação Humilde dos Benefícios do Eterno. Seu Impulso Místico é A Humildade. O Pensamento se dirige para o Equilíbrio. Na Ordem Moral, é Aquela que Abençoa. Na Ordem Física, é a Triagem. Na Ordem Humana, é o Servidor de D-us. No alfabeto criptográfico de Ain Becar, é a Posição VI com um ponto.

**A Décima Sétima Via.** O Nome desta Via é a Inteligência Dispositiva (também chamada A Razão Preparatória), tendo por título O Pastor Fiel. "Ela dispõe os lugares à perseverança na fidelidade, e os prepara para receber o conhecimento do espírito esotérico da Lei Oral". (Notemos que a tradução usada: o Espírito Santo vem das versões Latinas tocantes às 32 Vias, ela não traduz fielmente as palavras *Espírito Santo* do Hebreu). Seu ponto de partida é Binah, seu ponto de chegada é Tiphereth; subindo a Escada da Prece, é dito: Pela Beleza de Tiphereth compreende-se a Compreensão de Binah. O nome da invocação é Zaiah, D-us Esclarecido (às vezes traduzido D-us Trovão). Esta Via é atribuída à letra Zayin sobre os dois planos, cuja aplicação é a Pureza de Intenção. Seu simbolismo é aliado com o Dezessete, em Atziluth. O Amor Divino; em Briah, a Aliança; em Yetzirah, a Promessa; em Assiah, O Voto. A Personificação é com Jacó (após chamado Israel), do qual os sete anos de servidão por Lei há sete anos por Raquel simboliza a fidelidade. A Operação em Imanência desta Via é a Aliança que se estabelece entre o Eterno e o Homem. Seu símbolo geométrico é o Acampamento em torno do Monte Sinai, a montanha no centro, as Doze Tribos (sob forma de uma cruz de braços iguais, cada braço tendo três personagens) em torno, mais longe as quatro linhas de proteção à vanguarda, dezessete ao todo. A Experiência Espiritual é a Certeza de um Voto. Seu Impulso Místico é Ousar Aproximar-se de D-us. O pensamento se dirige para O Sacrifício. Na Ordem Moral é o Envolvimento Divino. Na Ordem Física, é a Sustentação. Na Ordem Humana, é o Devoto. No alfabeto criptográfico de Ain Becar, é a Posição VII com um ponto.

**A Décima Oitava Via.** O Nome desta Via é A Inteligência Central ou A Inteligência da Afluência (também chamada A Razão da Abundância), tendo por título: O Paraíso dos Segredos. "É dela que se tiram as explicações dos arcanos e o sentido oculto que dormita em sua sombra". Seu ponto de partida é Binah, seu ponto de chegada geburah; subindo a Escada da Prece é dito: Pela Coragem de Geburah pode-se beber as águas amargas de Binah. O Nome da Invocação é Chaiah, D-us da Misericórdia. Esta Via é atribuída à letra Cheth, sobre os dois planos, cuja aplicação é o Socorro. Seu simbolismo é aliado com o Dezoito, no mundo de Atziluth, o Guia Supremo: em Briah, a Abundância dos Bens, em Yetzirah, a Plenitude dos Dons, em Assiah, a Riqueza, a personificação é com Moisés, o Grande Legislador, sob o D-us de Abraham, de Isaac e de Jacó, que, sobre o Sinal, recebeu a Lei Escrita e os Segredos da Lei Oral. A Operação em Imanência desta Via é a Aliança da Árvore do Conhecimento e da Árvore da Vida, uma referência à união da Lei Escrita e a Lei Oral. O simbolismo geométrico é ainda o Acampamento em torno do Monte Sinai, mas com dois círculos concêntricos no meio, significando as duas formas da Lei. A Experiência Espiritual é o Poder de tirar da Abundância da Lei seu Ensinamento Oculto. Seu Impulso Místico é A Absorção na Lei. O pensamento se dirige para a Elucidação da Lei. Na Ordem Moral, é o Legislador Divino. Na Ordem Física, são os Estatutos. Na Ordem Humana, é o Escriba. No alfabeto criptográfico de Ain Becar, é a Posição VIII com um ponto.

**A Décima Nona Via.** O Nome desta Via é A Inteligência Esotérica ou A Inteligência Secreta das Atividades Espirituais. (Também chamada A Razão do Mistério), tendo por título: O Palácio dos Tesouros. "A influência que ela recebe vem da Benção muito elevada e da Glória Suprema". Seu ponto de partida é Chesed, seu ponto de chegada é Geburah; ela é, portanto a Segunda das Vias recíprocas, que equilibram as polaridades: subindo as Escadas da Prece é dito: Pelo castigo de Geburah merece-se a proteção Chesed. O Nome da Invocação é Te'iah, D-us da Bondade. Esta Via é atribuída à letra Teth, sobre os dois planos, cuja aplicação é a Preservação. Seu simbolismo é aliado com o Dezenove, em Atziluth, a Mão do Guia; em Briah, a Atribuição dos Bens em; Yetzirah, a Justificativa da Lei; em Assiah, os Eleitos. A personificação é com David, a quem o Eterno deu um modelo perfeito do Templo que devia ser construído por Salomão. A Operação em Imanência é a colocação da Lei. O símbolo geométrico é o Acampamento em torno do Monte Sinai, com o triângulo equilátero – o emblema do Absoluto – no centro. A Experiência Espiritual é a Participação nos Segredos de D-us. O Impulso Místico é o Ardor de Procurar as Profundezas. O pensamento se dirige para a Penetração da Lei. Na Ordem Moral, é aquele que se revela. Na Ordem Física, é a Corrente da Via Secreta. Na Ordem Humana, é o Trabalhador das Alturas, (também O Kabbalista). No alfabeto criptográfico de Ain Becar, é a Posição IX com um ponto.

**A Vigésima Via.** O Nome desta Via é A Inteligência Volitiva (também chamada A Razão do Livre Arbítrio, tendo por título A Moradia da Vontade). "Ela prepara todas as criaturas e cada uma delas em particular à demonstração da existência da sabedoria e a glória primordial". Seu ponto de partida é Chesed, e seu ponto de chegada é Tiphereth; subindo a Escada da Prece, é dito: "Pela Beleza de Tiphereth se recebe a misericórdia de Chesed". O Nome de Invocação é Iyyah, D-us Princípio. Esta Via é atribuída à letra Yod sobre os dois planos cuja aplicação é a Estrutura. Seu simbolismo é aliado com o Vinte; em Atziluth, a Ordem; em Atziluth, a Origem; em Briah, a Formulação; em Yetzirah, a Formação; em Assiah, a Atividade Voluntária. A Personificação é com Salomão, a quem a Sabedoria foi dada e também o Livre Arbítrio (que ele empregou mal, sob a influência das rainhas pagãs, com o resultado que Shekinah jamais habitou o Templo). A operação em Imanência é o Esclarecimento da Vontade. O símbolo geométrico é o Acampamento em torno do Monte Sinai – sempre a forma de 16 – com as quatro letras do Tetragrammaton no centro. A Experiência Espiritual é a Vontade em Harmonia com D-us. O Impulso Místico são as Obras do Bem. O Pensamento se dirige para o Livre Arbítrio. Na Ordem Moral, é a Luz sobre o Caminho. Na Ordem Física é a Independência de todas as coisas. Na Ordem Humana, é o Homem Livre. No alfabeto Ain Becar, é a Posição I com dois pontos.

**A Vigésima Primeira Via.** O Nome desta Via é A Inteligência Compensadora ou A Inteligência do Desejo Esclarecido, (também chamada A Razão do Pesquisador), tendo por título A Chuva Benéfica. "Ela é ao mesmo tempo uma influência provocadora ao desejo de saber, é uma recompensa para aqueles que procuram". "Ela recebe a influência divina e influência por sua benção sobre todas as existências". Seu ponto de partida é Chesed, seu ponto de chegada é Netzah; subindo a Escada da Prece, é dito: Pelo amor de Netzah se adquira justiça de Chesed. O Nome de Invocação é Kolah, D-us Imutável. Esta Via é atribuída à letra Kaph, sobre os dois planos, cuja aplicação é a Compulsão Doce. Seu simbolismo é aliado com o Vinte e Um; em Atziluth, o Arbítrio; em Briah, a Satisfação; em Yetzirah, a Mensagem; em Assiah, a Recompensa. A Personificação é com Judá (Filho de Jacó, uma das Doze Tribos de Israel), do qual é dito O Cetro não se afastara de Judá. A Operação em Imanência é o Esclarecimento do Coração. O símbolo geométrico é o Acampamento em torno do Sinai, com o nome messiânico de cinco letras (o Shin no meio do Tetragrammaton). A Experiência Espiritual são os Pagens Iluminados. O Impulso Místico é o Coração Elevado. O Pensamento se dirige para as Significações veladas. Na Ordem Moral, é o Doador. Na Ordem Física, é a Corrente Subterrânea. Na Ordem Humana, é o Pesquisador. No Alfabeto Criptográfico de Ain Becar, é a Posição II com dois pontos.

**A Vigésima Segunda Via.** O Nome desta Via é A Inteligência Fiel (também chamada A Razão da Fidelidade), tendo por título O Doce Calor. "Nela são depositadas as virtudes espirituais que aumentam até que elas vão para aqueles que habitam sob sua sombra". Seu ponto de partida é Geburah, seu ponto de chegada é Tiphereth; subindo a Escada da Prece é dito: Pela força Messiânica de Tiphereth pode-se sofrer o martírio de Geburah. (É bom notar como estas Vias colocam em valor as diferentes significações das Sephiroth). O Nome de Invocação é La'iah, D-us de Perdão. Esta Via á atribuída à letra Lamed, sobre os dois planos, cuja aplicação é A Boa Medida. Seu simbolismo é aliado com o Vinte e Dois; em Atziluth, Aquele que perdoa; em Briah, a Indulgência; em Yetzirah, a Douçura; em Assiah, o Acolhimento. A Personificação é com José (uma das Doze Tribos), do qual é dito: Ele tornou-se pastor, o rochedo de Israel. A Operação em Imanência é a Convicção da Suprema Bondade. O simbolismo geométrico é o Triângulo do Alfabeto das Grandes Letras, formada por um triângulo (as pontas não fechadas, melhor de três linhas em forma de triângulo) tendo as sete letras do alfabeto sobre a diagonal de direita, as oito letras seguintes (Yod excluído) sobre a base, e as últimas sete letras sobre a linha diagonal da esquerda; Yod, a letra arquitetônica está inscrita no meio. A Experiência Espiritual é o Sentido de Perdão. O Impulso Místico é a Necessidade de Perdão. O Pensamento se dirige para o Exame de Consciência. Na Ordem Moral, é a Contrição. Na Ordem Física, é a Mudança de Direção. Na Ordem Humana, é o Fiel. No alfabeto criptográfico de Ain Becar, é a Posição III com dois pontos.

**A Vigésima Terceira Via.** O Nome desta Via é A Inteligência Estável (também chamada A Razão Estável, tendo por título: O Mistério dos Números). Ela é a causa da ordem e da constituição das numerações, ou das Sephiroth. Seu ponto de partida é Geburah, seu ponto de chegada é HOD; subindo a Escada da Prece, é dito: Pela Inteligência de Hod atinge-se o poder de Geburah. O Nome de Invocação é Maiahn, D-us arcano. Esta Via é atribuída à letra Mem sobre os dois Planos, cuja aplicação é a Corrente Perpétua, ou a Maternidade. Seu simbolismo é aliado com o Vinte a Três; em Atziluth, o Absoluto; em Briah, a Força estabilizadora; em Yetzirah, a Ordem Geométrica; em Assiah, os Números. A Personificação é com Issachar (uma das Doze Tribos) do qual é dito: Ele curva suas costas sobre o fardo. A Operação em Imanência é a Geometria da Manifestação. O simbolismo são os Dois Círculos Iguais; dois círculos se emaranham de modo que a circunferência de um passe sobre o centro do outro; (cada círculo tendo valor de 10, este dois círculos significam 20) e na dupla ogiva assim formada, Um triângulo (significando 3) é inscrito. A Experiência Espiritual é o Dom da Ordem Divina. O Impulso Místico é o Amor da Ordem. O Pensamento se dirige para a precisão. Na Ordem Moral, é o Grande Arquiteto do Universo. Na Ordem Física, é a Construção Íntima da Matéria (nos termos modernos, A Estrutura Atômica). Na Ordem Humana, é o Matemático. No alfabeto criptográfico de Ain Becar, é a Posição IV com dois pontos.

**A Vigésima Quarta Via.** O Nome desta Via é A Inteligência Imaginativa, ou A Inteligência Coordenativa (também chamada A Razão Figurativa), tendo por título A Casa dos Semelhantes. "Ela dá a base fundamental a todas as semelhanças dos seres que são criados à sua conveniência, segundo seus aspectos". Seu ponto de partida é Tiphereth, seu ponto de chegada é Netzah; subindo a Escada da Prece é dito: Pelo Amor sublime de Netzah pode-se amar o Esposo em Tiphereth. O Nome de invocação é No'iah, D-us de todos os Nascimentos. Esta Via é atribuída à letra

Num sobre os dois planos, cuja aplicação é a Família. Seu simbolismo está aliado ao Vinte Quatro; em Atziluth, O Gerador de Tudo; em Briah, a Proteção Divina; em Yetzirah, A Imagem de D-us; em Assiah o Filho. A personificação é com Zabulon (uma das Doze Tribos), de quem é dito: Zabulon habitará sobre a imagem dos mares (a água é frequentemente empregada como símbolo da reflexão). A Operação em Imanência é a Imanência Divina nas Formas. O simbolismo geométrico são os Dois círculos Iguais, tendo o Tetragrammaton (4) na dupla ogiva. A Experiência Espiritual é a Visão de Imanência, o Impulso Místico é a Identificação com a Divindade nas Formas. O pensamento se dirige para a Imaginação. Na Ordem Moral, é a Beleza. Na Ordem Física, é a Simetria. Na Ordem Humana, é o Artista. No alfabeto criptográfico de Ain Becar, é a Posição V com dois pontos.

**Vigésima Quinta Via.** O Nome desta Via é A Inteligência das Provas ou As Inteligências das Provações. (Também chamada a Razão da Prova). Tem por título: O Jardim de Tentação. É a primeira tentação pela qual D-us prova os piedosos. Seu ponto de partida é Tiphereth, seu ponto de chegada é Yesod; subindo a Escada da Prece: Pelas provas de Yesod nos tornamos dignos de benção de Tiphereth. O Nome de Invocação é Saiah D-us Fulminante. Esta Via é atribuída à letra Samech, sobre os dois planos, cuja aplicação é a Serpente. Seu simbolismo é aliado com o Vinte e Cinco; em Atziluth, o Juiz Supremo; em Briah, Agregação e Desagregação; em Yetzirah, A Luta; em Assiah, A Tentação. A Personificação é com Dan (uma das Doze Tribos) do qual é dito: Dan será uma serpente sobre o caminho, uma víbora sobre a senda. A Operação em Imanência é a escolha dos justos. O símbolo geométrico são os Dois Círculos Iguais; tendo o Nome Messiânico (5). (O Tetragrammaton com um Shin como letra central) na dupla ogiva. A Experiência Espiritual é a Tentação sobre os Três Planos: Espiritual, Moral e Físico. O Impulso Místico é a Submissão. O pensamento se dirige para a análise de Si mesmo. Na Ordem Moral, é o Julgamento das Experiências. Na Ordem Física, é a Extinção Não Adaptável. Na Ordem Humana, é o Sujeito das provações. No Alfabeto Criptográfico de Ain Becar, é a Posição VI com dois pontos.

**A Vigésima Sexta Via.** O Nome desta Via é A Inteligência Renovadora (também chamada A Razão de Renovação), tendo por título O Olho. "É por ela que o Santo Bendito Seja renova tudo o que pode ser renovado na criação do Mundo". (A maioria dos exegetas das 32 Vias não compreende que esta referência é aos Duques de Edon e as criações anteriores. Esta Via é a primeira das Sete Vias ditas Astrológicas, e começa de novo com a criação, sobre um plano inferior). Seu ponto de partida é Tiphereth, seu ponto de chegada é Hod; subindo a Escada da Prece é dito: Pela mediação de Hod pode-se ver a transcendência de Tiphereth. O Nome de Invocação é Oiah, D-us Confirmante. Esta Via é atribuída à letra Ayin, sobre os dois planos, cuja aplicação é o Vigor. Seu simbolismo é aliado com o Vinte e Seis. Em Atziluth, o Preservador; em Briah, as Limitações Restabelecidas; em Yetzirah, as Novas Fundações; em Assiah, a Nova Criação. A Personificação é com Rubem (uma das Doze Tribos), do qual é dito: Ruben, meu primeiro nascido, superior em dignidade e superior em poder, Impetuoso como as águas, tu não terás a preeminência. Sua Operação em Imanência é o Cosmo Visível. O Simbolismo Geométrico é os Dois Círculos Iguais, com o Selo de Salomão (Estrela de Seis Pontas) na dupla ogiva. A Experiência Espiritual é o Conhecimento da Infusão Divina no Cosmos. O Impulso Místico é o Sentido do Maravilhoso. O Pensamento se dirige para a Grandeza de Espírito. Na Ordem Moral, é o Demiurgo. Na Ordem Física, é o Cosmos. Na Ordem Humana, é a Metafísico. No alfabeto criptográfico de Ain Becar, é a Posição VII com dois pontos.

**A Vigésima Sétima Via.** O Nome desta Via é A Inteligência Móvel, ou A Influência Atuante (também chamada A Razão Excitante, tendo por título A Harpa de Oito Cordas). "É realmente ela que cria o movimento (vibração e ritmo) ao qual está sujeita toda criatura do Orbe Supremo". Seu ponto de partida é Netzah, seu ponto de chegada é HOD; ela é, portanto a terceira das Vias recíprocas, uma polarização em harmonia; subindo a Escada da Prece, é dito: Pela Sublimação do pensamento chega-se a viver a sublimação das emoções de Netzah. O Nome de Invocação é Pe'iah, D-us Inspirador. Esta Via é atribuída à letra Pe, sobre os dois planos, cuja aplicação é o discurso. Seu simbolismo está aliado com o Vinte e Sete; em Atziluth, a Voz Ressonante; em Briah, os Movimentos Turbilhonantes; em Yetzirah, os Quatro Ventos Vivos; em Assiah, o Universo Visível. A personificação é com Benjamim (uma das Doze Tribos) de quem é dito: Benjamim é um lobo que dilacera. Sua Operação em Imanência são as Rosas do Universo. O simbolismo geométrico são os dois círculos Iguais, com a Estrela de Sete Pontas, na dupla ogiva. A Experiência Espiritual é A Cognição da Infusão Divina no Universo. O Impulso Místico é o Parentesco com as Obras Divinas. O pensamento se dirige para o Sentido do Ritmo. Na Ordem Moral, é o Impulso. Na Ordem Física, é a Vibração. Na Ordem Humana, é o Músico ou o Poeta. No alfabeto de Ain Becar, é a Posição VIII com dois pontos.

**A Vigésima Oitava Via.** O Nome desta Via é A Inteligência Natural (também chamada A Razão Natural), tendo por título A Alta Moradia (A Abóbada do Céu). "É por ela que a natureza de tudo o que existe no Orbe do Sol é terminado e tornado perfeito (ou sob o Orbe do Sol)". É a notar que a Vigésima Sétima Via só dá a causa da formação dos seres dos Céus e a Vigésima Oitava Via está em relação com sua natureza. Aquele que trabalha estas Vias deve observar a distinção. O ponto de partida desta Via é Netzah (domínio dos altos elementais), o ponto de chegada é Yesod (domínio dos elementais e dos espíritos); subindo a Escada da Prece, é dito: "Pelos sonhos de Yesod chega-se às visões de Netzah". O Nome de Invocação é Tziah, D-us Animador. Esta Via é atribuída à letra Tzaddi sobre os dois planos, cuja aplicação é a nutrição. Seu simbolismo está aliado com o Vinte e Oito; em Atziluth, o Apolo; em Briah, o Princípio do Apoio Mútuo; em Yetzirah, a Interdependência das Entidades Materiais; em Assiah, a Manutenção pelo Eterno de tudo o que vive em todos os Mundos. A Personificação é com Simeon (uma das Doze Tribos), mas a exegese pela Gematria é complicada e não nos dá nenhuma interpretação de valor. Sua Operação em Imanência é A Harmonia dos Seres Celestes e Terrestres. O simbolismo geométrico são os Dois Círculos Iguais, com a estrela de oito pontas na dupla ogiva. A Experiência Espiritual é a Associação com as Entidades Celestes e os Espíritos Animados por D-us. O Impulso Místico é a Participação no Coro Seráfico. O Pensamento se dirige para o Despertar do Subconsciente. Na Ordem Moral, são as Hierarquias. Na Ordem Física, são os Mundos Elementais. Na Ordem Humana, é o Ente Esclarecido. No alfabeto de Ain Becar, é a Posição IX com dois pontos.

**A Vigésima Nona Via.** O Nome desta Via é A Inteligência Corporal. (Também chamada A Razão Corporal), tendo por título As Três Mães (tendo relação com o Princípio de que todo ser vivo, tendo uma alma, possui uma cabeça (Shin), um coração (Aleph) e órgãos de reprodução (Mem)). "Ela vivifica e faz crescer todos os organismos sobre todos os corpos celestes". (Devemos notar que a Kabbala fala sempre da pluralidade dos Mundos habitados). O ponto de partida desta Via é Netzah, o ponto de chegada é Malkuth; subindo a Escada da Prece é dito: É necessário passar as provas de Malkuth para comunicar com as entidades de Netzah. O Nome da Invocação é Quiah, D-us formador. Esta Via é atribuída à letra Qoph sobre os dois planos, cuja aplicação é a Cristalização. Seu simbolismo está aliado com o Vinte e Nove; em Atziluth, Aquele que é Digno de Louvores; em Briah, a Descida do Espírito na Matéria; em Yetzirah, o Princípio da Multiplicação das Formas; em Assiah, as Formas Materiais. A interpretação é com Levi (uma das Doze Tribos); é dito de Simeon (Via Vigésima Sétima) e de Levi conjuntamente: Suas Espadas são Instrumentos de Violência. Sua Operação em imanência é o Olheiro Divino, o Moldador das Formas. O simbolismo geométrico são os Dois Círculos

Iguais, com a estrela de Nove pontas na dupla ogiva. A Experiência Espiritual está associada com a Realização que cada ser criado tem sua razão de ser e de dever. O Impulso Místico é a Bondade para com todo ser vivente. O Pensamento se dirige para o Hylozoismo. Na Ordem Moral, é a Divindade em tudo; na Ordem Física, é a Totalidade dos Organismos. No homem, é o Biologista ou o Sábio. No alfabeto de Ain Becar, é a Posição I, com três pontos.

**A Trigésima Via.** O Nome desta Via é A Inteligência Coletiva (também chamada A Razão Coletiva), tendo por título: As Doze Constelações (30 x 12 = 360, os graus de um círculo). "É dela que os astrólogos tiram pelo julgamento das estrelas e dos signos celestes, suas especulações e os aperfeiçoamentos de sua ciência, segundo os movimentos dos astros". O ponto de partida é Hod, o ponto de chegada é Yesod; subindo a Escada da Prece, é dito: É necessário dominar a Imaginação de Yesod para desenvolver o razoamento de Hod. O Nome de Invocação é Ruiah, D-us curador. Esta Via é atribuída à letra Resh, sobre os dois planos, cuja aplicação é a Cabeça. Seu simbolismo está aliado com o Trinta; em Atziluth, o Chefe; em Briah, a Unidade, em Yetzirah, a Associação; em Assiah, a Solidariedade. Devemos notar que, ao passo que se desce a Escada das Trinta e Duas Vias da Sabedoria, o individualismo e a responsabilidade pessoal decrescem. A interpretação é com Gad (uma das Doze Tribos) do qual é dito: Gad será atacado por bandos armados, mas ele os enfrentará e os perseguirá. (A Ação em massa). Sua Operação em Imanência é o Sistema Solar. Seu simbolismo geométrico são os Círculos Triunos, três círculos concêntricos, o centro vazio; (cada círculo significa 10, assim 10 x 3 = 30). A Experiência Celeste é a Ação Unida. O Impulso Místico é a Necessidade de ajuda mútua. O Pensamento se dirige para o Coletivismo. Na Ordem Moral, é o Altruísmo. Na Ordem Física, é a Preservação do Grupo. Na Ordem Humana, é o Ser diferenciado. No alfabeto de Ain Becar, é a Posição II com três pontos.

**A Trigésima Primeira Via.** O Nome desta Via é A Inteligência Atrativa ou A Inteligência Perpétua (também chamada A Razão Interrompida – Tradução Obscura), tendo por título: O Laço Invisível. Ela regula o movimento do Sol e da Lua e os faz gravitar a um e ao outro na sua órbita respectiva. O ponto de partida é Hod, o ponto de chegada é Malkuth; subindo a Escada da Prece, é dito: Pelo domínio material de Malkuth, eu posso me elevar para o razoamento de Hod. O Nome de Invocações é Shoyah, D-us Messias. Esta Via é atribuída à letra Shin, sobre os dois planos, cuja aplicação é a Salvação. Seu simbolismo está aliado com o Trinta e Um; em Atziluth, o Centro; em Briah, o Princípio da Atração; em Yetzirah, o

Magnetismo ou Força Gravitacional em si mesmo; em Assiah, o Amontoamento. Sua Operação em Imanência é a Ação dos Luminares. Seu simbolismo geométrico é o Círculo Tríuno (30) com Aleph (1) no centro. A Experiência Celeste é o Laço entre a Criatura e o Criador. O Impulso Místico é a Dependência. O Pensamento se dirige para a Massa Pensante (a egregora da multidão). Na Ordem Moral, é o Suporte. Na Ordem Física, é a Afinidade Molecular. Na Ordem Humana, é o Ser não diferenciado. No alfabeto de Ain Becar, é a Posição III com três pontos.

**A Trigésima Segunda Via.** O Nome desta Via é A Inteligência Auxiliar, ou A Inteligência Adjuvante (também chamada A Razão Auxiliar), tendo por título A Prisão, porque não há progresso espiritual antes que se tenha percorrido toda esta Via. "Ela dirige todas as operações dos sete planetas e de suas divisões e concorre a ela". O ponto de partida é Yesod; o ponto de chegada é Malkuth; subindo a Escada da Prece, é dito: Aquele que não dominou o trabalho físico e material de Malkuth não ousa subir aos fundamentos da vida espiritual em Yesod. O Nome de Invocação Tau'iah, D-us o Fim de Tudo. Esta Via é atribuída à letra Tau, sobre os dois planos, cuja aplicação é o Fim, ou a Conclusão. Seu simbolismo está aliado com o Trinta e Dois; em Atziluth, o Ponto Intangível; em Briah, o Centro do Silêncio; em Yetzirah, o Coro do Vortex; em Assiah, a Coesão. Sua Operação em Imanência é o Movimento Orbital dos Planetas. Seu simbolismo geométrico é o Círculo Tríuno, com Aleph-Tau no centro para indicar o princípio e o fim. A Experiência Celeste é o Surgimento do Inconsciente para a Personalidade. O Impulso Místico é o Temor, (do qual é dito que "O Temor é o começo da Sabedoria, assim ela é o começo das Trinta e Duas Vias da Sabedoria"). O Pensamento se dirige para a Inconsciência Pessoal da Alma Grupo. Na Ordem Moral, é a Origem. Na Ordem Física, é a Afinidade Química. Na Ordem Humana, é a Alma Grupo. No alfabeto criptográfico de Ain Becar, é a Posição IV com três pontos. (As Posições V, VI, VII, VIII e IX com três pontos, como nos mostram o quadro de Ain Becar, são para as letras Kaph final, Mem-final, Num final, Pe final e Tzaddi final).

Empregando as indicações dadas aqui como objeto de meditação ou de contemplação, torna-se fácil ver como as Trinta e Duas Vias de Sabedoria, subindo a Escada de Jacó, conduz o Místico por graduações sutis para as mais sublimes alturas. Ele deve se afastar do coletivismo das três Vias Inferiores antes de poder verdadeiramente contar com o progresso espiritual.

Aquele que toma sobre ele desenvolver mesmo uma única destas Vias, com todo o poder que ela contém, verá que ela o conduzirá a um desenvolvimento Iniciático único no Mundo.

## Eis as *Trinta e Duas Vias*
### (sob figura)

1. A razão maravilhosa ou a Coroa Suprema. É a claridade que irradia do "Princípio indefinido". É a primeira glória. Nenhum ser pode aproximar-se dela.
2. A razão que ilumina. É a coroa de toda criação e a máxima irradiação da Unidade. Os kabbalistas a chamam de "A Segunda Glória"
3. A razão irradiante. Está na base da Sabedoria primeira, denominada: "O Criador da Fé".
4. A razão de decisão ou de aceitação. É uma emanação da coroa suprema que pode ser aceita pela fé e pela sabedoria.
5. A razão radical, que é emanada desde as profundezas da Unidade do Princípio.
6. A razão da Influência, que atua sobre os homens benditos e cuja elevação espiritual permite receber suas emanações.
7. A razão oculta, que irradia sobre todas as virtudes do espírito. Essa irradiação pode ser sentida pela virtude do espírito. Essa irradiação pode ser sentida pela fé daquele a quem a pregação conduz ao êxtase.
8. A razão absoluta, da qual emana os princípios das coisas.
9. A razão purificada, que purifica os números e preserva os despojos da decomposição e da destruição.
10. A razão brilhante, que se relaciona com Binah, de onde provém a essência dos astros e emana no princípio da forma das coisas.
11. A razão do fogo. Princípio da fecundação, da distribuição dos grãos segundo sua ordem de desenvolvimento. Aquele que pode alcançar esta via contempla as causas primeiras da vida manifestada.
12. A razão da luz. Segundo a Kabbala, é o lugar de onde saem as aparições luminosas dos fantasmas.
13. A razão indutiva da unidade dá aos espíritos a compreensão da verdade.
14. A razão que ilumina é considerada como o grande mestre dos mistérios e o fundador da santidade.

15. A razão equilibrante é o princípio do calor, produtor da vida. É o calor-vida oposto ao frio-morte.
16. A razão de beatitude na contemplação eterna da glória. É o paraíso segundo o ensinamento de todas as religiões.
17. A razão preparatória guia para a fé e assim prepara a recepção pelo fervor do espírito santo.
18. A razão ou a casa da abundância oferece a explicação dos mistérios e do sentido oculto das coisas.
19. A razão do mistério é a revelação dos segredos da natureza.
20. A razão do livre arbítrio ensina a todos os seres o sentimento da existência da Sabedoria suprema.
21. A razão provocadora do investigador recebe as diretrizes do Princípio que irradia sobre os investigadores julgados dignos.
22. A razão da fidelidade concentra qualidades espirituais, aumentando a medida que são aceitas pelo homem.
23. A razão estável é a causa da constância das Sephiroth.
24. A razão da imaginação dá a similitude das coisas cumpridas, segundo o modelo.
25. A razão da prova é a primeira tentação pelo meio da qual o homem é provado.
26. A razão da renovação é por onde são renovadas todas as coisas da criação.
27. A razão excitante cria os princípios dos diversos movimentos de todas as formas criadas (ritmo, vibração).
28. A razão natural, que termina e melhora a criação do sistema solar.
29. A razão corporal que compõe todo corpo nas diferentes órbitas e governa seu crescimento.
30. A razão coletiva é de onde a Astrologia extrai seu juízo sobre os astros e suas influências.
31. A razão ininterrupta governa o movimento dos dois luminares no mundo com suas respectivas forças de gravidade.
32. A razão auxiliar governa os movimentos dos sete planetas com suas qualidades respectivas.

O que precede é uma breve exposição das duas partes essenciais da Kabbala Prática. Trabalhando sobre essas questões, os Kabbalistas chegam a predições inesperadas e de um alto valor espiritual.

# Os Trinta e Dois Caminhos

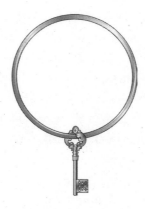

*A busca do Santo Graal, da Pedra Filosofal, da Grande Obra, é infindável. Sucesso abre apenas novas e brilhantes possibilidades. A tarefa é infatigável e suas alegrias sem limites, pois o Universo inteiro é o pátio de recreação da Criança Coroada e Conquistadora, herdeira do Espaço e da Eternidade, o Homem.*

A.A.K.

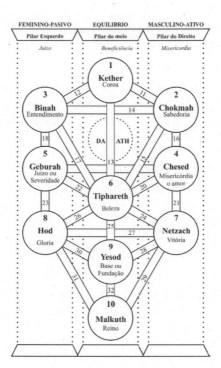

Segundo o *Sefér Yetzirah* existem *Trinta e Dois Caminhos de Sabedoria*, porém, em realidade, somente existem vinte e dois caminhos, os outros dez são atribuídos às dez Sephiroth, por razões que conheciam melhor, os antigos kabbalistas.

Os vinte e dois caminhos correspondem às vinte e duas letras do alfabeto hebraico, porém, segundo a Kabbala Prática, também se relacionam aos doze signos do zodíaco, os sete planetas e os quatro elementos. O elemento terra, sem dúvida, atribui-se habitualmente a Sephirah Malkuth, para que os vinte e dois símbolos restantes correspondem exatamente aos vinte e dois caminhos. Estas sutis discrepâncias do simbolismo kabbalístico, são consideradas, *a priori*, como umas "armadilhas" intencionalmente idealizadas pelos kabbalistas do passado, para desorientar os profanos.

Como já temos visto, os Caminhos são linhas que vinculam as distintas Sephiroth. A melhor descrição dos Caminhos, em nossa opinião, é de Johannes Stephanus Rittangelius (1642), traduzido do original, em hebraico, por W.W.Westcott. Não poderíamos esquecer-nos de citá-lo. Omitiremos os dez primeiros caminhos, já que, como temos dito, estão atribuídos às dez Sephiroth. A continuação, então se encontra na descrição dos *Vinte e Dois Caminhos*, do onze ao trinta e dois, segundo Rittangelius:

## *Caminho 11 – (Vincula Kether a Chokmah)*

O caminho Onze é a Inteligência Cintilante, porque é a essência dessa cortina situada perto da ordem da disposição e é uma dignidade especial a de poder erguer-se em frente à Figura da Causa das Causas.

## *Caminho 12 – (Vincula Kether a Binah)*

O caminho Doze é a Inteligência da Transparência, porque tem uma sorte de magnificência chamada Chazchazit (visão), que é o célebre lugar de onde precedem as aparições daqueles que veem. (Isto é, as profecias que os videntes tiram de uma visão).

## *Caminho 13 – (Vincula Kether a Tiphereth)*

O caminho Treze chama-se Inteligência Unificadora e assim se nomeia, porque constitui a Essência de sua glória. É a consumação da Verdade das coisas espirituais individuais.

### Caminho 14 – (Vincula Binah a Chokmah)

O Caminho Quatorze é a Inteligência Iluminadora e assim se nomeia, porque é o Chasmal (chama cintilante) fundador das ideias ocultas e fundamentais, de santidade e de suas etapas de preparação.

### Caminho 15 – (Vincula Chokmah a Tiphereth)

O caminho Quinze é a Inteligência Constituinte; assim é chamado porque constitui a substância da criação na pura obscuridade e os homens falaram de suas contemplações. Desta obscuridade, falam as Escrituras, Job, 38:9, "Quando lhe dei as nuvens por vestimenta, e o enfaixava com névoas tenebrosas (...) e lhe envolvia entre trevas como a um menino."

### Caminho 16 – (Vincula Chokmah a Chesed)

O caminho Dezesseis é a Inteligência Triunfal ou Eterna, chamada assim porque é o prazer da Glória; de uma Glória que foi e não existe outra comparável, e nomeia-se também como o Paraíso preparado para os Justos.

### Caminho 17 – (Vincula Binah a Tiphereth)

O caminho Dezessete é a Inteligência Provedora, que proporciona a fé aos justos, revestindo-lhes o Espírito Santo dela e se chama o Fundamento da Excelência, no estado superior das coisas.

### Caminho 18 – (Vincula Binah a Geburah)

O caminho Dezoito chama-se a Casa da Influência (pela grandeza de sua abundância, o influxo das coisas boas aumenta sobre os seres criados) e, a partir de uma investigação, são revelados os arcanos e os sentidos que habitam em sua sombra e que se aferram nela, desde a causa das causas.

### Caminho 19 – (Vincula Chesed a Geburah)

O caminho Dezenove é a Inteligência de todas as atividades dos seres espirituais. Nomeia-se assim pela influência que difunde desde a mais alta benção e a mais exaltada e sublime glória.

### Caminho 20 – (Vincula Chesed a Tiphereth)

O caminho Vinte é a Inteligência da Vontade, assim chamada porque é o instrumento de preparação de todos e cada um dos seres criados e por sua inteligência chaga a conhecer a existência da sabedoria Primordial.

### Caminho 21 – (Vincula Chesed a Netzah)

O caminho Vinte e Um é a Inteligência da Conciliação. Chama-se assim porque recebe a influência divina que flui de sua benção, sobre toda e cada existência.

### Caminho 22 – (Vincula Geburah a Tiphereth)

O caminho Vinte e Dois é a Inteligência Fiel. Chama-se assim porque é graças a ele que se incrementam as virtudes espirituais e todos os habitantes da terra, estando sob sua sombra.

### Caminho 23 – (Vincula Geburah a Hod)

O caminho Vinte e Três é a Inteligência Estável. É chamado assim porque tem a virtude da consciência de todas as numerações.

### Caminho 24 – (Vincula Tiphereth a Netzah)

O caminho Vinte e Quatro é a Inteligência Imaginativa. Chama-se assim porque dá uma semelhança a todas similitudes que são criadas de maneira similar a suas elegâncias harmoniosas.

### Caminho 25 – (Vincula Tiphereth a Yesod)

O caminho Vinte e Cinco é a Inteligência da Prova, ou Tentadora, e se chama assim porque é a tentação primária, pela que o Criador põe a prova, todas as pessoas justas.

### Caminho 26 – (Vincula Tiphereth a Hod)

O caminho Vinte e Seis chama-se Inteligência Renovadora, porque o Sagrado D-us renova por ela, todas as coisas cambiantes, que são renovadas por meio da criação do mundo.

### Caminho 27 – (Vincula Netzah a Hod)

O caminho Vinte e Sete é a Inteligência Excitante e assim é chamado, porque através dele se consuma a natureza de cada ser existente sob a órbita do Sol, com perfeição.

### Caminho 28 – (Vincula Netzah a Yesod)

É o caminho da Inteligência e da Razão Natural, a Suprema Residência.

### Caminho 29 – (Vincula Netzah a Malkuth)

É o caminho da Inteligência Corporal, assim chamado porque forma tudo o que está formado sob todos os mundos assim como o próprio crescimento deles.

### Caminho 30 – (Vincula Hod a Yesod)

O caminho Trinta é o da Inteligência Congregante e assim é chamado porque os astrólogos, deduziram dele a significação das estrelas e dos signos celestes e a perfeição de sua ciência, segundo as regras de suas resoluções.

### Caminho 31 – (Vincula Hod a Malkuth)

O caminho Trinta e Um é da Inteligência Perpétua, porém, por que se chama assim? – Porque regula os movimentos do Sol e da Lua em sua própria ordem, cada um na órbita conveniente para ele.

### Caminho 32 – (Vincula Yesod a Malkuth)

O caminho Trinta e Dois é a Inteligência Administrativa e assim se chama porque dirige e associa aos sete planetas em todas suas operações, os nivelando a cada um em sua devida trajetória.

# Quadro de correspondência da Árvore da Vida

| Sephiroth | Planeta | Correspondência Física | Símbolos | Imagem Mágica | Virtude | Vício |
|---|---|---|---|---|---|---|
| 1- Kether | Primeiros Torvelinhos | Crânio | Ponto, suástica | Rei barbudo de perfil | Logro | |
| 2- Chokmah | Zodíaco | Lado esquerdo do rosto | Falo, linha reta | Macho barbudo | Devoção | |
| 3- Binah | Saturno | Lado direito do rosto | Copa, órgãos sexuais femininos | Uma matrona | Silêncio | Avareza |
| 4- Chesed | Júpiter | Braço esquerdo | Orbe, tetraedro | Rei coroado e entronizado | Obediência | Tirania |
| 5- Geburah | Marte | Braço direito | Pentágono, espada | Guerreiro em seu carro | Valor | Destruição |
| 6- Tiphereth | Sol | Peito | Cubo | Rei majestoso, um menino | Devoção ao sumo trabalho | Orgulho |
| 7- Netzah | Vênus | Dorso, quadris, pernas | Rosa, lâmpada e cintura | Formosa mulher nua | Generosidade | Luxúria |
| 8- Hod | Mercúrio | Dorso, pernas | Nomes, versículos e avental | Hermafrodita | Veracidade | Falta de honradez |
| 9- Yesod | Lua | Aparelho Reprodutor | Perfumes, sandálias | Homem nu formoso | Independência | Ociosidade |
| 10- Malkuth | Terra 4 elementos | Pés, ânus | Cruz de braços iguais | Mulher jovem, coroada e entronada | Discriminação | Inércia |

# CAPÍTULO VI

# As Chaves da Árvore da Vida

*Todo aquele que aspire a ser um Mago, deve compreender o seguinte ensinamento:*

*O reino de D-us está dentro de ti, e em todas as coisas ao seu redor; não em edifícios de madeira e pedra. Parta uma madeira e me encontrarás dentro, levanta uma pedra e ali estarei...*

Pergaminho de Nag Hamadi

Para alcançar a sabedoria, para decifrar as *Chaves* de nossa existência, temos que despertar e motivar o alquimista que existe dentro de nós. Isso significa que devemos estar dispostos a buscar a pedra filosofal e de sistematizar, a partir dela, uma nova geometrização para nossa realidade. A prática e a teoria da antiga Kabbala estão reunidas em uma só palavra, a palavra sagrada, cuja posse deste arcano outorgaria um poder ilimitado a quem dela descerrar o seu véu e souber usá-la com sabedoria. Essa palavra, que os Hebreus herdaram do Egito, somente era confiada ao Sumo Sacerdote, e este somente poderia pronunciá-la uma vez ao ano, em voz baixa, no *Sanctum Sanctorum*, no meio de aclamações do povo. Porém, com a destruição do templo e o desaparecimento da Arca da Aliança, a posse da palavra sagrada se perdeu e foi substituída pelo nome do *Tetragrammaton*, que somente apresenta a forma *externa* (exotérica) do nome supremo. Este nome encerra todas as leis do Universo. Explica, entre outros, o *Tetractys Pitagórico*. Era também o grito de êxtases das antigas vacantes, as quais, ao pronunciá-lo deturpadamente, não compreendiam seu real transcendentalismo.

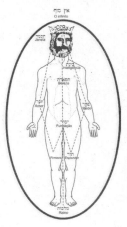

Trataremos, na medida do possível, de darmos conta da construção dessa palavra. Fizemos um breve esboço na primeira parte deste livro e agora vamos tentar colocar mais luz desse arcano. Tal como sabemos, o tríplice nome sagrado está composto por três vogais, porque a quarta letra não é outra coisa senão a repetição da segunda. Assim encontramos exposta a principal lei da Criação, a Trindade – o Ternário – A segunda He é a passagem do ternário ao quaternário; é a realização do *Verbo Divino* na forma.

É possível dar-se uma ideia do que precede mediante o exame do círculo Zodiacal. Este inclui quatro *trígonos* os quais correspondem ao mesmo número de cores. Ar: amarelo; Água: Azul; Fogo: vermelho e Terra: verde. Estas três cores são chamadas de cores primárias: amarelo, o azul e o vermelho. O verde é uma cor composta pelo amarelo e o azul.

As três letras do ternário I.E.V., mais 4 letras do quaternário I.E.V.E. (que também podem ser representadas em outras formas: YHWH ou JEHOVAH), segundo as regras da Kabbala. Assim, obteremos 12 combinações ou palavras novas, por um sistema de análise combinatória da matemática. Essas doze combinações correspondem às doze tribos simbólicas dos hebreus, as doze pedras misteriosas do *Éfode* do Sumo Sacerdote, com a ajuda das quais obtinha os oráculos dos quais nos fala a Bíblia.

Por outro lado, ao estudar os valores numéricos das letras que formam o nome sagrado, vemos que Yod = 10, He = 5 e Vau = 6, cuja soma dá 21 e realiza a escala universal considerada desde o ponto de vista do ternário. É também o número de letras do alfabeto sagrado, dado que, como temos visto no Tarô, a vigésima segunda letra é equivalente ao zero. O 22 não pode ser compreendido por simbolizado, porque expressa o 11 no binário, número que está fora do nosso plano terrestre. O nome sagrado é, por sua vez, a chave das Sephiroth, cuja tabela oferecida por Athanasius Kircher está representada na figura a seguir:

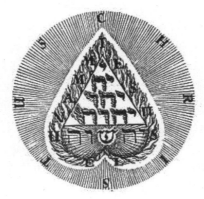

1. *Kether*: Princípio imperecedouro do Ser Absoluto no qual se produz a fermentação da vida. Tem como figura telesmática um rei majestoso, um ancião de perfil, lado direito.
2. *Chokmah*: Laço indissolúvel entre o Espírito e a Alma do Universo. Sua representação astral é de um ancião com uma grande barba, visto frontalmente.
3. *Binah*: União dos princípios masculino e feminino, que aparecem eternamente no Universo vivente. Sua imagem é de uma mulher, matrona, digna e bela.
4. *Chesed*: O desenvolvimento (marcha evolução) do Universo (*Arkhê*). Seu derramamento no Tempo e no Espaço. Traz a imagem de um monarca poderoso, sentado em seu trono.
5. *Geburah*: D-us, refletido em um de seus deuses da Antiguidade; deus dos Gigantes, dos semideuses. Sua figura mágica é de um conquistador de pé sobre seu carro de batalha.
6. *Tiphereth*: Manifestação do Septenário. Vitória do Tetragrama. Sua figura é de um jovem rodeado de símbolos de poder.
7. *Netzah*: D-us, deus do Septenário, triunfo. Traz a figura de uma jovem ninfa numa floresta.
8. *Hod*: Fecundador que por meio da luz astral se dilata no quaternário: logo, seu retorno para o princípio eternamente oculto de onde emana esta luz (*He – Vau – Shin*) (Natureza fecundada). Um anjo alado tendo um pergaminho enrolado.
9. *Yesod*: Quarta multiplicidade da Unidade. Princípio criador do Futuro indefinidamente mutável. Sua figura é de um homem e uma mulher de mãos dadas à beira da água.
10. *Malkuth*: Morte da mãe prenha da Vida, lei imanente, que tem uma súbita força de movimento, de intercâmbio eterno, no momento em que se objetivisa um ser. Não tem imagem aparente, pois seu trabalho é interior, *transcendental*. Aqueles que conhecem e trabalham nos planos mágicos da *Kabbalística Árvore da Vida*, tendo como proposições, intencionalidade e objetivação, sabem que as imagens acima descritas possuem suas *egrégoras*; sendo possível pela criação mental e meditação sobre esta imagem simbólica (além, é claro, de outros consideráveis pré-requisitos), e fazer contato com a *força* da Imagem Projetada e, consequentemente, com a realidade espiritual da Sephirah.

## Sobre o Nome Sagrado, Jehovah, Yod, He, Vau, He

Vimos na Bíblia que o Eterno que protegia o povo eleito chamava-se *Jehovah*, este é um dos Nomes de **Binah**, da Kabbalística Árvore da Vida, a *sephirah* que preside a formação do Universo material. É necessário que nos dediquemos a estudar esse *nome*, porque representa um conjunto de forças através das quais se tem instituído tudo que foi criado. Desvela uma das principais chaves para compreender o desenvolvimento de nosso Universo, já que ela delimita os tempos aos quais está sujeito qualquer movimento da Terra.

O nome *Jehovah* é composto de quatro letras do código hebraico (com ele a Bíblia foi escrita): o *Yod*, o *He*, o *Vau* e um segundo *He*. Cada uma dessas letras representa uma força ativa num determinado período, tanto no que se refere à Criação como ao nosso cotidiano terrestre em particular.

▶ O **Yod** representa a semente, a potencialidade que cada coisa deve ter se pretender ser portadora de algo. Representa o Pai, o gérmen de Tudo, a semente humana, o impulso fundamental, a Vontade, o ponto de partida. É a décima letra do alfabeto sagrado, e o número correspondente também é dez. Corresponde no Macrocosmo à Virgo e no Microcosmo ao braço esquerdo. Governa a ação do homem. O nome da *sephirah* correspondente é Malkuth; reino, templo do Eterno, mulher de D-us. É por similitude das coisas "*quod inferius, tot superius*" que o homem possui a faculdade de compreender o mundo que o rodeia, qualidade expressa na palavra "*objectum*". É igualmente dessa forma que percebe o dedo do Criador e aprende o "*Timor Dei*". O arcano de Yod é a Esfinge, ou Roda da Fortuna, que pode levar o homem aos céus, como também poderá levá-lo ao abismo.

ה O **He** representa a terra a qual o Yod há de materializar-se; é o período de formação, interna, de gestação, de interiorização. Representa a mãe, o meio material em que a Obra se institui, na fecundidade, o momento crucial. É a quinta letra do alfabeto sagrado e tem por valor numérico o número cinco. Corresponde à Áries no Macrocosmo e à perna direita no Microcosmo. Governa a palavra. Simboliza a vida universal representa o alento do homem, a ar, a alma, tudo aquilo animador e vivificante. Expressa a ideia da vida abstrata do ser. No nome Tetragrammaton, os dois He têm dois significados diferentes: a primeira é do signo da vida abstrata, o espírito, enquanto que a segunda representa a vida manifestada pela respiração. As forças pelas quais se manifesta esse nome, os Serafins, correspondem às Potências do Cristianismo. Os elementos da Natureza são criados por eles. A *sephirah* que corresponde a essa letra é Geburah, força, potência. Sua qualidade é do juízo inferior (*judicio inferius*), e sua ação se desenvolve no domínio da esperança (*spes*). O arcano correspondente é o do Senhor dos Arcanos.

ו O **Vau** representa o filho, o resultado da ação do Yod sobre o He. É o elemento ativo e atuante: o que recolhe a potêncialidade do Yod e a converte em atos. Se estivéssemos falando de uma planta, o Vau seria o período em que ela floresce, aquele que sai ao exterior. É a sexta letra do alfabeto hebraico, simples, cuja correspondência no Macrocosmo é Tauro e no Microcosmo a narina direita. Governa o pensamento. No nome Tetragrammaton, a letra Vau serve de soldadura e de centro de equilíbrio entre o Yod, princípio supremo, e He, a vida. Por outro lado, neste mesmo nome, Vau cria também uma união entre o ternário Espiritual, que é Iev, e sua manifestação do quaternário Ieve.

O nome Divino que corresponde é *Vezio*, que quer dizer "com esplendor". Por meio das forças nomeadas – *Malachim*, Potências dos cristãos – se manifesta no nome do Criador na vida universal e se produzem nos minerais e nos metais. A *sephirah* que corresponde a essa letra se chama Tiphereth: resplendor, Sol, é a sexta *sephirah* da Kabbalística Árvore da Vida, é o ponto de equilíbrio do segundo ternário *sephirótico* (a saber: Chesed, Geburah e Tiphereth). Constitui, por sua vez, o laço desse segundo ternário manifestado no primeiro, o dos princípios (a saber: Kether, Chokmah e Binah). Além disso, esta mesma *sephirah* é o laço de união com o ternário seguinte, de penetração mais profunda, que são as três sephiroth inferiores: Netzah, Hod e Yesod. Estes dois ternários sephiróticos formam, como sabemos, as seis *Sephiroth* chamadas de construção e seu laço, no nó que as reúne é a que corresponde a letra Vau.

ה O segundo **He** é o resultado final deste ciclo de atividade: o fruto que dá o filho, cuja atividade modifica as condições em que se encontram as coisas no estado Yod, de modo que este segundo He se converte automaticamente em Yod de um novo ciclo de criações que se desenvolve já a um nível inferior. Do mesmo modo que o fruto leva as sementes de uma futura árvore, o segundo He leva as sementes de novas realizações. Assim, representa a exteriorização e a implantação de um novo ciclo.

Estas noções são fundamentais para uma compreensão dos mecanismos da vida e da Lei Cósmica. Convém meditar sobre elas para entendê-las corretamente em todas as dimensões, isto é, na literal, figurada e secreta; já que constitui a chave de todas as ciências esotéricas e suas correspondências são ativas em qualquer nível e se aplicam em qualquer situação.

*Na Árvore da Vida Kabbalística, o Nome Sagrado fica inscrito da seguinte forma:*
Kether é o Yod,
Chokmah o He,
Binah o Vau,
Chesed o segundo He.

*Como o segundo He se converte no Yod gerando um novo ciclo, teremos então, na segunda tríade de sephiroth, assim:*
Chesed será o Yod,
Geburah o He,
Tiphereth o Vau,
Netzah o segundo He.

*Na terceira tríade de Sephiroth, veremos:*

Netzah será o Yod,
Hod o He,
Yesod o Vau,
Malkuth o segundo He.

*Considerando a Árvore Kabbalística um bloco, teremos:*

Kether-Chokmah-Binah são o Yod,
Chesed-Geburah-Tiphereth são o He,
Netzah-Hod-Yesod são o Vau,
Malkuth é o segundo He.

*Considerando uma leitura no Pilar do Meio, veremos:*

Kether será o Yod,
Tiphereth o He,
Yesod o Vau,
Malkuth o segundo He.

*Na coluna direita, Pilar da Misericórdia, teremos:*

Chokmah será o He primordial
Chesed será o Vau
Netzah será o segundo He-Yod

*Na coluna da esquerda, Pilar da Severidade, veremos:*

Binah sendo o Vau primordial,
Geburah o segundo He-Yod,
Hod será o He.

**Kether-Yod** é o regente do primeiro ciclo de Sephiroth, que formam parte, em termos kabbalísticos, do *Mundo das Emanações (Atziluth)*.

**Chokmah-He** é o regente do segundo ciclo – formado por Chesed-Geburah-Tiphereth-, conhecido, em termos kabbalísticos, como *Mundo das Criações (Briah)*.

**Binah-Vau** é o regente do terceiro ciclo-formado por Netzah-Hod-Yesod-, conhecido Kabbalisticamente como *Mundo da Formação (Yetzirah)*.

**Chesed** – o segundo **He** é o regente do *Mundo da Ação (Assiah)*, formado por Malkuth.

## No ciclo dos elementos:

Yod é o Fogo, △
He é a Água, ▽
Vau é o Ar e △
O segundo He é a Terra ▽

## O ciclo zodiacal:

Os signos do Fogo (Áries, Leão e Sagitário) serão signos de Yod.
Os signos da Água (Câncer, Escorpião e Peixes) serão signos de He.
Os signos do Ar (Libra, Aquário e Gêmeos) serão signos de Vau.
E finalmente os signos da Terra (Capricórnio, Touro e Virgem) serão signos do segundo He.
No interior de cada um dos elementos, Áries será o Yod do ciclo, Leão o He e Sagitário o Vau. Em Água: Câncer será o Yod, Escorpião o He e Peixes o Vau. Na Terra: Capricórnio será o Yod, Touro o He e Virgem o Vau.

## Assim teremos:

Signos Yod: Áries, Câncer, Libra e Capricórnio.
Signos He: Leão, Escorpião, Aquário e Touro.
Signos Vau: Sagitário, Peixes, Gêmeos e Virgem.
No jogo do Tarô e nos Arcanos Menores: o *paus* em Yod, as *copas* em He, as *espadas* em Vau e os *ouros* o segundo He. Nas figuras: os *reis* o Yod, as *rainhas* o He, os *valetes* o Vau as *damas* o segundo He.

## No ciclo da vida:

de 0 a 21 anos é período Yod;
de 21 a 42 anos, período He;
de 42 a 63 anos, período Vau, e
de 63 a 84 anos, período segundo He.

## No ciclo anual:

a primavera é o Yod,
o Verão o He,
o Outono o Vau, e
o Inverno o segundo He.

*No período mensal, lunar:*

Da *Lua Nova* até o *Quarto Crescente* é período **Yod**; do *Quarto Crescente* até a *Lua Cheia*, período **He**; da *Lua Cheia* ao *Quarto Minguante*, período **Vau**, e do *Quarto Minguante* a *Lua Nova*, período segundo **He**.

*No ciclo diário, as forças se distribuem assim:*

Do Amanhecer ao Meio Dia, **Yod**; do Meio Dia ao Pôr do Sol, **He**; do por do Sol à Meia-Noite, **Vau**; e de Meia-Noite ao Amanhecer, o segundo **He**.

Qualquer ciclo de atividade que seja objeto de estudo, qualquer trabalho, jogo, lapso de tempo que tenhamos de viver, está submetido à ação dessas quatro forças, de maneira que, dividindo entre quatro o tempo de duração do assunto, teremos como resultado o lapso de tempo regido pelo *Yod*, o *He*, o *Vau* e o segundo *He*.

O Nome de Jehovah expressa a chave da construção do Universo. Tudo foi realizado nesses quatro tempos, e se em nossas ações humanas respeitarmos esse paradigma, se deixarmos que em nossos assuntos transcorram esses quatro tempos, nossas obras serão tão sólidas como as do Universo. Antes, a Lei se encontrava interiorizada nos costumes dos noivos que aguardavam três anos para casar-se, um para o *Yod*, aquele em que o enamorado conhecia uma ação inconsciente sobre a amada sem revelar-lhe seus sentimentos; um para o *He*, no qual seus sentimentos eram desvelados; um para o *Vau*, no qual se procedia a um ensaio de vida comum; e outro para o segundo *He*, no qual se formalizava a união. Na Antiguidade os Aprendizes esperavam três anos para ser oficiais, etc. Atualmente tudo se faz aceleradamente sem respeitar os preceitos dos *mestres passados*, haja vista que tudo se deformou, perdendo a qualidade na formação dos nossos Obreiros.

## O Nome

*Cada coisa tem um nome que lhe é próprio e que lhe convém por natureza. Esse nome não é um símbolo convencional firmado por sons articulados, e sim que apresenta uma propriedade de termos naturais que identifica ao ser ou ao objeto nomeado.*

Platão

Conhecer o nome de uma coisa é conhecer a coisa em si. Essa afirmação não é nova para o leitor de obras como esta, na qual temos mostrado a maneira como os Antigos articulavam com as letras e o valor que lhes davam, pois sabiam que tudo no Universo tinha uma tríplice importância, ou seja, o literal, o figurado e o secreto. É importante lembrar que, em nossas línguas, puramente fonéticas, as maiores partes das denominações das coisas foram perdidas; toda significação construtiva e somente apresentam uma reunião de sonidos convencionais. As palavras compostas derivadas de raízes gregas ou latinas, tais como: automóvel (movimento por si mesmo), aeroplano (que se sustenta no ar), hidroterapia, etc., representam uma tentativa de composição de um nome segundo seus elementos construtivos.

Porém, os sábios da Antiguidade, aqueles que possuíam o conhecimento da língua sagrada e que era formada por 22 letras, correspondentes as 22 forças da criação, compunham os nomes das coisas de uma maneira que correspondia exatamente a uma combinação determinada de forças para criar a manifestação em questão.

Vemos aqui a importância que atribuíam ao estudo do nome. Naturalmente, era preciso compreender, em primeiro lugar, a composição do nome de D-us, princípio de toda manifestação no mundo criado e cujo reflexo se encontra em todas as coisas. Estamos, mais uma vez, nos referindo ao nome sagrado e misterioso do Tetragrammaton. Em nossas obras precedentes abordamos esse tema, de forma teórica e de maneira prática, dada a importância que entendemos ser este assunto para o leitor que deseja conhecer os mistérios da Kabbala. Sabe-se que cada uma das 22 letras está coroada por um nome Divino, nome que expressa uma faculdade e particular característica de uma manifestação determinada. Com o propósito de dar uma ideia da composição de um nome em geral, vou expor brevemente como está constituído cada nome Divino relacionado com cada uma das 22 letras.

Para começar, tomemos os nomes mais simples que servem de terminação para os 72 nomes desenvolvidos pela *Shem hammephorasch*. Quero falar de *Yah* e *El*. O primeiro está composto por duas letras: *Yod*, princípio ativo, fonte misteriosa de vida; e He, princípio passivo, manifestação vital, a respiração. A união dessas duas letras representa a primeira divisão do Princípio e da Unidade absoluta. É a "Balança que se encontra no Antigo (*Bendito seja seu Nome*)", segundo o *Zohar*; é o "no" oposto ao "se".

Seu equilíbrio se realizará no nascimento do ternário por seu elemento de união, separação expressada misteriosamente pela letra Vau; e isso nos retorna a conduzir ao Nome Sagrado. Neste nome que nos ocupa neste momento, o ato, todavia, não se cumpriu. O nome *Yah*, representa o começo da manifestação criadora, a primeira divisão do Princípio, o "vem para mim", de Atum, expressado hieroglificamente mediante os elementos da letra *Aleph*: é a primeira *Yod* que se afina acima da matéria inerte, representada por uma linha horizontal (água) pronta para provocar-lhe um choque que vai tirá-la do estado passivo e cujo resultado será a segunda *Yod* (o fogo). Finalmente, é o momento que precedeu a criação e em que, segundo a Gênesis, "o espírito de D-us se encontrava sobre o abismo".

O nome *El* expressa uma ideia muito diferente. Aqui, *Aleph*, o Princípio ternário em si, dito de outra maneira, D-us, se une com *Lamed*, que expressa o sacrifício. Esse nome representa o *Avatar* da *Era de Peixes*, que morreu pela salvação da humanidade. É a finalidade do homem, imagem de D-us, a que se expressa por meio desse nome; porque só por meio do sacrifício do si mesmo, de suas paixões, que é possível ao encarnado poder irradiar desde sua *persona* até a chispa divina e cumprir sua evolução predestinada. Assim, neste único nome, composto de duas letras, está contida toda a religião cristã. Quem queira abordar o estudo dos 72 nomes da *Shem hammephorasch* deve compreender antes de tudo esses nomes, que servem de terminação para os 72 nomes do "Nome revelado" e que os conduzem até o nível mais elevado e os santificam.

Vejamos agora a filiação do *Tetragrama* nos nomes relacionados com as 22 letras do alfabeto sagrado, por meio das quais esse nome, como um diamante talhado em 22 facetas, lança partículas de fogos para cada uma das letras correspondentes. Convém observar que cada um desses nomes começa com a letra com que está relacionado e que o liga a esta manifestação determinada.

**Primeiro nome**, relacionado com **Aehieh**. Suprimindo *Aleph*, letra de ordem à qual nos temos referido, obteremos sua chave, que *é he-yod-he*. Esta raiz expressa a ideia do princípio vital e significa "ser existente sem começo nem fim". Esse nome, como se vê, está estreitamente ligado ao Tetragrammaton. É inútil desenvolver mais este tema.

**Segundo nome**, relacionado com Beth: **Bachur.** Procedente da mesma maneira, quer dizer, deixando de lado a letra *Beth*, obteremos a chave *he-vau* na terminação *resh*. Esta raiz representa a ideia de uma coisa que, todavia, ainda não existe, se encontra em "potência de ser". A adição da letra *Resh* a esta raiz a precisa, e esta potência se manifesta por meio de calor da vida. Para o homem, será o fogo sagrado num sentido mais abstrato, expressado pela *sephirah* que se relaciona com a letra Beth, a inteligência.

**Terceiro nome**, relacionado com Guimel: **Ghedul,** que, procedendo como descrito anteriormente, dará a chave para letra Vau, situada entre *Daleth*, manifestação no quaternário, vida física, e *Lamed*, prova suprema, sacrifício, por meio do qual o homem pode libertar-se da matéria. Por outro lado, *Vau*, situada no nome em relação com a terceira letra e junto a quarta (*Daleth*), constitui a união-separação do ternário e do quaternário, a passagem de IEV ao IEVE. Finalmente, tomando a raiz *Dul*, como tal, se obtém o significado de dor, angústia, que sente o ser perfeito do ternário ao submergir-se no quaternário com vistas ao sacrifício. Um se recorda da dor sentida pelo Jesus Cristo ante a proximidade da morte, quando dizia: "Senhor, afaste de mim este cálice de amargura". Neste sentido de dor e tristeza, próprio da raiz, tem conservado em diferentes línguas da atualidade: "*dull*" triste, em inglês; "*dolor*", em espanhol, etc. É na agústia do ser ante a encarnação, quando sabe que irá submergir-se nos sofrimentos e as seduções da matéria e ignora se sairá dela vencedor.

**Quarto nome**, relacionado com *Daleth*: **Dagul**, cuja chave é a mesma letra *Vau*, situada entre *Guimel*, a terceira, e *Lamed*. Como vimos no terceiro nome, este, por analogia, está construído da mesma maneira; e, assim, une a quaternária manifestação ao ternário, o IEVE ao IEV. A raiz *Gul* expressa a evolução, a liberação do quaternário, a promessa, para o ser fundido na agústia do quaternário, de poder retomar a paz e a felicidade do ternário.

**Quinto nome, Hadom,** apresenta a chave Vau situada entre a manifestação expressada por *Daleth* e a matéria propriamente dita, a mãe natureza, *Mem*. Agora, *Vau*, situada dessa maneira, une por uma lado ao nome IEVE e, por outro, separa da matéria *Mem*. O sentido desta raiz precisa o sofrimento relacionado com a matéria. Em hebraico, a palavra Doma significa "tumba", a qual pinta exatamente o estado de espírito encarcerado no corpo. No nascimento material, morte do espírito.

**Sexto nome: Vezio**, cuja letra chave é *Yod-Vau*, a qual está unida na letra *Zayin* para demonstrar à continuidade do desenvolvimento da manifestação, porque por esta letra ele se unirá a letra seguinte. Como raiz, *Zayin, Yod, Vau*, dá uma ideia do corpo que revive, de vida animal, de ser que reflete a luz da vida.

**Sétimo nome: Zakai**, cuja chave é *Yod* refletida em *Kaph*. É o princípio de Atum "que viu seu *Ka* ao fulgor da luz". Esta raiz representa no Macrocosmo o reflexo do Criador, a natureza; e no Microcosmo, o homem como imagem de D-us.

**Oitavo nome: Hésid**, cuja chave também é *Yod* situada entre *Samekh*, o mal que desenvolve na manifestação do quaternário *Daleth* pelo homem e que o funde no mais profundo da matéria. A raiz *Sid* expressa uma curvatura que o encarnado seguiu em sua involução (*Queda*), que o levou conduzindo-o até ao mais profundo lugar de trevas, leva também em si a esperança de um retorno evolutivo até a luz. É a promessa formulada ao homem depois do pecado original: "O fruto (*Nun*) da mulher (*Mem*) pisoteará a cabeça da serpente (*Samekh*)" (Gênesis).

**Nono nome: Techor** tem como chave a letra He e como terminação *Resch*, cuja explicação já demos no segundo nome. A raiz *He-Resch* expressa toda classe de acrescentamentos. No sentido abstrato, é o desenvolvimento da raiz precedente: o homem, a seguir a curva da involução (*Queda*), acrescenta o mal. Põem, para restabelecer o equilíbrio, deverá acrescentar assim mesmo o bem no curso de sua evolução.

**Décimo nome: Yah**, cuja chave é *He*. Mais acima explicamos o significado desse nome que conduz a última letra dos dez princípios para a Unidade. Aqui termina o primeiro grupo de letras chamadas *Sephiróticas* ou do Princípio.

Vimos que, nas chaves desse grupo, está cada letra do nome IEV, que se repete quatro vezes. Tem quatro *Yod*, quatro *He* e quatro *Vau*; o qual dá movimento, isto é, manifestação do Ternário no Quaternário.

O segundo grupo é o das seis forças construtivas da natureza, chamado "mundo dos Anjos". As chaves dos nomes se relacionarão indiretamente com as letras do nome sagrado, o mesmo que a numeração é *sephirótica* da segunda ordem de inserção.

**Décimo primeiro nome: Kebir**, cuja chave é necessariamente a letra Beth, que é a manifestação superior de *Kaph*. Está iluminada pelo princípio Yod e manifestada na vida por *Resh*. A raiz *Bir* expressa o movimento que toma o encarnado ao seguir a curva da vida. É o raio que vai traçar esta curva. É a potêncialidade da involução-evolução (*Queda-Reintegração*) do homem.

**Décimo segundo nome: Lamed**, cuja chave é a letra *Daleth*, manifestação na matéria prima. A raiz *MD* expressa o desapego das potêncialidades expressadas no nome precedente, os costumes do homem, a medida de sua vida.

***Décimo terceiro nome: Meborak***, cuja chave é a letra *Resh* no sentido de vida-fogo que resulta da união do pai e da mãe *Mem-Beth* e se manifesta no mundo material por *Kaph*, forma dupla. A raiz *BRC* expressa a manifestação da força criadora no exterior, a produção ativa e bendita. Relaciona-se precisamente com as palavras do Gênesis: "Criai e multiplicai-vos".

***Décimo quarto nome: Nora***, cuja chave é a mesma que a precedente, e que precisa aquilo que foi dito para a letra *Mem*: é o fruto da união cujo signo é *Vau*, que recebe a benção do princípio *Aleph*. É a vida separada desse filho do homem saído da União, ou, em outras palavras, é o resultado do trabalho do homem, resultado objetivamente julgado por ele mesmo.

***Décimo quinto nome: Somek***, cuja chave é a letra *Mem*, no sentido de matéria-princípio indispensável para a manifestação física. Esta matéria leva em si o germe do mal ao que está ligada por *Vau*. Por outro lado, também pode ser formada no molde *Kaph*. A raiz que sai daí expressa, por um lado, a dependência a respeito da matéria; e, por outro lado, sua plasticidade, sua submissão, e a escolha dependem do livre arbítrio do homem.

***Décimo sexto nome: Azaz***, cuja chave é a letra *Zayn*, que expressa um movimento orientado para um fim. A repetição da mesma letra como terminação forma uma raiz que expressa uma vibração, uma refração. No último nome do grupo onde se refrata o *Nome Sagrado* na segunda ordem de inserção.

O grupo que se segue é o das cinco manifestações no quaternário. Como se verá mais adiante, todos estes nomes se relacionam com a letra *Daleth*, manifestação do quaternário.

***Décimo sétimo nome: Phode***, cuja chave é a letra *Daleth*. A raiz dupla que surge é, em parte, a satisfação, a suficiência, que continua o primeiro significado.

***Décimo oitavo nome: Tzadek***, cuja chave é a mesma (D). a raiz *DK* é muito curiosa, porque expressa o estado temporal da matéria, a instabilidade da felicidade terrestre, a fratura, a ruptura, a perda, etc.

***Décimo nono nome: Kodesh***, cuja chave é a mesma (D). A raiz *DSH* expressa a ideia de vegetação, de propagação Elemental.

***Vigésimo nome: Rodeh*** (a mesma chave D). A raiz *DH* expressa a necessidade, o constrangimento, o leito por onde flui a vida ou os acontecimentos que parecem forçar ao homem a atuar de uma maneira determinada.

***Vigésimo primeiro nome: Schaday*** (chave D). A raiz *DI* dá uma ideia de força emanada do princípio que, penetrando no quaternário, o orienta para a evolução predestinada; daí a alegria da liberação próxima.

Aqui termina o grupo das cinco manifestações do quaternário. O grupo seguinte não inclui mais que uma só letra, que é, como sabemos, sintética; devido a isso, podemos denominar esse grupo de "A Síntese".

***Vigésimo segundo nome: Techinah***, cuja chave é a letra *Nun*, fruto do trabalho do homem no campo da vida, *Resh* iluminada pelo sopro divino *He*. Destaquemos que os dois últimos nomes terminam, o primeiro com um *Yod*, e o segundo com um *He*, o que nos dá uma vez mais o nome *Yah*, que está ligado ao décimo nome, o do retorno da *Unidade-Princípio*. A raiz *Chenh* tem um duplo significado. Por um lado, é a existência individual e particular do homem, cujo símbolo é a letra *Tau*; por outro, é a graça prometida e acordada ao homem depois das tentações do pecado e o trabalho com "pena e suor" na matéria para recuperar o paraíso perdido, que *Tau* (fim do ciclo) expressa por meio de um número que não pode ser senão o zero.

Desta forma, apresentamos, mesmo que de forma superficial, uma ideia geral da composição de um *Nome* e sua adaptação a uma letra que não se limita necessariamente a que comece com a letra a que está relacionado. Ao estudar a composição de cada um desses nomes, obtêm-se luzes que se projetam na direção do quadro esotérico das letras do alfabeto como também nas forças criadoras da natureza.

Os 72 nomes da *Shem hammephorasch* podem ser estudados da mesma maneira para se obter, desses ensinamentos, relações com a natureza das forças que reinam sobre cada quinário do círculo zodiacal.

Recomendamos especialmente este estudo àqueles que se interessam pela Astrologia e querem praticar a medicina hermética. O que compreende a disposição dos nomes da *Shem hammephorasch* se chama *Baal-Schem*, o qual possui o nome revelado, porque se diz na Escritura: "*Meu anjo marchará diante de ti; olha-o, porque leva sobre ele meu grande Nome*".

Para "possuir" o nome do *anjo* ou de um *daimon* relacionado com um planeta ou aquele que rege as horas, etc., utiliza-se o mesmo procedimento.

Finalmente, para definir a individualidade de um encarnado, é indispensável "possuir" seu nome. Este se relaciona com a Astrologia (em Ocultismo, o mago que não conhece a astrologia é cego) onomântica. Porém, como se diz, para se compreender a natureza de um homem e conhecer os acontecimentos de sua vida, é preciso trocar os dados obtidos mediante o estudo do tema natal com aqueles surgidos dos cálculos kabbalísticos extraídos do nome. Essa combinação se obtém mediante a prática de *gematria, notorikón* ou *temurá*, amplamente explicado em nossa obra *Manual Mágico de Kabbala Prática*.

A individualidade do ser, toda sua vida passada e futura, são tiradas na luz com uma precisão tão grande como se deseja. Assim como os cálculos da Astrologia científica resultam de um trabalho puramente matemático, o trabalho do nome é pessoal e depende do valor do estudante que se aproxima do *Baal-Schem*.

O que se sabe do nome das coisas pode formá-las realizando-se a combinação que constitui a essência dessa coisa. Isto não quer dizer que um magista possa criar. Não, porque a palavra "crear" significa: "fazer algo do nada", e esse ato supremo não pertence ao encarnado. É a árvore do conhecimento do bem e do mal, cujos frutos o homem está proibido de comer. O que o homem pode fazer é transformar as combinações das forças que representam uma forma da matéria em outra combinação expressiva de uma forma diferente. Poder-se-ia acreditar que nos referimos a uma produção de fenômenos químicos, físicos, elétricos, calóricos, etc., dos quais ocupara a ciência oficial.

Não é por aí. Todos esses fenômenos entram no campo do conhecimento do nome das coisas, porém, esse saber não se limita ao seu estudo. O iniciado não somente toma a estas últimas no mundo físico, senão também no mundo astral, o mundo das forças por excelência. Extraia dali forças que, todavia, não estão manifestadas no mundo físico. Troque-as e lhes dê a forma desejada, a qual poderá fazer ao profano que aquele tem a seu serviço meios sobrenaturais e possui um poder de criação. Porém, nós dizemos, o homem, por mais elevado que seja, não pode *crear* e todos estes fenômenos sobrenaturais em aparência não são outra coisa que as consequências do conhecimento do nome das coisas.

## Resumo das Chaves da Árvore da Vida
### e suas relações com nosso dia a dia

- **Kether**: vontade, intuição, conectar com a própria energia, eliminar ancoragens, aprender a escutar, iniciar coisas novas.
- **Chokmah**: amor, aproveitar oportunidades, conectar com nossa sabedoria, ver a vida de forma positivam trabalhar nas analogias, procurar a sorte.
- **Binah**: regras, a ética, estabelecer um marco, localizar limites, pautas de movimento, normas de comportamento.
- **Chesed**: poder, magnanimidade, identificar o paraíso, diferenciar o poder de controle, ser apaixonado pela vida, expandir-se.
- **Geburah**: correção, ajuste, discrição, motivação, a atitude ao trabalho, força.
- **Tiphereth**: consciência, equanimidade, ser fiel, equilíbrio entre tendências internas e sua repercussão no exterior, seguir um código de conduta.
- **Netzah**: inteligência, saúde mental, analisar, ordenar impulsos, comunicar, sentido comum.
- **Yesod**: imaginação, paciência, visualização, imagem global.
- **Malkuth**: por em prática, materialização.

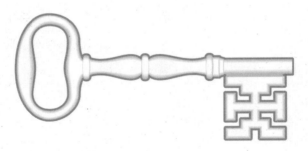

# Uma Tabela de correspondências Kabbalísticas

Segundo a tradição Kabbalística, os *Elohins* são as *Inteligências* responsáveis pela construção do Universo, segundo o plano de D-us, que se forem consideradas em conjunto equivaleriam ao *Logos* grego, o *Verbo* dos cristãos e o *Demiurgo* dos gnósticos.

Os *Elohins*, também conhecidos como Arcanjos, pertencem ao Mundo de Briah, que é o Mundo da Criação. No Mundo de Yetzirah ou da Formação, as Inteligências Angelicais são inumeráveis, e a Kabbala as classifica em nove categorias ou coros que o Cristianismo modificou-os com substituições dos Nomes.

Os nove Coros Angelicais de acordo com a tradição Kabbalística em correspondência com as Sephiroth e com os coros Angelicais do Cristianismo são os seguintes (veja, também, na Tabela abaixo).

| Sephiroth | Elohins | Nomes Kabbalísticos | Nome Cristão | Arquidiabos |
|---|---|---|---|---|
| Kether | Metatron, o Anjo da presença | HAYYOT HÁ KADOSH | Serafins | Thaumiel |
| Chokmah | Raziel o Heraldo de D-us | OPHANIM | Kerubins | Chaigidiel |
| Binah | Tsaphkiel, a Contemplação de D-us | ARALIM | Tronos | Satariel |
| Chesed | Tsadkiel, a Justiça de D-us | HASHMALIM | Dominações | Gamchicoth |
| Geburah | Samael, a Severidade de D-us | SERAPHIM | Potestades | Golab |
| Tiphereth | Michael, Semelhança de D-us | MALACHIM | Virtudes | Tagarini |
| Netzah | Haniel, a Graça de D-us | ELOHIM | Principados | Harab Serap |
| Hod | Raphael, a Medicina de D-us | BENI-ELOHIM | Arcanjos | Samael |
| Yesod | Gabriel, o Homem de D-us | QUERUBIM | Anjos | Gamaliel |
| Malkuth | Sandolphon, é a 2º face de Metatron | | | Lilith |

## Sobre os *Arquidiabos*

- *Thaumiel*, o que quis ser igual a D-us, também tem o nome de Satanás ou Moloch
- *Chaigidiel*, o que desvia a influência de D-us
- *Satariel*, o que transforma a misericórdia de D-us
- *Gamchicoth*, o Demônio que enleia todas as coisas
- *Golab*, o Demônio incendiário
- *Tagarini*, o Demônio da guerra
- *Harab Serap*, o Demônio do fracasso
- *Samael*, o Demônio da confusão
- *Gamaliel*, o Demônio da obscenidade
- *Lilith*, o Demônio da impureza

## Os dias, horas e virtudes dos Planetas

MacGregor Mathers (Samuel Liddell "MacGregor" Mathers, Londres, 8 de janeiro de 1854 – Paris, 20 de novembro de 1918), em sua obra, *The Key of Solomon The King*, disse que:

> *Quando quiseres fazer um experimento ou operação mágica, em primeiro lugar deves preparar antes de tudo, todos os requisitos que se encontram nas seguintes observações: verificar os dias, as horas e outros efeitos das constelações. Para isto será aconselhável saber que as horas do dia e da noite, juntas são 24, e que cada uma está governada por um dos seus planetas em ordem regular, começando desde o mais alto e terminando no mais baixo.*

A ordem dos planetas é a seguinte:

- ShBThAi, Shabbathai, Saturno; sob Saturno está TzDQ, *Tzedeq*,
- Júpiter; Sob Júpiter está MADIM, *Madim*
- Marte; sob Marte está ShMSh, *Shemesh*,
- o Sol; sob o Sol está NVGH, *Nogah*,
- Vênus; sob Vênus está KVKB, *Kokav*,
- Mercúrio, e sob Mercúrio está LBNH, *Levanah*,
- a Lua, é o mais baixo dos planetas (para a Tradição Kabbalística, a Lua é considerada um planeta e não um satélite).

Portanto, deve entender-se que os planetas têm seu domínio sobre o dia que lhe é atribuído. Por exemplo: Saturno sobre o Sábado; Júpiter sobre quinta-feira; Marte sobre terça-feira; o Sol sobre Domingo; Vênus sobre sexta-feira; Mercúrio sobre quarta-feira e a Lua sobre a segunda-feira.

Os planetas regem sobre cada hora começando na queda do Sol e terminando a saída no dia em que toma o nome de tal planeta que lhe segue na ordem rege sobre a hora seguinte. Desta maneira, no sábado a primeira hora é regida por Saturno, enquanto a segunda hora é regida por Júpiter, a terceira por Marte, a quarta pelo Sol, a quinta por Vênus, a sexta por Mercúrio e a sétima pela Lua, e Saturno volta a reger a oitava e os outros na mesma ordem novamente, mantendo sempre esta mesma ordem.

Deve-se notar que cada experimento ou operação mágica deve acontecer sob o planeta e geralmente sob a hora que se relaciona com tal operação, por exemplo:

Os dias e horas de Saturno podem levar a efeito experimentos para invocar as almas do *Hades* (em grego antigo Ἅδης, transl. *Hádēs*); na mitologia grega, é o deus do *Mundo Inferior* e dos mortos), porém, somente aquelas que tenham tido o morto uma morte natural. Também nestes dias e horas se pode operar para atrair boa ou má fortuna. Para ter espíritos familiares que cuidem do sono, para causar êxito ou fracasso nos negócios, empossar propriedades, bens, sementes, frutas e coisas similares e para adquirir conhecimento, para atrair destruição e causar morte, e para semear ódio e discórdia. Os dias e horas de Júpiter são próprios para obter honras e adquirir riquezas, fazer amizade, preservar a saúde e conseguir tudo aquilo que se deseja.

Nos dias e horas de Marte se podem levar a cabo operações concernentes a guerra, lograr honrar militares, adquirir valores, vencer inimigos, causar ruínas, assassinatos, crueldade, discórdia, ferir e causar morte.

Os dias e horas do Sol são muito bons para levar a cabo operações relacionadas com o bem-estar mundano, esperança, benefícios, fortuna, adivinhações, obter favores de príncipes, dissolverem sentimentos hostis e conseguir amizades.

Os dias e horas de Vênus são bons para fazer amizades, para o amor, para feitos joviais agradáveis, e também para viagens.

Os dias e horas de Mercúrio são bons para operações de oratória e inteligência, diligência nos negócios, ciência e adivinhação, maravilhas, aparições e perguntas relacionadas com o futuro. Também se pode operar sob este planeta em coisas como roubo, escritos, mercadorias, etc.

Os dias e horas da Luz são bons para embaixadas, viagens, envios, mensagens, navegação, reconciliações, amor e aquisições de mercadorias por água.

## As Chaves da Árvore da Vida | 319

| Signo | Planeta | Elemento | Conceito-Chave | Pedra | Metal | Cor |
|---|---|---|---|---|---|---|
| Áries<br>21/03-20/04 | Marte<br>♂ | Fogo | Liderança, Iniciativa, Vitalidade, Coragem e Bravura, Desejo de Sucesso | Rubi Cornalina | Ferro | Vermelho |
| Touro<br>21/04-20/05 | Vênus<br>♀ | Terra | Constância Serenidade e Calma, Afeição e Generosidade, Praticidade e Firmeza, Produtividade e Fertilidade | Esmeralda Rodocrosita | Cobre | Verde |
| Gêmeos<br>21/05-20/06 | Mercúrio<br>☿ | Ar | Inteligência, Sociabilidade e Adaptação, Interesse Generalizado, Rapidez de Raciocínio | Safira Ágata | Mercúrio | Amarelo |
| Câncer<br>21/06-21/07 | Lua<br>☽ | Água | Sensibilidade, Emotividade, Instinto Maternal, União Familiar, Vida Psíquica Profunda. | Opala Pedra-da-Lua | Prata | Branco |
| Leão<br>22/07-22/08 | Sol<br>☉ | Fogo | Força do Ego, Soberania, Autoconfiança, Refinamento, Bondade e Proteção. | Diamante Citrino | Ouro | Laranja |
| Virgem<br>23/08-22/09 | Mercúrio<br>☿ | Terra | Inteligência Ativamente Lógica e Racional, Precisão e Meticulosidade, Clareza e Objetividade, Apoio e Generosidade. | Turquesa Amazonita | Mercúrio | Cinza |
| Libra<br>23/09-22/10 | Vênus<br>♀ | Ar | Mente Equilibrada, Harmonização e Justiça, Atrai Sociedades, Natureza Artística, Amor. | Jade Quartzo-Rosa | Cobre | Rosa |
| Escorpião<br>23/10-21/11 | Plutão Marte<br>♀ ♂ | Água | Criatividade, Regeneração, Intuição e Mistério, Sexualidade, Busca da Fusão. | Topázio Granada | Ferro | Escarlate |
| Sagitário<br>22/11-21/12 | Júpiter<br>♃ | Fogo | Honestidade e Coragem, Magnanimidade, Generosidade, Capacidade de Ensinar e Julgar, Busca da Verdade. | Lápis-Lazúli Sodalita | Estanho | Azul-Anil |
| Capricórnio<br>22/12-20/01 | Saturno<br>♄ | Terra | Sabedoria, Prudência, Autodisciplina, Persistências, Realização | Ônix Turmalina-Verde | Chumbo | Preto |
| Aquário<br>21/01-19/02 | Urano Saturno<br>♅ ♄ | Ar | Lealdade, Busca da Fraternidade, Originalidade, Inovação e Aventura, Intuição. | Água-Marinha Crisoprasio | Tungstênio | Azul-Celeste |
| Peixes<br>21/01-19/02 | Netuno Júpiter<br>♆ ♃ | Água | Altruísmo, Imaginação Ampla, Intensas Aspirações Espirituais, Intuição Desenvolvida, Amor Universal. | Fluorita Ametista | Alumínio | Verde-Mar |

Devem-se observar cuidadosa e pontualmente todas as instruções contidas neste texto se desejas obter êxito, vendo que a verdade da ciência mágica depende disso.

As horas de Saturno, de Marte e da Luz são boas também para comunicar-se e falar com os espíritos. As horas de Mercúrio são boas para recobrar por meio delas coisas roubadas.

As horas de Marte são boas para invocar as almas do *Hades*, em especial aquelas dos mortos em batalha.

As horas do Sol, Júpiter e Vênus são próprias para operações relacionadas com o amor, a amabilidade, a invisibilidade, como se mostra amplamente em nossa obra *Manual Mágico de Kabbala Prática*.

As horas de Saturno e Marte e também nos dias nos quais a Lua se encontra em conjunção (no mesmo grau do Zodíaco; oposição 180º, quarto 90º) com eles ou quando estão em oposição ou quadratura, são excelentes para fazer operações de ódio, inimizade e discórdia.

As horas de Mercúrio são boas para levar-se a cabo experimentos relativos a jogos (loterias), extradições e coisas similares.

As horas de Júpiter e Vênus são particularmente boas em seus dias que regem e podem lavar-se a efeito operações desconhecidas, extraordinárias e fora do comum.

As horas da Lua são apropriadas para se fazerem operações relativas a recuperar propriedades roubadas, para obter visões noturnas, para invocar espíritos no sonho e levar a cabo operações relativas à água.

As horas de Vênus são apropriadas para preparar venenos e tudo aquilo relacionado com Vênus, para preparar pó provocadores de loucura e coisas similares.

Para se ter bons resultados, as operações desta arte devem ser trabalhadas não somente nas horas mas também nos dias dos planetas, já que, desta maneira, ter-se-á maior êxito com prévia observação das regras que se seguem, já que a omissão de uma só dessas condições representará um fracasso completo nesta arte.

Para as coisas que pertencem à Lua, tais como a invocação de espíritos, trabalhos de necromancia, recuperação de propriedades roubadas, etc., é necessário que a Lua se encontre num signo zodiacal terrestre, por exemplo: Touro, Virgem ou Capricórnio.

Para o amor, a graça, a invisibilidade a Lua deve estar num signo de fogo, por exemplo: Áries, Leão ou Sagitário.

Para ódios, discórdia, destruição, a Lua deve estar num signo de água, como Câncer, Escorpião e Peixes.

Para experimentos de natureza peculiar que não estejam classificados sob nenhuma dessas naturezas, a Lua deve estar nos signos de ar: Gêmeos, Libra ou Aquário.

Porém, se essas coisas parecem demasiado difíceis de se conseguir, deve-se observar, pelo menos, que a Lua se encontre depois de combustão, ou de que sua conjunção com o Sol (nova), especialmente quando começa a fazer-se visível, já que então é boa para operações de todo tipo. Por isso é que o tempo da Lua nova a Lua cheia é bom para operar qualquer experimento dos quais falamos anteriormente. Na minguante é bom para a guerra, ódios e discórdias. Também quando se encontra sem luz é boa para a invisibilidade e a morte.

Abstenha-se inviolavelmente de começar qualquer coisa enquanto a Lua se encontre em conjunção com o Sol, já que é extremamente desafortunado e não se pode efetuar nenhuma operação; enquanto que na crescente se pode levar a cabo todo tipo de operações seguindo as instruções deste capítulo.

Se desejar conversar com os espíritos, deve fazê-lo no dia e na hora de Mercúrio, quando a Lua e o Sol se encontrem num signo de ar.

Deve-se retirar, então, a um lugar secreto, onde ninguém possa ver ou surpreender enquanto a operação se esteja levando a cabo, seja que se opere de dia ou à noite. Se o deseja operar a noite e não se termina o trabalho, deve finalizar-se na noite seguinte; se se opera de dia e não se tenha terminado, deve terminá-lo no dia seguinte, porém, na hora de começar deve ser sempre à hora de Mercúrio.

Já que nenhum experimento para conversar com os espíritos pode fazer-se sem um círculo, quaisquer operações de conversação que deseje levar a cabo deve fazê-las dentro de um círculo mágico (Leia sobre este assunto no *Manual Mágico de Kabbala Prática)*. Deve aprender a construí-lo. Uma vez feito este círculo, rodeie-se com um "*cordão de arte*" para maior precaução e eficácia.

# Tabela de correspondências práticas e utilitárias

| Símb. Signo | Áreas Sensíveis | Essências | Propriedades E Indicações |
|---|---|---|---|
| ♈ | Cabeça e Cérebro. | Madeira: Combina os sedutores aromas amadeirados com o verde toque herbal. Fragrância Erótica. | Atrai energias positivas, proporciona força e vitalidade, confere coragem e autoconfiança, estimula a atividade e a liderança, atua nos bloqueios e repressões, combate a depressão. |
| ♉ | Pescoço, Garganta e Ouvidos. | Almíscar: Aroma balsâmico com tendências relaxantes a odores Almiscarados e sensuais. | Atua na energia construtiva do ser, compreensão, tolerância e bondade, equilibra excessos emocionais e físicos, força e firmeza de propósitos afrodisíacos, contra ansiedade e tensão nervosa. |
| ♊ | Braços, Mãos, Sistema nervoso periférico e Aparelho Respiratório. | Lavanda: Perfume clássico e suave de Flores de lavanda produzindo efeitos refrescantes e relaxantes. | Estimulante intelectual, desenvolve a intuição, proporciona a resistência física, calmante contra estresse e nervosismo, indicado para insônia. |
| ♋ | Peito, Estômago e Sistema Digestivo. | Violeta: Toque floral. Quente e marcante trazendo o mistério das flores de violeta. | Favorece o equilíbrio psíquico, facilita a liberação das emoções desperta a serenidade, confortante do coração, sensibilidade e delicadeza, contra o nervosismo e a irritação. |
| ♌ | Coração, Coluna Vertebral e Circulação Sanguínea. | Sândalo: Madeiras balsâmicas com notas doces e aveludadas estimulando encanto e fantasia. | Vitalidade e força, autoconfiança e autoestima, controle emocional. Atração e encanto, incita sentimentos de amor, combate a depressão. |
| ♍ | Intestino, Sistema nervoso, Ventre e Fígado. | Herbal: Essência refrescante trazendo a energia e a suavidade das matas virgens e agradáveis sensações de leveza. | Revitalizante energético, percepção mental e organização, modera ansiedade e agitação, purificante, contra a negatividade, antidepressivo. |
| ♎ | Rins, Órgãos Internos de Reprodução e Diafragma. | Rosa: Presença doce e marcante dos aromas das mais delicadas rosas em suaves e profundas sensações de harmonia. | Pensamentos afetuosos e harmônicos, associações, amor e matrimônio, libera a sensualidade, combate a indecisão, bom para medos e insegurança, contra sensações de solidão e agústia. |
| ♏ | Órgãos Sexuais Externos e Sistema Excretor. | Ylang-Ylang: Essência exótica e delirante com base floral doce, intensa, envolvente e afrodisíaca. | Energético, vitalizante sexual, estimula a criatividade, processos de transformação, concentração mental, contra raiva e irritação. |
| ♐ | Fígado, Coxas e Quadris. | Especiarias: Aroma quente, forte e picante, compostos a partir de especiarias indianas. | Aumenta a energia física e a coragem, promove entusiasmo e alegria, excitante intelectual, bom para memória, facilita a capacidade de julgamento, contra a estafa nervosa. |
| ♑ | Cabelo, Pelo, Articulações, Estrutura óssea e Joelhos. | Floral: Suave composição de óleo de musgo verde com madeiras aromáticas envolvidas em sensíveis flores de lírio. | Entusiasmo, poder de realização, crescimento interior, estimula a autodisciplina, combate a inquietação, diminui ansiedade e mágoas. |
| ♒ | Barriga da Perna e Calcanhar. | Raízes: Fragrância original com um toque de terra, raízes aromáticas e estimulantes especiarias. | Estimulante mental, autoconfiança e independência, indicado para a meditação, desenvolvimento interior, compreensão da humanidade, antidepressivo. |
| ♓ | Pés, Sistema Linfático e Glandular. | Exótica: Doce perfume de flores exóticas com nuances do frescor de frutas silvestres. | Revigorante, alivia traumatismo emocional, favorece as relações de amor e afeto, harmonizante espiritual, aumenta a intuição, união com o Universo. |

# CAPÍTULO VII
# Óleos Essenciais, Instrumentos Mágicos

 Durante mais de 6.000 anos, os egípcios conservaram suas múmias intactas, e o faziam somente envolvendo-as com bandagens em óleos essenciais. Esta é a prova irrefutável das propriedades bacterianas, antibióticos e antissépticas dos óleos essenciais. Mas o destino desses óleos não consiste tão somente em proteger o corpo na morte. Antigamente se conheciam seus efeitos e se usavam nos tratamentos de beleza.

Os avanços tecnológicos no campo da indústria cosmética disponibilizam óleos finos, sutis e delicadamente perfumados. São fáceis de aplicar, proporcionam um grande prazer cosmético e se utilizam desde os pés até a ponta do cabelo. Estes óleos essenciais são revitalizantes, energéticos e mágicos, pois através dos séculos transcorridos seguem sendo imperecedouros e intemporais.

Os óleos vegetais naturais e os essenciais têm a mesma origem. Se obtêm de plantas ou flores como sálvia, lavanda ou rosa, ou de raízes e rizomas de árvores como eucalipto, cânfora ou sândalo, inclusive de frutos como amêndoas, limão, laranja, etc. O processo de elaboração é muito distinto.

Os óleos vegetais se obtêm por maceração em azeite, enquanto que os essenciais, por destilação ao vapor. Para o sândalo, por exemplo, que se encontra na casca das árvores, reduz-se a madeira a pó de serra e se ferve. O vapor desprendido é recolhido num recipiente. Finalmente, depois de algumas horas, o óleo de sândalo flutua na água.

Logo se separam ambos os produtos, já que seus destinos são diferentes. Como seu nome indica, os óleos essenciais são a essência da planta. É a parte mais ativa, e consegui-lo é um processo longo e difícil. Os óleos vegetais, extraídos seja a quente ou a frio, são mais baratos, mas não são simples de fabricar. A extração a quente é delicada porque se podem destruir com facilidade todos os princípios ativos.

Os óleos essenciais se apresentam em forma de produtos oleosos que encerram uma molécula gasosa aromática. Como todos os gases, esta se difunde rapidamente pelos tecidos. A outra particularidade da molécula é que é muito perfumada. O óleo essencial atua como perfume. O odor chega imediatamente aos centros nervosos. O cérebro envia, por sua vez, mensagens a todos os órgãos.

Este é o princípio da aromaterapia. O jasmim e o ginseng estimulam, o sândalo é sensual, e o incenso acalma o espírito. O gerânio estimula e purifica, o cipreste é adstringente e vasoconstritor, combate a celulite, a camomila é suavizante e é anti-inflamatória, a lavanda é calmante e anti-inflamatória, a manjerona é regeneradora e calmante, acalma os nervos e ajuda a reprodução celular, a cenoura é estimulante, equilibradora e suaviza, facilita a circulação sanguínea e reafirma os tecidos. O ylang ylang regula o sistema nervoso e as glândulas sebáceas. O tomilho é um bom desinfetante. A sálvia é tonificante e reequilibradora das glândulas sebáceas. O Rosmarinho é cicatrizante e estimulante, serve contra a queda de cabelos. O patchouli é estimulante e anticéptico, bom para a fadiga física ou nervosa. A menta é estimulante e vasoconstritora.

Quando a molécula odorífica exalar todo seu perfume, termina seu trabalho. Mas a molécula gasosa segue com o seu aroma. Sua difusão pelo corpo permite uma melhor oxigenação celular e arrasta as impurezas. O comportamento de nossas células está determinado pelo meio em que se vive. A cada dez anos, o meio se satura, e as células se renovam cada vez pior.

Graças ao seu formidável poder de penetração, os óleos essenciais contribuem com elementos nutritivos aos organismos celulares e desinfetam o líquido linfático. Por isso, alguns óleos levam em suas preparações elementos que fazem de catalizadores, permitindo estimular ainda mais as funções e as mudanças (trocas) biológicas do próprio organismo. Mediante esta limpeza interna, consegue-se também uma limpeza externa, limpa-se e purifica o campo eletromagnético, ou seja, limpa-se a aura. Usa teu perfume favorito, àquele que mais combine com você, para criar uma aura mágica, como uma espécie de nuvem sútil de uma fragrância muito personalizada, com a qual te identifiquem sempre. Este perfume que te envolve, que te preceda sempre que chegues a algum lugar.

Uma vez de posse desta aura, as pessoas do sexo oposto te cercarão e ficarão atraídos por teu perfume, mesmo que não se proponham, porque o ambiente ao teu redor se tornará sensual, misterioso, atraente e não poderão diminuir a influência deste fator embriagante e sútil.

Criar a aura mágica é uma arte que utilizaram as cortesãs gregas e romanas para conquistar seus pares. Conta-se que chegaram ao extremo de perfumarem-se todas com óleos, até formar uma nuvem vibracional ao seu redor, impregnando a habitação e todos os objetos ali presentes.

| ERVA | PARTES A USAR | PROPRIEDADES MÁGICAS | USO MÁGICO |
|---|---|---|---|
| Absinto (Losna) | Flores e folhas | É um tónico de vitalidade para depois de sessões mágicas. | Tomar infusões antes dos rituais mágicos. |
| Acônito | Rizomas e folhas | Elimina a dor, tanto física quanto moral. | Queimar e lançar as cinzas ao vento, em local natural. |
| Alho | Bulbo | Protetor contra feitiços. | Colocá-lo nas linhas altas da cozinha. |
| Angélica | Raízes e frutos | Dá o dom da austeridade, moderação, comedimento. | Tomá-la como elixir. |
| Anis | O fruto | Desperta energias sutis para realizar atos de magia | Colocar em um saquinho de linho e carregar nos rituais de magia. |
| Arruda | Parte superior da planta | Ajuda ver os próprios erros e também os alheios. | Colocá-la seca em casa. |
| Artemísia | Rizomas e folhas | É a erva dos viajantes, protege nas viagens. | Guardar em um saquinho e levar no bolso. |
| Bálsamo | Flores e folhas | Suaviza os desenganos amorosos. | Beber em infusão durante o conjuro. |
| Bardana | Raízes e folhas | Transmuta o negativo. | Banhar-se com a erva, fervida. |
| Camomila | Flores | Dá paz e prepara a mente para as operações mágicas. | Beber em infusão, antes de rituais. |
| Dedaleira | Folhas | Ao usá-la desperta fortes desejos sexuais. | Guardar o pó em uma caixinha. |
| Ênula | Rizoma | Acalma os coléricos. | Esconder a erva no quarto. |
| Espinheiro | Flores e frutos | Êxito e triunfo no trabalho. | Beber em infusão ao conjurar. |
| Estramônio | Sementes e folhas | Revela os desejos mais profundos. | Queimar num incensário. |
| Hamamélis | Folhas | Dá encanto e atrativo. | Banhar-se com um punhado de folhas. |

| | | | |
|---|---|---|---|
| Heléboro | Rizoma | Desvela mistérios de outros planos. | Levar a erva no lado esquerdo. |
| Jasmim | Folhas | Libera a energia para realizar-se. | Dispersar ao vento a erva em pó. |
| Louro | Folhas e frutos | Êxito e fama nas atividades. | Pôr uma coroa de louro na cabeça, invocando o elemental do ar. |
| Malva | Flores e folhas | Suaviza o caráter. | Prepar um banho fervendo folhas e flores. |
| Mandrágora | Flores | Planta mística. Dá sorte, boa para fertilidade, dá proteção espiritual e material. | Usar como amuleto em um saquinho. |
| Manjericão | Flores e folhas | Atrai a riqueza e a fortuna. | Polvilhar o manjericão em pó, polvilhar sobre a pessoa, atrai riqueza e prosperidade. |
| Meimendro | Toda a erva | Melhora a vidência e adivinhação. | Queimar como incenso, invocando o elemental do fogo. |
| Menta | Flores e folhas | Suaviza emoções e situações. | Beber em infusões. |
| Orégano | Flores | Ajuda a aceitar grandes e profundas mudanças na vida. | Queimar em incensário ao morrer alguém. |
| Rosmarinho | Raminhos e folhas | Dá satisfação e atrai o amor. | Banhar-se com a infusão. |
| Salsa | Sementes e folhas | Restaura a saúde, força e vitalidade. | Beber em infusão, invocar o elemento terra. |
| Sálvia | Folhas | Dá, saúde, beleza, coragem e ajuda nos rituais de magia. | Tomar em infusão. |
| Tercianaria | Toda a planta | Para relaxar-se | Tomar em infusão, para conjuros. |
| Tomilho | Folhas | Dá valor e fortaleza. | Banhar-se com a erva. |
| Urtiga | Parte superior da planta | Para cortar ciúmes, inveja e murmurações. | Preparar infusão e regar a habitação e as pessoas envolvidas. |
| Valeriana | Rizoma | Para conjurar sonhos. | Tomar em infusão. |
| Verbena | Toda a planta | Para conseguir um novo amor. | Tomar em infusão. |

    O segredo de criar uma atmosfera única e deixar um rastro de teu passo, seja para homem ou mulher, é perfumar-se em camadas. Trata-se de uma técnica muito popular na Europa, em especial na França; é um ritual especial, à medida que se transcorre durante do dia depois de perfumar-se, ao desvanecer-se a capa de perfume, imediatamente surge a outra camada, assim terá uma nuvem sutil e contínua ao teu redor, que te manterá perfumado todo o tempo. O segredo é retocar-se várias vezes ao dia.

## Como utilizar na Arte Mágica as Ervas, Flores e Pedras

|        |      |              |                                                                                                                    |
|--------|------|--------------|--------------------------------------------------------------------------------------------------------------------|
| Ervas  | Ar   | Sonhos       | Coloque a erva apropriada sob seu travesseiro e peça ao seu SAG um sonho revelador.                                |
|        | Fogo | Fogueira     | Queime as ervas enquanto pede o que deseja realizar.                                                               |
|        | Água | Banho        | Ponha as ervas numa banheira, relaxe-se e visualize seus desejos.                                                  |
|        | Terra| Natureza     | Prepare uma infusão com a erva apropriada enquanto pensa e mentaliza seus desejos.                                 |
| Flores | Ar   | Visualização | Meta-se mentalmente dentro da flor e com esta energia conseguirá tudo.                                             |
|        | Fogo | Sol          | Impregne-se da essência da flor adequada e deixe que os raios do sol intensifique a vibração.                      |
|        | Água | Mar          | Lance a flor no mar e peça o que deseja materializar na sua vida.                                                  |
|        | Terra| Vida Cotidiana | Coloque a flor em sua casa ou no local de trabalho                                                               |
| Pedras | Ar   | Salmos       | Escreva um Salmo e guarde-o junto com a pedra correspondente.                                                      |
|        | Fogo | Vela         | Vele a vela até que se consuma totalmente (deixe a vela arder até ser totalmente consumida perto da pedra).        |
|        | Água | Poço         | Deixe a pedra durante sete horas na água tirada de um poço e depois a verter em cima da cabeça.                    |

# As pedras e seu uso mágico

| Pedra | Propriedades | Uso Mágico |
|---|---|---|
| **Rubi** | Canaliza o amor e a paixão. | Utiliza-se na magia do amor. |
| **Octaedro de Fluorita** | Canaliza a energia para o trabalho | Utiliza-se para distintos objetivos laborais. |
| **Jaspe Vermelho** | Fomenta o amor e os sentimentos familiares. | Utiliza-se para atrair o ser amado, manter a paixão. |
| **Ágata de Botswana** | Surpresas e prazeres. | Para recuperar o ânimo. |
| **Ágata de Frisos Azuis** | Fomenta a feminidade | Para ser suave e feminina. |
| **Quartzo Rosa** | É curativo | Utiliza-se em toda a magia de cura. |
| **Ametista** | Desenvolve e provoca evolução espiritual. | Ajuda na meditação. |
| **Olho de Tigre** | Protege as crianças. | Para a fertilidade. |
| **Esmeralda** | Dá visão para o futuro. | Boa para adivinhação. |
| **Safira** | Dá paz espiritual e mental. | Ajuda a encontrar verdades. |
| **Turquesa** | Protege, dá saúde, e felicidade | Para feitiços de boa sorte. |

| Opala | É a pedra do espírito. | Para contatar o mais além. |
|---|---|---|
| Jade | Aporta beleza. | Serve para magia de beleza. |
| Granada | Excita a sexualmente. | Para os prazeres do sexo. |
| Jaspe | Alivia a depressão. | Injeta fortaleza. |
| Ágata com fosseis | Heranças e riquezas. | É a pedra dos ricos. |
| Quartzo Rutilado | Promove a criatividade. | Ajuda a ser criativo. |
| Ágata de Musgo | Elimina a ansiedade. | Em conjuros, quando tudo se torna muito complicado. |
| Água-marinha | Clareia a mente. | Clareia a mente para exames. |
| Tectita | Absorve as más vibrações. | Para anular ódio, inveja. |
| Pirita de Ferro | Engano e incompreensão. | Novos projetos e negócios. |
| Madeira Petrificada | Aporta clareza no legal. | Rituais de juízos. |
| Ágata Geoda | Ajuda a desenvolver poderes. | Aumenta os poderes psíquicos. |
| Cristal de Quartzo | Concentração. | Concentra os esforços para alcançar o êxito em tudo. |
| Diamante | Fortaleza indomável. | Em conjuros sólidos e duradores. |
| Pedra da Lua | É a pedra da noite. | Para certos dons, sonhos. |
| Jaspe Marrom | É a pedra do corpo. | Concentra a energia no corpo e a dirige. |
| Ágata Amatistina | Mudanças, translado. | Contra o aborrecimento. |
| Ouro | Atrai a abundância e riqueza. | Rituais de abundância. |
| Prata | Pureza e pobreza. | Dom da pobreza. |

# O mundo mágico das pedras

O homem hoje em dia com sua inquietude eterna busca no novo, algo mágico que possa aplicar e melhorar sua vida cotidiana. Entrando nesse mundo fabuloso das pedras e suas múltiplas aplicações mágicas, encontrará um terreno fértil e cheio de boas surpresas. A tecnologia já descobriu o poder dos cristais, utilizando suas capacidades energéticas para nos ajudar a melhorar nossas vidas. Sabe-se que os cristais naturais são utilizados para operar computadores, relógios, telefones, rádios, televisores e muitos outros instrumentos de precisão.

Sem dúvida, quando se tem e manipula um cristal, este gera um campo psicoelétrico, que produz significativamente uma área de energia, que influencia harmonicamente nossa aura. Desde séculos, os antigos já sabiam que os cristais tinham energia, tinham poder, que geravam campos de energia, que estabilizam, vigorizam, suavizam as emoções, trazem bem-estar e paz interior e mais ainda, uma frequência vibratória normal do indivíduo.

Por meio das diferentes pedras, podem-se solucionar muitos problemas, se pode curar, equilibrar, transmutar, harmonizar e purificar.

Por meio dos cristais, podemos transmutar conscientemente nossa natureza inferior em divina. Por meio dos cristais, conseguimos sincronizar conosco mesmo e com a totalidade do criado. Podemos mudar o destino da humanidade e por ordem no nosso futuro individual.

Os cristais de quartzo são amplificadores e condutores energéticos. Os cristais são detonantes de nossa consciência, pois relaxam ou alteram nosso sistema nervoso, acelerando ou tranquilizando nosso corpo etéreo.

Para conseguir evoluir conscientemente e tomar o controle das mudanças que se sucedem em nossas vidas, devemos pôr em atividade a Vontade do nosso ser. Para consegui-lo temos que descobrir nossa divina natureza essencial e reconhecermos em perfeição e divindade.

Temos um longo caminho a percorrer, devemos nos projetar espiritualmente, para dentro de nós mesmos, para descobrirmos quem somos realmente. Fluindo com as mudanças cósmicas de transformações, melhorando-nos cada dia mais, trocando tudo que há de errado por padrões novos, corrigindo pensamentos e ações equivocadas e implantando outros mais elevados e positivos.

As elevadas propriedades do cristal nos ajudam neste processo transcendental. Os cristais de quartzo amplificam e transformam nossas mudanças de consciência, alterando nossa estrutura molecular, aumentando e acelerando nossa vibração. Os cristais desempenham um enorme papel no desenvolvimento de nossas faculdades extrasensoriais, amplificando nosso próprio poder e campo energético.

Os cristais de quartzo facilitam nossa evolução, a posição espiritual, alcançada em cada etapa de vida, é impulsionada e acelerada pelas vibrações dos cristais, que são condutores naturais de energia eletromagnética.

Essa energia exerce um efeito regenerador em cada pessoa que responde por ressonância vibracional, curando as enfermidades.

Hoje em dia, mais do que nunca, estamos despertando espiritualmente, sendo mais conscientes de nosso papel evolutivo e da importância de cada ser para o grande cósmico, os cristais nos ajudam a manter um perfeito equilíbrio entre nossos estados conscientes e inconscientes, contactando-nos com nosso pré-consciente.

A força é um campo magnético, seja onde estiver, pois rodeia e interpenetra tudo. É uma aura que controla e obedece, cria-se e é nutrida pela própria vida. As pessoas que estão preparadas estão abertas mental e espiritualmente para esta força, sentem-na, reconhecem-na e a utilizam. Flui através de nós até o cosmos infinito, carrega-nos de energia e de poder, para conseguir o que nós propomos como projetos de vida.

Sendo esta força natural, pode ser utilizada, para o bem ou para o mal, para construir ou para destruir, portanto aquele que a canaliza é o único responsável pelos seus atos, uma vez que a força nem é boa nem é má, simplesmente é, e está disponível aos nossos serviços, restando-nos dar-lhe a tônica correta e aplicação justa.

O ser humano está recomeçando a manipular e a manejar as energias próprias e outras que nos rodeiam, já que quer ser o artífice da realização física, mental e espiritual. O homem consciente vai unindo sua própria energia com a força cósmica, para conseguir levar a cabo seus planos e metas nesta vida.

O campo energético de um ser humano é o mais forte de todos os campos de vida, depois vêm, em intensidade, os animais e em seguida os minerais. Tudo que existe é uma forma de energia, recebe e se impressiona através da energia. Somos baterias humanas, carregamo-nos e descarregamos, de acordo com a nossa própria vibração, sentimento, e de acordo com o meio ambiente natural que nos rodeia e ao contato com outros seres humanos e seus campos eletromagnéticos que nos possam carregar ou descarregar, de acordo com sua vibração pessoal e seu estado de ânimo.

# Exercícios Práticos

## *Preparação respiratória*

Antes de fazer os exercícios Kabbalísticos a seguir, o estudante deverá fazer a prática respiratória que descreveremos abaixo, para que esteja receptivo e preparado para os exercícios que disponibilizaremos adiante.

Sente-se em posição confortável, de frente para o Sol nascente, cerre os olhos, e calmamente respire, profundamente, por oito vezes...

*Agora você irá fazer respirações da seguinte forma:*

Coloque os dedos **polegar** e **indicador** da mão direita sobre as narinas e comece respirando pela narina esquerda e solte o ar pela narina direita, com calma, sem pressa... repita esta operação! Respirando pela narina esquerda e soltando o ar pela narina direita.

Repita por um total de oito vezes, calmamente.

Depois de terminada esta série, inverta o procedimento, isto é: ainda com os dois dedos sobre as narinas, respire pela narina direita e solte o ar pela narina esquerda, por oito vezes. Com calma, vagarosamente.

Depois de terminado este exercício, visualize uma imagem de sua escolha, com tudo aquilo que você verdadeiramente quer realizar e construa um *Mantra*, criado por você mesmo (uma frase sintética que contenha tudo que você precisa para suplicar ao "*deus do teu coração e da tua compreensão*"), e repita este *Mantra* com os olhos fechados até ter vontade de parar... Depois de alguns segundos, abra os olhos calmamente. Sinta-se forte, realizado, e determinado a vencer toda e qualquer dificuldade.

Sinta-se feliz e alegre, independente de qualquer coisa ou situação.

Exemplo de um *Mantra*: "*Minha vida flui, pois eu e D-us somos um. Meu cérebro leva luz a todo meu organismo... raios de luz curadora e restauradora do meu corpo.*"

Siga sempre com o otimismo e a certeza do seu objetivo rondando seus pensamentos e já vendo tudo isto na forma passada realizada. Veja sua forma física com saúde, alegria e prosperidade. Nunca perca de sua visão os conceitos que o levarão à vitória e à realização de sua Vontade.

*"O Sucesso é a sua Prova"*

## Ritmos no universo e no homem

*"Somente será sábio quem estude, examine e conheça a Natureza. Prefira esta ciência a todas as outras e instrua nela aos demais".*
Amenhotep IV – Faraó do Egito

No Universo tudo é ritmo e podemos constatar isso, flagrantemente, pela periodicidade de tudo o que acontece na Natureza

Ritmo é a sucessão periódica de movimento e repouso dentro da ordem compassada de, diferentes ou semelhantes, acontecimentos das coisas.

Periodicidade é o espaço de tempo que alguma coisa emprega ou demora, para realizar seu retorno ao estado ou posição primitivos.

Filosoficamente falando, Ritmo é a expressão da lei fundamental do Universo que assegura o êxito de todo processo evolutivo.

Diariamente, o Ritmo é comprovado pelos botânicos, meteorologistas, astrônomos, historiadores, médicos, naturalistas e místicos.

O ritmo é salutar no trabalho, pois facilita a tarefa e acelera o êxito da obra, nas indústrias, nos desportos, na dança, na música.

Exemplos: o cavalo e seu ritmo, que é salutar.

Na lavoura = a rotação de culturas.

O Homem também se cansa com a monotonia. Por exemplo: A alternância dos regimes políticos.

Alguns ritmos vivenciados e e outros que sujeitam o homem:

1 gota forte e uma gota fraca = ritmo binário = marcha

1 gota forte e duas gotas fracas = ritmo ternário = valsa

A sequência acima, completa = compasso de 5 tempos, muito encontrado nos cantos indígenas

A passagem do Sol no Zodíaco

As fases da Lua

As marés

As estações do ano (solstícios e equinócios)

A sístole e a diástole

A inspiração e a respiração

A vigília e o sono

A vida e a morte, etc. tudo flui e reflui continuadamente, avança, retrocede, nasce e morre.

Lembrar as crises políticas, o cume que os países alcançam, etc.
Tudo vibra no Universo – Tudo está sujeito ao ritmo (os cometas, etc.)
Lembrar o ritmo das doenças: 1, 2, 3, 4, 5, 6, 7. (21 dias)
A respiração e seu ritmo. A importância da respiração.

**Quem aprender a respirar dentro de seu ritmo pessoal terá conquistado a saúde perfeita e surpreendido o segredo da longevidade.**

Respiração incorreta: pela boca, pois o ar chega frio aos pulmões.
Exitem respirações alta, média, baixa e completa.

**Como deve-se respirar:**

1º Inalar
2º Reter
3º Exalar
4º Repousar.

**Respiração rítmica completa** (provoca domínio e serenidade):
- desenvolve a caixa torácica
- robustece notavelmente os pulmões
- purifica o sangue
- aumenta os glóbulos vermelhos e o calor do corpo
- corrige a digestão
- limpa a pele de espinhas, cravos e outras impurezas.

**Cada emoção e cada enfermidade tem uma peculiar forma de respiração:**
- devoção = respiração pausada e rítmica
- contentamento = respiração profunda e vigorosa
- desejo sexual = respiração forte, agitada e ofegante
- medo = respiração fraca e curta

**Toda alteração mental repercute em nosso corpo físico.**

Homem normal realiza 18 respirações por minuto e se sabe que a cada respiração correspondem a 4 pulsações.

Se multiplicarmos 18 x 4 = 72, temos número de vibrações da Nota musical **RÉ** e o número que os hindus designam como o número do homem.

RÉ = Alaranjado (nos metais, como o ouro = SOL).

É interessante observar que o número de respirações diárias = 18 x 60 x 24 = 25.920 respirações corresponde ao número de anos em que ocorre a Precessão dos equinócios, ou seja, o número de anos que o Sol gasta para percorrer todo o zodíaco, começando no Ponto Vernal.

A força de atração do ímã está no fato de que suas moléculas estão todas orientadas num só sentido.

A respiração rítmica completa tende a orientar uniforme e devidamente as moléculas do corpo, transformando-nos em potentes ímãs, verdadeiros centros de atração das forças benéficas e acumuladoras de energia e saúde.

As energias positivas, negativas e neutras, assimiladas inconscientemente durante o processo respiratório comum, são importantíssimas para o organismo humano. Estas energias são captadas por intermédio de uma das ações do **nervo trigêmeo** (5º par de nervos cerebrais – o mais grosso e volumoso) do qual procedem 3 ramais principais, conhecidos como:

a. nervo oftálmico (com o gânglio ciliar)
b. nervo maxilar superior (com o gânglio esfenopalatino)
c. nervo maxilar inferior (com os gânglios ótico e submaxilar)

Esses três nervos-ramos procedentes do Trigêmeo situam uma fibra em cada fossa nasal e outra no meio delas, as quais, obedecendo a determinadas leis cósmicas ou a um deliberado impulso da vontade consciente, acionam um fecho (tampão) de substância cartilaginosa situado em cada uma das narinas, de forma tal que, durante duas horas, aproximadamente, a pessoa respira somente por uma das fossas nasais. A transição de uma narina para a outra ocorre em mais ou menos 10 minutos.

O Trigêmeo é o nervo que comunica sensibilidade à região facial e à maior parte do couro cabeludo. Contribui para as funções gustativas e olfativas e tem ingerência nos movimentos da língua e mastigação.

Tais fatos confirmam as afirmações dos sábios hindus relacionadas ao sistema nervoso simpático do ser humano, denominando o cordão de gânglios do lado direito e a energia neles manifesta de ***Pingala***, o lado esquerdo de ***Ida*** e o orifício no meio da coluna vertebral de ***Sushumna***.

Os três tipos de respiração acima mencionados são chamados por estes sábios de:

a. ***Surya***: é a respiração realizada pela narina direita, que tem energia de caráter positivo.
b. ***Chandra:*** é a respiração feita pela narina esquerda, que possui energia de caráter negativo.
c. ***Sushumna:*** é quando a respiração ocorre pelas duas narinas. Neste caso, a energia produzida tem caráter integral.

Os efeitos desses tipos de respiração são:

**Respiração Solar (Ou Surya) = Ativa**
- Aumenta o calor do corpo
- Ativa o apetite sexual
- Determina:
    - *sentimento de caráter positivo*
    - *desejos de dominar, de resistir à obediência*
    - *orgulho*
    - *valor*
    - *acometividade*
    - *espírito marcial, etc.*
- é boa para trabalhos pesados que reclamem grande esforço físico:
    - *a hora correta para as refeições;*
    - *facilita a conciliação do sono;*
    - *para se tomar banho;*
    - *para desportos em geral, estudos e todos os trabalhos mentais;*
    - *para estudar (ciências e música);*
    - *para trabalhos mentais*
    - *para se fazer caminhadas, proceder subidas e realizar tudo o que é violento;*
    - *para fazer coisas de pouca duração.*

**Respiração Lunar (ou Chandra):**
- diminui a temperatura do corpo;
- acalma as dores;
- favorece o tratamento de enfermidades;
- a bondade, a liberalidade, a devoção, a contemplação, a emotividade, o recolhimento;
- os exercícios de canto;
- a covardia, o pessimismo, a perda de ânimo, a falta de virilidade, a melancolia, a frieza;
- reduz os impulsos sexuais, a cólera, o orgulho, o valor, o otimismo;
- influi diretamente no subconsciente.

**Respiração Simultânea (ou Sushumna)**

De uma maneira geral, a respiração simultânea é malévola e incitante. As palavras proferidas durante este fluxo respiratório são gravadas com maior força na mente de quem as escuta.

- Nutre de maneira especial o Plexo Solar e as células nervosas do organismo
- É essencialmente propulsiva
- Permite descarregar grande quantidade de energia acumulada nos milhões de células do corpo.
- É a hora em que o raciocínio amortece.

**OBS.:** Quando está ocorrendo este tipo de respiração, devemos alimentar bons pensamentos e evitar aborrecimentos.

## A respiração e as fases da lua

*Pela concentração na meditação em um determinado assunto, e pelo esforço da respiração regular, quando a inalação e exalação ocupam o mesmo espaço de tempo, a mente deve estar contida, pois não deve haver espaço para outros pensamentos além daqueles pertinentes ao objeto ou símbolo de expressão sobre o qual o homem deseja obter conhecimento. E se o homem persistir nessa prática, ele pode entrar em um relacionamento harmonioso com a Divindade interior, e dessa fonte pode obter conhecimento, que é o resultado da experiência da própria alma, enquanto passa pelos estados da matéria. Ao mesmo tempo, se o homem se concentrar nos planos mais altos, pode evocar de seu interior a Força Solar e o Poder que, se for ascendentemente dirigido fará despertar e revitalizará as glândulas ou órgãos da percepção, até agora impedidos de se uso. Se é verdade que viemos de D-us, e a D-us retornaremos, o propósito da vida é apenas a obtenção desta consciência, que é de D-us. Então o homem se escusa do conhecimento de seu ser verdadeiro e estaciona, até que busque redenção com seu Princípio Vital Divino, e sua evolução e manifestação em si. Além disso, concentrar-se na meditação, mantendo a mente receptiva à Divindade interna em uma atitude positiva de repressão a todos os pensamentos exteriores, é uma forma exaltante de oração ou comunicação com D-us, com a Natureza, pelos quais o homem se torna um participante nas maravilhas da onipotência de D-us e recupera sua soberania perdida.*

A..A..K

Quando a saúde é normal, nossa respiração segue, passo a passo, as fases da Lua, obedecendo o seguinte desenvolvimento:

**Quarto Minguante:** (dividir o número de dias da fase da Lua por 3)
   No caso da presença da lua durante 6 dias:
   Nos 2 primeiros dias, ao sair o Sol, a respiração começa pela narina direita.
   No 3º e 4º dias, a respiração começará pela narina esquerda.
   No 5º e 6º dias, a respiração voltará a ser iniciada pela narina direita.
   No caso da presença da lua durante 7 dias:
   Ao sair o Sol, nos dois primeiros dias, a respiração começa pela narina direita.
   Nos 3 dias seguintes, a respiração começará pela narina esquerda.
   Nos 2 últimos dias, a respiração voltará a ser iniciada pela narina direita.
   No caso da presença da Lua durante 8 dias:
   Nos 2 primeiros dias a respiração começa pela narina direita.
   Nos 3 dias seguintes a respiração começará pela narina esquerda.
   Nos 3 últimos dias, a respiração voltará a ser iniciada pela narina direita.

**Lua Nova:** (dividir o número de dias da fase da Lua por 2)
   Ao sair o Sol, durante a primeira série de dias, a respiração começa pela narina esquerda (3 ou 4 dias).
   Durante a segunda série de dias da fase, a respiração começará pela narina direita.

**Quarto Crescente:** (dividir o número de dias da fase da Lua por 3)
   No caso da presença da Lua durante 6 dias
   Nos 2 primeiros dias, a respiração inicia pela narina esquerda.
   Nos 2 dias seguintes, a respiração começará pela direita.
   Nos últimos 2 dias a respiração voltará a se iniciar pela narina esquerda.
   No caso da presença da Lua durante 7 dias
   Nos 2 primeiros dias começa pela narina esquerda.
   Nos 3 dias seguintes, a respiração começará pela narina direita.
   Nos 2 últimos dias, a respiração voltará a se iniciar pela esquerda.
   No caso da presença da Lua durante 8 dias.
   Nos 2 primeiros dias, a respiração começa pela narina esquerda.
   Nos 3 dias seguintes, a respiração começa pela narina direita.
   Nos 3 últimos dias, a respiração voltará a se iniciar pela narina esquerda.

**Lua Cheia:** (dividir o número de dias da fase por 2)
   Durante a primeira série de dias (3 ou 4), a respiração começa pela narina direita.
   Durante a segunda série, a respiração começará pela narina esquerda.

## *Svara*

| Quinzena Luminosa | Quinzena Luminosa |
|---|---|
| Dias 1º. 2º. 3º. | 4º. 5º. 6º. |
| 7º. 8º. 9º. | 10º. 11º. 12º. |
| 13º. 14º. 15º. | |
| Respiração através da narina esquerda a saída do Sol. | Respiração pela narina direita a saída do Sol. |

| Quinzena Escura | Quinzena Escura |
|---|---|
| Dias 1º. 2º. 3º. | 4º. 5º. 6º. |
| 7º. 8º. 9º. | 10º. 11º. 12º. |
| 13º. 14º. 15º. | |
| Respiração através da narina direita a saída do Sol. | Respiração pela narina esquerda a saída do Sol. |

Observar:

1) No Almanaque do Pensamento, o dia de duração de cada Lua.
2) Que a Lua, ao entrar em signos ímpares, a respiração passa à direita, se já não estiver ali; e passa para a esquerda quando entra em signos pares, da mesma forma.

(**Importante:** É necessário conhecer a hora exata da saída do Sol e o dia e a hora do começo de cada fase lunar (os Jornais "O Globo" e "Jornal do Brasil" diariamente, e o "Almanaque do PENSAMENTO", fornecem esses dados), porquanto a contagem acima faz-se a partir do dia seguinte ao do início da fase lunar, quando esta começa após a saída do Sol*).*

Observações importantes:

1. A respiração pela narina direita é denominada Solar, *Surya* ou *Pingala*.
A respiração pela narina esquerda é denominada Lunar *Chandra* ou *Ida*.
A respiração, quando é realizada pelas duas narinas ao mesmo tempo, é denominada Simultânea, Espiritual ou Sushumna.
2. A respiração muda de uma narina para a outra cada 1 hora, 56 minutos, 7' e 7".
3. Apesar do fato acima, quando a Lua entra num signo ímpar (Áries, Gêmeos, etc.), a respiração, invariavelmente, se já não estiver, passa a ser feita pela narina direita e, quando a Lua entra num signo par ( Touro, Câncer, etc) a respiração

Óleos Essenciais, Instrumentos Mágicos | 339

passa a ser feita pela narina esquerda, se também já não estiver assim se realizando.

4. Quando o homem estiver respirando pela narina direita, a mulher estará respirando pela narina esquerda. Quando a mulher passa a respirar com a narina direita, o homem passa à respirar com a esquerda. Portanto, a narina positiva (solar) da mulher é a esquerda, e a passiva ou lunar, a direita.

5. Se pudermos constatar esta regularidade em nossa respiração, podemos ter a certeza de gozar de perfeita saúde enquanto assim for, pois o sistema respiratório é o grande regulador e, ao mesmo tempo, o grande perturbador de todo o organismo humano.

6. Se qualquer dos tipos de respiração vier a adquirir preponderância em detrimento daquele que seria o correto para o momento, devemos aplicar imediatamente o recurso para que ele seja corrigido, ou seja, apertando a região onde está localizada a 5ª. costela, comprimindo um nervo ali existente que faz com que a respiração mude de narina ou, então, fechando, com um dedo, a narina, esquerda ou direita, segundo seja o caso, e obrigando a respiração a se realizar pela que fica livre, desde que existam condições normais para isso. A compressão do nervo na região da 5ª. costela pode ser realizada colocando-se um livro ou qualquer outro objeto debaixo do braço e comprimindo a região. Os iogues hindus costumam andar com um guarda-chuva para isso.

## Pregações para a ativação da Árvore da Vida

O *Caminho* principal para o homem entrar no segredo da *Árvore da Vida* é amar a D-us um amor sem fim, de forma que não abandone o serviço do Eterno, por nenhuma razão, pois nenhum outro amor tem valor quando comparado ao amor a D-us. Para atingir esse grau, o homem deve inicialmente reparar as necessidades de sua devoção Divina e, depois, destinar o tempo que sobrar para as outras necessidades. Este amor deve estar firmemente encravado em seu coração, tanto ao receber benevolências do Santíssimo (bendito seja) como ao receber sofrimentos de amor para consigo, como está escrito: "*Leais são as feridas feitas por aquele que ama*" (Provérbios 27:6), e conforme está escrito: "*e com todas as tuas posses*" (Deuteronômio 6:5), que os Sábios explicaram (Berachot 54ª) como "*com cada um dos réus atributos*", para englobar todos os atributos na kabbalística *Árvore da Vida*.

A *Árvore da Vida*, como temos visto, é um esquema que representa nossa vida diária, já que contém todos os ingredientes que utilizamos e na ordem exata em que deveríamos usá-los em cada um de nossos projetos: a Vontade, o Amor, as Regras, o Poder, a Retificação, a tomada de Consciência, a Beleza, a Inteligência e a Imaginação, a Materialização.

Sugerimos que façam estas práticas nas duas primeiras horas, antes do Sol nascer, certamente irá ajudar-lhes a conectar com cada um desses "*vasos*" ou "*esferas*" da kabbalística Árvores da Vida, ou centros de Luz, para que possam receber sua energia e sua sabedoria, pelo bem da jornada que começa. Ao realizá-la, terás certamente a conexão com o Universo e a sintonia com sua verdadeira forma divina.

### *Primeiramente descreveremos um exercício para Visualização mágica*

Esta prática é indispensável para conceber o resultado positivo sobre os exercícios da Árvore da Vida. Consta em cortar sete discos em cartolina de aproximadamente 22 centímetros de diâmetro; a cor para cada um desses discos será a correspondente as cores das Sephiroth: Azul, Vermelho, Violeta, Verde, Laranja, Amarelo.

O sétimo disco correspondente a Tiphereth é diferenciado, temos duas maneiras de confeccioná-los: a primeira é dividi-lo em seis partes e colocar as seis cores em forma raiada ou círculos concêntricos e no centro de cada um dos discos é necessário colocar um pequeno disco colorido de aproximadamente 1,7 centímetros, com a cor complementar da cartolina de 22 cm.

1. O disco Azul corresponde ao trabalho sobre a *Sephirah Chesed*, o pequeno disco colorido no centro dever ser Laranja. Este disco deverá ser trabalhado na quinta-feira.
2. O disco Vermelho corresponde ao trabalho que deverá ser realizado na terça-feira e corresponde a *Sephirah Geburah*; no interior do disco, no centro a cor será o Verde.
3. O disco Violeta correspondente à *Sephirah* oculta *Daath*, terá o Amarelo no pequeno círculo e será reservado aos trabalhos de Sábado.
4. Para a *Sephirah Netzah*, reservaremos o disco Verde para realização dos trabalhos que ocorrerão no dia de sexta-feira e o pequeno disco interior será vermelho.
5. O disco Laranja, correspondente aos trabalhos do dia de quarta-feira, terá o centro colorido de Azul e sua *Sephirah* correspondente é *Hod*.
6. O disco amarelo corresponde ao trabalho que deverá dedicar a *Sephirah Yesod*, cujo dia da semana corresponde à segunda-feira; no interior, no centro a cor deverá ser Violeta.
7. O disco multicolorido, conforme acima explicado, deverá ter como dia da semana correspondente o Domingo, a cor interna será o branco e sua *Sephirah* correspondente é *Tiphereth*.

## *A prática se desenvolve da seguinte forma:*

O *buscador* atento deverá começar os trabalhos na segunda-feira, numa Lua Nova e de preferência na primeira hora depois do nascer do Sol. Deverá colocar o "disco" Amarelo na parede (branca ou o mais clara possível) diante de si, na altura da cabeça (este exercício se faz sentado). Contemplar sem esforço o disco amarelo e seu centro Violeta. Depois de algum tempo, as cores irão se alternar, o Amarelo tornar-se-á Violeta e o centro Amarelo. Após este exercício, procure fixar a inversão de cores durante alguns segundos, fechando os olhos, e contemplar na fronte, acima das sobrancelhas, uma fonte de luz Violeta rodeada de uma margem de luz Amarela, que deverá aparecer sem esforço. Guardar esta luz mentalmente o maior tempo possível. Depois deverá abrir os olhos e contemplar novamente o disco colorido.

Quando a inversão visual se produz, deverá continuar com os olhos abertos e procurar manter a persistência no olhar.

Para isso, a partir do disco, começar a levantar o olhar, depois a cabeça, procurando conservar a luz da cor invertida e levando-a até a parede. Se isso ocorrer, levar o disco luminoso até o alto da parede. Depois fechar os olhos e procurar conservar este foco luminoso.

Abrir novamente os olhos e continuar contemplando o disco.

Fechar novamente os olhos e guardar a cor invertida novamente na altura da fronte. Depois procurar que ela se mova da direita para esquerda como o balanço de um pêndulo.

Este exercício poderá durar entre 7 e 14 minutos.

Basta reproduzi-lo todos os dias trocando a cor correspondente a cada dia.

No Domingo, com o disco de Tiphereth, a experiência é a mesma, porém, mais sensível, porque é necessário tentar inverter as seis cores ao mesmo tempo; depois visualizá-las mentalmente em conjunto.

Conforme dissemos, este exercício é indispensável para trabalhar corretamente na Árvore da Vida, ele também tráz em si a possibilidade de grandes benefícios, praticando diariamente permite desenvolver a PES (*percepção extra-sensorial*), como a telepatia, a clarividência e a clariaudiência. Permite também despertar a visão astral e a faculdade de ornar o pensamento criador. Este exercício praticado por pessoas altruístas e espiritualistas ajuda a entrar na essência de uma *Sephirah* sentindo o influxo da mesma.

## As Sephiroth e suas correspondências planetárias

1. Kether corresponde a Netuno
2. Chokmah corresponde a Urano
3. Binah corresponde a Saturno
4. Chesed corresponde a Júpiter
5. Geburah corresponde a Marte
6. Tiphereth corresponde ao Sol
7. Netzah corresponde a Vênus
8. Hod corresponde a Mercúrio
9. Yesod corresponde a Lua
10. Malkuth corresponde a Terra

## Exercícios de pregações da Árvore da Vida, nas consagrações e práticas espirituais para ascensão consciencial.

**Kether**, derrama sobre mim, Pai eterno, o fogo de tua vontade, para que queime em mim os desígnios que me separam de tua órbita. Faz com que tua vontade e a minha se fundam e se sincronizem pelo bem da jornada que inicia.

**Chokmah**, que a fonte de teu divino amor derrame as águas puras em minha costa direita, dando a minha direita o poder de infundir saúde, e que todo aquele que em minha mão tocar se converta em objeto de amor.

**Binah**, mãe do mundo, derrama sobre minha costa esquerda a força coaguladora que torna as coisas consistentes e duradouras, de maneira que apareça nelas o sentido, a lição que há de permitir que eu compreenda.

**Chesed**, de ti espero bondade que há de transformar o mal em bem. Dê-me poderes, Senhor, para adocicar a vida daqueles que estão próximo de mim e ajuda-me a levá-los para o caminho da alegria e do otimismo.

**Geburah**, faz de mim o braço justo, ajuda-me a ser quem restitua a verdade aos que caíram no erro, aquele que poderá ensinar os trabalhos que conduziram as almas da fonte de tua justiça.

**Tiphereth**, permita que minha alma alcance a contemplação da unidade. Que meus corpos encontrem o caminho para integrar de forma harmônica as correntes da direita e as da esquerda. Que de mim se desprenda a suprema harmonia.

**Netzah**, de ti espero que embeleças minha vida e que tua harmonia impregne minha alma, e impregne-as em palavras e gestos. Dai-me, Senhor, o dom de comunicar com meus semelhantes com delicadeza.

**Hod**, te peço, Senhor, que me concedas a faculdade de poder expressar a palavra justa. Quero ser, com tua ajuda, o anunciador da lei, aquele que percebe o caminho e o revela aos peregrinos. Ponhas em mim a alma que desejo de ter como um exemplo.

**Yesod**, espero que me ajudes e que meus impulsos se expressem com força, para que meus irmãos compreendam o sentido de meus atos, sem que com isso possa com ele fomentar a dúvida ou a ambiguidade.

**Malkuth**, tu que transportas sobre teu dorso o reino material, tu que nos permites sustentar a aprisionar a vida divina, receba minha gratidão, meu amor, e a promessa de acordar com meus esforços no tempo em que fique por viver aprisionado na Terra.

Amém (Aleph – Mem – Nun).

## Exercícios com as Sephiroth

Repasse as chaves da *Sephirah Kether* e dedique um dia para ativar uma delas. Por exemplo: ponha em movimento a vontade desenvolvendo uma atividade nova.

Repasse as chaves da *Sephirah Chokmah* e dedique um dia para ativá-la. Por exemplo: tome consciência de um acontecimento que lhe trouxe sorte.

Repasse as chaves da *Sephirah Binah* e dedique um dia para ativá-la. Exemplo: ponha ordem em seu armário e gavetas.

Repasse as chaves da *Sephirah Chesed* e dedique um dia para ativá-la. Por exemplo: apaixone-se por algo do fundo do seu coração.

Repasse as chaves da *Sephirah Geburah* e dedique um dia para ativar uma delas. Por exemplo: retifique um erro.

Repasse as chaves da *Sephirah Tiphereth* e dedique um dia a ativar uma delas. Por exemplo: busque algo em sua memória.

Repasse as chaves da *Sephirah Hod* e dedique um dia para ativar uma delas. Por exemplo: use o sentido comum.

Repasse as chaves da *Sephirah Yesod* e dedique um dia para ativar uma delas. Por exemplo: visualize o resultado de uma ação empreendida com anterioridade.

Repasse as chaves da *Sephirah Malkuth* e dedique um dia para ativar uma delas. Por exemplo: materialize, cristalize algo.

## O Trabalho nas Sephiroth da Kabbalística Árvore da Vida

Podemos trabalhar quase todas as *Sephiroth* para nossas necessidades terrestres, com exceção das três sephiroth supernas (*Kether, Chokmah* e *Binah*); essas três Sephiroth estão condicionadas aos assuntos ligados ao desenvolvimento espiritual.

Nos assuntos sobre desenrolar de negócios, empréstimos financeiros, dívida ou outros. Viagens longas, jogos, abundância, prosperidade, deverá trabalhar duas *Sephiroth*: *Chesed* e *Geburah* e a cor para o rito é azul.

Quando tiver que enfrentar assuntos de risco deverá trabalhar as *Sephiroth Geburah* e *Chesed*; operações cirúrgicas, construções, guerras entre outros. A cor para o rito é o vermelho.

Para as questões de poder, prestígio, poder mental e empreendimentos deverão trabalhar a *Sephirah Tiphereth*. Tem o amarelo como a cor do rito.

*Netzah* e *Hod*, na cor do rito em verde esmeralda, poderão dedicar ao amor de todas as classes, todo tipo de arte, festas, prazeres e diversões.

Já em *Yesod* estão direcionados para os assuntos femininos, mudanças, movimentos, viagens de curta duração, e a cor do rito é violeta.

E finalmente em *Malkuth*, cuja cor do rito é negra; é o meio que favorece o trabalho para as Sephiroth acima descritas. É onde estão concentradas as energias.

## Praticando com as *Sephiroth*

- As Sephiroth sempre atuam em sistema binário, ou seja, uma ao lado da outra, somente Tiphereth e Yesod manifestam suas forças independentemente. Já explicamos as influências de cada Sephirah no plano material, suponhamos que um conhecido (amigo, parente) queira fazer uma longa viagem e nos pede um conselho. Como vimos, os assuntos ligados a Viagens estão sob as influências de *Chesed* com *Geburah*, podemos inferir que devemos trabalhar essas duas forças, então mentalizemos as *Sephiroth* a partir de *Malkuth* até *Kether*, depois descemos até *Chesed*, mentalizando todo o ambiente *Sephirótico* na cor azul; este trabalho é feito na quinta-feira. Depois de vibrar a cor azul, devemos entrar em contato com a *Ordem dos Chasmalim*, conforme a Tabela (pag 346), pedindo-lhe que dê licença a *Tzadkiel* pelo poder de *El*, no sentido de acolher o pedido que lhe é feito.
- Desta forma, teremos que obedecer aos seguintes critérios para trabalhar as *Sephiroth*:
  - *Chesed* com *Geburah*, cor Azul
  - *Geburah* com *Chesed*, cor Vermelha
  - *Tiphereth* (atua sozinha), cor Amarela
  - *Netzah* com *Hod*, cor Verde
  - *Hod* com *Netzah*, cor Laranja
  - *Yesod* (atua sozinha), cor Violeta
  - *Malkuth*, que absorve todas as cores e a qualidades de todas as outras Sephiroth, invoca-se *Sandalfon*; Inteligência responsável pelos assuntos neste ambiente.
- Depois de vibrar o Nome de Poder, com solenidade, *Eeeeeelllllll, Tzadaaakkkiiieeelll*. Diga:

- "Ó Arcanjo Tzadkiel, com autorização da Ordem dos Chasmalim, peço proteção para "diga o nome da pessoa", pois ele pretende fazer uma viagem; com vossa proteção, que corra tudo em paz e que ele tenha pleno sucesso em seus trabalhos, e que retorne com saúde, feliz e em paz."
- Vibre novamente a *Palavra de Poder* e o *Nome do Arcanjo*, envolva todo o ambiente na cor azul e envie tudo para o Cosmos.
- Atente para o detalhe de que devemos sempre trabalhar na cor da primeira Sephirah que se mentaliza. No caso do exemplo acima, foi Chesed com Geburah e a cor é Azul, mas Geburah com Chesed a cor é Vermelha.
- Para os Trabalhos nas outras *Sephiroth*, siga o mesmo *roteiro* aplicado neste exemplo.

## Os Nomes Divinos
## As palavras de poder na Árvore da Vida

| Sephirah | Nome de D-us | Arcanjo | Ordem dos Anjos |
|---|---|---|---|
| Kether | Eheieh | Metatron | Chaioth Há Qadosh |
| Chokmah | Jehovah | Ratziel | Auphanin |
| Binah | Jehovah Elohim | Tzaphkiel | Aralim |
| Chesed | El | Tzadkiel | Chasmalim |
| Geburah | Elohim Gibor | Camael | Seraphim |
| Tiphereth | Jehovah Aloath Va Daath | Raphael | Malachim |
| Netzah | Jehovah Tzabaoth | Haniel | Elohim |
| Hod | Elohim Tzabaoth | Michael | Beni Elohim |
| Yesod | Shadday el Chai | Gabriel | Kerubim |
| Malkuth | Adonay Há Aretz | Sandalphon | Ashim |

## As Cores e a Árvore da Vida em Briah

| Kether | Luminosidade branca | Raiz do Ar | Ponto cardeal Leste |
|---|---|---|---|
| Chokmah | Cinza | Raiz do Fogo | Ponto cardeal Sul |
| Binah | Preto | Raiz da Água | Ponto cardeal Oeste |
| Chesed | Azul | Água – Oeste | |

|   |   |   |   |
|---|---|---|---|
| Geburah | Vermelho | Fogo – Sul | |
| Tiphereth | Amarelo | Ar – Leste | |
| Netzah | Verde | Fogo – Sul | |
| Hod | Laranja | Água – Oeste | |
| Yesod | Violeta | Ar – Leste | |
| Malkuth | Marrom | Terra – Norte | |

- Já determinamos que para cada ponto cardeal teremos um Arcanjo e uma Cor. Para trabalhar na *Kabbalística Árvore da Vida,* é necessário levar isto em consideração. A invocação a ser executada num ponto cardeal corresponde à Esfera com a qual irá trabalhar e à cor correspondente ao ponto cardeal. Desta forma, ficará: Para o Leste Amarelo e Púrpura; Para o Sul o Verde e Vermelho; para o Oeste, o Azul e Laranja e, para o Norte, o Citrino e Marrom.
- Com uma bússola determina-se o ponto cardeal correspondente, coloca-se o Altar nesse ponto coberto com a cor equivalente e as velas da mesma cor. Caso não opte pelas velas coloridas, elas poderão ser substituídas por velas de cera ou velas brancas.
- O Altar, para esse tipo de trabalho, deverá ser móvel, quando se trabalha com a *Sephirah* do Ar coloca-se para o Leste; com a *Sephirah* do fogo para o Sul. Com a *Sephirah* da Água para o Oeste e com *Malkuth* que representa a Terra, o Altar é voltado para o Norte.
- Depois de ajustar o Altar para o devido quadrante, o magista deverá ter sobre o corpo uma veste simples (balandrau), da mesma cor da *Sephirah* que irá invocar (a cor da primeira *Sephirah*) a seguir faça a oração correspondente ao Salmo 51.

# Salmo 51

Ao mestre do canto um "Salmo de Davi" para o músico-mor, quando o profeta Natã veio a ele, depois dele ter possuído a Bat-Shéva. Tem misericórdia de mim, ó D-us, segundo a tua benignidade; apaga as minhas transgressões, segundo a multidão das tuas misericórdias.

1. Lava-me completamente da minha iniquidade e purifica-me do meu pecado.
2. Porque eu conheço as minhas transgressões, e o meu pecado está sempre diante de mim.

3. Contra ti, contra ti somente pequei e fiz o que é mal à tua vista, para que sejas justificado quando falares, e puro quando julgares.
4. Eis que em iniquidade fui formado, e em pecado me concebeu minha mãe.
5. Eis que amas a verdade no íntimo e, no oculto, me fazes conhecer a sabedoria.
6. Purifica-me com hissope, e ficarei puro; lava-me, e ficarei mais branco do que a neve.
7. Faze-me ouvir júbilo e alegria, para que gozem os ossos que tu quebraste.
8. Esconde a tua face dos meus pecados e apaga todas as minhas iniquidades.
9. Cria em mim, ó D-us, um coração puro, e renova em mim um espírito reto.
10. Não me lances fora da tua presença e não retires de mim o teu Espírito Santo.
11. Torna a dar-me a alegria da tua salvação e sustém-me com um espírito voluntário.
12. Então ensinarei aos transgressores os teus caminhos, e os pecadores a ti se converterão.
13. Livra-me dos crimes de sangue, ó D-us, D-us da minha salvação, e a minha língua louvará altamente a tua justiça.
14. Abre, Senhor, os meus lábios, e a minha boca entoará o teu louvor.
15. Pois não desejas sacrifícios, senão eu os daria; tu não te deleitas em holocaustos.
16. Os sacrifícios para D-us são o espírito quebrantado; a um coração quebrantado e contrito não desprezarás, ó D-us.
17. Faze o bem a Sião, segundo a tua boa vontade, edifica os muros de Jerusalém.
18. Então te agradarás dos sacrifícios de justiça, dos holocaustos e das ofertas queimadas; então se oferecerão novilhos sobre o teu altar.

- Se a *"Prática" não for feita com uma finalidade específica, o magista lerá somente a oração correspondente ao dia da semana. Caso o trabalho for feito em Kether, Chokmah ou Binah, além da oração do dia da semana, deve-se recitar também o Salmo correspondente à virtude que se deseja praticar:*
- O Salmo VI para obter virtude da Justiça
- O Salmo XXXI para obter a virtude da Fé
- O Salmo XXXVII para obter a virtude da Temperança
- O Salmo L para obter a virtude da Força
- O Salmo CI para obter a virtude da Caridade
- O Salmo CXXIX para obter a virtude da Esperança
- O Salmo CXLII para obter a virtude da Prudência

- *O Salmo XVIII é vinculado à virtude de Sabedoria*

E esta Prática deverá ser realizada no Triângulo Superior da Sagrada Árvore da Vida; portanto, invocando os benefícios de Kether, Chokmah e Binah. Ao terminar o Salmo, acrescentam-se os versículos de 1 a 12 do Capítulo 9 do livro da Sabedoria, a seguir:

1. *D-us de nossos pais, e Senhor de misericórdia, que todas as coisas criastes pela vossa palavra,*
2. *e que, por vossa sabedoria, formastes o homem para ser o senhor de todas as vossas criaturas,*
3. *governar o mundo na santidade e na justiça, e proferir seu julgamento na retidão de sua alma,*
4. *dai-me a Sabedoria que partilha do vosso trono e não me rejeiteis como indigno de ser um de vossos filhos.*
5. *Sou, com efeito, vosso servo e filho de vossa serva, um homem fraco, cuja existência é breve, incapaz de compreender vosso julgamento e vossas leis;*
6. *porque qualquer homem, mesmo perfeito, entre os homens, não será nada, se lhe falta a Sabedoria que vem de vós.*
7. *Ora, vós me escolhestes para ser rei de vosso povo e juiz de vossos filhos e vossas filhas.*
8. *Vós me ordenastes construir um templo na vossa montanha santa e um altar na cidade em que habitais: imagem da sagrada habitação que preparastes desde o princípio.*
9. *Mas, ao lado de vós está a Sabedoria que conhece vossas obras; ela estava presente quando fizestes o mundo, ela sabe o que vos é agradável, e o que se conforma às vossas ordens.*
10. *Fazei-a, pois, descer de vosso santo céu, e enviai-a do trono de vossa glória, para que, junto de mim, tome parte em meus trabalhos, e para que eu saiba o que vos agrada.*
11. *Com efeito, ela sabe e conhece todas as coisas; prudentemente guiará meus passos e me protegerá no brilho de sua glória.*
12. *Assim, minhas obras vos serão agradáveis; governarei vosso povo com justiça, e serei digno do trono de meu pai.*

## Os Elementos e os Pontos Cardeais

| Ar | △ (Masculino e diurno) | Leste | Raphael | Amarelo e púrpura |
|---|---|---|---|---|
| Fogo | △ (Masculino e diurno) | Sul | Michael | Verde e vermelho |
| Água | ▽ (Feminino e noturno) | Oeste | Gabriel | Azul e laranja |
| Terra | ▽ (Feminino e noturno) | Norte | Uriel | Negra |

## As Imagens telesmáticas das Sephiroth são:

| Kether | Um rei majestoso, um ancião de perfil, visto do lado direito |
|---|---|
| Chokmah | Um ancião com barba grande, visto frontalmente |
| Binah | Uma mulher, matrona, digna e linda |
| Chesed | Um monarca poderoso, sentado no trono |
| Geburah | Um guerreiro em pé conduzindo seu carro de batalha, com dois cavalos brancos |
| Tiphereth | Um jovem envolto de símbolos de poder |
| Netzah | Uma linda ninfa numa floresta |
| Hod | Um Anjo alado, trazendo um pergaminho |
| Yesod | Um belo homem desnudo, muito forte |
| Malkuth | Não tem imagem, o trabalho é transcendental |

Os trabalhos no triângulo superior são feitos no Domingo

- Para trabalhar na Sephirah Chesed – Quinta-feira
- Para trabalhar na Sephirah Geburah – Terça-feira
- Para trabalhar na Sephirah Tiphereth – Domingo
- Para trabalhar na Sephirah Netzah – Sexta-feira
- Para trabalhar na Sephirah Hod – Quarta-feira
- Para trabalhar na Sephirah Yesod – Segunda-feira
- Para trabalhar na Sephirah Malkuth – Sábado

As horas para os trabalhos dentro do esquema da *Árvore da Vida*, correspondentes às *Sephiroth* não se modificam e são sempre as mesmas:

- De meia-noite à 1 da manhã
- De 7 às 8 da manhã
- De 14 às 15 horas
- De 21 às 22 horas.

# Exercícios com sons vocálicos

*Nós criamos com palavras e sons. Quase todas as nossas ações e reações resultam de palavras. Em geral admite-se que não somos capazes de pensar sem palavras ou símbolos, o que o nosso pensamento está limitado a eles. As palavras são instrumentos. É importante termos uma boa coleção às nossas ordens. Por baixo dessas palavras acham-se as vibrações do som sobre o qual elas caminham. O som é a força subjacente que opera em nossas vidas. Compreender isso aumenta nossa capacidade de criar o que desejamos e de dar forma e substância às ideias em nossa mente. Eu acredito que o som é o ponto de equilíbrio do abstrato e da ideia manifestada.*

Bill Schull e Ed Petit – O Poder Secreto das Pirâmides.

| | | |
|---|---|---|
| I | Para obter proteção, mudança de condições ao redor, poder curativo. | RA – (Poder masculino criativo de D-us) alternado com MA – (Poder feminino amadurecido criativo de D-us). Nota: LA natural na oitava central |
| II | Saúde em geral | AUM Nota: RE natural |
| III | Para iniciar processos de cura, produz a paz, acalma. | KHEI (Pronuncie separadamente... que-i). Nota: MI natural, acima do DÓ médio. |
| IV | Para acalmar o sistema nervoso, eliminar a dor e o sofrimento. | EHM Nota: SI natural, acima do DÓ médio. |
| V | Para fortalecer e estimular o sistema nervoso. | THO (Pronuncie FÔ ou SÔ). Nota: FA sustenido acima do DÓ médio. |
| VI | Para harmonizar o centro psíquico com o cósmico. | MEH (Pronuncie me-i ). Nota: DÓ médio, com o DÓ da oitava seguinte. |

**Entoe cada nota três vezes, pela manhã, à tarde e à noite. De preferência faça estas vocalizações de pé e sempre voltado para o Leste.**

# Ginástica Espiritual

- **Para os nervos** – Entregue à D-us todas as suas dificuldades, preocupações e tristezas.
- **Respiratória** – Respire apenas a atmosfera da Paz, do Amor e da Felicidade.
- **Ocular** – Veja somente o bem nos seus semelhantes.
- **Auditiva** – Escute a Voz de D-us.
- **Mental** – Exercite exclusivamente pensamentos de ideais construtivos.
- **Língua** – Que seus lábios pronunciem apenas palavras edificantes caritativas.
- **Facial** – Sorria sempre! Sorria o dia inteiro.
- **Pernas** – Ande sem temor pelos caminhos em que D-us seja o seu guia.
- **Mãos** – Ergue-as todos os dias para a prece.
- **Alma** – Mantenha-a o dia inteiro em contato com D-us.

Pratique esta ginástica regularmente e exercite os sons vocálicos e verá como sua saúde alcançará melhoras contínuas.

# CAPÍTULO VIII

# Os Setenta e Dois Nomes de D-us

| כהת | אכא | ללה | מהש | עלם | סיט | ילי | והו |
|---|---|---|---|---|---|---|---|
| הקם | הרי | מבה | יזל | ההע | לאו | אלד | הזי |
| וזהו | מלה | ייי | נלך | פהל | לוו | כלי | לאו |
| ושר | לכב | אום | ריי | שאה | ירת | האא | נתה |
| ייז | רהע | וזעם | אני | מנד | כוק | להוז | יוזו |
| מיה | עשל | ערי | סאל | ילה | וול | מיכ | ההה |
| פוי | מבה | נית | גנא | עמם | הוזש | דני | והו |
| מוזי | ענו | יהה | ומב | מצר | הרוז | ייל | נמם |
| מום | היי | יבמ | ראה | וזבו | איע | מנק | דמב |

A Kabbala decifrou o significado esotérico-espiritual das três frases Kabbalísticas que aparecem no Livro do Êxodo (Capítulo 14, versículos 19, 20 e 21). Cada uma das frases, escritas em hebraico, contém 72 Letras que revelam a combinação dos 72 Nomes Sagrados com os quais D-us se manifesta. Esses nomes são energias que regem e equilibram as Leis da Natureza Manifestada e são semelhantes a canais que transmitem a combinação harmônica de Luz, de Energia (Vida) e de Amor.

Esta fórmula é denominada de *"OS 72 Nomes de D-us"*. Eles não são propriamente nomes. Os 72 Nomes são as sequências de 3 Letras, compostas de Letras Hebraicas, que têm o poder extraordinário de equilibrar as leis da natureza humana. Estas 72 sequências estão codificadas na história da Bíblia e são como condutores que transmitem vários tipos de energia, desde os Planos Superiores, até o Mundo da Concretização.

A Kabbala, seguindo o Livro do *Zohar*, escrito pelo Rabino Shimon Bar Yochai que foi um grande sábio e Kabbalista, da época do *Talmud*, decifrou o significado espiritual das três frases que aparecem no livro do Êxodo (Capítulo 14, versículos 19, 20 e 21), revelando o fato que cada uma das frases contém 72 letras. Através da Inspiração Divina, ele revelou a combinação e as sequências dos 72 Nomes Sagrados de D-us, em que cada Nome é um *"Nome Chave"* ou *"Código Cósmico"* específico, que é capaz de nos ajudar a abrir as Fontes Espirituais e utilizar os Recursos de Abundância Infinita – que formam a Essência de D-us.

Cada Nome nos possibilita invocar uma Força Positiva específica, que D-us preparou para nosso próprio uso e benefício. Mas isso depende exclusivamente de nós e da nossa certeza em realizar "milagres".

"Fazer milagres", em verdade, significa manifestar e potencializar a nossa Imagem Divina (assunção forma de D-us), que é uma parte de D-us, por meio de nossas ações positivas, que direcionadas para nossa reintegração, transformam-nos em um "D-us Visível". De acordo com a Kabbala, D-us não é "Invisível", é nossa ignorância e o afastamento da Essência Divina que não permitem as Forças Positivas de D-us se tornarem "Visíveis", fazendo, assim, com que D-us permaneça "Invisível".

O ser humano, independentemente da religião ou formação, acreditando em D-us (como foi mal percebido até hoje), ou não, deveria participar no processo da Revelação da Consciência Humana Espiritual, para despertar o potêncial humano adormecido, através da meditação e da mentalização dos 72 Nomes Sagrados de D-us (D-us sendo um código para a nossa própria Consciência Coletiva Divina).

A seguir, demonstraremos na tabela abaixo o Nome *Shem hammephorasch*, os 72 Nomes de D-us, com seus significados.

| 01 | וָהוּ | Exaltator | 37 | אָנִי | Facies |
|---|---|---|---|---|---|
| 02 | יְלִי | Auxiliator | 38 | וְעָם | Refugium |
| 03 | סִיטְ | Spes | 39 | רֵהַע | Adjutor |
| 04 | עֶלֶם | Salus | 40 | יִיז | Propulsator |
| 05 | מַהַשׁ | Quoesitus | 41 | הַהַה | Liberator |
| 06 | לֶלֶה | Annunciatus | 42 | מִיכ | Custos |
| 07 | אָכָא | Longanimis | 43 | וּוֹל | Matutinus |
| 08 | כַּהַת | Adorandus | 44 | יְלָה | Doctor |
| 09 | הָזִי | Recordabilis | 45 | סָאֵל | Compatiens |
| 10 | אֶלֶד | Propitiabilis | 46 | עָרִי | Operator |
| 11 | לָאוּ | Exultabundus | 47 | עָשָׁל | Magnificus |
| 12 | הַהַע | Opportunus | 48 | מִיָה | Revelator |
| 13 | יֶזֶל | Decantatus | 49 | וָהוּ | Maximus |
| 14 | מֶבַה | Sublevator | 50 | דָּנִי | Clemens |
| 15 | הָרִי | Ens | 51 | הוֹשׁ | Laetabundus |
| 16 | הַקֵם | Advocatus | 52 | עָמַם | Altissimus |
| 17 | לָאוּ | Dominator | 53 | נְנָא | Verus |
| 18 | כְּלִי | Justitia | 54 | נִית | Regnator |
| 19 | לָוּו | Exalditor | 55 | מֶבַה | Aeternum |
| 20 | פַּהֶל | Eruens | 56 | פּוֹי | Erector |
| 21 | גֶלֶךְ | Fortis | 57 | גְמַם | Protector |
| 22 | יִיִי | Dexter | 58 | יָיל | Animus |
| 23 | מֶלָה | Custos | 59 | הָרוּ | Oriens |
| 24 | וְהוּ | Expetendus | 60 | מָצֶר | Justus |
| 25 | גַּתַה | Mirabilis | 61 | וּמַב | Benedictus |
| 26 | הָאָא | Invocandus | 62 | יְהַה | Amabilis |
| 27 | יֶרֶת | Salvator | 63 | עָנוּ | Laudabilis |
| 28 | שָׁאָה | Festinus | 64 | מֶחִי | Mercator |
| 29 | רִיִי | Senator | 65 | דָּמַב | Deprecabilis |
| 30 | אוֹם | Adolescentia | 66 | מֶנֶק | Assistens |

| 31 | לכב | Solus | 67 | איע | Dator |
| 32 | ושר | Rector | 68 | וזבו | Bonus |
| 33 | יוזו | Cogitabundus | 69 | ראה | Praemium |
| 34 | להוו | Expectatio | 70 | יבמ | D-us |
| 35 | כוק | Deprecatio | 71 | היי | Multus |
| 36 | מגד | Gloria | 72 | מום | Requies |

Entre muitos ensinamentos da Kabbala, temos um de suma importância, que é o da significação real das palavras e que tem implicações mais profundas. Por exemplo, a velha tradição Kabbalística ensina que o som é poder – (o som é a palavra falada), o Universo foi criado graças ao som.

O *Sefer Yetzirah*, o *Livro da Formação*, diz que os vinte e dois *sons* ou *letras* se formam com a voz, imprimem-se no ar e modificam-se audivelmente na garganta, na boca, na língua, através dos dentes e com os lábios. A palavra expressada tem tal força que, segundo a Kabbala, os hebreus devotos não pronunciam nunca o nome sagrado de D-us de quatro letras, ADNI, que se pronuncia Adonay e significa Senhor. A verdadeira pronúncia de YHVH é conhecida por muito poucos, já que passa a ser um grande segredo e "aquele que souber pronunciá-lo provocará o temor do céu e da terra, porque é o homem quem ruge através do Universo". YHVH se escreve comumente Jehovah, porém é muito duvidoso para os Kabbalistas que esta seja a pronúncia correta do Nome.

O significado intrínseco do Tetragrammaton – YHVH – é "ser", um símbolo de existência. Também representa os quatro pontos cardeais, os quatro elementos (o fogo, o ar, a água e a terra) e os quatro mundos dos Kabbalistas, entre outras coisas. Este Nome pode-se transcrever de doze maneiras distintas e todas significam "Ser". Conhecem-se estas doze transcrições como as "doze bandeiras do nome *Todo-Poderoso*", e passam por representar os doze signos do Zodíaco. São YHVH, YHHV, YVHH, HVHY, HVYH, HHYV, VHHY, VYHH, VHYH, HYHV, HYVH, HHVY. A Deidade tem outros três nomes de quatro letras, que são AHYH (existência), ADNAY (Senhor) e AGLA; este último é uma versão *Notarikón* da seguinte frase: *Atoh Gebor Leolahm Adonay*), (És para sempre poderoso, Oh Senhor).

As similitudes entre YHVH (Jehovah) e AHIH (Eheih) são muito marcadas. Para começar, ambas são símbolos de existência. Por outro lado, a letra He (é arquétipo da vida universal) é o segundo e o quarto caráter de cada homem.

Kabbalisticamente, AHIH (Eheih) é o princípio cósmico não manifestado, D-us antes da Criação, enquanto que YHVH é o princípio cósmico manifestado, a Criação em si. Isto se vê mais detalhadamente no estudo da Kabbalística Árvore da Vida.

Outro poderoso nome de D-us, que, segundo os grandes Kabbalistas, pode chegar a realizar grandes coisas, é a contemplação do *Shem hammephorasch*, ou Nome Específico – era ensinado apenas aos discípulos que tinham passado por todas as provas e formas anteriores de meditação; que se abstinham do vinho, que tinham mais de quarenta anos e que eram completamente isentos da ira. Quando tais discípulos apresentavam-se, o Mestre Kabbalista era obrigado a dar-lhes o conhecimento, de forma oral e escrita. Essa fase final incluía a revelação dos mistérios mais profundos do sexo e da criação, cujo conhecimento exigia o reconhecimento *perfeito* das passagens das escrituras e suas permutações, sem o menor erro ou distração. Qualquer coisa menos que isso representava injúria e mesmo a morte. Quando os discípulos estavam prontos, o Mestre Kabbalista instruía-os a sentarem-se em sua câmara de meditação, isolados, sem revelar suas atividades a ninguém.

## Prática

*Toma-se cada letra do Nome e vocalize-a com uma longa expiração. Não respire entre duas letras, apenas segure a respiração o quanto possa, e depois repouse durante uma respiração. Faça isso com cada uma das letras. Deve haver duas respirações para cada letra: uma para mantê-la durante a vocalização que movimenta a letra e uma para descansar no intervalo entre cada letra... Cada respiração é formada de inalação e exalação. Não pronuncie a palavra com os lábios entre a exalação e a inalação, mas deixe que a respiração e a vocalização ocorram enquanto você estiver exalando. Visualize as narinas e a boca na forma do segol (ponto vocálico para o som eh.). É necessário conhecer as letras de cor para realizar este exercício. Basta permutar as letras rapidamente para frente e para trás na sua boca para evocar os "pensamentos" do coração que produzem percepções elevadas... Você irá então entender o conceito das essências "Superiores" e "Inferiores" dentro de si mesmo e não mais precisará preocupar-se tanto em procurar livros ou mestres para ensinar-lhe o que lhe falta de entendimento e sabedoria; pois o seu mestre está no seu coração, e o seu D-us está dentro de você. Peça-Lhe tudo e Ele irá responder a tudo corretamente.*

# Ordem dos Cavaleiros-Maçons Eleitos Cohanim do Universo

*Areópago Kabbalístico: "o Arco da Aliança"*
*Grau do Grande Eleito de Zorobabel*
*comendador do Oriente*

## Os SALMOS da Shem hammephorasch

1. Tu és meu Defensor, minha Glória, e a Fidelidade de minha cabeça VEHUIAH. D-us exaltado – *"Mas tu, Senhor, és um escudo ao redor de mim, a minha glória, e aquele que exulta a minha cabeça."* (Salmo III, vers. 3) — Dá a sabedoria, a energia e o espírito sutil.

2. É por isso que, JELIEL, não afaste por mais tempo tua assistência, procure me defender. D-us que socorre – *"Livra-me da espada, livra a minha vida do ataque dos cães."* (Salmo XXII, verc. 20) – Para acalmar a sedição; favorável à paz conjugal.

3. Tu és SITAEL, meu Defensor e meu Refúgio; ele é meu D-us e nele eu colocarei toda minha esperança. D-us de esperança – *"Direi do SENHOR: Ele é o meu D-us, o meu refúgio, a minha fortaleza, e nele confiarei."* (Salmo XCI, vers. 2) – Contra as adversidades; favorece a magminidade.

4. Pois sem a Morte, não há ninguém que se lembre de Ti, ELEMIAH! Quem então, no fundo do Sheol, sonha em lhe louvar? D-us misterioso – *"Volta-te, SENHOR, livra a minha alma; salva-me por tua benignidade."* – (Salmo 6, vers. 4) – Contra a traição; favorece as viagens.

5. Eu procurei MAHASIAH, e ele me atendeu, ele me livrou de todos os meus terrores. D-us salvador – *"Busquei ao SENHOR, e ele me respondeu; livrou-me de todos os meus temores."* (Salmo XXXIV, vers. 4) – Para viver em paz; favorece as artes liberais.

6. Cantai LELAHEL que habita em Sião, anunciai seus desígnios entre as Nações! D-us louvável – *"Cantai louvores ao SENHOR, que habita em Sião; anunciai entre os povos os seus feitos."* (Salmo IX, 11) – Para adquirir as luzes da sabedoria e para curar as doenças, favorável para o amor à fortuna.

7. Compassivo e Misericordioso é ACHAIAH, lento para punir e misericordioso. D-us bom e paciente – *"Bendize, ó minha alma, ao SENHOR, e não te esqueças de nenhum de seus benefícios."* (Salmo CIII, vers. 2) – Favorece a paciência e os estudos práticos.

8. Vinde então, adoremos e nos prosternemos diante de CAHETHEL, que nos criou. D-us adorável – *"O, vinde, adoremos e prostremo-nos; ajoelhemos diante do SENHOR que nos criou."* (Salmo XCV, 6) – Para expulsar os maus espíritos; favorece as produções agrícolas.

9. Lembre-se de suas Bondades, HAZIEL, e de suas Misericórdias nos tempos mais antigos. D-us de misericórdia – *"Lembre-se, SENHOR, das suas miseri-*

*córdias e das suas benignidades, porque são desde a eternidade."* (Salmo XXV, vers. 6) – Para o favor dos grandes, favorece a sinceridade e o perdão.

10 Que sua Misericórdia, ALADIEL, seja então, sobre nós segundo o que esperamos em Ti. D-us propício – *"Seja a sua misericórdia, SENHOR, sobre nós, como em ti esperamos"* (Salmo XXXIII, vers. 22) – Para guardar os segredos, favorável à saúde e aos empreendimentos.

11 LOVIAH vive! E bendito seja meu D-us! Que o D-us do meu Cumprimento seja exaltado! D-us louvado e exaltado – *"Pois engrandece a salvação do seu rei, e usa de benignidade com o seu ungido, com Davi, e com a sua semente para sempre."* (Salmo XVIII, vers. 50) – Contra o raio; favorece a vitória e o renome.

12 Porque, ó HAHAIAH, mantenha-se afastado e se furte no tempo da Aflição? D-us refúgio – *"Para fazer justiça ao órfão e ao oprimido, a fim de que o homem da terra não prossiga mais em usar da violência."* (Salmo X, vers. 18) – Contra as adversidades; domina sobre os sonhos.

13 Dai gritos de alegria para IEZABEL; ó toda Terra, cantai e exultai, e tocai o saltério! D-us glorificado sobre todas as coisas – *"Com trombetas e som de cornetas, exultai perante a face do SENHOR, do Rei."!* (Salmo XCVIII, vers. 6) – Favorece a reconciliação dá uma boa memória.

14 Pois MEBAHEL se fez o Refúgio do pobre, seu auxílio no tempo da necessidade, na tribulação. D-us conservador – *"O SENHOR será também um alto refúgio para o oprimido; um alto refúgio em tempos de angústia."* (Salmo IX, vers. 9) – Contra os usurpadores de fortuna, protege a inocência.

15 Mas HARIEL se tornou para mim um Refúgio, e D-us é o auxílio de minha esperança. D-us criador – *"Mas o SENHOR é a minha defesa; e o meu D-us é a rocha do meu refúgio."* (Salmo XCVI, vers. 22) – Contra os ímpios; favorece as descobertas científicas.

16 HAKAMIAH, D-us do meu Cumprimento, dia e noite eu grito! Que minha oração penetre, então, em tua presença. D-us que erige o Universo – *"SENHOR D-us da minha salvação, diante de ti tenho clamado de dia e de noite."* (Salmo LXXXVIII, vers. 1) Contra os opressores; favorável à vida militar e às honras.

17 LAUVIAH, meu Senhor, como teu Nome é admirável por toda a Terra! D-us admirável – *"O SENHOR, Senhor nosso, quão admirável é o teu nome em toda a terra, pois puseste a tua glória sobre os céus!"* (Salmo VIII, vers. 1) – Contra a tristeza; favorece um bom sono e revelação em sonho.

18 Julgai-me, CALIEL, segundo a justiça e segundo a inocência que está em mim. D-us pronto para atender – *"Tenha já fim a malícia dos ímpios; mas estabeleça-se o justo; pois tu, ó justo D-us, provas os corações e os rins."* (Salmo VII, vers. 9) – Para obter um pronto socorro na adversidade.

19 Esperando, eu esperei LEUVIAH, e ele prestou atenção em mim. D-us que atende os pecadores – *"Esperei com paciência no SENHOR, e ele se inclinou para mim, e ouviu o meu clamor."* (Salmo XL, vers. 1) – Domina a inteligência e a memória; dá a paciência.

20 Livre minha alma dos lábios impuros, PAHALIAL, e de uma língua enganadora. D-us redentor – *"SENHOR, livra a minha alma dos lábios mentirosos e da língua enganadora."* (Salmo CXX, vers. 2) – Contra os inimigos da religião; favorece a castidade e a piedade.

21 Mas eu, eu não espero que em Ti, NELCHAEL, e eu digo: somente Tu és meu D-us, em tuas mãos eu coloco minha sorte. D-us só e único – *"Emudeçam os lábios mentirosos que falam coisas más com soberba e desprezo contra o justo."* (Salmo XXXI, vers. 18) – Contra os caluniadores, as magias e os maus espíritos; favorece as ciências abstratas.

22 O Senhor vos guarda, IEIAIEL, vos protege, ele está a vossa direita. A direita de D-us – *"Não deixará vacilar o teu pé; aquele que te guarda não dormitará."* (Salmo CXXI, vers. 3) – Contra as tempestades e os naufrágios; favorece a diplomacia e o comércio.

23 Que MELAHEL guarde vossa Entrada como vossa Saída, agora e para todo o sempre. D-us que livra dos males – *"O SENHOR guardará a tua entrada e a tua saída, desde agora e para sempre."* (Salmo CXXI, vers. 8) – Contra as armas; favorece a fitoterapia.

24 Eis que os olhos de HAIUIAH estão sobre aqueles que esperam em Sua Misericórdia. D-us bom por si mesmo – *"Eis que os olhos do SENHOR estão sobre os que o temem, sobre os que esperam na sua misericórdia;"* (Salmo XXXIII, vers. 18) – Para a misericórdia; protege os maus feitores na sua primeira ofensa.

25 Eu te louvarei, NITH-HAIAH, de todo o meu coração, e eu contarei tuas Maravilhas. D-us que dá a sabedoria – *"Eu te louvarei, SENHOR, com todo o meu coração; contarei todas as tuas maravilhas."* (Salmo IX, vers. 1) – Para a sabedoria; favorece as ciências ocultas.

26 Eu gritei com toda a potência do meu coração. Escute-me HAAIAH, eu investigarei tuas justificações. D-us oculto – *"Clamei de todo o meu coração;*

*escuta-me, SENHOR, e guardarei os teus estatutos."* (Salmo CXXIX, vers. 145) – Para a verdade – favorável para os tratados e os acordos.

27   IERATHEL, arranque-me do Homem Mau, libere-me do Homem Injusto. D-us que pune os perversos – *"Livra-me, ó SENHOR, do homem mau; guarda-me do homem violento,"* (Salmo CXL, vers. 1) – Para nos livrar de nossos inimigos; favorece a civilização e a liberdade.

28   SEHEIAH, não te afaste de mim, meu D-us, venha a meu socorro. D-us que cura as doenças – *"Sejam confundidos e consumidos os que são adversários da minha alma; cubram-se de opróbrio e de confusão aqueles que procuram o meu mal."* (Salmo LXXI, vers. 13) – Contra os incêndios, as ruínas de construções, as quedas, favorece a longevidade.

29   Eis que D-us vem ao meu auxílio, e REUEL é o sustento de minha alma. D-us pronto a socorrer – *"Eis que D-us é o meu ajudador, o Senhor está com aqueles que sustêm a minha alma."* (Salmo LVI, vers. 4) – Para ficar livre dos inimigos tanto visíveis como invisíveis; favorece a meditação.

30   Pois é tu, OMAEL, que é meu firme apoio e meu Refúgio. D-us paciente – *"Por ti tenho sido sustentado desde o ventre; tu és aquele que me tiraste das entranhas de minha mãe; o meu louvor será para ti constantemente."* (Salmo LXXI, vers. 6) – Contra o desespero e para a paciência; favorece os químicos, os médicos e os cirurgiões.

31   Por que eu não conheci uma Ciência Vã, eu entrarei, então, nas Potências de LECABEL. D-us que inspira – *"Sairei na força do Senhor D-US, farei menção da tua justiça, e só dela."* (Salmo LXXI, vers. 16) – Favorável para as matemáticas; ajuda o homem que vai subir com a ajuda de seus pais.

32   Por que a Palavra de VASARIAH é correta, e todas as suas obras são conformes à Fidelidade nas Promessas. D-us justo – *"Porque a palavra do SENHOR é reta, e todas as suas obras são fiéis."* (Salmo XXXIII, vers. 4) – Favorece os magistrados e os advogados; dá a palavra.

33   IEHUIAH sabe que os pensamentos dos homens são vãos. D-us que conhece todas as coisas – *"Vinde, meninos, ouvi-me; eu vos ensinarei o temor do SENHOR."* (Salmo XXXVI, vers. 11) – Para destruir as maquinações dos politiqueiros; protege os governadores justos.

34   Que Israel espere em LEHAHIAH desde este momento para a Eternidade. D-us clemente – *"Aguardo ao SENHOR; a minha alma o aguarda, e espero na tua palavra."* (Salmo CXXX, vers. 5) – Contra a cólera; favorece a boa inteligência entre os chefes de estados.

35 Eu amo CHAVAKIAH, porque ADONAY ouvirá a voz da minha oração. D-us de felicidade – *"Não a nós, SENHOR, não a nós, mas ao teu nome dá glória, por amor da tua benignidade e da tua verdade."* (Salmo CXV, vers. 1) – Para se reconciliar após uma querela; favorece a paz familiar.

36 MENADEL, eu amo a Beleza de tua Morada, e o Lugar onde reside tua Glória. D-us adorável – *"SENHOR, eu tenho amado a habitação da tua casa e o lugar onde permanece a tua glória."* (Salmo XXVI, vers. 8) – Faz voltar os exilados e descobre os bens perdidos.

37 ANIEL, D-us dos Exércitos, converta-me e mostre-me tua Face, e eu serei salvo. D-us das virtudes – *"Trouxeste uma vinha do Egito; lançaste fora os gentios, e a plantaste."* (Salmo LXXX, vers. 8) – Para proteger uma cidade; favorece os arquitetos e engenheiros.

38 HAAMIAH, porque tu disseste, tu és minha única esperança, é no Mais Alto que tu colocaste teu Refúgio. D-us, a esperança de todos – (Também AGLA – o D-us triuno é Um nome baseado sobre as iniciais de uma frase que se traduz: *"D-us, o Todo Poderoso diante da Eternidade"* – Este Nome é muito empregado nos talismãs) – *"Porque tu, ó SENHOR, és o meu refúgio. No Altíssimo fizeste a tua habitação."* (Salmo XCI, vers. 9) – Para adquirir tesouros celestes; favorece os cultos religiosos.

39 REHAEL ouviu, ele teve piedade de mim, ADONAY veio ao meu auxílio. D-us generoso – *"Ouve, SENHOR, e tem piedade de mim, SENHOR; sê o meu auxílio."* (Salmo XXX, vers. 10) – Para curar as doenças crônicas; favorece o amor paternal e filial.

40 Porque IEIAZEL repele minha oração, não desvie tua Face de mim. D-us que alegra – *"Estou aflito, e prestes tenho estado a morrer desde a minha mocidade; enquanto sofro os teus terrores, estou perturbado."* (Salmo LXXXVIII, vers. 15) – Para as consolações espirituais; favorece os homens de letras e os artistas.

41 HAHAHEL, livre minha alma dos lábios ímpios e das línguas enganadoras. D-us em três pessoas – *"SENHOR, livra a minha alma dos lábios mentirosos e da língua enganadora."* (Salmo CXX, vers. 2) — Dá a grandeza de alma; favorece os missionários.

42 MICHAEL me guarda de todo o Mal, que o Senhor guarde minha alma. D-us brilhante – *"O SENHOR te guardará de todo o mal; guardará a tua alma."* (Salmo CXXI, vers. 7) – Para viajar em segurança; favorece os embaixadores e os diplomatas.

43  E para Ti VEUALIAH, eu gritei, e desde a manhã minha oração te prevenirá. D-us dominador – *"SENHOR, porque rejeitas a minha alma? Por que escondes de mim a tua face?"* (Salmo LXXXVIII, vers. 14) – Para ser livre da escravidão; favorece a carreira das armas.

44  E por agradáveis as Homenagens voluntárias de minha boca, IELAHIAH, e ensine-me os Julgamentos. D-us Eterno – *"Aceita, eu te rogo, as oferendas voluntárias da minha boca, ó SENHOR; ensina-me os teus juízos."* (Salmo CXIX, vers. 108) – Para ganhar um processo; favorece as permanências num lugar de ensinamento; protege os soldados misericordiosos.

45  Se eu te dissesse que meu pé cambaleou, tua Misericórdia, SEALIAH, viria em meu auxílio. D-us Energia – *"Quando eu disse: O meu pé vacila; a tua benignidade, SENHOR, me susteve."* (Salmo XCIV, vers. 18) – Contra os orgulhosos, ele levanta aqueles que são humilhados e caídos.

46  ARIEL é doce para todos, e suas Comiserações se estendem sobre todas as suas Obras. D-us revelador – *"O SENHOR é bom para todos, e as suas misericórdias são sobre todas as suas obras."* (Salmo CXLV, vers. 9) – Para revelações e sonhos premonitórios; favorece as ideias progressivas.

47  Quão magníficas são tuas Obras, ASALIAH, tu fizeste todas as coisas com Sabedoria, a Terra está repleta dos teus Bens. D-us verídico – *"Virou o coração deles para que odiassem o seu povo, para que tratassem astutamente aos seus servos."* (Salmo CV, vers. 25) – Para os louvores a D-us; favorece os homens retos.

48  MIHAEL divulgou seu Comprimento, na Presença das Nações ele revelou sua Justiça. D-us pai de socorros – *"Lembrou-se da sua benignidade e da sua verdade para com a casa de Israel; todas as extremidades da terra viram a salvação do nosso D-us."* (Salmo XCVIII, vers. 3) – Para a paz entre os esposos; favorece a família.

49  Grande é VEHUEL, e infinitamente Louvável, e a sua Grandeza não tem fim. D-us elevado – *"Grande é o SENHOR, e muito digno de louvor, e a sua grandeza inescrutável."* (Salmo CXLV, vers. 3) – Para aliviar um espírito contrariado; favorece os grandes personagens por suas virtudes.

50  Compassivo e Misericordioso é DANIEL, lento a punir e muito Misericordioso. D-us que escuta – *"O Eterno é justo. Ele ama a justiça, os homens retos contemplam sua face"* (Salmo CII, vers. 8) – Para esclarecer um ponto difícil de decidir; favorece os magistrados e os advogados.

51 Que a Glória de HAHASIAH seja para sempre celebrada. ADONAY se regozija em suas obras. D-us que faz ressaltar o bem secreto – *"Olhando ele para a terra, ela treme; tocando nos montes, logo fumegam."* (Salmo CVI, vers. 32) – Para elevar sua alma e para descobrir os mistérios da sabedoria.

52 Eu louvarei IMAMIAH segundo sua Justiça e eu cantarei o Nome de D-us Muito Alto. D-us altíssimo – *"Eu louvarei ao SENHOR segundo a sua justiça, e cantarei louvores ao nome do SENHOR altíssimo."* (Salmo VII, vers. 17) – Para a boa fé e o arrependimento; favorece os humildes corajosos.

53 Eu reconheci NANAEL, como Teus Julgamentos estão na Equidade, e que é na Verdade que tu tinhas me humilhado. D-us que abaixa os orgulhosos — *"Bem sei eu, ó SENHOR, que os teus juízos são justos, e que segundo a tua fidelidade me afligiste."* (Salmo CXIX, vers. 75) – Domina os contemplativos; favorece a meditação.

54 NITHAEL nos Céus estabeleceu seu Trono, e seu Império dominará todas as coisas. Rei dos céus – *"O SENHOR tem estabelecido o seu trono nos céus, e o seu reino domina sobre tudo."* (Salmo CIII, vers. 19) – Para viver muito tempo uma vida útil; favorece os sábios e os oradores.

55 Mas Tu, MEBAHIAH, tu permanecerás eternamente, e a memória de Teu Nome se estende de gerações em gerações. D-us que se lembra – *"Tu te levantarás e terás piedade de Sião; pois o tempo de te compadeceres dela, o tempo determinado, já chegou."* (Salmo CII, vers. 13) – Para aqueles que desejam uma família; favorece os pais de família, principalmente entre os artesãos.

56 POIEL sustenta todos aqueles que estão prestes a cair, e ele ergue todos aqueles que foram derrubados. D-us renovador – *"Os olhos de todos esperam em ti, e lhes dás o seu mantimento a seu tempo."* (Salmo CXLV, vers. 15) – Para obter um pedido modesto; favorece os filósofos e os pensadores.

57 Aqueles que temem NEMAMIAH esperaram nele. Ele é seu auxílio e sua Proteção. D-us protetor – *"Vós, os que temeis ao SENHOR, confiai no SENHOR; ele é o seu auxílio e o seu escudo."* (salmo CXV, vers. 19) – Para a prosperidade, para suportar os sofrimentos; favorece os oficiais e os estrategistas.

58 Vire-te para mim, IEIALEL, e livre minha alma. Salve-me em consideração de Tua Misericórdia. D-us que perdoa – *"Já estou cansado do meu gemido, toda a noite faço nadar a minha cama; molho o meu leito com as minhas lágrimas."*

(Salmo VI, vers. 5) – Contra os desgostos; favorece os armeiros, os cuteleiros e os comerciantes.

59  Do nascer do Sol até o pôr do sol, este Nome HARAHEL, é sinal de Louvor. D-us que abençoa – *"Desde o nascimento do Sol até ao ocaso, seja louvado o nome do SENHOR."* (Salmo CXIII, vers. 3) – Para a instrução e o ensinamento; favorece os arquivistas, os bibliotecários e o comércio de livros.

60  MITZRAEL é justo em todas as suas vias, e Santo em todas as suas Obras. D-us Santo – *"Perto está o SENHOR de todos os que o invocam, de todos os que o invocam em verdade."* (Salmo CXLV, vers. 18) – Para curar as doenças do espírito; favorece os obedientes e aqueles que são de humor agradável.

61  Bendito seja o Nome UMABEL para sempre, agora e até o fim dos Séculos. D-us luminoso – *"Seja bendito o nome do SENHOR, desde agora para sempre."* (Salmo CXIII, vers. 2) – Para reforçar as amizades; favorece os astrônomos, os astrólogos e os adivinhos.

62  Eis como eu amei Teus Comandos, IAH-HEL, em Tua Misericórdia dá-me a Vida. D-us supremo – *"Considera como amo os teus preceitos; vivifica-me, ó SENHOR, segundo a tua benignidade."* (Salmo CXIX, vers. 159) – Para adquirir a tranquilidade; favorece os iluminados e a todos aqueles que querem se retirar do Mundo.

63  Sirva ANAUEL no Receio, e regozije-te nele com Tremor. D-us infinito – *"Servi ao SENHOR com temor, e alegrai-vos com tremor."* (Salmo II, vers. 11) – Contra os acidentes; favorece os banqueiros e aos agentes de negócios.

64  Eis que os olhos de MEHIEL estão sobre aqueles que esperam em Sua Misericórdia. D-us vivificante – *"Eis que os olhos do SENHOR estão sobre os que o temem, sobre os que esperam na sua misericórdia."* (Salmo XXXIII, vers. 18) – Acolhe as preces dos verdadeiros crentes; contra a raiva; favorece os autores e os escritores.

65  Venha a mim, DAMABIAH; até quando? E seja adorável, aos olhos de Teus Servidores. D-us fonte de pensamentos – *"Alegra-nos pelos dias em que nos afligiste, e pelos anos em que vimos o mal."* (Salmo XC, vers. 15) – Contra os sortilégios; favorece os marinheiros e a pesca.

66  Não me abandone, MANAKEL, Meu D-us, não te retire de mim. D-us que atende – *"Apressa-te em meu auxílio, SENHOR, minha salvação."* (Salmo XXXVIII, vers. 22) – Para acalmar a cólera de D-us; favorece aqueles que são amáveis e de caráter doce.

67 Coloque tuas delícias em EIAEL, e ele te concederá o que teu coração pede. D-us, o amado – *"Deleita-te também no SENHOR, e te concederá os desejos do teu coração."* (Salmo XXXVII, vers. 4) – Protege os tesouros e os monumentos; dá a verdade àqueles que trabalham as ciências ocultas.

68 Louvai HABUHIAH porque ele é bom, porque sua misericórdia é para sempre. D-us que dá tudo – *"Louvai ao SENHOR. Louvai ao SENHOR, porque ele é bom, porque a sua misericórdia dura para sempre."* (Salmo CVI, vers. 1) – Para conservar a saúde e fazer uma vida industriosas; favorece àqueles que amam a Natureza, a agricultura e a jardinagem.

69 Um quinhão me cabe nestes lugares Excelentes, pois minha herança é excelente para mim, ó ROCHEL. D-us que vê tudo – *"O SENHOR é a porção da minha herança e do meu cálice; tu sustentas a minha sorte."* (Salmo XVI, vers. 5) – Para encontrar os objetos perdidos ou roubados; dá o renome; favorece os historiadores e os economistas.

70 No início, JABAMIAH criou o Céu e a Terra. D-us o Verbo – *"No princípio D-us criou o Céu e a Terra".* (Gênesis I, vers. 1) – Contra a desobediência a D-us; favorece aqueles que trabalham para fazer vir o reino da Luz de D-us (Ain Soph Aur) sobre a Terra.

71 Eu glorificarei HAIAIEL de toda a potência de minha voz, eu cantarei seus Louvores no meio de uma multidão. D-us mestre do Universo – *"Vistam-se os meus adversários de vergonha, e cubram-se com a sua própria confusão como com uma capa."* (Salmo CIX, vers. 29) – Para libertar aqueles que sofrem pela ignorância; favorece aqueles que trabalham para fazer vir o reino da Divina Sabedoria (AIN SOPH) sobre a Terra.

72 Agora, ó minha Alma, retorne ao teu repouso, por que MUMIAH te bonificou. D-us o princípio e o fim – *"Têm mãos, mas não apalpam; pés têm, mas não andam; nem som algum sai da sua garganta."* (Salmo CXV, vers. 7) – Contra o desespero, dá paz suprema, favorece àqueles que trabalham para fazer vir o reino da Presença de D-us (Ain) sobre a Terra.

# CAPÍTULO IX

# O Rito

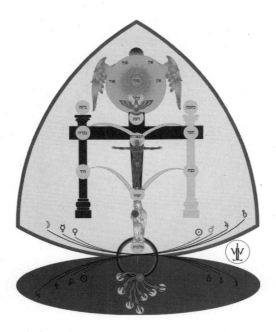

No capítulo III° da primeira parte desta obra, introduzimos o assunto *rito* de maneira generalizada. Aqui traremos dele numa dimensão inerente ao contexto da *Kabbala*, aquela com as normas da Razão e esta dentro da mística e da prática Kabbalística.

Sephiroticamente, as ciências partem de *Yesod-base*, cimento, equilíbrio manifestado de toda criação e, seguindo a espiral das Sephiroth, remontam-se para um ponto superior. Ali nascem o sentimento e a certeza da existência da força suprema, do princípio primordial que penetra toda a criação e está representado pela Sephirah *Kether-coroa*. A ciência ateia contemporânea, partindo do mesmo ponto, no lugar de remontar-se pela escala sephirótica, desce até *Malkuth* e se perde num círculo vicioso, o dez, sem encontrar outra saída. É a ilusão, o enceguecer na matéria, a vã perseguição do problema da vida, consequência do desconhecimento da Ideia que, somente, anima a Criação – a ideia do Princípio, a ideia do Eterno.

As religiões ensinam a crença neste Princípio superior e seu ponto de partida é o princípio equilibrante, ponto culminante do Princípio criador que simboliza a essência da coroa (*Kether*). Partindo desse ponto, decresce a espiral sephirótica até *Malkuth*, termo último da involução, origem da evolução que as conduz diretamente à Unidade primordial. Num ponto qualquer da espiral, o movimento religioso é interceptado pela ciência; a involução e a evolução se reencontram, portanto, o círculo de *Malkuth, Yod*, que não é outra coisa que a unidade manifestada, forma-se sobre cada ponto da espiral sephirótica onde todas as expressões numéricas são senão uma reunião de determinadas unidades.

Graficamente, a religião pode ser representada por um triângulo com seu vértice para cima (princípio de equilíbrio) ou por uma curva da espiral vivente. Pelo contrário, a ciência se inscreve mediante um triângulo cujo vértice está dirigido para baixo (equilíbrio manifestado) e a ciência materialista, afetada pelo erro, mediante um círculo sem saída; curva da espiral fechada, morta. Esses símbolos indicam uma similitude da ciência (involução) para fazê-lo coincidir com o da fé (evolução), bastando reunir os extremos da curva evolutiva (verdadeira religião) para perder-se no círculo sem saída da superstição ou do materialismo.

Por outro lado, a religião reconhece o princípio da Unidade, o *Aleph-Alpha*, que contém em si todas as manifestações até o infinito, enquanto que a ciência parte do *Tau-Omega*, do número ao que analisa com vistas a descompor as unidades que contém; e a ciência materialista do zero em que ela se encerra.

Ainda sobre a ciência temos a compreensão dos símbolos, da análise das forças criadoras, assim como de sua sínteses para produzir fenômenos, o que inegavelmente vemos na física e na química. Sem estes estudos, a ciência é impotente para sair do círculo vicioso do zero. A religião, pelo contrário, escapa a esta obrigação: sua única força, sua única via, é a fé e não a compreensão das forças naturais. Mediante a pregação irradia uma corrente espiritual até as regiões superiores, até o Ser Supremo de quem espera uma resposta.

Para facilitar esse intercâmbio e fortificar o poder da oração, a religião criou ritos especiais. Estes últimos consistem em fórmulas de pregações, em gestos apropriados, em fumigações harmônicas com a finalidade de fazer as pregações e o caráter do oficiante transformar em vibrações sonoras e luminosas, etc.

Algumas religiões agregavam também danças sagradas, desenhos nos quais encontrava-se, todavia, em certas tribos africanas, e também no culto brahmânico. A Bíblia menciona David dançando diante da Arca, cuja finalidade era o êxtase.

Em nossos dias, os Derviches dançam até entrarem em transe religioso. Essas práticas podem encontrar-se igualmente entre certas seitas cristãs da Rússia, por exemplo, os "girantes", os "saltadores", os "látigos". O famoso Rasputín pertencia a esta última confraria, cujos adeptos giram em círculo numa câmara, flagelando-se mutuamente até que cada um deles, esgotando-se mutuamente, caísse em transe e começasse a profetizar. Pretendiam que o Cristo se encarnasse no visionário. Essas práticas, com as quais Rasputín havia adquirido certa notoriedade, faziam que os seus adeptos o olhassem como o Salvador. Numerosos camponeses das regiões do Este de Volga, do Ural, e da Sibéria estavam afiliados a essas ignóbeis sociedades. Desde logo, as reuniões desse gênero eram secretas, porque do contrário seriam certamente proibidas com toda justiça e severamente castigados aqueles que se dedicassem a fazer proselitismo para as seitas.

Deixemos esses intrigantes costumes e voltemos aos ritos comuns a todas as religiões.

Estudando se descobre sua comum unidade, a filiação dos princípios fundamentais até a religião dos hebreus, da que o Cristianismo constituiu o resultado definitivo. Consideremos, por exemplo, o Cherub Caldeu, que era figurado mediante um touro alado com a cabeça de homem, que representava os três elementos do ternário, fogo, ar, e água, correspondente as três letras-mães do alfabeto sagrado. Este Cherub se converte mais tarde na Arca da Aliança, e a Esfinge que sintetiza o quaternário num único símbolo, foi desmembrada, analisada, na visão de São João, em quatro animais sagrados que cantavam diante do altar do Eterno. O sacrifício sangrento comum a todas as religiões antigas, compreendida a de Israel, onde a vítima era imolada sobre o altar, se transformava, no Cristianismo, nesse sacrifício propiciatório que é o sacramento da Comunhão. Finalmente, o incenso, a música, os cânticos, os objetos consagrados, cujo poder se apoia sobre a pregaria e a fé, são comuns a todos cultos antigos e modernos.

É evidente que aquele que sabe, aquele cuja fé e saber estão no mesmo nível, não necessita do rito para elevar-se até D-us, assim como tampouco lhe é indispensável concentrar seu pensamento por meio de um símbolo religioso. Sua pregaria, nascida diretamente do coração, pode prescindir de uma fórmula apropriada. Porém, para alcançar um estado de alma semelhante, é preciso haver alcançado um elevado grau de evolução. Os homens desse gênero são escassos. A maioria deve usar dos meios adequados para concentração do pensamento e de certos textos de orações. Portanto, o rito é indispensável. Ao proferir com as mesmas modulações, palavras que foram pronunciadas em circunstâncias idênticas no curso dos séculos e por milhões de seres que repetiram os mesmos gestos e as mesmas práticas consagradas pelo tempo e pelo Eterno, o homem penetra, por meio de pregações, na cadeia espiritual.

Une a força de sua súplica às forças somadas de todos aqueles que o imitaram no passado e o seguem imitando no presente. Reforça o aço de seu culto e, ao mesmo tempo, recebe ele mesmo as graças de sua fé, uma irradiação de força desse mesmo acervo que dá, inclusive, uma débil pregação, dita com fé e segundo o rito, a força de elevação que esta jamais houvera alcançado se estivesse isolada. A partir deste ponto de vista se compreende que é absolutamente indispensável respeitar o ritual da própria religião, cujos menores detalhes foram instituídos e consagrados através dos tempos pelos praticantes.

As religiões antigas, fundadas por iniciados, repousavam sobre mesmos princípios comuns do Cristianismo, porém, eram de certa forma, aristocratas, quer dizer, para o uso de certos escolhidos, os Magos, cuja fé se havia transformado em certeza e a Sabedoria equilibrada no Princípio.

A multidão, cujo desenvolvimento mental pertencia a um nível inferior, não podia desenvolver-se nas trevas e, para poder compreender, devia adorar coisas concretas, únicas compreensíveis para elas. Seus deuses deviam ser tangíveis e materiais, tais como o Sol, a Lua, o trovão, etc., e a representação convencional desses sob a forma de ídolos não simbolizavam uma ideia abstrata, senão uma encarnação de um deus mesmo. A diferença entre ídolo e a imagem cristã consiste em que esta última não é mais que um modo de concentrar o pensamento para facilitar a pregação; porém, por si mesma, não representava nenhuma força. Esse meio permite que a fé se exteriorize até o ponto de provocar milagres. Um pagão que adora a um ídolo e lhe oferece sacrifícios, crê que se dirige diretamente ao deus que escutará sua pregação. Concebe-se que ante alguns seres chegados a um estado de evolução tão primitivo, resultaria tempo perdido dedicar-se a explicar--lhes abstrações metafísicas e espirituais. Os ritos que haviam estabelecido para o povo serviam para constituir uma cadeia espiritual por meio da qual continuavam sua evolução. É por isso que levaram-nos a compreender que as religiões antigas eram aristocratas.

O Cristianismo, pelo contrário, é uma religião democrática, em que o mistério está parcialmente desvelado e onde cada crente pode pretender alcançar a finalidade suprema. Ao dizer que amor de D-us é o mesmo que dizer, a fé e o amor ao próximo, bastavam para obter a vida eterna, Jesus Cristo abriu amplamente a porta da salvação a todos aqueles que aceitaram seu ensinamento e a praticaram. Nenhuma erudição, nenhum saber particular são necessários. A lei misteriosa do equilíbrio foi expressada pela Santíssima Trindade, na qual se deve crer, porém, cuja compreensão é inútil e inclusive daninha, porque pode perturbar os espíritos simples. Sem dúvida, não há do que duvidar que este mesmo princípio fundamental constitua, sob várias formas, a base de todas as religiões desenvolvidas na Antiguidade. Os "três em um" unidos indissoluvelmente estavam expressados na Balança da Antiguidade do D-us do *Zohar*, na oposição de *Ormuz* e *Ahriman*, as famílias divinas das religiões pagãs: *Osíris-Ísis-Hórus*; *Brahma-Vischnu-Shiva*; *Zeus-Hera-Apolo*, etc. Todas estas divindades não são mais que diversas formas que expressam a mesma ideia do princípio do desdobramento em elementos que se equilibram, ou, dito de outra maneira, o princípio da vida. Finalmente, o sacrifício das religiões antigas não era uma oferenda à divindade como o entendia as massas "dou ut des" (dou para que me dês), senão um ato puramente simbólico. Isso foi revelado pelo Cristianismo em seu aspecto real como a segunda lei fundamental da evolução, o sacrifício pessoal por uma ideia, o sacrifício pelo próximo sem o qual nenhuma evolução é possível.

## O Pentagrama

Sigillvm DEI; Æ M Æ T H : EMETH

*O selo do D-us Æ M E T H, um Pentáculo feito pelo dr. John Dee*

"Eis que a Sabedoria superior estende-se sobre todas as criaturas, apesar de oculta e muito elevada. Sobre ela foi dito: *'Ó senhor, qual multiformes são as tuas obras! Todas elas as fizestes com sabedoria; a Terra está cheia das tuas riquezas.'* (Salmos 104:24). Assim, é adequado ao homem que sua sabedoria encontre-se em todos os seus atos, procurando beneficiar as pessoas, cada uma segundo sua capacidade, fornecendo-lhes tudo que puder com sua sabedoria e não permitindo que nada o impeça de agir."

A.A.K

Assim como o *cálice mágico* é o celeste alimento do mago, assim é o mágico Pentagrama seu alimento terrestre.

A vara foi sua força divina, a espada sua força humana.

O cálice é oco para receber o influxo de cima. O Pentagrama é plano como as férteis planícies da terra.

O nome Pentacho (Pentagrama) encerra uma imagem do Todo, *omme in parvo* (Tudo em pouco); mas isso acontece pela transformação mágica do pentagrama. Tal qual pela força da nossa magia fizemos da espada simbolicamente tudo, assim atuamos também no pentagrama. O que apenas é um pedaço de pão deve ser o corpo de D-us! A vara foi a vontade do homem, sua sabedoria, seu verbo; o cálice foi seu conhecimento, o vaso da sua graça; a espada foi sua razão e o pentagrama será seu corpo, o Templo do Espírito Santo.

Qual a extensão deste templo?
*Vai do norte até o sul.*
Qual a largura deste templo?
*Vai de leste a oeste.*
Qual a altura deste templo?
*Vai de abismo a abismo.*

Por isso, não há nada, sob todo o firmamento, móvel ou imóvel, que não se contenha neste pentagrama, ainda que "*de oito polegadas de diâmetro e meia de espessura*".

O fogo não é matéria; a água é um composto de elementos; o ar é mistura de elementos; a Terra contém todos, em mistura ou em combinação.

Assim deve ser no pentagrama, símbolo da Terra.

E como este pentagrama é feito de cera pura, não esqueça que "*tudo quanto vive é sagrado*".

Todos os fenômenos são sacramentos. Todo fato e até cada ilusão deve entrar no pentagrama; ele é o grande depósito de que se provê o mago.

"Num bolo tostado de trigo comeremos o alimento do mundo e seremos fortes".

Quando falamos no cálice, mostramos que todo fato deve ser considerado importante, como cada pedra há de ter seu lugar exato num mosaico. Ai de nós! Se uma só pedra ficar em lugar indébito! Mas este mosaico não poderá ser feito, nem bem, nem mal, se faltar uma só pedra.

Essas pedras são simples impressões ou as experiências; nenhuma deve ser excluída.

Nada recuses sabendo embora ser cálice de veneno o que te oferta o inimigo; bebe-o confiante; ele é o que tombará morto por terra.

Como lograrei mostrar à arte *cambódica* seu preciso lugar na arte se nunca ouvi falar em Camboja?

Como pode um geólogo avaliar a idade do que jaz sob uma rocha se ignora uma coisa alheia à geologia, a saber, a biologia dos animais, cujos restos são a greda?

Aqui, portanto, há séria dificuldade para os magistas. Impossível ele ter todas as experiências e, embora, talvez, filosoficamente se console convencido de ter o Universo os mesmos limites das suas experiências, verificará, contudo, que o mundo cresceu nos primeiros anos de sua vida que ele se vê tentado a crer na possibilidade de experiências acima das suas e, praticamente considerando, parecer-lhe-á ter a frente tantas sendas do saber que vacilará no preferir uma.

Um burro hesitou na escolha entre dois cardos (erva daninha), e quanto mais não será com esse maior burro, incomparavelmente maior burro, entre dois mil? Felizmente, pouco importa isso; mas, pelo menos, deveria escolher os ramos do saber que o levou diretamente aos problemas universais.

Não deveria escolher um, senão vários, e esses de sua natureza tão diversos quanto possível.

Importante é que se esforce por sobressair num esporte e que esse esporte seja o mais apropriado a manter-lhe são o corpo. Convir-lhe-ia possuir inteiro conhecimento dos clássicos, de matemática e de ciência; demais, suficiente trato geral dos idiomas modernos e dos meios de vida para estar apto a viajar, cômoda e seguramente, em qualquer parte do mundo.

Pode estudar geografia e história à medida que delas precise e o que mais deverá interessar-lhe em cada assunto é sua conexão com outro objeto, de modo que não falte a seu pentagrama aquilo que os pintores denominam composição.

Verá que, embora sua memória seja ótima, dos milhares de impressões captadas por seu espírito, uma advém, que se grava apenas por um dia. E a existência de sua memória depende da sua escolha sábia.

As melhores memórias escolhem e ajuízam de tal modo que nada realmente fixam que não tenham conexão com o plano geral do espírito.

Todos os pentagramas soam conter as noções supremas do círculo e da cruz, embora alguns prefiram subestimar a cruz por um ponto, um tau ou um triângulo. A *vesica piscis* (bexiga de peixe) é usada, às vezes, em lugar do círculo, ou simboliza-se o círculo por uma serpente. Às vezes, representa-se o tempo, o espaço e a ideia de causa; e também os três graus na história da filosofia, nos quais se achavam sucessivamente os três objetos de estudo: natureza, D-us, homem.

Às vezes, a dualidade da consciência e a própria árvore da vida, ou as categorias, podem ser neles retratadas. Deveria adicionar-se um símbolo da Grande Obra. Mas o pentagrama ficará incompleto se para cada ideia não se representar de modo equivalente o seu oposto (subjetividade) e se, entre um e outro par de ideias, faltar a necessária conexão (intersubjetividade).

Bem fará o neófito desenhando o primeiro esboço do seu pentagrama assaz grande e complicado, simplificando-o depois, menos por eliminação que por combinação, tal qual um zoológico tomando os quatro grandes símios, depois o homem e reunindo tudo na palavra Primatas.

Não é prudente simplificar demais porque a último hieróglifo tem de ser infinito. Se a última solução não tiver sido achada, seu símbolo não deve ser representado.

Se alguém conseguisse acesso a V.V.V.V. (Iniciais da lenda do chefe da A∴A∴ *"que é a própria luz do mundo"*. Querem dizer: *Vi Veri Vniversum Vivis Vici* [vivo subjuguei o Universo com a força da verdade]) e lhe pedisse audiência sobre qualquer assunto, quase certo é que só por ininterrupto silêncio expressaria sua anuência, e esse mesmo não o satisfaria, pois o *Tao Te King* diz que o Tao não pode ser expresso nem pelo silêncio nem pela fala.

Nessa tarefa prévia de colher material, não tem suma importância a ideia do Ego; todas as impressões são fases do Não-Ego e o Ego é mero recipiente. Em verdade, para o ânimo bem ordenado não há dúvida de que são reais as impressões e de que o espírito, se não é tabula rasa ainda, só o não é por impedirem as inclinações ou as ideias inatas; que sejam aceitas algumas ideias com a mesma facilidade que outras (um pintinho ao sair da casca não se haverá como uma criança recém-nascida).

Esses pendores devem contrariar-se. Nos episódios desagradáveis, melhor será neles permanecer até que ao Ego se haja tornado indiferente de todo o modo de sua alimentação.

"Assim o diamante brilhará vermelho através da rosa e verde através da folha, assim te deves manter separado das impressões".

Essa ingente tarefa, a de apartar o eu das impressões ou *vrittis* é uma das muitas significações do aforismo *solve* (desliga) correspondente ao *coagula*.

O pentagrama é, pois, em certo sentido, idêntico ao Carma ou *Kamma* do mago.

O Carma de um homem é seu diário. Seu balanço não se fez ainda, nem sabe ele como vai ser isso; ignora as dívidas por pagar ou o que lhe devem, assim como as datas dos vencimentos esperados.

Um negócio levado por tais diretivas estaria em tremenda confusão, e verificamos, de fato, estar o homem nessa balbúrdia.

Enquanto lida, dia e noite, em qualquer insignificância do seu comércio, achega-se quiçá uma gigantesca força pede *claude* (capengando) e o alcança.

Muitos lançamentos nesse livro-caixa são, para o homem vulgar, naturalmente ilegíveis; o método para lê-los está dado no importante ensino da A∴A∴ chamado *Thisharb*, Liber CMXIII. Considera-se agora que esse Carma é tudo quanto uma pessoa tem ou é. Seu fim último é livrar-se dele completamente, quando vier o instante de se dar o Eu ao Amado (Para tudo darmos, temos de renunciar não somente o mal, mas ainda ao bem, tanto à fraqueza como a força. Como pode o místico dar tudo quando ainda se apega às suas virtudes?). Mas, a princípio, ainda o magista não é esse Eu; é apenas o *muladar* de que esse Eu deve ser construído. Os instrumentos mágicos devem ser feitos antes de serem destruídos.

Essa ideia de Carma foi, por muitos que a deveriam conhecer, confundida, o Buda inclusive, com as ideias da Justiça poética e da recompensa. Temos a história de um dos *Arahats* de Buda, que, por ser cego, ao caminhar, esmagou, sem sabê-lo, uma infinidade de insetos. (O budista considera o mais horrendo dos pecados a destruição da vida).

Seus irmãos *Arahatas* perguntaram, então, o fim daquilo, e Buda contou-lhes uma longa história, como em precedente encarnação perversamente roubara a vista de uma dama. Isso é mera lenda, um lobisomem para assustar crianças e o pior processo inventado pela tolice humana para influênciar jovens. O Carma não se obterá desse modo.

Em todo caso, devem as fábulas serem cuidadosamente construídas, ou se tornarão perigosas para os que por elas se guiam. Lembram-se todos da paixão e paciência de *Bunyan*: a inquietante paixão divertia-se com todos os seus brinquedos e quebrava-os; a boa pacienciazinha os punha cuidadosamente ao lado. Bunyan esqueceu-se de dizer que, no tempo em que a paixão quebrava seus brinquedos, ele já crescera para além deles.

O Carma não se abliterá à moda "*como me fizeres, far-te-ei*". Olho por olho é uma espécie de justiça de selvagens e a noção da justiça em nosso humano sentido é de todo alheia a natureza do Universo. Carma é a lei da causa e efeito. Para sua obliteração não há correspondência. Se um fato acontece, impossível é dizer o que resultará, e o Universo é um pasmoso fato. Mil vezes vamos ao chá sem nada nos advir e, na milésima primeira, damos com alguém, talvez, que muda de todo e para sempre o curso de nossa vida.

Há uma espécie de explicação segundo a qual toda impressão em nosso ânimo é a resultante de todas as forças do passado; nenhum fato, por mais secundário, deixa de alterar, de qualquer modo, nossa situação. Nisso, porém, nada existe dessa crassa recompensa. Pode-se, numa curta hora, matar, como fez um dia mestre Therion às faldas da geleira de Baltoro, 100.000 piolhos. Seria tolice admitir, como se inclinam a supor os teósofos, que tal procedimento condenaria alguém a ser mil vezes morto por um piolho. Esse diário do Carma é escriturado à parte do livro-caixa e, quanto ao volume, esse livro-caixa é muito mais grosso que o diário. Comendo salmão demais, arruinamos o estômago e teremos talvez pesadelos. É pura idiotice supor que virá um tempo em que um salmão nos comerá e lhe seremos indigestos. Por outro lado, somos sempre rudemente castigados por ações que não são faltas. Até as nossas virtudes instigam a natureza ofendida à vingança.

O Carma cresce consoante seu alimento e, se tiver de ser bem criado, exige dieta cuidadosa. No mais dos homens, as ações se anulam; mal se faz um esforço, restaura-se, pela indolência, o equilíbrio. *Eros* cede a *Anteros*. Nem um por mil se fora, sequer na aparência, à vida animal. Nascer é sofrer. Viver é sofrer. Penosa é a velhice, a enfermidade, a morte. Mas a ressurreição é a maior das calamidades. "*Ó que miséria! Infindáveis nascimentos*" como disse Buda. Vamos, dia após dia, com um pouco disso, um pouco daquilo, alguns pensamentos gratos, outros não gratos; nada faz realmente. O corpo e o ânimo se modificam, irrevogavelmente, antes de anoitecer. Mas, que significa essa modificação?

Quão poucos podem voltar e ver, nos anos decorridos, algum progresso em dada direção! E, em quão poucos, essa mudança, se houver, é mudança pela inteligência e pela vontade consciente? O peso morto das primitivas condições em que nascemos teve muito mais influência que nosso esforço. As forças inconscientes são relativamente maiores que as de que sabemos alguma coisa. Isso é firmeza de nosso Pentagrama, o Carma de nossa Terra, a qual faz o homem girar, queira ou não, com a velocidade de mil milhas por hora, em torno do seu eixo. E mil é *Aleph*, um grande *Aleph*, o Microcosmo do onitransformante ar, o *Bobo* do Tarô, a falta de mira e o destino das coisas.

É, pois, muito fácil construir, de qualquer modo, esse Pentagrama. Podemos, é claro, gravar letras a punhal, mas não terão mais efeito que a estátua de Ozymandias, o rei dos reis, no meio do deserto infindo.

Traçamos uma figura sobre o gelo; será, uma manhã, apagada pelo rastro dos patinadores; essa figura também riscou apenas a superfície do gelo, e o gelo será fundido pelo Sol.

O Mago pode realmente despertar ao tentar construir o pentagrama. Cada um tem o material: o de um é tão bom quanto o de seus irmãos. Mas, para que seja o pentagrama construído com escolhido fim ou com fim apenas conhecido: *"Hoc opus, hic labor est"* (essa é a obra, esse, o trabalho). É, aliás, o duro trabalho de subir ao Averno (o lago Averno, na Campânia que, segundo referem os antigos, era a boca do mundo inferior) e sumir-se espaço acima. Para fazer isso, é estritamente necessário compreender nossas inclinações, para querermos a evolução de algumas e a destruição de outras. E, embora todos os elementos do pentagrama devam ser destruídos afinal, alguns haverá que nos ajudem a galgar um posto de onde adequada seja a tarefa da destruição, e nenhum elemento há nele que não seja oportunamente útil. Assim, atenção! Escolhe! Escolhe! Escolhe.

Esse pentagrama é um armazém inexaurível; nele as coisas estarão sempre, quando delas precisemos. Cuidaremos, talvez, de espaná-lo ocasionalmente e impedir a entrada de traças; mas, em regra, estaremos muito ocupados em fazer muito mais coisas. Pense-se em que, na viagem da Terra aos astros, cumpre ir aliavado de embrulhos pesados. Nada, afora o necessário à máquina, deveria entrar na matalotagem. Se bem seja composto esse pentagrama só de ilusões, parecem algumas delas mais inverídicas que as outras. O Universo todo é uma ilusão; mas, uma ilusão que o homem muito dificilmente alijará. Comparada com a maioria das coisas, é real; mas, noventa e nove por cento das impressões são falsas ainda comparadas às coisas do seu próprio plano. Tais diferenças devem ser gravadas com o punhal sagrado, profundamente, na superfície do pentagrama.

## A Coroa do Mago

"A coroa do mago representa a realização da sua obra. É um aro de ouro puro em cuja frente se acham três pentagramas e atrás, um hexagrama. O pentagrama do meio tem um diamante ou uma grande opala; os outros três símbolos contêm o Tau. Em torno dessa coroa está enrolada a serpente áurea Ureus, com a cabeça erguida e capelo inflamado. Sob a coroa, há um capuz carmesim caído sobre os ombros. Em vez dessa, usa-se às vezes a coroa Ateph, de Thoth, pois Thoth é o nome da verdade, da sabedoria e o mestre da magia. A coroa Ateph tem dois cornos de carneiro, que denotam energia e domínio, o poder que rompe obstáculos, os signos da primavera. Entre esses dois cornos está o disco solar; daí surge um lótus, sustido pelas folhas gêmeas da verdade. Três outros discos solares são mantidos, um, pelo cálice da flor do lótus, os outros, sob suas folhas arqueadas.

Há ainda outra coroa, a de Amoun, o oculto, do qual os hebreus derivaram sua palavra mais sagrada. Amém.

Essa coroa consta só das penas da verdade; mas, é dispensável entrar nesse simbolismo, pois tudo isso, e mais ainda, se descreve na coroa.

O capuz carmesim indica mantença de sigilo e simboliza mais o fluxo de magnificência que do alto jorra sobre o mago. É de veludo, para lembrar a brandura do beijo divino e carmesim por ser o vero sangue de D-us, a sua vida. O aro de ouro é o círculo eterno do aperfeiçoamento. Os três pentagramas simbolizam o Pai, o Filho e o Espírito Santo, ao passo que o hexagrama representa o próprio mago. Em geral, o pentagrama figura o Microcosmo e o hexagrama o Macrocosmo; mas, aqui, é o contrário, porque, nesta coroa da perfeição, o que está em baixo se tornou o que está em cima, e o que está em cima se tornou o que em baixo está. Usa-se o diamante, faz-se isso em virtude da luz que procede todas as manifestações na forma; se for a opala, é para festejar a memória do excelso plano do Todo, envolvê-la e revelá-la em eterno *enlevo, para manifestar-se como sendo os muitos, para que os muitos se possam tornar o Uno imanifestado. Mas, esse ponto transcende um compêndio elementar de magia.*

*A serpente que envolve a coroa designa muita coisa, ou antes, uma coisa, de muitos modos. É o símbolo da dignidade real e da iniciação, pois o mago é rei ungido e sacerdote.*

*Representa ainda Hadit, da qual só o seguinte se poderá dizer aqui: "Eu sou a secreta Serpente enroscada a ponto de saltar: nos meus anéis há alegria. Se eu levanto minha cabeça, Eu e minha Nuit somos um. Se eu abaixo minha cabeça, e lanço veneno, então há êxtase da terra, e eu e a terra somos um".*

*A serpente é também a serpe Kundalini, a própria força mágica, a parte relevante da divindade do magista, cuja parte não revelada é paz e silêncio, para o que não há símbolo.*

*No sistema hindu, a grande obra está representada do modo que se diz que essa serpente, normalmente enrolada na base da coluna vertebral, ergue-se com seu capuz até a cabeça do Iogue e aí une ao senhor do Todo.*

*A serpente é também a que envenena. É a força que destrói o Universo manifestado. É, mais, a serpe esmeraldina que circunda o Universo. Esse assunto deve ser estudado em Liber LXV, onde se disserta de modo incomparável. No capuz da serpente, estão as seis jóias, três de cada lado, rubi, esmeralda, safira, os três elementos sagrados, tornados perfeitos, de ambos os lados, em equilíbrio."*

Mestre Therion

O verdadeiro Sábio, ao estudar as diversas manifestações da natureza, verifica leis que ultrapassam sua racionalidade e suas possibilidades de investigação. Encontra-se frente à vida sem poder defini-la, se é consciente, está obrigado a admitir a existência de uma força pertencente a um plano superior e que escapa a toda análise. Todas as hipóteses que foram imaginadas para explicar o fenômeno vital foram invalidadas uma atrás da outra e a questão permanece aberta ante nossa impotência. A única hipótese admissível é a que serve de base às religiões, da existência de um D-us, de um ser supremo que, mediante um ato de pura vontade, criou o Universo com suas leis harmoniosas que fazem dele um mecanismo perfeito que suscita nossa admiração desde o Universo dos astros até o inseto mais ínfimo. Essas leis divinas regem o Universo infinito.

A orgulhosa ciência de nossa época rechaça esta única hipótese, e busca edificar outras com o homem como criador supremo... Que faremos? É sempre o desejo de pegar o fruto proibido da Árvore do Conhecimento do bem e do mal, segundo a afirmação da serpente tentadora, converterá o homem em um deus.

Por outro lado, a religião prescreve crer em um Ser superior, adora-o segundo certas formas ritualísticas. Proíbe ao homem a busca das causas primeiras, buscas susceptíveis de fazer germinar na dúvida que quebraria sua fé e o desviaria de práticas cujos sentido e valor desconhece. Até mesmo o sacerdote é incapaz de remontar-se às leis criadoras. Portanto, é aqui que o homem encontra-se entre duas correntes que parecem oporem-se irreconciliavelmente. Sem dúvida, antigamente não era assim. A religião e a ciência caminhavam de mãos dadas, sempre juntas, complementando-se mutuamente. Poderíamos dizer que a religião era científica e a Ciência sagrada. Entre ambas formavam um só corpo indivisível, e esse corpo se chamava Alta Magia. Porém, enquanto que a religião ensina a crer cegamente, a Magia ensina o saber. Esta parte da dúvida e chega na certeza depois de uma série de investigações as quais é guiada pela luz superior. A diferença entre a magia e a ciência contemporânea consiste em que a última estuda as formas aparentes das coisas, esforçando-se por encontrar sua razão de ser no plano físico, iludindo, na origem das coisas, a hipóteses de um plano superior. Pelo contrário, a magia estuda as causas dos fenômenos, as combinações de forças que determinaram tal ou qual manifestação, tal ou qual forma. Sua ação a situa no plano das forças, e o plano astral, e para resolver seus problemas recebe diretivas do plano superior.

No ano de 2010, tive a oportunidade de ouvir uma das maiores autoridades de física quântica (FQ) da atualidade, o Dr. Stuart Hameroff, médico e pesquisador da *University Medical Center*, Califórnia, USA, em nossa Universidade (UFJF), onde proferira em palestra sobre os níveis de consciência do ser humano, e daí fez uma reflexão dentro dos parâmetros científicos da física quântica. Foi de um brilhantismo ímpar, além de trazer a tona este assunto tão novo, no meio acadêmico, teve a humildade de confessar sua ignorância, e a do mundo científico, dizendo que nada, ou quase nada sabem sobre a FQ, e fez sua argumentação científica ancorada na teoria de Platão, o grego; no *Mundo das Ideias*. Daí, vimos o quanto ainda caminha o ser humano na lentidão e num possível labirinto de ideias pré-concebidas. Porém, como a magia é a mãe de toda ciência e de toda religião, estas últimas tiveram que se plagiar forçosamente em alguns princípios e métodos. Assim, o ritual religioso, as pregações, as fumigações, os cantos, são imitados na magia. Porém, é muito raro que um representante de um culto qualquer tenha consciência que põem em movimento mediante essas práticas. Por outro lado, o cálculo, base e partida de todas as ciências materiais, tais como a Astronomia, a Física, a Química, a Medicina, etc. pertencem, assim mesmo, à magia. Refiro-me à Alta Magia, ciência sagrada desconhecida para o homem de uma maneira geral. Para alguns, a magia é uma superstição herdada dos povos primitivos. É um bruxo vulgar, aquele que tira as cartas, o feiticeiro, os prestidigitadores... trapaceiros, que são os adeptos desta igreja nociva e desprezível.

Esta opinião, compartilhada pela maioria das pessoas, apoia-se sobre razões sérias, entre os sábios quase sempre se encontram charlatães. A magia não é uma exceção a esta regra. O estudo da magia não está ao alcance de todo o mundo. Muito pelo contrário, exige um trabalho assíduo e penoso, profundos estudos e, sobretudo, uma tenacidade, uma concentração e determinação no treinamento de sua vontade chamada a vencer duras provas em cada degrau da escala evolutiva. Somente aquele que é digno torna-se maduro e pode pretender a um certo grau de elevação. A maioria dos candidatos abandona a *Arte* no princípio, porque são muitos os que tratam de compreender com o mínimo esforço e o mais rapidamente possível, a fim de utilizar-se da ciência com fins egoístas. A verdadeira magia não é nada disso. Não dá glória nem bem estar material e sua única recompensa consiste em trabalhar sobre um plano superior onde o horizonte se amplia ante o iniciado. Então começa-se a perceber a finalidade da vida e compreende, finalmente, que a estrada que havia seguido penosamente não tem nada de comparável com a que deve recorrer no infinito. Medite sobre estas palavras do Evangelho: *"Muitos são chamados e poucos os escolhidos"*. E há quem, havendo abandonado o áspero caminho da evolução depois de haver arrancado alguns segredos na natureza no curso de seus estudos, puseram em prática seus conhecimentos ocultos – assim nasceu a Magia Negra.

Assim como o verdadeiro Mago não tende senão a aproximar-se da Fonte Luminosa para cumprir sua obrigação, o bruxo, falso mago, não aponta mais que ganhar dinheiro com seus escassos conhecimentos. Subjuga as forças naturais e inclusive a certas entidades, cujos nomes possui para prejudicar a seu próximo, sem suspeitar dos terríveis laços que cria para sua alma nas existências por vir. A Alta Magia é a Sabedoria – Religião

O verdadeiro Mago deve ser puro em todas suas intenções. Sendo sua finalidade é a evolução predestinada, porém, esta evolução não deve conceber-se para fins pessoais. Apesar de guardar o segredo, ele pode e deve prestar ajuda a seus irmãos extraviados nas trevas. Pode e deve guiá-lo para sair do labirinto no qual se meteu. Sem dúvida, dependerá do homem assistido seguir esta luz ou continuar a descida até o final. O esforço é imposto e deve originar-se do próprio homem. Não teria nenhum mérito se lhe adulasse os seus cabelos e se conduzisse a força pelo caminho da evolução. O homem possui a razão e o livre arbítrio. É possível fazer um chamado a esta razão, porém a ele lhe toca concretizar em ato o que há compreendido, sendo livre mesmo.

Quem se entrega ao estudo da magia harmoniza nos dois caminhos e na religião. Assim encaminha pelas 32 vias da Sabedoria, passando pelas 50 portas da razão. Detenhamos sobre esta questão que apresenta certa obscuridade. O trabalho das 50 portas constitui uma ascensão para as regiões superiores; parte desde a dúvida, desde os fenômenos da Natureza até a certeza e a fé. É o labor do Sábio que ocorre crescente. É o movimento de evolução. Pelo contrário, a descida ao longo das 32 vias é um trabalho de cima para baixo. A partida se baseia sobre a fé, e a chegada é o saber. É o trabalho do sacerdote que se transformou em Sábio, é o movimento de involução. Esses movimentos estão coordenados e formam o ciclo de vida que apresenta um continuo intercâmbio entre o princípio e a realização, ou, simbolicamente, entre Alfa e Ômega, Aleph e Tau, através das "vinte e duas" manifestações expressadas pelas letras do alfabeto sagrado. Esta é a polarização incessante, cujo reflexo percebe a ciência humana em toda sua manifestação da vida da natureza. A evolução-involução, a análise-sínteses forma uma espiral infinita cujas espiras se continuam, repetindo-se indefinidamente. O movimento da terra sobre sua órbita, que não é uma elipsoide fechada, pode ser representada por uma figura de curvas espirais infinita que pode servir como exemplo. As encarnações sucessivas do homem seguem a mesma lei e a morte segue da vida, apesar de existir outra forma de vida. Assim, um nascimento aqui embaixo é uma morte no plano superior e os que assistem a este fim gemem por esta perda com muito mais razão que aqueles que, na Terra, choram pelos seus mortos. Sabemos que o espírito vai encarnar-se na matéria para sofrer novas provas; será suficientemente forte como para resistir as tentações e não sucumbir sob os duros golpes do destino? Tal é a angustiosa pergunta que se formula para aqueles que acompanham a descida de um espírito para a matéria. Pelo contrário, a morte sobre esta Terra é um nascimento no mundo superior, onde o espírito liberado regressa depois das provas para repousar, meditar sobre as ações passadas e sofrer suas consequências.

Com estas reflexões, deixamos o leitor livre para colher o que melhor lhe aprouver, esta é a grande lei, o *livre arbítrio*, e não existe nada mais forte em que "Faz o que tu queres, há de ser o tudo da Lei; Amor é a Lei, amor sob vontade".

# Simbolismo – A Esfinge e os Evangelistas

O simbolismo constitui uma das sessões em que o Ocultismo tem tido maior influência, guiando não só os escultores e pintores iniciados na tradição secreta, mas ainda os poetas e historiadores, desde a mais remota Antiguidade até ao século XVI da nossa era. Assinalemos este traço característico dos historiadores instruídos segundo o método ocultista: nunca sobre a história dos indivíduos, mas, sim, na dos princípios encarnados nesses indivíduos. Era o método exclusivo dos antigos, também seguido pelos profetas: escreviam o desenvolvimento da ciência iniciante de todos os tempos sob o nome de Hermes. Quando os escritores modernos quiseram aplicar seus processos atuais a este simbolismo histórico, ficaram surpresos de ver que Hermes era autor de vinte mil volumes, o que é muito para um só homem, mas bastante normal para a Universidade Central do Egito, de que Hermes era o

nome coletivo. Acontece o mesmo com Zoroastro ou Buddha, que designam os princípios encarnados numa série de homens e não simples indivíduos. Quando os contemporâneos se aperceberam do erro, dizem os ocultistas, cometeram outro erro negando toda existência pessoal aos indivíduos que tinham manifestado o mesmo princípio em diversas épocas, e atribuíram as coletividades de homens do mesmo tempo as obras de Homero ou as de Moisés. A verdade, para o ocultista, está entre essas teorias extremas. A *Ilíada*, a *Eneida*, O *Asno de Ouro*, a *Divina Comédia*, são histórias escritas de acordo com as chaves do Ocultismo e que descrevem os mistérios da iniciação física ou astral.

Todas as catedrais góticas são também símbolos de pedra, palavras de granito, assim como os templos antigos e modernos da Índia e da China. Daremos apenas um exemplo bem nítido da aplicação do oculto a estética, que ajudará a compreender o resto. Escolhemos o símbolo da Esfinge, que, segundo a tradição oculta, estava pouco distante das pirâmides e servia de entrada secreta, devido a uma porta situada entre suas patas.

Se analisarmos esse símbolo sob o ponto de vista da sua forma, verificaremos que a Esfinge, tal como existe na Caldeia, compunha-se dos seguintes elementos. Uma cabeça humana, asas de águia, garras de leão, ancas de touro. Que significa tão curioso símbolo? Para que seu significado nunca se perdesse, uma história simbólica, a do Édipo, comentava a imagem de pedra. Segundo essa lenda, o herói tinha adivinhado o enigma da Esfinge, e a palavra do enigma era o homem. Todos os sinais que pareciam tomados da animalidade: touro, leão, águia, são como a cabeça humana, efetivamente característicos do homem.

O Touro é o símbolo do temperamento linfático e da força material de cada indivíduo. É a chave da psicologia abdominal ou dos instintos, cuja fórmula é *calar-se*.

O Leão é o símbolo do temperamento sanguíneo e da força anímica, da coragem e da cólera. É a chave da psicologia torácica ou das paixões e sentimentos, cuja fórmula é *ousar*.

A Águia é o símbolo do temperamento nervoso e da força intelectual irrefletida, do entusiasmo e da imaginação sem freio. É a chave da psicologia cerebral inferior, da ciência dos livros, cuja fórmula é *saber*.

A *cabeça humana* é o símbolo do temperamento bilioso e da vontade do touro, anímicas do leão, entusiastas da águia, e que conduz tudo a unidade da consciência esclarecida pelo espírito. A fórmula dessa psicologia, não somente intelectual, mas, sobretudo, espiritual, é *querer*.

Os elementos componentes da Esfinge, ligados, segundo as chaves analógicas, desde a forma até a ideia correspondente. Resume-se numa fórmula de conduta intelectual e moral: *saber, ousar, querer, calar-se,* – que guiou os iniciados de todas as escolas desde a mais remota Antiguidade. A Esfinge, porta da iniciação, é o verbo petrificado da Ciência Oculta e de sua tradição misteriosa. E, como as leis do simbolismo são universais, abri os evangelhos e notareis na frente de cada um deles um símbolo de cada evangelista, uma das quatro formas da Esfinge. Eis porque há uma Kabbala Cristã, tendo o Apocalipse como simbólica especial. Assim, todas as manifestações estéticas da Antiguidade eram imediatamente traduzíveis em ideias, e isso pela simbólica do Ocultismo.

Poderíamos multiplicar os exemplos dessas aplicações hoje pouco conhecidas e que têm, entretanto, servido de modelo às associações de construtores (Maçonaria), que edificaram a maior parte das catedrais góticas. Todas as artes receberam vida sob a influência do Ocultismo, e, desde que esta influência foi desprezada, ficou em grande parte cortada a inspiração nas fontes vivas. Mas esta *escuridão* não será longa para aqueles que tenham a vontade de luz e verdade; o Marquês de Saint-Yves d'Alveydre nos legou o *Livro da Palavra*, o livro das *Guerras de Job*, esse alfabeto de Adão, que foi o guia secreto de todas as antigas escolas iniciáticas. Devido ao *Arqueómetro de Alveydre*, que encontra-se traduzido praticamente em todos os idiomas, é o cânone das artes da Antiguidade e foi reconstituído pelos discípulos daquele grande ocultista e traz as chaves dos estilos do futuro sinteticamente estabelecida. O artista e o sábio, vão, enfim, poder comunicar-se por chave da mesma espécie que a do Verbo ou Cristo, falando livremente no Universo, enquanto os cérebros humanos registram as vibrações da vida divina revelando-se à Humanidade.

**Notas:**

1. A Maçonaria esteve muito ligada com o Ocultismo, e houve tempo em que formavam uma só e mesma instituição, tendo os ocultistas criado os graus superiores aos de mestre, o seu rito e simbolismo, cuja verdadeira significação é quase desconhecida dos maçons de hoje.

2. A Lenda do *Arqueómetra*, ou *Grande Arquiteto do Universo*, torna-se uma chave interpretativa com a explicação do Ocultismo. Nada existe que tenha sido obra do acaso, pois D-us fez sempre proclamar o Belo dos desacertos oriundos do nosso próprio livre arbítrio (o Bem da iniquidade, segundo o Evangelho). Os gênios das linguagens e seus derivados, as formas das letras e números, os sinais algébricos, tudo, enfim, que existiu, existem e deverão existir, subordinam-se, nas diversas modalidades, a um plano pré-estabelecido e, o que é mais, conservando cada indivíduo executante desse plano o seu livre arbítrio. Principalmente nas 25 (2 + 5 = 7) letras do alfabeto romano - de acordo com a Tradição - é muito fácil reconhecer as formas simbólicas da construção do templo, o cajado pastoril ou cetro do poder, as fases da Lua, a serpente da Gênesis, enfim, o X da involução ou evolução.

## A Maçonaria e o Ocultismo

Na época de Luiz XVI, na França, os que julgavam encontrar na Maçonaria uma academia de altos estudos quiseram que a luz se fizesse nesse caos de absurdos que as lojas maçônicas ornaram com o título de Mistérios. Aos maçons de então tinham-se juntado ao sábio orientalista Court de Gébelin (Antoine *Court de Gébelin* (França, 1719 – 1784), e com a fama quase maravilhosa de Cagliostro (Alessandro, Conde *Cagliostro* (Palermo, 1743 -1795) atraía então todas as atenções, pediram ao célebre siciliano que fizesse ali uma conferência. Cagliostro aceitou a entrevista com um auditório de elite. Apresentou-se em 10 de Maio de 1785. Desde as preliminares da conferência, sua grande simplicidade e sua perfeita cortesia conciliaram-lhe as simpatias da assembleia. Court de Gébelin, encarregado da função de orador, visto ser orientalista, ficou desde logo encantado por encontrar em Cagliostro um viajante muito instruído em tudo que constitui as tradições da Grécia, do Egito, da Arábia e da Pérsia. Mas, quando se tratou de abordar a tese que era o objeto desta reunião, a expansão do siciliano extinguiu-se subitamente como um buquê de fogo de artifício; tornou-se frio, reservado, quase distraído, só respondendo por termos vagos e circunlóquios que fugiam ao terreno da discussão. Instigado por

Court de Gébelin, pelo Duque de Rochefoucauld, por Savalette, para explicar-se sem reticências perante essa assembleia que o tinha na maior admiração, tomou enfim a palavra após alguns instantes de concentração.

Meus senhores! – Disse ele – aceitando o convite com que quiseste honrar-me, eu não pressentia, tão nitidamente como agora, toda gravidade dessa conferência. Se não me engano, acreditais que a Maçonaria deve possuir a chave das ciências ocultas e, não tendo podido descobrir essa chave nas vossas lojas, suporeis que depende de mim trazer algumas luzes no meio das vossas pesquisas... Pois bem! Minha franqueza ordena-me que a Maçonaria nada tem para ensinar-vos. O pretendido mistério de Hiram não passa de um grotesco absurdo, e o título de *Grande Arquiteto do Universo*, que dais a D-us, é uma alcunha de que seu inventor inglês não conhecia o sentido comum. Sentis que o Ser Supremo não poderia ser definido por tão miserável antropomorfismo. A imensa variedade das manifestações da vida no seio da Ordem Universal revela as vossas consciências uma Causa primária absoluta, que procurais definir, apesar da insuficiência da linguagem humana. Não mais busqueis a expressão simbólica da ideia divina, pois foi criada há sessenta séculos pelos Magos do Egito. Hermes-Thoth fixou-as em dois termos. O primeiro é a Rosa, porque esta flor apresenta uma forma esférica, símbolo perfeito da Unidade, e porque o perfume que exala é uma uma revelação da Vida. Essa rosa foi colocada no centro de uma Cruz, figura que exprime o ponto onde se unem os ápices de dois ângulos retos cujas linhas podem ser prolongadas ao infinito pela nossa concepção, no triplo sentido de *altura, largura e profundidade*. Este símbolo é feito de ouro; porque, na ciência oculta, o ouro significa *luz e pureza*, e o sábio Hermes deu-lhe o nome Rosa † Cruz – *Esfera do Infinito*. Entre os raios ou vãos da cruz escreveu as letras **I,N,R,I**, cada qual exprimindo um mistério.

- **I** (*Ioïth*, na língua sagrada) simboliza o princípio criador ativo, e a manifestação do poder que fecunda a substância.
- **N** (*Naín*) simboliza a substância passiva, molde de todas as formas.
- **R** (*Rasith*) simboliza a união dos dois princípios e a perpétua transformação das coisas criadas.
- **I** (*Ioïth*) simboliza de novo o princípio criador divino, para significar que a força criadora emanada volta sem cessar ao seu ponto de partida para brotar eternamente.

Os antigos magos traziam a Rosa † Cruz suspensa ao pescoço por uma corrente de ouro; mas, para não deixarem aos profanos a palavra sagrada INRI, substituíram estas quatro letras pelas quatro figuras de que se compõe a Esfinge: o Homem, o Touro, o Leão e a Águia, cuja significação é uma forma de conduta.

Compare com esta explicação a farsa inserida nos vossos rituais que, para explicar a palavra INRI, faz dizer aos vossos pretendidos iniciados: "*Venho da Judeia, passei por Nazareth, conduzido pelo Raphael, e sou da Tribo de Judá.*" O que admira, senhores, é que semelhante tolices tenham podido alojar-se em espíritos franceses!...

Se quiserdes ressuscitar entre vós a majestade das doutrinas que iluminaram o antigo mundo, e ascender nas culminâncias da inteligência humana o farol das divinas luzes, cumpre antes de tudo atirar ao fogo a lenda de Hiram e os vossos rituais insensatos.

Cumpre renunciar a esses cordões de cavalaria irrisória, a esses títulos de *Sublimes Príncipes*, de *Soberanos Comendadores*, aos quais quatro tábuas, sob alguns palmos de terra, fazem tanta justiça como qualquer plebeu.

A assembleia fremia sob esse altivo discurso de Cagliostro. Mas enfim, exclamou Cour de Gébelin, é suficiente destruir tudo para nos tornarmos superiores?... Se a Maçonaria é apenas uma fantasmagoria, em que os sinais pelos quais poderemos reconhecer que a luz que nos é recusada brota dos mistérios de que tendes a chave?... Se sois herdeiro da antiga Magia, dê-nos uma prova, uma só prova do vosso poder... Se sois o Gênio do passado, que trazeis para o Futuro?...

– Eu vo-lo revelarei – respondeu friamente Cagliostro – e sob o selo do sigilo maçônico, se jurardes guardar segredo sobre a fé da vossa honra, vou provar o que acabo de dizer.

– Nós juramos segredo – exclamaram todas as vozes a um só tempo. Todos levantaram os braços confirmando a palavra.

– Senhores – continuou o siciliano passando pelo auditório seu olhar magnético – na hora em que nasce uma criança, já alguma coisa precedeu-a na vida. Essa alguma coisa é o *Nome*. O nome vem completar sua geração; porque, antes de ser *nomeado*, o filho de um rei, como o de um camponês, é apenas um pouco de matéria organizada, da mesma maneira que o cadáver do mais poderoso senhor, depois de despojado das pompas dos funerais, não se distingue dos restos do mais vil escravo. Há, nas sociedades modernas, três espécies de nome: o de *família*, o pré-nome, e o *sobre-nome*. O nome de família é o selo comum da raça, que se transmite de ser em ser. O *pré*-nome é o sinal que caracteriza a pessoa e distingue o sexo. O *sobre*-nome é uma qualificação secundária, aplicada a tal ou qual indivíduo da família, em casos particulares. O nome

familiar é imposto pela ordem civil. O *pré*-nome é escolhido pelas intenções afetuosas do pai e da mãe. O *sobre*-nome é um título acidental, ora passageiro, ora hereditário.

Há, enfim, o *título* social, tal como príncipe, conde, duque, etc. Ora, eu leio no conjunto dessas designações pessoais os traços mais salientes de um destino qualquer; e, quanto mais numerosas são essas designações, tanto mais se acentua, se desenvolve e se completa o oráculo que delas emana. Minha convicção a este respeito apoia-se sobre experiências numerosas e sobretudo bem evidentes. De fato, cada um de nós é *nomeado* nos céus ao mesmo tempo que na Terra, isto é, *predestinado*, votado, pelas leis ocultas da Sabedoria incriada, a uma série de provas mais, ou menos fatais, antes mesmo que tentemos um primeiro passo para o futuro desconhecido.

Não me dizei que uma tal certeza, se pudesse existir, seria desesperante. Não me dizei que tornaria inerte a inteligência, sem alvo a atividade, inútil a vontade, e que o homem, despojado das suas faculdades morais, apenas seria uma roda do Universo. A predestinação é um fato, e o nome, um sinal. A mais alta Antiguidade acreditava nesta aliança misteriosa do *nome* e do *ser* que o reveste como um talismã divino ou infernal, para esclarecer sua passagem sobre a Terra ou para incendiá-la.

Os magos do Egito tinham confiado este segredo a Pitágoras, que o transmitiu aos gregos. No alfabeto sagrado do magismo, cada letra liga-se a um número, cada número corresponde a um arcano, cada arcano é o significador de uma potência oculta. As 22 letras de que se compõe a linguagem formam todos os nomes que, segundo o acordo ou o combate das forças secretas, figuradas pelas letras, votam o homem assim nomeado às vicissitudes que definimos pelos termos vulgares de *felicidade* e *infortúnio*.

Que relação pode existir de perto ou de longe, entre letras mudas, números abstratos e coisas tangíveis da vida real? Haverá necessidade de que, por exemplo, o impenetrável mistério da geração seja revelado, para que se possa pensar caminhar, querer e agir?... D-us nos esclarece pelos meios que convém a sua sabedoria, e os mais simples são sempre os que ele prefere. Aqui é o *Verbo* (a palavra), obra de D-us, que é o instrumento da revelação fatídica. Uma experiência vai fazer compreender. Resumamos a tese e a vossa dúvida numa questão séria e rigorosamente formulada nos seguintes termos:

*É possível ao espírito humano procurar e descobrir os segredos do futuro no enunciado literal do acontecimento que acaba de cumprir-se ou na definição de uma pessoa pelos nomes, títulos e atos que constituem sua individualidade?*

Há um sentido aparente, material de algum modo, desta questão. Mas, enquanto agitais cem argumentos prós ou contra, a alta Magia já deu um segundo sentido que apresenta a verdadeira resposta, e eis a arte de desprender este sentido oculto.

O texto é formado de 190 letras, as quais cumprem unir uma progressão de números elevando-se de 1 a 190, do seguinte modo:

E1, P2, O3, S4, S5, I6, V7, E8, L9, A10, O11, E12, S13, P14, I15, R16, I17, T18, O19, H20, U21, M22, A23, N24, O25, P26, R27, etc. Todas essas letras com seus números são colocadas ao redor de um círculo, para que seja visto com um só golpe de vista. O alfabeto dos magos fixa o valor das letras. Na nossa língua não há as duplas Th ou Ts. Devemos, portanto, considerá-las como nulas para nosso uso. Também que as letras U e V, as letras I, J e Y, as letras F e P e as letras K e Q são enunciadas neste alfabeto pelo mesmo sinal e, por conseguinte, serão tomadas umas pelas outras, conforme as necessidades da decifração. Se, por exemplo, há três U e um V no texto aparente, e se são necessários dois U e dois V para exprimir o texto oculto, o terceiro U irá para o segundo V necessário. Se há três P e nenhum F; e, se o texto oculto exige dois F, dois dos P se transformarão em F, e vice-versa. Todas as outras letras conservam seu valor absoluto. Com esta regra estando fixada na memória, deve-se percorrer lentamente o olhar ao redor do círculo, deixando o espírito vaguear na contemplação dos grupos novos que as letras poderiam formar. Pouco a pouco algumas palavras aparecem: afastam-se do círculo as letras que as compõem, para notá-las à parte com os algarismos correspondentes. Depois, retoma-se a contemplação circular, até que novas palavras, em acordo com as primeiras, completem o novo sentido esgotando o círculo. Essa operação executada mais ou menos depressa, conforme as faculdades intuitivas do espírito estiverem mais ou menos exercitadas. Acontece, às vezes, que as primeiras palavras recolhidas não apresentam um sentido razoável, ou formam contradições. Neste caso, cumpre tornar a colocar as letras sobre o círculo, e recomeçar o estudo. Porém, na medida que se fica familiarizado com este trabalho, desaparece a dificuldade, e, por um instinto misterioso, o espírito repele as palavras criadas pelo acaso e parece atrair aquelas que nascem nas luzes da clarividência.

Procedendo dessa maneira, recolheremos da própria pergunta recolhe-se a seguinte sibila: *"O Verbo humano é um reflexo da luz eterna esclarecendo aqui toda vida. O Iniciado sabe ler e achar, nas palavras enunciadas, o prognóstico não longínquo dos destinos que devem executar-se em cada esfera dos indivíduos".*

Assim, o Iniciado não lê somente os destinos escritos sobre a esfera estrelada; mas encontra ainda a indicação desses mesmos destinos nas simples palavras que enunciam um fato, ou que caracterizam uma individualidade humana. É neste sentido que se disse no Gênesis de Moisés, obra de inspiração egípcia, que D-us fez passar diante do primeiro homem todos os seres vivos, para que desse a cada um o *nome* conveniente: nomear é *definir*.

Observando os elementos do texto oculto, verifica-se que restam sobre o círculo 10 letras. Estas letras são mudas, isto é, não podem formar palavras. Para tirar-lhes o sentido, cumpre proceder a maneira das *sibilas* que profetizavam nos antigos *Templos da Fortuna* Romana, em Prenesto ou no Athium, e fazer de algum modo brotar de cada inicial uma palavra fatídica, um Verbo humano. É o resultado de alguns instantes de recolhimento. E, para imitar inteiramente os oráculos de outrora, vou pensar em linguagem latina, têm-se os seguintes termos: "*Tecentes Casus Denuntiat Nomen; Decreta Dei Per Numeros Proefantur;*" o que significa: "*O nome anuncia os acontecimentos que repousam ainda no silêncio do futuro, e os decretos divinos são preditos pelos números.*" Os Nomes e os Números, eis, portanto, os fundamentos e as chaves do santuário dos Oráculos.

Nada é mais simples e inocente que esta pequena operação. Os velhos magos traduziam dessas combinações, do Verbo humano, fortuitas em aparência, ora respostas filosóficas, ora revelações do futuro.

Após alguns momentos de silêncio, em que se sentia a curiosidade do auditório, Cagliostro retomou a palavra nos seguintes termos:

É a história da França que aplicarei estas provas, pois seu estudo interessa bastante, foi narrado pelo historiador Mézeray, se bem me recordo, que um astrólogo italiano predissera a Catarina de Médici que Saint-Germain a veria morrer. Esta rainha teve desde logo grande receio da festa anual deste santo, e fugia de todos os lugares que tinha seu nome; terror vão, precauções falsas, porque o oráculo era desses cujo sentido só se esclarece depois do seu cumprimento. Por ocasião da sua morte, a lembrança dessa predição, que intrigara bastante a corte, fez notar que o confessor da rainha expirante se chamava *Saint-Germain*, bispo de Nazareth.

Eis em poucas palavras, a narrativa de Mézeray:

Catarina de Médici, rainha mãe, tornara-se regente em Dezembro de 1560, no advento de Carlos IX, seu filho, apenas com a idade de dez anos. Esta mulher ambiciosa, egoísta e má, escreveu então a Luc Gaurie, astrólogo muito notável nessa época, para interrogá-lo sobre o futuro do seu poderio.

Luc Gaurie traçou em linha francesa, e, nestes termos, o enunciado da regência que começava: "Catarina de Médici, rainha mãe, feita regente da França por seu filho Carlos Nono, no mês de Dezembro de mil quinhentos e sessenta". A operação *sibilina* é absolutamente a mesma que no exemplo precedente, e por isso podeis nela ler, tão facilmente como Luc Gaurie, o seguinte sentido oculto: Saint-Germain, admitido, verá a rainha mãe em seu leito fúnebre, extenuada neste mundo pelas flechas de sinistro remorso. O sinistro remorso que deveria extenuar a vida dessa mulher foi a *futura* matança de todos os protestantes, por ela ordenada no dia de São Bartolomeu. O abade Nicola de Saint-Germain foi testemunha dos temores de Catarina, mas não do seu arrependimento, pois ela expirou nos espasmos de um medonho desespero.

Restam sobre o círculo fatídico as letras iniciais das seguintes palavras: "*Croiore, Déficit Queritans*", isto é, "O sangue que ela fizer derramar deverá sufocá-la num último gemido".

Lembre-se dos oráculos formulados por Ruggiere sobre o último Valois e o primeiro Bourbon. Vejamos o advento de Henrique III, em 1574, e coloquemos sobre o círculo fatídico esta simples pergunta: "Henrique de Valois, Duque de Anjou, rei da Polônia, e depois rei da França, será feliz até o fim da sua vida, e legará o trono a seu filho?"

A resposta nestas letras anuncia do seguinte modo o fim da raça e morte trágica: "Este real Valois, fim da dinastia decadente, perecerá assassinado diante de soldado, não longe de Paris". Restam cinco letras mudas: D,U,J,U,U, significando: "*Decidit Ululans, Junctin Ullus Umbratur*", isto é, "Ele cairá gritando; mas será vingado no mesmo instante, antes de ser amortalhado no sombrio trespasso". Sabe-se que Henrique III foi apunhalado no seu campo, perto de Saint-Cloud, em 1º de Agosto de 1589, pelo monge dominicano Jacques Clement, que os soldados da guarda massacraram o monge na própria tenda do rei.

Cagliostro deu ainda outras provas do passado, com rara clareza, e depois disse: – Tratemos agora de abordar o futuro por enunciados do mesmo gênero e perguntas análogas. Não temamos tomar por tema o nosso rei Luiz XVI, e por objeto de estudo a pesquisa do seu destino. Este príncipe sucede a um reinado que abusou muito do respeito popular. Acusam-no, se não me engano, de deixar-se governar por uma corte cúpida e perigosa, que, depois de ter esgotado seus favores e sua bolsa, não o apoiará na última hora. Façamos, portanto, a seguinte pergunta:

"*Luiz, décimo sexto no nome, rei da França e de Navarra (Augusto, duque de Berri), será feliz até o fim da sua vida, e legará o trono a seu filho?...*". Acrescento a Luiz, nome real, os de *Augusto, duque de Berri*, porque ele os recebeu assim no seu nascimento, e completam a definição da sua individualidade. Operando sempre sobre o círculo, acharemos esta resposta encerrada na própria pergunta: "*Que Luiz XIV, rei fictício, decaído do trono arruinado de seus avós, acautele-se de morrer no cadafalso, quando tiver cerca de trinta e nove anos*". Ficam sobre o círculo três letras:

L, O, I, significando: "*Latescit, Omen Infaustum*"; isto é, o oráculo funesto se desenvolve em três termos: "*Queda, Aflição, Morte violenta*". Poderemos ir mais longe no enunciado seguinte: "Luiz dezesseis (Augusto, duque de Berri), rei da França". Nada de singular ou fatídico se manifesta nestas denominações; mas, pela operação, leremos o seguinte: "Luiz, Rei... *Dezesseis* decidirá funesto augúrio".

Restam quatro letras mudas: D, C, B, R, cuja interpretação romana das iniciais significa: "*Damnatur Capite, Belli Reus*", isto é: "Ele será condenado a perder a cabeça, como culpado de guerra". Trata-se de uma guerra exterior ou de uma guerra civil? Não sei, mas parece que o rei será acusado de ter promovido um conflito armado, e que será este um dos graves motivos de sua perda. Quanto ao número XVI, que enuncia a ordem dinástica, corresponde ao 16º arcano, que simbolizava, na cripta das pirâmides egípcias, a imagem de uma *torre fulminada* ou decapitada pelo raio. O reino de Luiz está, portanto, fadado a um funesto augúrio decidido pela presença do número XVI, cujo sentido oculto anuncia conflito das forças materiais, poderes que se esfacelam, catástrofes que surpreendem e oprimem.

Cagliostro deu, ainda, provas do poder da sua *segunda vista*, tendo na metáfora ou transposição das letras o meio da sua perfeita concentração, que revelava sua classe de alto iniciado. Depois deteve-se, passando sobre o auditório um olhar impassível. Parecia ser, neste momento, o Gênio encarnado dessa terrível fatalidade em cujo nome acabava de profetizar. Court de Gébelin, o sábio orientalista, ao qual devemos imensos trabalhos sobre as tradições do mundo primitivo, não estava menos estupefato que os outros assistentes.

— Senhor conde – disse a Cagliostro – acabeis de prognosticar, com uma temeridade sem exemplo, catástrofes incríveis. Que deixem de vir os benefícios da mais justa das revoluções, se deveremos pagá-los a tal preço!... Mas, como homem de coração, se estais delas convencido, não haveria um meio de dar aos interessados algum aviso secreto dos augúrios que os ameaçam? Se D-us permite que possamos, as vezes, penetrar o futuro, é sem dúvida para nos lembrar que é o soberano Senhor e que nossas preces podem demovê-lo. O rei é cheio de piedade, e a Senhora de Lamballe, amiga e rainha, é Grande Sacerdotisa de honra do vosso templo egípcio. Confiaste-lhe este prognóstico fatídico?

Não – disse Cagliostro – ela não me acreditaria, e eu cometeria uma imprudência inutilmente perigosa. As mulheres, como provam o exemplo das *sibilas*, tornam-se, às vezes, instrumentos proféticos, e então o poder secreto que as inspira sustenta sua fraqueza natural. Mas, fora desta rara condição, elas não são feitas para suportarem como o homem o peso de tão graves estudos. Os magos permitiam que elas ornassem as festas da religião, mas não lhes abriam a carreira dos Grandes Mistérios. Como eu poderia, aliás, dizer a Senhora de Lamballe que ela própria teria de ser massacrada?...

Era grande a surpresa dos dignitários da Maçonaria. Sem dar fé a esses oráculos, que entretanto se realizaram muitos anos depois com a maior exatidão e em todas as minúcias, eles contemplavam o estranho personagem que se achava na sua frente. Court de Gébelin, apaixonado pelas ciências ocultas, e que deixou esta narrativa nas suas Memórias manuscritas, declarou-se francamente a favor de uma aliança maçônica com o mago siciliano. Mas os nobres, que formavam a maioria do auditório, temiam comprometer-se pelas relações seguidas com tão bizarro profeta, que poderia estar ao menos impulsionado por temeridade perigosa. O próprio Duque de Rochefofoucald, apenas de ser partidário quase fanático de Cagliostro, acreditando mesmo que ela tinha o poder de fazer ouro, colocou-se por previdência à frente dessa oposição. Cagliostro não teria, porém, aceito a aliança, senão sob a condição de ser nomeado Grão Mestre de todos os ritos e investido de um poder absoluto de reforma. Com isso, a Maçonaria perdeu sua coroa de pretensões científicas.

*Conde Alessandro Cagliostro. Seu verdadeiro nome era Guiseppe Balsamo, e nasceu em Palermo em 1743.*

# Parte III
# Manual Prático de Kabbala Teúrgica

# CAPÍTULO I

# Prática Magia e Teurgia

## Omnia por unum

*Não há religião superior à Verdade.*
*A harmonia consiste na analogia dos contrários.*
*Não existe nada de novo em essência sobre a Terra.*
*Os antigos deixaram verdades que ainda devem ser conhecidas.*

Pascal, celébre matemático

*Será demonstrado que as tradições antigas são todas verdadeiras; que o paganismo inteiro é um sistema de verdades corrompidas e deslocadas, as quais se trata de limpar e reorganizar, para poderem brilhar com todos os seus raios.*

Xavier de Maistre, general e notável escritor

*Grande é a mente que pode deixar todas as outras mentes em paz. Ninguém tem o direito de usar seus poderes para questionar os afazeres dos outros sem a permissão da pessoa, pois a alma não deseja que as leis superiores sejam quebradas. O estudante avançado deve falar somente das coisas que o Eu Superior do questionador deseja que sua personalidade saiba, e o estudante deve contatar seu próprio Eu Superior antes de contatar o Eu Superior do questionador. Se o estudante dá informações e conhecimento que limita a liberdade de expressão da outra alma, ele deve estar preparado para suportar o Carma do questionador. No que diz respeito aos criminosos mentais, há leis que governam os planos mentais tanto quanto o físico, e o criminoso também será punido por encarcerar a si mesmo quando ultrapassar os limites da moral e da ética. Porém, o ocultista não é somente um estudante de religião, pois seu interesse é sobre todas as coisas, embora eu tenha mencionado em algum lugar que ele geralmente é um especialista em um aspecto particular da vida. Ele é tão interessado na última descoberta científica quanto o cientista seria, no desenvolvimento da situação política, ou na última fase da arte, pois nele todo o conhecimento e eventos do mundo se encaixam harmoniosa e perfeitamente, como uma peça de um gabinete de trabalho. Ele deve estar preparado para se deslocar em todas as formas da sociedade, e escutar bebês e sábios de coração aberto, pois sabe que todos os homens são instrumentos usados pelos deuses, e verdades podem inconscientemente ser transmitidas a ele por meio deles. Assim, o estudante de Ocultismo que pesquisa profundamente os verdadeiros sentidos da religião pode entender e simpatizar com essas crenças aparentemente contraditórias, encontradas em quase todos os países do mundo. Como M. diz: "Cada religião é uma página de um enorme livro", e desde o selvagem que adora o seu pequeno ídolo até o místico que adora todo o Universo, todos leem as verdades de D-us de acordo com a inteligência dada a eles por Ele. E eu arrisco dizer que nem uma delas está errada, até que o veneno do fanatismo torne-as possessas de fúria homicida, e ataquem aqueles que adoram outros deuses. E aqui está a importância de um treinamento ocultista, para que o estudante, sabendo e realizando as diferentes leis ocultas que comandam a humanidade, tragam para todas as coisas uma avaliação diferente e mais tolerante, apesar de sua avaliação não ser estendida para os agentes destrutivos. Seus olhos têm uma forma diferente de ver as coisas, pois ele entrou num mundo mais filosófico, no qual não julga os homens, mas tenta discernir os motivos secretos que compelem os homens a tomar atitudes que podem machucá-los ou ajudá-los. Os ocultistas são psicanalistas, e os têm sido por eras. Ele pode seguir e separar os pensamentos confusos além das regiões da mente, e onde os psicanalistas modernos descontinuam", ele prossegue, "pois pode funcionar conscientemente no plano mental do mundo se sua própria mente, ou o mundo mental onde os pensamentos-ação são tão reais para ele quanto as emoções físicas são para aqueles que se movem sobre este planeta. Ele pode examinar no corpo mental as manchas enfermas da mente tão facilmente quanto um médico diagnostica o corpo físico.*

A.A.K

# LIBER LBRÆ
# SVB FIGVRA XXX

## A∴A∴
### Publicação em Classe B
### Imprimatur
### N. Fra. A∴A∴

0. Aprende primeiro — Ó tu que aspiras a nossa antiga Ordem! – Que o Equilíbrio é a base do Trabalho. Se tu mesmo não tens um alicerce, sobre o que irás tu estar para comandar as forças da Natureza?

1. Saiba, então, que, como o homem nasce neste mundo em meio às Trevas da Matéria, e à luta de forças rivais, seu primeiro esforço deve, portanto, ser o de procurar a Luz através da reconciliação delas.

2. Tu então que tens provas e problemas, regozija-te por causa deles, pois neles está a Força, e por meio deles é aberta uma trilha àquela Luz.

3. Como poderia ser de outro modo, Ó homem, cuja vida é apenas um dia na Eternidade, uma gota no Oceano do tempo; como poderias tu, não fossem muitas as tuas provas, purgar tua alma da escória da terra? É apenas agora que a Vida Mais Elevada é assediada com perigos e dificuldades; não tem sido sempre assim com os Sábios e Hierofantes do passado? Eles foram perseguidos e ultrajados, eles foram atormentados por homens; ainda assim, sua Glória crescera.

4. Regozija, portanto, Ó iniciado, pois quanto maior for tua prova, maior teu triunfo. Quando os homens te ultrajarem, e falarem contra ti falsamente, não tem dito o Mestre, "Sagrados sois vós"?

5. Ainda assim, Ó aspirante, deixa que tuas vitórias tragam a ti não a Vaidade, pois com o aumento do conhecimento acompanharia o aumento da Sabedoria.

Ele que sabe pouco, pensa que sabe muito; mas o que sabe muito descobrira sua própria ignorância. Tu vês um homem sábio em sua própria presunção? Não há mais probabilidade de existir um tolo, do que ele.

6. Não sejas apressado em condenar outros; como conheces aquilo no lugar deles, tu poderias ter resistido à tentação? E mesmo se fosse assim, por que deverias tu menosprezar aquele que é mais fraco do que tu mesmo?
7. Tu, portanto, que desejas Dons Mágicos, estejas seguro de que tua alma é firme e inabalável, pois é lisonjeando tuas fraquezas que os Fracos ganharão poder sobre ti. Rebaixa-te ante teu *Self*; contudo, não temas nem homem nem espírito. O Temor é o fracasso, e o precursor do fracasso; e a coragem é o início da virtude.
8. Portanto, não temas os Espíritos, mas sê firme e cortês com eles, pois tu não tens direito a desprezá-los ou a injuriá-los; e isso também pode induzir-te ao erro. Domina e bane-os, amaldiçoa-os pelos Grandes Nomes se necessário for; mas não zombes deles e nem os insultes, pois assim, certamente, tu serás levado ao erro.
9. Um homem é aquilo que ele faz de si mesmo dentro dos limites fixados por seu destino herdado; ele é uma parte da humanidade; suas ações afetam não somente o que ele denomina de si mesmo, mas também a totalidade do Universo.
10. Venera, e não negues o corpo físico que é tua conexão temporária com o mundo externo e material. Portanto, que teu Equilíbrio mental esteja acima dos distúrbios dos fatos materiais; vigora e controla as paixões animais, disciplina as emoções e a razão, alimenta as Aspirações Mais Elevadas.
11. Faze o bem aos outros para teu próprio bem, não por recompensa, não pela gratidão deles, não por compaixão. Se tu és generoso, tu não ansiarás que teus ouvidos sejam deliciados com expressões de gratidão.
12. Lembra que a força desequilibrada é perniciosa; que a severidade desequilibrada é apenas crueldade e opressão; mas que também a misericórdia desequilibrada é apenas fraqueza que consentiria e incitaria o Mal. Obra com paixão; pensa com razão; sê Tu mesmo.
13. O Verdadeiro ritual é tanto ação quanto palavra; é Vontade.
14. Lembra que esta terra é apenas um átomo no Universo, e que tu mesmo és apenas um átomo disto, e que mesmo tu poderias tornar te o D-us desta terra na qual tu rastejas e te arrastas, que tu serias, mesmo então, apenas um átomo, e um dentre muitos.

15. Contudo, tem o maior autorrespeito, e para este fim não peques contra ti mesmo. O pecado que é imperdoável é rejeitar consciente e intencionalmente a Verdade, recear o conhecimento mesmo que aquele conhecimento não alcovites teus preconceitos.
16. Para obter o Poder Mágico, aprende a controlar o pensamento; admita somente aquelas ideias que estão em harmonia com o fim desejado; e não toda ideia difusa e contraditória que se apresente.
17. O Pensamento fixo é um meio para um fim. Portanto, presta atenção no poder do pensamento silencioso e da meditação. O ato material é apenas a expressão externa de teu pensamento, e, portanto, tem sido dito que "Pensar tolice é pecado". O Pensamento é o começo da ação, e se um pensamento ao acaso pode produzir muito efeito, o que não poderia fazer um pensamento fixo?
18. Portanto, como já tem sido dito, estabelece-te firmemente no equilíbrio das forças, no centro da Cruz dos Elementos, a Cruz de cujo centro o Mundo Criativo brotou no nascimento da aurora do Universo.
19. Sê tu, portanto, pronto e ativo como os Silfos, mas evita frivolidade e capricho; sê enérgico e forte como as Salamandras, mas evita irritabilidade e ferocidade; sê flexivo e atento às imagens como as Ondinas, mas evita ociosidade e inconstância; sê laborioso e paciente como os Gnomos, mas evita grosseria e avareza.
20. Então, irás tu gradualmente desenvolver os poderes de tua alma, e encontrar-te a comandar os Espíritos dos elementos. Porque estivestes a convocar os Gnomos para alcovitar tua avareza, tu não irias mais comandá-los, mas eles te comandariam. Abusarias dos puros seres dos bosques e das montanhas para encher teus cofres e satisfazer tua fome de D-us? Rebaixarias os Espíritos do Fogo Vivo para servir a tua ira e ódio? Violarias a pureza das Almas das Águas para alcovitar teu desejo de devassidão? Forçarias os Espíritos da Brisa Noturna para servir a tua loucura e capricho? Saiba que com tais desejos tu podes apenas atrair o Fraco, não o Forte, e naquele caso o Fraco terá poder sobre ti.
21. Na religião verdadeira não há seita; portanto, preste atenção a que tu não blasfemes o nome pelo qual outro conhece seu D-us; pois se tu fazes isto em Júpiter tu irás blasfemar יהוה (YHVH) e em Osíris יהשוה (YChShVCh). Pergunta e tu irás obter resposta! Procura, e tu irás encontrar! Bate, e será aberta a ti!

*Amor é a Lei, Amor sob Vontade*

# O que eram as Ciências Secretas

A história conta que na Antiguidade os maiores pensadores do Ocidente tinham concluído seus aprendizados nos Mistérios Egípcios. A Ciência desses Mistérios era conhecida sob diferentes nomes: *Ciência oculta, Hermetismo, Magia, Ocultismo, Esoterismo*, etc. Sempre idêntico nos seus princípios, esse código de instrução constituía a ciência tradicional dos magos. Ensinava-se aí o movimento da Terra ao redor do Sol, a teoria da pluralidade dos mundos, a atração universal, as marés produzidas pela atração lunar, a constituição da via láctea, e sobretudo a lei que Newton tornou a descobrir. Usava telescópio, conhecia-se refração da lua, o isocronismo das vibrações do pêndulo, aplicava-se o vapor, e manejava-se o raio como hoje se emprega o calor, fazendo com que ele descesse e caísse onde melhor conviesse. Na história eclesiástica de Sozomene, pode-se ver a coorporação sacerdotal dos etruscos defendendo por esse meio a cidade de Narnia. Tito Lívio descreve a morte de Tullius Hostilius que, procurando evocar a força elétrica, segundo os ritos de um manuscrito de Numa, morreu fulminado por não ter previsto o choque de retorno.

Sabe-se que a maior parte dos mistérios entre os sacerdotes egípcios era apenas o véu que cobria as ciências, e que ser iniciado nesses mistérios era instruir-se nas ciências. Por isso, davam a Júpiter o nome de *Elicius* ou Júpiter elétrico, considerando-o como o raio personificado, e que se deixava cair sobre a Terra pela virtude de certas fórmulas misteriósas, pois Júpiter Elicius apenas significava Júpiter, suscetível de atração, Elicius vindo de Elicere, segundo Ovidio e Varron.

A química nesses Mistérios era, sob certos pontos de vista, superior a moderna. Conheciam a maneira de trabalhar os metais, a douração, o tingimento da seda a cores, a vidraria, a maneira de chocar artificialmente os ovos, de extrair os óleos medicinais das plantas e preparar o ópio, de fazer a cerveja, o açúcar de cana e muitos unguentos; sabiam destilar, e conheciam os álcalis e ácidos. Em Plutarco, Heródoto, Sêneca, Quinto Curcio, Plínio e Pausanias, encontram-se indicações dos atuais ácidos, bases, sais, álcool, éter, enfim os vestígios de uma química orgânica e inorgânica, cuja chave esses autores não possuíam ou não quiseram revelar.

Serviam-se também de canhões e pólvora. Porfírio, no seu livro sobre a *Administração do Império*, descreve a artilharia de Constantino Porphyrogenta. Valerianus, na sua *Vida de Alexandre*, mostra os canhões de bronze dos indianos. Em Ctesias, encontra-se o famoso fogo greguez, mistura de nitro, enxofre, e de um hidrocarboneto, aplicado muito antes de Ninus, na Caldeia, no Irã e nas Índias, sob o nome de fogo de Bharawa. Este nome, fazendo alusão ao sacerdote da raça vermelha, primeiro legislador dos negros na Índia, denota por si só uma grande Antiguidade. Heródoto, Justino, Pausanias, falam das *minas* que afogavam, num aluvião de pedras e projéteis envolvidos em chamas, os persas e gauleses invasores de Delfos.

Em outro nicho de conhecimentos, vemos as pretendidas descobertas medicinais modernas, tais como a circulação do sangue, a antropologia e a biologia geral, perfeitamente conhecidas da Antiguidade, e sobretudo de Hipócrates.

Existe ainda uma infinidade de descobertas que estão perdidas para nós, entre as quais a produção artificial das pedras preciosas, a arte de tornar o vidro maleável, a de conservar as múmias, pintar de uma maneira inalterável mergulhando uma tela untada de diversos vernizes numa só solução de onde saía revestida de variáveis cores. Sem falar dos produtos aplicados pelos romanos na arquitetura. Enfim, o manuscrito de um monge de Athos, Panselanus, revela, segundo antigos autores iônios, a aplicação da química à fotografia. Este fato foi reconhecido a propósito dos processos de Niepce e Daguerre. A câmara escura, os aparelhos de ótica, a sensibilidade das chapas, aí se acham bem descritos.

A educação e a instrução elementar eram, segundo a calipédia, dadas pela família. A educação e a instrução profissionais ministravam-se pela tribo – estudos mais completos, análogos aos da atual instrução secundária, eram fornecidos pelos templos sob o nome de *Pequenos Mistérios*. Os que conseguiam adquirir os conhecimentos naturais e humanos dos *Pequenos Mistérios* tomavam o título de *Filho da Mulher, Filho de Herói, Filho do Homem*, e possuíam certos poderes, como a terapêutica em todos os ramos, a mediação junto aos governantes, a magistratura arbitral, etc.

Os *Grandes Mistérios* completavam esses ensinos com uma hierarquia de ciências e artes, cuja posse dava ao iniciado o título de *Filho dos Deuses, Filho de D-us*, conforme o templo fosse ou não metropolitano, e além disso certos poderes sociais chamados sacerdotais e reais. É, portanto, no *Templo* que se achavam as *ciências*; e estas, por serem então ministradas somente após uma iniciação gradual e metódica e principalmente a uma preparação moral dos candidatos, denominavam-se *secretas*. A classificação de *ciências secretas* compete agora às ciências que, em vez de constituírem-se só pela constatação e organização dos fatos, como as *ciências* que, por serem bem evidentes ou materiais, se classificam como ciências propriamente ditas – têm como balizar os fatos da experiência em harmonia com as concepções filosóficas dos antigos *templos, universidades* – e, como instrumento de avanço, um regime moral que, fazendo o espírito perder sua afinidade para a matéria, afasta conseguintemente o *véu* que esta cobre a realidade de forma permanente, sobre a Ciência uma imutável, sobre a Verdade – em suma sobre D-us – a razão, que só pode ser tanto melhor compreendida quando maior for o culto pela sua essência – a Verdade, a nutre a indefectível *Felicidade*, que todos buscam por instintos: uns, pelos que se chama o *mal*, as aparências, as vias tortuosas ou demoradas, e outros pelo que se chama o *Bem*, a simplicidade, a retidão ou vias que, para serem as mais rápidas, devem por isso mesmo ser as mais escabrosas.

D-us, que é o único capaz de agir em nós, esconde-se, então de nossos olhos, suas operações não têm nada de sensível, e, ainda que ele produza e conserve todos os seres, o espírito, que busca com tanto ardor a causa de todas as coisas, tem dificuldade em reconhecê-lo, ainda que o encontre a todo momento. Alguns filósofos preferem imaginar uma natureza e certas faculdades como causa dos efeitos que chamamos de naturais, em vez de dar a D-us toda a honra que é devida a sua potência. Ainda que não tenham prova, nem mesmo ideias claras dessa natureza ou dessas faculdades como esperam demonstrá-lo através de reflexões e práticas que cada um no interior de seus *templos* poderão constatar e tirar das próprias experiências as conclusões. Entender, aceitar ou sentir D-us é coisa que não se discute nem há necessidade de comprovações, pois pertence àquele que conquistou os níveis consciências e que esse não se comunica com os níveis anteriores; é a revelação íntima que não necessita de comprovação ou adesões. Deveríamos vê-lo em todas as coisas, sentir sua força e sua potência em todos os efeitos naturais, admirar a sabedoria na ordem maravilhosa das criaturas, em uma palavra, adorar somente a ele, e amá-lo em todas as suas obras. Há uma oposição natural e secreta entre o homem e D-us; sentindo-se limitado, o homem esconde-se, foge da luz, teme o encontro com D-us e prefere antes imaginar na ilusão dos corpos que o cercam, uma potência ou uma natureza cega, com a qual possa familiarizar-se, e sem remorsos, servir a seus desígnios bizarros e desregrados, do que encontrar nesses corpos a potência incrível de um D-us santo e justo, que tudo conhece e tudo faz; e que tem por corpo místico a humanidade que tanto ama.

O estudo das *ciências secretas* convém sob dois pontos de vista: esclarece o passado com uma nova luz e permite que o historiador reconstitua a Antiguidade por uma feição ainda pouco conhecida. Daí também resulta para o experimentador contemporâneo um sistema sintético de afirmações verificáveis pela ciência e de ideias sobre forças ainda pouco conhecidas.

**O Ocultismo é um instrumento de trabalho, um meio de estudo, que pode ser dividido em duas grandes partes:**

1º Uma parte *imutável*, formando a base da tradição, e que se pode facilmente encontrar nos escritos de todos os hermetistas.
2º Uma parte *transitória* ou pessoal dos autores, e construída por comentários e aplicações especiais.

**A *parte imutável* pode ser dividida em três pontos:**

1º A existência da *Tri-Unidade*, como lei fundamental de ação em todos os planos do Universo.
2º A existência de *Correspondência*, unindo intimamente todos os pontos do Universo, visível e invisível.
3º A existência de um *mundo invisível*, duplo exato e perpétuo fator do mundo visível.

As aplicações dos detalhes são a causa eficiente do progresso dos estudos, a origem das diversas escolas e a prova da possibilidade que tem cada autor de conservar seu cunho pessoal, seja qual for seu campo de ação.

# Relato de uma Iniciação nos Grandes Mistérios

Na alma de cada mortal habita um observador, que espera pacientemente a hora na qual sua obrigação clamará por uma consciência das realidades divinas, e quando isso acontecer, o observador interior guiará o pesquisador por uma série de experiências que o aperfeiçoarão e o tornarão apto para adentrar nos templos da Verdade. Onde quer que o pesquisador habite, seja ele branco, amarelo ou negro, habita uma cabana ou palácio, ele deseja imediatamente se tornar um ajudante da humanidade e trabalha em unidade com as leis do espírito, ouve diretamente à voz compelidora da intuição que o convidava a buscar além do glamour dos acontecimentos, e ele obedece-a, então o observador interno o leva para uma viagem que só termina quando o pesquisador encontrar a si próprio. Porém, enquanto guia-o, o observador também lhe dá várias chaves, chaves estas que abrirão cada uma das sete portas que levam à câmaras antigas, onde pode-se encontrar livros escritos pelos outros eus do passado, trabalhos nos quais estão inscritos os símbolos dos poderes divinos. Somente através da perseverança e busca implacável é que o pesquisador pode alcançar seus desejos, pois em sua aspiração pela iniciação, ele não deve permitir que suas energias sejam dissipadas nos clamores mentais e vozes parasitas e interesses vagos, que são moldados de neblina e trazem somente sustentação temporária. A iniciação consiste em descobrir as suas próprias limitações, embora também se descubra uma afinidade com os elementos da natureza e do Universo. E chegará uma hora em seus estudos ocultos quando ele entrará através das cortinas de ar e possuirá poderes que podem demonstrar a humanidade a existência de reinos e forças maiores.

A.A.K

# A Iniciação

*Não dormes sob o ciprestes,*
*Pois não há sono no mundo.*
........................................
*O corpo é a sombra das vestes*
*Que encobrem teu ser profundo.*

*Vem a noite, que é a morte,*
*E a sombra acabou sem ser.*
*Vais na noite só recorte,*
*Igual a ti sem querer.*

*Mas na Estalagem do Assombro*
*Tiram-te os Anjos a capa:*
*Segues sem capa no ombro,*
*Com o pouco que te tapa.*

*Então Arcanjos da Estrada*
*Despem-te e deixam-te nu.*
*Não tens vestes, não tens nada:*
*Tens só teu corpo, que és tu.*

*Por fim, na funda Caverna,*
*Os Deuses despem-te mais.*
*Teu corpo cessa, alma externa,*
*Mas vês que são teus iguais.*
........................................
*A sombra das tuas vestes*
*Ficou entre nós na Sorte.*
*Não ´stás morto, entre ciprestes.*
........................................
*Neófito, não há morte.*

*Fernando Pessoa*

"Na progressão espiritual, iniciática ou mística, não pode haver repouso, um parar, ou desistência; não há sono, impõe-se um constante caminhar, uma constante vigilância, um estar sempre acordado".

A.A.K

O desejo de penetrar o segredo das coisas, a sede de saber, conduzia de longe um estrangeiro. Diziam que nos santuários do Egito viviam magos, hierofantes e sacerdotes na posse da ciência divina. Ele desejava entrar no segredo dos deuses. Ouvira um padre de seu país falar do *Livro dos Mortos*, do rolo misterioso que se metia sob o crânio das múmias como um viático, o que descrevia, de forma simbólica, a viagem da alma no além-túmulo. Seguira com ávida curiosidade e certo receio misturado de dúvida essa longa viagem da alma após a vida material: sua expiação numa região incandescente; a purificação do seu invólucro sidério (corpo astral); o encontro do mau piloto sentado na barca com a cabeça virada, e do bom piloto que olha em face; seu comparecimento diante dos quarenta e dois juízes terrestres; sua absolvição por Thoth; enfim, sua entrada e transfiguração na luz de Osíris. Podemos certamente fazer juízo de valor sobre a influência desse livro e da revolução total que a iniciação operava nos espíritos, por esta sua passagem:

Esta revelação foi encontrada em Hermópolis, com escrita azul sobre uma laje de alabastro, aos pés do deus Thoth (Hermes), na época do rei Menkara, pelo príncipe Hastatef, quando em viagem para inspecionar os templos.

Ó grande segredo! Ele não mais viveu, não mais ouviu, quando leu esta revelação pura e santa; não mais comeu carne nem peixe.

Mas, o que havia de verdade nessas discrições perturbantes, nessas imagens hieráticas, atrás das quais cintilava o terrível mistério do além-túmulo? Ísis e Osíris o sabiam! Dizia-se. – Mas, que deuses eram esses nos quais só se falava com um dedo sobre a boca? Era para sabê-lo que o estrangeiro batia à porta do templo de Tebas ou de Memphis.

Servidores o conduziam sob o pórtico de um pátio interno, cujos pilares enormes pareciam lótus gigantescos sustentando com sua força e pureza a arca solar, o templo de Osíris. O hierofante aproximava-se do recipiendário. A majestade dos seus traços, a serenidade das suas feições, o mistério dos seus olhos negros, impenetráveis, mas cheios de luz íntima, tinham já de que inquietar o postulante; sondava todos os recônditos da sua alma. O estrangeiro sentia-se em frente de um homem, ao qual seria impossível ocultar qualquer coisa. O sacerdote de Osíris interrogava o recipiendário sobre seu país natal, sua família, e sobre o templo que o instruíra. Se, neste curto, mas penetrante exame, fosse julgado indigno dos Mistérios, com um gesto silêncioso e irrevogável mostrava a porta. Mas, se o hierofante reconhecesse no aspirante o desejo sincero da verdade, convidava-o a segui-lo. Atravessava-se pórticos, pátios internos, e depois, por uma avenida talhada na rocha a céu aberto e bordada de estelas e esfinges, chegava-se a um pequeno templo servindo de entrada à cripta subterrânea. A porta estava dissimulada por uma estátua de Ísis em tamanho natural. A deusa, sentada, tinha um livro fechado sobre os joelhos, na atitude de meditação e recolhimento. Seu rosto achava-se velado, e lia-se na base da estátua: *Nenhum mortal levantou-me o véu.*

*Aqui o neófito prossegue, por caminhos do outro mundo, num cenário de viagem extraterrestre, num mundo de feição a um tempo celeste e infernal. São potências celestes essas que o despojam dos seus diferentes invólucros através duma hierarquia crescente, céus sucessivos, (ou de múltiplos estados espirituais), que ele atravessa no seu caminho para o centro, marcando os sucessivos graus de iniciação; um percurso no mundo supra-humano. Percurso feito nessa estrada que é o labirinto tradicional do saber esotérico, o que leva à última estação, ao centro antropocósmico, a caverna. Só aí aparecerá então a estrutura atômica, com esse símbolo materno, lugar último e primordial da purificação pelo retorno à origem, à integração na terra-mãe.*

A.A.K

É aqui a porta do santuário, dizia o hierofante. Olha estas duas colunas: a vermelha representa a ascensão do espírito para a luz de Osíris; a negra significa seu cativeiro na matéria, e esta queda pode ir até ao aniquilamento. Qualquer um que aborde nossa ciência e nossa doutrina, paga com isso sua vida. A loucura e a morte, eis o que colherá o fraco ou o mau. Os fortes e os bons só encontraram a vida e a imortalidade. Muitos prudentes entraram por esta porta e não saíram vivos. É uma voragem donde só voltam os intrépidos. Reflete, portanto, bem no que vais fazer, nos perigos que correrás; e, se tua coragem não for a toda prova, renuncia ao teu intento. Desde que esta porta fechar sobre ti, não poderás recuar. Se o estrangeiro persistisse na sua vontade, o hierofante reconduzia-o ao pátio externo e recomendava-o aos servidores do templo, com os quais deveria passar uma semana, sujeito aos trabalhos mais humildes, escutando hinos e fazendo abluções. Ordenava-lhe o silêncio mais absoluto.

Chegada a noite das provas, dois *neócoros* ou assistentes reconduziam o aspirante à porta do santuário oculto. Encontrava-se num vestíbulo escuro, sem saída aparente. Dos dois lados desta sala lúgubre, a luz de archotes, o estrangeiro via uma fileira de estátuas com corpos de homens e cabeças de animais, leões, touros, aves presa e serpentes, que pareciam olhar sua passagem escarnecendo. No fim desta sinistra avenida, a qual atravessava sem dizer uma só palavra, existia uma múmia e, defronte, um esqueleto humano em pé. Com um gesto mudo, os dois *neócoros* mostravam ao noviço um buraco no muro a sua frente. Era a entrada de um corredor, tão baixo que não se podia penetrá-lo senão de cócoras.

— Podes ainda voltar sobre teus passos – dizia um dos assistentes – a porta do santuário ainda não está fechada. Do contrário, deverá continuar o caminho por ali, sem retorno. Eu fico – dizia o noviço reunindo toda coragem.

Entregava-lhe então uma lâmpada acesa. Os *neócoros* retiravam-se, e fechavam com fracasso a porta do santuário. Não havia que hesitar: tinha de entrar no corredor. Quando aí se introduzisse rastejando-se de joelhos, com a lâmpada na mão, ouvia uma voz dizer do fundo do subterrâneo: "*Aqui perecem os loucos que cobiçam a ciência e o poder.*" Graças ao maravilhoso efeito acústico, esta sentença era repetida sete vezes por ecos distanciados. Entretanto, tornava-se necessário avançar. O corredor alargava-se, descia em declive cada vez mais rápido. Enfim, o viajante ousado achava-se diante de um funil terminando num buraco. Uma escada de ferro aí se perdia, e o noviço nela se arriscava. No último degrau da escada, seu olhar sobressaltado mergulhava num poço pavoroso. A lâmpada de nafta, que ele agarrava convulsivamente na mão projetava vaga claridade nas trevas insondáveis. Que fazer? Em cima, o retorno era impossível; embaixo, a queda na escuridão, a noite medonha.

Nessa agústia, percebia uma abertura a esquerda. Agarrado com uma mão à escada, e estendendo a lâmpada com a outra, percebia degraus. Uma escada! Era a salvação. Atirava-se nela, subia, e escaparia a voragem! A escada, introduzida na rocha como um parafuso, subia em espiral. Enfim, o aspirante achava-se diante de um portão de bronze dando para larga galeria sustentada por cariátides. Nos intervalos, sobre a parede, via duas fileiras de pinturas simbólicas, onze de cada lado, docemente iluminadas por lâmpadas de cristal, sustidas pelas mãos das belas cariátides.

*Aqui mais uma vez surgirá o desejo de reintegração, a chegada ao antro derradeiro da iniciação, do novo nascimento. Tal como aparece em todas as mitologias e todos os ritos iniciáticos, quando falam nessa progressão, que é regeneração. Como no Fausto que desce até às Mães: Afunda-te no abismo, como ordenará Mefisto. Regresso que será sempre uma prova do túmulo; tal como para o grão que desce até as entranhas da terra, seio de*

> *Deméter: para pela morte prévia, pela dissolução, aceder a nova vida: ressuscitar. Assim o anjo disse a Swedenborg: "Cari l exposa comme l'homme spirituel est de nouveau conçu, comment il est comme porte dans le sein maternel, comment il nait, grandi, et sucessivement est perfectioné".*
>
> A.A.K

Um mago denominado *pastóforo* (guardião dos símbolos sagrados) abria o portão ao noviço e acolhia-o com sorriso benévolo. Felicitava-o pela feliz travessia da primeira prova; e depois, conduzindo-o através da galeria, explicava-lhe as figuras sagradas. Sob cada uma dessas pinturas existia uma letra e um número. Os vinte e dois símbolos representavam os vinte e dois primeiros arcanos, e constituíam o alfabeto da ciência oculta, isto é, os princípios absolutos, as chaves universais que aplicadas pela vontade, tornavam-se a fonte de toda sabedoria e de todo poder. Estes princípios fixavam-se na memória, pela sua correspondência com as letras da língua sagrada e com os números que se ligavam a essas letras. Cada letra e cada número exprimem, nessa língua, uma lei ternária, tendo repercussão no *mundo divino*, no *mundo intelectual* e no *mundo físico*. Assim como o dedo que, tocando uma corda de lira, faz ressoar uma nota da gama musical e vibrar as que lhe estão em harmonia; assim também o espírito que contempla todas as virtualidades de um número, a voz que profere uma letra com a consciência do seu alcance, evoca um poder que se repete nos três mundos. É assim que a letra A, que corresponde ao número 1, exprime – é a fonte do mundo divino o Ser absoluto donde emanam todos os seres; no mundo intelectual a unidade, fonte de síntese dos números; no mundo físico – o homem, coroamento dos seres relativos, que pela expansão das suas faculdades, eleva-se nas esferas concêntricas do Infinito.

O arcano 1 era figurado por um mago de veste branca, com o cetro na mão, e a testa cingida por uma coroa de ouro. A veste branca significava a pureza; o cetro, o comando; e a coroa de ouro, a luz universal.

O noviço estava longe de compreender tudo o que ouvia de estranho e novo; mas perspectivas desconhecidas abriam-se com a palavra do *pastóforo*, diante dessas belas figuras que o olhavam com a impassível gravidade dos deuses. Detrás de cada uma entrevia, por clarões, uma enfiada de pensamentos e imagens subitamente evocadas. Suspeitava pela primeira vez o âmago do mundo, pela cadeia misteriosa das causas. Assim, de letra em letra, de número em número, o mestre explicava ao discípulo o sentido dos arcanos, e conduzia-o por *Ísis-Urania* ao *carro de Osíris*, pela *torre fulminada* a *estrela flamejante*, e enfim a *coroa dos magos*. "E sabei bem,

dizia o pastóforo, o que significa esta coroa: toda vontade que se une a D-us para manifestar a verdade e operar a justiça entra para esta vida na participação do poder divino sobre os seres e sobre as coisas, recompensa eterna dos espíritos libertos."
Escutando o mestre, o neófito sentia um misto de surpresa, temor e encantamento. Eram as primeiras luzes do santuário, e a verdade entrevista parecia-lhe a aurora de uma relembrança divina. Mas as provas não estavam terminadas. Acabando de falar, o pastóforo abria uma porta dando acesso para uma nova abóboda estreita e longa, em cuja extremidade crepitava uma fornalha ardente.

– Mas é a Morte! – dizia o noviço olhando tremulo para o seu guia.

– Meu filho – respondia o pastóforo – a morte só atemoriza os pusilânimes. Atravessei outrora estas chamas, como se atravessasse a um campo de rosas.

A grade da galeria dos arcanos fechava-se atrás do postulante. Aproximando-se da barreira de fogo, notava que a fornalha era uma simples ilusão óptica criada por entrelaçamentos de madeiras resinosas, dispostas sobre grades. Um caminho aparecia-lhe no meio, para permitir passar rapidamente. A *prova do fogo* sucedia a *prova da água*. O aspirante era forçado a atravessar uma água morta e negra, ao clarão de um nafta, que ficava-lhe atrás na câmara do fogo. Em seguida, dois assistentes o conduziam, ainda todo trêmulo, a uma gruta onde se via uma cama macia, misteriosamente iluminada pela meia luz de uma lâmpada de bronze suspensa na abóboda. Enxugavam-no, esparziam seu corpo com essências esquisitas, vestiam-no com linho fino, e o deixavam só, depois de dizerem: "Repousa, e espera o hierofante."

*A verdade não vem ao homem após sua morte, pois os poderes Celestiais podem ser sussurrados e encontrados enquanto ele ainda anda sobre a Terra. Como mencionei em algum lugar, cada civilização não pereceu em vão, pois seus poderes, apesar de adormecidos, ainda possuem vitalidade. O homem encarna para ganhar novas experiências e também uma extensão de consciência que, como lamparinas de chama eterna, trarão a ele uma iluminação interna e perpétua. Além disso, quando sete fontes diferentes dão às atmosferas mentais do pesquisador seus filamentos, ele passa a possuir os poderes que o levarão a uma consciência mais ampla.*

A.A.K

O noviço estendia seus membros alquebrados de fadiga sobre o tapete suntuoso do leito. Após as diversas emoções, esse momento de clama (reflexão) parecia-lhe doce. As pinturas sagradas que vira, as esfinges, as cariátides, repassavam na sua imaginação. Entretanto, por que razão uma dessas pinturas voltava-lhe como alucinação? Revia obstinadamente o arcano X, representado por uma roda sobre eixo entre duas colunas. De um lado Hermanubis, o gênio do Bem, belo como um jovem efebo; do outro, Tifão, o gênio do Mal, de cabeça para baixo precipitando-se no abismo. Entre os dois, sobre a alto da roda, sentava-se uma esfinge tendo uma espada nas garras.

Um vago sussurro de uma música lasciva, que parecia sair do fundo da grota, fazia dissipar essa imagem. Eram sons leves e indefiníveis de um langor triste e incisivo. Um sonido metálico vinha deitar-lhe os ouvidos, misturado a tremuras de harpa, suspiros arquejantes como um hálito apaixonado. Envolvido num sonho de fogo, o estrangeiro fechava os olhos. Ao abri-los, via a alguns passos do leito uma aparição confusa de vida e infernal sedução. Uma mulher da Núbia, vestida com gaze de púrpura transparente, e um colar de amuletos ao pescoço, semelhante às sacerdotisas dos Mistérios de Mylitta, aí estava em pé, cobrindo-o com o olhar e tendo na mão esquerda uma taça coroada de rosas. Era esse tipo núbio, cuja sensualidade intensa e capitosa concentra todos os poderes do animal feminino: pomas salientes, narinas dilatadas, lábios espessos como um fruto vermelho e saboroso. Seus olhos negros brilhavam na penumbra.

O noviço punha-se de pé e, surpreso, não sabendo se devia temer ou alegrar-se, cruzava instintivamente as mãos sobre o peito. Mas a escrava avançava a passos lentos e, baixando os olhos, murmurava em voz baixa: – "tens medo de mim, belo estrangeiro? Trago-te a recompensa dos vencedores, o esquecimento das privações, a taça da felicidade..."

O noviço hesitava. Então, como tomada de lassidão, a núbia sentava-se sobre o leito, e envolvia o estrangeiro com olhar suplicante, como longa chama úmida. Desgraçado, se ousasse tocá-la, inclinar-se sobre essa boca, embriagar-se com os perfumes densos que desprendiam-se das suas espáduas bronzeadas. Logo que tocasse nessa mão e metesse os lábios nessa taça, ficaria perdido... rolaria sobre o leito, enlaçado numa cadeia ardente. E, após a satisfação selvagem do desejo, o líquido que tinha bebido mergulhava-o num sono pesado. Ao despertar, se acharia só, agústiado. A lâmpada projetava um clarão fúnebre sobre o leito em desordem. Um homem estava em pé diante de si; era o hierofante, e dizia-lhe:

– Venceste as primeiras provas. Triunfaste da morte, do fogo e da água; mas não soubeste vencer a ti mesmo. Tu, que aspiras as alturas do espírito e do saber, sucumbiste a primeira tentação dos sentidos e caíste no abismo da matéria. Quem vive escravo dos sentidos, vive nas trevas. Preferiste as trevas a luz, e portanto fica nas trevas. Avisei-o dos perigos a que o exporias. Salvaste tua vida; mas perdeste tua liberdade. Sob pena de morte, ficarás escravo do templo.

Ao contrário, se o aspirante entornasse a taça e repelisse a tentadora, doze neócoros armados de fachos vinham conduzi-lo triunfalmente ao santuário de Ísis, onde os magos, dispostos em semicírculo e vestidos de branco o esperavam em assembleia plenária. No fundo do templo esplendidamente iluminado, percebia a estatua colossal de Ísis em metal fundido, com uma rosa de ouro ao peito e coroada por um diadema de sete círculos. Tinha nos braços seu filho Hórus. Diante da deusa, o hierofante, revestido de púrpura, recebia o recipiendário e fazia-lhe prestar, sob as imprecações mais terríveis, o juramento do silêncio e o da submissão. Então saudava-o em nome de toda assembleia como irmão e futuro iniciado. Diante desses mestres augustos, o discípulo de Ísis acreditava-se na presença de deuses. Assim engrandecido, entrava pela primeira vez no círculo da Verdade. Entretanto, só estava ainda no seu limiar, pois começavam então longos anos de estudo e aprendizagem.

Antes de elevar-se à Ísis – Urânia devia conhecer a Ísis – terrestre, instruir-se nas ciências físicas e androgônicas. Seu tempo partilhava-se entre as meditações em cela, o estudo dos hieróglifos nas salas e pátios do templo, tão vasto como uma cidade, e as lições dos mestres. Aprendia a ciência dos minerais e das plantas, a história do homem e dos povos, a medicina, a arquitetura e a música sagrada. Nessa longa aprendizagem, não devia somente *conhecer*, mas ainda *tornar-se* a própria Verdade! Ganhar a força pela renunciação, isto é, pela submissão de sua Vontade. Os antigos sábios acreditavam que o homem só possui a Verdade quando esta se torna uma parte do seu ser íntimo, um ato espontâneo da sua alma. Nesse profundo trabalho de assimilação, deixavam o discípulo entregue a si mesmo. Os mestres não o ajudavam, e ele admirava-se sempre da sua frieza, da sua indiferença. Vigiavam-no porém com atenção; submetiam-no a regras inflexíveis; exigiam-lhe obediência absoluta; mas nada lhe revelavam, além de certos limites. As suas inquietações, as suas perguntas, respondiam-lhe: "Espera e trabalha". Vinham-lhe então revoltas súbitas, pesares amargos, suspeitas terríveis. Ter-se-ia tornado escravo de impostores audaciosos ou de magistas negros que subjugavam sua vontade com intenções infames? A Verdade fugia-lhe; os deuses abandonavam-no; e ele ficava só e prisioneiro do templo. A Verdade aparecia-lhe então sob a figura de uma esfinge, que dizia: "*Eu sou a Dúvida*" E o animal de asas, com cabeça de mulher impassível, e garras de leão, arrebatava-o para despedaçá-lo nos areais escaldantes do deserto...

Mas esses pesadelos sucediam horas de calmaria e pressentimento divino. Compreendia então, o sentido simbólico das provas que atravessara ao entrar no templo. O Poço escuro, em que deixou de cair, era menos negro que a voragem da insondável Verdade; o fogo, que atravessara, era menos terrível que as paixões ainda ardentes em sua alma; a água gélida e tenebrosa, em que mergulhara, era menos fria que a dúvida em que seu espírito se afogava nas más horas. Numa das salas do templo alongavam-se duas filas dessas mesmas figuras sagradas que lhe explicaram na cripta durante a noite das provas, e que representavam os vinte e dois arcanos. Esses arcanos que deixaram-lhe entrever no vestíbulo da ciência oculta, eram as próprias colunas da teologia; mas tornava-se necessário atravessar toda iniciação para compreendê-los. Nenhum mestre voltará a explicá-los. Apenas permitiam que passeasse pela sala, para meditar nesses símbolos. Ali passava, pois longas horas solitárias. Por essas figuras, castas como a luz, graves como a eternidade, a invisível e impalpável Verdade infiltrava-se lentamente na alma do neófito. Nessa muda sociedade de divindades silênciosas e sem nome, onde cada uma parecia a uma esfera da vida, começava a experimentar alguma coisa nova: primeiro, uma descida ao fundo do seu ser; e depois, uma espécie de desprendimento do mundo, fazendo-o pairar acima da matéria. Às vezes, perguntava a um dos magos:

– *Terei permissão de respirar um dia a rosa de Ísis e ver a luz de Osíris?* – Respondiam-lhe: – *Não depende de nós. A Verdade não se dá. Ou encontra em si próprio, ou não encontra. Não podemos fazer de ti um adepto; cumpre que o sejas por ti mesmo. O lótus brota sob o rio muito tempo antes de desabrochar. Não apresse a eclosão da flor divina. Se ela vir, virá em seu dia. Trabalhe e ore.*

E o discípulo voltava aos estudos, às meditações, com uma alegria-triste. Saboreava o encanto austero e suave dessa solidão onde passava como um sopro do Ser dos seres. Assim escoavam-se os meses e os anos. Sentia operar-se em si mesmo uma transformação lenta, uma metamorfose completa. As paixões, que o tinham assaltado na juventude, esvaiam-se como sombras, os pensamentos, que agora o rodeavam, sorriam-lhe como amigos imortais. O que sentia nesses instantes era o afogamento do seu ser terrestre e o nascimento do outro *eu* mais puro e etéreo. Neste sentimento, acontecia-lhe prosternar-se nos degraus do santuário fechado; não mais tinha revoltas, nem paixões, nem pesares. Fazia um abandono perfeito da sua alma aos deuses, uma oblação completa à Verdade.

— Ó Ísis, – dizia ele em sua prece – *visto minha alma não mais que uma lágrima dos teus olhos, que ela caia como o orvalho sobre as outras almas, e que, ao morrer, sinta seu perfume subir a ti. Eis que estou pronto para o sacrifício.*

Após uma dessas preces, o discípulo via em pé, junto de si, como visão saída do solo, o hierofante envolvido nos vislumbres róseos do poente. O mestre parecia ler todos os pensamentos do discípulo, penetrar toda trama da sua vida íntima.

— Meu filho, dizia-lhe, aproxima-se a hora em que a Verdade lhe será revelada. Já a pressentiste descendo ao fundo de ti mesmo e encontrando aí a vida divina. Vais entrar na grande, na inefável comunhão dos iniciados. Sois digno dela pela pureza do teu coração, pelo amor da Verdade e pela força da renunciação. Mas ninguém franqueia o limiar de Osíris, sem passar pela morte e a renunciação. Vamos acompanhar-te à cripta. Não tenhas medo; pois já é nosso irmão.

Ao crepúsculo, os sacerdotes de Osíris, segurando fachos, acompanhavam o novo adepto a cripta baixa, sustentada por quatro pilares sobre esfinges. A um canto achava-se um sarcófago aberto, de mármore (Aos arqueólogos pareceu muito tempo que o sarcófago da grande pirâmide de Gizé era o túmulo do rei Sesóstris, mas a estrutura interna e bizarra da pirâmide prova que ela devia servir às cerimônias da iniciação e as práticas secretas dos sacerdotes do templo de Osíris. Ali se encontra o *poço da verdade*, a escada subinte à sala dos arcanos... A *câmara* dita *do rei*, que encerra o sarcófago, era aonde se conduzia o adepto na véspera da sua grande iniciação. Estas mesmas disposições estavam reproduzidas nos grandes templos ou universidades do médio e do alto Egito). — Nenhum homem, dizia o hierofante, escapa à morte, e toda alma viva é destinada à ressurreição.

O adepto passa vivo pelo túmulo, a fim de entrar desde esta vida na luz de Osíris. Deita-te pois no esquife, e espera a luz. Esta noite franquearás a porta do Pavor, e esperarás no umbral do Magistério. O adepto deitava-se no sarcófago aberto, o hierofante estendia a mão para abençoá-lo, e o cortejo dos iniciados afastava-se em silêncio da sepultura. Uma pequena lâmpada no chão iluminava ainda tremulamente as quatro esfinges que suportavam as grossas colunas da cripta. Um coro de vozes fazia-se ouvir baixo e veladamente. Donde vinha? O cântico dos funerais!... Ele expira, a lâmpada dá ainda um último clarão, e depois se extingue. O adepto fica sozinho nas trevas; o frio do sepulcro gela seus membros. Passa gradualmente pelas sensações dolorosas da morte, e cai em letargia. A vida desfila diante de si como irrealidade, e sua consciência terrestre torna-se cada vez mais vaga e difusa. A medida, porém, que imagina seu corpo dissolver-se, a parte etérea, fluídica, do seu ser, se desprende. Entra em êxtase...

*Aqui o neófito renasce, depurado para outra vida, nessa caverna regeneradora, centro das forças do mundo e do eu, da energia primeira: sua matriz. Novo ciclo de existência se lhe abre; ele mesmo outra natureza: a dos deuses, 'pois aí vês que são iguais'. Aqui se termina a transmutação suprema, tal outra operação alquímica, que é a morte.*

*Por esses estados sucessivos se ultrapassou, ou largou, a natureza humana e se adquiriu a natureza celeste, matéria última, incorruptível e eterna.*

A.A.K

Que ponto brilhante e longínquo é esse que aparece sobre o fundo negro das trevas? Aproxima-se, aumenta e torna-se uma estrela de cinco pontas, cujos raios têm todas as cores do arco-íris, e que lança nas trevas descargas de luz magnética. Agora é um Sol que o atrai na alvura do seu centro incandescente. É a magia dos mestres que produz essa visão? É o invisível que se torna visível? É o presságio da Verdade celeste, a estrela flamejante da esperança e da imortalidade? Ela desaparece e, no seu lugar, um botão de rosa vem desabrochar na noite, uma flor imaterial, mas sensível e dotada de uma alma. Abre-se diante de si como uma rosa branca; estende suas pétalas; ele vê tremer suas folhas vivas, avermelhar seu cálice inflamado. – É a flor de Ísis, a Rosa-Mística da sabedoria que encerra o amor no seu coração? – Mas eis que se evapora como nuvem de perfume. O extático sente-se inundado de um sopro quente e acariciador. Depois de ter tomado formas caprichosas, a nuvem condensa-se e torna-se figura humana. É a de uma mulher, a Ísis do santuário oculto, porém, mais jovem, sorridente e luminosa. Um véu transparente enrola-se em espiral ao seu redor, e seu corpo brilha através deste. Na mão tem um rolo de papiros. Aproxima-se docemente, inclina-se sobre o iniciado deitado no túmulo, e diz-lhe:

– *Sou tua irmã invisível, sou tua alma divina, e este é o livro da tua vida. Encerra as páginas cheias das tuas existências passadas e as páginas das tuas vidas futuras. Um dia as desenrolarei todas diante de ti. Tu me conheces agora. Chama-me, e eu virei!* – E, enquanto falava, um raio de ternura brotava de seus olhos... ó presença de um duplo angélico, promessa inefável do divino, fusão maravilhosa no impalpável do Além!

Mas tudo acaba e a visão esvai-se. Uma dor terrível faz o adepto precipitar-se no corpo, semelhante a um cadáver. Volta ao estado de letargia consciente; círculos de ferro retêm-lhe os membros; um peso terrível oprime-lhe o cérebro. Desperta... e em pé, diante de si, vê o hierofante acompanhado dos magos. Rodeiam-no, fazem-lhe beber um *cordial* (bebida estimulante), e ele se levanta.

Eis-te ressuscitado, diz o profeta, acabas de celebrar conosco a boda dos iniciados, e conta-nos tua viagem na luz de Osíris.

*Iniciação poderá ser vista semelhantemente, como uma purificação, numa alquimia do corpo humano. Por essa destruição, combustão de todos os elementos acidentais, exteriores, agarrados ao seu núcleo, central e incorruptível, fazer que este por fim, liberto e único, brilhe na caverna, a última etapa do trabalho interior: como a 'matéria-prima'. Nesse cadilho alquímico, ela será a obtenção final do diamante incorrupto, ou 'Lápis Philosophorum'. O ser primordial e eterno, o que um dia caiu do infinito, e que aqui sobre a terra, é o proscrito.*

A.A.K

Transportemo-nos agora com o hierofante e o novo iniciado ao observatório do templo, no morno esplendor de uma noite egípcia. Era aí que o chefe do templo dava ao novo adepto a grande revelação, descrevendo-lhe a *Visão de Hermes*. Essa visão não estava escrita sobre papiros, mas, sim, exposta em signos simbólicos sobre as estelas da cripta secreta, conhecida apenas do profeta. De pontífice em pontífice, a explicação era transmitida oralmente.

Escuta bem – dizia o hierofante – esta visão encerra a história eterna do mundo e o círculo das coisas.

Um dia Hermes adormeceu, depois de ter refletido na origem das coisas. Um torpor apoderou-se do seu corpo; mas, à medida que o corpo entorpecia, o espírito subia aos espaços. Então pareceu-lhe que um ser imenso, sem forma determinada, chamava-o pelo nome. – Quem é? – Disse Hermes assombrado. – Sou Osíris, a Inteligência soberana, e posso desvendar todas as coisas. – Que desejas? – Contemplar os Ser dos seres, ó divino Osíris, e conhecer D-us (O D-us Pai ou Incriado nunca aparece; Hermes viu Filhos ou representantes de D-us). – Serás satisfeito. Então Hermes sentiu-se logo inundado de uma luz deliciosa. Nessas ondas diáfanas passavam as formas admiráveis de todos os seres. Mas, de repente, trevas temíveis e de forma sinuosa desceram sobre ele. Hermes foi atirado a um chão úmido cheio de fumaça e deu um lúgubre mugido. Uma voz elevou-se então do abismo: era o *grito da luz*. Um fogo sutil lançou-se logo das profundezas úmidas e ganhou as alturas etéreas. Hermes subiu com esse fogo, e viu-se nos espaços. O caos desembrulhava-se no abismo; coros de astros formavam-se sob sua cabeça, e a *voz da luz* enchia o Infinito.

– Compreendeste o que viste? – Disse Osíris a Hermes, embevecido em sonho e suspenso entre a Terra e o céu. – Não – disse Hermes.

– Pois bem, vais sabê-lo. Acabas de ver o que é toda eternidade. A luz que viste é a Inteligência Divina, que contém tudo em potência e encerra os modelos de todas as coisas. As trevas em que mergulhaste são o mundo material onde vivem os homens da Terra. O fogo que viste brotar das profundezas é o verbo divino. D-us é o Pai, o Verbo é o Filho, e sua união faz a Vida.

– Que sentido maravilhoso abriu-se em mim? – Perguntou Hermes. – Não mais vejo com os olhos do corpo, e sim com os do espírito.

– Filho da poeira – respondeu Osíris – é porque o Verbo está com tu. O que em tu ouve, vê, atua, é o próprio Verbo, o fogo sagrado, a palavra criadora!

– Visto assim ser – disse Hermes – mostra-me a vida dos mundos, o caminho das almas, de onde vem o homem e para onde vai.

– Que se faça conforme teus desejos!

Hermes torna-se mais pesado que uma pedra, e cai através dos espaços, como um aerólito. Enfim, vê-se no alto de uma montanha. Era noite, a Terra estava escura e muda, e seus membros pareciam-lhe pesados como ferro. Ergue os olhos e olha! Disse a voz de Osíris.

Hermes viu então um espetáculo maravilhoso. O espaço infinito, o firmamento estrelado, envolvia-o com sete planos luminosos (cada qual corresponde, como céu, a um mundo em cada sistema planetário). De um só olhar, Hermes percebeu os sete círculos sobre sua cabeça, como sete zonas transparentes e concêntricas, da qual ocupava o centro sideral. O último era cingido pela via-láctea. Em cada círculo rolava um planeta acompanhado de um Gênio, de forma, signo e luz deferentes. Enquanto Hermes, maravilhado, contemplava essa florescência esparsa e seus movimentos, a voz dizia-lhe: – Olha, escuta e compreende. Vês as sete esferas de toda vida. Através delas, escuta-se a queda das almas e sua ascensão. Os sete Gênios são os sete raios do Verbo-Luz. Cada um comanda uma esfera do espírito, uma fase da vida das almas. O mais aproximado de ti é o Gênio da Lua, de inquietante sorriso e coroado por uma foice da prata. Preside aos nascimentos e as mortes. Desprende as almas dos corpos e atrai-as na sua irradiação. Acima, o pálido Mercúrio mostra o caminho às almas que descem ou sobem com o caduceu que contém a Ciência. Mais acima, a brilhante Vênus tem o espelho do Amor, onde as almas alternadamente se esquecem e se reconhecem. Ainda acima, o Gênio do Sol ergue o facho triunfal da eterna Beleza. Mais alto, Marte brande o gládio da Justiça. Tronando sobre o orbe azulado, Júpiter tem o cetro do poder supremo, que é a inteligência Divina. Nos limites, enfim, sob os signos do zodíaco, Saturno tem o globo da sabedoria universal.

– Vejo – disse Hermes – as sete regiões que compreendem os mundos visíveis e invisíveis; vejo os sete raios do Verbo Luz, do D-us único que as atravessa e governa por seu intermédio. Porém, meu mestre, como se executa a viagem das almas através de todos esses mundos?

– Vês – disse Osíris – uma semente luminosa cair das regiões da via-láctea no sétimo círculo? São germes de almas. Vivem como vapores leves na região de Saturno, felizes, tranquilos, e desconhecendo a infelicidade. Mas, caindo de círculo em círculo, revestem invólucros sempre mais densos. Em cada encarnação, adquirem novo sentido corporal, conforme o meio que habitam. Sua energia vital aumenta; porém, à medida que entram em corpos mais espessos, perdem a lembrança, aqueles que vêm do éter divino. Cada vez mais cativas pela matéria, cada vez mais embriagada pela vida, precipitam-se como chuva de fogo, com tremuras de volúpia, através das regiões da dor, do amor e da morte, até sua prisão terrestre, onde tu mesmo gemes retido pelo centro ígneo da Terra, e onde a vida divina te parece um sonho vão.

– As almas podem morrer? – Perguntou Hermes.

– Sim – respondeu a voz de Osíris – muitas perecem na descida fatal. A alma é filha do céu, e sua viagem é uma prova. Sem amor imoderado pela matéria, perder a lembrança da sua origem, a centelha divina, que existia nela e poderia tornar-se mais brilhante que uma estrela, volta à região etérea, átomo sem vida, e a alma se desagrega no turbilhão dos elementos grosseiros (O Ocultismo considera alma ao subliminal, ao anjo da guarda que vai com o escol do desagregado para um mundo inicial ou região etérea em que fará esse escol recomeçar a vida sob outras condições, isto é, com um novo subliminal. O subliminal pervertido tem, como tudo quando se degrada, de perecer fatalmente, e isto equivale as *penas eternas* ensinadas pelo catolicismo).

Ante essas palavras, Hermes estremeceu. Uma tempestade envolveu-o em nuvem negra. Os sete círculos desapareceram sob espessos vapores. Viu espectros humanos dando gritos estranhos, arrebatados e esfacelados por fantasmas de monstros e animais, no meio de gemidos e blasfêmias sem nome.

– Tal é – disse Osíris – o destino das almas irremediavelmente baixas e más. Sua tortura só acaba com a destruição ou morte de toda consciência. Mas os vapores se dissipam, e as sete esferas reaparecem sob o firmamento. Olha deste lado. Vês este enxame de almas que procuram subir à região lunar? Umas são rebatidas para a Terra, como turbilhões de pássaros aos golpes de tempestade. Outras atingem o mundo superior, que as arrebata na sua rotação. Ali chegadas, recobram a vista (lembrança) das coisas divinas. Mas não se contentam em refleti-las no sonho de uma felicidade impotente. Impregnam-se com a lucidez da consciência esclarecida pela dor, com a energia da vontade adquirida na luta. Tornam-se luminosas, porque possuem o Divino em si e irradiam-no em atos. Reconforta-te portanto, ó Hermes, e tranquiliza teu espírito ao contemplar estes vôos longínquos de almas que sobem às sete esferas e se expandem como feixes de faíscas. Também podes segui-las; basta querer, para te elevares. Vês como se congregam e formam coros divinos. Cada uma mantém-se sob seu Gênio preferido. As mais belas vivem na região solar, as mais poderosas elevam-se até Saturno. Algumas sobem até ao Pai, entre potências como elas próprias. Ali, onde tudo acaba, tudo começa eternamente; e os sete círculos dizem conjuntamente: *"Sabedoria! Amor! Justiça! Beleza! Esplendor! Ciência! Imortalidade!"*

Eis, dizia o hierofante, o que foi visto pelo antigo Hermes e que seus sucessores nos transmitiram. As palavras do sábio são como as sete notas da lira, que contêm toda música com os números e as leis do Universo. A visão de Hermes assemelha-se ao céu estrelado, cujas profundezas insondáveis estão semeadas de constelações. Para a criança, não é mais que uma abóboda com pregos de ouro; para o sábio, é o espaço sem limites onde giram os mundos com ritmos e cadencias maravilhosas. Esta visão encerra os números eternos, os signos evocados e as chaves mágicas. Quanto mais aprenderes a contemplá-la e compreendê-la, tanto mais verás alargar seus limites, pois a mesma lei orgânica governa todos os mundos. E o profeta comentava o texto sagrado. Explicava que a doutrina do Verbo-Luz representa a Divindade no *estado estático*, em equilíbrio perfeito. Demonstrava sua tripla natureza, que é, ao mesmo tempo, inteligência, força e matéria. – espírito, alma e corpo –, luz, verbo e vida. A essência, a manifestação e a substância são três termos que se supõem reciprocamente. Sua união constitui o princípio divino e intelectual por excelência, a lei da unidade ternária que, de cima para baixo, domina a criação.

*Como ascensão depois da queda, ele será o movimento e ação em sentido inverso ao que o homem perfez quando desta vinda a este mundo; quando nesta descida, teve de adquirir, em cada passagem por cada nível ou mundo diferente e sucessivo, os elementos diversos desses mundos, assumindo-os. Agora, na sua saída, ele se despojará deles como doutros tantos corpos ou vestes que teve de revestir; a começar pelo último, que agora*

*será o primeiro a ser largado: o material, o terrestre, aquele que aqui usou como instrumento para cumprir a missão a que foi mandado nesta vida. Esse que agora é deixado na Sorte, como não mais utilizável.*

A.A.K

Tendo assim conduzido o discípulo ao centro ideal do Universo, ao princípio gerador do ser, o mestre estendia-o no tempo e no espaço, agitava-o em florescências múltiplas. A segunda parte da visão representava a Divindade em *estado dinâmico*, isto é, em evolução ativa, ou o Universo visível e invisível, o céu vivo. Os sete círculos ligados a sete planetas simbolizavam sete princípios, sete estados diferentes de matéria e espírito, sete planos diversos que cada homem e cada humanidade são forçados a atravessarem em evolução através de um sistema solar. Os sete Gênios e os sete deuses cosmogônicos significavam os espíritos superiores e dirigentes de todas as esferas, mas saídos também da inevitável evolução. Cada grande deus era, portanto, para o iniciado antigo, o símbolo e o patrono de legiões de espíritos que reproduzem seu tipo sob mil variantes e que, de sua esfera, podiam exercer uma ação sobre o homem e sobre as coisas terrestres. Os sete Gênios da visão de Hermes são os sete Devas da Índia, os sete Amshapands da Pérsia, os sete grandes Anjos da Caldeia, as sete sephiroth da Kabbalística Árvore da Vida, que representam a evolução do Universo (as três sephiroth restantes representam o ternário divino), os sete Arcanjos do Apocalipse cristão. E o grande setenário que abraça o Universo não vibra somente nas sete cores do arco-íris, nas sete notas da gama musical; manifesta-se também na constituição do homem, que é trino por sua essência, mas sétuplo pela sua evolução.

Assim, dizia o hierofante ao terminar, penetraste até ao limiar do grande arcano. A vida divina apareceu-te sob os fantasmas da realidade. Hermes fez-te conhecer o céu invisível, a luz de Osíris, o D-us oculto do Universo, que respira por milhões de almas, anima os globos errantes e os corpos em trabalho. A ti cumpre agora escolher e dirigir tua rota, para subir ao espírito puro. Pertences de agora em diante ao número dos *ressuscitados vivos*, e lembra-te que há duas chaves principais da Ciência. A primeira é: "O que está fora é como o que está dentro; o pequeno é como o grande. Não há mais que uma lei, e o que trabalha é um Um. Nada é pequeno, nada é grande na economia divina." Eis a segunda: "Os homens são deuses mortais, e os deuses são homens imortais." Feliz o que compreende estas expressões, porque possui a chave de todas as coisas. Lembra-te de que a lei do Mistério encobre a grande Verdade. O total conhecimento só pode ser revelado aos que atravessarem as mesmas provas que nós. Cumpre medir a Verdade conforme as inteligências;

dissimula-a aos fracos que ela pudesse tornar loucos; e ocultai-a aos maus, que só podem tirar-lhe fragmentos dos quais fariam armas de destruição. Guarda a Verdade no teu coração, e que só fale pela tua obra. *"A Ciência será tua força, a Fé tua espada e o Silêncio tua armadura infrangível* (que não se pode quebrar)."

As revelações do profeta de Ammon-Rá, que abriam ao novo iniciado tão vastos horizontes sobre si mesmo e sobre o Universo, produziam sem dúvida uma impressão profunda quando eram ditas sobre o observatório do templo de Tebas, na calma lúcida de uma noite egípcia. Os portais, os telhados e os terraços dos templos dormiam a seus pés, entre os maciços negros dos cactos e tamarindeiros. À distância, grandes monólitos, estátuas colossais dos deuses, estavam sentadas, como juízes incorruptíveis, sobre o lago silêncioso. Tais pirâmides, figuras geométricas do tetragrama e do septenário sagrado, perdiam-se no horizonte, espaçando seus triângulos no azulado da atmosfera. O insondável firmamento formigava de estrelas. Com que perspectivas novas o iniciado olhava os astros que lhe designavam como futuras moradas! Quando, enfim, o esquife dourado da lua emergia do espelho sombrio do Nilo, que se perdia no horizonte como longa serpente azulada, o neófito acreditava ser a barca de Ísis que navegava sobre o rio das almas e as conduzia ao Sol de Osíris. Lembrava-se do *Livro dos Mortos*, e os sentidos de todos esses símbolos desvendavam-se então ao seu espírito. Depois do que tinha visto e aprendido, podia acreditar no reino crepuscular do Amenti, misterioso interregno entre a vida terrestre e a vida celeste, onde os finados, primeiro sem vista e sem palavra, recuperavam pouco a pouco o olhar e a voz. Também ele ia empreender a grande viagem, a viagem do infinito, através dos mundos e das existências. Hermes já o absolvera e o julgara digno. Tinha-lhe dito o mote do grande enigma: *"Uma só alma, a grande alma do Todo criou, ao repartir-se, todas as almas que existem no Universo"*. Armado do grande segredo subia à barca de Ísis, e ela partia pelos espaços etéreos, flutuando nas regiões intersiderais. Nas largas radiações de uma imensa aurora que penetravam os véus azulados dos horizontes celestes, o coro dos espíritos gloriosos, dos Akhimou-Sekou que chegaram ao eterno repouso, cantava:

– Levanta-te Ammon-Ra Hermakouti! Sol dos espíritos! Os que se acham na barca estão em exaltação! Dão exclamações na *barca dos milhões de anos*. O Grande ciclo divino está acumulado de alegria, rendendo glória à grande barca sagrada. Fazem-se festanças na capela misteriosa. Ó ergue-te, Ammon-Ra Hermakouti! *Sol que se cria a si mesmo!"*

E o iniciado respondia por estas palavras:

– *Atingi o círculo da Verdade e da Justificação. Ressuscito como um deus vivo, e irradio como um coro dos deuses que habitam o céu, pois sou da sua casta.*

De tão altos pensamentos, de tão ousadas esperanças, podia gloriar-se o espírito do adepto na noite que se seguia a cerimônia mística da ressurreição. No dia seguinte, nas avenidas do templo, sob a luz ofuscante, essa noite lhe parecia mais que um sonho; porém, que sonho inolvidável essa primeira viagem no impalpável e no invisível!

De novo lia a inscrição na estátua de Ísis: *Nenhum mortal levantou-me o véu.* Um canto de véu tinha-se, entretanto, levantado, mas para cair em seguida, e ele despertará sobre a terra dos túmulos. Ah! Como estava longe do termo sonhado! Era longa a viagem na *barca dos milhões de anos*! Pelo menos tinha entrevisto o término. Após sua visão do outro mundo, mesmo que fosse um sonho, um esboço infantil da imaginação ainda densa pelas imperfeições da Terra, poderia ele duvidar dessa outra consciência que sentia desabrochar em si, desse *duplo* misterioso, desse *eu* celeste que lhe aparecia em sua beleza astral como forma viva, e que lhe falara em sonho? Era sua alma irmã, era seu Gênio, ou não era mais que um reflexo do seu espírito íntimo, um pressentimento do ser futuro? Maravilha e mistério!

De qualquer modo era uma realidade, e, se essa alma fosse a sua, era a verdadeira. Para reencontrá-la, que faria? Poderia viver milhões de anos, mas não esqueceria essa hora divina em que vira seu outro eu puro e irradiante! (Na doutrina egípcia considerava-se o homem como tendo nesta vida somente consciência da alma animal e da alma racional. As partes superiores da alma espiritual e do espírito divino existem nele em estado de germe inconsciente e se desenvolvem depois desta vida, quando se torna ele mesmo *um Osíris*).

A iniciação estava terminada. O adepto consagrava-se sacerdote de Osíris. Se fosse egípcio, ficava no templo; mas, se fosse estrangeiro, permitiam-lhe, às vezes, voltar ao seu país para fundar novo culto ou executar alguma missão (O mazdeismo da Pérsia, ou religião de Zoroastro, pode-se considerar derivado dos *Grande Mistérios*). Antes de partir, prometia solenemente, por um juramento terrível, guardar silêncio absoluto sobre os segredos do templo. Jamais deveria trair o que vira ou ouvira, nem revelar a doutrina de Osíris senão sob o tríplice véu dos símbolos mitológicos ou dos mistérios. Se violasse o juramento, uma morte fatal o atingiria cedo ou tarde, por mais longe que estivesse devido naturalmente a processos de *envotamento*[127].

---

127. Envotamento: O verbo francês *envoûter*, quer dizer: praticar, sobre uma imagem de cera representando a pessoa a quem se queira prejudicar, ferimentos que a própria pessoa deveria sofrer. É uma das várias aplicações da Magia Negra, muito praticada antigamente.

*O silêncio tornava-se, porém, a couraça da sua força.*

Voltando à terra natal, sob o choque das paixões furiosas, nessa multidão dos homens que vivem como insensatos e ignorando-se a si mesmos, pensava no Egito, nas pirâmides, no templo de Ammon-Ra. Voltava-lhe então o sonho da cripta. E, assim como o lótus balança-se sobre as vagas do Nilo, assim também essa visão branca flutuava sempre no rio lodoso e turvo desta vida. Em certas horas ouvia *sua* voz, a *voz da luz* que despertava em seu ser uma música íntima e dizia-lhe: *"A alma é uma luz velada. Quando negligenciada, fica obscurecida e extingue-se; mas, quando alimentada pelo óleo santo do amor, esclarece como lâmpada imortal."*

Trabalho de transmutação; mas que tanto poderá ser o alquímico como o esotérico, hermenêutico: a partir dos dados empíricos exteriores e aparentes, pela sua destruição, desocultar o sentido escondido, libertá-lo. Aqui na Iniciação, para a realidade do homem, se processará o mesmo trabalho que para a realidade deste mundo foi processado pelo poeta: a exegese do símbolo, a que alquimicamente, ele poderia chamar a "Grande Obra".

A.A.K

---

O termo *envoûtement* (do latim vultus, efígie, retrato) não tem palavra correspondente em português. Preferimos adotar o galicismo – envultamento – porquanto as expressões feitiço, embruxamento ou sortilégio não exprimem com precisão o que o autor quer dizer. Nós entendemos que a palavra correta, e que mais se aproxima do ato, é envotamento, uma vez que nos sentimos à vontade para criar outro galicismo, até mesmo por uma questão de semântica – do verbo "envolver" algo.

# CAPÍTULO II

# Magia[128]

## Que se entende por Magia

As multidões, pouco conhecedoras do verdadeiro valor da palavra Magia, tremem mediante o simples pronunciamento dessa palavra, ou a pronunciam com certo supersticioso retinir, como se com ela evocassem algo supernatural ou algo que em si leve aparelhado males sem conta nem medidas. A Magia é uma e outra coisa das ditas. Acostumadas desde sempre a ouvir falar das artes mágicas como coisas a toda luz reprovável, como de procedimentos infernais para conseguir por meios ilegítimos o que de outro modo não poderiam conseguir; feitas às predicações de que os bruxos e feiticeiros de todos os tempos, foram, perseguidos, encarcerados e exterminados por ferro e fogo, porque suas práticas levavam à desunião das famílias, aos distúrbios nas sociedades; conhecedoras de que lá, na Idade Média, o Tribunal da fé levou a pira muitos sortílegos, convictos e confessos de manter

---

128 .Toda abordagem e retomada deste assunto será sempre insuficiente diante de sua complexidade e importância no contexto das Ciências Ocultas.

pactos demoníacos, de fabricar filtros prejudiciais e de assistir os sabás; abarrotados, enfim, de quantas patranhas inventaram a superstição, o fanatismo ou a idiotice, oligofrenia, nada mais natural que o pânico se apoderasse de seu ânimo quando ouvem falar daquilo que lhes pintaram com tão sinistras cores, ou que o mistério do desconhecido lhes tenha arraigado quando para consecução de particulares fins, sentem a necessidade de um auxiliar muito mais potente que suas forças e as que consideram gozam seus coetâneos, pela sensível razão de que medem as desses com a própria medida com que as suas medem.

    Nada disso é magia. O dicionário diz dela que é a *"Ciência ou arte que ensina a fazer coisas extraordinárias e admiráveis"*. Extraordinárias por não estar ao alcance dos homens comuns; admiráveis porque sempre causa admiração a presença de um feito cujo princípio se desconhece. O mistério, esse desconhecido que a Magia tanto fascina, tanto subjuga ou tanto repele, segundo se encontre predisposto o ânimo para uma e outra coisa, é o que mais se observa na humanidade inteira. Misterioso é, para ela, o fato de viver: nada se há dado conta exata até o presente do que venha a ser a vida, nada há podido aprisioná-la, nada há podido dizer *isto é*. Mistérios semelhantes são a luz, o calor, a eletricidade, a isomeria, a polimeria, etc. Porém todos estes mistérios são tão absolutos, tão universais, que sua mesma universalidade e magnitude os fazem inapreciáveis. Nada se preocupa (ideia fixa e antecipada, preconceito) de seus extraordinários e admiráveis, admirabilíssimos fenômenos, pelo fato mesmo que são comuns e correntes. Nada se pode refletir por comparações acerca do porque deles, porque a continuidade não interrompida dos mistérios não deixa lugar a comparações. Por outro lado, preocupa e fascina a todos o fato insólito, livre, desconhecido nas generalidades de seus princípios e consequências; e esta preocupação e fascinação, são as que tecem todo o tempo as coroas de espinho e de abrolhos com que se enganam as sereias dos gênios. O que conduziu ao tormento ao Giordano Bruno, ao Galileu, ao Servet, ao Palissy, senão um fato insólito, prodigioso, de seus inventos ou descobrimentos, que, enchendo de estupor aos seus coetâneos (contemporâneos) – e mais aos que se consideravam possuidores da humana sabedoria, acabou por obsedar-lhes com a ideia supersticiosa do sobrenatural e por arrastar-lhes na feroz intransigência, que desvanecia de seu coração toda piedade e os enchia dos instintos da besta?

    Desta forma temos que a Magia, na verdadeira acepção da palavra, é *sabedoria*; e a sabedoria – se diz – ensina o modo de fazer "coisas extraordinárias e admiráveis" para o vulgo, sequer estas coisas nada tenham de sobrenatural nem de sobre-humano. Nada mais corrente em química orgânica, por exemplo, que produzir ácido fórmico (HCO-OH). Leva um ignorante a um laboratório, e diga-lhe que destilando amido, bióxido de manganês, água e ácido sulfúrico, obterás aquele produto; ficar-lhe-á olhando estupefato. Faça mais: triturai em sua presença formigas vermelhas, ponha-as em maceração com duas vezes seu peso de água, e destila o composto, dizendo-lhe que ao passo que com aquelas formigas e estas manipulações, vais obter também o mesmo produto; e já não o olhará estupefato, já os olhará com terror, com soberano terror, e estará a dois dedos de admitir que sois o diabo em pessoa, e que tudo quanto fazeis é arte de bruxaria. Porém, explica-lhe a esse ignorante a composição da química de cada um desses elementos que haveis colocado em vosso alambique, dar-lhe alguma ideia do que são e como se operam as transformações, faça-lhe assistir ao vosso lado a esse sublime *fiat* que se opera ao infinito do calor, e rasgando o véu que obscurece a luz de sua inteligência trocarás radicalmente seu modo de pensar, e lhes farás mago, tão mago como vós mesmo. Fazendo um paralelo entre a metáfora da caverna da *Politeia* de Platão e a Magia e colocando a sociologia do saber na caverna, entre os prisioneiros que só conseguem observar o jogo de sombras na parede e não podem enxergar nem os objetos reais nem o Sol que tudo ilumina. Quem fosse libertado da caverna para a luz da verdade, e depois retornasse para a escuridão para libertar seus antigos colegas de prisão, não seria bem recebido por eles. Diriam que ele é parcial, que, chegando de algum outro lugar, aos olhos deles tem um ponto de vista parcial; e, possivelmente, sim, com certeza, eles ali embaixo têm uma chamada sociologia do saber com ajuda da qual lhe dirão que ele trabalha com certas premissas de concepção do mundo, o que naturalmente incomoda muito a opinião da comunidade da caverna e, por isso, deve ser rejeitada. Mas o verdadeiro filósofo, assim como o mago, que contemplou a luz, não dará grande importância a essa tagarelice da caverna, mas há de agarrar energicamente alguns que valem a pena, e os tirará de lá, e tentará em uma longa história conduzi-los para fora da caverna. Além disso, o verdadeiro adepto sabe que a máxima do Ocultismo não deve ser subestimada, que é *Saber, Querer, Ousar e Calar*; tudo no seu devido lugar e tempo.

## O que diferencia a Magia Branca da Negra

Grosso modo, classifica-se a Magia com duas classes, como tem duas classes de aspirações, como existem duas classes de tendências. Uma delas é a Magia Branca, ou Teurgia, a outra é a Magia Negra, ou Goécia. A Magia Branca é a ciência do bem; e a Magia Negra é a ciência do mal. Ambas são forças poderosas, incontrastáveis, ponto menos que absolutas conhecendo-as a fundo; porém, ambas têm sua particular maneira de trabalhar, e ambas rendem também seus particulares resultados.

O Esoterismo sacerdotal das épocas passadas conhecia a fundo a lei dos princípios antagônicos e o que representava admiravelmente com o símbolo da reprovação. Consistia este, como se pode notar na seguinte figura, em estender os dedos, indicador e do coração, pregar o anelar e mindinho, e fazer o polegar sobressair em posição horizontal entre os dedos estendidos e os encolhidos. Este símbolo, que é o da divindade, projeta com sua sombra a figura do diabo, e com ele fica tacitamente dito que a mesma força, segundo o uso a que se aplica, produz frutos dignos de aprovação ou de reprovação.

Não é para o vulgo, certamente, interpretar o signo do esoterismo sacerdotal na forma que expomos, nem é estranho que as multidões ao ver o aspecto que a figura apresenta, deduza dela certas misteriosas relações com o que a tenebrosa superstição há inculcado em seu cérebro. É o diabo, só o diabo, o que fere sua imaginação; e seu intelecto não está apto para deduzir aquela criação fantástica, é resultado abortado de sua própria e imperfeita obra.

O contraste das antíteses existe em todas as partes. A luz engendra a sombra, o calor, o frio, o bem, o mal, a beleza, a deformidade, e assim sucessivamente. Porém, paremo-nos um pouco para refletir, e observaremos que não existe de modo absoluto nem a deformidade, nem o mal, nem o frio, nem a sombra; senão que são tudo isto aspecto do bem e da beleza, gradações da realidade única, sempre harmônica e inalterável, em que tudo se calça. Nem sequer a lei da gravidade é antitética na repulsão, nem a força centrípeta antíteses da centrífuga: Newton o demonstrou claramente quando formulou suas leis. Porém, sobre as sutilezas da metafísica e sobre as induções da filosofia, está o fato conciso, claro, demonstrável e demonstrado em todo momento, que é o que imediatamente impressiona as multidões e o que arrastam fascinadas a conclusões ilógicas, certamente, se refere ao *esotérico* e oculto, porém certíssimas e claras si se ativer ao *exotérico* o que se vê. Quem tome em suas mãos um pedaço de gelo, dificilmente poderá persuadir de que a impressão que sente não é o frio, senão calor; quem se veja projetar na sombra, não é fácil que chegue a acreditar na luz como a que diretamente recebe Sol. Para compreender estas duas coisas e todas suas similaridades, é preciso conhecer a *Teurgia*.

A *Goécia*, como ciência que mais ao objetivo que ao subjetivo, ao material que o transcendental, nem requer de seus iniciados tantas provas, nem impõe para sua realização tantos sacrifícios. A força operante é a mesma: só a aplicação e resultados são diferentes. E, para valermos de um exemplo, o que a água de um barranco, que o mesmo pode servir para fertilizar uma plantação e ser motor de potentes máquinas industriais, que para arrastar uma comarca e reduzir a miséria a numerosas famílias. E o exemplo cabal em todas suas partes, posto que se no primeiro caso representa a *Teurgia*, por que a chispa divina da razão se vê refletida nas canalizações e nos saltos, no segundo está de acordo com a *Goécia*, na imprevisão com que se deixam as forças naturais trabalhando cegamente.

Há pois, entre a Magia Branca e a Magia Negra, a mesma diferenciação que entre a chispa elétrica que se objetiva num arco voltaico e a que derruba um edifício: aquela é a luz e a vida; esta, a confusão e a morte.

## Uso que faziam na Antiguidade das Magias Branca e Negra.

Reservado o uso da Magia Branca aos iniciados, e entregada a Magia Negra aos ignorantes e pouco escrupulosos de consciência, inútil é dizer os frutos que uma e outra haviam de obter. Os iniciados, amantes da verdade e do bem, consagravam sua obra ao estudo e a prática das virtudes. A alquimia, a Astrologia, a Botânica, a História Natural e as Matemáticas, eram o objeto constante de sua predileção. No frontispício de um de seus templos foi onde apareceu o indelével *Nosce te ipsum* (conhece-te a ti mesmo) e outro de seus preclaros mestres foi o que susteve que *o princípio de toda sabedoria consiste em saber duvidar*. Mancomunado eticamente ambas máximas produzem os conhecimentos positivos.

Que a Astrologia, a Alquimia e a Botânica foram os berços de nossa Astronomia, Física e Química e Medicina; que sua Fisionomia deu de si nossa História Natural; e que suas Tábuas logarítmicas, serviram de base a nossas ciências matemáticas, não cabe a menor dúvida. Tem, sim, notória diferença entre umas e outras, como a tem entre a bolota e o carvalho, entre o ovo e o pintinho; porém, assim como o ovo está virtualmente contido no pintinho e a bolota no carvalho, assim a Astrologia, a Alquimia estão arraigadas à Astronomia, a Química e a todas as demais ciências de nosso século. Isso não quer dizer que os conhecimentos dos magos daquelas épocas foram absolutos e incontrovertidos: tampouco o são os conhecimentos dos magos da época atual, nem o serão os magos dos séculos vindouros. O progresso é lei, e por sê-lo, têm desenvolvimentos infinitos, que nada, absolutamente nada poderá abarcar nem ainda na eternidade, porque sempre lhe farão falta dois fatores: o infinito intenso perceptivo e o infinito extenso manifesto. Resulta, por conseguinte, ainda que a verdade seja una e imutável, em cada época coletiva e em cada indivíduo de modo particular, as manifestações dessa verdade tem sido, são e serão sempre múltiplas e gradativas.

Falar hoje dos *quatro elementos* em que os alquimistas dividiam a natureza, e falar do três, sete ou vinte e um mundos que constituíam a Cosmogonia dos astrólogos, seria falar de coisas infantis, seria falar daquilo que até as crianças entendem por errado; porém, remontemo-nos com o pensamento à época em que tais doutrinas eram correntes, surpreendamos ao vulgo ignorando em absoluto tudo o que concerne à mecânica celeste e a física-química, e compreenderemos a importância, a transcendência capital de tais doutrinas, e o que seriam e representariam aqueles homens que em meio da universal cegueira, viam, ao menos, que a terra era distinta do ar, dá água e do fogo; que o mundo moral era distinto do físico e do intelectual, e que por próprio esforço, mediante transmutações materiais e morais, podia converter-se o lodo em ouro, o diabo em anjo. Que nosso pensamento faça essa viagem e esta análise retrospectiva, e em verdade aqueles homens nos pareceriam gigantes, incomensuráveis gênios.

Não nos parecerão o mesmo aqueles que se dedicavam a Magia Negra, a Goécia, porque nunca produzem o mesmo efeito o raio aprisionado irradiando luz, que o raio solto originando escombros. Entre ambos se interpõe o sentido moral, esse sentido que inquire sempre os meios para julgar os fins. Nunca pode ser bom o fim quando os meios são perversos, mal que pese a quantos opinam que estes ficam justificados por aqueles. A Goécia, já temos dito, é a sombra da Teurgia, e se esta se empregava na busca da verdade e do bem, aquela dirigia suas afanes em estender o mal e o erro. Ambas bebiam na mesma fonte, na Magia; porém, ato contínuo bifurcavam, e não tinham comum outra coisa que a origem, o que tem de comum o aço de um punhal e a pena de um poeta. A vida e a morte são sempre o anverso e o reverso de uma mesma medalha. E isto, como se compreende, se refere no mais que os iniciados, aos que verdadeiramente sabiam o que faziam e como faziam; porém, à parte desses, os verdadeiros anônimos do *Sabá*, que trabalhando inconscientemente sobre as forças que se lhes vinham às mãos, produziam hecatombes inesperadas pela mesma força das consequências inevitáveis.

Aparentemente implica uma contradição que a Goécia, sendo um aspecto da Magia, possa ser patrimônio das gentes ignorantes. Sem dúvida, não é assim. A ciência é produto da experiência, e esta pode adquiri-la mesmo aquele que se embebe na leitura de muitas obras, que por causalidade ou por espírito observador, logra surpreender algumas das leis da natureza. Por exemplo: o erudito poderá, mediante certas operações algébricas, precisar o momento em que tal ou qual constelação, cometa ou astro, aparecerá no horizonte, dar-se conta dele porque prediz fixamente o instante em que desaparecerá pelo ocaso; porém, o ignorante, se é observador, pode saber também o mesmo sem mais esforço que a memória, havia dado conta de que idêntico fenômeno tem lugar todas as noites, dado que se observou em tal data, em tal outra e noutra mais além. Se da Astronomia passamos à Botânica, o homem erudito pode conhecer as propriedades das plantas *a, b* e *c*, por haver feito análises de seus componentes químicos; porém, o vulgo pode perceber essas mesmas propriedades sem fazer qualquer análise, somente observando multiplicadamente seus efeitos sobre outras plantas ou sobre alguns animais, inclusive o homem. E ainda fica outro fator importantíssimo em tudo o que com as ciências se relaciona: este fator é *o imprevisto*, nada ignora que o vapor, a eletricidade, o magnetismo, e em nossos dias a medicina ortomolecular, a física quântica, entre outros milhares de inventos e descobrimentos, se devem à *causalidade*, a esta Fada misteriosa que se compraz de vez em quando em conjuntar os elementos indispensáveis e precisos para produzir um efeito novo, inesperado, surpreendente, que logo de conhecido é o mais sensível do mundo, porém que, antes de conhecer-se, faz exclamar a quem ouve ao àquele que pressupõe um enfático *impossível*. Prova disso são os dois inventos que acabamos de citar. Se, pois, a observação atenta de um fenômeno pode dar-se por resultado o conhecimento melhor ou pior de seu *modus operandi*, e se por outra parte *a causalidade* enche, às vezes, o vazio que em vão o estudo há perseguido tenazmente, se compreenderá que não seja patrimônio exclusivo dos sábios o conhecimento de determinados feitos, e que ainda entre as pessoas mais ignorantes, opere-se por empirismo o que a mais alta Magia estuda com grande cuidado.

# O Véu do Mistério

Felizmente, diga-se de passagem, compreenderam desde o primeiro momento, tanto os iniciados em Teurgia como os iniciados em Goécia, que convinha a seus particulares interesses ocultar sob o véu do mistério suas tendências e seus procedimentos. Daí um acúmulo de símbolos empregados por uns e outros, desde as sombras com que sempre se rodeavam.

E uma coisa digna de se notar: jamais os iniciados em um ou outro aspecto da Magia confundiram suas fórmulas nem suas figuras simbólicas, jamais o círculo goético teve semelhança com o das transmutações nem com o duplo triângulo de Salomão. Temos dito que felizmente os magos ocultaram suas tendências e procedimentos, e vamos dizer por que qualificamos de auspiciosa sua determinação. Os teúrgicos, estudando as forças ocultas e aplicando seus estudos aos mundos físico, moral e suprafísico, tinham forçosamente que chocar com as ideias correntes e ser vítimas da ignorância supersticiosa. Prontamente conheciam em parte o poder de sua vontade reagindo sobre outra vontade e sobre alguns agentes físicos, e isso bastava para despertar contra eles certo receio, que ao menor motivo podia converter-se em implacável ódio. De outra parte, a obra da transmutação exigia se rodearem de retortas, filtros, alambiques, redomas, fornilhos, etc., em geral coisas totalmente fora de uso e cuja figura – temos de convir nele, – basta e sobra para sobressaltar a imaginação supersticiosa. E, por último, não disse Jesus que não devia dar-se aos porcos o sagrado?

Usaram, pois, do símbolo, primeiramente, para preservar dos olhares profanos o teor esotérico de seus estudos e as suas práticas, e segundo, para prevenir-se contra qualquer atentado das turbas ignorantes e mal aconselhadas. Igual são feitos e fazem ainda em nossos dias todas as sociedades secretas – exemplo a franco-maçonaria, ainda quando suas tendências e aspirações sejam, como diz a própria instituição, tendências e aspirações de paz, de fraternidade e de progresso. Não se termina um trabalho sem que todos jurem o maior silêncio sobre tudo que se falara e fizera naquela reunião. A superstição somente pode servir da própria superstição, como a força cega somente pode conter outra força de idêntica natureza. Daí que todos os símbolos dos magos, como o de todas as sociedades secretas que conhecemos, tenham uma marcada tinta supersticiosa. O *bode macho do sabá,* por exemplo, é uma figura, como se verá, capaz de engendrar o terror em qualquer que um que não tenha bem assentados os pés. O diabo está nela de corpo presente; os signos que fazem com suas mãos parecem a ameaçar algo de sinistro; sua cabeça, seu peito, seu ventre, tudo nele pressagia não se sabe o que, porém indubitavelmente algo fatídico; causa horror: com isso se diz tudo. E, sem dúvida, quão diferente é a expressão esotérica deste símbolo! Representa a Magia, a sabedoria do absoluto. A chama colocada entre seus dois cornos é o reflexo da inteligência equilibrante do ternário; sua cabeça – cabeça sintética que tem algo de um cão, de um touro e de um asno – representa a responsabilidade da matéria e a expiação das faltas corporais; suas mãos humanas recordam a santidade do trabalho, e fazendo o signo do esoterismo no alto e abaixo, recomendam o mistério aos iniciados e lhes sinalam dos quartos lunares, um branco e outro negro, para indicar-lhes as relações do bem e do mal, da misericórdia e da justiça; tem o baixo ventre velado, imagem dos mistérios da geração universal, expressada somente pelo símbolo do caduceu; seu ventre escamoso reflete os apetites desordenados da carne; o semicírculo que lhe separa o peito é o emblema de diferenciação entre o mundo físico, moral e intelectual, entre o mundo dos feitos, e aquele das leis e dos princípios; as penas que cobrem desde os peitos até a região umbilical, que hão de ser de diversas cores, expressam misticamente os diferentes sentimentos; os peitos de mulher que exibe são os signos da maternidade, e estes, com os do trabalho, os da única redenção possível; e, finalmente, o pentáculo que leva em sua frente, emblema da vontade consciente dirigindo as quatro forças elementares, revela por uma ponta que tem no alto a inteligência humana, e a inspiração divina por estar perpendicularmente por baixo da chama que lhe serve de coroa. Este, e não outro, é o sentido mítico e kabbalístico do *bode macho do sabá*: veja-se se existe notória diferença entre ele e o que em sua presença interpretaria qualquer não iniciado nos mistérios. Maiores informação sobre este símbolo vejam em nossa obra *Maçonaria, Simbologia e Kabbala.*

Quando os adeptos queriam referir-se a ideias puramente abstratas, puramente metafísicas, usavam também outros hieroglíficos mais abstrusos, como, por exemplo, as *Sephiroth* ou os *Sete selos de São João*; porém, tanto estes símbolos, como alguns anteriormente descritos por nós ou como aqueles que aplicavam às coisas concretas, estavam baseados na ideia que referiam que eram formados por figuras geométricas, astrológicas e números, e que constituíam uma linguagem completa e perfeita para seus particulares fins.

**Desta forma:**

O ponto (•) ou o (1) representava a unidade e o princípio.

O dois (2) ou a linha (—) o antagonismo, a dualidade.

O três (3) ou o triângulo (△) a ideia.

O quatro (4) ou o quadrilátero (□) formado com duas linhas verticais representantes do *ativo* e outras duas horizontais representantes do *passivo*, da *forma*, da *adaptação*.

O cinco (5) ou a estrela de cinco pontas (★), a *inteligência humana dirigindo as quatro forças elementais*.

O seis (6) ou os dois ternários (△▽), o equilíbrio das ideias ou o Macrocosmo e Microcosmo.

O sete (7) ou o quadrilátero e o triângulo (△), a *realização*, ou seja, *a aliança da ideia e da forma*.

O oito (8) ou dois quadriláteros (□ □ = *), *o equilíbrio das formas*.

O nove (9) (△▽△), a perfeição das ideias.

E o dez (10) ou o círculo (O), a eternidade, ou o absoluto se este círculo tivesse um ponto no centro (⊙).

**As ideias que expressavam os signos dos planetas eram:**

Com *Saturno* (♄), a cor é negra, o sábado, e o chumbo, segundo ao qual se referiam.

Com *Júpiter* (♃), a cor é azul, e correspondia à quinta-feira, e o metal correspondente é o estanho.

Com *Marte* (♂), a cor é vermelha, o dia da semana é terça-feira e está relacionado ao ferro.

Com o *Sol* (☉), a cor é amarelo, o domingo e o ouro; com *Vênus* (♀), a cor é verde, o dia da semana é sexta-feira e o cobre como metal correspondente.

Com *Mercúrio* (☿), é multicolor, quarta-feira e tem por metal correspondente o mercúrio.

A *Lua* (☽) tem a segunda-feira como o dia da semana correspondente e o metal é a prata. Ademais, Saturno, Júpiter, Marte e o Sol, eram planetas masculinos: Vênus e a Lua, femininos, e Mercúrio é neutro; e Júpiter, Vênus e o Sol, maléficos, Mercúrio e a Lua, indiferentes. Finalmente, para poder compreender todo o alcance que tais símbolos se podiam dar, é preciso que advertamos que entre os magos era dogma a ideia do ternário, e que esta ideia podia multiplicar-se ao infinito, o mesmo no mundo físico quanto a moral e no intelectual. Esta é a razão pela qual dividiam os números, as figuras geométricas e os signos dos planetas, em ativos, passivos e neutros; ativos, passivos e neutros *do ativo*; ativos, passivos e neutros *do passivo*; ativos, passivos e neutros *do neutro*, etc.,; afirmando que tudo que está no superior está no inferior △▽, não sendo preciso mais que a fusão de ambos ✡ para produzir o milagre, já que tudo foi, é e será no absoluto e pelo absoluto (☉), diferenciando-se somente mediante a oportuna adaptação (⊕).

Se alguém acreditar que a relação acima explicada das assimilações dos planetas com os metais era pueril e caprichosa, lhe diremos que se equivoca grandemente. Veja a prova, de acordo com a Tradição dos astrônomos medievais:

*Mercúrio*, planeta (☿) dista do Sol léguas 14.300.000, e o peso específico do mercúrio, metal, comparado com ele e a Terra, é 0'38, e o ponto de congelamento do metal é 38°; a massa do primeiro, comparada com a da Terra, é 0,06966, e o peso do segundo, comparado com o ar, é 6'966; a densidade do planeta, finalmente é 1'37, e a densidade fluída do metal 13'7.

A distância que separa o Sol de *Marte* (♂) é 28 milhões de milhas, e o peso equivalente de ferro é 28; a massa do planeta é 0'109, e o calor específico do metal 0'109; a distância entre o Sol e o primeiro, reduzida a quilómetros é de 55 a 56 milhões, e o peso atômico do segundo é de 55 a 56.

*Vênus* (♀) tem um diâmetro de 3135 léguas, e o equivalente do cobre é 31'3; o diâmetro aparente do planeta é 63", e o peso atômico do metal, 63; e o diâmetro do primeiro comparado com o da Terra, finalmente, é de 0'954, igual em um todo (0'954) ao calor específico do segundo.

A densidade de *Júpiter* (♃) é 0'236, e o peso molecular do estanho 236; a obliquidade do eixo desse planeta é de 1° 18', e o peso atômico do metal 118; o tempo que inverte o primeiro em sua revolução é 11'8, e o peso do segundo 118.

*Saturno* (♄) dista do Sol, como máximo, 207 raios, e atomicamente o chumbo pesa 207; o peso sobre a superfície do planeta é de 1'1, e o peso específico do metal é 11; a rotação do primeiro se efetua em 10h. 3', e o equivalente do chumbo é 103.

Até nosso satélite *Lua* (☽) tem relações numéricas com o metal a que se assimila. A intensidade da gravidade na superfície da Lua é de 1'08, e o peso atômico da prata é de 108; a órbita daquela é, em seu apogeu, de mais de 400.000 quilômetros, e 4'025 gramas é o peso desprendido da prata em um ampère-hora.

Há, ainda, mais. A distância que separa o *Sol* (☉) da Terra é 148.670.000 quilômetros, e fracionando os quatro dígitos à direita dessa cifra teremos o peso da água (14% de hidrogênio e 86% de oxigênio). A inclinação do eixo terrestre é entre os 23 e 67°, e o ar, segundo seu peso, se compõe de 23% de oxigênio e 76% (Advertimos que no Ocultismo é muito corrente a inversão, a comutação, a troca, a participação e a evolução dos signos) de azoto. A longitude do pêndulo na Europa central é de 99 centímetros, e a soma dos componentes do ar (23+76) nos dá também 99. Finalmente, os números cardinais da água são 11% de hidrogênio e 88% de oxigênio, e Júpiter tarde 11'88 vezes mais que a Terra em fazer sua revolução.

Vê-se, pois, que os antigos magos teurgos não trabalhavam às cegas, utilizavam métodos e técnicas que atualmente ainda são utilizados na ciência moderna – *assim, percebemos que o erro é uma sombra da verdade* – ao buscar suas analogias; faziam de uma maneira conceituada e prévia e paciente estudo, que, a altura do que falamos não nos é possível valorar. Tudo isso, como se compreende, refere-se à Teurgia, a Magia Branca, bem que analogicamente possa referir-se também à Goécia, a Magia Negra, ainda que seus signos como já se tenham consignado, foram outros bastante diferentes. Desta maneira, ficava mais plenamente evidenciado que o erro é uma sombra da verdade, o mal uma sombra do bem e o diabo uma sombra de D-us.

# A Magia cerimonial e seus efeitos

O templo, o laboratório, a oficina do verdadeiro mago, deve ser, segundo Kunrath, tal como reflete na gravura ao lado. Nela há muitos livros, muitos aparatos de física e química, muitos adornos, um altar, um tocheiro, um Tabernáculo, uma lâmpada, diversas colunas, diversas inscrições, e outra porção de objetos de enumeração dispensável. De todos deve fazer uso o iniciado com verdadeiro discernimento; todos eles lhe são precisos para realizar sua obra. Já temos dito que a palavra *magia* era equivalente à *sabedoria*, e, por isso mesmo, aquele que aspira ao título de *mago* deve procurar tudo que for preciso para merecer o adjetivo de sábio. Como se consegue isto? Estudando, analisando, deduzindo, em uma palavra, trabalhando. Para isso lhe são indispensáveis utensílios, e tais utensílios são os que se vê nesta gravura do templo. Porém, além desses, existem outras várias coisas: o altar, o tocheiro, o Tabernáculo, a lâmpada, as colunas... Para que são? De que servem? As colunas representam virtudes e potências que devem desenvolver o iniciado, para apoiar e sustentar com elas todo seu trabalho intelectual, moral e físico. Trataremos disso em outro momento. As inscrições são recordatórios de que sempre deve ter presente o teúrgico se não quiser se desviar de sua rota e converter-se de agente da luz em agente das trevas. O altar, o tocheiro, o tabernáculo, a lâmpada, os ornamentos, etc., são outros tantos utensílios indispensáveis na magia cerimonial e levam a um cometido momento que dificilmente pode apreciar-se ao primeiro golpe de vista.

Há um ditado de um sábio contemporâneo que diz que *o equilíbrio é a idiotice*. Esta sentença é perfeitamente justa. Assim entendiam também os antigos magos, quando, para sair dele, e não para outra coisa, apelaram à magia cerimonial. Todas suas figuras, diz um autor, todos seus atos análogos às figuras, a maneira de colocar os números e as letras e o modo de consagrá-los, não são, depois de tudo, senão instrumentos de educação para a vontade. Tem, ademais, outra importância: a de reunir uma ação comum todas as potências da alma, e aumentar a força criadora da imaginação. É a ginástica do pensamento que exercita na obra, por isso mesmo, o efeito deste exercício é tão infalível como o da natureza, sobre tudo quanto se pratica com confiança absoluta e com perseverança inquebrantável.

Basta praticar os ensinamentos com determinação e vontade verdadeira, que os resultados vão aparecendo. Essas afirmações que acabamos de transcrever são uma verdade absoluta, que a qualquer um que lhe sejam dadas essas instruções serão fácil ver em pouco tempo a mudança e a aura que trazem aos seus lados. Entretanto, bastemos saber que a magia cerimonial não tinha mais que o objetivo de provocar o desequilíbrio, educar a vontade e reunir em uma ação comum todas as potências da alma.

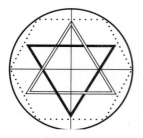

Os ritos, os ornamentos, as fórmulas de consagrações, tudo quanto se empregava na magia cerimonial, era místico e sugestivo e se referia exclusivamente à obra particular a que o aplicasse. Tratava-se, por exemplo, de iniciar um neófito nos grandes mistérios. Forrava-se o teto do templo com um manto azul salpicado de estrelas, aquelas que velava em parte uma gaze branca. As paredes, com lenços brancos bordados de azul; e o altar, com lenços brancos, aos que velavam alguns filós negros, mais ou menos espaçados. No centro do pavimento do templo se traçava o grande pantáculo, símbolo místico que se compõe de um grande círculo circunscrito por dois triângulos equilaterais, cujas pontas tocam na circunferência, outro círculo concêntrico tangente aos dois triângulos já ditos, e circunscrito também por dois triângulos equilaterais e, no centro de tudo, um ponto ou um olho irradiando luz. Não havia velas, nem lâmpadas, nem tocheiro que dissipam as sombras. Todos os iniciados, vestidos de branco linho com faixa azul, colocavam-se de pé sobre as linhas místicas do pantáculo, tal como sinala os pontos dessa figura, dando-se as mãos e olhando ao centro, onde se colocava o neófito vestido de igual maneira. Então o Mestre conjurava aos reunidos a elevar uma pregaria silênciosa ao *Eterno*, pedindo-lhe estender sobre o candidato, na medida conveniente, a aura divina. Feito isso, começavam as invocações entoadas com ritmo cadencioso especialíssimo. Essas invocações levavam aparelhadas de iluminação do templo com a *luz odica*[129]. Volta a usar da palavra do Mestre e, dirigindo-se ao

---

[129] As divinas radiações do tipo ígneas (sexual) têm sido qualificadas pelos melhores ocultistas do esoterismo como Luz Odica. Havendo começado a ciência a estudar a teoria astral do corpo humano, convém para maior entendimento usar termos da tradição antiga. Aqui é OD é fora de toda dúvida, o brilhante magnetismo positivo, ativo, dirigido pelo poder maravilhoso da Vontade consciente. Aqui o OB é o fluído magnético passivo, governado muito sabiamente pela inteligente faculdade conhecida como Imaginação Criadora. Aqui

neófito lhe dizia: "Sabeis já que todo o Universo é movimento, e que o movimento é o resultado das vibrações; sabeis também que toda matéria possui sua aura, o que não é outra coisa que seu próprio estado radiante, que é parte do *Akasha* (veja sobre este assunto em nossa obra *Manual Mágico de Kabbala Prática*), que enche os espaços interplanetários e intra-atômicos; não ignorais que o movimento, ou a força aplicada ao *Akasha*, pode condensar seus elementos e produzir a matéria sólida; pois bem: sabeis já quanto constitui a base de todos os conhecimentos no mundo físico. Vais iniciá-los nos conhecimentos do mundo moral. O balandrau branco, que se dá para vestir, significa a pureza, pureza da vida, pureza de ação, pureza de sentimento; a faixa azul significa a aspiração ao celeste que sempre deveis ter, que deve sustentar sempre, e ademais os recordará que ainda lhe faltam méritos a contrair para alcançar o balandrau branco sem nenhuma outra cor. Esta cruz de ouro que os entregara é emblema do homem físico. Sua barra vertical representa o eixo polar do homem, ao longo do qual atuam as forças vitais; a barra horizontal indica a direção do dia-magnetismo, e, na interseção de ambos planos, no homem, é onde reside a alma; as quatro pontas da cruz representam os sentidos, e seu centro, a região de onde nascem todas as forças sensuais. A cruz que deveis levar serve como advertência contra a dominação dos sentidos, levai-a sempre consigo; deveis colocar nesta cruz como arremate um suporte, porque deveis sempre apoiar-se nela durante vossa peregrinação pelo mundo, e assim não esquecerás que é necessário combater sem descanso contra as trapaças dos sentidos. Fazendo assim, os havereis de estar em condições de poder estudar e utilizar o grande pantáculo que entre todos explicamos, e que não é outro senão o símbolo geométrico da ação das forças *ódicas* e morais. Irmãos, descobrem os véus do altar e da cobertura (teto). Neste momento passava ao iniciado ao pé do altar e se entoava outro canto iniciático em ação de graças.

Temos falado em evocações, e é conveniente que digamos algo sobre elas. Entre os antigos, era generalizada a crença de que os quatro elementos, ar, água, terra e fogo estavam repletos de almas ou espíritos elementais em que eram produziam todos os fenômenos. Daí se segue a razão pela qual evocavam ou exorcizavam os

---

o AUR é o agente luminoso diferenciado, o "Genius Lucis" do anfiteatro cósmico. Uma imagem régia que guarda sublime concordância com o magnetismo sexual de Eros, é já conhecida do famoso Caduceu de Mercúrio enrolado de serpentes; a Víbora Flamígera Solar da direita representa o "Od", a Cobra Lunar e úmida da esquerda o Ob; no remate magnífico do misterioso caduceu, resplandece gloriosamente o Globo de "Aur" ou a igualdade da luz.

*silfos* ou espíritos do ar, as *ondinas* ou espíritos da água, os *gnomos* ou espíritos da terra, e as *salamandras* ou espíritos do fogo. Segundo fora sua obra em pró ou contra os mencionados espíritos, e segundo tiveram ou não que impetrar para nela o auxílio dos mesmos. Por isso se dizia que todo poder do mago resumia-se em saber subjugar aos elementais. Para as deprecações ou conjuros a qualquer dessas classes de espíritos, começava por traçar um grande círculo mágico as evocações no pantáculo que já conhecemos. Porém, cuidando muito de colocar-se o evocador ou conjurador na base ou na cúspide do mesmo. Assim, se evocava-se aos *gnomos*, por exemplo, para auxiliar na obra de transmutação, se colocava o operador na cúspide do pentáculo (\*), e punha o altar as fumigações na base (\*\*); e pelo contrário, se conjurava-se aos mesmos elementais por uma má colheita, colocava-se o operador na base e o altar na cúspide: tem que advertir que serviam sempre para determinar o lugar da cúspide e da base os quatro pontos cardeais, e que se crê que do Norte vinham os espíritos celestes e do Sul os espíritos infernais.

Quem tenha visto exorcizar ou bendizer e evocar a um sacerdote da religião católica, sabe já como exorcizavam, bendiziam e evocavam os antigos magos: tudo é igual, inclusive os hábitos, as orações e cerimônias; porque a igreja católica, em seu esoterismo, não é mais que a magia das passadas idades. E sem dúvida, a igreja perseguiu aos magos e os condenou à pira! Foram como as víboras, que devoraram sua mãe.

Se o leitor tem assistido com algum recolhimento a uma função religiosa; se tem visto empapado do misticismo que brota no ambiente, provocado pelas melodias do órgão, o perfume do incenso, ou o brilho das luzes, as fantasias dos ornamentos da monotonia e gravidade dos cânticos sagrados; se tem visto penetrar através dos cristais de uma janela ogival um raio de luz convertida em cascata de ouro ou em matizado arco íris; e se, elevando seu coração, tem querido remontar--se até onde sua fantasia lhe conduziria, saibas desde já que tudo isso és capaz de produzir, saibas já quanto fascina, saibas já, em uma palavra, quanto contribuiu para unificar as forças do espírito e a consagrá-las a um único objeto. Pois estes mesmos eram efeitos que buscavam e conseguiam os antigos magos com suas operações cerimoniais.

## Efeitos da Magia Natural

Dá-se o nome de mania natural a esses pressentimentos, a essas intuições, algumas vezes sublimes, muitas vezes surpreendentes, que não são patrimônio dos eruditos nem dos bons, senão que são patrimônios de pessoas sem instrução e de uma moralidade frequentemente duvidosa. A razão desse porquê da magia natural, como de quanto positivo temos exposto e exponhamos nestas ilações anteriores, o leitor encontrará compridamente nas páginas posteriores, onde como significa seu título, *rasgamos o véu* do oculto. O que importa, o que nos propomos no presente momento, é só apresentar caminhos e práticas que corroborem nos títulos dos respectivos capítulos e sub-capítulos com um objetivo intencional de provocar nos leitores a vontade de seguir muito além, chegar a um nível consciencial que traga ao adepto, *força, sabedoria* e *sucesso* no *caminho da luz maior*.

Dizemos que a magia natural constitui os pressentimentos das multidões. Esses pressentimentos que podem apresentar-se mais ou menos desvanecidos, mais ou menos confusos, porém, que no fim e a cabo têm em seu fundo um algo de verdade inalterável. Como a ideia necessita sempre de uma roupagem para poder-se manifestar e de um objeto em que ficar refletida, a ideia, que é a alma dos pressentimentos, da magia natural, tem-se revestido sempre de formas mais ou menos pitorescas e fantásticas e se tem referido a objetos mais ou menos reais e côngruos. "Diz-me o coração", se diz frequentemente quando se intui algum dano ou algum benefício; "eu sinto em mim", repete-se quando se presente algo de recôndito nos afeta; "me sentia impelido ou rechaçado por uma força estranha", agrega-se quando se trata de justificar determinado proceder contrario as convicções próprias. Outras vezes, e isto é que mais tem difamado na intuição, refere-se a esta a circunstância de haver visto um gato negro, de haver ouvido um canto de um mocho (coruja) ou de um canário, de haver presenciado a aparição de um cometa ou de um eclipse de uma estrela cadente. Isso é que constitui o exoterismo das artes divinatórias, as quais não nos ocuparemos nessas reflexões.

E esse exoterismo, ainda deforme, de pressentimento puro, não é patrimônio exclusivo das pessoas supersticiosas e sensíveis: participam dele também os gênios mais celebrados. Voltaire voltava consternado, melancólico ao seu domicílio, quando em seus passos ouvia grasnar os corvos a sua esquerda: sabia bem que isso era um augúrio fatídico para ele. Federico da Prússia ficava aterrorizado quando via desprender-se de uma árvore uma maçã. Rousseau considerava certa e imediata sua prisão, quando, arrojando uma pedra sobre uma árvore, fazia branco o local que tomava por objetivo. Diderot, estando encerrado em Vincennes, pretendia descobrir o dia que seria posto em liberdade pelo modo que ficava a página do livro que abria ao azar. Napoleão, o grande Napoleão, era supersticioso até em excesso, e quase sempre acertava. "*A Itália* está perdida para a França. Dizem meus pressentimentos", disse em certa ocasião a seu secretário Bourrienne, e, de fato, naquele mesmo dia, ficou apressado e foi colocado a pique pelos turcos na pequena embarcação de flotilha do Nilo, que levava aquele nome. "Jamais começo alguma empresa na sexta-feira sem encher-me de terror – dizia: sempre me saem mal. Recorda um magista, que uma noite partindo de Saint-Cloud para a Campanha da Rússia, era uma sexta-feira". Era para ele esse dia da semana bem funesto por desgraça. Também pertencem a ele esta confissão: "Os que me conhecem, sabem o pouco que me cuido do perigo. Acostumado desde a idade de dezoito anos às balas dos combates, sei o inútil que é querer precaver-se delas: me abandonou a meu destino, e minha estrela é a que se encarrega de concluir algo". [130]

    De idêntica maneira pensaram outros muitos homens, em quem, de não faltar a verdade, não pode deixar de reconhecer grande ilustração, grande valor ou presença de ânimo para afrontar os perigos, e grande tato e prudência para sair vitoriosos de seus cometidos. Isso preconiza, por conseguinte, que no fundo de seus receios ou superstições, tem algo digno de ter-se em conta. Que pode ser este algo? Uma coisa muito sensível. Quando o augúrio não é efeito de uma observação paciente, ainda mal referida ao objeto que se utiliza como ponto de observação, é efeito da imaginação, que se pode fazer germinar rosas em meio do deserto, assim pode fazer retumbar o trono e surgir o raio da atmosfera mais diáfana. Este é o segredo da magia. A esperança, a cólera, a desesperança, o amor, o terror, todos os sentimentos da alma, enfim, transformam-se em forças físicas e produzem os conseguintes resultados. A vontade é o eterno fator do Universo sensível.

---

[130] BOURRIENNE, Louis-Antoine Fauvelet de. - *Memoires de M. De Bourrienne* - Chez L'Advocat - Paris, 1829.

## Resultados da Magia Matemática

Não vamos aqui tratar da matemática propriamente dita, nem de horóscopo dos quais os números deduziam os antigos. Quanto ao primeiro, nas matemáticas, façamos justiça ao leitor supondo-lhe conhecedor de quanto nossa parte pudéramos dizer-lhe nessa ciência positiva, a mais positiva de todas; a respeito do segundo, às ideias que os números refletem nos antigos magos, disse mos o suficiente em nosso texto anterior (*O Véu do Mistério*); e, em relação aos horóscopo em que serviam de base os algarismos, esperamos desenvolver nossa reflexão a partir da Tradição caldaica propriamente dita.

Sem dúvida, se nada temos que dizer das matemáticas propriamente ditas, nem das ideias referentes aos números, nem de *onomancia*, optamos, em troca, por nos ocuparmos das reduções e adições kabbalísticas pela parte que se entranham de ciência e de filosofia oculta, ciência e filosofia que merecem, muito bem, serem expostas, mesmo que superficialmente.

Já dissemos que no Ocultismo a ideia do ternário é de suma importância. O 1 representa o ativo, o pai. O 2 representa o passivo, a mãe. O 3 representa o neutro, ou seja, a ação recíproca do ativo e do passivo, o filho. Estes três fatores engendram outra unidade ativa, a família, a que representa o 4, que, por sua vez, é o princípio ativo de outro ternário, como o 5 é o princípio passivo e o 6 o neutro, etc.; daquilo que se segue o 1, o 4, o 7 e o 10, são princípios ativos; o 2, o 5, o 8 e o 11, princípios passivos; e o 3, o 6, o 9 e o 12, princípios neutros.

Estas cifras podem estender-se ao infinito para representar com elas os infinitos ternários em que a criação se realiza, desde o infinito absoluto substancial ao infinito relativo acidental ou das formas. Porém, todas as cifras, qualquer que sejam estas, na redução kabbalística são expressadas por somente um algarismo, dado que um só é o princípio ou unidade ativa, passiva ou netra a que podem referir-se. Assim, pois, trata-se de reduzir, por exemplo, o número 554, para saber se é ativo, passivo ou neutro e a que mundo pertence, e se dá desta maneira: 554=5+5+4=14=1+4=5 ; e, como o número 5 é passivo do segundo ternário, ou seja, do mundo das leis, resulta que com o número 554 representamos a lei de repulsão, passivo quanto a atração, e todos os derivados dela. Outro exemplo: seja o número 3828, e diremos: 3828=3+8+2+8=21=3; e, como o 3 é neutro do primeiro ternário, ou seja, o mundo dos princípios, resulta que com o número 3828 representamos o equilíbrio instável dos princípios.

A *adição* kabbalística é o inverso das operações precedentes e serve para se referir à ordem do respectivo ternário dentro da árvore genealógica. Por exemplo: seja o número 7 o que se adiciona, e diremos: 7=1+2+3+4+5+6+7=28=2+8=10= 1+0=1; o que pressupõe que aquele que tratamos pertence a ordem dos ativos ao mundo dos princípios dentro do 7º grau de sua árvore genealógica.

O signo da adição é o *maior que* (>) e o da concreção o menor que (<).

Estas adições e reduções kabbalísticas têm transcendental importância, não somente para conhecer o sentido mítico das tábuas pitagóricas, homéricas e neo-platônicas, que resultam para a maioria um verdadeiro grimório, se é que também para darmos conta da geração (concepção) dos números. O célebre matemático kabbalista *Hoene-Wronski* (1776-1853) a apresentou ante a Academia da seguinte maneira, que não era outra coisa que as adições e reduções já ditas; vejamos:

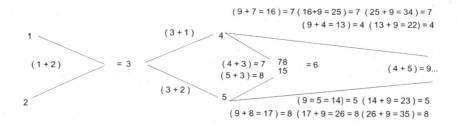

Com se vê por esta demonstração, a lei da geração numérica fica manifestada: o 1 engendra o 2, o 1 e o 2 o 3, e destes três números surgem todos os demais até o 9; a partir dessa cifra, todas as quantidades, qualquer que sejam. A redução teosófica as concretiza a um só número.

O número *nove* oferece particularmente muito notável, como se poderá observar pela seguinte tábua pitagórica:

9 X 1 = 09 : 90 = 10 X 9
9 X 2 = 18 : 81 = 9 X 9
9 X 3 = 27 : 72 = 8 X 9
9 X 4 = 36 : 63 = 7 X 9
9 X 5 = 45 : 54 = 6 X 9

De maneira que os múltiplos do *nove* desde *um* ao *cinco*, são os mesmos, invertendo os algarismos, que os do *seis* ao *dez*, e, por diante, somando os dígitos com que se formam cada múltiplo, se obtêm sempre a cifra *nove*. Vejamos:

09=0+9=9
99=9+9=18=1+8=9
18=1+8=9
108=1+0+8=9
27=2+7=9
117=1+1+7=9
36=3+6=9
126=1+2+6=9
45=4+5=9
144=1+4+4=9
63=6+3=9
153=1+5+3=9
72=7+2=9
162=1+6+2=9
81=8+1=9
171=1+7+1=9
90=9+0=9
180=1+8+0=9.

E não termina aqui as particularidades do nove, se permitimos que entre em comutação (Dá-se o nome de *comutação* à inversão das letras, dos números, dos signos, etc., passando àqueles que ocupam os lugares extremos ao centro, e vice-versa) os múltiplos pares com seus homogêneos invertidos aos ímpares da primeira dezena, isto é, o 2 X 9, o 4 X 9, o 7 X 9 e o 9 X 9, nos darão os números cardinais da água e do ar, como se vê nestas fórmulas:

2X9=18=18=11=11% hidrogênio {Água
9X9=81=81=88=88% oxigênio {Água
4X9=36=36=33=33% oxigênio {Ar
7X9=63=63=66=66% azoto {Ar

Ademais poderíamos deduzir que a adição das cifras de cada um dos produtos água (11+88) e ar (33+66) dão 99, e que aos 99º a água entra em ebulição, que o mercúrio gasificado é 99 vezes mais denso que o hidrogênio, que na Europa central os corpos caem com uma velocidade de 99 decímetros no primeiro segundo de tempo, que a coluna de água no tubo de Torricelle é também de 99 decímetros, e que, finalmente, o 99 não deixa de ser o 9, que, por sua vez, é a raiz quadrada de 3, por aquele de que 9 + 9= 18 = 1 + 8 = 9. Tudo isso demonstra a importância que o referido número tem na criação. Temos que os números ativos, representados pelo sinal +, são: 1 (+3) 4 (+3) 7 (+3) 10 (=1) (+3) 13 (=4) (+3) 16 (=7) (+3) 19 (=10=1)...

Os números *passivos*, representados pelo sinal -, são: 2 (+3) 5 (+3) 8 (+3) 11 (=2) (+3) 14 (=5) (+3) 17 (=8) (+3) 20 (=2)...

E os números *neutros*, representados pelo signo ∞, são 3 (+3) 6 (+3) 9 (+3) 12 (=3) (+3) 15 (=6) (+3) 18 (=9) (+3) 21 (=3)..., etc.

Em seguida, esta teoria é como F. Charles Barlet pode estabelecer, que é a seguinte:

E, com esta chave, que como se pode ver, não é mais que o ternário multiplicado por si mesmo e por seus fatores ao infinito, no qual joga o número *nove* o principal papel. Quase poderíamos dizer, o único papel, ficam acertados, se estudar bem, todas estas tábuas kabbalísticas, se conhece a geração e origem dos números em seu sentido místico e positivo, e se pode fazer a oportuna aplicação deles na ordem como melhor lhes aprouver.

# A Goécia

Pouco ou quase nada exporemos sobre este lado da *Magia*. As generalidades que dela podemos dizer em um livro de *Teurgia* e propostas luminosas como as presentes, as temos referido já em momentos precedentes. Da maneira que vemos, não entraríamos nestes sítios por não gerar nada positivo. Dessa forma estaríamos penetrando no terreno da Magia Negra. Sem dúvida, e não com o propósito de que o leitor se envolva nesta estrada e sim com o objetivo de preveni-lo contra este caminho, daremos ainda algumas ligeiras pinceladas sobre o tema fornecendo algumas informações para que o mesmo não trilhe este caminho.

Nas práticas da Goécia, ou seja, da Magia Negra, revela-nos, por um lado, o poder da Magia Branca de que já temos feito mérito, e a consideração de que a Magia Negra, como também temos dito, não é o caminho senão da sombra sarcástica, a sombra degenerada da primeira: o mais claro, uma malvada aplicação da Magia única, e nos revela também, por outro lado, esse mal-estar que a cada qual proporciona sua consciência, quando, separando-se da lei, sabe bem que tem faltado a seus deveres de pai, de esposo, de filho, de amigo ou de cidadão simplesmente, ainda quando essa falta haja sido somente em pensamento. Aparentemente nada mais ordinário (grotesco) que desejar o mal alheio sem pôr em prática meio algum ostensível, direto ou indireto, para produzi-lo. Porém, na realidade, nada mais terrível que essa ideia fixa de nossa mente e de nosso coração, que, como um punhal de duplo fio, fere impiamente ao sujeito a quem queremos ferir, e nos fere ao próprio tempo a nós mesmos. E aqui, como em ocasiões precedentes, fazemos

ponto final a respeito das considerações que se nos vêm na ponta de uma pena, remetendo ao leitor que queira interar-se nelas e do porque das afirmações que levamos feitas.

Não seria a Goécia a sombra degenerada da Teurgia, se não tivesse, como esta, seus ritos e cerimônias. Recordar-se-á que ao tratar da magia cerimonial e seus efeitos, falamos do círculo das evocações. Pois bem, a Goécia também tem o seu, que é este, como tem suas evocações, seus instrumentos mágicos, suas vestimentas, seus conjuros. A que Gênios invoca? Ah! Isto se tem uma ideia muito clara: uma obra de destruição, de trevas e enganos,

não pode ter por mentores a gênios de verdade, de luz de fecundidade. Que cerimônias emprega, como que roupagens se cobre, em que exercícios se pratica? Tampouco é necessário manifestá-lo: Haverá alguém tão insensato que busque pudor em casas de lenocínio, respeitos e cortesia entre jogadores?

Não, a Goécia não tem, não pode ter as mesmas evocações, as mesmas práticas, os mesmos ritos que a Teurgia; e não os tem nem pode ter, porque os teúrgicos pretendiam e pretendem fazer as obras de Cristo, para o qual tem de ser puros e sábios como o Cristo, enquanto que os goéticos pretendiam e pretendem fazer obras do diabo, isto é, de perversidade, e para isso hão de ser perversos. Por isso se lhes diz que é condição precisa, para ser goético, ter uma obstinação invencível, uma consciência endurecida no crime e muito pouco acessível aos arrependimentos e ao medo, ignorância afetada ou natural, fé cega em tudo que é inverossímil e batizar-se com sangue humano.

Corramos um véu, e demos por terminado nosso cometido no que relaciona com nossa proposta, isto é, com as definições da Magia.

## CAPÍTULO III

# Preparatórios para Arte Mágica

*O D-us que está no homem é que pode transpor todas as barreiras*

Annie Besant

Toda intenção que não se manifesta por atos é uma intenção em vão, e a palavra que a exprime é uma palavra ociosa. A ação é que prova a vida, e também a ação é que prova e constata a vontade. Por isso, foi dito nos livros simbólicos e sagrados que os homens serão julgados, não segundo seus pensamentos e suas ideias, mas, sim, segundo suas obras. Para ser, cumpre fazer. O sobrenatural nada mais é que o natural exaltado: o milagre é um fenômeno que choca a multidão, porque é inesperado; o maravilhoso é um efeito que surpreende aos que ignoram as causas ou lhes dão causas não proporcionais aos resultados. Só há milagres para os ignorantes; mas, como na ciência absoluta entre os homens, o milagre pode ainda existir e existe para o mundo.

Comecemos dizendo que acreditamos em todos os milagres, porque estamos convencidos, pela nossa própria experiência, da sua inteira possibilidade. Mas, para fazer milagres, cumpre estar fora das condições comuns da humanidade; cumpre estar abstraído pela sabedoria, ou exaltado pela loucura, acima das paixões, ou fora das paixões pelo êxtase ou o frenesi. Tal é o primeiro e mais indispensável dos preparativos do operador. Desta forma, por uma lei providencial, o magista não pode exercer todo poder da magia senão em razão inversa do seu interesse material; o alquimista faz tanto mais *ouro* quanto maior for sua resignação às privações ou a pobreza protetora dos segredos da grande Arte. Somente o adepto desapaixonado pode dispor do amor ou do ódio daqueles aos quais quer fazer instrumentos da sua ciência: o mito da Gênesis é eternamente verdadeiro, pois D-us só deixa que se aproximem da *árvore da ciência* os homens assaz abstinentes e fortes para não cobiçarem-lhe os frutos.

O magista deve, portanto, ser impassível, impenetrável e inacessível a preconceitos ou temores. Deve estar à prova de todas as contradições e sofrimentos. A primeira e a maior das obras mágicas é atingir esta rara superioridade. O homem pode ser modificado pelo hábito, que se torna, segundo o provérbio, uma segunda natureza em si. Por meio desta ginástica perseverante e graduada, as forças e a agilidade do corpo se desenvolvem ou se produzem numa proporção extraordinária. Acontece o mesmo com os poderes da alma. Quereis reinar sobre vós mesmos e sobre a natureza? Então aprendeis a querer verdadeiramente, *"vontade pura livre de dissipações"*.

Como se pode aprender a querer? Tal é o primeiro arcano da iniciação mágica; e, para fazê-lo compreender, os antigos depositários da arte sacerdotal rodeavam de terror e prestígio o acesso ao santuário. Não acreditavam em desejos do candidato, senão quando este tinha dado provas que tinha muito mais que um simples desejo, que tinha mesmo era uma Vontade Verdadeira. A força só se pode afirmar por meio de vitórias.

A preguiça e o esquecimento são inimigos da vontade; e é por isso que todas as religiões multiplicaram as práticas e tornou minucioso e difícil o culto. Quanto mais se trabalha por uma ideia, tanto mais força se adquire no sentido dessa ideia. As mães não têm maior predileção pelos filhos que lhes causam maiores dores ou cuidados? Por isso, a força das religiões está inteiramente inserida na inflexível vontade daqueles que a praticam. Enquanto houver um fiel crente no santo sacrifício da missa, haverá padre para dizê-la; e, enquanto houver padre dizendo todos os dias o seu breviário, haverá papa no mundo.

As práticas mais insignificantes e estranhas em aparência conduzem, pela educação e o exercício da vontade, ao fim que se tem em vista. Um camponês que se levantasse sempre às duas ou três horas da madrugada, e fosse longe da sua casa colher todos os dias um pedacinho da mesma planta antes do Sol estar levantando, poderia, trazendo em si esta planta, operar numerosos prodígios. Essa planta seria o sinal da sua vontade, e se tornaria tudo o que ele quisesse no interesse dos seus desejos. Uma pessoa que faz caridade ou atos altruístas também se transforma ela própria em talismã, pois a verdadeira caridade é sempre proporcional ao sacrifício, tal como foi ensinado pelo *homem de Nazaré* ao comparar a esmolinha da viúva pobre com a grande dádiva do que é supérfluo no ricaço. Em Ocultismo, o valor material das coisas só existe por acordância pensante tácita da coletividade, e, portanto, com o regatear um preço. O comerciante dá inconscientemente àquilo que pretende comprar por um valor menor pelo pensamento; e, atuando assim psiquicamente, destrói a potência psíquica de que o vendedor a estaria saturando com sua fé, ou afirmação convicta, as qualidades valiosas daquilo que pretendia vender.

Para poder, deve-se crer que se pode; e esta fé deve traduzir-se imediatamente por atos. Aquele que se apresentasse diante da ciência dos magos o que poderia pedir a ele? Alguém ousaria formular um desejo? Certamente que um verdadeiro mago não se submeteria a caprichos de necessidades mundanas e muito menos de desejos passionais e daria menos um bom conselho para aquele que se equivoca com sugestões egoístas. O preguiçoso nunca será um mago. A magia é um exercício de todas as horas e de todos os instantes. O operador, nas grandes obras, deve ser senhor de si mesmo, saber vencer a atração do prazer, o apetite e o sono, e insensível ser tanto ao sucesso quanto à afronta. Sua vida deve ser regida por uma vontade dirigida, por um pensamento puro e objetivo e servida pela natureza inteira, a qual terá sujeitado, pelo espírito, nos seus próprios órgãos, e pela simpatia em todas as forças universais correspondentes.

Todas as faculdades e todos os sentidos devem tomar parte na obra, e nada no sacerdote de Hermes tem o direito de ficar ocioso. Cumpre formar a inteligência por sinais e resumi-la por caracteres nos Pantáculos kabbalísticos (leia nossa obra *Manual Mágico de Kabbala Prática*); cumpre traduzir a ideia mágica em luz pelos olhos, em harmonia pelos ouvidos, em perfumes pelo olfato, em sabores pela boca, e em formas pelo tato. Em suma, cumpre que o operador realize na sua vida inteira o que quer realizar fora de si no mundo. Cumpre que se estiver bem imantado (*carregado do Sigilo*), a coisa materializará sem mesmo ter que pensar insistentemente sobre o assunto. Faça *aquilo* e deixe que as forças atuem por elas mesmas.

Convém ainda que o operador saiba os segredos da ciência; mas pode conhecê-los por intuição ou sem os ter aprendido. Os eremitas, que vivem na contemplação habitual da Natureza, adivinham às vezes suas harmonias e são instruídos no seu simples bom senso que os doutores, cujo critério natural está as vezes falseando pelos sofismas das escolas. Os verdadeiros magistas práticos acham-se quase sempre no campo, e são, às vezes, pessoas sem instrução ou simples camponeses.

Há também organizações físicas mais bem dispostas que outras às revelações do mundo oculto; há naturezas sensitivas e simpáticas nas quais a instituição na *luz astral* é inata. Certos pesares e certas moléstias podem modificar o sistema nervoso, e fazer dele, sem o concurso da vontade, um aparelho de adivinhação mais ou menos perfeito. Mas estes fenômenos são excepcionais, e geralmente o poder mágico deve e pode ser adquirido pela perseverança e o trabalho. Há também substâncias que produzem o êxtase e dispõem ao sono magnético, põem ao serviço da imaginação os reflexos mais vivos e coloridos da luz astral; mas o uso dessas substâncias é, às vezes, perigoso, porque produz estupefação e embriaguês. Todavia, podem ser usadas, desde que em proporções rigorosamente calculadas e em circunstâncias excepcionais.

Aquele que quiser entregar-se seriamente às obras mágicas deve libertar seu espírito dos perigos da alucinação e temor, purificar-se exterior e interiormente durante quarenta dias. O número quarenta é sagrado, e sua figura é mágica. Em algarismos arábicos, compõe-se do círculo, imagem do infinito, e do quatro, que resume o ternário pela unidade. Em algarismos romanos, dispostos em forma de cruz, representa o signo do dogma fundamental de Hermes e o caráter do selo de Salomão.

A purificação do mago deve consistir na abstinência das volúpias brutais, numa suave dieta vegetal, na privação de líquidos alcoólicos, e na regulação das horas de sono. Esta preparação foi indicada e representada em todos os cultos por um tempo de penitência e provas que precede as festas simbólicas da renovação da vida (solstício da Primavera).

Para o exterior, cumpre observar uma limpeza escrupulosa: o mais pobre pode achar água nas fontes. Convém limpar ou fazer limpar com cuidado as vestes, os móveis, e os vasos dos quais se faz uso. Toda sujidade atesta negligência, e em magia a negligencia é mortal.

Ao levantar-se e ao deitar-se, cumpre purificar o ar com um perfume composto de seiva de loureiro, sal, cânfora, resina branca e enxofre, e dizer ao mesmo tempo uma oração ou prece ao *"D-us do seu coração e da sua compreensão"* para as quatro partes do mundo.

Evite dizer a algum as obras que se está fazendo, pois o mistério e o silêncio é condição indispensável a todas as operações da ciência. Derrotam-se os curiosos, fazendo-lhes supor outras ocupações, como as experiências químicas para resultados industriais, prescrições higiênicas, pesquisa de segredos naturais, etc.; porém, a palavra magia nunca deve ser pronunciada na frente de leigos.

No começo, o magista deve isolar-se e mostrar-se muito difícil em relações, para concentrar em si toda força e escolher os pontos de contato; mas, tanto é inabordável nos primeiros tempos, tanto se o verá mais tarde rodeado e popular, quando tiver imantado sua cadeia e escolhido seu lugar de ideias e luz.

A vida laboriosa é pobre e tão favorável à iniciação pela prática que os grandes mestres a buscam, mesmo quando podiam dispor das riquezas do mundo. E então Satanás, isto é, o espírito da ignorância, que achincalha e duvida, ou odeia a ciência, porque a teme, vem tentar o futuro senhor do mundo, dizendo-lhe: "Se és filho de D-us, manda que estas pedras se transformem em pães". Os homens do dinheiro buscam então humilhar o príncipe da ciência estorvando-o ou explorando miseravelmente seu trabalho. O magista não desdenha sorrir desta inépcia, e prossegue com calma e resoluto na sua obra.

Dar-se ao respeito e olhar-se como soberano que consente em passar por desconhecido, a fim de reconquistar sua coroa. Ser afável e digno para com todo mundo; mas, nas relações sociais, nunca se deixe absorver, e retirar-se dos círculos onde não se tiver uma iniciativa qualquer.

Enfim, podem-se cumprir as obrigações e praticar os ritos do culto ao qual se pertença. Ora, de todos os cultos, o mais mágico é aquele que realiza mais milagres, que apoia sobre sábias razões os mais inconcebíveis mistérios, que tem luzes iguais às sombras, que populariza os milagres e encarna D-us nos homens pela fé. Esta religião sempre existiu e sempre foi no mundo, sob diversos nomes, a religião única e dominante. Têm agora, os povos da Terra, três formas hostis em aparência uma a outra, porém que em breve se reunirão para constituírem uma só Igreja universal; estamos falando de ortodoxia russa, do catolicismo romano, e da última transfiguração da religião de Buda.

Desta forma compreendemos que a nossa magia verdadeira é oposta a dos goéticos e necromantes (pessoa que invoca os mortos. [Var.: *nigromante*.]). Nossa magia é ao mesmo tempo a ciência e a religião absolutas, que não deve destruir nem absorver todas as opiniões e todos os cultos, mas regenerá-los e dirigi-los, reconstituindo o círculo dos iniciados e dando, assim, às massas cegas, condutores sábios e clarividentes.

## Os Instrumentos Mágicos

Os principais instrumentos mágicos são: a vara (baqueta), a lâmpada, a taça e o trípode. Nas operações da alta e divina magia, empregam-se a lâmpada, a vara e a taça. A vara mágica não deve ser confundida com a simples vara adivinhatória nem com o forcado dos necromantes ou o tridente de Paracelso.

A verdadeira vara mágica deve ser feita de amendoeira, nogueira ou aveleira, de um só pedaço, perfeitamente reto, cortada por um só golpe com a foice mágica ou de ouro, antes do raiar dos primeiros raios de Sol e no momento em que a árvore estiver prestes a florir. Cumpre perfurá-la em toda extensão sem fendê-la, e introduzir nesse furo um vergalhão de ferro imantado que ocupe-a em toda extensão. Depois, adapta-se a uma das extremidades um prisma poliedro talhado triangularmente, e na outra extremidade uma igual figura, mas de resina preta. No meio da vara colocam-se dois anéis, um de cobre vermelho, e o outro de zinco; depois a vara deve ser dourada do lado do prisma, até os anéis do mesmo, e reveste-a de seda até as extremidades excluindo o prisma. A consagração da vara deve durar sete dias começando na lua nova, o que deve ser feito pelo próprio magista. (Sobre a "Consagração" sugerimos que leiam o capítulo sobre este assunto no nosso livro *Manual Mágico de Kabbala Prática*).

A vara entre todos os outros instrumentos (armas) mágicos deve estar cuidadosamente oculta, e sob nenhum pretexto o magista deverá deixá-la à vista de curiosos ou ser tocada por outros; pois do contrário perderiam suas virtudes. O comprimento da vara mágica nunca deve exceder o do braço do operador. O magista deve servir-se dela apenas quando estiver sozinho, e nunca tocá-la sem necessidade.

O cardeal de Richelieu (Armand Jean du Plessis, *Cardeal de Richelieu*, duque e político francês (França, 1585 – 1642), que ambicionava todos os poderes, procurou em toda sua vida, sem poder encontrar alguém que pudesse transmitir-lhe os mistérios da imantação da vara mágica, pois este, apesar de ter ao seu lado um kabbalista (Gaffarel) não se sentia possuidor da força para consagrar e imantar sua própria arma e seu conselheiro Gaffarel somente podia dar-lhe a espada e os talismãs; talvez seja pelo motivo secreto do seu ódio contra *Urbano Grandier*, que sabia alguma coisa das fraquezas do Cardeal. As entrevistas secretas e prolongadas de Laubardemont com o infeliz cardeal, e as palavras de um amigo e confidente deste último, quando ele estava no leito de morte; foram: "Senhor, sois um homem hábil; não vos percais". Sobre isso há muito que pensar.

A vara mágica é o *verendum* do mago; este não deve a seu respeito falar de um modo claro e preciso; ninguém deve gabar-se de possuí-la; e só deve transmitir sua consagração nas condições de uma discrição e confiança absoluta.

*A espada é menos oculta, eis como deve fazê-la:*

Cumpre que seja de aço puro, com um punho de cobre em forma de cruz e tendo três pomos, tal como está representada no *Enchiridion* de Leão III, ou tendo por guarda dois crescentes. Sobre o nó central da guarda, que deve ser revestida de uma placa de ouro, deve-se gravar de um lado o sinal do Macrocosmo, e no outro o do Microcosmo. E o punho deve estar devidamente coberto por seda pura de cores vermelho e negro entrelaçadas. A consagração da espada deve ser feita num domingo, na hora do Sol, sob a invocação de Michael (Veja sobre este assunto no nosso livro *Manual Mágico de Kabbala Prática*). Põe-se a lâmina da espada num fogo de loureiro e cipreste; depois limpa-se, e faz-se o polimento da lâmina com cinzas do fogo sagrado, umedecidas com resina de breu vermelho e sangue de serpente. E diz-se: *"Sis mihi gladius Michaelis, in virtute Elohin Sabaoth fugiant a te spiritus tenebrarum et reptilia terrae"*. Depois asperge-a com perfume do Sol, e passará na seda uma maceração de flores de verbena, aos quais deverão manter-se ali até o sétimo dia.

A lâmpada mágica deve ser feita de quatro metais: ouro prata, latão e ferro. O pé será de ferro; o nó, de latão; a taça de prata; e o triângulo central de ouro. Terá dois braços compostos de três metais torcidos entre si, de maneira a deixar para o óleo um triplo conduto. Terá nove mechas, três no meio e três em cada braço. Sobre o pé se grava o selo de Hermes e, por cima, o Andrógeno de duas cabeças de Khunrath.

À borda inferior do pé da taça ou do recipiente do óleo, grava-se o selo de Salomão. A esta lâmpada adaptam-se dois globos: um ornado de pinturas transparentes representando os sete gênios; o outro, maior e duplo, podendo conter nos quatro compartimentos, entre dois vidros, água com diversas cores. O todo será encerrado numa coluna de madeira sobre si mesma e podendo escapar à vontade um dos raios da lâmpada, que se dirigirá sobre a fumaça do altar no momento das invocações. Esta lâmpada é de um grande socorro para auxiliar nas operações intuitivas das imaginações lentas e criar, imediatamente, diante das pessoas magnetizadas, forma de uma realidade assombrosa e que, multiplicadas pelos espelhos, transformarão, numa sala imensa cheia de figuras telesmáticas, o gabinete do operador. A embriaguês dos perfumes e a exaltação das evocações transformarão logo as figuras num sonho real e profético, depois que encerrar a operação mágica a coluna da lâmpada redobrando o fogo dos perfumes, produzirão sempre alguma coisa de extraordinário e inesperado.

No plano espiritual, ainda sobre a "Lâmpada", dizia Mestre Therion no *Liber* A ou *Armorum*, das instruções oficiais da A∴A∴ (*Astrum Argentum*), para feitura das armas elementares, que toda representação simbólica do Universo tem de ser aprovada pelos que estão acima do mago. A lâmpada é exceção a essa regra, dizia-se ali.  *"Uma lâmpada mágica deve arder sem pavio e sem óleo, porque é alimentada pelo éter. Isso deve ele prover em segredo e à parte, sem pedir opinião ou "placet" do seu adepto menor"*. Essa lâmpada é a luz da alma pura; dispensa combustível, é o arbusto ardente inconsumível que Moisés viu a imagem do altíssimo. Essa lâmpada está suspensa acima do altar; não tem apoio por baixo; sua luz alumia todo o tempo, no entanto, não se projetam, dela, nem sombras nem reflexos. Não pode ser tocada, não pode ser apagada, não pode mudar, de modo algum, pois está, de todo, longe de todas as coisas compostas, dilatáveis, que mudam ou mutáveis. Quando esta lâmpada se volve os olhos do mago, nada mais existe. Os instrumentos jazem desaproveitados sobre o altar; só a luz brilha eterna.

A vontade divina, que fora a vara, já não é, pois a senda se tornou una com o alvo. O conhecimento divino, que fora o cálice, já não é, pois se fundiram sujeito e objeto do conhecimento. A razão divina, que fora a espada, já não é, pois o composto se faz simples. E a substância divina que fora o pentagrama, já não é, pois os muitos são agora um. Eterna ilimitada, indilatável, sem causa ou efeito, arde misteriosamente a lâmpada sagrada. Sem quantidade ou qualidade, sem condição e perpétua, essa luz é.

A ninguém pode ela dar conselhos ou aprovar, pois tal lâmpada não é feita com as mãos; ela é, por si, eternamente; não tem partes nem pessoa; está além do Eu Sou. Poucos logram a vê-la, no entanto, está sempre aí. Para ela não há aqui, ali, depois nem agora. Eliminaram-se todas as partes do discurso, menos o nome e esse nome não se acha nem na humana linguagem nem na divina. É a palavra perdida, a música morrente cujo eco *septeno* é **IAO** e **AUM**. Sem essa luz não poderia o mago trabalhar; mas poucos magos ouviram de tal ou souberam e deles menor ainda é o número dos que viram o brilho. O templo e tudo o que nele contém há de ser sempre re-destruído antes de ser digno de abrigar essa luz. Daí parecer, muitas vezes, ser o melhor conselho do mestre ao discípulo este: destruir o templo.

O que tens e que és são véus ante essa luz. Por isso, em tão alto assunto, ser vão qualquer conselho. Não há mestre, por maior que seja, capaz de ler, claramente, todo o caráter de qualquer discípulo. O que, no passado, o ajudou, talvez seja impedido a outro no porvir.

Porém, tendo o Mestre voto de servir, pode executar o serviço com as seguintes regras simples. Sendo todo pensamento véu ante essa luz, pode aconselhar o arraso de todos os pensamentos e, para isso, ensinar as práticas mais conducentes, clara e certamente, a tal destruição. Essas práticas estão agora, felizmente, por ordem da A∴A∴ descritas na linguagem clara.

Nestas instruções, ensina-se a relatividade e limite de cada prática e evitaram-se cuidadosamente as explicações dogmáticas, Cada prática, em si, é um demônio que deve ser destruído, mas, para destruí-lo, cumpre, antes, evitá-lo.

O Mestre que fugir a qualquer desses exercícios, por desagradável ou para si inútil, deve envergonhar-se. No conhecimento das particularidades deles, pois só perceptíveis pela experiência, jaz, talvez, a ocasião de prestar ao discípulo decisiva ajuda. Por muito fastidiosa que seja tal estafa, deveríamos passar por ela. Se fora possível chorar algo na vida, o que felizmente não sucede, seriam as horas gastas em práticas frutíferas, e que muito mais lucros obteriam com as infrutíferas. Pois, quando **Nemo**[131] trata do jardim, não tenta achar a flor que, após ele, Nemo será. E não nos foi dito que Nemo poderia ter empregado outras coisas do que as realmente empregadas. Parece possível que, não tendo ele o ácido ou o punhal ou o fogo ou o óleo, pudesse ter descurado da flor, após ele, Nemo seria.

---

131. Nemo é o mestre do templo, cujo mister é desenvolver os neófitos. Ver Liber CDXVIII, Eter XIII.

# CAPÍTULO IV
# A Prática da Teurgia

*Uma forma mágica, adormecida pela Queda, está latente no homem. Ela pode ser despertada, pela Graça de D-US, ou pela Arte da Kabbala...*
J.-B. VAN HELMONT: *"Hortus Medicinæ"* – Leyde 1667.

## I. Definição

A Teurgia (do grego *theos*: D-us, e *ergon*: obra) é o aspecto mais elevado, mais puro, e também o mais sábio, daquilo que popularmente designa a Magia. Definir a segunda, em seguida, não reter dela senão a sua essência e o seu aspecto mais purificados, é voltar à primeira.

Porém, segundo F. Charles Barlet, *"A Magia Cerimonial é uma operação pela qual o homem procura pressionar, pelo próprio jogo das Forças Naturais, as Potências Invisíveis de diversas ordens a agir segundo o que ele reivindica delas. Tendo isso em vista, ele as arrebata, surpreende-as, por assim dizer, projetando pelo efeito das "correspondências"* (analógicas que supõe a Unidade da Criação). Forças das quais ele mesmo não é o mestre, mas pode abrir vias extraordinárias, no seio mesmo da Natureza. Em consequência, os Pantáculos, esses Objetos especiais, essas condições rigorosas de Tempos e Espaço, é preciso observar sob pena dos mais graves perigos. Se a direção buscada for um pouco fracassada, o audacioso é exposto à ação de "Potências" junto das quais ele é somente um grão de poeira...". (Charles Barlet: a *Iniciação*, número de janeiro de 1897)[132].

Então, A Magia é somente, vemos isto, uma *Física transcendental*.

Desta definição, a Teurgia não retém senão uma aplicação prática: a da lei de "correspondências analógicas", subentendendo:

1º A unidade do Mundo, em todos os seus componentes;
2º A identidade analógica do Plano Divino e do Universo material, o segundo sendo criado "à imagem" do primeiro e permanecendo seu reflexo, inferior e imperfeito;
3º Uma relação permanente entre os dois, relação que surge desta identidade analógica e que pode ser expressa, ao mesmo tempo que estabelecida, por uma ciência secundária, designada Simbologia.

Quanto ao domínio no qual vão se exercer estes princípios secundários, a Teurgia se separa claramente da Magia.

Esta só colocava em ação as Forças Naturais, terrestres ou cósmicas, exercendo-se somente neste domínio puramente material que é o Universo e, por consequência, não sendo mesmo Causas Secundárias, no mais intermediárias, "Causas Terciárias" ao menos. Consequentemente, a ação da Magia era perturbadora da intenção das Causas Segundas, estas só expressavam a intenção da Causa Primeira, exercendo-se por um de seus "possíveis". Disto este restabelecimento inevitável do equilíbrio rompido, denominado "choque em retorno", e que segue toda realização mágica; a violência deste efeito contrário sendo proporcional à amplitude e à duração da realização obtida. Pois é uma lei imprescritível, que o Magista deve pagar com a dor, as alegrias que sua Arte terá arrancado das "Imagens Eternas", vindas do ABSOLUTO, posteriormente orientadas e *fixadas* pelas Causas Segundas.

Diferente é o domínio da Teurgia e dos fatores que ela coloca em jogo, fatores puramente metafísicos, aliás, e nunca cósmicos ou hiperfísicos, pois é no próprio seio do Arquétipo, nos "possíveis" que passam – imagens fugitivas – na INTELIGÊNCIA PRIMORDIAL, que a Teurgia operará. Definamos então este domínio.

∴

---

132 JOLLIVET-CASTELOT, Ferniot Paul - *Les Sciences Maudites* - La Maison d'Art Editeur, Paris, 1900.

O Teurgo crê necessariamente na existência de um só SER, Único, Eterno, Todo-Poderoso, Infinitamente Sábio, Infinitamente Bom, Fonte e Conservação de todos os Seres emanados, e de todas as criaturas passageiras. Este SER único, ele o designará sob os múltiplos Nomes, somente exprimindo cada vez um dos "Raios" de Sua Glória, e que chamaremos aqui simplesmente: D-US. Por que D-US em Si é infinito em potência e em possibilidades, o Bem e o Mal coexistem e se equilibram eternamente, numa eterna dialética. Mas, porque Ele é também infinitamente Sábio, e que Ele é o Bem Absoluto, considerando toda a eternidade, em Sua Omnisciência, todos os futuros possíveis, ele opera entre eles, eternamente, e por Sua Omnisapiência, uma Discriminação que é, ela também, eterna. Esta eterna Discriminação constitui então, face a face, o Bem e o Mal.

O que D-US admite, retém, deseja, realiza e conserva, constitui um Universo Ideal ou Arquetípico. É o "Mundo do Alto", o Céu. O que Ele refuta, rejeita, reprova, e tende a apagar, constitui o "Mundo de Baixo", o Inferno. E o Inferno é eterno, como o Mal que ele exprime, compreendemo-lo agora.

Como D-us é eterno, e que Ele contém em Si todos os "possíveis", o Mal é eterno e *ele não pode* destruí-lo. E como Ele é infinitamente Bom, *ele não quer* isso.

Então, como Ele é também o Infinitamente Sábio, *D-us o transforma* em Bem...

Mas, como o Mal é eterno também, enquanto "princípio", eterna também é esta Obra de Redenção dos elementos rejeitados, como é eterno o Bem que ela manifesta e realiza.

O Homem, como toda criatura, carrega em si uma centelha divina, sem a qual ele não saberia existir. Esta centelha é a própria VIDA. Este "Fogo" divino carrega em si todos os possíveis, como o FOGO INICIAL de onde emana. Os bons como os maus. Pois não é senão o reflexo: e entre o braseiro e a centelha, não há nenhuma diferença de natureza!

Este fogo é, então, suscetível de refletir o Bem ou de refletir o Mal. Quando o Homem tende a se reaproximar de D-US, ele sopra e acende em si o fogo claro, o fogo divino, o *"o fogo da alegria"*. Quando ele tende a se afastar de D-US, ele sopra e acende em si o fogo escuro, o fogo infernal, o *"fogo da cólera"*. Assim, ele gera em si mesmo, como D-US o faz no grande TODO, o Bem ou o Mal, o Céu ou o Inferno. E é em nós que portamos a raiz de nossas dores e de nossas alegrias.

É para esta Obra da Redenção Universal e comum, que faz do Homem o auxiliar de D-US, que a Teurgia convida o Adepto.

Talvez não fará milagres aparentes, e talvez ignorará sempre o Bem que ele terá realizado. Mas, nesta ignorância mesmo, sua obra será cem vezes maior que aquela do mago negro, *mesmo se este último realiza feitiços surpreendentes.*

Porque estes não farão senão exprimir a realidade do Mal arquetípico e ali colaborar. Desta realidade ninguém duvida; e esta colaboração lhe é bem inútil...

A Magia nos demonstra, então, que nada se perde, que tudo se reencontra, e retoma seu lugar. "Cada um semeia o que recolherá, e recolhe o que semeou", diz-nos a Escritura.

A mago negro, no fundo, é um ignorante que joga um jogo de tolos!

Seus desejos ou seus ódios envenenam seus dias, e representam o tempo perdido para o Conhecimento verdadeiro. Na noite de sua vida, ele poderá fazer o ponto. Nem o Amor, nem a Fortuna, nem a Juventude, nem a Beleza, estarão à sua frente para justificar as Horas desperdiçadas. Não lhe restará senão uma única coisa: *uma dívida a pagar, nesta vida ou em outra, e que nenhuma criatura no Mundo poderá saldar por ele.*

Pois, querendo encurvar "Forças" tão potentes quanto desconhecidas, tão misteriosas quanto temíveis, a seus desejos e a suas fantasias passageiras, *ele será talvez feito seu escravo inconsciente, mas nunca seu mestre!... Sem o saber, ele as terá servido...*

"*Quando mentimos e enganamos,* diz Mefistófeles, *damos aquilo que é nosso!...*". pela voz de Goethe, é a multidão anônima dos Iniciados de todos os tempos que nos adverte!

∴

Estes princípios que D-US conserva, porque Ele os deseja, por toda eternidade, ele os *emana*. Eles se *individualizam* então, depois se *exprimem*, por sua vez, e segundo sua natureza própria que é a Ideia Inicial divina. O conjunto dessas emanações constitui o Plano Divino ou *Atziluth*. Cada um deles é um Atributo Metafísico. Há, assim, a Justiça, o Rigor, a Misericórdia, a Doçura, a Força, a Sabedoria, etc.

Como elas são de essência divina, concebe-se que os metafísicos orientais, após tê-las nomeado e dotado de um nome próprio, tenham aí ajuntado os terminais "El" ou "Yah", que significa D-US, feminino ou masculino. Obtêm-se, então, estas denominações convencionais: "Justiça-de-D-us", "Rigor-de-D-us", "Misericórdia-de-D-us", etc...

Cada uma destas Emanações, uma vez que são elas mesmas partes constituintes da DIVINDADE-UNA, emana por sua vez modalidades secundárias de sua própria essência. E assim continuamente.

Desta maneira se constituem estes seres particulares que nomeamos os Anjos, os Gênios ou os Deuses, seres que as teodiceias agruparam em dez divisões convencionais. São os nove coros angélicos, ao qual se ajunta aquele das "almas glorificadas", da Teologia judaico-cristã e da Kabbala.

No "Mundo de Baixo", que D-US rejeita (as *Qliphoths*, ou "cascas", da Kabbala), cada um deles tem sua antítese, um ser absolutamente oposto, emanado por um dos Atributos-Contrários, e que D-US tende a fazer evoluir em direção ao Melhor e ao Bem.

Há, então, a "Injustiça", a "Fraqueza", a "Crueldade", a "Dureza", e o "Erro", e aí acrescentando os terminais complementares, El ou *Yah*, obtêm-se os Nomes Demoníacos: "Injustiça-Suprema", "Fraqueza-Suprema", "Crueldade-Suprema", etc.

∴

Todos os "possíveis", rejeitados "para baixo", estão destinados a se tornar "criaturas", e, emergindo do Abismo pela Graça e pelo Amor de D-US, elas constituem, então, o Mundo da Provação e da Necessidade, a "Terra", em hebraico *Aretz*, único reflexo superior deste Abismo.

Todos os Seres que não são, por toda eternidade, os "Deuses-Atributos" do ABSOLUTO, nascem no seio do Abismo, conjunto daquilo que a Eterna Sabedoria rejeita eternamente. De modo semelhante, os seres vindos de Baixo devem todos, então, finalmente, chegar "ao Alto", no "Palácio do Rei", ligados a uma das Dez Esferas precipitadas, mas aperfeiçoados, evoluídos, tornados enfim tais quais D-US o desejava eternamente, e ricos da totalidade de suas lembranças e de suas experiências passadas.

Todos estes seres se elevam, então, anteriormente através de todas as "formas" possíveis e imagináveis da Vida, neste vasto caleidoscópio que é a NATUREZA ETERNA; formas sucessivamente visíveis ou invisíveis, minerais ou vegetais, animais ou hominídeas. Chegados a este último estado, cruzamento onde a Liberdade moral e sua Responsabilidade os esperam, eles constituem, então, este Mundo de Prova e de Fatalidade que é a "Terra", precursor dos "Céus" simbólicos.

Em virtude desta Liberdade e desta Escolha, e enquanto eles se encontrarem no plano de *Aretz* ("Terra"), submetidos à Experiência, ao Sofrimento e à Morte transformadora, os Homens podem, por sua aceitação ou sua recusa, sua escolha inteligente ou irracional, se elevar ou descer sobre a Escada, a escada dos "devires".

Notar-se-á que a Kabbala dá o mesmo valor numeral à palavra Sinai que a palavra Soulam, significando escada. A Gematria nos mostra aí uma das chaves principais da metafísica kabbalística. Com efeito, esta escada está ligada à lenda do patriarca Jacó, palavra que significa *"quem suplanta"*. *Para uma alma, subir, significa para uma outra, descer.* (Ver nos "Mabinogion", ou "Contos para o Discípulo", o ensinamento bárdico sobre esse tema, ao conto de *Peredur ab Ewrach*). E sobre a

Roda Eterna, todas as almas passam sucessivamente por todos os estados. (Ver a "*Revolução das Almas*" do rabino Isaac Luria). Nesta escalada de escada, uma alma é o suplantador enquanto uma outra é o degrau...

Chegado uma primeira vez no "*Palácio Celeste*", mundo da Plenitude, no qual ele encontra enfim o conjunto de suas lembranças e de suas faculdades, o Ser poder descer novamente voluntariamente sobre a "Terra", em *Aretz*, e alí se reencarnar, seja para fins de experiências novas e do benefício que disso decorre, seja com o objetivo altruísta de ajudar os outros seres a se liberar do Abismo, a sair do Sheol ("Sepulcro"). E isso tantas vezes que ele desejar, protegido pelo Esquecimento.

Pode-se conceber o *inferno mental* que seria a Vida se nós nos lembrássemos de tudo o que fomos? Imagine nosso eu imortal animando, por exemplo, uma aranha? Nós nos vemos aranha *no nosso tamanho*, tapete em um buraco infecto, dançando sobre uma teia, receptáculo de todas os pus e poeiras, e mordendo à plenas mandíbulas cadáveres de moscas decompostas?...

"*O Esquecimento das vidas precedentes é um benefício de D-US...*" diz-nos a tradição lamaica!

E porque a Eternidade e a Infinidade Divinas fazem que o ABSOLUTO permaneça sempre inacessível ao SER, mesmo chegado ao Palácio dos Céus, eternas em duração, infinitas em possibilidades, são as experiências da Criatura, e assim, a Sabedoria e o Amor Divinos a fazem participar de uma eternidade e de um infinidade *relativas*, imagens e reflexos da eternidade e da infinidade divinas, e, *por isso mesmo, geradoras de um eterno devir.*

∴

Mas não se poderia, em todo caso, confundir os Seres no curso da evolução em direção ao Plano Celeste e os Atributos do Divino, que são partes constituintes de D-US.

E é pela onipotência do Verbo, exprimindo-se por meio da Oração e as santas Orações, por uma vida se reaproximando, tanto que é permitido ao Homem, de suas perfeições próprias, que o Teurgo *desperta* e *coloca em ação* os Atributos Divinos, isto, *se elevando até eles...*

E é pela *Simbologia*, que lhe permite canalizar e conduzir esta ação, situando-a no Tempo e no Espaço, que o Teurgo age, então, diretamente sobre os Seres do Universo material.

Assim, partindo do princípio iniciático universal que a parte vale o Todo, e que o que está embaixo é como o que está no alto, esta Simbologia lhe permite, então, realizar um *Microcosmo* realmente em relação de *identidade análoga* com o *Macrocosmo*. Esta teoria se encontra, degradada, no princípio do Encantamento e naqueles do estabelecimento de sua face.

Pela Simbologia, o Teurgo realiza, sobre seu Altar, sobre seus Pantáculos, ou em seus Círculos operatórios, verdadeiras faces do Mundo Celeste, do Universo material, Seres que ali residem, Forças que ali estão aprisionadas.

Mas, ao contrário do praticante da Magia vulgar, realmente ligado às virtudes particulares de seus objetos, de seus ingredientes, aos ritos (tornados *fórmulas supersticiosas*) de seu Sacramentário, isso tudo como o físico ou o químico o são às de seus aparelhos de laboratório, corpos que eles utilizam, às fórmulas de seus códices, o Teurgo não tem esta *servidão supersticiosa*. E ele não utiliza a *Simbologia* senão como meio de *expressão*, complementar de seu *verbo*, ele próprio expressão de seu *pensamento*.

Pois a Simbologia completa (no domínio das coisas inanimadas) o Gesto do Teurgo, seu Gesto completa sua Fala, sua Fala exprime seu Pensamento, e seu Pensamento exprime sua Alma. E isto é realmente o segredo das "Núpcias fecundas do Céu e da Terra".

Assim na Trindade Divina e na Trindade humana:

| D-US-UM | ALMA-UNA |
|---|---|
| Pai | Pensamento |
| Filho | Palavra |
| Espírito Santo | Gesto |

Enfim, o Teurgo não pretende *submeter*, mas, sim, *obter*: o que é muito diferente! Para o Mágico, o *rito* sujeita *inexoravelmente* as Forças para as quais ele se dirige. Possuir seu "nome", conhecer os "encantos", é poder acorrentar os invisíveis, afirmam as tradições mágicas universais.

Mas a lógica não admite, nesta pretensão, senão três hipóteses justificativas:

a) Ou as Forças sujeitas somente o estão porque são inferiores em potência ao próprio Mágico. E, então, nenhum mérito em subjugá-las, e nenhum benefício a esperar disso. Pois a Ciência oficial, com paciência e tempo, ali chega também...

b) Ou elas se emprestam um momento a este jogo, não aceitando uma servidão momentânea senão em aparência, e, na espera de uma consequência fatal, escapando ao homem, mas que deve, logicamente, aproveitá-las. Neste caso, o Mágico é enganado, a Magia é perigosa e, como tal, deve ser combatida...

c) Estas Forças são *inconscientes*, então *ininteligíveis* e, em consequência, *naturais*. Neste caso, a pretensão do Mago de submeter as potências do Além não é senão uma quimera. Seu ritual, fastidioso, irregular em seus efeitos, imprevisível em suas consequências últimas, deve ser substituído por um *estudo científico* de seus fenômenos, preludiando à sua incorporação no domínio das artes e das ciências profanas. Desde então, não há mais *Magia*...

∴

Para o Teurgo, nenhuma explicação atenuante de seus poderes não deve ser temida, pois ele afasta à primeira tentativa todo fator material dotado de uma virtude oculta qualquer, toda força aprisionada ou infundida por ritos em seus auxiliares materiais. Somente a Simbologia deve *uni-lo* ao Divino com o impulso de sua alma como veículo. À primeira tentativa, põe-se um problema: dirigindo-se a D-US pelo canal do *Espírito* e do *Coração*, nenhuma defloração do grande arcano deve ser temida, e, ainda que advenha em suas diversas realizações, o Mistério destas últimas permanece inteiro.

O que o Mágico pagará pela continuação dos erros em dores, o Teurgo o completará em alegrias. E como diz a Escritura, o Teurgo se acumula de tesouros inalteráveis, enquanto que o mágico faz um mal investimento...

∴

*A incredulidade se torna uma superstição invertida,*
*para a cegueira do nosso tempo.*

Goethe

# A Preparação

### Oração ao *Sagrado Anjo Guardião* para Abertura dos Trabalhos de Teurgia

*O adepto deve tornar a sua palavra toda poderosa. Para tal, deve pronunciá-la a partir do SAG.*

Ó Senhor D-us de misericórdia, paciente e benigno, que dispensas tua graça em mil formas a todas as gerações; que esquece as iniquidades, as transgressões de seus filhos; ante e cuja presença nada se encontra inocente, que transmite as transgressões dos pais aos filhos, aos sobrinhos, aos netos, até a terceira e quarta geração; conheço minhas maldades e não sou digno de aparecer ante tua divina majestade nem de implorar e pedir tua bondade e misericórdia nem a menor graça! Mas ó Senhor dos Senhores! A fonte de tua bondade é tão grande, que por si mesma abraça àqueles que sentem vergonha por causa de seus pecados e os convida a beber de tua graça. Por isso, ó Senhor meu D-us! Tem piedade de mim e afasta de mim toda iniquidade e malícia, limpa toda minha alma de toda mancha do pecado, renova meu espírito e conforta-o, para que se torne forte e possa compreender o mistério de tua graça e os tesouros de tua divina sabedoria. Consagra-me *com o óleo de tua santificação, com o qual ungiu a todos seus profetas; purifica tudo que em mim existe para que seja digno da conversação com teus santos anjos e de receber tua divina sabedoria, conceda-me o poder que deu a teus profetas sobre todos os Espíritos. Amém. Amém.*

- Assim que terminar a oração, levante-se e ponha um pouco de óleo consagrado sobre o centro da fronte; em seguida molhe o dedo no mesmo óleo e com ele toque as quatro esquinas superiores do altar e unte também a baqueta, a túnica, a coroa e o punhal em ambos os lados. Toque também as janelas e a porta do oratório, com o dedo molhado em óleo, escreva o seguinte nos quatro lados do altar:
- *"Em qualquer lugar onde se fale meu nome eu me verei entre vocês e os bendizíeis."*

O Altar representa a base de todo o trabalho. É a vontade do mago, a sua sujeição à lei que o rege. O óleo representa a aspiração. A vontade do Eu Superior de que o eu inferior comunique com ele. A vontade, como dizia Fernando Pessoa, era a qualidade humana que se desenvolvia no caminho mágicko, uma das três vias da iniciação. Contudo, ela é o aspecto dinâmico de todo o Eu criativo e, no seu simbolismo mais elevado, não é representada por uma espada ou um raio, mas, sim, pelo *Baphomet* templário, pelo próprio Espírito Santo.

- **Feito estes procedimentos, faça solenemente a saudação ao Sol, voltado para o Leste:**

*Oṃ bhūr bhuvaḥ svaḥ
tát savitúr váreṇ(i)yaṃ
bhárgo devásya dhīmahi
dhíyo yó naḥ pracodáyāt*

*Ó, Criador do universo! Meditamos sobre Teu supremo esplendor. Possa Teu radiante poder iluminar o nosso intelecto, destruir os nossos pecados, e nos guiar no caminho certo.*

## A Semana do Magista

A imantação das forças psíquicas deve ser feita no silêncio. É pela perseverança, pela calma e, sobretudo, pela investigação exclusiva da verdade por si mesma e não por fim material e vil, que se chega pouco a pouco, à intuição do astral e à posse da prática. O dia do magista deve ser consagrado à prece sob estas três formas: a palavra, o trabalho e a meditação. Ao levantar-se dirá, depois de ter purificado fisicamente o mais possível pela água, a oração do dia diante do altar. Em seguida se entregará ao trabalho que é a mais útil e eficaz das preces.

À noite, finalmente, consagrar-se-á alguns instantes à meditação relativamente às observações e aos ensinamentos que se pode recolher durante o dia que acaba de transcorrer.

## As Sete Orações Misteriosas do *Enchiridião*

### *Domingo*

Pai Nosso que estais nos céus, santificado seja o vosso nome, venha a nós o vosso reino, etc., mas livrai-nos do mal. Assim seja. Livrai-me, Senhor, eu peço, a mim que sou vossa criatura, (nome da pessoa), de todos os males passados, presentes e futuros, tanto da alma como do corpo; dai-me pela vossa bondade a paz e a saúde e sede-me propício, a mim que sou vossa criatura, pela intercessão da bem-aventurada Virgem Maria, dos vossos apóstolos São Pedro, São Paulo e Santo André e de todos os santos. Dai a paz à vossa criatura e a saúde durante minha vida, a fim de que, sendo assistido pela ajuda de vossa misericórdia, nunca fique escravo do pecado, nem do temor de qualquer perturbação, pelo mesmo Jesus Cristo vosso Filho, Nosso Senhor, que sendo D-us, vive e reina na unidade do Espírito Santo em todos os séculos dos séculos. Assim seja. Que a paz do Senhor esteja sempre comigo. Assim seja.

Que esta paz celeste, Senhor, que deixastes aos vossos discípulos, habite sempre no meu coração e esteja sempre entre eu e meus inimigos, tanto visíveis como invisíveis. Assim seja. Que a paz do Senhor, sua fonte, seu corpo, seu sangue, me ajude, me console e me proteja, a mim que sou vossa criatura, (nome da pessoa), tanto à minha alma como ao meu corpo. Assim seja. Cordeiro de D-us, que vos dignaste nascer da Virgem Maria; que, na sua cruz, lavastes o mundo dos seus pecados, tende piedade da minha alma e do meu corpo. Cristo, cordeiro de D-us imolado para a salvação do mundo, tende piedade da minha alma e do meu corpo. Cordeiro de D-us, pelo qual todos os fiéis são salvos, dai-me vossa paz, que deve durar sempre, tanto nesta como na outra vida. Assim seja.

## *Segunda-feira*

Ó grande D-us pelo qual todas as coisas foram libertadas! Livrai-me também de todo mal.

Ó grande D-us que destes vossa consolação a todos os seres! Dai-me também.

Ó grande D-us que socorrestes e assististes a todas as coisas! Ajudai-me e socorrei-me em todas as minhas necessidades, minhas misérias, minhas empresas, meus perigos. Livrai-me de todas as oposições e laços dos meus inimigos, tanto visíveis como invisíveis, em nome do Pai que criou o mundo inteiro (sinal da cruz), em nome do Filho que o resgatou (sinal da cruz), em nome do Espírito Santo que realizou a lei em toda sua perfeição. Lanço-me totalmente em vossos braços e ponho-me inteiramente debaixo de vossa proteção. Assim seja. Que a bênção de D-us, o Pai Todo-Poderoso, do Filho e do Espírito Santo, esteja sempre comigo. Assim seja (sinal da cruz). Que a bênção de D-us Pai, que só por sua palavra fez todas as coisas, esteja sempre comigo (sinal da cruz). Que a bênção de Nosso Senhor Jesus Cristo, filho do grande D-us vivo, esteja sempre comigo (sinal da cruz). Assim seja. Que a bênção do Espírito Santo, com seus sete dons, esteja sempre comigo (sinal da cruz), Assim seja. Que a bênção da Virgem Maria, com seu Filho esteja sempre comigo. Assim seja.

## *Terça-feira*

Que a bênção e a consagração do pão e do vinho que Nosso Senhor Jesus Cristo fez quando os deu aos seus apóstolos, dizendo-lhes: "Tomai e comei isto; este é o meu corpo que será entregue por vós, em memória minha e para remissão de todos os pecados", esteja sempre comigo (sinal da cruz). Que a bênção dos santos, anjos, arcanjos, virtudes, potências, tronos, dominações, querubins, serafins, sempre esteja comigo (sinal da cruz). Assim seja. Que a bênção dos patriarcas e profetas, apóstolos. mártires, confessores, virgens e de todos os santos de D-us, esteja sempre comigo (sinal da cruz). Assim seja. Que a bênção de todos os céus de D-us esteja sempre comigo (sinal da cruz). Assim seja. Que a Majestade de D-us Todo poderoso me ampare e me proteja; que a sua bondade eterna me guie. Que a sua caridade sem limites me inflame; que a sua divindade suprema me dirija; que o poder do Pai me conserve; que a sabedoria do Filho me vivifique; que a virtude do Espírito Santo esteja sempre entre mim e meus inimigos tanto visíveis como invisíveis. Poder do Pai, fortificai-me. Sabedoria do Filho, iluminai-me; Consolação do Espírito Santo, consolai-me. O Pai é a paz. O Filho é e a vida. O Espírito Santo é o remédio da consolação e da salvação. Assim seja. Que a divindade de D-us me abençoe. Assim seja. Que a sua piedade me anime; que seu amor me conserve. Ó Jesus Cristo, Filho do grande D-us vivo! Tende piedade de mim, pobre pecador!

### *Quarta-feira*

Ó Emanuel! Defendei-me contra o inimigo maligno e contra todos os meus inimigos visíveis e invisíveis, e livrai-me do mal. Jesus Cristo veio em paz, D-us feito homem, que sofreu com paciência por nós. Que Jesus Cristo, rei clemente, esteja sempre entre mim e meus inimigos para defender-me. Assim seja. Jesus Cristo triunfa, Jesus Cristo reina, Jesus Cristo manda. Que Jesus Cristo me livre continuamente do mal. Assim seja. Que Jesus Cristo se digne dar-me a graça de triunfar sobre todos os meus adversários. Assim seja. Eis a cruz de Nosso Senhor Jesus Cristo. Fugi à sua vista, inimigos meus. O leão da tribo de Judá triunfou. Raça de Davi, Aleluia, Aleluia, Aleluia.

Salvador do mundo, salvai-me e socorrei-me. Vós que me resgatastes pela vossa cruz e vosso preciosíssimo sangue, socorrei-me, conjuro-vos para isso, meu D-us, ó Agios! Ó Theos! Agios Ischyros, Agios Athanatos, Eleison Himas, D-us santo, D-us forte, D-us misericordioso e imortal, tende piedade de mim, vossa criatura (nome da pessoa), sede meu amparo, Senhor. Não me abandoneis, não rejeiteis minhas súplicas, D-us da minha salvação; sede meu auxílio, D-us da minha salvação.

### *Quinta-feira*

Iluminai meus olhos com a verdadeira luz, a fim de que não fiquem fechados com um sono eterno, para que meu inimigo não diga que o ultrapassei. Enquanto o Senhor estiver comigo não temerei a malícia dos meus inimigos. Ó Dulcíssimo Jesus! Conservai-me, ajudai-me, salvai-me; que só com a pronunciação do nome de Jesus todo joelho se dobre, tanto celeste, como terrestre e infernal, e que toda língua publique que Nosso Senhor .Jesus Cristo goza da glória de seu Pai. Assim seja. Sei, sem nunca por em dúvida, que apenas invoque o Senhor em qualquer dia ou hora que seja, serei salvo. Dulcíssimo Senhor Jesus Cristo, Filho do grande D-us vivo, que fizestes tão grandes milagres pela única força do vosso preciosíssimo nome e enriquecestes tão abundantemente os indigentes, pois que pela sua força os demônios fugiam, os cegos viam, os surdos ouviam, os coxos andavam direito, os mudos falavam, os leprosos eram lavados, os doentes curados, os mortos ressuscitados. Porque apenas pronunciavam o dulcíssimo nome de Jesus o ouvido ficava extasiado e a boca cheia do que há de mais agradável. A esta só pronunciação os demônios fugiam, todo joelho se dobrava, todas as tentações, mesmo as piores, desapareciam, todas as enfermidades eram curadas, todas as disputas e combates que existem e existiam entre o mundo, a carne e o diabo eram dissipadas, e todos ficavam cheios de bens celestes. Quem quer que invocava ou invocar este santo nome de D-us era e será salvo. Este santo nome revelado pelo Anjo, ainda antes de ser concebido no seio da Santa Virgem.

## *Sexta-feira*

Ó Doce nome! Nome que fortifica o coração do homem, nome de vida, de salvação, de alegria, nome precioso, irradiante, glorioso e agradável, nome que fortifica o pecador nome que salva, guia, conserva e governa tudo, fazei, pois, preciosíssimo Jesus, pela força deste mesmo Jesus, que o demônio se afaste de mim; iluminai-me, Senhor, a mim que sou cego, tirai minha surdez, endireitai-me, a mim que sou coxo; dai-me a palavra, a mim que sou mudo; curai minha lepra, dai-me a saúde, a mim que sou doente e ressuscitai-me, a mim que sou morto; dai-me a vida e rodeai-me em toda parte, tanto por dentro como por fora, a fim de que, estando munido e fortificado com este santo nome, viva sempre em vós e louvando-vos, honrando-vos, porque tudo vos é devido, porque sois o mais digno de glória, o Senhor e o Filho eterno de D-us pelo qual todas as coisas estão em alegria e são governadas. Louvor, honra e glória vos sejam dadas para sempre, para todos os séculos dos séculos. Assim seja.

Que Jesus sempre esteja em meu coração, nas minhas entranhas. Assim seja.
Que Nosso Senhor Jesus Cristo esteja sempre dentro de mim, que Ele me cure.
Que sempre esteja ao redor de mim, que me conserve.
Que esteja adiante de mim, que me guie.
Que esteja atrás de mim para guardar-me.
Que esteja sobre mim para abençoar-me.
Que esteja em mim para vivificar-me.
Que esteja junto a mim para governar-me; que esteja em cima de mim para fortificar-me; que sempre esteja comigo para libertar-me de todas as penas da morte eterna, Ele que vive e reina por todos os séculos dos séculos. Assim seja.

## Sábado

Jesus, filho de Maria, salvador, do mundo, que o Senhor me seja favorável, bondoso e propício, que me conceda um espírito são e voluntário para lhe dar a honra e o respeito que são devidos a Ele que é o libertador do mundo. Ninguém pode pôr a mão Nele porque a sua hora ainda não tinha chegado, Ele que é, que era e será sempre, foi D-us e homem, começo e fim. Que esta oração que lhe faço me garanta eternamente contra meus inimigos. Assim seja. Jesus de Nazaré, rei dos Judeus, título honroso, Filho da Virgem Maria, tende piedade de mim, pobre pecador, e guiai-me conforme a vossa doçura no caminho da salvação eterna. Assim seja. Ora, Jesus sabendo as coisas que deviam acontecer-lhe, adiantou-se e lhes disse:

– A quem buscais?

Eles responderam-lhe:

– A Jesus de Nazaré.

Jesus lhes disse:

– Sou eu.

Ora, Judas, que devia entregá-lo, estava com eles. Apenas lhes disse que era Ele, caíram por terra. Ora, Jesus lhes perguntou de novo:

– A quem buscais?

Eles disseram ainda:

– A Jesus de Nazaré.

Jesus lhes respondeu:

– Já vos disse que Sou eu. Se é a mim que buscais, deixai que estes se vão (falando de seus discípulos).

A lança, os cravos, a cruz (sinal da cruz), os espinhos, a morte que sofrestes provam que apagastes e expiastes os crimes dos miseráveis; preservai-me, Senhor Jesus Cristo, de todas as chagas da pobreza e dos laços de meus inimigos; que as cinco chagas de Nosso Senhor me sirvam continuamente de remédio. Jesus é o caminho (sinal da cruz), Jesus é a vida (sinal da cruz), Jesus é a Verdade (sinal da cruz), Jesus sofreu (sinal da cruz), Jesus foi crucificado(sinal da cruz). Jesus filho de D-us, tende piedade de mim (sinal da cruz). Ora, Jesus passou pelo meio deles, e ninguém pôs sua mão ímpia sobre Jesus, porque sua hora ainda não tinha chegado.

# O sétimo dia

O dia do Sol deve ser, tanto quanto possível, consagrado unicamente à ocupação e não à profissão.

Não nos esqueçamos de que o único repouso verdadeiro sob o ponto de vista intelectual é o exercício desta ocupação preferida, porque a cessação absoluta de todo trabalho físico ou intelectual pode constituir o ideal do bruto, porém não o de um homem suficientemente desenvolvido.

A prece deverá ser feita, naquele dia, completa e tão solene quanto possível, quer no quarto mágico, quer em qualquer outro lugar, basta que reúna condições apropriadas para fazer as práticas em paz.

No inverno e durante o mau tempo, a primeira parte da manhã deverá ser consagrada a esta cerimônia. Na bela estação, convém substituir o templo, obra dos homens, pela manifestação direta da natureza, e a prece em plena floresta ou em pleno campo é particularmente indicada.

A tarde dos domingos será consagrada ou ao preparo dos objetos mágicos fornecidos pela natureza e, por conseguinte, à adaptação das ciências naturais, ou à educação estética da sensação nos museus ou nos concertos sinfônicos, ou, ainda, à realização das pequenas operações de magia cerimonial, conforme o tempo, o lugar e as disposições tomadas. A noite será, enfim, consagrada a recapitular e a classificar os resultados obtidos durante a semana, no que se relacione com as ocupações, ou à leitura, à cópia das fórmulas e das obras preferidas, ou ainda ao teatro, sempre conforme as épocas e as disposições.

Voltando ao seu laboratório, o magista terminará o dia por uma longa meditação, seguida de uma prece diante do altar ou no círculo mágico. É neste momento que o emprego dos isolantes, como o vidro ou a lã, deverá ser particularmente estudado.

De resto, a adaptação da meditação ao meio e ao indivíduo não pode ser indicada em todos os seus detalhes em um tratado tão elementar; esperamos que os exemplos enunciados acima servirão para guiar o estudante, e que o exercício e a prática ativarão facilmente a obra começada por seu desejo e sua aplicação.

É pelo exercício progressivo da meditação que se chega, pouco a pouco, ao desenvolvimento das faculdades psíquicas superiores, de onde derivam três ordens de fenômenos dos mais importantes, classificados pelos autores antigos sob os nomes de *arroubo, êxtase e sonho profético.*

*Extraído do livro Tratado Elementar de Magia – Papus*

## Ação de Graças

"D-us Onipotente, que criou todas as coisas para o serviço e conveniência dos homens, te damos as mais humildes graças pelos benefícios que em tua infinita bondade tem derramado sobre nós, por teus inestimáveis favores que nos tem outorgado aos nossos desejos, ó poderoso D-us! Realizado tudo de acordo com tuas promessas que fizeste quando nos comunicastes: "Busca e encontrarás, toca e lhe abrirá". Como nos ordenou ajudar e socorrer o necessitado, te prometemos, em presença do grande Adonay, Elohim, Ariel e Jehovah, que seremos caritativos com o pobre e derramaremos sobre todos os benefícios do Sol com os quais essas quatro divindades poderosas nos tem enriquecido. Que assim seja. Amém".

# CAPÍTULO V

# Rituais do Fogo

Uma série de rituais ligados à *"Magia do Fogo"* é agora proposta a fim de permitir a realização de vossos desejos legítimos, ou melhor, de vossas Verdadeiras Vontades.

Notareis que no momento da evocação da Força Divina que rege esta ou aquela Emanação (que deve agir no Ritual), Kether não é explicitamente chamada, enquanto que, canonicamente, todo o trabalho com a *Árvore da Vida* exige esta atenção prévia. Na realidade, Kether será a primeira evocação feita: quando do acendimento das Velas Divinas (No local do desenho: "Centelha Divina"), desde que o fósforo inflamado seja mantido entre estas velas – um pouco acima delas – o primeiro *Nome Sagrado* que deve ser pronunciado é: *"Kether, que a Luz seja"*. Daí que esta *Suprema Emanação* foi já evocada.

Concomitantemente, uma recitação assídua, em um dado momento, de certos Rituais, ou de um ou dois Versículos dos *Salmos de David* deve ser exortados, pois estes contêm, no contexto judaico-cristão da tradição Ocidental, *a carga* da aspiração de dezenas de gerações de recitantes. É esta carga, entre outras, que age na Magia. Contudo, esta referência não é indispensável e aquele que preferir, por motivos pessoais, abster-se dela, não cometerá nenhum erro de prática ritualística. Na verdade, uma oração espontânea, vinda do fundo do coração, formulada com palavras próprias de cada um, terá a mesma eficácia, em razão da carga que se criará então pela força da sinceridade e da emoção desencadeadas.

Algumas instruções que devem ser aplicadas para todos os Rituais do Fogo:

* Todas as velas (pessoais e intencionais) deverão ser acesas com o Fogo da Vela Divina n.º 2. Para este fim, tomar-se-á este Fogo, com a ajuda de um fósforo, e se inflamará em seguida a vela desejada;
* O esquema do Altar desenhado, para cada Ritual, representa a posição inicial das velas, antes que uma delas avance;
* Os Nomes dos Arcanjos, Anjos e quaisquer outras Inteligências dados como exemplo no primeiro Ritual, onde se lê "*Yod-He-Vau-He Elohim e Tsaphkiel*" deverão ser trocados por aqueles Nomes que correspondem às Inteligências pertinentes a cada um; verifiquem estas informações na parte 1, capítulos I, II, III e IV, do nosso livro *Manual Mágico de Kabbala Prática*.
* *Não sopreis nunca sobre uma vela para apagá-la;* utilizai para este efeito um apagador ou outro objeto qualquer.
* *Se desejais acelerar os resultados do Ritual escolhido, e* que isto não seja indicado, utilizai uma vela de cor carmim; acendei esta chamando a Graça da Mãe. Ela deverá ser colocada, se possível, entre o incensório (ao lado) e o conjunto das velas postas um pouco mais abaixo sobre o Altar. Ela representa o chamado à Divina Mãe, à Força Kármica que rege tudo.

# 1 – Ritual para transformar o curso de um destino maleficiado: Distanciamento da desgraça e do fracasso.

### 1° Instruções preliminares.

Antes de empreender um dos seguintes Rituais destinados geralmente a chamar à vossa direção aquilo que desejais (dinheiro, amor, trabalho...), deveis efetuar este Ritual cujo efeito é o de limpar vossa vida: *por ele, vós vos dirigis de uma certa maneira aos Senhores do Karma, aos Juízes de nosso Universo Que ordenaram aquilo que, até aqui, vos atingiu.* Vós pedireis: *Graça* e *Misericórdia*, e então o alívio da penosidade de vossas condições atuais de existência.

Preparai este Ritual *"melhor que qualquer outro..."*, isto é, com a plena consciência de que ireis comparecer diante do Tribunal que vos condenou e cuja existência ignorais. Não esqueçais que vossa vida é o resultado de vossos pensamentos, de vossos sentimentos e de vossas ações, ligados a vidas passadas das quais não tendes, certamente, nenhuma lembrança, mas que "tecem", contudo, vosso presente. Sabeis que não ter consciência de algo não impede este algo de existir. *O cego de nascença nunca viu o Sol, ele poderia, então, negar sua existência, mas esta negação não impediria o Sol de existir.* É o mesmo para todos nós que não temos a memória de nosso passado anterior na vida presente, mas que colhemos dela, entretanto, todos os frutos.

Este Ritual deve ser efetuado em Lua Descendente. Ele dura nove dias. Ele deve ser começado em *um Sábado*. Deve ser empreendido mais de nove dias antes da Lua Nova (Lua Negra) a fim de terminar um, dois ou três dias antes desta posição lunar.

*As velas deste Ritual são as seguintes:*

* As duas Velas Divinas (brancas).
* Três velas laranja representando a sorte.
* Uma vela cinza que age como um neutralizador.
* Uma vela negra que condensa toda a negatividade, escondida em si e manifestada também fora de si, por situações penosas.
* Uma vela de cor correspondendo ao Signo astrológico da pessoa beneficiária do Ritual (vós ou qualquer outra pessoa para quem fizerdes este Ritual).

*A carga* das velas se faz assim: as Velas Divinas, as três velas laranjas e aquela que representa uma pessoa devem ser carregadas *em apelo* (unção de cima para baixo). A vela negra e a vela cinza devem ser carregadas *em reenvio* (unção de baixo para cima).

Os Governadores deste Ritual são as Potências da Esfera de Saturno, Binah, terceira Emanação Divina. São chamadas, de maneira subsequente, as Esferas de Chesed e Netzah a fim de orientar – se isso for concedido – um pouco a Força Divina em direção ao Pilar da Misericórdia. Os Nomes de Poder são principalmente *YOD-HE-VAU-HE ELOHIM* e *TSAPHKIEL*; e, conforme dissemos anteriormente, poderão, ou melhor, deverão serem substituídos por aqueles Nomes que mais se adequam a cada pessoa. Recopiai então, com tinta violeta, sobre um cartão limpo de cor branca, estes dois *Nomes Sagrados* tais como eles são dados aqui em hebreu:

יהוה אלהים     צ פקיאל
Yod-He-Vau-He Elohim    Tsaphkiel

Depois de utilizados estes cartões para um determinado Ritual, envelopai-os em um pedaço de seda violeta e guardai-os para o próximo ou o mesmo Ritual.

Colocai as velas, o incensório, o pequeno cartão portando os *Nomes Sagrados* e o Pantáculo do Reino (conforme desenho abaixo) ou o Pantáculo pessoal, se o tiverdes, sobre o vosso Altar segundo o esquema seguinte:

## 2º Ritual

Fazei sobre vós o Sinal da Cruz dos Elementos, purificando-vos e abrindo assim o Ritual.

Acendei as Velas Divinas, o carvão e o incenso seguindo o processo e indicações descritos no capítulo I, parte IV do *Manual Mágico de Kabbala Prática*.

Se possuirdes um Pantáculo pessoal, pegai o fogo na Vela Divina nº 2 e mantende o fósforo alguns segundos sobre este Pantáculo dizendo: *"este é o objeto que realizará minha Verdadeira Vontade"*.

Dizei então, com os braços levantados, palmas das mãos tendidas em direção ao Altar e virai o rosto para o céu: *"Em nome de YOD-HE-VAU-HE ELOHIM, eu abro este RITUAL. Senhor TSAPHKIEL, conceda-me Tua ajuda e Tua proteção durante toda esta Cerimônia. Possam Tuas Legiões, por Tua ordem e pelo Nome sagrado de YOD-HE-VAU-HE ELOHIM, aliviar-me de todo mal. Tu, Que reina sobre a Esfera de BINAH e governa os Destinos, afaste de mim, eu Te suplico, a desgraça e o sofrimento que até agora marcaram minha vida.* (Enumerai aqui aquilo que vos atinge: lutos, fracassos, pobreza, doença, etc.). *AS PROVAS ERAM MERECIDAS ainda que eu ignore conscientemente sua causa real, mas eu peço que, pela GRAÇA DIVINA, seja colocado um fim neste curso doloroso de meu destino. É por isso que eu solicito, pelo Nome de EL, a Clemência do Divino TSADKIEL, Aquele Que reina sobre a Esfera da Misericórdia, CHESED, a fim de que sejam apagados as lágrimas e os sofrimentos. Possam os Senhores do Carma me conceder sua Indulgência e deixar livre, doravante, o caminho para a alegria, a saúde, a abundância, o sucesso e a paz. Amem"*.

Permanecei em silêncio e deixai-vos penetrar pela Força invocada. Se um calor descer de repente sobre a cabeça e sobre os ombros, não temei nada. Sentai-vos e continuai o Ritual assentado se puderdes, se não, levantai-vos.

Tomai então o Fogo da Vela Divina da direita (n.º 2) ali inflamando um fósforo; acendei a vela que vos representa e dizei fixando-a bem: *"Esta vela representa* (dizei vosso nome) *ou...* (o nome da pessoa em proveito de quem fazeis este Ritual). *Ela está* (dizei o nome) *em todas as coisas. A vida e o desejo de* (dizei o nome) *queimam sobre este Altar tão forte quanto queima esta flama."* Pensai fortemente no sentido de vossas palavras. Repeti.

Acendei as três velas laranja 1-2-3 pensando fortemente que elas representam a felicidade e a sorte (além disso, elas foram carregadas neste sentido quando da unção...). Dizei: *"A Força, a Coragem e a Sorte acompanham...* (dizei o nome) *e que* o Sucesso esteja doravante sempre perto dele, pois seu destino muda". Concentrai-vos. Repeti várias vezes essas palavras com convicção. Pegai o Fogo na Vela Divina da direita (nº 2), acendei a vela negra e depois dizei: *"Aqui se condensam todo o sofrimento, todas as desgraças, todos os fracassos que preencheram a vida de...* (dizei vosso nome ou o nome apropriado), *tudo aquilo que ele sofreu assim como todos os obstáculos que barraram sua estrada estão aqui".*

Pensai fortemente em vossas desilusões; em vossas desgraças e em tudo o que desejais afastar para sempre. Se se trata de uma outra pessoa à qual destinais o benefício deste Ritual, pensai então em tudo o que pôde fazê-la sofrer. É preciso exprimir o que pesa sobre o coração.

Acendei a vela cinza pegando o Fogo da Vela Divina n.º 2 e dizei: *"Esta vela neutraliza o mal. Que ela aja durante todo o Ritual com a mesma intensidade vibrando em todas essas flamas e com a mesma força contida no fogo vivo. Que o mal cesse e desapareça para sempre da vida de...* (dizei vosso nome ou o nome apropriado)".

Depois dizei: "Ó vós, entidades Divinas que constituis o Fogo, vinde a meu socorro e, pelo Nome de YOD-HE-VAU-HE TZABAOTH, Senhor do Fogo, livrai-me de todo mal. Fazei uma barreira de Fogo e de Luz em torno de mim a fim de que os golpes da sorte não possam mais me atingir. Por MICHAEL, Amém".

Pensai fortemente que vosso destino está mudando, que a felicidade chega acompanhada da Alegria, do sucesso e da paz. Contemplai bem as chamas e segui com o olhar o papel de cada uma delas.

Depois, com certeza, confiança e um intensa emoção dizei: "Até quando vós vos arremessareis sobre um homem e o abatereis, como uma muralha que pende, como uma cidadela que se desmorona? Seus projetos são enganos, seu prazer é o de seduzir; a mentira na boca, eles abençoam, mas dentro, maldizem. O Senhor falou uma vez e eu, eu O ouvi duas vezes. A Ti pertence o Poder, a Ti pertence o Amor. Tu pagas o homem segundo suas obras".

Apagai somente a vela negra. Permanecei meditativo alguns minutos. (Podereis estar assentado tanto para recitar esta prece quanto para meditar).

Acendei novamente a vela negra (pegando o Fogo da Vela Divina nº 2) e redizei esta prece: *"Até quando vós vos arremessareis..."*

Apagai ainda uma vez somente a vela negra. Meditai alguns minutos.

Acendei novamente a vela negra e dizei ainda uma vez a mesma prece: *"Até quando..."*

Concentrei-vos, então, sobre a Sorte, a Felicidade, o Sucesso.

Apagai, enfim, todas as velas no sentido inverso de seu acendimento: primeiro a vela cinza, depois a negra, em seguida as três velas laranja, depois aquela que vos representa, enfim, a Vela Divina n.º 2 e por último, a Vela Divina nº 1 dizendo: *"A luz eterna permanece em meu coração e trabalha por mim. Amem"*.

Fazei sobre vós o Sinal da Cruz dos Elementos ou se preferir executai o *Ritual Menor do Pentagrama* (RMDP), veja em nossa obra *Manual Mágico de Kabbala Prática*.

Assim termina a primeira fase do Ritual. Não toqueis em nada. Deixai tal qual vosso Altar (velas, etc.).

No dia seguinte, na mesma hora se possível, recomeçai esta Cerimônia depois de ter avançado a vela cinza em dois centímetros aproximadamente em direção à vela negra. A vela cinza é a única a mexer neste Ritual. Todas as outras permanecem em seu lugar inicial. Ela se dirige em direção à negra e a neutraliza. Continuai assim até a 9ª noite.

Na nona noite, a última, a vela cinza deve tocar a vela negra. No final desta última Cerimônia, no lugar de apagar as velas e as Velas Divinas, deixai aquelas se consumirem até o fim. Vós podeis permanecer presente nesta combustão ou partir para outro cômodo. Vigiai, contudo, os lugares para evitar todo perigo devido ao fogo (sem janela aberta, sem corrente de ar, sem vela colocada perto de uma cortina, os castiçais devem ser metálicos).

## Salmos para Transformar o curso de um destino maleficiado

### Salmos [18]

1. Eu te amo, ó Senhor, força minha.
2. O Senhor é a minha rocha, a minha fortaleza e o meu libertador; o meu D-us, o meu rochedo, em quem me refúgio; o meu escudo, a força da minha salvação, e o meu alto refúgio.
3. Invoco o Senhor, que é digno de louvor, e sou salvo dos meus inimigos.
4. Cordas de morte me cercaram, e torrentes de perdição me amedrontaram.
5. Cordas de Seol me cingiram, laços de morte me surpreenderam.
6. Na minha angústia invoquei o Senhor, sim, clamei ao meu D-us; do seu templo ouviu ele a minha voz; o clamor que eu lhe fiz chegou aos seus ouvidos.
7. Então a terra se abalou e tremeu, e os fundamentos dos montes também se moveram e se abalaram, porquanto ele se indignou.

8. Das suas narinas subiu fumaça, e da sua boca saiu fogo devorador; dele saíram brasas ardentes.
9. Ele abaixou os céus e desceu; trevas espessas havia debaixo de seus pés.
10. Montou num querubim, e voou. Sim, voou sobre as asas do vento.
11. Fez das trevas o seu retiro secreto; o pavilhão que o cercava era a escuridão das águas e as espessas nuvens do céu.
12. Do resplendor da sua presença saíram, pelas suas espessas nuvens, saraiva e brasas de fogo.
13. O Senhor trovejou a sua voz; e havia saraiva e brasas de fogo.
14. Despediu as suas setas, e os espalhou; multiplicou raios, e os perturbou.
15. Então foram vistos os leitos das águas, e foram descobertos os fundamentos do mundo, à tua repreensão, Senhor, ao sopro do vento das tuas narinas.
16. Do alto estendeu o braço e me tomou; tirou-me das muitas águas.
17. Livrou-me do meu inimigo forte e daqueles que me odiavam, pois eram mais poderosos do que eu.
18. Surpreenderam-me eles no dia da minha calamidade, mas o Senhor foi o meu amparo.
19. Trouxe-me para um lugar espaçoso; livrou-me, porque tinha prazer em mim.
20. Recompensou-me o Senhor conforme a minha justiça, retribuiu-me conforme a pureza das minhas mãos.
21. Pois tenho guardado os caminhos do Senhor e não me apartei impiamente do meu D-us.
22. Porque todas as suas ordenanças estão diante de mim e nunca afastei de mim os seus estatutos.
23. Também fui irrepreensível diante dele e me guardei da iniquidade.
24. Pelo que o Senhor me recompensou conforme a minha justiça, conforme a pureza de minhas mãos perante os seus olhos.
25. Para com o benigno te mostras benigno, e para com o homem perfeito te mostras perfeito.
26. Para com o puro te mostras puro, e para com o perverso te mostras contrário.
27. Porque tu livras o povo aflito, mas os olhos altivos tu os abates.
28. Sim, tu acendes a minha candeia; o Senhor meu D-us alumia as minhas trevas.
29. Com o teu auxílio dou numa tropa; com o meu D-us salto uma muralha.
30. Quanto a D-us, o seu caminho é perfeito; a promessa do Senhor é provada; ele é um escudo para todos os que nele confiam.
31. Pois, quem é D-us senão o Senhor? Quem é rochedo senão o nosso D-us?

32. Ele é o D-us que me cinge de força e torna perfeito o meu caminho;
33. Faz os meus pés como os das corças, e me coloca em segurança nos meus lugares altos.
34. Adestra as minhas mãos para a peleja, de sorte que os meus braços vergam um arco de bronze.
35. Também me deste o escudo da tua salvação; a tua mão direita me sustém, e a tua clemência me engrandece.
36. Alargas o caminho diante de mim, e os meus pés não resvalam.
37. Persigo os meus inimigos e os alcanço; não volto senão depois de os ter consumido.
38. Atravesso-os, de modo que nunca mais se podem levantar; caem debaixo dos meus pés.
39. Pois me cinges de força para a peleja; prostras debaixo de mim aqueles que contra mim se levantam.
40. Fazes também que os meus inimigos me deem as costas; aos que me odeiam eu os destruo.
41. Clamam, porém não há libertador; clamam ao Senhor, mas ele não lhes responde.
42. Então os esmiúço como o pó diante do vento; lanço-os fora como a lama das ruas.
43. Livras-me das contendas do povo, e me fazes cabeça das nações; um povo que eu não conhecia se me sujeita.
44. Ao ouvirem de mim, logo me obedecem; com lisonja os estrangeiros se me submetem.
45. Os estrangeiros desfalecem e, tremendo, saem dos seus esconderijos.
46. Vive o Senhor; bendita seja a minha rocha, e exaltado seja o D-us da minha salvação,
47. O D-us que me dá vingança, e sujeita os povos debaixo de mim,
48. Que me livra de meus inimigos; sim, tu me exaltas sobre os que se levantam contra mim; tu me livras do homem violento.
49. Pelo que, ó Senhor, te louvarei entre as nações, e entoarei louvores ao teu nome.
50. Ele dá grande livramento ao seu rei, e usa de benignidade para com o seu ungido, para com Davi e sua posteridade, para sempre.

## Aplicação do Salmo 18

"*Eu te amo, Ó Senhor*". Escreva, num pedaço de papel, essa frase deste Salmo, e use sempre num de teus bolsos do lado direito. Desta forma será protegido contra teus inimigos e terá sempre aberto o curso de teu caminho.

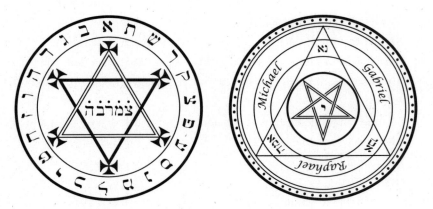

**Pantáculo para mudar o curso de um destino maleficiado**
(veja em nossa obra, *Manual Mágico de Kabbala Prática*)

## 2. Ritual para atrair com urgência dinheiro

### 1º Instruções preliminares.

Este Ritual deve ser efetuado em caso de penúria intensa: o oficial de justiça está na vossa porta, mais dinheiro para pagar o aluguel ou mesmo o salário é miserável e as necessidades da vida cotidiana não podem ser satisfeitas.

Em consequência, ele não deverá ser feito com o objetivo de aumentar riquezas já possuídas; nenhum sentimento de avidez (cobiça) deverá fundar esta Cerimônia.

Este Ritual limpa o subconsciente dos obstáculos à vinda do dinheiro. Por essa razão, ele poderá ser efetuado, pois sua potência é tal que ele vos harmonizará com a energia particular chamada dinheiro.

Com efeito, o dinheiro é uma energia dispensadora de alegria e de benefícios. Ela é uma fonte de trocas e de possibilidades entre os homens. A prática mágica mostra geralmente que, efetuado pela primeira vez, este Ritual revela todas as forças negativas acumuladas no subconsciente concernindo esta energia assim como os obstáculos kármicos à sua manifestação.

Todos os temores, todo o desgosto, toda a culpabilidade ligados ao dinheiro assim como toda a inveja em relação àqueles que o têm, dormem no mais fundo do ser e são entraves reais à livre circulação desta energia na vida cotidiana. Essas forças negativas podem ser percebidas pelas seguintes afirmações: *"o dinheiro não traz a felicidade...", "o dinheiro é maldito...", "o dinheiro é sujo...".*

Tantas bobagens são ditas, e o foram ao curso dos séculos, sobre o dinheiro, que hoje o subconsciente coletivo o confunde com o diabo, distribuidor de ilusões. Que a utilização do dinheiro conduz a abusos e pode reforçar um apego doentio aos bens materiais, é certo – e aí está o diabo – mas daí a amaldiçoá-lo significa jogar aquilo que, em nossas sociedades, permite uma troca nas atividades e competências humanas. É verdade que estas ideias negativas foram difundidas no curso dos séculos, justamente por aqueles mesmos que tinham dinheiro, de modo que a maioria dos homens permanecem pobres e trabalham para os providos. Compreender bem o processo pelo qual o inconsciente coletivo foi intoxicado e ao qual o vosso está ligado, constitui o primeiro passo em direção à abundância. Esta maldição que é a pobreza cessará.

Além disso, cargas kármicas saídas não mais de uma certa maneira de pensar na vida atual mas de atos ou de pensamentos acumulados em vidas passadas constituem um entrave desejado pela Lei à manifestação do dinheiro em vossa vida e o Ritual os revelará.

Com efeito, este age geralmente de modo fulminante. Se os resultados tardam a se manifestar, isso implica que vosso subconsciente ainda está carregado de negatividade; podereis, então, refazer este mesmo Ritual nos meses seguintes. Se, paradoxalmente, novas provações financeiras chegam em vez de uma melhoria esperada, isso será o sinal de que a Lei Kármica quer orientar, no momento, vossas buscas ou vossas demandas em direção a outro objetivo: a tomada de consciência e a purificação de vosso ser. Uma vez esta Purificação empreendida, Ela ajudará pontualmente vossas finanças, sem, contudo, liberar a abundância desejada, até que um novo equilíbrio kármico se instaure em vossas energias concernindo o dinheiro. Quando este é atingido, o dinheiro vem dele mesmo, em perfeita alegria e harmonia, sem que nenhum Ritual seja efetuado para este efeito.

O mérito deste Ritual reside não somente no aporte imediato de dinheiro, quando a Lei o permite, mas, sobretudo, na tomada de consciência que vossa situação defeituosa poderia nunca ter melhorado definitivamente, sem este Ritual revelador dos entraves kármicos e, em consequência, sem a Purificação desejada.

Este Ritual será feito na Lua nova e dura sete dias. Ele deve ser iniciado em um Domingo e mais de sete dias antes da Lua Cheia a fim de terminar um ou dois dias antes desta posição.

*As velas deste Ritual são as seguintes:*

- Duas velas de cor branca.
- Cinco velas verdes canalizando a energia manifestada em dinheiro nas nossas sociedades.
- Uma vela púrpura ou roxa veiculando o Poder Divino em ação.
- Uma vela dourada que atrai a solução pedida.
- Uma vela carmim que acelera o processo mágico.
- Uma vela da cor correspondente a vossa necessidade.

A carga de todas as velas se faz em apelo: unção de cima para baixo de cada vela. Não esqueçais, quando da preparação de vosso Ritual, de pensar untando as velas, no papel que cada uma delas detém. Assim, a vela dourada representa o poder de atração e a vela púrpura, o poder de trazer (ela impulsiona o resultado desejado enquanto que a precedente atrai, em benefício do demandista, este resultado...). A vela carmim é a aceleração da manifestação deste mesmo resultado enquanto que as cinco velas verdes são o dinheiro sob todas as suas formas. Quanto àquela que vos representa, ela é vós (não vos esqueçais de ali colocar um pouco de saliva.)

O Governador deste Ritual é o Arcanjo Michael, e a Esfera energética é aquela do Sol. Contudo, a densificação em vida e alegria estando implicada neste Ritual, invoca-se também *o Arcanjo Haniel,* Regente da Esfera Venusiana.

Organizai o Altar segundo o esquema seguinte:

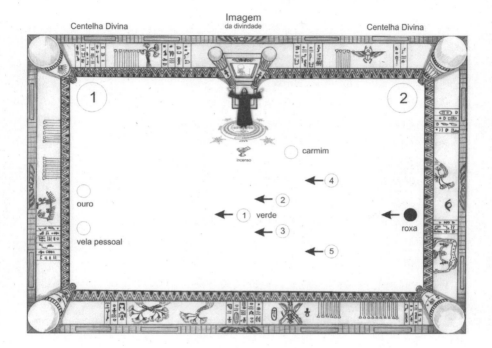

## 2º Ritual

Fazei sobre vós o Sinal da Cruz dos Elementos para vos purificar e abrir assim o Ritual.

Acendei as Velas Divinas, o carvão e o incenso seguindo o processo e indicações descritos no capítulo I, parte IV do *Manual Mágico de Kabbala Prática.*

Exaltai a Força do Pantáculo do Reino segundo o processo indicado no Ritual do Fogo n.º 1.

Depois elevai os braços e, palma das mãos viradas para o céu, dizei:

*"Pelo Nome de ELOAH VE DAATH, Poderoso MICHAEL venha em meu socorro. Tu, Veículo de Luz, Semelhante ao Mais Alto, dissolva em mim tudo o que impede a vinda da abundância material na minha vida. Faça com que o dinheiro circule livremente em minha existência a fim de que eu possa ser, por minha vez, uma fonte*

*de benefícios para outrem. Pelo Nome de YOD-HE-VAU-HE TZABAOTH, Senhor HANIEL, ouça meu apelo. Tu, cujo Esplendor irradia sobre os Mundos, Protetor das Artes e da Beleza, limpe a miséria e toda sorte de penúria de minha vida a fim de que eu possa saborear, em toda legitimidade, em minha qualidade de criança do Mais Alto, a Beleza e a alegria da existência".*

Acendei a vela que vos representa e dizei:

"Esta vela é... (dizei vosso nome ou aquele do beneficiário do Ritual), *ela é... em todas as coisas. O desejo de... neste Ritual queima tão forte quanto esta flama que queima."*

Acendei a vela dourada e dizei:

*"Esta vela é a atração sublime tal qual exerce o nosso Sol. Ela canaliza a energia solar e trabalha em proveito da vela colocada ao lado dela, aquela de... Ela age. Ela atrai. Esta atração é tão intensa quanto a intensidade desta flama."*

Acendei a vela carmim e dizei:

*"Aqui se condensa toda a indulgência do Universo. Esta vela é a Graça. Ela acelera o resultado esperado por...".*

Acendei as cinco velas verdes seguindo a numeração do esquema. Dizei;

*"Estas velas são o dinheiro, que sejam cheques, bilhetes, moeda ou um documento bancário indicando finanças. A presença do dinheiro neste Ritual é tão forte que a Força dessas flamas canalizam para a prosperidade e abundância."*

Acendei a vela púrpura e dizei:

*"Esta vela é o Poder vivo manifestado neste Ritual que impele inexoravelmente o dinheiro em direção a...* (dizei bem sempre o nome apropriado). *Esta ordem é tão clara quanto a claridade desta flama."*

Meditai um momento. Dizei em seguida:

*"O dinheiro é a energia necessária à nossa existência terrestre e ao nosso sustento no grupo dos homens. Sem ele, a doença, a fraqueza física e mental, se instauram. Sem ele em nossa civilização, a vida é uma prisão. Ele deve, então, ser legitimamente procurado. O Senhor é meu pastor, nada pode me faltar. Eu me entrego a Ele que pode sozinho me prover em todas as coisas. Ó vós, Entidades que constituis o Fogo, em Nome de YOD-HE-VAU-HE TZABAOTH, Senhor do Fogo, e por MICHAEL, canalizai em direção a... o dinheiro do qual ele tem tanta necessidade."*

Pensai agora que vosso desejo está cumprido. Visualizai o dinheiro vindo em direção a vós sob forma de bilhetes de banco, de cheques, etc... Dizei:

*"Agora este dinheiro pertence a... Ele provê a todas as suas necessidades. Ele recebeu o que ele pediu e ele está feliz. Que o Todo Poderoso seja agradecido por Sua bondade. Agora, tudo vai bem."*

Permanecei assentado alguns minutos e contemplai a combustão das velas.

Apagai estas na ordem inversa de seu acendimento: primeiro a vela púrpura, depois as cinco velas verdes, em seguida a vela carmim, aquela de cor dourada, depois aquela que vos representa; enfim, apagai as Velas Divinas, primeiro aquela que porta o n.º 2 sobre o croqui e depois aquela que porta o n.º 1.

Fazei sobre vós o Sinal da Cruz dos Elementos, ou o RMDP.

Não toqueis em nada daquilo que se encontra sobre vosso Altar.

No dia seguinte, na mesma hora, refazei esta Cerimônia, mas antes de começar, avançai as cinco velas verdes e a vela púrpura em dois centímetros cada uma aproximadamente em direção à vela que vos representa.

No sétimo dia, (última Cerimônia) a vela verde que forma a ponta deste triângulo (ver croqui) deverá tocar a vela que vos representa. (Tocar ou estar muito próxima, espaçada da espessura dos castiçais...). No momento desta última Cerimônia, deixai as Velas se consumarem até o final.

Quando vossa demanda for satisfeita, desde que vires o dinheiro vir em direção a vós, não vos esqueçais de fazer uma doação a uma pessoa necessitada ou a uma Instituição beneficente (Émmaús, Cegos, etc.).

## Salmos para atrair com urgência o dinheiro

### Salmos [93]

1 O Senhor reina. Está vestido de majestade. O Senhor se revestiu, cingiu-se de fortaleza. O mundo também está estabelecido, de modo que não pode ser abalado.
2 O teu trono está firme desde a Antiguidade; desde a eternidade tu existes.
3 Os rios levantaram, ó Senhor, os rios levantaram o seu ruído, os rios levantam o seu fragor.
4 Mais que o ruído das grandes águas, mais que as vagas estrondosas do mar, poderoso é o Senhor nas alturas.
5 Mui fiéis são os teus testemunhos; a santidade convém à tua casa, Senhor, para sempre.

### *Aplicação do Salmo 93*

Rezando este Salmo nos momentos de dificuldade financeira, terás sucesso em todas as empreitadas e atrairá para si sorte, intuição e prosperidade. Se desejas obter reconhecimento e sucesso, enche uma vasilha com água e coloque dentro folhas de mirra e pétalas de rosas brancas e vermelhas e reze os Salmos, 91, 93 e 99, por três vezes. A cada vez lave o rosto e por fim jogue o restante desta água com as folhas e pétalas de rosas do pescoço para baixo. Depois volte o rosto para o Leste e reze a D-us pela realização de teus desejos e verás coisas maravilhosas. Ficarás assombrado ao ver tua boa fortuna crescendo e ao mesmo tempo as honras e reconhecimento avançando em forma surpreendente de um ponto ao outro.

**Pantáculo do Sol, para Sucesso financeiro**
(veja em nossa obra, Manual Mágico de Kabbala Prática)

## 3. Ritual de Apelo à Prosperidade

### 1º Instruções preliminares

Este Ritual apela para as forças que agem como *um amplificador*. Isso significa que as condições materiais que são as vossas devem estas satisfatórias *antes* do término desta Cerimônia.

O aspecto benéfico destas condições será amplificado, haverá, então, aumento do que já existe.

Assim, se pelo vosso comércio, beneficiai-vos de certa prosperidade, podeis aumentá-la fazendo este Ritual. Se vosso salário vos permite levar uma vida agradável e desejais que novas oportunidades felizes se vos ofereçam (sorte, encontros benéficos do ponto de vista financeiro, descoberta de um objeto desejado, etc...) podeis igualmente fazer este Ritual.

Mas, se vossa atividade comercial está perdendo vigor, vossos benefícios diminuem dia a dia e temeis por sua sobrevivência, então não façais este Ritual, mas o Ritual precedente.

Em síntese, para fazer esta operação mágica, deveis estar já satisfeito com vossas condições de vida e querer somente melhorá-las.

Este Ritual dura quatro dias. Ele deve ser começado em uma Quinta-feira, quando a Lua estiver no quarto-crescente e deve terminar um ou dois dias antes da Lua Cheia.

O Governador deste Ritual é o Majestoso Arcanjo Tsadkiel, Regente da Esfera de Júpiter.

*As velas deste Ritual são as seguintes:*

- Duas Velas Divinas (no local do croqui "Centelha Divina") de cor branca.
- Uma vela púrpura que é o poder na vida.
- Uma vela verde que representa o dinheiro e também a saúde.
- Uma vela laranja que faz o papel de amplificador do bem. Ela é também a sorte, o crescimento e a prosperidade.
- Uma vela que vos representa.
- Uma vela dourada que atrai a solução desejada.

Após ter untado as velas em apelo e as ter carregado corretamente, dirigi-vos ao Altar segundo o esquema seguinte:

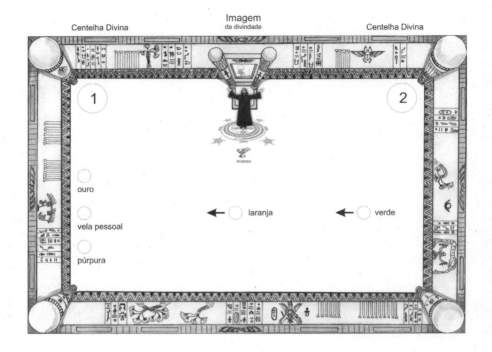

## 2º Ritual

Fazei sobre vós o Sinal da Cruz dos elementos para vos purificar e abrir, assim, o Ritual.

Acendei as Velas Divinas, o carvão e o incenso segundo o ensinamentos de correspondências indicado no *Manual Mágico de Kabbala Prática*.

Exaltai a Força do Pantáculo pessoal segundo o processo indicado no Ritual do Fogo nº 1.

Fazei então a invocação seguinte:

"Em Nome de AL, Senhor TSADKIEL, Tu, cuja Magnificência é grande, eu Te suplico. Traga para minha vida a grandeza e o crescimento, a prosperidade e o controle das diversas situações que a compõem. Que Teu Nome seja abençoado para todo o sempre".

Acendei a vela que vos representa precisando em voz alta, no momento dos precedentes Rituais, que ela é vós (ou o beneficiário do Ritual) em todas as coisas.

Acendei a vela dourada afirmando bem seu poder de atração.

Acendei a vela púrpura especificando seu Poder e sua Força.

Acendei a vela verde dizendo o que ela é: o dinheiro e a saúde.

Acendei a vela laranja e precisai que ela é a sorte, o crescimento e a prosperidade. Depois dizei esta oração do fundo de vosso coração:

"Feliz é aquele que pensa no pobre e no fraco, pois do dia da desgraça o Senhor o livra. Ele o protege e lhe dá vida e felicidade sobre esta terra. Ele não o deixa ao apetite de seus inimigos e refaz o leito onde ele jaz. Amem."

Permanecei um momento assentado contemplando a combustão das velas.

Fazei sobre vós o Sinal da Cruz dos Elementos depois apagai as velas e em seguida as Velas Divinas seguindo a ordem inversa de seu acendimento.

No dia seguinte, na mesma hora, recomeçai esta Cerimônia *após ter avançado a vela verde e a vela laranja em direção àquela que vos representa*. No quarto dia, no momento da última operação, a vela laranja deve tocar aquela que vos representa.

## Salmos de apelo à prosperidade
### Salmos [92]

1 Bom é render graças ao Senhor, e cantar louvores ao teu nome, ó Altíssimo,
2 anunciar de manhã a tua benignidade, e à noite a tua fidelidade,
3 sobre um instrumento de dez cordas, e sobre o saltério, ao som solene da harpa.
4 Pois me alegraste, Senhor, pelos teus feitos; exultarei nas obras das tuas mãos.
5 Quão grandes são, ó Senhor, as tuas obras! Quão profundos são os teus pensamentos!
6 O homem néscio não sabe, nem o insensato entende isto:
7 quando os ímpios brotam como a erva, e florescem todos os que praticam a iniquidade, é para serem destruídos para sempre.
8 Mas tu, Senhor, estás nas alturas para sempre.
9 Pois eis que os teus inimigos, Senhor, eis que os teus inimigos perecerão; serão dispersos todos os que praticam a iniquidade.
10 Mas tens exaltado o meu poder, como o do boi selvagem; fui ungido com óleo fresco.
11 Os meus olhos já viram o que é feito dos que me espreitam, e os meus ouvidos já ouviram o que sucedeu aos malfeitores que se levantam contra mim.
12 Os justos florescerão como a palmeira, crescerão como o cedro no Líbano.
13 Estão plantados na casa do Senhor, florescerão nos átrios do nosso D-us.
14 Na velhice ainda darão frutos, serão viçosos e florescentes,
15 para proclamarem que o Senhor é reto. Ele é a minha rocha, e nele não há injustiça.

## Aplicação do Salmo 92

Escreva este Salmo num papel e depois de recitá-lo, dentro do Ritual, divida-o em quatro partes enterrando-o num terreno virgem, nos quatro pontos cardeais. O Nome Santo deste Salmo é El, que significa D-us forte. Leia também, para obter a prosperidade, os Salmos 93 e o 94.

Se escreves, este Salmo, junto com o verso final do Salmo anterior sobre um papel virgem e o carregar sempre contigo, estarás sempre propenso aos bons augúrios e à fortuna.

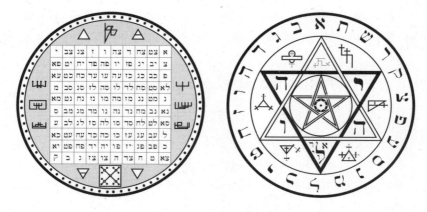

**Pantáculo para obter Prosperidade**
(veja em nossa obra, *Manual Mágico de Kabbala Prática*, Editora Madras, pág. 323)

## 4. Ritual para obter o sucesso

### 1º Instruções preliminares.

Este Ritual deve ser efetuado quando se quer beneficiar de uma situação determinada: obter tal emprego, ou a carteira de motorista, ou a assinatura de um dado contrato, etc. O essencial é conhecer o objetivo em direção ao qual se tende.

Trata-se de *um emprego*, é preciso saber qual, em primeiro lugar, e ter feito tudo aquilo que humanamente e materialmente devia ser feito: ter elaborado um bom *curriculum vitae*, escrever, ter reuniões, telefonar, etc. Trata-se da *carteira de motorista*: ter seguido bem as instruções do instrutor, fazer esforços de concentração, etc. Trata-se de *um exame ou de um concurso:* ter bem estudado, não ter negligenciado tal aspecto do programa, etc.

Este Ritual se faz em duas etapas:

1) Ele deve ser iniciado em uma *Quinta-feira, quando a Lua estiver no quarto-crescente.* Deixamos consumir-se a metade das velas depois apagamos.

2) No dia seguinte, numa *Sexta-feira*, as reacendemos e as deixamos consumir a outra metade. Recomeçamos na semana seguinte, na Quinta-feira e na Sexta-feira, mas a Lua deve sempre estar ascendente. Em consequência, é preciso efetuar pela primeira vez este Ritual desde que a lua começa a subir, isto é, na Quinta-Feira que segue a lua negra.

Os Governadores deste Ritual são o Arcanjo Tsadkiel (Chesed) e o Arcanjo Haniel (Netzah).

As velas deste Ritual são as seguintes:

- Quatro Velas Divinas de cor branca.
- Duas velas douradas, cujo papel é de atrair.
- Seis velas laranja, que emanam a sorte, o sucesso, a irradiação.
- Seis velas púrpuras, que são o Poder divino em ação.
- Duas velas do demandista (ver quadro no capítulo precedente para determinar a cor), a unção das Velas se faz *em apelo*.

Erguei o Altar assim *(com 2 Velas Divinas, 1 que vos representa, 1 de cor dourada, 4 laranjas e 4 púrpuras):*

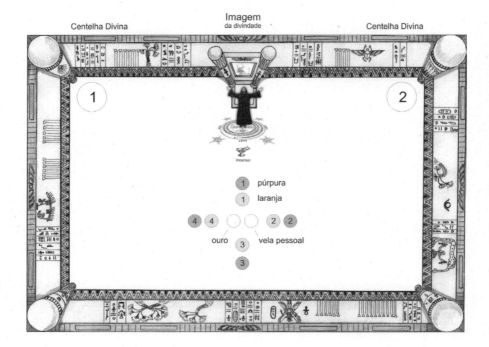

## 2º Ritual

Fazei sobre vós o Sinal da Cruz dos elementos, ou RMDP.

Acendei as duas Velas Divinas, o carvão e o incenso seguindo o processo e indicações descritos no capítulo I, parte IV do *Manual Mágico de Kabbala Prática*.

Exaltai as vibrações do Pantáculo do Reino ou do Pantáculo pessoal.

Fazei a invocação seguinte: *"Em Nome de EL e pelo Majestoso TSADKIEL, que os Reais HASMALIM me sejam propícios e me tragam o sucesso desejado para tal empreendimento:...* (dizer aquilo que se quer). *Divino TSADKIEL, Tu cuja Magnificência e a Irradiação ofuscam o Espaço de TZEDEK, conceda tua Clemência, Ó Misericordioso, a fim de que eu....* (dizer aquilo que se quer. Se o Ritual é feito para outrem, dizer então: "a fim de que um tal, ...", etc.). *Eu Te rendo Graça, Magnífico TSADKIEL, por EL, O Quatro Vezes Santo. Amem."*

Acendei a vela que vos representa ou que está destinada ao beneficiário do Ritual.

Acendei a vela dourada e dizei: *"quão grande é seu poder de atração."*

Acendei as velas laranja 1 e 2 dizendo: *"Aqui se eleva o Esplendor do Sucesso, da Sorte e da Magnificência. A sorte, com efeito, surge em proveito de...* (dizei vosso nome ou aquele que beneficia do Ritual), *e tudo aquilo que ele pede, a saber...* (dizei o objetivo do Ritual: emprego preciso em tal lugar..., etc.) *é realizado pela Energia sublime que se despeja nesse instante sobre sua situação.*"

Acendei as velas púrpuras 1 e 2 e dizei: *"Isto é o Poder Divino Que impulsiona a Sorte, Que faz emergir o Sucesso em direção a um tal no objetivo de...* (dizer qual é este objetivo ainda uma vez). *Este Poder é inexorável e o sucesso é certo."*

Depois dizei com respeito: *"Vinde! Gritemos de alegria para o Senhor. Aclamemos o Rochedo da nossa Salvação! Ide diante Dele em ações de graças e o aclamemos! Pois D-us é Grande e ele é Rei acima de todos os Céus!"*

Não acendais as outras velas (laranjas 3 e 4; púrpuras 3 e 4).

Meditai. Vede vossa situação se enriquecer de sorte e de sucesso. Deixai as Velas Divinas e as velas se consumir pela metade depois as apagai no sentido inverso do acendimento. Encerrai esta Cerimônia fazendo sobre vós o Sinal da Cruz dos Elementos.

No dia seguinte, sexta-feira, refazei este ritual, mas acrescentai à invocação que fizestes, quando as Velas Divinas acabarem de ser acendidas, e que vos foi dado, o que segue:

*"Eu peço também a Benevolência do Divino HANIEL, por YOD-HE-VAU-HE TZABAOTH e que os ELOHIM realizem também meu pedido e tragam o Sucesso. Amem."*

Acendei todas as velas (duas metades laranja 1,2; duas metades púrpuras 1,2; duas laranjas inteiras 3,4; duas púrpuras inteiras, 3,4).

Dizei as mesmas afirmações e preces.

Deixai as Velas Divinas, a vela que vos representa, a vela dourada assim como as velas laranja e púrpuras 1 e 2 se consumirem inteiramente e apagai, então, as outras que não estiverem mais que pela metade (laranjas e púrpuras 3 e 4).

Na semana seguinte, refazei este Ritual, na Quinta-Feira, utilizando as metades de velas laranja e púrpuras 3 e 4 que restam da Cerimônia precedente e pegando novas velas: duas Velas Divinas, uma que vos representa, uma de cor dourada, duas laranjas e duas púrpuras.

Elevando o Altar, nesta segunda Quinta-feira, colocareis a metade das duas velas laranja e a metade das duas velas púrpuras restantes (nº 3 e 4 sobre o croqui) nas posições 1 e 2 (ver o mesmo croqui); as duas novas velas laranjas e as duas novas velas púrpuras, inteiras então, ocuparão as posições 3 e 4. Depois fareis o Ritual da Quinta-Feira e deixareis se consumir inteiramente as duas metades de velas laranja e as duas metades de velas púrpuras, herdadas da semana precedente (que colocastes, dessa vez, lembremo-lo, em posição 1 e 2).

Uma vez essas quatro metades de velas consumidas, apagai as duas velas laranja e as duas velas púrpuras reduzidas, no momento, pela metade (situadas em 3 e 4). Apagai também a vela dourada (que não é mais que uma metade também). Será o mesmo com a vela pessoal (uma metade restante). Enfim, apagai as Velas Divinas, igualmente reduzidas pela metade. Fazei sobre vós o Sinal da Cruz dos Elementos, ou executai o RMDP.

No dia seguinte, Sexta-feira, refazei as Evocações do Ritual explicado para a Quinta feira precedente, mas sem acrescentar novas velas (laranjas ou púrpuras). Não inicieis, então, este Ritual da última sexta feira senão com um conjunto de metades de velas obtido do Ritual da véspera.

Deixai o todo se consumir até o fim. No fim desta cerimônia não restará nenhuma vela.

Este Ritual é muito poderoso. Fazei-o com muita atenção.

## Salmos para obter Sucesso

### *Salmos* [4]

1 Responde-me quando eu clamar, ó D-us da minha justiça! Na angústia me deste largueza; tem misericórdia de mim e ouve a minha oração.

2 Filhos dos homens, até quando convertereis a minha glória em infâmia? Até quando amareis a vaidade e buscareis a mentira?

3 Sabei que o Senhor separou para si aquele que é piedoso; o Senhor me ouve quando eu clamo a ele.

4 Irai-vos e não pequeis; consultai com o vosso coração em vosso leito, e calai-vos.

5 Oferecei sacrifícios de justiça, e confiai no Senhor.

6 Muitos dizem: Quem nos mostrará o bem? Levanta, Senhor, sobre nós a luz do teu rosto.

7 Puseste no meu coração mais alegria do que a deles no tempo em que se lhes multiplicam o trigo e o vinho.

8 Em paz me deitarei e dormirei, porque só tu, Senhor, me fazes habitar em segurança.

## Aplicação do Salmo 4

Se ainda não tens o Sucesso que almeja e se tua vida não vai para frente, levanta-te antes do Sol nascer no horizonte e leia três vezes este Salmo acompanhado da seguinte oração:

*"Que te seja sempre agradável, Ó Jiheje (O que é e será), conceda-me prosperidade e abra meus caminhos, mostre-me onde devo dar meus passos e encetar minhas ações. Permita que meus desejos sejam amplamente realizados desde agora, pela virtude de teu grande, poderoso e misterioso nome. Amém".*

Podeis ainda ler este Salmo quando estiverdes viajando ou caminhando por alguma estrada deserta e serás preservado da má sorte e dos assaltantes, e obterás com facilidade tuas prementes necessidades. Também se escreve este Salmo para a pessoa que não consegue dormir à noite, e então dirás:

*"Sede convocados para expulsar todo pensamento ou ansiedade do peito e da mente de F... filho de F..., e proporcionai-lhe um sono calmo e um repouso justo e sem agitações, pela verdade de vosso poder sobre a noite, e o dia, ó assembleia das Inteligências ascencionadas, servidores do nobre Trono".*

A prece para este Salmo é:

"Que te sejas agradável, Ó Jiheje, dai-me prosperidade no caminho, nos meus passos e em todas as minhas ações. Permita que meus desejos sejam plenamente satisfeitos, hoje, em honra a teu poderoso e bendito nome. Amém."

**Pantáculo para promover sucesso e prosperidade**
(veja em nossa obra, Manual Mágico de Kabbala Prática)

# 5 Ritual para Atrair o Amor

### *1º Instruções preliminares.*

Fazei este Ritual se, sem parceiro na vida, estiverdes tomado pela solidão tanto sentimental quanto sexual.

Podeis fazê-lo se igualmente desejardes atrair os favores afetivos de uma determinada pessoa sem que tenha para tanto uma conotação amorosa em vosso desejo: receber simplesmente afeto.

*Contudo, atenção! Não façais este Ritual, se a pessoa cobiçada para fins de uma relação amorosa estiver já ligada a outro parceiro (marido ou esposa) ou que vive em um concubinato feliz.* O fato de desejar tal pessoa pode se compreender na medida em que os seres humanos não controlam seus sentimentos e não fazem nada para isto, mas aquilo que é repreensível é fazer um Ritual de Magia Divina para atrair uma pessoa que não se interessa em vós e que ama outra. *Mas, mesmo se a pessoa cobiçada estiver livre, e se fizerdes este Ritual, aquele não curvará sua vontade, desde que ela se oponha violentamente a esta união. Este Ritual, compreendei-o bem, não cria "um rosto" do amor...*

Este Ritual pode ser feito, em consequência:

- Quando desejardes encontrar uma pessoa, um parceiro que não conheceis ainda.
- Quando conheceis uma pessoa que vos agrada, *que está livre* e cujo amor desejais.

*Este Ritual dura sete dias. Ele deve ser empreendido em uma Sexta-feira, quando a Lua estiver no quarto-crescente.*

O Governador deste Ritual é o Arcanjo Haniel (Netzah).

As velas deste Ritual são as seguintes:

- Duas Velas Divinas de cor branca.
- Uma vela branca representando a pessoa desejada (a menos que conheçais seu Signo astrológico).
- Uma vela vos representando.
- Duas velas vermelhas canalizando o amor.
- Uma vela dourada que tem o poder de atrair.

A unção das Velas se faz *em apelo*. Elevai, então, o Altar assim:

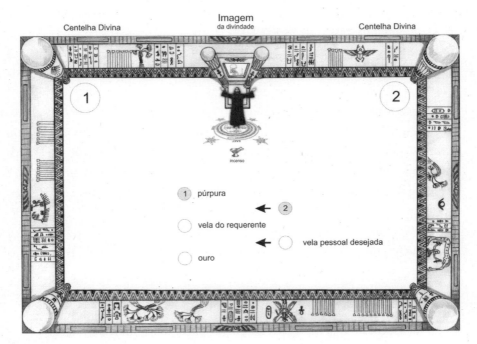

## 2º Ritual

Fazei sobre vós o Sinal da Cruz dos elementos.

Acendei as duas Velas Divinas, o carvão e o incenso seguindo o processo e indicações descritos no capítulo I, parte IV do *Manual Mágico de Kabbala Prática*.

Exaltai a Força do Pantáculo do Reino segundo o processo indicado no Ritual do Fogo n.º 1.

Depois fazei a invocação seguinte: *"Por YOD-HE-VAU-HE TZABAOTH, eu chamo aqui a Bondade e a Doçura do Esplêndido Arcanjo HANIEL. Ó HANIEL, possam os ELOHIM vir em socorro de minha solidão e de minha tristeza e levar em minha direção o (ou a) parceira tão esperada. Eu Te agradeço, Divino HANIEL; Amem"*.

Acendei a vela que vos representa e dizei bem o que ela é: vós em qualquer coisa, com vossa falta, vossas aspirações afetivas ou amorosas.

Acendei a vela púrpura que se encontra ao lado da vela que vos representa (nº 1) e dizei bem o que ela é: vosso desejo de amor.

Acendei a vela dourada precisando seu papel de amante, seu poder de atração imenso. Dizei que esta vela dourada trabalha para vós, atrai para vós, etc.

Acendei a vela que representa a pessoa desejada (que ela tenha um nome, então que ela seja conhecida por vós ou que ela seja ainda desconhecida). Dizei o que ela representa: a parceira esperada, desejada, etc...

Acendei a vela vermelha nº 2 que está ao lado daquela que representa a pessoa desejada. Dizei bem que ela é, neste Ritual, sobre este Altar, o amor desta pessoa para vós, o desejo desta pessoa para vós, etc...

Se vós fordes um homem, dizei então: *"Como teus pés são belos em tuas sandálias, filha de Príncipe! A curva dos teus flancos é como um colar, obra das mãos de um artista. Teu umbigo forma uma taça em que não falta o vinho, teu ventre um pedaço de frumento cercado de lis e teus dois seios são dois filhotes, gêmeos de uma gazela."*

Não hesiteis em repetir isso várias vezes e com emoção. Se fordes uma mulher, dizei então:

*"Eu durmo, mas meu coração vigia. Eu ouço meu Bem-Amado que bate". "Meu Bem-Amado passou a mão pelo buraco da porta e, de repente, minhas entranhas estremeceram."*

Não hesiteis em repetir isto várias vezes e com emoção!

Deixai consumir uma quinzena de minutos as Velas Divinas e, depois, as apagai na ordem inversa de seu acendimento. Fazei sobre vós o Sinal da Cruz dos elementos e deixai o Altar tal como está.

No dia seguinte recomeçai este Ritual *tendo antes avançado dois centímetros aproximadamente a vela que representa a pessoa desejada assim como a vela púrpura nº 2 em direção à vela que vos representa* (ver o sentido da flecha sobre o croqui).

No sétimo dia, as duas velas que foram assim avançadas devem estar muito próximas daquela que vos representa e da vela dourada. Deixai igualmente, neste último dia, todas as velas se consumirem até o fim.

## Salmos para atrair o amor

### *Salmos* [142]

1 Com a minha voz clamo ao Senhor; com a minha voz ao Senhor suplico.
2 Derramo perante ele a minha queixa; diante dele exponho a minha tribulação.
3 Quando dentro de mim esmorece o meu espírito, então tu conheces a minha vereda; no caminho em que eu ando ocultaram-me um laço.
4 Olha para a minha mão direita e vê, pois não há quem me conheça; refúgio me faltou; ninguém se interessa por mim.

5 A ti, ó Senhor, clamei. Eu disse: *Tu és o meu refúgio, o meu quinhão na terra dos viventes.*

6 Atende ao meu clamor, porque estou muito abatido; livra-me dos meus perseguidores, porque são mais fortes do que eu.

7 Tira-me da prisão, para que eu louve o teu nome; os justos me rodearão, pois me farás muito bem.

## *Aplicação do Salmo 142*

Escreve-se este Salmo num pergaminho virgem, dentro do Ritual, e numa Lua Nova recita-o virado para o Norte e depois queime o pergaminho, mantendo somente seus bons fluídos de paz, amor e luz a todas as criaturas.

**Pantáculo para atrair o amor**
(veja em nossa obra, Manual Mágico de Kabbala Prática)

## *Salmos* [127]

1 Se o Senhor não edificar a casa, em vão trabalham os que a edificam; se o Senhor não guardar a cidade, em vão vigia a sentinela.

2 Inútil vos será levantar de madrugada, repousar tarde, comer o pão de dores, pois ele supre aos seus amados enquanto dormem.

3 Eis que os filhos são herança da parte do Senhor, e o fruto do ventre o seu galardão.

4 Como flechas na mão dum homem valente, assim os filhos da mocidade.

5 Bem-aventurado o homem que enche deles a sua aljava; não serão confundidos, quando falarem com os seus inimigos à porta.

## Aplicação do Salmo 127

Escreva este Salmo num pergaminho virgem, e acrescenta ao final os nomes dos Anjos *Sinui, Sinsuni* e *Seman-Glaf*. Depois divida este pergaminho em quatro partes e esconda-os nos quatro pontos cardeais de tua casa. Terás um magnetismo preponderante e atrairá o amor para si em todos os dias da tua vida.

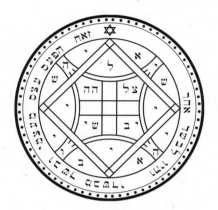

**Pantáculo para encantamento de amor**
(veja em nossa obra, Manual Mágico de Kabbala Prática)

# 6. Ritual para Reunir um Casal em Discórdia

Instruções preliminares.

Quando um casal está a ponto de romper, e a desgraça atinge assim uma família, é recomendado fazer este Ritual, a fim de que os parceiros reencontrem no fundo de si mesmos um amor mútuo e distribuam assim no entorno deles alegria e paz.

Antes de um divórcio, no momento de uma separação temporária, ou no momento de desentendimentos graves, fazei este Ritual.

*Este Ritual deve ser empreendido em uma Sexta-feira, quando a Lua estiver no quarto-crescente. Ele dura nove dias.*

*Os Governadores do Ritual são o Magnífico Haniel da Esfera Venusiana e o Doce Gabriel da Esfera Lunar.*

As velas desta Cerimônia são as seguintes:

- Duas Velas Divinas de cor branca.
- Uma vela branca representando o homem.
- Uma vela branca representando a mulher.
- Duas velas douradas cujo papel é o de atrair.
- Duas velas ouro (ou vermelhas) canalizando o amor.
- Uma vela carmim canalizando as Forças de Clemência da Divina Mãe e acelerando a manifestação da solução.

A unção das velas é em apelo. Elevai ao vosso Altar assim:

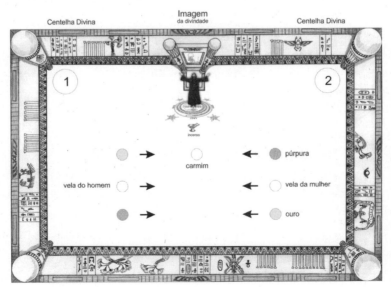

## 2º Ritual

Fazei sobre vós o Sinal da Cruz dos Elementos.

Acendei as Velas Divinas, o carvão e o incenso seguindo o processo e indicações descritos no capítulo I, parte IV do *Manual Mágico de Kabbala Prática*.

Exaltai a Força do Pantáculo do Reino segundo o processo indicado no Ritual do Fogo nº 1.

Acendei a vela carmim e dizei:

*"Mãe Bem-Amada, Tu Que distribui o Amor e a Paz aos corações, olhe Tuas duas crianças, Um Tal e Uma Tal que agora não sentem mais o amor em seus corações. A atração magnética parou de agir entre eles e sua vida se resseca.*

*Ó Tu, a Maravilhosa, Tu, Que conhece a Nota de cada ser, faça ressoar no coração do Um Tal e da Uma Tal seu Som respectivo, e no silêncio de sua indiferença mútua, eles se tornarão novamente receptivos à Vibração do Amor. Por YOD-HE-VAU-HE TZABAOTH e pelo Magnífico HANIAL, como os ELOHIM agem rápido! Por SCHADDAYE-EL-HAÏ e o Terno GAVRIAL, como os QUERURINS agem rápido! Que a união de Um Tal com Uma Tal seja! Amem."*

Acendei a vela que representa a mulher, a vela dourada (ou vermelha) e a vela púrpura que estão ao lado dela. Pensai bem aquilo que fazeis. Dizei o que cada uma delas representa.

Acendei a vela que representa *o homem*, a vela dourada e a vela púrpura ao lado dela. Pensai bem naquilo que fazeis. Dizei o que cada uma delas representa.

Depois dizei:

*"Sobre meu leito, à noite, eu procurei aquele que meu coração ama. Eu o procurei, mão eu não o achei. Eu me levantarei então e percorrerei a cidade. Nas ruas e sobre as praças eu procurarei aquele que meu coração ama. Eu o procurei, mas eu não o encontrei! Os guardas me encontraram, aqueles que fazem a ronda na cidade: "Vistes aquele que meu coração ama?" Mas eu os havia apenas ultrapassado, e eu encontrei aquele que meu coração ama."*

Meditai alguns minutos.

Apagai as velas no sentido inverso de seu acendimento, fazei sobre vós o Sinal da Cruz dos Elementos kabbalísticos (veja em nossa obra *Manual Mágico de Kabbala Prática*) e deixai o Altar tal como está.

No dia seguinte, na mesma hora, recomeçai esta Cerimônia *tendo antes reaproximado em dois centímetros aproximadamente as velas que compõem os dois grupos* (ver as flechas sobre o croqui).

Continuai assim durante nove dias. No nono dia, o último deste Ritual, todas as velas estão face a face muito perto. Deixai-as se consumir até o fim.

## Salmos para reunir um casal em discórdia
### *Salmos* [45]

1. O meu coração trasborda de boas palavras; dirijo os meus versos ao rei; a minha língua é qual pena de um hábil escriba.
2. Tu és o mais formoso dos filhos dos homens; a graça se derramou nos teus lábios; por isso D-us te abençoou para sempre.
3. Cinge a tua espada à coxa, ó valente, na tua glória e majestade.
4. E em tua majestade cavalga vitoriosamente pela causa da verdade, da mansidão e da justiça, e a tua destra te ensina coisas terríveis.
5. As tuas flechas são agudas no coração dos inimigos do rei; os povos caem debaixo de ti.
6. O teu trono, ó D-us, subsiste pelos séculos dos séculos; cetro de equidade é o cetro do teu reino.
7. Amaste a justiça e odiaste a iniquidade; por isso, D-us, o teu D-us, te ungiu com óleo de alegria, mais do que a teus companheiros.
8. Todas as tuas vestes cheiram a mirra, a aloés e a cássia dos palácios de marfim os instrumentos de cordas e te alegram.
9. Filhas de reis estão entre as tuas ilustres donzelas; à tua mão direita está a rainha, ornada de ouro de Ofir.
10. Ouve, filha, e olha, e inclina teus ouvidos; esquece-te do teu povo e da casa de teu pai.
11. Então o rei se afeiçoará à tua formosura. Ele é teu senhor, presta-lhe, pois, homenagem.
12. A filha de Tiro estará ali com presentes; os ricos do povo suplicarão o teu favor.
13. A filha do rei está esplendente lá dentro do palácio; as suas vestes são entretecidas de ouro.
14. Em vestidos de cores brilhantes será conduzida ao rei; as virgens, suas companheiras que a seguem, serão trazidas à tua presença.
15. Com alegria e regozijo serão trazidas; elas entrarão no palácio do rei.
16. Em lugar de teus pais estarão teus filhos; tu os farás príncipes sobre toda a terra.
17. Farei lembrado o teu nome de geração em geração; pelo que os povos te louvarão eternamente.

## Aplicação do Salmo 45

Este Salmo emprega-se para minimizar as discórdias; escreve-se num papel virgem, na primeira hora de Domingo, em jejum, e, se um dos cônjuges o carrega será sempre protegido, das cizânias e brigas ordinárias que provocam separações e tristezas. Também se escreve para quem ama, porque proporciona uma boa aceitação para as mulheres junto aos seus esposos e junto de qualquer um que olhar aquele que o use.

**Pantáculo para equilíbrio matrimonial**
(veja em nossa obra, Manual Mágico de Kabbala Prática, Editora Madras, 2011, pág. 320)

## Salmos [27]

1 O Senhor é a minha luz e a minha salvação; a quem temerei? O Senhor é a força da minha vida; de quem me recearei?

2 Quando os malvados investiram contra mim, para comerem as minhas carnes, eles, meus adversários e meus inimigos, tropeçaram e caíram.

3 Ainda que um exército se acampe contra mim, o meu coração não temerá; ainda que a guerra se levante contra mim, conservarei a minha confiança.

4 Uma coisa pedi ao Senhor, e a buscarei: que possa morar na casa do Senhor todos os dias da minha vida, para contemplar a formosura do Senhor, e inquirir no seu templo.

5 Pois no dia da adversidade me esconderá no seu pavilhão; no recôndito do seu tabernáculo me esconderá; sobre uma rocha me elevará.

6 E agora será exaltada a minha cabeça acima dos meus inimigos que estão ao redor de mim; e no seu tabernáculo oferecerei sacrifícios de júbilo; cantarei, sim, cantarei louvores ao Senhor.

7   Ouve, ó Senhor, a minha voz quando clamo; compadece-te de mim e responde-me.
8   Quando disseste: Buscai o meu rosto; o meu coração te disse a ti: O teu rosto, Senhor, buscarei.
9   Não escondas de mim o teu rosto, não rejeites com ira o teu servo, tu que tens sido a minha ajuda. Não me enjeites nem me desampares, ó D-us da minha salvação.
10  Se meu pai e minha mãe me abandonarem, então o Senhor me acolherá.
11  Ensina-me, ó Senhor, o teu caminho, e guia-me por uma vereda plana, por causa dos que me espreitam.
12  Não me entregues à vontade dos meus adversários; pois contra mim se levantaram falsas testemunhas e os que respiram violência.
13  Creio que hei de ver a bondade do Senhor na terra dos viventes.
14  Espera tu pelo Senhor; anima-te, e fortalece o teu coração; espera, pois, pelo Senhor.

## *Aplicação do Salmo 27*

O Nome sagrado deste Salmo é *Elohe*. Recita este Salmo, se queres ficar livre de traições e deslealdade de seus cônjuges. Após a leitura deste Salmo convoca os Servidores *Ahya Sharahya, Adonay, Senhor Tzabaoth, El Shadday*.

Se um dos cônjuges afastou e quer uma reconciliação, escreva este Salmo, num papel virgem, perfuma-o com incenso e açafrão e use pendurado ao pescoço. Assim terá a reconciliação conjugal e a paz reinará no lar do casal.

**Pantáculo para realizar projetos amorosos**
(veja em nossa obra, Manual Mágico de Kabbala Prática)

## 7. Ritual para Trazer a Harmonia em um Lar Perturbado

*1º Instruções preliminares.*

Um lar, entenda-se uma família, pode ser perturbado por diferentes motivos: temperamentos das pessoas que vivem sob o mesmo teto e que se opõem, ausência de trabalho para um dos membros causando angústias e enervamentos nos outros, ligação amorosa vivida por um adolescente e que atrapalha toda a família, etc.

Este Ritual não abrange cada um dos motivos. Ele traz uma Energia de Paz e de Diluição da agressividade do ambiente, permitindo, assim, a solução dos problemas. Com efeito, se o conjunto não está harmonioso, se as vibrações da vida cotidiana são negativas, nenhuma solução pontual (trabalho, amor, etc.) é possível.

Em consequência, é aconselhado fazer este Ritual antes mesmo de empreender aquele que visa um objetivo bem preciso: trabalho, por exemplo.

Este Ritual dura nove dias. Ele deve ser empreendido em uma *Segunda-feira, quando a Lua estiver no quarto-crescente.*

O Governador deste Ritual é o doce Gabriel da Esfera Lunar.

As velas deste Ritual são as seguintes:

- Duas velas Divinas de cor branca.
- Uma vela branca representando a família.
- Duas velas douradas tendo o poder de atrair o Bem.
- Duas velas rosa representando a alegria e a Harmonia.
- Duas velas de azul-pálido representando a Paz e a proteção da Divina Mãe sobre o lar.
- Uma vela representando o demandista (vós).

Todas as velas são untadas *em apelo*. Elevai o Altar assim:

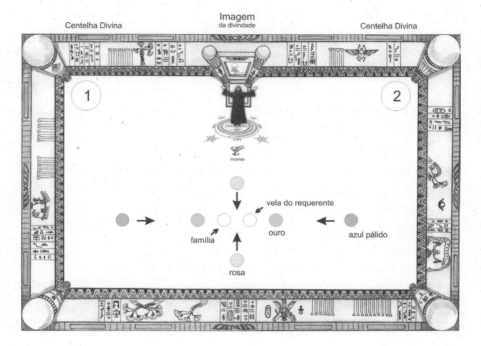

## 2º Ritual

Fazei sobre vós o Sinal da Cruz dos Elementos.

Acendei as Velas divinas, o carvão e o incenso seguindo o processo e indicações descritos no capítulo I, parte IV do *Manual Mágico de Kabbala Prática*.

Exaltai o Pantáculo do Reino ou o Pantáculo pessoal, segundo o procedimento indicado no Ritual nº 1.

Fazei, então, a invocação seguinte:

*"Em Nome de SHADDAY-EL-CHAI, Senhor GABRIEL, escute meu apelo. Envie sobre este lar onde reina a discórdia e o sofrimento a Paz e a Alegria da Divina Mãe. Possa, então, ASET, a Divina, a Mãe Eterna, abençoar esta casa e aqueles que ali vivem a fim de que todos os problemas sejam resolvidos em Seu Nome e de que os Poderosos Querubins, executando Suas Ordens, dissolvam com Sua Água Sublime o que é contrário ao Bom Entendimento. Amem."*

Acendei a vela que vos representa e dizei bem o que ela é: *vós em todas as coisas*.

Acendei a vela que representa vossa família e dizei bem o que ela é: vossa família. Enumerai os membros e dizei o nome de cada um deles.

Acendei as duas velas douradas e dizei bem qual é seu poder imenso de atração do Bem, da Paz e da Alegria. Dizei que cada uma delas trabalha para vós e vossa família.

Acendei as duas velas rosa dizendo que elas são a alegria, a doçura de viver, a afeição, etc. no lar.

Acendei as duas velas de um azul-pálido dizendo que elas são a paz, a harmonia, a compreensão e a sinceridade no lar. Dizei bem que estas velas canalizam a Força da Mãe Divina.

Depois fazei a Prece seguinte:

*"Feliz aquele que foge da companhia de homens sem Fé, que não caminha na via daqueles que se perdem, que não se assenta no banco daqueles que riem mas que se compraz na Lei do senhor e murmura Seu Nome dia e noite!"*

Repeti esta prece.

Meditai durante uma quinzena de minutos olhando as Velas se consumirem.

Apagai-as na ordem inversa de seu acendimento, fazei o Sinal da Cruz dos Elementos e deixai vosso Altar tal como está.

No dia seguinte, recomeçai o mesmo Ritual *tendo antes avançado as duas velas azuis e as duas velas rosa em direção ao demandista e sua família* (ver sentido das flechas sobre o croqui).

No sétimo dia, as velas devem estar reunidas assim:

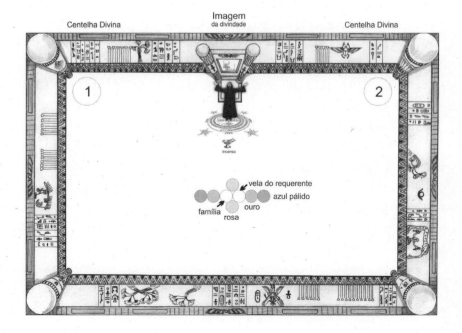

# Salmos para trazer a harmonia em um lar perturbado

## *Salmos* [44]

1 Ó D-us, nós ouvimos com os nossos ouvidos, nossos pais nos têm contado os feitos que realizaste em seus dias, nos tempos da Antiguidade.
2 Tu expeliste as nações com a tua mão, mas a eles plantaste; afligiste os povos, mas a eles estendes-te largamente.
3 Pois não foi pela sua espada que conquistaram a terra, nem foi o seu braço que os salvou, mas a tua destra e o teu braço, e a luz do teu rosto, porquanto te agradaste deles.
4 Tu és o meu Rei, ó D-us; ordena livramento para Jacó.
5 Por ti derrubamos os nossos adversários; pelo teu nome pisamos os que se levantam contra nós.
6 Pois não confio no meu arco, nem a minha espada me pode salvar.
7 Mas tu nos salvaste dos nossos adversários, e confundiste os que nos odeiam.
8 Em D-us é que nos temos gloriado o dia todo, e sempre louvaremos o teu nome.
9 Mas agora nos rejeitaste e nos humilhaste, e não sais com os nossos exércitos.
10 Fizeste-nos voltar as costas ao inimigo e aqueles que nos odeiam nos despojam à vontade.
11 Entregaste-nos como ovelhas para alimento, e nos espalhaste entre as nações.
12 Vendeste por nada o teu povo, e não lucraste com o seu preço.
13 Puseste-nos por opróbrio aos nossos vizinhos, por escárnio e zombaria àqueles que estão à roda de nós.
14 Puseste-nos por provérbio entre as nações, por ludíbrio entre os povos.
15 A minha ignomínia está sempre diante de mim, e a vergonha do meu rosto me cobre,
16 à voz daquele que afronta e blasfema, à vista do inimigo e do vingador.
17 Tudo isso nos sobreveio; todavia não nos esquecemos de ti, nem nos houvemos falsamente contra o teu pacto.
18 O nosso coração não voltou atrás, nem os nossos passos se desviaram das tuas veredas,
19 para nos teres esmagado onde habitam os chacais, e nos teres coberto de trevas profundas.

20 Se nos tivéssemos esquecido do nome do nosso D-us, e estendido as nossas mãos para um deus estranho,
21 porventura D-us não haveria de esquadrinhar isso? Pois ele conhece os segredos do coração.
22 Mas por amor de ti somos entregues à morte o dia todo; somos considerados como ovelhas para o matadouro.
23 Desperta! Por que dormes, Senhor? Acorda! Não nos rejeites para sempre.
24 Por que escondes o teu rosto, e te esqueces da nossa tribulação e da nossa angústia?
25 Pois a nossa alma está abatida até o pó. O nosso corpo pegado ao chão.
26 Levanta-te em nosso auxílio, e resgata-nos por tua benignidade.

## *Aplicação do Salmo 44*

Se queres reconciliar duas pessoas que brigaram, lê o Salmo no meio delas. Para a mulher que está separada do seu marido deves ler o salmo, três vezes, sobre um recipiente cheio de óleo de oliva perfumado e colocar neste óleo pistilo de açafrão. Desenhe o Pantáculo de Harmonia Conjugal (veja em nossa obra, *Manual Mágico de Kabbala Prática*, Editora Madras, 2011, página 320), e mergulhe-o neste óleo e depois unge a mulher para reconciliá-la com seu marido. Guarda-se o restante do óleo e se houver outro desentendimento entre eles, unge-se o rosto de ambos para reconciliá-los pelo poder de D-us.

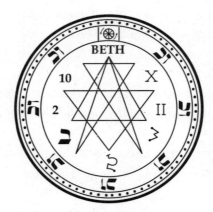

**Pantáculo para harmonia conjugal**
(veja em nossa obra, Manual Mágico de Kabbala Prática)

## 8. Ritual para Encontrar uma Habitação

### *1º Instruções preliminares.*

As Sociedades contemporâneas oferecem, certamente, o conforto, mas a situação em matéria de habitação se torna cada vez mais difícil. Alojar-se em grandes cidades é muito oneroso, seja em locação ou em acessão à propriedade. Alojar-se em subúrbios destas cidades custa menos, mas necessita frequentemente do uso de transportes longos e fatigantes.

Além disso, assiste-se nos dias atuais a uma crise: alugar se tornou cada vez mais difícil e comprar não é sempre possível!

Para evitar esta penosa situação, um Ritual pode ser feito. As Forças Divinas podem vos ajudar e evitar que estejais na rua, vós e vossa família.

Uma ressalva deve ser feita, contudo. A humanidade, nas Sociedades Ocidentais notadamente, sofreu um encantamento: o da propriedade. Se ela garante, de certa maneira, o alojamento, não sobra senão homens e mulheres que se sangram literalmente até a última gota para pagar dívidas muito pesadas! Os bancos e os organismos financeiros são os únicos, na realidade, a se beneficiar deste sistema.

Sabendo disso, fareis o esforço de vos desprender da noção de propriedade e de considerar com um pouco mais de atenção a noção de *"liberdade"*.

Isso não significa que não deveis mais considerar tal compra. Considerareis simplesmente a propriedade como uma comodidade transitória e concentrareis vossos esforços em estar bem, alugando talvez, mas, em todos os casos, ficando livre e em harmonia com o momento presente.

Com tal estado de espírito, as Forças Cósmicas vos ajudarão infalivelmente. Encontrareis a habitação que vos convém melhor em um dado momento, no bairro mais harmonioso com vosso modo de vida – ou naquele em que o Carma programe para vós uma melhor Evolução – sem que tenhais que vos preocupar com o que acontecerá amanhã. Tal é a Lei.

Tende, então, uma ideia precisa do que quereis. Estude a situação depois fazei este Ritual.

Este Ritual deve ser começado em uma *Sexta-feira, quando a Lua estiver no quarto-crescente*. Ele dura sete dias.

O Governador deste Ritual é o Arcanjo Haniel da Esfera de Netzah.

As velas desta Cerimônia são as seguintes:

- Uma vela dourada que atrai.
- Uma vela rosa que canaliza as Forças de proteção e, aqui, a habitação.

- Uma vela laranja que canaliza o sucesso.
- Uma vela azul pálido que canaliza a Força da Mãe Que protege o lar.
- Uma vela púrpura que é o Poder de fazer mover as coisas.
- A vela que vos representa (ver quadro no capítulo I, parte IV, do *Manual Mágico de Kabbala Prática* e escolha a cor da vela que mais se adequa a sua necessidade).

A unção das velas é *em apelo*. Elevai vosso Altar segundo o desenho seguinte.

## 2º Ritual

Fazei sobre vós o Sinal da Cruz dos Elementos.

Acendei as duas Velas Divinas, o carvão e o incenso seguindo o processo e indicações descritos no capítulo I, parte IV do *Manual Mágico de Kabbala Prática*.

Exaltai a Força do Pantáculo do Reino segundo o processo indicado no Ritual do Fogo nº 1.

Depois dizei:

*"Por YOD-HE-VAU-HE TZABAOTH, Magnífico HANIEL, vem em meu socorro. Tu, cujo Esplendor tece de Beleza e de Harmonia, a "Casa" do D-us Vivo, conceda-me uma situação de vida decente, neste mundo onde eu peno. Dá-me, em Nome de Tua Alegria, um teto, a fim de que pelo Teu exemplo, eu possa por minha vez cantar de contentamento. Obrigado a Ti, Maravilha de Netzah, Amor na Beleza pela Glória dos Mundos."*

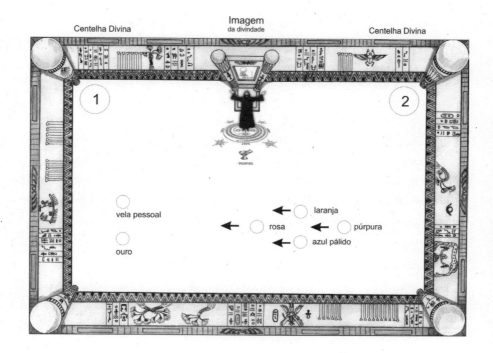

Acendei a vela que vos representa dizendo bem o que ela é: vós em todas as coisas.

Acendei a vela dourada precisando seu papel de atração. Ela trabalha para vós durante todo o Ritual.

Acendei a vela rosa dizendo o que ela é: vossa habitação tal como a desejais. Descrevei-a. (Atenção! Permanecei nos limites do possível. Não peçais para viver em um castelo enquanto que vosso salário vos permite dificilmente de encontrar um apartamento de quatro aposentos!)

Acendei a vela laranja precisando que ela é o sucesso vivo neste Ritual.

Acendei a vela de um azul pálido dizendo que ela canaliza a proteção da Mãe Divina sobre o lar: Ela não deixará Seus filhos sem teto! E mesmo se ela quisesse dar uma lição kármica pelas dificuldades suportadas, este Ritual seria um pedido de Graça; então, Ela poderá "organizar" o Carma de outra maneira...

Acendei a vela púrpura afirmando seu Poder inexorável "de levar" em vossa direção à habitação que procurais. Dizei tudo isso com força e convicção.

Depois dizei:

*"O Senhor é meu Pastor, nada me faltará."*

Repeti isto várias vezes.

Orai. Contemplai a combustão durante uma quinzena de minutos, depois apagai no sentido inverso de acendimento. Fazei sobre vós o Sinal da Cruz dos Elementos.

No dia seguinte recomeçai o Ritual tendo antes avançado as velas: rosa, azul, laranja e púrpura em dois centímetros aproximadamente em direção à vela que vos representa. Deixai vosso Altar tal como está.

Recomeçai assim esta Cerimônia seis dias seguidos.

No sétimo dia, a vela rosa e aquela que vos representa devem estar face a face, muito próximas uma da outra. Deixai as Velas Divinas e as velas se consumirem inteiramente. Encerrai a Cerimônia fazendo sobre vós o Sinal da Cruz dos Elementos.

# Salmos para encontrar uma habitação

## *Salmos* [87]

1 O fundamento dela está nos montes santos.
2 O Senhor ama as portas de Sião mais do que todas as habitações de Jacó.
3 Coisas gloriosas se dizem de ti, ó cidade de D-us.
4 Farei menção de Raabe e de Babilônia dentre os que me conhecem; eis que da Filístia, e de Tiro, e da Etiópia, se dirá: Este nasceu ali.
5 Sim, de Sião se dirá: Este e aquele nasceram ali; e o próprio Altíssimo a estabelecerá.
6 O Senhor, ao registrar os povos, dirá: Este nasceu ali.
7 Tanto os cantores como os que tocam instrumentos dirão: Todas as minhas fontes estão em ti.

## Aplicação do salmo 87

Para construir ou encontrar uma casa, escreve-se o Salmo e enterra-o nas fundações; isso trará uma grande benção a esse lugar. Se habitas em casa alugada, escreve o Salmo sobre um papel e enterra-o sobre o lugar em que te encontras. Isso será muito útil e lhe trará uma grande benção. Ele estenderá a prosperidade pela força do D-us Altíssimo.

**Pantáculo para obtenção de bens materiais**
(veja em nossa obra, Manual Mágico de Kabbala)

## 9. Ritual de Grande Proteção Contra as Forças do Mal

*1º Instruções Preliminares.*

Este Ritual pode ser feito quando temeis que um encantamento tenha sido perpetrado ou mesmo quando sabeis que uma pessoa vos envia pensamentos negativos e alimenta sentimentos de ódio e de inveja ao vosso encontro (o que é a raiz da bruxaria, na realidade!).

Se os eventos tendem a se tornar bruscamente penosos, enquanto que antes a situação era, sobretudo, calma, isto significa que um aglomerado de forças negativas – que elas sejam lançadas por outrem em vossa direção (conscientemente ou inconscientemente, aliás) *ou que elas sejam o resultado de vossos próprios pensamentos e emoções negativas em geral na vida* – se abate sobre vós, fazei este Ritual.

Esta Cerimônia não é feita senão uma única vez. A combustão das velas dura 7 horas aproximadamente. Prevede, então, este tempo para estar perto do Altar e evitai assim os riscos de incêndio! Pode-se refazer este Ritual no sexto dia após a primeira Cerimônia (a Força Solar terá assim trabalhado 6 vezes em 24 horas), e prosseguir desse modo um pouco menos de três semanas: Domingo (1º Ritual), depois Sábado seguinte (2º Ritual), depois Sexta-Feira seguinte (3º Ritual), enfim Quinta-Feira (4º ritual); seja 4 Cerimônias em 24 dias.

A primeira cerimônia acontece em um *Domingo, quando a Lua estiver no quarto-crescente*.

O Governador deste Ritual é o Arcanjo Michael (aqui em suas funções guerreiras em Tiphereth).

As velas deste Ritual são as seguintes:

- As duas velas Divinas de cor branca.
- A vela que vos representa (ver quadro no capítulo I, parte, IV, do *Manual Mágico de Kabbala Prática*, aquela que melhor se adequa a sua necessidade).
- Quatro velas brancas representando a Pureza.
- Seis velas vermelhas representando a Força Divina enquanto Poder e Proteção contra o mal.

A unção das velas se faz *em apelo*.

Elevai o Altar assim:

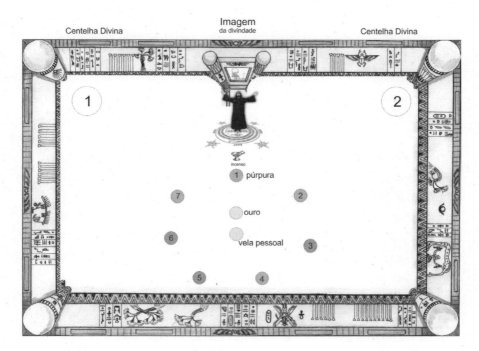

## 2º Ritual

Fazei sobre vós o Sinal da Cruz dos Elementos.

Acendei as duas Velas Divinas, o carvão e o incenso seguindo o processo e indicações descritos no capítulo I, parte IV do *Manual Mágico de Kabbala Prática*.

Exaltai a Força do Pantáculo do Reino seguindo o procedimento indicado no Ritual nº1.

Acendei a vela que vos representa e dizei bem o que ela é: vós em todas as coisas.

Acendei as quatro velas brancas seguindo a numeração do croqui e dizei:

*"Aqui se eleva um Círculo de Luz e de Pureza entorno do espírito de...* (dizei vosso nome ou aquele da pessoa a proteger) *que se mantém no meio, com tanta sinceridade e clareza quanto esta flama ilumina. Um tal* (dizei o nome) *está bem protegido."*

Acendei as sete velas vermelhas pegando o Fogo da Vela Divina nº 2 e reportando imediatamente o fósforo inflamado ao centro, acima – sem misturar as flamas da vela acesa representando o beneficiário do Ritual. Acendei em seguida as seis velas vermelhas seguindo a numeração do croqui. Desde que a sexta estiver acesa, reportai o fósforo inflamado ao centro, sempre acima da flama do demandante, para bem fechar o Hexagrama. Obtém-se, então, a figura anterior. A não ser que utilizeis fósforos muito longos, é provável que não tereis tempo de acender, com um pequeno fósforo (o fósforo habitual) as seis velas partindo bem do centro e ali voltando. É por isso que é recomendado antever ao lado do Altar (e não sobre este) uma vela branca (que não terá sido untada nem carregada) com a qual procedemos o acendimento do Hexagrama.

Depois dizei:

*"Por ELOAH-VE-DAATH e por MICHAEL, todas as forças contrárias se evanescerão neste instante diante do Esplendor Divino. Nenhum mal resiste a esta Luz. Pelo Poder dos Malakins e pelo Fogo dos Serafins, todo o mal deixou...* (dizei o nome). *É assim, por ELOAH VA DAATH e por MICHAEL; Amém."*

Depois com um profundo respeito dizei:

*"O Senhor reina, vestido de Majestade. O Senhor se vestiu de Potência, Ela a atou aos Seus rins. Tu fixaste o Universo inquebrantável, Teu Trono está fixado desde a origem; sempre, és Tu, YOD-HE-VAU-HE. Os rios desencadeiam sua voz, os rios desencadeiam seu barulho; mais que a voz das inumeráveis águas, mais soberbo que a ressaca do mar, YOD-HE-VAU-HE é soberbo nas alturas. Teu Testemunho é a Verdade e a Santidade Tua Casa, pelos séculos dos séculos. Amém".*

Deixai as velas se consumirem inteiramente. Podeis permanecer quanto tempo quiserdes para orar, meditar e contemplar esta mágica e eficaz combustão. Antes de deixar o aposento, fazei sobre vós o Sinal da Cruz dos Elementos.

Se desejais efetuar este Ritual para o benefício de outra pessoa além de vós mesmo, a vela que representa o beneficiário do Ritual (no centro) deve ser nomeada como representando tal pessoa. Se tiverdes uma testemunha daquela, isso é bom (cabelo, algodão impregnado de saliva que poreis perto da vela central). Vigiai, contudo, o final da combustão para evitar todos os riscos devidos ao fogo.

# Salmos de Grande Proteção Contra as Forças do Mal

## Salmos [47]

1 Batei palmas, todos os povos; aclamai a D-us com voz de júbilo.
2 Porque o Senhor Altíssimo é tremendo; é grande Rei sobre toda a terra.
3 Ele nos sujeitou povos e nações sob os nossos pés.
4 Escolheu para nós a nossa herança, a glória de Jacó, a quem amou.
5 D-us subiu entre aplausos, o Senhor subiu ao som de trombeta.
6 Cantai louvores a D-us, cantai louvores; cantai louvores ao nosso Rei, cantai louvores.
7 Pois D-us é o Rei de toda a terra; cantai louvores com salmo.
8 D-us reina sobre as nações; D-us está sentado sobre o seu santo trono.
9 Os príncipes dos povos se reúnem como povo do D-us de Abraão, porque a D-us pertencem os escudos da terra; ele é sumamente exaltado.

## Aplicação do Salmo 47

Escreve-se este Salmo para a pessoa que sofre por magia; se a pessoa o usa (carrega consigo escrito), a magia perderá a força, por ordem de D-us.

Após escrever o Salmo e desenhar o Pantáculo (para banimento de pessoas ou espíritos inimigos e exorcismos; veja em nossa obra, *Manual Mágico de Kabbala Prática*, Editora Madras, 2011, página 315), num papel virgem defumando-o em três ramos de romãs e recita-se o salmo, enquanto queima o incenso recita-se o Salmo 23, por três vezes, e entre cada leitura deverá convocar os Anjos, da hora, para destruir a magia, todo trabalho de feitiçaria e assim a pessoa ficará livre por ordem de D-us.

**Pantáculo para banimento de pessoas ou espíritos inimigos e exorcismos**
(veja em nossa obra, Manual Mágico de Kabbala Prática)

Os Salmos 46 e 47 têm a virtude de proporcionar paz entre os casais; também para tranquilizar as esposas, se rezam invocando o santo Nome de *Adonay*.

# CAPÍTULO VI
# Rito de Oração e Invocação
## G∴A∴D∴U∴

Dentro dos Rituais propostos anteriormente, há um momento em que o magista deve deter-se com o coração cheio de amor e certeza do sucesso de sua operação mágica será profícua; neste momento a Oração deve ser exortada com solenidade, pois é ela que dará valor ao Ritual e lhe reconfortará. Acalma qualquer agústia, dá esperança e une o Microcosmo (o homem) ao Macrocosmo (G∴A∴D∴U∴) fazendo a ligação transcendente e plenitude transcendental que trará a solução de cura de teus problemas, sejam eles físicos ou espirituais, por mais complexos que possam parecer.

O magista olha então para a vela que representa a máxima espiritualidade dentro do Ritual e diz:

"*Ó Adonay abre meus lábios e eles te louvarão. Asperge-me com hissope e serei puro, lava-me e serei mais branco que a neve. Tu és sagrado e teu nome é sagrado, e os que são sagrados te louvarão cada dia, Selah. Santo, santo, santo, és o Senhor das Hóstias, repleto está o mundo inteiro de sua Glória. Aleluia*". Beija o altar e segue, desta vez com o *Shemá*; "*Escuta ó Israel, Adonay nosso D-us é Um.* (Em voz baixa diz-se) *Bendito é o Eterno e que seja bendito para sempre*".

Pense e peça ao Pai Criador, com todas tuas forças, com todas tuas emoções e sentimentos, que Ele te escutará sempre e conseguirá tudo que pode e sobrepujará sobre todas as coisas trazendo-lhe paz, prosperidade e sucesso em tudo que for melhor para ti.

Quando se reza com fervor, as vibrações das palavras chegam ao céu; a oração é uma chave mestra e misteriosa que converte o mau em bom, as sombras em luz e a dor e o sofrimento em alegria e regozijo.

Quando, por meio da oração, abre teu coração a D-us, lhe conta teus problemas, sofrimentos e penúrias, O D-us Todo-poderoso, sempre escuta, como um pai amoroso escuta seu querido filho. Ninguém nunca está só, ainda que sintas abandonado por todos que te rodeiam, D-us nunca te abandona nem renega, recorda que és tu que se distância Dele, e sempre que volta te recebe de braços abertos. Peça rezando com fervor, e se lhe abrirá uma porta, aparecerá um novo caminho e a luz brilhará novamente para ti iluminando tua vida, dando-lhe novas motivações a tua existência.

## Orações e invocações especiais

Existem muitas orações que podem dizer em ocasiões específicas. Entre elas figuram os Salmos, o Cântico dos Cânticos e outras partes das escrituras. A seguir alguns exemplos destes extratos bíblicos e seus usos tradicionais.

*1.º- Para receber um favor*

Gênesis 46:17 e Números 26:46, também Cântico dos Cânticos 6:4-9.

Gênesis 46:17 – *E os filhos de Aser: Imna, Isvá, Isvi, Berias e Sera, a irmã deles; e os filhos de Berias: Héber e Malquiel.*

Números 26:46 – *E o nome da filha de Aser foi Sera.*

Cântico dos Cânticos 6:4-9 – *4: Formosa és, amada minha, como Tirza, aprazível como Jerusalém, imponente como um exército com bandeiras. 9 Mas uma só é a minha pomba, a minha imaculada; ela e a única de sua mãe, a escolhida da que a deu à luz. As filhas viram-na e lhe chamaram bem-aventurada; viram-na as rainhas e as concubinas, e louvaram-na.*

*2.º- Para despertar o amor*

Cântico dos Cânticos 1:3 – *Suave é o cheiro dos teus perfumes; como perfume derramado é o teu nome; por isso as donzelas te amam.*

*3.º- Para obter êxito*

Gênesis 39:2 e Êxodo 15:11.

Gênesis 39:2 – *O SENHOR era com José, que veio a ser homem próspero; e estava na casa de seu senhor egípcio.*

Êxodo 15:11 – *Ó SENHOR, quem é como tu entre os deuses? Quem é como tu, glorificado em santidade, terrível em feitos gloriosos, que operas maravilhas?*

### 4.º- Êxito nos negócios

Gênesis 31:42 e 44:12.

Gênesis 31:42 – *Se não fora o D-us de meu pai, o D-us de Abraão e o Temor de Isaque, por certo me despedirias agora de mãos vazias. D-us me atendeu ao sofrimento e ao trabalho das minhas mãos e te repreendeu ontem à noite.*

Gênesis 44:12 – *O mordomo os examinou, começando do mais velho e acabando no mais novo; e achou-se o copo no saco de mantimento de Benjamim.*

### 5.º- Para os momentos difíceis

Cântico dos Cânticos 2:14 e 5:2.

Cântico dos Cânticos 2:14 – *Pomba minha, que andas pelas fendas das penhas, no oculto das ladeiras, mostra-me o teu semblante faze-me ouvir a tua voz; porque a tua voz é doce, e o teu semblante formoso.*

Cântico dos Cânticos 5:2 – *Eu dormia, mas o meu coração velava. Eis a voz do meu amado! Está batendo: Abre-me, minha irmã, amada minha, pomba minha, minha imaculada; porque a minha cabeça está cheia de orvalho, os meus cabelos das gotas da noite.*

### 6.º- Contra o inimigo

Êxodo 15:5; 15:6; 15:9 e Isaías 10:14.

Êxodo 15:5 – *Os vagalhões os cobriram; desceram às profundezas como pedra.*

Êxodo 15:6 – *A tua destra, ó SENHOR, é gloriosa em poder; a tua destra, ó SENHOR, despedaça o inimigo.*

Êxodo 15:9 – *O inimigo dizia: Perseguirei, alcançarei, repartirei os despojos; a minha alma se fartará deles, arrancarei a minha espada, e a minha mão os destruirá.*

Isaías 10:14 – *Meti a mão nas riquezas dos povos como a um ninho e, como se ajuntam os ovos abandonados, assim eu ajuntei toda a terra, e não houve quem movesse a asa, ou abrisse a boca, ou piasse.*

### 7.º- Para curar a esterilidade

Deuteronômio 7:12 – *Será, pois, que, se, ouvindo estes juízos, os guardares e cumprires, o SENHOR, teu D-us, te guardará a aliança e a misericórdia prometida sob juramento a teus pais.*

### 8.º- Para neutralizar uma ação mágica

Êxodo 22:17; Isaías 41:24 e Levítico 1:1.

Êxodo 22:17 – *Se o pai dela definitivamente recusar dar-lha, pagará ele em dinheiro conforme o dote das virgens.*

Isaías 41:24 – *Eis que sois menos do que nada, e menos do que nada é o que fazeis; abominação é quem vos escolhe.*

Levítico 1:1 – *Chamou o SENHOR a Moisés e, da tenda da congregação, lhe disse: Fala aos filhos de Israel e dize-lhes: Quando algum de vós oferecer oferta ao Senhor, oferecereis as vossas ofertas do gado, isto é, do gado vacum e das ovelhas.*

### 9.º- Para que reine a paz entre os amantes

*Cântico dos Cânticos 8:5 – Quem é esta que sobe do deserto, e vem encostada ao seu amado? Debaixo da macieira te despertei; ali esteve tua mãe com dores; ali esteve com dores aquela que te deu à luz.*

### 10.º- Ao entrar numa nova casa

Gênesis 37:1 e 47:27.

Gênesis 37:1 – *Habitou Jacó na terra das peregrinações de seu pai, na terra de Canaã.*

Gênesis 47:27 – *Assim, habitou Israel na terra do Egito, na terra de Gósen; nela tomaram possessão, e foram fecundos, e muito se multiplicaram.*

As palavras dessas orações se pronunciam por cima da taça de vinho, assim como a intensão que se lhes quer dar. Uma vez que se bebe o vinho no fim do Ritual, o corpo absorve o poder das palavras e projeta o desejo para o exterior, provocando assim a sua realização.

Podem-se utilizar outros ritos, como o ritual da Lua Nova, cuidadosamente descrito no *Sidur* (Livro de orações judaicas) e o uso dos Salmos 45 e 46 com fins matrimoniais. Este último sugere a pronunciar os Salmos por cima de um vaso de argila com óleo de ungir e sobre um pequeno pão. No final do ritual coloca-se um pouco de óleo nas têmporas e nos distintos pontos do pulso e se oferece logo entre outros presentes e a pessoa com a qual se deseja contrair matrimônio.

Talvez um dos ritos mais extraordinários da Kabbala seja o referente ao Arcanjo Miguel que só pode celebrar uma vez ao ano no dia em que se faz aniversário. Utiliza-se uma tira de pano vermelho que se molha na água salgada e se coloca sobre os olhos. Esta ação se repete até que a água no pano se desvaneça.

Invoca-se a Miguel em nome de *Elohim Tzabaoth* para que seja propício ao desejo do mago. Quando a água se evaporar, introduza a tira de pano sobre uma carta dirigida a Miguel explicando os desejos do mago. Esta carta deverá ser dirigida a *Miguel Arcanjo* e com um endereço fictício e se envia a qualquer ponto do país, que se encontre exatamente oposto em longitude e latitude ao lugar de nascimento do Invocador. A carta deverá ser enviada certificada para estar seguro de recuperá-la. No momento em que a carta chega ao seu destino Miguel recebe a mensagem que se cumpre imediatamente. Mas o invocador não verá o cumprimento de seu desejo antes que ela seja devolvida. Todas as pessoas que conheço que tenham levado a sério este ritual viram cumprir seus desejos.

## Técnica para rezar

Pode-se observar cientificamente as correntes simpáticas de fluídos relacionadas com o movimento de rotação da Terra, também chamadas de correntes sutis, que correm no sentido do Ocidente para o Oriente. Existem outras correntes, do tipo magnética, que se movem do Norte para o Sul, as quais chamamos de correntes telúricas. Por isso, a Tradição nos sugere que durmamos (com a cabeça voltada para o Norte), uma vez que podemos notar nitidamente que nosso corpo direcionado nesta direção fica mais relaxado. Também se recomenda deitar-se com a cabeça voltada para o Leste.

É muito importante que a técnica para rezar também seja orientada para certos pontos cardeais, que, ao fazê-lo, transmitimos por meio dessas correntes nossas intenções para que elas possam integrar-se ao movimento universal de todos os que oram. Com o fim de unirmos com potência e precisão, convêm orientar o desenho com a ajuda de uma bússola.

1. Cada vez que queremos emitir nosso fluído pessoal, a flecha tem que apontar para o Leste.
2. Em troca, se necessitarmos de receber fluído, para sentirmos reconfortados física ou moralmente, a flecha deve apontar para o Oeste.

Para participar de um trabalho, em geral, de formação de uma corrente simpática forte e profícua:

a. Situa-se do outro lado da flecha.
b. Coloca uma rosa branca (preferencialmente de origem orgânica) no ponto "D".

c. Ponha a mão direita no ponto "C" e a esquerda no "B". Os dedos, médio e anelar, devem cobrir os dois triângulos.

Então se concentra olhando a Rosa Branca e recita em voz alta num tom elevado (numa oitava superior, mais agudo) a oração para cura de uma pessoa enferma.

Recita-se três vezes a oração e logo em seguida guarde silêncio durante alguns minutos.

Ao preparar-se para orar, recite um mantra (formulado, de acordo com suas convicções religiosas) para favorecer a concentração. Terá que fitar o Leste e com as mãos à altura das orelhas e as palmas para frente.

*"Demos nosso calor humano e andemos na Luz*
*Tudo é possível na firme e decidida Vontade".*

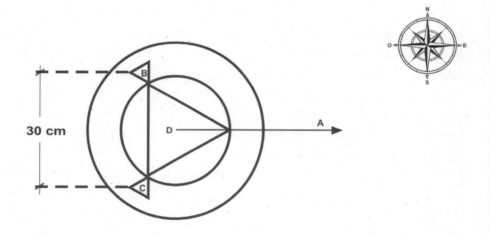

# Coletânea de Orações e Invocações para Diversos Casos

### *Invocação para favorecer a concentração.*

Oh D-us único, criador do Universo,
sem o qual nada seria e nem existiria,
Única Razão de toda vida e de todo movimento,
a Vós recorro implorando assistência!

Em Vosso Santo Nome invoco aos Anjos, Arcanjos,
Principados, Virtudes, Potências, Dominações, Tronos,
Querubins e os bem-aventurados Serafins,
que todos os louvam, adoram, reverenciem,
celebrando em uníssono Vossa glória com alegria.

Permita que meu pensamento e minha palavra
se unam aos pensamentos e verbo das Inteligências superiores, para dizer com elas:
Hosana! Hosana! Hosana! D-us Único,
ele que se manifesta na Trindade misteriosa,
ele que vive eternamente em todas as inomináveis formas de criação.

Hosana na Terra!
Hosana no Céu!
Hosana nos Quatro Elementos!
Bendito seja aquele que trabalha em nome de D-us!
Hosana! Hosana! Hosana!

### *Oração para cura de uma pessoa enferma.*

Oh D-us misericordioso,
meu criador, criador de toda vida,
sem o qual nada seria e nada existiria
Ser dos seres, única fonte do bem,
Conceda-me Vossa Graça!

Permita-me socorrer ao meu irmão (... nome) que está sofrendo.
Eu Vós peço esta graça,

*com objetivo de aliviar os sofrimentos de meu irmão,*
*não para ganhar sua gratidão,*
*nem esperando qualquer recompensa ou glorificação.*

*Se Vós peço esta graça,*
*é com o único fim de ser servidos do bem*
*e para socorrer o corpo enfermo de meu irmão,*
*a fim de que possa encontrar novamente a paz e o equilíbrio*
*e por sua vez possa também servir e glorificar o Vosso Santo Nome.*

*Meu coração e minha vida são vossos*
*e todos meus pensamentos vão para Vós.*
*Que meus atos sejam o reflexo de Vossa vontade.*
*Que Vosso Nome seja glorificado em todos os momentos, em todo lugar e por todo ser.*
*Que seja louvado e adorado eternamente por todo espírito*
*e toda alma vivente. Que assim seja!*

### Oração da prosperidade

"O Senhor é meu banqueiro. Meu crédito é bom. Ele me faz descansar no convencimento da abundância onipresente. Ele me dá a chave do seu cofre. Ele restaura minha fé em suas riquezas. Ele me guia por caminhos de prosperidade, por amor, sem que ainda ande na própria sombra das dívidas não temo nenhum mal, porque Tu estás comigo, tua prata e teu ouro são minha segurança. Tu abres meu caminho na presença do cobrador. Tu enches minha carteira com abundância. Minha medida derrama. Certamente o bem e a prosperidade me acompanham todos os dias de minha vida. Todos os negócios que faço serão em nome do Senhor. Amém".

### Oração para abençoar uma casa

"Nesta casa só há uma presença. A presença de D-us, o Bom. Aqui não pode entrar nenhum mal. D-us habita aqui. Qualquer pessoa que entre nesta casa sentirá a presença divina do bom. Nesta casa tem também vida. Não se vê a morte, nem se lhe teme. Todo temor se desfaz, toda pessoa que entre nesta casa sentirá a presença da vida pura e bendita de D-us. Nesta casa se sente também a presença da verdade, nada falso pode entrar aqui. Nesta casa não se conhece o engano nem a inveja, ciúmes, egoísmo e não se deseja falsidade e mentira. Qualquer pessoa que entre nesta casa sentirá a presença da verdade. Nenhuma enfermidade pode entrar, nenhuma impureza, nenhum temor. Todo quebranto ou fraqueza será jogado fora, e que aquele que aqui entre se sentirá são e forte.Nesta casa está presente a pureza, nenhum pensamento ruim aqui pode entrar, eu habito na presença do puro, qualquer um que aqui se chegue sentirá sua presença pura e bendita.Nesta casa, se apresenta a paz e a harmonia, eu vivo em paz, nenhum pensamento de inquietude ou discórdia chega até aqui, nada me irrita, e nada temo. A presença de D-us é paz e a paz habita aqui.

Nesta casa há prosperidade, nenhum bem me falta, estou satisfeito. Qualquer um que aqui entre se sentirá gratificado, satisfeito. Nesta casa se apresenta a beleza. Aqui todo é espiritualmente belo, qualquer pessoa que aqui entre sentirá o belo de toda casa santa e perfeita, nesta casa há sabedoria, a necessidade, a ignorância, a dúvida e a superstição são descartadas. D-us que é Sabedoria habita aqui. Eu vivo e me movo na presença da Sabedoria.Nesta casa, está a presença do gozo, ele se manifesta por todas as partes, nenhuma pena pode haver. Aqui habita o gozo do Senhor e há superabundância de alegria, todos que aqui entrar sentirá feliz e contente. Nesta casa o amor se apresenta repleto. Todo espaço está repleto de harmonia. Todo sentimento de cólera, de aborrecimento ou de vingança se desfaz. D-us é amor e no amor eu vivo, me movo e habita todo meu ser. Te dou graças, Pai Eterno, Supremo de Luz e de Amor, porque Tua presença aqui ocupa toda esta casa, aqui se sente tua bendita presença".

## Oração para Benção do lar

"D-us, Pai de misericórdia, criador de todas as coisas; invocamos o teu Espírito Santo sobre este lar e seus moradores. Assim como visitaste e abençoaste a casa de Abraão, de Isaac e de Jacó, visita-nos e guarda-nos na tua luz. Guarda estas paredes de todos os perigos: do incêndio, da inundação, do raio, dos assaltos, de todo e qualquer mal. Venham teus anjos portadores de paz! Suplicamos também a proteção e a saúde para todos os que aqui habitam. Afasta-os da divisão e da falta de fé. Abençoa e guarde este lar e todos os que o visitam. Por Cristo Jesus. Amém".

## Oração de força

"Pai Supremo, luminária do Universo, Rei da energia, supre minhas necessidades diárias, supre aos meus irmãos, reserva energia para evoluir e enaltecer seja para Ti e de Ti toda a energia".

### Oração para abundância

"Eu reconheço que D-us é minha abundância imediata e imperecedoura, a riqueza de D-us flui para mim em avalanches e eu sei, acredito e me alegro, de que D-us está me fazendo prosperar".

### Oração de Proteção

"Em nome de D-us todo-poderoso te peço autoridade celestial para, segundo fixado esta oração detrás da porta principal de minha casa, retire todos meus inimigos e o mal que possam me querer fazer, que se evapore no espaço infinito, porque eu não faço mal e não desejo mal a ninguém. Que D-us grande e todo-poderoso bendiga minha residência e que o pão nosso de cada dia nunca me falte. Que nos retire todo mau pensamento, de ódio e maldade já que desde hoje em nossa casa passa imperar a harmonia e o bom pensamento, como um sereno de bondade infinito produzido por nosso sublime D-us que tudo pode e tudo vence".

### Oração ao Grande Poder de D-us

"Ó Verbo Divino! Senhor Rei dos Reis, Ó Digno descendente de José, Ó Rei das Almas, porque para redimi-las e salvá-las haveis querido descer do seio do Pai Eterno ao ventre de uma virgem puríssima. Aos vossos sagrados pés me lanço e te adoro com o mais profundo sentimento, com aquela fé com que antes o fizeram os pastores e os reis magos em Belém. Imprima em minha alma, a qual devo praticar esta devota oração consagrada a honra e glória, dignar-me e conceda-me pela intercessão da Santíssima Virgem, nossa mãe e do bondoso São José, que minha alma seja purificada em todo seus erros passados e afirmai mais e mais em vosso serviço. Outorgamos também a graça particular que imploro de vosso generoso coração".

### Oração a S. João dos Negócios

"Tu que tudo podes nos negócios, eu te suplico pela graça divina que meu negócio e venda estejam bem espiritualmente e possa sempre resolver meus problemas materiais e que eu tenha sempre sorte em todos os negócios que faça".

### Oração para a felicidade

"D-us de infinita bondade e misericórdia, com a confiança cega de pecador arrependido que só espera tua piedade, aqui me prostro a teus pés, para apresentar minhas necessidades, ainda que tu as conheças, és meu dever pedir-te ajuda para elas.

Se minha petição é justa, envia teus mensageiros para que me auxiliem e mostre-me a forma ou maneira que devo atuar para ganhar e reter minha felicidade. Ponha em meu caminho o braço poderoso, para que por meio de sua intercessão me sirva de apoio em minhas tristezas durante minha peregrinação por este mundo. Conserva-me na cadeia harmônica da família e da paz, e conceda-me e retenha-me a felicidade neste meu atribulado espírito encarnado".

### Oração de graças

"D-us infinitamente bom, que vosso Nome seja sempre bendito pelos êxitos que me haveis concedido, seria indigno se eu atribuísse a causalidade ou a meu próprio mérito. A vós, espíritos bons, que haveis sido executores da vontade de D-us para meus êxitos a vós, sobretudo meu Sagrado Anjo Guardião eu vos dou as minhas graças. Afasta de mim o pensamento de orgulho e faça-me seguir sempre pelo caminho do bem e da Luz".

### Oração ao Poder Supremo

"Pai Universal, Pai dos Mundos e dos Universos, Pai da Energia, Rei do Espaço Cósmico. Tem para mim teu humilde servidor, a graça de dar-me parte dessa evolução que necessito. Eu necessito de Ti, como o mais ínfimo de tua Criação, permite que uma parte de Tua energia venha a mim. Ó Pai Criador, Ó Mestre Supremo, glória seja o superior em sua Criação. Amém".

### Oração do raio de Sol

"Ó Poderoso Sol, fonte poderosa de energia, dadora de vida. Projeta em mim um de teus raios e queima o mau, o nefasto de minha vida, afasta meus inimigos agora e para sempre. Ilumina meu caminho, para o triunfo e o êxito em tudo que eu empreenda. Purifica minha aura de toda influência negativa, para que a harmonia reine em minha vida, agora e para sempre, pois meu Pai Supremo assim o deseja para mim".

### Oração para desfazer um feitiço

"Pai Universal, Pai de Luz e de Amor, tem para mim teu humilde servidor a graça de dar-me força e energia, para enfrentar todo o mau que me sucede, e te peço ainda Senhor, que com Teu grande poder infinito tire de meu caminho os obstáculos e os feitiços, que me têm feito meus inimigos, que todo mal fique anulado e evaporado no éter poderoso transmutador da energia. Transforma todo o mal em bem, isso eu vos peço como um decreto. Ó Pai Criador eu vós amo. Amém".

### Oração para abrir os caminhos

"D-us Todo-poderoso, Tu que tudo podes, faz que minha vida mude para melhor e que o nefasto fique para trás para sempre. Que a Luz, a Força e a Abundância, tanto material como espiritual sejam meus estandartes.

Pai Criador, abre meus caminhos, para que tudo de bom se manifeste em minha vida, pois estou cansado de sofrer e ver minha dificuldade em triunfar, sou seu filho e sei que basta eu pedir e serei atendido, pois tudo que farei é para o bem de meus semelhantes e em honra de Teu Santo Nome. Obrigado, Pai! Amém".

### Oração de cura

"Peço a Grande Força Invisível de D-us Pai Criador, que limpe toda impureza ou obstáculo, que haja em meu corpo e em minha mente, que me restaure em perfeita saúde, eu peço de coração e com toda fé. Graças, Pai de Luz de Amor, que ouviu minha pregação. Amém".

### Oração para limpeza espiritual

"Em Nome de meu Sagrado Anjo Guardião, das energias cósmicas, astrais, terrestres, divinas e humanas. Peço que me libere de todo mal, feito por entidades visíveis ou invisíveis e limpe meu corpo, alma e espírito. Assim seja, Amém".

### Oração para saúde

"Em nome de meu Pai Supremo, eu me envolvo em Tua Luz divina, Ó Pai Criador, para que me devolva a energia, a força, a vitalidade, o ânimo e o desejo de viver, mas viver saudavelmente, todo meu corpo em harmonia perfeita, nenhuma enfermidade tem lugar em meu corpo, somente a saúde reina em meu corpo pois Tua energia divina me enche e ilumina cada célula de meu organismo, trazendo a saúde perfeita ao meu corpo. Assim é e assim será, porque Tu, Pai Criador, desejas para mim".

### Oração para atrair ganhos e fortuna

"Espíritos da natureza, guardiães de tesouros valiosos, tragam-me muitos ganhos inesperados, no trabalho, no jogo, presentes, mas traga-os com alegria para o meu bem e de minha família, assim seja. Amém".

### Invocação ao Mestre Guia

"Em nome de D-us, Pai Supremo, te chamo e invoco. Ó Mestre meu, me guia seriamente, pois, busco e necessito agora. Em silêncio me sento e escuto, pois tua Luz e Amor resplandecem em torno de mim. Trazendo-me paz, amor, harmonia, evolução e tua sábia guia, para encaminhar positivamente minha vida, para uma evolução superior. Amém".

### Oração para incensar o ambiente

"Ó Eterno, que este perfume que te ofereço, em testemunho da pureza de minha alma, tenha o mesmo alcance daquele que te ofereceu Zorobabel, no seio da Babilônia, para a libertação do povo de Israel. Livra-nos das trevas que nos aprisionam e nos impedem de perceber tua luz e tua ciência. Que minhas palavras sejam cumpridas sempre em conformidade com a virtude".

## Uma Oração Iniciática, o *Pai Nosso*

Deixei propositadamente esta oração para finalizar esta parte, pois entendo que é uma das orações que atende a todas as questões, independente das razões pessoais que nos levam a pedir ajuda aos céus. Na verdade, O Pai Nosso é uma oração tão luminosa quanto universal, ao alcance de todos. Não se trata de nenhum texto secreto que ficou resguardado nos misteriosos arcanos de alguma Escola de Mistérios, o que apenas estaria disponível a uns poucos escolhidos.

É a primeira oração, e a mais comunicativa de todas; a que o Senhor nos ensinou: aparentemente sem nenhum mistério, subdivide-se em umas tantas exortações menores, muito objetivas, que qualquer pessoa pode entender e um dos grandes segredos da sua beleza é a sua simplicidade.

E, no entanto, sob a aparência do seu natural exoterismo, o Pai Nosso contém em si uma grinalda de fórmulas esotéricas para a elevação e purificação dos veículos do ser humano, fórmulas iluminadoras dos passos que haverá de dar quem seguir a Senda da Iniciação, mas, não somente tem este aspecto; por outro lado, mesmo quem não atrever-se ir tão longe, encontrará nestas fórmulas a força e a proteção espiritual que alentam todo aquele que sofre e trabalha no mundo, ajudando-o a enfrentar e a superar os *"dez-a-fios"* e os confrontos do dia a dia.

Para compreender apropriadamente a sublimidade iniciática do Pai Nosso, e de suas "sub-orações", isto é, uma invocação com sete petições que se relacionam com a constituição séptupla do ser humano, que todos os místicos tem consciência.

Vejamos como fica o *Pai Nosso* analisando pormenorizadamente. Por uma questão de familiaridade e sem prejuízo dos significados gerais, podemos utilizar a versão que a Igreja adaptou para o uso corrente, destacando a Invocação e as sete Petições:

| | |
|---|---|
| Invocação: | Pai Nosso que estais nos Céus, |
| Petição 1: | santificado seja o vosso Nome, |
| Petição 2: | venha a nós o vosso Reino, |
| Petição 3: | seja feita a vossa vontade assim na Terra como no céu. |
| Petição 4: | O pão nosso de cada dia nos dai hoje, |
| Petição 5: | perdoai-nos as nossas ofensas assim como nós perdoamos a quem nos tem ofendido, |
| Petição 6: | E não nos deixeis cair em tentação, |
| Petição 7: | Mas livrai-nos do Mal. |

Invocação: **"Pai Nosso que estais nos Céus".**

Poucas são as vezes que no Antigo Testamento D-us é chamado de "Pai", ou "nosso Pai", uma vez que isto seria impensável para mentalidade judaica, basta lembrar a reação que as palavras de Jesus provocaram quando, por ocasião do seu primeiro interrogatório no Sinédrio, ele confirmou que era o Ungido, o filho de D-us: Caifás, escandalizado, rasgou as vestes e disse para os sacerdotes, os anciãos e os escribas: *"Ouvistes a blasfêmia!"* E todos concordaram em condená-lo à morte. Mais tarde, os judeus que acusavam Jesus disseram a Pilatos: *"Temos uma Lei, e segundo a Lei deve morrer, porque se fez filho de D-us"* (João 19:7).

Petição 1: *"Santificado seja o vosso Nome".*

É uma oração em que o Espírito Humano se eleva, em devoção, à entidade divina de onde emanou, o Espírito Santo, rogando pelo Corpo de Desejos: este é a sede das emoções e das paixões, e quando a individualidade pede que se santifique o nome de D-us, está do mesmo passo a almejar que se santifique o nome de D-us em nós, está a pedir purificação e a elevação dos nossos sentimentos, emoções e aspirações.

Petição 2: *"Venha a nós o vosso Reino".*

Nesta oração o Espírito de Vida eleva-se, em amor à entidade divina de onde emanou, o Filho, rogando pelo Corpo Etéreo, ou Corpo Vital. Se o Reino de D-us está dentro de nós, como disse Jesus (Lucas 17:21), pode parecer estranho estarmos pedindo algo que já temos. Na verdade, o que pedimos é a consciência desse fato, que nos falha, por isso o Iniciado Paulo nos exorta a que nos provemos pela fé, e pergunta-nos: *"Ou não reconheceis em vós mesmos, que Cristo Jesus está em vós?"* (2 Coríntios: 13;5). Cristo é o mesmo Logos Cósmico, o Filho, que rege precisamente o nosso Espírito de Vida e o nosso Corpo Etéreo, ou Vital.

Petição 3: *"Seja feita a vossa vontade assim na Terra como no Céu".*

Esta é a oração em que o Espírito Divino se eleva em profundidade à entidade divina de onde emanou, o Pai, rogando pelo Corpo Físico Químico, ou Corpo Denso. No Mundo de D-us, os três atributos divinos são: Vontade (que decorre do Poder do Pai), Sabedoria (que decorre do princípio da Preservação do Logos, ou do Filho) e Atividade (que decorre do Movimento do Espírito Santo). Ao pedirmos ao Pai que faça emanar a Sua Vontade tanto na Terra (mundo físico) como no Céu (mundo espiritual), estamos a assumir a liberdade autêntica de compreender que a Vontade de D-us é Boa, e que a nossa realização pessoal, a começar pela plena perfectividade do corpo físico, coincide com o conhecimento de que o mesmo corpo é Templo do espírito. E que *"onde está o espírito há liberdade"*

(2 Coríntios: 3;17).

Petição 4: *"O pão nosso de cada dia nos dai hoje".*

Nesta petição, o Espírito Divino ora ao pai pela Sua contraparte no mundo, o Corpo Denso, pedindo-lhe o pão, ou o alimento quotidiano. Por outro lado, pedir o bem, o bem-estar e o bem-viver do corpo físico não é nenhuma impiedade como erroneamente supunham os ascetas medievais, que martirizavam e subalimentavam o corpo, imaginando que, com essa maceração, mais depressa alcançariam as metas da santidade.

Petição 5: **"*Perdoai-nos as nossas ofensas assim como nós perdoamos a quem nos tem ofendido*".**

Com esta petição o Espírito de Vida roga ao Filho pela Sua contraparte no mundo, o Corpo Etéreo, pedindo-lhe o perdão pelos nossos erros praticados não só contra os nossos irmãos no mundo, mas também pelas nossas transgressões às leis espirituais.

Petição 6: **"*E não nos deixeis cair em tentação*".**

Nesta petição, o Espírito Humano reza ao Espírito Santo pela Sua contraparte no mundo, o Corpo de Desejos; o grande tentador da humanidade, pedindo que se opere a transmutação alquímica da paixão em compaixão. O desejo é a central de energia e o grande incentivo para a ação. Por isso não se deve matá-lo ou aniquilá-lo, designadamente se servir os fins do espírito, o que é bom; mas como na maioria dos seres humanos, infelizmente, o Corpo de Desejos anseia quase sempre pela gratificação do que há de mais baixo e grosseiro na natureza personalista, torna-se imperioso que tal fato seja corrigido e sublimado.

Por último, a Prece ensinada por Jesus tem o seu desfecho dedicado à Mente:

Petição 7: **"*Mas livrai-nos do Mal*".**

Os três aspectos do Tríplice Espírito do ser humano conjugam-se para pronunciar em uníssono as palavras "*Mas livrai-nos do Mal*" – a mais importante de todas a petições, o pedido para a Mente, que, como sabemos, não está sob a proteção de nenhuma assistência exterior e encontra-se submetida apenas à livre vontade e à livre escolha de cada homem e de cada mulher. O duplo sentido desta frase a que aludimos acima, "*livra-nos do mal*" ou "*livra-nos do Maligno*" resume-se, no fundo, à mesma preocupação: pedir a iluminação que nos permita discernir a via que nos transformará de inocentes, ou despreparados, ou ainda pior: de corruptos, em virtuosos. O virtuoso é aquele que passou pela dura experiência do mal e do bem e soube escolher acertadamente.

O aspirante à vida superior realiza a união da sua natureza inferior com a superior mediante a Meditação em assuntos elevados, e essa união é consolidada pela Contemplação. Ambos estados são transcendidos pela Adoração, que faz ascender o espírito ao trono da Graça.

*"Eis que estou à porta, e bato: se alguém ouvir a minha voz e abrir a porta, entrarei e cearei com ele e ele comigo".*

(Apocalipse 3:20).

Isso significa que temos de Lhe abrir a porta mediante um amoroso ato de entrega voluntária, porque Ele nunca a forçará: espera o nosso consentimento, ou melhor, espera que façamos a *metanoia*, a iluminada mudança de mente, ou arrependimento, pois só assim poderemos ser conduzidos à casa do pai, tal como o filho pródigo depois de arrependido (depois de ter feito a *metanoia*), foi recebido de braços abertos pelo Pai Misericordioso. Esta ideia espiritual; D-us aguarda ansiosamente que o busquemos, já tem antecedentes no Antigo Testamento: "... *Se o procuras, Ele deixar-se-á encontrar*" (Crônicas 1:28;9)

A seguir, o *Pai Nosso* em latim, aramaico e hebraico.

### Pai Nosso em Latim

*"Pater noster, Qui es in caelis, sanctificetur nomem tuum. Adveniat regnum tuum. Fiat voluntas tua, sicut in caelo et in terra. Panen nostrum quotidianum da nobis hodie. Et dimitte nobis debita nostra, sicut et nos dimittimus debitoribus nostri. Et ne nos inducas in tentationem: sed libera nos a malo. Amen".*

### Pai Nosso em Aramaico

*"Abwun d'bwashmaya Nethqadash shmakh Teytey malkuthakh Nehwey tzevyanach aykanna d'bwashmaya aph b'arha. Hawvlan lachma d'sunqanan yaomana Washboqlan khaubayan (wakhtahayan) aykana daph khnan shbwoqan l'khayyabayn Wela tahlan l'nesyuna. Ela patzan min bisha Metol dilakhie malkutha wahayla wateshbukhta l'ahlam almin. Ameyn".*

### O Pai Nosso em Hebraico

*"Avnu shebashamaim itkadash shemehá. Tavô malcutechá iassé retsonchá baárets caasher na'assá bashamaim. Ten-lanu haiom lechem chuknu. Uslách-lanú et-ashmatenu caasher solchim anachnu laasher ashmu lanu. Veal-tevienu lidei massá. Ki in-hatsilenu min-hará. Amen".*

\*\*\*

## Invocações para abertura dos trabalhos, para todos os dias da semana

*Um adepto verdadeiro não tem um D-us para pedir-lhe algo, senão para dar-lhe graças; uma vez que este entra em contato com a Divindade, através de um ritual mágicko, ele já tem em conta que tudo está consumado, que a necessidade dele estará de acordo com os preceitos do Eterno; tudo está justo e perfeito*

Ali A'l Khan S∴ I∴

*Ao interagirmos com os símbolos, filosofias e rituais, numa frequência de raciocínio mágicko, temos a certeza que o caminho será repleto de sabedoria e aprendizados, dando-nos a possibilidade de nos habilitarmos ao despertar para uma vida paralela, onde a geometria do Homem-de-Desejo reabilita o Homem-deus naturalmente.*

# Invocação a Michael

### *Selo de Michael – Domingo*

*Bendito seja nosso Divino Criador pelo qual todo joelho se dobra nos Céus na Terra e nos Infernos.*

Bateria: ●●●  ○  ●●●
Selo do Anjo correspondente: "*Machen*"
*Sephirah* nº 6 *Tiphereth* – Sol, *saúde* – Mantra: *Yahveh Eloha va Daath*
Acender o incenso (Lavanda) e uma vela amarelo-ouro.

Ele é único e imutável, ele todo é uno em verdade, ele é o Sol permanente e uno em totalmente em sua deidade. Que a paz seja contigo, Pai! És amor e meu caminho, e esta para mim é a única sabedoria. Em todas as esferas e em todas as línguas lutam para sua glória e minha vida é sua vida, pois somente Tu é Verdade e Felicidade. Dai-me, meu D-us o reencontro contigo e o sorriso buscando minha alma e iluminando sempre meu caminho. Vejo seu rosto iluminar ao ouvir minhas palavras, e seus lábios sorrindo dizendo Verdades místicas. Ó Primeira e única Beleza gloriosa num tríplice espelho reflete sua Luz. A mesma fonte que está em tudo, uno é o fogo, mas a verdade reconhece que as chamas, iguais, são três, porém todos sabem que sua substância é uma, És único e imutável, és tudo em um verdadeiramente, um sol imutável uno em tudo, em sua eterna resplandecência.

*"A oração kabbalística ou conexão quântica é a energia que flui na busca do divino e, nos ajuda a fazer escolhas e tomar o controle transformando-nos no comandante do barco de nossa vida".*

# Invocação a Gabriel

### *Selo de Gabriel* – **Segunda-feira**

Ó Vós que brilha sob a luz da Lua, mova-se aos meus serventes, mostra-me poderosamente, e faça de mim um grande vidente, porque sou d'Aquele que vive e reina para sempre. O Leste é uma Casa de Virgens que cantam louvores entre chamas e a primeira glória onde o Senhor abriu sua boca: e se converteram em 28 vivas moradas nas forças do homem se regozija, e elas são vestidas com ornamentos de uma brilhante luz que faz maravilhas em todas as criaturas. Seus Reinos e sua permanência são como o Terceira e a Quarta, Fortes Torres e lugares de consolação, os assentos da Misericórdia e da Permanência. Ó Vós, Serventes de Misericórdia! Mova-os, Aparecei: quantos louvores ao Criador e sede poderosos entre nós. Porque a esta recordação se lhe há dado o poder e nossa força cresce vigorosa em nosso Consolador.

    BATERIA: ●●●　○　●●●　●●●
    Selo do Anjo correspondente: *"Shamain"*
    *Sephirah* nº 9 *Yesod*, psiquismo – Mantra: *Shadday El Chai*
    Acender o incenso (Mirra) e duas velas violeta, uma a cada lado do altar.

Com uma voz de mistério acudimos a vós, Guardiões Supremos, nós somos os continuadores de vossas Obras: Luminosos Seres que olhamos e escutamos. Além da nossa própria busca pedimos sabedoria, além do nosso próprio esforço pedimos que proteja e faça com que possamos fazer uma boa colheita. Pela unidade de propósito pedimos a vós, pela alegria da resolução que é o vinho da vontade, transformando tudo que for estranho a ela. Pela luz vivente e pela luminosa vida pedimos a vós. Ó Grandes e Ocultos Seres! Assim, a Luz e a Vida serão finalmente atraídas na radiação da Estrela única e dita Estrela ascenderá até a altura sem sombras.

    *"É através da oração que o indivíduo age e interfere em todos os sistemas".*

# Invocação a Samael

### *Selo de Samael* – Terça-feira

*Ó Tu, segunda chama, a casa da Justiça, que tens teu princípio na glória e consolarás o justo, que caminhas sobre a terra com 8.763 passos, que entendem e separam as criaturas! Grande és no D-us do Desdobramento e Conquista! Mova-os e mostra-os! Abri os mistérios de vossa Criação! Sede amistoso comigo! Porque eu sou o servidor de D-us, um verdadeiro adorador do Altíssimo.*

BATERIA: ●●● ○ ●●
Selo do Anjo correspondente: *"Machon"*
*Sephirah* nº 5 *Geburah, valor* – Mantra: *Elohim Gibor*
Acender o incenso (Cravo) e três velas vermelhas, em forma triangular.

És grande e poderoso nos céus infinitos, na Luz se manifesta, e na Luz lhe cobre por inteiro. *Geburah*, Força e Grandeza são seus atributos, seu é o Poder, seu é o Domínio. Onipotente e Vivo! Assim está Ele exaltado; Ele, cujo reino se estende sobre todas as coisas. Nos céus estão construídas suas altas moradas, qual pleno de esplendor desde onde envia a chuva às montanhas. Inclusive àqueles dos Abismos, os caídos. Ele conhece: Conhece todos os fatos e é o Senhor dos Anais. Assim Ele está exaltado; ele, que funda nos abismos de suas moradas. Ele é o chefe escolhido dos Exércitos Celestes, ante Ele todos gloriosos e sempre triunfantes; seu é o portal do santuário dentro do qual está seu caminho, Ele proclama em santidade a Vitória e a Beleza. Assim está exaltado; Ele, cujo caminho está dentro do santuário Supremo.

*"Quando você está rezando, não faça de sua reza uma forma fixa".*

# Invocação a Raphael

### Selo de Raphael – Quarta-feira

Princípio de todas as coisas, Tu mesmo sem princípio e fim de todas as coisas, Vida de todas as coisas, Tu mesmo mais além de todos os mundos. Cantai comigo as glórias do Senhor.

BATERIA: ●●● ○ ●●● ●●
Selo do Anjo correspondente: *"Raquiel"*
Sephirah nº 8 Hod, sabedoria – Mantra: *Elohim Tzabaoth*
Acender o incenso (Canela) e quatro velas laranjas, em forma quadrangular.

D-us Eterno, Shadday El Chai visitai-nos! Santifica-nos com a Tua presença e nos purifique juntamente com este Templo. Que a Plenitude da Lei e o Amor de D-us venham fazer morada nesse solo consagrado. Abençoa-nos, Senhor, e nos dê a força necessária para cumprirmos a nossa missão que é a de sermos servos de Ti e representantes de Tua Divina Lei nesta esfera. E, neste momento, ungidos com vossas bençãos e protegidos contra todos os poderes das trevas, nós lhe conjuramos, óh Grande Raphael, pedindo humildemente que a vossa manifestação se faça presente neste recinto. Auxilie-nos nos trabalhos que serão realizados afim que a nossa Vontade seja a Vontade do Criador. Nós te conjuramos, Raphael, pelos nomes de Agla, Adonay Ha-Aretz, Eheieh e pelos divinos mestres dos elementos Seraph, Kerub, Tharsis, Ariel. Amém, Amém, Amém.

*"D-us é algo tão profundo que parece ser nossa própria sublimação".*

# Invocação a Sachiel

### *Selo de Sachiel* – **Quinta-feira**

*Ó Tu, poderosa Luz e ardente chama de consolo que abres a glória de D-us até o centro da terra, em quem os 6.332 segredos da Verdade tem sua morada, que és chamada em teu reino, alegria, e não pode ser medida! Seja para mim uma porta de surpreendentes sucessos, fartura e prosperidade. Mova-os e mostra-os! Abri os Mistérios de vossa Criação! Sede amistosos comigo! Porque sou um servente de D-us, um verdadeiro adorador do Altíssimo.*

BATERIA: ●●● ○ ●
Selo do Anjo correspondente: "*Zebul*"
*Sephirah* nº 4 *Hesed* – Júpiter, *riqueza* – Mantra: *El*
Acender o incenso (Almíscar) e cinco velas azuis violeta, em forma pentagonal.

Onipotente e eterno D-us, que tem ordenado toda criação para tua honra e glória e para salvação do homem, te peço ardentemente que me envie Inteligências da ordem da esfera de Júpiter, um dos mensageiros de Sachiel, a quem escolheu como agente do firmamento deste dia, para que me instrua em todas as coisas que desejo perguntar-lhe, mandar-lhe ou pedir-lhe, e para que execute meus desejos. Mas que se faça sua voltade e não a minha, por *Yeshua* Nosso Senhor. Amém.

### *Salmos 18*

1 Eu te amo, ó Senhor, força minha.
2 O Senhor é a minha rocha, a minha fortaleza e o meu libertador; o meu D-us, o meu rochedo, em quem me refúgio. O meu escudo, a força da minha salvação, e o meu alto refúgio.
3 Invoco o Senhor, que é digno de louvor, e sou salvo dos meus inimigos.
4 Cordas de morte me cercaram, e torrentes de perdição me amedrontaram.

5 Cordas de Seol me cingiram, laços de morte me surpreenderam.
6 Na minha angústia invoquei o Senhor, sim, clamei ao meu D-us, do seu templo ouviu ele a minha voz. O clamor que eu lhe fiz chegou aos seus ouvidos.
7 Então a terra se abalou e tremeu, e os fundamentos dos montes também se moveram e se abalaram, porquanto ele se indignou.
8 Das suas narinas subiu fumaça, e da sua boca saiu fogo devorador. Dele saíram brasas ardentes.
9 Ele abaixou os céus e desceu, trevas espessas havia debaixo de seus pés.
10 Montou num querubim, e voou, sim, voou sobre as asas do vento.
11 Fez das trevas o seu retiro secreto. O pavilhão que o cercava era a escuridão das águas e as espessas nuvens do céu.
12 Do resplendor da sua presença saíram, pelas suas espessas nuvens, saraiva e brasas de fogo.
13 O Senhor trovejou a sua voz; e havia saraiva e brasas de fogo.
14 Despediu as suas setas, e os espalhou. Multiplicou raios, e os perturbou.
15 Então foram vistos os leitos das águas, e foram descobertos os fundamentos do mundo, à tua repreensão, Senhor, ao sopro do vento das tuas narinas.
16 Do alto estendeu o braço e me tomou. Tirou-me das muitas águas.
17 Livrou-me do meu inimigo forte e daqueles que me odiavam, pois eram mais poderosos do que eu.
18 Surpreenderam-me eles no dia da minha calamidade, mas o Senhor foi o meu amparo.
19 Trouxe-me para um lugar espaçoso. Livrou-me, porque tinha prazer em mim.
20 Recompensou-me o Senhor conforme a minha justiça, retribuiu-me conforme a pureza das minhas mãos.
21 Pois tenho guardado os caminhos do Senhor, e não me apartei impiamente do meu D-us.
22 Porque todas as suas ordenanças estão diante de mim, e nunca afastei de mim os seus estatutos.
23 Também fui irrepreensível diante dele, e me guardei da iniquidade.
24 Pelo que o Senhor me recompensou conforme a minha justiça, conforme a pureza de minhas mãos perante os seus olhos.

25 Para com o benigno te mostras benigno, e para com o homem perfeito te mostras perfeito.

26 Para com o puro te mostras puro, e para com o perverso te mostras contrário.

27 Porque tu livras o povo aflito, mas os olhos altivos tu os abates.

28 Sim, tu acendes a minha candeia, o Senhor meu D-us alumia as minhas trevas.

29 Com o teu auxílio dou numa tropa. Com o meu D-us salto uma muralha.

30 Quanto a D-us, o seu caminho é perfeito. A promessa do Senhor é provada. Ele é um escudo para todos os que nele confiam.

31 Pois, quem é D-us senão o Senhor? E quem é rochedo senão o nosso D-us?

32 Ele é o D-us que me cinge de força e torna perfeito o meu caminho.

33 Faz os meus pés como os das corças, e me coloca em segurança nos meus lugares altos.

34 Adestra as minhas mãos para a peleja, de sorte que os meus braços vergam um arco de bronze.

35 Também me deste o escudo da tua salvação, a tua mão direita me sustém, e a tua clemência me engrandece.

36 Alargas o caminho diante de mim, e os meus pés não resvalam.

37 Persigo os meus inimigos, e os alcanço. Não volto senão depois de os ter consumido.

38 Atravesso-os, de modo que nunca mais se podem levantar. Caem debaixo dos meus pés.

39 Pois me cinges de força para a peleja. Prostras debaixo de mim aqueles que contra mim se levantam.

40 Fazes também que os meus inimigos me deem as costas. Aos que me odeiam eu os destruo.

41 Clamam, porém não há libertador. Clamam ao Senhor, mas ele não lhes responde.

42 Então os esmiúço como o pó diante do vento. Lanço-os fora como a lama das ruas.

43 Livra-me das contendas do povo, e me fazes cabeça das nações; um povo que eu não conhecia se me sujeita.

44 Ao ouvirem de mim, logo me obedecem, com lisonja os estrangeiros se me submetem.

45 Os estrangeiros desfalecem e, tremendo, saem dos seus esconderijos.

46 Vive o Senhor, bendita seja a minha rocha, e exaltado seja o D-us da minha salvação.

47 O D-us que me dá vingança, e sujeita os povos debaixo de mim.

48 Que me livra de meus inimigos. Sim, tu me exaltas sobre os que se levantam contra mim. Tu me livras do homem violento.

49 Pelo que, ó Senhor, te louvarei entre as nações, e entoarei louvores ao teu nome.

50 Ele dá grande livramento ao seu rei, e usa de benignidade para com o seu ungido, para com Davi e sua posteridade, para sempre.

*"Na radicalidade do Ser Humano está o Divino".*

# Invocação a Anael

### *Selo de Anael* – **Sexta-feira**

*Surgi, Ó Filhos do Prazer!, E aproximai-vos de mim, porque eu sou filho do Senhor que é e viverá para sempre. Em nome do Criador, mova-os e mostra-os como agradáveis libertadores, para que eu possa louvar-Lhes e glorificar o Eterno entre os filhos dos homens.*

BATERIA: ●●● ○ ●●● ●
Selo do Anjo correspondente: "*Sagum*"
*Sephirah* nº 7 *Netzah* – Vênus, *amor* – Mantra: *Yahveh Tzabaoth*
Acender o incenso (Verbena) e seis velas verdes, em forma hexagonal.

Com poder, forja e dá forma a todos os seres, sua é a força que nos faz fortes e amorosos, seu poder nos magnífica. É o maior e mais delicado atributo do ser e escrupulosamente verdadeiro; depois em antes de Vênus, correm suas vigias. Assim está exaltado, sobre a austera forma que governa o coração de toda criatura humana. Seu trono com realeza está estabelecido e fundamentado no amor, na retidão, na magnificência e na sabedoria do sentimento. A Terra e o mar estão sobre suas mãos, e o mundo e os céus a tudo Ele sustenta, e, sobretudo, com equidade rege: Assim está Ele exaltado; Ele, que nutre as almas que anelam na forma mais plena de sentimento que se transforma em amor. Por isso é aclamado através dos mundos: Ele é Poderoso! Por isso é louvado. Ele, que tem paciência dos tempos. Passa a ira, e volta sua verdade permanente. Aos que vêm a Ele com confiança, uma nova vida lhes reserva. Assim está Ele exaltado, e através dos mundos de Vida seu nome seja sempre glorificado.

*"Procuro reunir o divino que está em mim ao divino que está no Universo".*

# Invocação a Cassiel

### *Selo de Cassiel* – Sábado

*Os espíritos dos Quatro Ângulos são Nove, Poderosos no firmamento das águas: a quem o primeiro dispôs como um tormento e uma guirlanda para o justo: dando-lhes dados de jogo para proteger a terra e 7699 Trabalhadores que não se descansam jamais, cujos cursos visitam com consolo a terra e que estão no governo e na continuação como o segundo e o terceiro. Por isso, escuta minha voz: tenho falado de vós e os convoco com vosso poder e presença: vossas Obras serão um canto de honra e a louvação de vosso D-us na vossa Criação.*

BATERIA: ●●●
Selo do Anjo correspondente: (...) ⊢▭⊣
*Sephirah* nº 3 – *Binah* – *Saturno, karma, tikun* – Mantra: *Elohim*
Acender o incenso (Benjoim) e sete velas negras, em forma hexagonal mantendo uma no centro da figura.

Ó poderes dentro de mim, Cantai a Um e ao Todo: Cantai em harmonia com minha Vontade. Todos os Poderes dentro de mim! Santa Gnose, iluminado por Ti. Através de ti canto à luz do pensamento e me regozijo na alegria da mente. Todos os Poderes, cantai comigo! Surgi, Ó Rainha! Em Teu esplendor, rosto glorioso, olha sobre teus domínios e alegra aos que Te contemplam, com Tua coroa que brilha acrisolada, surge e inspira, Mãe adorada e Ave voadora!

"*Sinto tanto a presença de D-us que ele é mais íntimo do que minha própria alma*".

# CAPÍTULO VII
# As Sete Orações Místicas de Louis-Claude de Saint-Martin

## Iº

Eu me aproximarei de Ti, D-us de meu ser. Eu me aproximarei de Ti, todo sujo como eu sou. Eu mostrarei para mim mesmo com confiança ante Ti. Eu entrarei até Ti no nome Trino da existência eterna, no nome de minha vida, no nome da tua Aliança Santa com os homem. Estas oferendas serão para Ti um sacrifício aceitável no qual o teu Espírito enviará seu fogo divino, para consumir e transportar isto para Teu domicílio sagrado, com tudo carregados e enchido dos desejos de uma alma necessitada que só suspira por Ti. Senhor, Senhor! Quando é que eu ouvirei para me articular no abismo de minha alma que se consola com a palavra vivente que chama no homem pelo nome dele e proclama o alistamento dele no exército divino, e quando é que ele deveria ser enumerado entre os seus criados? Pelo poder daquela Palavra Santa deva eu achar rapidamente que eu cerquei pelas memóriais eternas do poder de Teu Amor?, com que eu avançarei corajosamente contra os inimigos da Trindade, e eles fugirão antes dos raios terríveis que flamejam de Tua Palavra Vitoriosa. Ai, Ó Senhor! Um homem de miséria e escuridão para que apreciará tais aspirações altas, tais esperanças orgulhosas? Em lugar de golpear o inimigo, ele não deve buscar só uma proteção de seu sopro? Não será Fornecido mais nenhum braço mais longo, não está ele, como um objeto desprezível, reduziu as lágrimas da vergonha e ignomínia nas moitas da retirada dele, impossibilitado de mostrar para ele antes do dia? Em lugar desses hinos triunfantes que uma vez o seguiram nas conquistas dele, ele não é sentenciado a só ser ouvido entre os suspiros e gemidos? Testemunharei pelo menos um benefício, Ó Senhor, que, quando Tu procuras meu coração e minhas rédeas, Tu sabes que nunca os vais achar sem o Teu amor. Eu sinto, e sentiria incessantemente, que todo o tempo não é o bastante para o elogio de Teu realizar deste trabalho santo até certo ponto que será merecedor de Ti, os meus sendo inteiros devem ser possuídos e devem ser fixados no movimento da eternidade Trina. Então, Grande D-us de toda a vida e todo o amor, que minha alma possa reforçar minha fraqueza com a Tua Força. Eu peço licença para entrar em uma santa liga com Tu pelo qual eu serei invencível à vista de meus inimigos que me ligarão assim pelos desejos de meu coração e da Trindade que Tu sempre me achara como um zeloso para conservar Tua glória para Ti, Ó Senhor, arte ansiosa para minha libertação e beatitude.

## II°

Cônjuge de minha alma! Quem concebeu o desejo da sabedoria, me ajude para dar à luz a este filho bem-amado de quem eu nunca posso apreciar suficientemente.

Tão logo como ele vê a luz, submerge-o nas puras águas batismais que dá vida ao Espírito, e é assim ele sempre numerou entre os iniciados fiéis da Igreja do mais Alto. Como uma mãe terna, faça Tu o levar nos braços da Trindade até aos meus membros fracos tenha força pelo apoio dele, e o proteja de tudo aquilo que é prejudicial. Cônjuge de minha alma! Desconhecido excluído pelo humilde, eu faço homenagem a ti de poder, e eu não confiaria a outras mãos do que a do Filho da Trindade de Amor que Tu tens me dado. Ó nutre-me, assiste por cima bem cedo os passos dele e o instrua quando ele cresce no louvor que ele deve ao Pai, que os seus dias possam ser longos na Terra, inspire-o com o respeito e o amor para o poder e as virtudes dele de que tens lhe dado. Cônjuge de minha alma! Também me inspire, eu primeiro, nutrir esta criança preciosa incessantemente com o leite espiritual do qual Tu formaste em meu peito. Eu sempre vejo no meu filho a imagem do Pai, no Pai a semelhança de meu filho, e de todos esses de quem Tu mais geras dentro de mim pelo curso incorruptível das eternidades. Cônjuge de minha alma! Só conhecido aos santificados, sejas Tu imediatamente o mentor e o modelo desta criança de teu Espírito que em todas as vezes e lugares os trabalhos dele e o exemplo podem proclamar a origem divina dele. Lugar perpétuo antes dos povos da Majestade do Teu e Nome. Cônjuge de minha alma! Tais são as delícias que Tu preparastes para esses que Te amam e buscam a união com Ti. Pereça sempre o último porque ele me tentaria para quebrar nossa aliança sagrada! Pereça sempre o último ele que me persuadiria a preferir outro cônjuge! Cônjuge de minha alma! Leva-me rapidamente como a sua própria criança; deixa-me ser como esta criança, e verta em nós todas as graças que nós não merecemos ambos de recebem o teu amor. Que eu possa mais viver se as vozes minha e de meu filho fiquem proibidas de nos unir para a celebração eterna dos louvores a Ti em cânticos, como rios inesgotáveis sempre gerados pela sensação das maravilhas de Tu e que Tu tens o Poder Inefável.

## III°

Como eu deveria ousar, Ó Senhor, para que num momento me contemplar sem tremer ao horror de minha miséria! Eu moro no meio de minhas próprias iniquidades, a fruta de toda a maneira de excessos que se tornaram até mesmo como um vestuário. Eu enfureci todas minhas leis, eu abusei de minha alma, eu abusei de meu corpo. Eu vi, e vira diariamente, uma conta doente sem todas as graças de Teu amor continuamente Trino pela criatura ingrata e incrédula que sou. Para Ti eu deveria sacrificar tudo e não deveria dar nada até o tempo em que a Tua visão me fosse como a de um ídolo, sem vida e entendimento. Contudo, eu dedico tudo até o tempo e nada de Ti. Assim fazendo, eu me lancei anteriormente no abismo da confusão, entregado para a adoração idólatra onde o Teu nome não é conhecido. Eu agi como o insensato e ignorante deste mundo que gasta todos seus esforços para exterminar os decretos terríveis da justiça e fazer deste lugar de provação o mais longo da labuta e sofrendo aos Seus olhos. D-us de paz e D-us da verdade, se a confissão de minhas faltas é insuficiente para a nossa remissão, se lembre Dele que os lavou e Ele e os lava no sangue do corpo Dele, a alma Dele, e do amor dele. Como o fogo que consome todas as substâncias materiais e impuras, como este fogo que é a imagem Dele, Ele se devolveu a Ti, livre de todas as manchas da Terra. E a Ele e por Ele só com o trabalho de minha purificação do renascimento tenha sido cumprido. E somente Ele tem a Majestade Sagrada suportada para considerar o homem, pois somente Tu És o voluntarioso para apressar nossa cura e nossa salvação. Contemplando com os olhos do Seu amor que limpa tudo a ponto de não se ver mais nenhuma deformidade no homem, mas só aquela faísca divina que está em Tua própria semelhança de Teu ardor sagrado que arrasta a perpetualidade para isto, como uma propriedade da Tua fonte divina. Ó Senhor, Tu só contemplas o que é verdade e puro como Teu ser. O mal está além do alcance exaltado da visão, e consequentemente o homem mau está como a um a quem Tu nem te lembras mais, a quem os Teus olhos não podem fixar, desde que ele não tenha mais nenhum tempo a mais ou qualquer correspondência com Tu. Neste abismo de horror, eu, todavia, ousei morar; não há nenhum outro lugar para o homem que não é mais submergido no abismo da compaixão de si. Ainda que não seja mais cedo faz ele virar o seu coração e os olhos das profundidades da iniquidade que ele se acha naquele oceano da clemência que o cerca e a todas as criaturas de Ti. Assim vou eu me curvar ante Ti em minha vergonha e a sensação de minha miséria; o fogo de meu sofrimento secará dentro de mim o abismo de meu ser pecaminoso, e lá permanecerá em mim só o reino eterno da Tua clemência.

## IVº

Leve de volta meu testamento, Ó Senhor, leve de volta meu testamento. Para ver se eu posso suspender isto por um momento ante Tu, nas torrentes da vida de Tua iluminação e não tem nada que possa resistir a ela, verterá impetuosamente dentro de mim. Ajude-me a demolir as barreiras cheias de aflição que me separam de Ti; me arme contra mim; triunfo dentro de mim em cima de todos os inimigos da trindade e mina subjugando meu testamento. O Princípio Eterno de toda a alegria e de toda a verdade! Quando eu serei renovado assim sem os tortuosos caminhos do meu consciente e do ego, haverá economia no Teu afeto permanente exclusivamente avivado em vão? Quando todo tipo de privação aparecerá a mim numa vantagem, me preservando de toda a escravidão, e me deixando amplo em pretender se ligar à liberdade do espírito de Tua sabedoria? Quando males aparecerão a mim como favores estendidos por Ti, como tantas oportunidades de Vitória, tantas ocasiões de recepção que Te dão as coroas de glória e que Tu distribui a todos esses que lutam em Teu nome? Quando todas as vantagens e alegrias desta vida se tornarão a mim como tantas armadilhas, incessantemente fixado pelo inimigo que pode estabelecer em nosso coração um D-us da mentira e sedução em lugar daquele D-us de paz e verdade que deveriam reinar lá para sempre? Quando, em represália, deva o zelo santo de Teu amor e o ardor de minha união com Tu me reja e me faça renunciar com delícia minha vida, minha felicidade, com todos os afetos a este estrangeiro que é uma criatura chamada homem, assim o amor por Ti que tens determinado minha total entrega a ele, que ele poderia ser inflamado através do exemplo Teu? Eu sei, Ó Senhor que nem todos são transportado por esta devoção santa e não é merecedor de Ti, e não faz contudo o primeiro passo em direção a Ti. O Teu conhecimento vai a solicitude do crente que nunca partir disto por um momento, nisto é o um, o verdadeiro lugar primeiro para a alma do homem; ele não pode entrar no aqui agora sem estar imediatamente cheio com o rapto, como se todo o seu ser fosse renovado e revificado em todas as suas faculdades pelas primaveras de tua própria vida, nem ele pode retirar o aqui agora sem se ver entregue em seguida para todos os horrores da incerteza, perigo, e morte. rapidez, D-us da consolação, radiante, D-us de poder, comunique a meu coração um desses puros movimentos de Teu testamento santo e invencível! A pessoa só é precisa ao estabelecer o reinado da eternidade, e, para ser constante com a resistência universal de todos os testamentos estrangeiros que se combinam em minha alma, note, prepare o corpo para esta batalha. Então deva eu me abandonar para meu D-us na doce efusão de minha fé, então deva eu proclamar os trabalhos maravilhosos dele. Os Homens não são merecedores de Tuas maravilhas, ou contemplar a doçura da Tua sabedoria, ou a profundidade das Tuas deliberações; e eu, inseto vil que eu sou, eu posso igualar aos que me rodeiam, quem é que merece só as visitações da justiça e da ira? Senhor, Senhor! Possa a estrela de Jacó me dar o descanso por um momento para mim; possa Tua luz santa Ter inflamado em meu pensamento, e Tu vais ser mais puro em meu coração!

## Vº

Escuta, minha alma, escuta, e seja consolado na minha angústia! Há um D-us poderoso que empreende para curar todas as minhas feridas. Somente Ele tem este poder supremo, e Ele somente o exercita para aqueles que reconhecem que Ele possui isto e é seu administrador zeloso. Não entre antes dele disfarçado como a esposa de Jeroboão de quem o profeta subjugou com repreensões. Venha com bastante humildade e confiança que deveriam ser inspiradas por uma sensação de males e horrores, e daquele Poder Universal que não venha a morte de um pecador, desde que é Ele quem criou almas. Deixe cumprir o tempo de Sua lei em todas as coisas do tempo; não acelere teus trabalhos através de desordens. Demore mais não por falsos desejos e especulações vãs, a herança do bobo. Tido a ver só com um fio de cura interior, tua libertação espiritual, colecione com cuidado as forças escassas que cada período temporal desenvolve dentro de ti. Faça uso destes movimentos secretos da vida para já ter mais próximo seu diário até Ele que possuiria teu no peito, e compartilha a doce subida da liberdade de um ser que desfruta completamente o uso de todas suas faculdades sem ter que sempre encontrar um impedimento. Quando é que estes êxtases felizes te transportam, pessoalmente sei do aumento na cama de teu duelo, e chora até este D-us de clemência e Todo Poderoso: Senhor, Tu te deixes adoecer na escravidão e se envergonhar desta imagem anterior de si mesmo a quem as idades podem ter sido enterrados debaixo do de seu próprio pó mas nunca os pôde apagar? Ousou a ter falhado por esses dias quando deveria morar no seu próprio esplendor da tua glória. Tu somente tens fechado o olho da eternidade, e foste mergulhado daquele momento de escuridão, como nas profundidades do abismo. Desde que aquele lapso deplorável se tornou o desprezo diário de todos seus inimigos que não estão contentes em cobrir isto com derrisão, encher isto dos seus venenos, carregou isto com cadeias de forma que isto já não pode se defender, mas se tornou uma presa mais fácil aos dardos de seu próprio envenenamento. Senhor, Senhor! Esta provação longa e humilhante não é suficiente para o homem reconhecer Sua justiça e fazer homenagem ao Teu poder? Isto não infetou a massa do desprezo de seu inimigo enfraquecido no desejo da imagem e de ser o bastante para abrir os olhos dele e o convencer das ilusões dele? Tu não temes que no fim estas substâncias corrosivas possam apagar Sua impressão completamente e podem colocar isto além do reconhecimento? Os inimigos da Tua luz e da Tua Sabedoria confundiriam esta cadeia longa de minhas degradações com a minha eternidade. Eles acreditariam no seus reinados de horror e desordem que é o domicílio exclusivo da verdade. Eles se reivindicariam vitorioso em cima de si mesmos e possuiriam o Teu reino. Então, não permitas mais ir longe, Ó D-us de zelo e ciúme, a profanação da Tua imagem, o desejo de Tua glória me enche mais que qualquer desejo de minha felicidade aparte daquela glória da Tua e Subida no Seu trono imortal, o trono da Tua sabedoria, empolgado com as maravilhas de Teu poder; entre um momento que o vinhedo santo que Tu tens plantado em toda a eternidade; arranques mais uma dessas uvas avivando o que se produz incessantemente. Deixe o sagrado e o regenerado fluxo do suco em meus lábios; umedecerá minha língua tostada, entrará no meu coração, aguentará a isso com alegria e vida, penetrará todos meus membros e os fará forte e saudável. Então deva eu ser rápido, ágil, vigoroso como no primeiro dia quando eu vi diante a mim suas mãos. Então deva os inimigos, sejam frustrados nas suas esperanças, se ruborizam com a vergonha e tremem com medo e ira para ver a sua oposição contra si mesmo se fez em vão e a realização de meu destino sublime apesar da ousadia deles e de seus esforços persistentes. Escuta-me então, Ó minha alma! Escuta-me, e seja consolado na sua angústia! Um D-us poderoso há por cima que empreendido a cura de feridas.

## VIº

Eu me apresento nos portões do templo de meu D-us, e eu não deixarei este asilo humilde da minha gaveta indigente eu sou, recebi meu pão diário do Pai de minha vida. Veja o mistério deste pão! Eu o provei aqui, e eu proclamarei sua doçura para nações por nascer. Ó D-us Eterno dos Seres. O título sagrado levado por Ele que é feito carne da qual Ele poderá ser manifestado às nações visíveis e invisíveis; o espírito Dele ao qual a pronúncia do Nome todo joelho curvará, no céu, na terra, e no inferno. Tais são os três elementos imortais do qual compõem este pão diário. É multiplicado incessantemente, com a imensidão de seres que são nutridos assim, e tudo do que é o Seu número, nunca possa eles diminuírem Sua abundância.

Desenvolveu em mim os germens eternos de minha vida, e os permitiu a circular em minhas veias a seiva sagrada de minhas raízes originais e divinas. Os quatro elementos que compõem isto dispersaram escuridão e confusão do caos de meu coração; eles restabeleceram com isto vivendo da Luz Santa, a Sua Força criativa me transformou em um ser novo, e eu me tornei o guarda e o administrador dos Seus caracteres sagrados e de Seus sinais doadores de vida. Então, como o anjo Dele e Seu ministro eu mostrei para mim em todas as regiões, se fazer conhecido da glória Dele do qual o homem é o escolhido. Eu revisei todo o trabalho das mãos Dele que distribuiu a cada um deles esses sinais e caracteres que Ele impressionou em mim para que eles pudessem ser transmitidos a eles e confirmar as propriedades e poderes que eles receberam. Mas meu ministério não foi limitado à operação nos trabalhos regulares da Sabedoria Eterna. Eu me aproximei de tudo que estava deformado, e fixado nestes frutos da desordem os sinais da justiça e da vingança prendidos aos poderes secretos de minha eleição, esses que eu poderia arrebatar da corrupção que eu ofereci como um holocausto ao D-us supremo, e eu compus meus perfumes dos puros elogios da minha mente e coração, de forma que tudo o que tem vida podem confessar que a homenagem, a glória, o louvor são devidos ao D-us supremo como a fonte de poder e justiça. Eu exclamei nos transportes de meu amor: Abençoado é o homem, porque Tu o elegeste como o assento de autoridade Trina e o ministro da Tua glória no Universo. Abençoado é o homem, porque Tu tens lhe permitido sentir, até mesmo nas profundidades da essência dele, a atividade penetrante de Tua vida divina. Abençoado é o homem, porque ele pode ousar oferecer a si mesmo um sacrifício de ação de graças fundado no sentimento inefável de todos os desejos da Tua infinidade santa. Poderes do mundo material! Poderes do Universo físico! Não é assim que o teu D-us os tratou! Ele o constituiu dos agentes simples das leis Dele e as forças que operam para o firmamento dos desígnios Dele. Consequentemente, não há nenhum outro ser na Natureza que não O secunda no trabalho Dele e coopera na execução dos planos Dele. Mas Ele não é feito conhecido a você como o D-us de paz e o D-us de amor; no momento quando Ele o trouxe no ser de agora estava transtornado pelas consequências da rebelião, desde que Ele ordenou ao homem para subjugar e o governar. Ainda menos, perverteram-se e corrompem os Seus poderes, Ele dispensou a você essas favores com o que Ele o concedeu para subjugar o homem. Sim, não têm preservado a esses que foram concedidos em virtude de Sua origem; sim, sonharam com um lote mais luminoso e um privilégio mais esplêndido do que ser os objetos da ternura Dele da qual neste momento só mereceram ser as vítimas da justiça Dele. Medite, só Ele confiou os tesouros da sabedoria Dele; neste ser depois do próprio coração Dele ter Ele centrado todo o Seu afeto e todos Seus poderes. Autor soberano de meu espírito, minha alma, e meu coração! Sejas Tu abençoado para sempre e em todos os lugares, porque Tu tens permitido ao homem, trina criatura ingrata e criminal, recuperar estas verdades sublimes. Tido na memória da "Trina Convenção Antiga e Sagrada" que convoca os que Te amam a restabelecer, eles teriam estado para sempre perdidos no homem. Louvor e bênção para Ele a quem te formou homem na imagem Dele e depois na própria semelhança Dele que, apesar de todos o empreendimentos e todos os triunfos do inferno, recebe-o no Seu esplendor, na sabedoria e na beatitude da origem Dele. Amém.

## VII°

Homens de paz e homens de aspirações! Deixe-nos contemplar em uníssono, com um medo santo, a imensidade das clemências de nosso D-us. Nos deixe confessar junto a Ele o que todos os pensamentos dos homens, todos seus mais puros desejos, todas suas ações ordenadas, não puderam, quando combinado, aproxime o ato menor do amor Dele. Como nós deveríamos expressar isto então? Porque não é limitado a nenhuma ação individual ou temporal, mas manifestos imediatamente em todos os Seus tesouros, e que em uma constante, universal, e de modo não danificado! D-us de verdade e D-us de amor! Assim ages Tu diariamente com o homem. Entre toda a infecção que o mina e de vileza dão extratos incansáveis de que ainda permaneces nesses elementos preciosos e sagrados do qual Tu realizas e me formam no princípio. Como a mulher frugal no Evangelho que consome a luz dela para recuperar a moeda de dez centavos que ela perdeu, são as Suas luminárias sempre acesa, sempre Tu te deténs para a terra, sempre tens a esperança para recuperar do pó o puro ouro que deslizou de Tuas mãos. Homens de paz! Como nós deveríamos contemplar se em caso contrário com o medo santo e a extensão das clemências de nosso D-us! Nós somos mil vezes mais culpados para Ele que, à vista da justiça humana estão esses malfeitores que são arrastados por cidades e lugares em público, carregados com a insígnia da infâmia, e forçados a confessar os seus crimes em voz alta às portas dos templos e na presença dos poderes que eles desafiaram. Como eles, e mil vezes mais merecidamente que eles, devamos nós ser arrastados ignominiosamente aos pés de todos os poderes da Natureza e do Espírito. Nós deveríamos ser desfilados como criminosos por todas as regiões do Universo, visível e invisível, e deveríamos receber na sua presença os castigos terríveis e vergonhosos que são invocados por nossas tergiversação apavorantes. Mas em lugar de achar os juizes duros e armados com vingança, veja um monarca venerável cujos olhos publicam a clemência Dele cujos lábios só articulam perdão para todos esses que não se seguram inocente cegamente. Nós deveríamos usar os vestuários de opróbrio daqui em diante, Ele comanda os criados Dele para devolverem a nós nossa bata primeva, fixar um anel em nosso dedo e sapatos em nossos pés. Para que todos estes favores sejam o bastante, como os mais recentes filhos pródigos. Confessar que nós não achamos na casa de estranhos a felicidade da casa do Pai. Homens de paz! Diga, nós contemplaremos excluído com o medo santo do amor infinito e clemência de nosso D-us? Diga, nós não faremos uma resolução santa para permanecer fiel para sempre às leis Dele e para as deliberações beneficentes da sabedoria Dele? Ó D-us! incompreensível em indulgência e compreensão de passado apaixonado, eu posso amar mais a mim mesmo só. Eu não me amaria mais tanto se me tiver perdoado tanto. Eu não desejaria mais nenhum lugar de repouso se excluísse do meu coração o meu D-us que me abraça em tudo pelo Seu poder e tem me apoiado em todo lado, meu prosperar e minha consolação. Desta Fonte Divina todas as bênçãos vertem imediatamente em mim. Ele se verte continuamente e para sempre no coração do homem. Assim faz. Ele gera dentro de nós a própria vida Dele, assim faz Ele estabelece dentro de nós os puros raios e extratos da própria essência dele, onde é que Ele ama mais, e Ele se torna em nós o órgão das gerações infinitas dele. Desta tesouraria sagrada, por todas as faculdades de nossa natureza, Ele dirige as emanações de parentesco que repetem a ação em troca disto tudo aquilo se constitui, e assim nossa atividade espiritual, nossas virtudes, que são nossas luzes são multiplicadas incessantemente. Veja, está excedendo o lucrativo para erguer um templo em nossos corações! Homens de paz! Homens de aspiração! Diga, nós contemplaremos sem nenhum medo santo a imensidade do amor e das clemências e dos poderes de nosso D-us?

# O Princípio, o Caminho e o Objetivo da Divindade em cada Ser.

Paulo Carlos de Paula
(Ir∴ Miguel)

(...) Em cada Ser, em cada um dos nossos semelhantes, considerando que cada semelhante é um Ente, que tem o Sêmen da Vida, como por exemplo, a Semente que é um Ente que tem este Sêmen com toda a sabedoria para se transformar numa planta.

Assim também a pedra, a gota d'água, o eléctron que tem Vida plena de sabedoria, poder e força. O Princípio é um raio de Luz emanado da Infinita Fonte da Vida atravessa o Som, o Verbo que se fez carne no dizer do Apóstolo João. Cada Ser Humano tem o direito e o dever de restaurar este Princípio Divino, quando nele este Princípio está ainda latente ou sufocado pelas prevaricações.

No Ser Mineral este Princípio atua como força de coesão e explosão. No Ser Vegetal, como força germinativa cheia de sabedoria. Como sabemos, numa semente está o retrato da futura planta que germina, cresce, floresce, dá frutos com centenas de outras sementes, cada uma delas com a mesma Fonte da Vida. Se esta Fonte está numa Semente, porque duvidar de sua existência em nós, criaturas humanas? No Ser animal, como inteligência instintiva com toda pureza. No Ser Humano este Divino Princípio, quando encontra condições adequadas, manifesta-se como Consciência Divina com a finalidade de individualizar-se na Consciência Humana.

O caminho na Pura Espiritualidade é um modo de viver e conviver, de ganhar e perder, agir e reagir, sorver o doce e o amargo. O Caminho da Divindade, deste Princípio é iluminar o Ser Humano, dando-lhe, no entanto, o livre arbítrio. Protegê-lo, conscientizá-lo e nele se individualizar, como souberam fazer o Mestre da Galileia e outros iluminados avatares.

O Mestre de Nazaré disse: *"Eu Sou o Caminho"* e disse ainda: *"Eu Sou a Verdade, eu Sou a Vida, eu Sou a Luz do Mundo, eu Sou o Verbo, ninguém vai ao Pai a não ser por mim."*

Para a restauração deste Divino Princípio muitos são os Caminhos, muitas as técnicas, algumas milenárias. Porém, a Lei da Senda é a do Amor, da Humildade, da Obediência e da Ordem; Amor Impessoal, Humildade Consciente, Obediência Compreensiva e Ordem sem Violência.

Citaremos aqui "Quatro Regras", que são as "Luzes no Caminho", regras estas que cada um de nós interpreta de acordo com seu grau de evolução. São elas:

> *"Antes que os olhos possam ver devem ser incapazes de chorar."*
> *"Antes que os ouvidos possam ouvir devem ter perdido a sensibilidade."*
> *"Antes que a voz possa falar em Presença do Mestre deve ter perdido a possibilidade de ferir."*
> *"Antes que a alma possa erguer-se na Presença do Mestre é necessário que os pés tenham sido lavados no sangue do coração."*

O objetivo da Divindade, deste Divino Princípio, é se individualizar no Ser Humano, como o Homem Jesus o fez, afirmando: *"Eu e o Pai somos UM. Eu Sou Ele. Ele é Eu."*

Cristo nos mostrou o Objetivo da Divindade quando disse pelos lábios e coração do Homem Jesus: *"Eu Sou a Plenitude. Pedi e obtereis. Buscai e achareis. Batei e se vos abrirá."*

Jorge Adoum nos diz que estas "Palavras" interpretadas no seu autêntico significado são a chave de todos os mistérios. O que devemos pedir é a consciência de sentir a Divindade, se expressar no íntimo de cada um de nós e dizer: *"Eu Sou D-us Onipotente, Onisciente e Onipresente."* *"O que devemos buscar é o Reino de D-us, o Reino do Céu que consiste em Amor, Compreensão e Consciência perfeita de Sua Existência em nós e em cada Ser".*

O que devemos *tocar* é a "Porta" que conduz ao Pai Íntimo que está esperando a nossa volta à Ele para nos cumular de seus Dons".

Eliphas Levi, um dos mais proeminentes Magos disse: *"Depois de havermos passado buscando D-us, o Absoluto, na religião, na ciência, na justiça: depois de* termos dado voltas ao Círculo de Fausto, conseguimos chegar à Doutrina Primeva e ao Livro Primeiro da humanidade. Ao ter chegado a este ponto, nos detivemos havendo descoberto o "segredo" da Onipotência que está na alma humana e no progresso infinito. Este "segredo" é a chave de todos os simbolismos, a Doutrina Primeva e final: chegamos a compreender o que quer dizer a expressão que se usa com tanta frequência no Evangelho: "O Reino do Céu, O Reino de D-us". O Objetivo é, pois, o que o eminente ocultista descobriu depois de tantas e tantas investigações, e quem no entanto, Jesus Cristo, há 2.000 anos, no seu Amor e na sua Sabedoria nos apontou: "Buscai primeiramente o Reino do Céu e tudo o mais vos será acrescentado".

Este é o ponto mais alto do Evangelho Esotérico. Para entendermos o Evangelho Esotérico, temos que não só saber o que é o Reino do Céu, mas, sobretudo, senti-Lo em nós e em cada Ser. No Reino do Céu tem um Rei, o Único. Neste Reino devemos trabalhar com Amor Impessoal, com Obediência Compreensiva, com humildade consciente e com ordem sem violência. Jesus Cristo nos alertou dizendo: *"O Reino do Céu está dentro de vós"*. Mas, perguntamos: onde está o *"Caminho"* que nos leva ao Reino? A Voz Interior nos responde: *"Ele está também dentro de vós"*.

As atividades do mundo atual não nos dão as oportunidades de irmos para as cavernas, para as montanhas, para os mosteiros e lá permanecer por longo tempo, a fim de encontrarmos o Reino do Céu, a não ser em casos muitos especiais de pessoas selecionadas pela Hierarquia Divina.

A Magia dos tempos atuais é praticada no afã das boas condutas, trabalhando com Amor, Humildade, Obediência e Ordem.

## *O Segredo Consiste em Abrir o Coração!*

Ver com os olhos do coração. Escutar os ruídos do mundo com os ouvidos do coração. Prescrutar o futuro com a compreensão do coração. Recordar as acumulações do passado através do coração. Assim deve-se percorrer impetuosamente o caminho da ascensão.

"O Fio prateado que une o Mestre ao discípulo é o Grande Imã do Coração". O Coração, este "Sol" do organismo, é o foco da energia psíquica. Nós não temos em vista a forma do coração, mas nos referimos à sua significação interior e a "Quem" vive e trabalha em seu interior.

O coração está ligado a todas as sensações do Cosmos. É grande o serviço do coração nas balanças do Mundo. A coragem nasce do "Coração Puro". O coração impulsiona e fortalece os nossos envios. O coração não pode cumprir a sua destinação se o Eu Humano foge ao desejo e a ação de Servir à Obra do *"Eterno"*.

A alegria do coração está na aspiração para o *"Alto"*. Cada pessoa tem um coração, em todos nós, Nele está contido o potêncial da Energia Pura. O coração reúne em sua memória horas de muitas vidas. Depois de todas as demarcações, chegaremos à "Síntese do Coração". Até nas épocas mais remotas, as pessoas compreendiam o significado do Coração como a Morada de D-us.

### O Segredo Consiste em Abrir o Coração!

*Ao Ser Divino – D-us em ação*
*Poder Supremo, Deidade Cósmica!*
*A Ti que És toda Substância, toda Energia e todo Espírito!*
*Eu, parte desta Substância, parte desta Energia, Parte des Espírito,*
*me consagro, pois desejo integrar-me em Ti, Contigo unificar-me,*
*ser eternamente em Ti.*
*À Tua Infinita e Perpétua Ação entrego o meu destino, meus atos,*
*Minha vida presente e futura, de modo que minhas realizações sejam sempre Realizações Tuas! AMÉM!*

*Mestre Excelso, Venerando Guia e Instrutor meu, infunde em mim Teus Eflúvios Protetores e recebe, neste Ato de Consagração, todo o meu desejo intenso de ser Teu discípulo sincero. Instrui-me, perdoa minhas falhas e vela para que todos os meus atos se conformem sempre às Tuas Instruções Sagradas e eu possa merecer a Tua Benção e o Teu Amor. AMÉM!*

*Que a Paz, a Sabedoria, o Amor e a Prosperidade sejam com todos os seres!!!*

# Palavras finais

Ao terminar nosso trabalho, neste livro, julgamos ter cumprido um dever de consciência e de humanidade. Aqui tratamos de assuntos, hora exotérico e hora esotérico.

Começamos falando sobre *Religião e Mito*, uma abordagem historial e mítica, em seguida filosofamos com a *Moral e Ética*, buscando uma aproximação entre a Arte e a Metafísica, ou seja, uma linha comum onde o que esteve em jogo não foi outra coisa senão o ser humano com seus pares iguais.

Na terceira parte, dedicamos à *Kabbala*, dentro da visão mística e prática, disponibilizando aos leitores um manancial de informações, para o uso no dia a dia, de maneira clara e pragmática. Muitos desses ensinamentos me foram passados de *lábios a ouvidos* e, apesar de ter lido, por muitos anos, obras das mais diversas origens, nada vi que fosse publicado neste teor. Mas, desde já posso lhes garantir que todas estas informações foram testadas e refletidas dentro da mais alta criticidade antes de decidirmos a disponibilizá-las.

Na quarta e última parte tratamos da magia prática ou *Magia Teúrgica*, em que passamos informações, fórmulas, rituais, invocações e orações de maneira que antecipadamente todas foram testadas e aprovadas, idealizadas de forma que pudessem ser úteis na vida das pessoas.

Tivemos o ânimo e a oportunidade de contemplar a formidável ocasião, ja que vivemos numa época em que os corações têm produzido, por um lado a indiferença e, por outro lado, o materialismo grosseiro.

Mas, podemos observar que: quanto mais o homem se afasta de D-us e de uma vida simples e sã mais se aproxima dos consultórios psiquiátricos com um vazio na alma, onde busca a solução química para suas dores e desencantos aparentemente sem motivos, um sentimento de solidão e tristeza que invadem os corações e a alma pede socorro. Daí arranja-se a solução química e ideológica, para liquidar com sua existência terminando sua vida de forma superficial, artificial e infeliz.

Isso ocorre, muitas vezes, porque buscamos a felicidade tresloucadamente sem saber onde e como encontrá-la. Encontramos hoje em dia almas que aspiram apenas a seu bem estar particular, sequer se importa que o bem estar redunda em prejuízo de outro ou de outros. Apenas vemos este homem com uns olhos que se levantam do solo para contemplar com desfalecimento amoroso as maravilhas sidéreas; apenas vê na frente algo que recapacite os transcendentais problemas metafísicos, um individualismo total.

Hoje, no presente, o que enche os olhos e as mãos, o que enche a vaidade e os apetites, aquilo que o faz ser invejoso e invejados por uma aparência, pelo brilho, pelo holocausto, isto é o que os preocupa na generalidade, sem parar as mentes em que trabalham assim caminham para a perdição. Construímos nossa ruína, que é lavrar a ruína da sociedade, mais ainda, da humanidade inteira.

No Corão XIII, II está dito: *"D-us não mudará a condição dos homens se eles não mudarem o que está neles."* Precisamos mudar, precisamos reintegrar nossa condição divina, precisamos voltar para dentro de nós e conhecer verdadeiramente, o que somos, de onde viemos e para onde vamos.

O filósofo, o moralista, aquele que, alheio a todo prejuízo, tem um olhar sintético sobre o modo de ser social, não deixa de ver que no presente está a consequência legítima do passado, e não deixa de compreender que se impõe uma reação franca, viril, genuinamente espiritualista, não somente para atalhar e atenuar o caos por todas as partes que nos rodeiam, mas para descobrir e sinalar um porto seguro para a humanidade, que navega a mercê das ondas da indiferença e da negação.

Este porto, este refúgio salvador não pode estar construído sobre areia movediça da fé das passadas idades, nem sobre as carcomidas pedras de personalismo: aquela nos vestiu da incredulidade presente, nos tem dado as intranquilidades, o afeminamento e a sórdida ambição que todos deploramos.

Não servem para nosso porto salvador quem tão poucas e tão contrapoducentes garantias possam apresentar. Em troca se serve, e não só serve, se é o único imanente e durador, o verdadeiro espiritualismo; esse espiritualismo que se afiança na experiência e se remonta indutivamente até a origem, até as fontes de todo ser; esse espiritualismo que, em épocas remotas, se reservou para os iniciados, que logo foi mal compreendido e explicado dentro das multidões, que provocou mais tarde, por aferrar-se ao exotérico, os conflitos sangrentos entre religião e a ciência, e que hoje, ressurgindo de si mesmo, abandonando os solitários recintos de onde permanecia oculto, a apresenta às multidões sem véus nem mistérios e lhes diz como Jesus: *"Eu sou o caminho, a verdade e a vida; sigam-me."*

Este é o porto, o único porto salvador para a humanidade. É, porque está construído sobre a rocha viva, sobre a pedra quadrangular, sobre a pedra filosófica dos antigos magos, sobre essa pedra que se compõe a ciência, amor, ação e aspiração, sobre esta pedra, enfim, que abarca o físico e o metafísico, o mental e o moral.

Chamar a atenção do público sobre o referido espiritualismo; convertemos em certo modo nos seus mensageiros, ou pelo menos em emissários de seus mensageiros reais; elevar nossa voz, retumbante ou débil, persuasiva, predicando o que entendemos foi e é o espiritualismo uno, sincrético e racional, como não pode menos ser o que é originário da realidade absoluta, isto, e não outra coisa, é quanto nós temos proposto com estas páginas que precedem. O temos conseguido? Conseguiremos? Não sabemos, nem importa agora averiguá-lo. Temos cumprido um ditado de nossa consciência e esperamos tranquilos o curso dos sucessos. Não imploramos graça para nossa trabalho, porque somos adoradores da justiça, não aspiramos a recompensa, porque já temos com justiça, aquilo que nos corresponde.

*Que cada qual veja em nossa obra o que sua consciência o determine.*
*"O Sucesso é sua Prova"*

# BIOGRAFIA

# Notas sobre o Autor

O valor do conhecimento é colocado à prova por seu poder de purificar e enobrecer a vida do estudante ansioso de adquirir o conhecimento e, depois, empregá-lo na evolução de seu caráter e no auxílio à humanidade.

Helvécio de Resende Urbano Júnior, conhecido entre os Iniciados de diversas Ordens pelo nome iniciático de Ali A'l Khan S∴ I∴, nasceu em Entre Rios de Minas, Minas Gerais, em 1956. Muito cedo se voltou para as arguições filosóficas do por que da vida, como uma necessidade pungente que assolava sua alma ansiosa para descobrir a razão lógica de sua existência e a de seus semelhantes.

Quando percebeu que a necessidade de se ajustar às regras superiores da Vida era o único caminho para conquistar a clara Luz da Inteligência Iluminada, que lhe permitiria obter as respostas que tanto buscava para justificar sua jornada humana, fez-se, então, Iniciado em várias Ordens identificadas com os Mistérios Antigos, tais como a Maçonaria, o Martinismo, o Rosacrucianismo, o Druidismo e a O.T.O, sempre conquistando patentes em seus graus mais elevados nessas agremiações espiritualistas e recebendo, como recompensa, a conquista da chave do conhecimento secreto que lhe abriu as portas dos Reinos Internos, onde repousa a Verdade Final. Toda a sua trajetória nos últimos quarenta anos foi dedicada a esse afã, tendo, por meio da Kabbala, sempre buscado com muita sinceridade a visão de seu Sagrado Anjo Guardião.

Como buscador, teve a oportunidade de conhecer verdadeiros mestres, que o ajudaram a balizar sua caminhada na senda da Luz Maior, brindando-o com efetivas palestras iniciáticas, cujo objetivo maior esteve assentado em orientá-lo em como conquistar a ciência necessária para conquistar as ferramentas imprescindíveis na lapidação da pedra bruta transformando-a em pedra polida. Dentre estes, podemos citar os saudosos Irmãos: Paulo Carlos de Paula, M∴Miguel, da FRA da cidade de Santos Dumont, MG; Euclydes Lacerda de Almeida, M∴M∴18º, Frater

Aster /T. 2º = 9 + A∴A∴, que foi uma das maiores, senão a maior autoridade Thelêmica do Brasil; Lachesis Lustosa de Mello, Druida Derulug, divulgador do druidismo no Brasil.

Helvécio demonstra, nesta obra, que, a cada instante na existência do ser humano, existe uma aposta descarnada de tudo ou nada, mediante aquilo que é possível, dentro das limitações do homem, onde julga e escolhe diante das opções plenas de recursos. O desafio do desemparo, cujo pragmatismo é pessoal, intransferível e solitário, como ato finito, porém, ao mesmo tempo, livre de desespero, em apelação da possibilidade infinita, para realizar sua concretização como homem de desejo e, em corolário, sua reintegração. Neste farto material coletado nos vários redutos espiritualistas, por meio de boas reflexões e provocações, buscou sinceramente as respostas, que arguiam constantemente seu intelecto aprendendo e ensinando, plantando e colhendo, servindo e sendo servido na selva da experiência humana.

Com o presente livro, o autor pretende preencher uma lacuna importante na literatura maçônica espiritualista e gnóstica no nosso País. Teve o cuidado e o zelo de dar informações que certamente ultrapassarão tudo que foi escrito, muitas vezes, de forma nem sempre consentânea à verdade iniciática. Podemos afirmar ainda que esta obra estabelece um roteiro seguro e técnico, para o estudante sério, pois ela está favorecida com a experiência e vivência maçônica do próprio autor.

Sabemos que o homem tem necessidade de crer naquilo que não vê, mas, acima de tudo, a busca do desconhecido é para ele o princípio mesmo de toda a atividade do espírito, o que lhe dá sua razão de ser. Com este livro, a literatura ocultista brasileira é enriquecida com informações antes não reveladas e que permitem ao estudante empreender sua libertação da crença e o coloca na posição de ver além das aparências. Que esta obra obtenha o sucesso para o bem daqueles que a compulsarem com seriedade e dedicação.

Jayr Rosa de Miranda
Frater Panyatara (In memoriam)
☆Rio de Janeiro 08 de Outubro de 1930
† Niterói RJ 13 Julho de 2015

Rio de Janeiro - Solstício de Verão de 2005

Membro da F.R.A. do Rio de Janeiro, escritor, astrólogo e eminente espiritualista a serviço da Causa Maior.

# Ainda sobre o Autor:

**M∴I∴ Ir∴ Helvécio de Resende Urbano Júnior 33º (Ali A´l Khan S∴I∴)**
Licenciado em Filosofia pela UFJF
Bacharel em Filosofia pela UFJF
Pós-graduado em: Filosofia, Cultura e Sociedade – UFJF
Obr∴ da A∴R∴L∴S∴ Benso de Cavour Nº 28 GLMMG
G∴I∴G∴Cons∴ M. Behring – Insp. 01.RJ – S∴ C∴ do Gr∴ 33º do R∴E∴A∴A∴
Ordre Kabbalistique de la Rose†Croix
S∴I∴TOM
Cav∴ R† Illuminatus Ipsissimus – AMORC
Fraternitas Rosicruciana Antigua
Fraternidade Rosacruz
Ordo Templi Orientis
Colégio Pitagórico
Colégio dos Magos
Colégio Druídico do Brasil
Ordem dos Cavaleiros de Thelema
Círculo Esotérico da Comunhão do Pensamento

# Bibliografia

ALLEAU, René, *Bibliotheca Hermetica*. Alchimie, astrologie, magie. Paris, 1970.

AMBELAIN, Robert – *Le Martinisme* – Éditions Niclaus N. Bussière, Paris, 1948.

AMBELAIN, Robert – *La Kabbale pratique.* Introduction à l'étude de la Kabbale, mystique et pratique, et à la mise en action de ses traditions et de ses symboles, en vue de la théurgie, Paris, Niclaus, 1951.

AMBELAIN, Robert – *L'Alchimie spirituelle,* la voie intérieure, Paris, la Diffusion scientifique, 1961.

AMBELAIN, Robert – *Les Tarôs* : comment apprendre à les manier, Paris, Niclaus, 1950.

AMBELAIN, Robert – *L'ésotérisme judéo chrétien.* La gnose et les Ophites. Lucifériens et Rose+Croix, Paris, Niclaus, 1941.

AMBELAIN, Robert – *Sacramentaire du Rose-croix,* sacralisations, exorcismes, formules de défense et d'action, Paris, la Diffusion scientifique, 1964.

AMORC – *Gottfried W. Von Leibniz* -Volume 8 – Brasil – 1985.

APOCRÍFO – *Clavicules de Salomão* – Paris, 1825.

APÓCRIFO – *Clefs Majeures et Clavicules de Salomon* – Paris, 1895.

APOCRIFO – *La Botica de la Abuela, Remédios Naturais*, Vol. I e II – Espanha, 1998.

APOGRIFO – *El Tesoro -"Guia Prática de la Magia "*- Espanha, 1917.

BARDON, Franz – *Frabato El Mago* – Espanha, 1992.

BARDON, Franz – *Iniciacion Al Hermetismo* – Espanha, 1996.

BARDON, Franz – *La Clave de La Verdadera Cabala* – Espanha, 1971.

BARDON, Franz – *La Practica de la Evocación Mágica* – Espanha, 1970.

BARDON, Lumir Dr / Dr M.K. – *Souvenirs de Franz Bardon* – Paris, 1992.

BARLET, F. Ch. – *Revue Cosmique* – Bibliothèque Chacornac, Paris, 1908.

BAUDELAIRE, Charles – *Les Fleurs du Mal*, Ed. Poulet-Malassis & de Broise, Paris, 1861.

BENSION, rav Ariel.- O Zohar – *O Livro do Esplendor* – Polar Editorial & Comercial, SP, Brasil, 2006.

BINGEN, Hildegarda Von – *Scivias: Conece los Caminos* – Editorial Trotta, Madrid, 1999.

BLAISE, Pascal, Pensées de Pascal, Avec les notes De M. de Voltaire, Londres, 1785.

BLANCHEFORT, Jean de – *Guia da Magia* – Brasil, 1992.

BOULANGER, Nicolas Antoine & HOLBACH, (Paul-Henri Thiry) – *L'Antiquité Dévoilée Par Ses Usages.* – Amsterdam, Michel Rey, 1772.

CARBONARA, Vanderlei. *Justiça e Responsabilidade no Pensamento de Emmanuel Levinas.* Porto Alegre, 2002.

CASSIRER, E. *El sistema de Leibniz, en su fundamento científico,*– Marburgo – 1908

CHANGEUX, Jean-Pierre e CONNES, Alain – *Matéria e Pensamento* –Ed. Unesp – 1995 – SP – Brasil.

CHAUÍ, M. S. *Da realidade sem mistérios ao mistério do mundo – Espinoza, Voltaire, Merleau-Ponty.* São Paulo: Brasiliense. (1981).

CHRISTIAN, Paul – *The Kabbalah Practice and Magic* – Londres, n.d., 1909.

CHRISTIANAE, Advmbratio Kabbalae – *Kabala Cristiana* – Espanha, 2000.

CHURCHLAND, Paul M. – *Matéria e Consciência* –Editora Unesp – 1988 – Brasil.

CINTRA, Benedito Eliseu Leite. *Emmanuel Lévinas e a ideia do infinito.* In: REVISTA MARGEM. São Paulo, nº 16, dezembro, 2002, p.107-117.

COIMBRA, Leonardo, *Obras Completas*, Livraria Tavares Martins, Porto, 1956.

CORDOVERO, Moïse – *La Douce Lumière* – Verdier, France, 1997.

COUTELA, Jacques – *12 Leçons de Magie Pratíque* – Paris, 1987.

COUTELA, Jacques – *144 Pantacles Personnalisés* – Paris, 1996

CRAVEIRO, Lúcio da Silva, S.J. *Antero de Quental*, evolução do seu pensamento filosófico, Livraria Cruz, Braga, 1959.

CROWLEY, Aleister – *The Equinox* – Samuel Weiser, York Beach, Maine, 1992.

CROWLEY, Aleister – *AHA* – Falcon Press, Phoenix, 1987.

CROWLEY, Aleister – *Liber Al Vel Legis* – O.T.O – Oasis Sol no Sul, Rio de Janeiro, Brasil

CROWLEY, Aleister – *Liber* DCCCXXXVII – Samuel Weiser, York Beach, Maine, U.S.A., 1973.

CROWLEY, Aleister – *The Holy Books of Thelema* – Samuel Weiser, York Beach, Maine, U.S.A., 1989.

CROWLEY, Aleister – *Yoga e Magia* (Livro Quatro Parte I) Editor Marcelo Ramos Motta, Brasil, 1981.

CULLING, Louis T. – *A Manual of Sex Magick* – Llewellyn Publications, Saint Paul, Minnesota, 1971.

CYLIANI – *Hermès Dévoilé* – Chacornac & Cie, Paris, 1961.

D´IGNIS, Laurent Bernard – *Les 36 Rituels de L´Arche d´Alliance* – Editions Rouge et Vert – Collection Haute Tradition, Paris, 1999.

D´OLIVET, Fabre – *La Lengua Hebraica Restituída* – Editorial Humanitas, Barcelona, 2007.

DESCARTES, René. *Meditações sobre a filosofia primeira*. Tradução Fausto Castilho. São Paulo- Campinas, Editora da UNICAMP, 2004.

DESCHAMPS, N. *Sociétés (Les) Secrètes et la Société ou philosophie de l'histoire contémporaine*, Oudin Frères ; Paris, 1882-1883.

DUEZ, Joel – *Rituels Secrets Des Dix Roues Sacrées De La Kabbale* – Guy Trédaniel Éditeur, Paris, 1987.

DUJOVNE, Leon – *Séfer Yetsirá, El Libro de la Creación* – Ediciones S. Sigal / Editorial, Buenos Aires, 1966.

DUPUIS, Charles. – *Abrégé de l´Origine de Tous les Cultes* – Librairie de la Bibliothèque Nationale, Paris, 1836.

DUPUIS, Charles-Francois – *Origine de tous les cultes, ou religion universelle*. Agasse, Paris, 1795.

DUQUETTE, Lon Milo – *The Chicken Qabalah of Rabbi Lamed Ben Clifford* – Samuel Weiser, Inc., York Beach, Maine, 2001.

DURKHEIM, Emilio. *Las Formas Elementales de la Vida Religiosa* – Editorial Schapire, Buenos Aires, 1968.

ECKHARTSHAUSEN, K. Von – *Nuvem ante o Santuário* – Thot Editora, Brasil, 1990.

FABRI, Marcelo. *Desencantando a Ontologia*: Subjetividade e Sentido Ético em Levinas. Porto Alegre: EDIPUCRS, 1997.

FACON, Roger – *Le Grand Secret des Rose-Croix* – Éditions Alain Lefeuvre, Vide, 1979.

FARIAS, André Brayner de. *Infinito e tempo*: a filosofia da ideia de infinito e suas consequências para a concepção de temporalidade em Levinas. Porto alegre: PUCRS, 2006.

FARIAS, André Brayner de. *Pensamento e Alteridade*. Um Estudo Sobre a Racionalidade Ética em Levinas desde *Autrement Quêtre* ou *Au-Delá de L'essence*. Porto Alegre, 2001. (Dissertação de Mestrado).

FERRIÈRE, Serge Raynaud de la – *Ciencia y Religión* – Venezuela, 1990.

FERRIÈRE, Serge Raynaud de la – *Los Mistérios Revelados* – Venezuela, 1968.

FERRIÈRE, Serge Raynaud de la – *Misticismo en el Siglo XX* – Venezuela, 1988.

FESTUGIERE, O.P. – *La révélation d'Hermès Trismégiste. Vol. II: Le Dieu cosmique* –Ed. Lecoffre – 1949 – Paris.

FIGUIER, Louis. – *Histoire du Merveilleux dans les temps modernes.* Hachette, Paris, 1860.

FISCHER, Susanne Rizzi – *The Complete Incense Book* – N.Y., 1980.

FLUDD, Robert – *Etude du Macrocosme. Traité d'Astrologie Générale,* H. Daragon, Paris, 1907.

FORTUNE, Dion – *The Mystical Qabalah* – Ibis Books, New York, 1979.

FRANCK, Adolphe, *Dictionnaire des Sciences Philosophiques* –. – Librairie Hachette et Cie.- Paris 1885.

GABIROL, Selemo IBN – *Poesia Secular* – Ediciones Clasicos Alfaguara, Madrid, 1968.

GORODOVITS, David e Fridlin, Jairo – *Bíblia Hebraica* – Sêfer, Brasil, 2006.

GOSWAMI, Dr. Amit – *A Física da Alma* – Ed. Aleph, SP, Brasil, 2005.

GOSWAMI, Dr. Amit –*A Janela Visionária,* Ed. Cultrix, SP, Brasil, 2000.

GRAD, A.D. – *Le Livre dês Príncipes Kabbalistiques* – Éditions Du Rocher, France, 1989.

GRIBBIN, John. *Tempo,* o profundo mistério do Universo – Ed. Francisco Alves, Rio de Janeiro, 1983.

GUÉRILLOT, Claude – *La Rose Maçonnique* – Tome I e II – Guy Trédaniel Éditeur, Paris, 1995.

GUTTMANN, Roberto Luis – Torá – *A Lei de Moisés* – Sêfer, Brasil, 2001.

HALL Manly P. – *The Secret Teachings of All Ages* – Philosophical Research Society, Los Angeles, CA, 1975.

HAZIEL – *Calendrier des Heures Magiques et des Lunaisons* – Paris, 1998.

HAZIEL – *Le Grand Livre de Cabale Magique* – Éditions EB Bussière, Paris, 1989.

HEGEL, Georg Wilhelm Friedrich, La filosofia della Natura. Francesco Rossi- Romano, Napoli, 1864.

HÊGEDUS, Alejandro, *El Hombre y sus mistérios*, Editorial Kiek, Buenos Aires, 1977.

HÊGEDUS, Alejandro, *Esoterismos y filosofias de la Antiguidade*, Ediciones Gnosis, Buenos Aires, 1972.

HÊGEDUS, Alejandro, *La Religion y el Ocultismo em la História*, Roberto Navarro, Buenos Aires, 1975.

HEIDEGGER, Martin, L'Etre et le Temps - Gallimard (Bibliothèque de philosophie), Paris, 1964.

HUME, David. Pensées philosophiques, morales, critiques, littéraires et politiques de M. Hume.

HONORIUS, Papa – *The Sworn Book of Honorius the Magician*.

HUSSERL, E. *A Filosofia como Ciência de Rigor*, Coimbra, Atlântida, 1965.

HUSSERL, E. *A Ideia da Fenomenologia*, Edições 70, Lisboa, 1986.

HUSSERL, E. *Conferências de Paris*, Edições 70, Lisboa, 1992.

HUSSERL, E. *Investigações Lógicas: 6ª. Investigação*. São Paulo: Nova Cultural. 1996.

HUSSERL, E. *Meditações Cartesianas*. Port. S/D.

JANEIRO, J. Iglesias – *La Cababa de Prediccion* – Ed. Kier, Argentina, 1980.

JANET, Paul, Editores – *Oeuvres philosophiques de Leibniz* – Paris, 1866.

JIMÉNEZ, Juan Ramón, *Tiempo y Espacio*, Edaf, Madrid,1986.

JOLY, Alice – *Un Mystique Lyonnais Et Les Secrets de La Franc-Maçonnerie Jean-Baptiste Willermoz* – Demeter, Paris, 1986.

JOSEPHUS, Franciscus – *Liber Psalmorum Cum Canticis, Breviari Copta Egypcio* – Roma, 1909.

JULIO, Abade – *Libro de Oraciones Mágicas* – Espanha, 1985.

JUSTE, Michael – *The Occult Observer* – Atlantis Bookshop (Michael Houghton), London, 1950.

KABALEB – *Astrologia Cabalistica* – Espanha, 1994.

KABALEB – *Curso de Iniciacion Cabalista a la Astrologia Y el Tarô*- Espanha, 1996.

KABALEB – *Los Ángeles Al Alcance de Todos* – Espanha, 1995.

KABALEB – *Los Misterios de la Obra Divina* – Espanha, 1982

KABALEB – *Los Signos Y Sus Decanatos* – Astrologia Cabalística – Espanha, 1995.

KANT, Immanuel, *Crítica da Razão Prática* – Martins Claret – São Paulo, 2008.

KAPLAN, Aryeh – *Sefer Yetzirah*; *The Book of Creation* – Samuel Weiser,, York Beach, ME:, 1993.

KARPPE, S.- *Etude sur les origines et la nature du Zohar* – Editions Slatkine, Genéve, Honore, 1982.

KAYDEDA, José María, *Los Apocrifos, Jeshua y Otros Libros Prohibidos*, Rea, Málaga, 1987.

KING, Francis – *Modern Ritual Magic* – Prisma Pr, Coeur d Alene, Idaho, U.S.A., 1989.

KING, Francis – *Ritual Magic of the Golden Dawn* – Destiny Books, Rochester, Vermont, U.S.A., 1997.

KING, Francis – *The Rites Modern Occult Magic* – New York, 1970.

KING, Francis -*Techiniques of Higth Magic* – New York, 1976.

KIRCHER, Athanasius – *Arithmologia* – Espanha, 1972.

KIRCHER, Athanasius – *Itinerário del Éxtasis o las Imágenes de un Saber Universal* – Siruela, Espanha, 1985.

KIRCHER, Athanasius – *Oedipus Egypticus* – Venezuela, 1971.

KIRSCHNER, M. J. – *Yoga* – Schocken Books1977.

KNIGTH, Gareth – *Guia Prática Al Simbolismo Qabalístico*. Vol I e II. – Espanha, 1981

KORN, Alejandro, *Sistemas Filosófico*, Editorial Nova, Buenos Aires, 1959.

KUIAVA, Evaldo Antônio. *Subjetividade transcendental e alteridade*: um estudo sobre a questão do outro em Kant e Levinas. Caxias do Sul: EDUCS, 2003.

LAFUMA-GIRAUD, Emile. – *Sepher Ha-Zohar*, Le livre de la splendeur. – Ernest Leroux, Paris, 1906.

LASSAY, Louis Charbonneau – *L´Esotérisme De Quelques Symboles Géométriques Chrétiens* – Éditions Traditionneles, Paris, 1988.

LAWSON, Jack – *El Libro de los Angeles* – Espanha, 1994.

LEIBNIZ, Gottfried Wilhelm – *Pensées de Leibniz sur la religion et la morale* – Paris – 1898

LENAIN – *Las Science Cabalistique* – Paris, 1914.

LEVINAS, Emmanuel. *De Otro Modo Que Ser, O Más Allá de la Esencia*. Salamanca: Ediciones Sígueme, 1987.

LEVINAS, Emmanuel - *Totalidade e Infinito*. Lisboa: Edições 70, 1988.

M. – *Deuses Atômicos* – Caioá Editora e Produtora Ltda. ME, SP, Brasil, 2000.

MANASSÉ, Benjamin – *Talismans et Pentacles Bénéfiques* – Paris, 1957

MARIEL, Pierre – *Les Authentiques Fils de la Lumière* – Le Courrier Du Livre, Paris, 1973.

MARIEL, Pierre – *Rituels et Initiations des Sociétés Secrètes* – Editions Mame, 1974.

MARSHALL, Ian e Danah – *Inteligência Espiritual* – ZOHAR, Ed. Record – 2000 – SP – Brasil.

MARTINS, Diamantino, S.J. *Mistério do Homem*, ser, personalidade, imortalidade. Livraria Cruz, Braga, 1961.

MATHERS MacGregor – *El Libro de La Magia Sagrada de Abramelím el Mago* – Espanha, 1980.

MATHERS, S.L.Macgregor – *El Grimorio de Armadel* – Espanha, 1998.

MATHERS, S.L.Macgregor – *La clave Mayor de Rei Salomon* – México, 1976.

MATHERS, S.L.Macgregor – *La Qabalah Desvelada* – Espanha, 1995.

MELLIN, Hector – *Radiesthésie Pantaculaire* – Paris, 1937.

MELLIN, Hector – *Radiesthésie Physique* – Paris, 1942.

MELLIN, Hector – *Radiesthésie Psychométrique et Métapsychique* – Paris, 1943.

MELLIN, Hector – *Téléradiesthésie* – Paris, 1951.

MELLIN, Hector – *Tradition et Pantacle* – Paris, 1930

MELO, Nélio Vieira de. *A Ética da Alteridade em Emmanuel Levinas*. Porto Alegre: EDIPUCRS, 2003.

MERLEAU-PONTY, M. (1984). *A dúvida de Cézanne*, Abril Cultural. São Paulo, 1948.

MERLEAU-PONTY, M. *Fenomenologia da percepção*, Martins Fontes, São Paulo,1945.

MERLEAU-PONTY, M. *Sobre a fenomenologia da linguagem*, Abril Cultural. São Paulo, 1960.

MERLEAU-PONTY, M. *Textos selecionados,* Abril Cultural. São Paulo, 1960.

MIRANDA, Caio – *A Libertação pelo Yoga* – *Ashram* Vale da Libertação, Brasil, 1960.

MONTAIGNE, Aubier – *Lulle* – Bibliothèque Philosophique, Paris, 1967.

MOPSIK, Charles – *Les Grands Textes de la Cabale* – Verdier, Paris, 1993.

MYER, Isaac – Solomon Ben Yehudah Ibn Gebirol – *Qabbalah* – *The Philosophical Writings* – Ktav Publishing House, Inc. New York, 1888.

NIETZSCHE, Friedrich Wilhelm, The Antichrist of Nietzsche, The Fanfrolico Press, London, 1928.

OTTO, Rudolf – *O Sagrado* –Ed. Vozes – 2011 – Petrópolis – Rio de Janeiro – Brasil.

PAPUS (Dr. Gérard Encause) – *La Reencarnacion* – Edaf, Madrid, España, 1978.

PASQUALLYS, Martinets de – *Traité de la Réintégration des Êtres Créés* – Robert Dumas Editeur,, Paris, 1974.

PAULY, Jean de – *Etudes Et Correspondance de Jean de Pauly Relatives Au Sepher Ha--Zohar* – Paris, Bib. Chacornac, 1933.

PAULY, Jean de – *Le livre du Zohar* – Paris, F. Rieder et Cie, 1925

PELIZZOLI, Marcelo. *Levinas:* a Reconstrução da Subjetividade: Porto Alegre: EDIPUCRS, 2002.

*A Relação ao Outro em Husserl e Levinas*. Porto Alegre.

EDIPUCRS, 1994.

PESSOA, Fernando – *Poemas Ingleses* – Edições Ática, Lisboa, Portugal, 1994.

PESSOA, Fernando – *Poesias Ocultistas* – Aquariana, Brasil 1995.

PICATRIX – *La Clef des Clavicules* – Paris, 1956.

PRASAD, Rama – *Las Fuerzas Sutiles de la Naturaleza* – Argentina, 1964.

QUADROS, António, *Portugal, Razão e Mistério*, Guimarães Editores, Lisboa, 1988.

SAINT-MARTIN, Louis-Claude de – *Controverse Avec Garat* – Paris, Fayard, 1990.

SAINT-MARTIN, Louis-Claude de – *Lettres Aux Du Bourg* – Robert Amadou , L'initiation à Paris, 1977.

SAINT-MARTIN, Louis-Claude de – *Mon livre vert* – Cariscript, Paris, 1991.

SAINT-MARTIN, Louis-Claude de – *Quadro Natural (Das Relações que Existem Entre Deus, o Homem e o Universo)* Edições Tiphereth777, Brasil, 2000.

SAVEDOW, Steve – *Sepher Rezial Hemelach – The Book of the Angel Rezial* – Samuel Weiser, Inc., 2000.

SCHOPENHAUER. *Mémoires sur les Sciences Occultes*, Paul Leymarie, Paris, 1912.

Secret, François – *Hermétisme et Kabbale* – Bibliopolis, Napoli, 1992.

SÉROUYA, Henri – *La Kabbale* – Grasset, 1947.

SÉROUYA, Henri – *Les Philosophies de L´Existence* – Librairie Fischbacher, Paris, 1957.

SIMON, T. [Albert de Pouvourville] T. Théophane [Léon Champrenaud] *Les Enseignements Secrets de la Gnose* – Archè Milano, 1999.

SOUZA, Drailton Gonzaga de – *O Ateísmo Antropológico de Ludwig Feuerbach* –– EDIPUCRS – Porto Alegre, 1994.

STABLES, Pierre – *Tradition Initiatique Franc-Maçonnerie Chrétienne* – Guy Trédaniel Éditeur, Paris,1998.

TEDER – *Rituel de L´Ordre Martiniste Dressé Par Teder* – Éditions Télètes, Paris, 1985.

TERAN, Juan Manuel, *La Idea de La Vida*, Do autor, Mexico, D.F. 1953.

URBANO Júnior, Helvécio de Resende (Ali A'l Khan S∴ I∴) – *Kabbala; Magia, Religião & Ciência* – Edições Tiphereth777, Brasil, 2006.

URBANO Júnior, Helvécio de Resende (Ali A'l Khan S∴ I∴) – *Manual Mágico de Kabbala Prática* – Edições Tiphereth777, Brasil, 2005.

URBANO Júnior, Helvécio de Resende (Ali A'l Khan S∴ I∴) – *Maçonaria, Simbologia e Kabbala* – MADRAS, Brasil, 2010.

URBANO Júnior, Helvécio de Resende (Ali A'l Khan S∴ I∴) – *Templo Maçônico* – MADRAS, Brasil, 2012.

VATTIMO, Gianni, Después de la muerte de Dios : Conversaciones sobre Religión, Política y Cultura, Barcelona, Espanha 2010.

VATTIMO, Gianni, Dialogue with Nietzsche, Columbia Univ. Pr, 2006.

VATTIMO, Gianni, El fin de la Modernidad, Gedisa Mexicana S.A., 1986.

VEJA, Amador – *Ramon Llull y el Secreto de la Vida* – Ediciones Siruela, S.A., Madrid., 2002.

VELLOZO, Dario – *Obras* – Instituto Neo-Pitagórico, Curitiba, Brasil.

VIJOYANANDA, Swami – *Vedanta Practica* – Kier, Buenos Aires, 1937.

VIVEKANANDA, Swami – *Entretiens Et Causeries* – Albin Michel, Paris, 1955.

VIVEKANANDA, Swami – *Pláticas Inspiradas* – Kier, Argentina, 1965.

VOLTARE – *Dicionario Filosófico* – Atena Editor, Portugal, 1945.

VULLIAUD Paul – *La Kabbale Juive* – Emile Nourry. Paris, 1923.

VULLIAUD, Paul, *La Clé Traditionnelles des Évangiles*, Émile Nourry, Paris, 1936.

WAITE, A.E. – *The Brotherhood of The Rosy Cross*, London MCMXXIV.

WAITE, A.E. – *The Holy Kabbalah* – Carol Publishing Group Edition – United States of America, 1995.

WAITE, A.E.- *The Book of Black Magic and of Pacts* – London, 1898.

WARRAIN, Francis – *L´Ceuvre Philosophique de Hoené Wronski* – Les Éditions Véga, Paris, 1936.

WARRAIN, Francis – *La Théodicée de la Kabbale* – Guy Trédaniel – Éditions Véga, Paris, 1984.

WIRTH, Oswald – *El Simbolismo Hermetico* – Editorial Saros, Buenos Aires, Argentina, 1960.

ZAMRA, David ben Shlomo – *Magen David*. Amsterdam, 1713.

ZOHAR, Danah – *O Ser Quântico* – Editora Best Seller – São Paulo – 1990 – Brasil.